思考香港
一國兩制的未來

劉兆佳 著

商務印書館

思考香港一國兩制的未來

作　　者：劉兆佳

責任編輯：John Wong

封面設計：Cathy Chiu

出　　版：商務印書館（香港）有限公司

　　　　　香港筲箕灣耀興道 3 號東滙廣場 8 樓

　　　　　http://www.commercialpress.com.hk

發　　行：香港聯合書刊物流有限公司

　　　　　香港新界荃灣德士古道 220-248 號荃灣工業中心 16 樓

印　　刷：美雅印刷製本有限公司

　　　　　九龍觀塘榮業街 6 號海濱工業大廈 4 樓 A

版　　次：2022年1月第1版第2次印刷

　　　　　© 2020 商務印書館（香港）有限公司

　　　　　ISBN 978 962 07 6639 8

　　　　　Printed in Hong Kong

謹以此書

獻給

所有關心香港未來的人

目　錄

序

　　我撰寫的《一國兩制在香港的實踐》2015 年由香港商務印書館出版。我在書中縷述了中央所制定「一國兩制」方針提出時的國內外及香港形勢、「一國兩制」的基本內涵與目標。我更進一步指出，由於「一國兩制」方針存在着許多矛盾與困難，加上「配套」條件不足，所以「一國兩制」在香港回歸後難以按照中央的藍圖全面和準確實踐。回歸前後國內外形勢發生了巨大變化，為「一國兩制」在香港的實踐帶來了過去不少想像不到的猛烈衝擊。雖然大體來說「一國兩制」在香港的實踐尚算「成功」，但香港特區管治維艱、部分香港人對「一國兩制」的詮釋與中央差距甚大、香港內部政治對立和鬥爭無法止息、特大規模動亂不時爆發、部分香港人對中央長期抱持抵觸情緒、各類「本土分離主義」抬頭、外部勢力伺機介入香港事務，以及香港因為種種政治問題的困擾而發展乏力等問題，都對「一國兩制」在香港的全面和準確實踐，構成嚴重的障礙和干擾，並同時損害國家和香港的利益。國際社會、內地和香港都有不少人甚至認為「一國兩制」在香港的實踐讓國際社會、中央和內地同胞失望，因此「一國兩制」的前景頗為黯淡，在中央承諾的「五十年不變」後能否延續下去頓成問號。

　　一直以來，特別是過去幾年，因應種種對「一國兩制」前景的疑慮，國家領導人和中央官員屢次強調「一國兩制」是經得起考驗的、正確的重大國策，因此中央會堅持「一國兩制」不動搖、不改變，但卻要確保「一國兩制」不變形、不走樣，對消除各方疑慮發揮了一定效用。2003 年 7月香港爆發超大型示威遊行後，中央開始反思其處理香港事務的手法，並採取較為主動的對港政策。習近平總書記主政後，中央進一步認真和全面

檢討「一國兩制」在香港實踐的經驗和教訓，積極運用「一國兩制」下中央擁有的權力去調校香港「一國兩制」實踐的軌跡，協助香港弭平動亂，並在相當程度上創造了一些有利於「一國兩制」發展的條件，克服了一些不利於「一國兩制」實踐的困難。今天以及往後，無論內外敵對勢力如何負隅頑抗，香港「一國兩制」的實踐將會越來越沿着鄧小平先生制定的「一國兩制」道路前進。

從歷史分析的角度來看，1984 年中英兩國簽署《中英聯合聲明》起到 1997 年國家恢復在香港行使主權這段時間，可以理解為香港回歸祖國的第一個過渡期。然而，由於英國人別有懷抱和他們所培植和慫恿的反對勢力的干擾，在這個過渡期內產生或孕育了不少干擾或破壞「一國兩制」日後成功實踐的因素。回歸後到今天的大部分時間，可以視為香港回歸祖國的第二個過渡期。在這個過渡期內，即便英國人已經下旗歸國，但回歸前已經形成的干擾和破壞因素繼續為香港的反對勢力乃至外部勢力，提供不少可資用以抗擊中央和特區政府的手段。雖然現在很難清晰界定第二個過渡期的結束時間，但過去五、六年來，中央明顯調整了處理香港事務的心態和手法，堅定和有力地參與香港事務，讓「一國兩制」在香港的實踐進入新階段。與此同時，內外反共反華勢力也頻頻策動旨在奪取香港特區管治權的反擊鬥爭。在這個還在發展的新階段中，特別是 2019 年中香港發生特大動亂之後，那些不符合「一國兩制」的事物和現象將會進一步得到強力和有效處理，為今後全面和準確貫徹「一國兩制」逐步掃除重大障礙。

經過回歸前後差不多三十個寒暑、兩個過渡時期及近年來中央和愛國力量的共同努力，已經克服了不少艱難險阻，打擊了各種敵對勢力，全面和準確貫徹「一國兩制」的基礎應該已經逐步成形。我們可以對未來作審慎樂觀的推斷，即是說，從現在起再通過多場不懈的奮戰，早於 2047 年「五十年不變」結束之前，「一國兩制」在香港的實踐應該會是在正確的

軌道上運行，並讓國家和香港同蒙其利。在這種情況下，「一國兩制」在 2047 年後繼續下去應該沒有懸念。當然，由於世界、國家和香港不斷在發生巨變，而國家的崛起又受到西方勢力的不斷大力遏制，即便「一國兩制」戰略目標、主要理念和核心內容大體上保持不變，但香港面對的國際環境、香港在國際上的身份和地位、香港在國家發展中的作用和角色、中央與特區關係、香港與內地的關係、香港內部各方面的情況肯定與回歸初期顯著不同，與上世紀 80 年代初期「一國兩制」方針出台時的狀況更是千差萬別。

2015 年面世的《一國兩制在香港的實踐》講述的是過去和當時的事，《思考香港一國兩制的未來》這本書則着重探討「一國兩制」在香港的未來發展。我對未來的推測並非是「空中樓閣」式的臆測，而是建基於過去一段時間世界、國家和香港發生的種種變化，而那些變化又已經可以斷定為一些（最低限度在可預見的將來）難以逆轉的「趨勢」。可以說，香港未來的變遷應該被視為過去的種種變化的延續。除非突然出現一些特大的、出乎意料之外的巨變，否則那些「趨勢」不可能不繼續存在和發揮作用。

在過去很長的時間內，「一國兩制」在香港的實踐其實尚未「定型」，中央、英國人、美國和其西方盟友、愛國力量和香港的反對勢力對「一國兩制」有着不同的、難以協調的詮釋。他們又各自竭力讓自己對「一國兩制」的詮釋成為事實，而其中又牽涉到重大的國際地位、意識形態、政治權力和實際利益的激烈爭奪，因此相互之間的鬥爭異常激烈、曠日持久而又難以化解，最後只能出現「勝者全勝」的局面。回歸前後的大部分時間內，中央和香港的愛國力量都是處於下風，即使在 1997 年後國家擁有香港的主權及中央享有「全面管治權」後，情況都沒有發生根本性的改變。不過，隨着國際政治格局的改變、國家的強勢崛起、中央調整對香港的處理手法、香港內部政治勢力的力量對比發生變化，以及香港人思想心態的轉變，即便過程中政治鬥爭跌宕起伏，整體趨勢應該是中央和愛國力量逐

步從被動轉為主動，並從主動走向主導，從而能夠更有力地促使香港逐步向全面和準確貫徹「一國兩制」方向邁進，讓鄧小平先生的「一國兩制」藍圖得到較完整的實施。

《思考香港一國兩制的未來》可以當作是《一國兩制在香港的實踐》的姊妹作，前者是後者的延續。即便有一些「猜測」的成分，這本書在相當程度上其實屬於實證研究的類別。這本書所描繪的情景和發展，估計可以在頗長時間內存在下去。2047 年後中央經改良後的「一國兩制」方針預計應該在未來 10 到 20 年內「定型」，而其端倪其實今天已經清晰可見。因此，本書的目的之一，正是要勾劃出中央「新」的「一國兩制」方針的輪廓。

無疑，要準確預測未來是不可能的事，而社會科學研究一般而言對未來的預測絕大多數都以失敗告終。無論本書對未來的預測是否準確，我也希望這本書能在中央、香港各方面以及海外關心香港的人探索香港「一國兩制」的未來時，提供有用的參考和思考素材。

多年來，在研究和寫作過程中，香港中文大學的社會學系和香港亞太研究所的同事和工作人員在各方面給我極大的支持和幫助。政界、學術界和媒體的朋友不時給我資訊和啟發，「激發」我不斷思考香港的問題和將來。由於涉及的人士數量龐大，在此難以一一具名道謝，但我對他們的感激是由衷的。

劉兆佳

2020 年 1 月

於香港中文大學社會學系

緒論

1997 年 7 月 1 日，香港特別行政區正式成立，中央對香港的「一國兩制」方針政策也開始實施。時至今天，「一國兩制」在香港的貫徹總體而言是成功的。香港原有的資本主義制度和公共政策得以延續，香港保持了繁榮穩定，香港人的人權、自由和生活方式基本上保存下來，香港憑藉其獨特優勢對國家的發展發揮了一些重要的、獨特的和不可替代的作用，香港與內地的經濟合作不斷拓展，香港與內地和中央雖有不少摩擦但彼此關係大體上仍屬可控，各國投資者對香港投資環境的信心不減。國際社會尤其是西方國家對「一國兩制」在香港的實施雖偶有微言，晚近更諸多責難，但總的來説仍然認為「一國兩制」基本上運作有效。

對於「一國兩制」在香港的實施成效，中央的總體評價頗為正面。國務院新聞辦 2014 年 6 月發表的《「一國兩制」在香港特別行政區的實踐》的《白皮書》如此總結，「香港回歸祖國後，『一國兩制』由科學構想變成生動現實。中央政府嚴格按照香港《基本法》辦事，認真履行憲制責任，堅定支持香港特別行政區行政長官和政府依法施政；香港特別行政區依法實行高度自治，享有行政管理權、立法權、獨立的司法權和終審權，繼續保持原有的資本主義制度和生活方式不變，法律基本不變，繼續保持繁榮穩定，各項事業全面發展。『一國兩制』在香港日益深入人心，得到包括香港同胞在內的全國人民的衷心擁護和國際社會的廣泛好評。」(中華人民共和國國務院新聞辦公室，2014：1)

「一國兩制」的核心內容，是保持香港原有的制度和生活方式「五十年不變」，而 50 年後中央的對港政策為何卻沒有確定下來。香港《基本法》第五條説明，「香港特別行政區不實行社會主義制度和政策，保持原

有的資本主義制度和生活方式，五十年不變。」《基本法》起草委員會主任委員姬鵬飛 1990 年 3 月 28 日在第七屆全國人民代表大會上就《基本法》（草案）及其有關文件發言時表明「一國兩制」方針將會維持 50 年不變，「『一個國家，兩種制度』是我國政府為實現祖國統一提出的基本國策。按照這一基本國策，我國政府制定了對香港的一系列方針、政策，主要是國家在對香港恢復行使主權時，設立特別行政區，直轄於中央人民政府，除國防、外交由中央負責管理外，香港特別行政區實行高度自治；在香港特別行政區不實行社會主義制度和政策，原有的資本主義社會、經濟制度不變，生活方式不變，法律基本不變；保持香港的國際金融中心和自由港地位；並照顧英國和其他國家在香港的經濟利益。我國政府將上述方針政策載入了和英國政府共同簽署的關於香港問題的聯合聲明，並宣佈國家對香港的各項方針政策 50 年不變，以《基本法》加以規定。『一國兩制』的構想及在此基礎上產生的對香港的各項方針政策，是實現國家對香港恢復行使主權，同時保持香港的穩定繁榮的根本保證，是符合我國人民，特別是香港同胞的根本利益的。」

不過，有趣的是，香港《基本法》作為體現「一國兩制」在香港實施的一條全國性法律其有效期卻沒有年限，即是說除非中央宣佈基本法在 2047 年後不再有效，否則《基本法》在 2047 年後仍然是香港的憲制性文件。理論上，如果中央要改變香港的制度和與其相關的生活方式的話，則中央只需要廢除《基本法》或取消《基本法》第五條便可。因此，起碼在法律層面而言，如果中央沒有那樣做，2047 年後香港原有的制度和生活方式便「應該」會得到保持。誠然，鑒於香港是一個「變幻才是永恆」的社會，社會變遷非常迅速，1997 年香港回歸中國時的香港與 1990 年《基本法》頒佈時的香港已經大有不同。回歸以來香港更在不少方面發生翻天覆地的變化，因此 2047 年時的香港恐非今天的人所能預見。事實上，當初承諾要保持不變的香港「原有」的制度和生活方式實際上已經面目全非、

無法保持下來。況且，《基本法》也規定了香港的政治體制可以不斷因應實際情況而發生改變，所以單就香港的政治體制來說也不可能維持「不變」。因此，就算修改《基本法》第五條，從而讓香港「原有」的制度和生活方式再延長一段時間其實實質意義也不大，而且所謂「原有」的制度和生活方式究竟是哪個時候的東西也無從定奪，因此中央這樣做，反而在香港社會會引起無窮的爭論，觸發激烈的政治鬥爭，更會桎梏香港的管治和發展。

從「一國兩制」在香港實施的經驗觀察，當年為了穩定人心而提出的「保持原有制度和生活方式五十年不變」的承諾雖然產生了穩定人心的作用，讓香港得以順利回歸祖國，但另方面的確讓不少既得利益勢力和抗拒改革的力量得以捍衛自身利益，損害集體福祉，延續或惡化不少不公不義的情況，也帶來了社會怨氣叢生和香港發展與公共政策改進受阻的嚴重後果。而且，經過多年來「一國兩制」在香港的實踐，儘管香港的反對勢力經常作出香港會走向「大陸化」的恫嚇，大部分香港人已經不擔憂香港的制度和生活方式會發生他們無法接受的改變，所以，在「五十年不變」結束後，我們大概可以預期，中央不會再作有關保持香港「現狀」的承諾，或者把不少的公共政策和措施「固定」或「凝固」下來，好讓香港有更廣闊的發展和改進空間，也讓香港特區政府能夠因應香港的情況和需要，靈活地制定適合香港的公共政策和糾正一些長期存在的不公平和不合理的現象，從而促進香港的經濟發展、社會穩定和長治久安。

其實，中央在制定「五十年不變」的方針政策時並沒有把「一國兩制」局限於 50 年的打算。提出「五十年不變」的原因之一，是 50 年已經包含了兩代人的光景，因此有充裕的時間讓香港人接受和適應回歸中國的事實。另外，中央的設想是中國在香港回歸 50 年後，應該在現代化征程中已經取得長足的進展，屆時內地部分大城市的生活水平可望貼近香港，而彼此在制度上的差異亦會大幅縮窄，因此香港人更毋須擔憂香港會受到

內地的「拖累」或「威脅」。鄧小平先生在 1988 年曾指出,「中國的發展戰略需要的時間,除了這個世紀的十二年以外,下個世紀還要五十年,那麼五十年怎麼能變呢?現在有一個香港,我們在內地還要造幾個『香港』,就是說,為了實現我們的發展戰略目標,要更加開放。既然這樣,怎麼會改變對香港的政策呢?實際上,五十年只是一個形象的講法,五十年以後也不會變。前五十年是不能變,五十年以後是不需要變。所以,這不是信口開河。」(鄧小平,1993:39)國務院港澳辦主任魯平在香港回歸前也有類似說法,「我預見,『一國兩制』方針不僅五十年不變,而且在更長的時間內仍將不變。因為我們需要數百年的時間把中國建設成為強大的社會主義國家。在整個過程中,香港將繼續作為中國與世界之間的橋樑而發揮重要的作用。」[1]

誠然,在過去 21 年,「一國兩制」在香港的實踐的確遇到一些困難和障礙,特別是香港的反對派對「一國兩制」的「另類詮釋」在社會上尤其是年輕人中間造成了不良影響,不同反對勢力不斷挑戰中央的底線和香港特區政府的管治威信,有人甚至提出各種形式的分離主義主張和行動,更有人試圖勾結外部勢力和製造動亂向中央和特區政府施加壓力,從而讓香港成為國家安全的威脅。內地和香港有部分人因此甚至認為「一國兩制」在香港的實際落實情況沒有符合原來的設想,所以難言成功。不過,按照中央對國際和國內的發展大局的研判,儘管出現這樣或那樣的問題,甚至呈現若干「變形」、「走樣」的跡象,「一國兩制」在香港的實踐大體上還是成功的(劉兆佳,2015c)。

儘管今天距離 2047 年「五十年不變」的限期還有頗長時間,但已經有部分香港人開始擔心「一國兩制」在其後將無以為繼,取而代之的將是「一國一制」。在「一國一制」下,香港的資本主義體制將會徹底改變,而

1　港澳辦主任魯平 1994 年 5 月 6 日在香港五大商會的午餐會上的演說,見趙睿、張明瑜(1997:39–40)。

香港的管治模式將會與內地大城市的管治方式相差不遠。一些反對派人士更乘機發難，試圖利用和激化那些憂慮為自己撈取政治本錢。他們提出各種各樣的有關「香港前途問題」的說法來動搖香港人對「一國兩制」的信心、在香港製造恐慌、挑起香港人與中央的矛盾，以及為推動香港走西方式民主化和擺脫中央的「控制」尋找「理據」和「出路」。那些說法包括：儘快啟動「第二次香港前途談判」、修改香港《基本法》大幅削弱中央在「一國兩制」下的權力和責任、推行「全民公決」決定香港的前途和命運、提出「香港獨立建國」的主張、製造「『香港民族』被迫害或泯滅」的悲情、恐嚇香港人香港將會喪失人權自由和高度自治、營造意圖讓香港與內地分離的「本土主義」、鼓吹「去中國化」、割斷香港與內地的聯繫和尋求外部勢力介入等。部分不滿現狀的年輕人因為受到煽惑而成為「港獨」分子或「本土分離主義」分子，肆意從事暴力和恐怖行為，從而構成香港穩定和發展的隱患。

除了反對派外，也有部分香港人擔憂「一國兩制」在「五十年不變」後會成為歷史陳跡。他們之所以這樣想其實原因不難理解。最重要的原因是國家發展速度之快不但超乎鄧小平先生和其他國家領導人的想像，也是史無前例的人類社會的「經濟奇跡」。中國只用了幾十年的時間，便取得了西方國家 200 年或更長時間所取得的發展成就，在「脫貧」方面的優異成績更讓不少發展中國家讚歎不已。誠然，速度太快也為中國帶來不少亟待解決的棘手難題。這種讓人瞠目結舌的發展讓不少香港人感到香港與內地的發展差異，在回歸二十多年後便大為縮小，因而使得他們擔心香港對國家的重要性和價值會急速下降，從而影響中央對香港的重視，並讓中央對「一國兩制」的成效產生新的看法。第二，雖然與不少西方國家比較，香港回歸後的經濟增長尚算不錯，但畢竟作為一個成熟的經濟體，香港的經濟發展速度難與內地比肩。加上香港的產業結構偏窄，土地房屋供應不足，經濟競爭力下滑，新的經濟增長點匱乏，長遠經濟發展潛力不

足，但又要面對人口老化和貧富懸殊急劇惡化的困擾，香港人難免對自己和香港的處境和前景憂慮。不少香港人相信，中央之所以讓香港得以享受「一國兩制」的特殊待遇，是因為香港在經濟上的優越性。一旦這種優越性和其背後的香港「特色」資本主義褪色，「一國兩制」的存在依據也會隨之而弱化。第三，絕大多數香港人相信國家在很長的時間內都會在經濟上依賴香港。在「引進來」的政策下，內地會長期依靠香港來取得國家現代化所必須的資金、人才、科技、資訊、制度、法律法規、先進管理方式、海外市場、國際聯繫和對世界經濟的了解等。國家也會倚重香港這個國際大都會把內地和海外市場連接起來，因此香港作為內地與世界的「唯一」橋樑的身份不會動搖。然而，隨着國家的崛起、改革開放不斷深化和擴大化和內地沿海大城市的崛起，一些香港的獨特優勢便變得沒有那麼獨特，因此國家對香港的倚重不比從前。相反，香港卻在經濟發展和產業轉型上越來越依靠國家。這個趨勢一路發展下去，香港有機會成為國家的「負累」，而「一國兩制」也將不保。第四，香港不但在國家經濟發展中的建樹日減，而且在政治上卻屢屢為國家「添煩添亂」。反對勢力從不間斷地以「政改」、《基本法》第二十三條本地立法、「一地兩檢」和「逃犯條例」修訂為藉口挑起香港人與中央的爭鬥，一些反共反華媒體從未停止對中國共產黨和內地的攻擊，外部勢力主動或在香港反對勢力慫恿下不斷干預香港事務，少數香港人更夥同外部勢力對內地進行顛覆和滲透活動，個別「港獨」分子更試圖把香港從國家分裂出去。「一國兩制」為香港提供的自由、權利和法律保障在一定程度上讓香港成為國家的政治麻煩製造者和國家安全的威脅者。更令人震驚的，是不少香港年輕人在回歸多年後不但對國家民族缺乏感情，甚至仇視和敵視國家民族，而且錯誤理解「一國兩制」，認為中央蓄意破壞香港的高度自治，從而對「港獨」趨之若鶩。以此之故，「一國兩制」會被中央視為對國家不利，因此難以長久。第五，也有一些人相信「大一統」或「國家統一」是中國根深蒂固的政治思想和古

往今來中國人的殷切追求，所以容許香港繼續維持與國家主體制度截然不同的制度有礙「大一統」的實現。因此，「一國兩制」只可能是權宜之計或緩兵之計，本質上不會「千秋萬世」。「一國兩制」在「五十年不變」後的前景所以難言樂觀。第六，反對派和其同路人堅信幾年前開始中央刻意採取各種措施和手段「破壞」和「變更」香港的現狀，旨在迫使香港走向「大陸化」，損害香港的獨特性和優越性，泯滅香港人的文化和身份認同，驅趕香港向「一國一制」過渡。既然中央的意圖如此，則 2047 年或更早一些「一國兩制」便會因為其「歷史任務」完成而壽終正寢。最後，在美國和其西方盟友的長期遏制中國崛起的戰略下，不少香港人擔心西方國家會越來越多利用香港作為對付中國的棋子，讓香港成為危害國家安全的「顛覆基地」和「滲透基地」。如果香港逐漸變成國家安全的威脅，則繼續維持「一國兩制」便對國家主權和安全不利。最後，既然西方國家特別是美國視中國為其世界霸主地位的嚴重威脅，因而對中國的崛起必須予以強力遏制，美國和其西方盟友自然不會容許香港在中國崛起過程中發揮獨特和不可替代的作用，因此削弱香港對中國的價值和用途乃明顯的戰略目標。如果西方與香港的關係愈趨疏離，則香港作為東西方之間的橋樑角色也必然大減。「一國兩制」的目的之一是要延續香港與西方的密切關係，如果香港與西方的關係不再密切，則「一國兩制」存在的依據也會弱化。

這種種擔憂的出現，中央對此當然有所察覺。中央不單擔心香港的反對派利用這些擔憂興風作浪，也不希望看到香港的繁榮穩定和香港人與中央的關係因此而受到離間和損害。為了化解部分香港人的焦慮，近年來國家領導人在不同場合都充分肯定了「一國兩制」方針的正確性和香港在過去和將來對國家發展的重要性，並由此而讓各方面得出中央決心長期把「一國兩制」貫徹下去的結論。換言之，既然「一國兩制」是符合國家民族利益的重大國策，因此它理所當然也是一項中央需要長期堅持並不斷完善的方針政策。

　　全國人大常委會委員長張德江 2016 年 5 月 18 日蒞臨香港視察，並在香港社會各界歡迎晚宴上發表講話。在講話中，張德江呼籲香港各界要堅定對「一國兩制」事業的信心，並提出三條基本理由。「第一條，『一國兩制』是我國的一項基本國策，是戰略抉擇而不是權宜之計，不會改變。第二條，『一國兩制』有堅實的民意基礎，是祖國內地和香港之間的最大公約數，不應該改變。第三條，香港回歸祖國以來的實踐證明，『一國兩制』是做得到、行得通的，是經過實踐檢驗的好制度，沒有必要改變。過去，我們按照『一國兩制』的方針，實現了香港的順利回歸，保持了繁榮穩定，促進了祖國內地和香港的共同發展。未來，我們仍須堅持『一國兩制』，繼續發揮香港的獨特作用。那些所謂中央要把香港『內地化』、甚至變『一國兩制』為『一國一制』的說法，完全沒有根據。廣大的香港同胞是希望『一國兩制』堅持下去的。『一國兩制』對國家、對香港都最為有利。中央必定會堅定不移地貫徹下去。香港社會可以放心。」

　　2017 年 5 月 27 日，全國人大常委會委員長兼中共中央港澳工作協調小組組長張德江在「紀念中華人民共和國香港特別行政區《基本法》實施 20 週年座談會」上發表講話（《張德江講話》）。他強調，「總而言之，香港回歸以來所取得的巨大成功已經充分證明，香港特別行政區《基本法》是符合國家和香港實際情況的一部好法律，是能夠為『一國兩制』偉大事業提供根本保證的一部好法律，是經得起實踐檢驗的一部好法律。」

　　2017 年 7 月 1 日前後，國家主席習近平蒞臨香港參加香港回歸祖國 20 週年的慶典，發表了一系列權威性講話（《系列講話》），闡述中央對香港的長期方針政策。他明確指出，「20 年來，『一國兩制』在香港的實踐取得了舉世公認的成功。事實證明，『一國兩制』作為中國特色社會主義的一個偉大創舉，是完全行得通、辦得到、得人心的。」又說，「香港、澳門回歸祖國以來，『一國兩制』實踐取得舉世公認的成功。事實證明，『一國兩制』是解決歷史遺留的香港、澳門問題的最佳方案，也是香港、

澳門回歸後保持長期繁榮穩定的最佳制度。」習主席在《系列講話》中也十分坦率地勾劃出「一國兩制」在香港實踐的主要問題和困難所在,「當前,『一國兩制』在香港的實踐遇到一些新情況新問題。香港維護國家主權、安全、發展利益的制度還需完善,對國家歷史、民族文化的教育宣傳有待加強,社會在一些重大政治法律問題上還缺乏共識。」不過,與此同時,習主席在《系列講話》中給香港人送上「定心丸」,「我明確講過,中央貫徹『一國兩制』方針堅持兩點,一是堅定不移,不會變、不動搖;二是全面準確,確保『一國兩制』在香港的實踐不走樣、不變形,始終沿着正確方向前進。」

習主席 2018 年 11 月 13 日在北京會見香港澳門各界慶祝國家改革開放 40 週年訪問團時強調,「中國特色社會主義進入了新時代,意味着國家改革開放和『一國兩制』事業也進入了新時代。新時代的顯著特徵之一就是堅持改革開放。在新時代國家改革開放進程中,香港、澳門仍然具有特殊地位和獨特優勢,仍然可以發揮不可替代的作用。希望港澳同胞繼續以真摯的愛國熱忱、敢為人先的精神投身國家改革開放事業,順時而為,乘勢而上,在融入國家發展大局中實現香港、澳門更好發展,共同譜寫中華民族偉大復興的時代篇章。對香港、澳門來說,『一國兩制』是最大優勢,國家改革開放是最大的舞台,共建『一帶一路』、粵港澳大灣區建設等國家戰略實施是新的重大機遇。我們要充分認識和準確把握香港、澳門在新時代國家改革開放中的定位,支持香港、澳門抓住機遇,培育新優勢。」「在國家擴大對外開放的過程中,香港、澳門的地位和作用只會加強,不會減弱。」既然香港的「一制」在國家新一輪改革開放進程中仍要發揮重大和獨特作用,則毫無疑問長遠而言中央仍然會堅持貫徹「一國兩制」方針政策。2019 年 6 月開始,在內部和外部的反華勢力的大力策動下,香港爆發了回歸以來最為嚴重的暴亂,部分香港人和內地同胞認為「一國兩制」將無以為繼,不少香港人對「一國兩制」的前景憂心如焚之際,習近

平主席在 10 月 1 日國慶日發表的重要講話中仍然表達了中央一如既往貫徹「一國兩制」和「港人治港」的既定重大國策的決心。習主席對「一國兩制」的信心，在香港發揮了穩定各方面人心的作用。2019 年 10 月 31 日中共 19 屆四中全會通過的《中共中央關於堅持和完善中國特色社會主義制度，推進國家治理體系和治理能力現代化若干重大問題的決定》中又重申，「『一國兩制』是黨領導人民實現和平統一的一項重要制度，是中國特色社會主義的一個偉大創舉。必須堅持『一國』是實行『兩制』的前提和基礎，『兩制』從屬和派生於『一國』並統一於『一國』之內。嚴格依照憲法和《基本法》對香港特別行政區、澳門特別行政區實行管治，堅定維護國家安全、發展利益，維護香港、澳門長期繁榮穩定。」

另外值得關注的，是近年來國家領導人和中央官員在講述「一國兩制」時，通常只是說「一國兩制」、「港人治港」和高度自治，而幾乎完全不講「五十年不變」。這與過去特別是在回歸前國家領導人和中央官員把「五十年不變」經常掛在口邊大異其趣。我想這是刻意而為的，目標可能是在中央的心目中，作為一項重大國策，「一國兩制」方針的壽命不可能只有「五十年」，但究竟有多少年估計中央心中也「沒底」，但肯定「一國兩制」不可能在 2047 年戛然而止。

無論如何，從政治角度來看，要放棄或大幅改變一項已經運行了幾十年的方針政策絕對不是一件容易的事。鑒於「一國兩制」方針是由備受敬重的鄧小平先生制定，是建構中國特色社會主義的關鍵環節之一，也是鄧小平先生畢生功業的重要部分，要推翻「一國兩制」在政治上並不容易。而且，現實情況是，經過幾十年的實踐，不少在香港、內地以及海外人士、企業和組織的根本利益、行為和心態已經牢牢地與「一國兩制」掛鈎，並以「一國兩制」的長期延續作為他們規劃未來的出發點和立足點。不少人已經是「一國兩制」方針的「持份者」、「既得利益者」和「制度捍衞者」，任何對「一國兩制」的改變都會使他們蒙受重大損失，也必然會遭到他們

的激烈反對和抵制。可以想像，中央如果放棄或大幅改變「一國兩制」的話，香港難免會馬上陷入嚴重動盪之中，繁榮和穩定勢將不保，而國家的發展和國際聲譽也肯定受到牽累。當然，如果中央能夠提出一個比「一國兩制」更好的方案，並預留充足時間讓各方面作出調整和適應，則情況也許可以受到控制。不過，即便如此，任何新的方案都不可避免引起各方利益和勢力的再爭奪、再調整或再分配，這必然會衍生出無休止的政治鬥爭和社會動盪。

以此之故，最有可能出現的情況，是「五十年不變」後，「一國兩制」經過改良後繼續延續下去，而香港《基本法》也相應作出適當的修改。2047 年後的「一國兩制」的基本輪廓其實在此之前肯定會越來越清晰，原因是從 1997 年回歸後開始，香港的情況已經不斷發生變化，而「一國兩制」的內容也通過不斷的實踐而改進與更新。事實上，自回歸以來，由於各種因素的干擾，「一國兩制」的確沒有按照原先的構想全面和準確地貫徹，以及出現不少「變形」、「走樣」甚至嚴重偏差的情況。這些情況在中央、特區政府和各方努力下正在逐步得以匡正，並朝着「回歸初心」的方向進發。再者，隨着時間的推移，今天或日後的國際、國內和香港的形勢與 1980 年代初「一國兩制」方針出台時的形勢已經截然不同。因此，中央將來在思考「一國兩制」的未來時需要考慮和評估的因素在相當程度上肯定與當年不一樣。一些舊因素不再重要，而一些新因素則必須予以重視。所以，即便「一國兩制」作為一個總方針的核心內容和基本目標保持不變，但在具體安排上則 2047 年後的「一國兩制」與香港《基本法》的內容與回歸伊始時相比肯定差異甚大，特別是在香港的國際地位、香港與西方的關係、香港與亞洲的關係、香港在國家發展中的定位、中央與特區關係、政治體制、香港與內地關係、香港的管治和重要公共政策、香港人的思想心態以及香港內部的利益分配上。2047 年後的「一國兩制」必然會充分反映香港在回歸 50 年以來香港所面對的國際、國內和香港自身的環境、

形勢、思想、心態和發展的變化。可以想像的，是經過幾十年的經驗累積和政治爭鬥，2047 年後的「一國兩制」即便未必得到所有香港人的認可，香港的反對派仍會有抵觸情緒，而西方國家則會對某些方面持異議，但它肯定是一項更符合廣大香港人的利益和國家民族利益的「一國兩制」方針、一項更能讓香港憑藉其獨特優勢報效國家的政策、一項更能維護國家主權與安全的舉措，和一項更有利於香港人「人心回歸」和兩地同胞和洽相處的安排。

第一章 當前和未來「一國兩制」實踐面對的國內外形勢

中國政府在上世紀 80 年代改革開放伊始便馬上提出「一國兩制」方針作為重大國家戰略，目的是要尋求在當時的特殊國內外環境中最有利於國家統一和推動國家現代化（劉兆佳，2015c）的良方。長達十年的文化大革命在各方面為中國造成嚴重的破壞，並導致政治動盪、經濟凋敝，民生困苦和在國際上孤立的惡果。為了扭轉局面和強化中國共產黨的權威和領導地位，中央下定決心要摒棄過去以「政治鬥爭為綱」的方針，轉而以經濟發展和人民幸福為要務，而改革開放則被認定為推動經濟發展的必由之路。

差不多在同一時候，在英國人的催促下，「香港前途問題」出現。中國政府必須與英國政府談判解決這個問題，否則香港的繁榮穩定不保，而香港對中國現代化的價值亦會消失。中國政府提出以「一國兩制」方針作為應對香港回歸中國的辦法，並在多番激烈爭議後得到了英國、香港人和國際社會的認同。「一國兩制」方針的要義在於保存香港原有的資本主義體制和生活方式在 1997 年香港回歸中國後 50 年不變、維持國際社會和香港人對香港前景的信心、照顧投資者的利益、保持香港在回歸後對國家的經濟價值、讓香港可以繼續為國家的發展和改革開放事業發揮獨特和不可取代的作用。不過，「一國兩制」也同時要求香港不能夠成為威脅國家安全、政權穩定和內地社會主義體制的「顛覆基地」和「滲透基地」，不然的話中央便要出手干預。同樣地，優厚對待香港和外國人的「一國兩制」方針，也讓英國人難以抗拒把香港交還中國，從而使得中國得以通過友好協商，以和平手段收回香港，讓國家的統一大業能夠向前邁進一大

步。國際社會對香港未來在「一國兩制」下的前景懷抱信心，從而讓香港得以維持作為國際大都會的地位和作用。

「一國兩制」無疑是一項能夠達致一箭雙雕結果的睿智戰略。然而，「一國兩制」之所以能夠既有利於國家統一，又得以對國家的發展有利，是因為上世紀 70 年代末至 80 年代初這段時間，國際局勢和國內形勢對「一國兩制」作為解決「香港前途問題」的辦法十分有利。

國際上，1970 年代和 1980 年代初期正值蘇聯在全球實行擴張主義，嚴重威脅西方世界的安全和利益，而西方陣營的盟主美國又面對國內許多棘手的政治和經濟問題，且在外交方面則因為越戰的挫敗而處於消極「退卻」狀態。有學者甚至形容在 1980 年代初期，東西方冷戰十分熾烈，發生核子大戰的機率不低，是一種自 1962 年古巴導彈危機以來最為兇險的局面（Westad, 2017:501−509）。由於當時沒有人包括西方的蘇聯問題專家會想到社會主義在蘇聯和東歐不久後便會戛然終結，因此西方的戰略家一般認為西方國家必須調整對中國的圍堵戰略，並長期拉攏中國來制衡蘇聯，所以不要過分計較它們與中國之間所存在意識形態鴻溝和利益分歧。[1]由於中國當時與蘇聯處於緊張狀態，而且有實在理由擔憂蘇聯會對中國發動軍事甚至核子襲擊，中國領導人也覺得有需要調整對外戰略以確保國家和政權的安全，特別是爭取美國改變對華政策，所以對來自美國、日本和其他西方國家的「突然」友好姿態表示欣賞並積極回應，從而彼此得以建立較為正常化的關係。中國與西方結成的對抗蘇聯的非正式並帶有若干軍事合作性質的「聯盟」的確為中國和西方都帶來莫大好處，可以算是一項「互利共贏」但卻免不了蘊含明顯權宜考慮的戰略合作。

憑藉與西方共同抗衡蘇聯的戰略合作，中國的國家和政權安全得到

1　美國圍堵中國的戰略在新中國成立時其實已經形成。早在 1949 年 7 月，美國的戰略家們認為，美國的安全依靠在中國周圍建構一個由友邦（印度、澳洲、菲律賓和日本）組成的「半月形」包圍圈（Peraino, 2017）。當年提出圍堵蘇聯的美國戰略家凱南（George F. Kennan）也有這個看法（Heer, 2018）。

保障，為國家的現代化建設營造了一個相對和平和為時不短的外部環境。西方對中國經濟發展所提供的支援更發揮了關鍵作用。「卡特和列根兩位美國總統都認為，中國是重要的冷戰盟友，其重要性即使不比西歐和日本為高，也是不相伯仲。美國人起初驚愕於中國的貧窮和落後，所以通過貸款、投資、技術轉讓和開放外國市場來協助中國的經濟發展。他們認為，如果中國需要與美國一起向蘇聯施加壓力的話，則中國的國內情況必須得到改善。」（Westad, 2017:559）為此，西方國家減少了對中國的經濟制裁，並且容許甚至鼓勵中國參與西方國家構建和主導的全球化體系，讓中國得以進入西方國家的市場和利用其資金、人才和技術，從而使中國的改革開放戰略具備廣闊的發展空間和成功的契機。和平的國際環境與經貿全球化為中國提供了一個極為難得的、為時甚久的「發展機遇期」，讓中國的改革開放事業迅速開展，並造就了舉世矚目的中國經濟奇跡。

「一國兩制」顯然給予香港人許多內地同胞並不享有的特殊待遇，比如香港可以擁有自己的貨幣、香港繼續成為單獨關稅區、「一個小孩」的政策不在香港實施、香港無須承擔駐軍費用、香港人不用服兵役、香港不用向國家交稅等，可以想像得到的是不少內地同胞對此無法理解亦難以釋懷，畢竟內地同胞對香港人的態度和感情複雜，又對部分香港人抗拒回歸祖國心存怨懟和鄙視。不過，由於「一國兩制」方針由擁有崇高威望的鄧小平先生提出，而在一定程度上不少內地同胞也同意中央認為「一國兩制」對國家發展有利的解釋，加上他們缺乏左右中國政府決策的管道和能力，所以「一國兩制」在內地並沒有遇到明顯的抗拒。

從西方的角度看，成功拉攏中國對西方非常有利。一方面可以促使社會主義陣營進一步分化，並削弱其政治和軍事力量。二方面可以迫使蘇聯和其盟友收斂其對外擴張的野心，從而緩解其對西方的壓力。三方面可以推動中國加入和融入那個體現西方利益和價值觀的全球化體系，促使中國逐步放棄其社會主義體系、採納西方的政治經濟制度、走上「和平

演變」的道路並最終成為西方的附庸。正如坎貝爾（Campbell）和拉特納（Ratner）所言，「自從尼克遜和基辛格以來，美國〔對華〕策略的基石是這樣的一個假設：深化與中國的商業、外交和文化紐帶會改變中國內部的發展和對外的行為。即便是那些對中國的意圖有懷疑的人，仍然堅信美國的力量和霸權能夠按照美國的意願去塑造中國。」（Campbell & Ratner, 2018:60）四方面是對美國而言，可以促使中國承認美國在亞洲地區建立的、由美國主導的、核心組成部分為一系列美國與個別亞洲國家簽訂的雙邊防衛協議的區域安全架構（Cha, 2016），從而鞏固和延續美國在亞洲的霸權地位。在西方的盤算中，中國的現代化建設縱然能夠成功，也只會為時甚久和成績有限，不但不會對西方主導的世界秩序帶來威脅，反而會進一步強化這個秩序。如果中國最終接受西方的制度和價值觀的話，則世界和平以及亞洲的穩定便更能獲得保障。

中國政府提出的「一國兩制」方針正是在這個利好的國際環境中誕生，因此它獲得了西方國家的普遍歡迎，儘管對其有質疑的人也不在少數。對西方來說，「一國兩制」在香港實施，可以讓香港保留原有的並得到西方推許的制度與香港與西方的聯繫，也維護了西方在香港的利益。香港可以繼續擔當西方與中國的橋樑，讓西方可以通過香港進入中國內地從事各種活動。對西方來說，尤其有戰略價值的是香港在回歸後既是美國主導的全球經濟體系的成員，更會成為社會主義中國之內一個實行資本主義的地區。香港可以在制度上和意識形態上吸引和影響中國，尤其是華南地區，從而推進中國的「和平演變」。與此西方策略相關的最有標誌性的行動，是 1992 年美國國會通過的「美國—香港政策法」（U.S.-Hong Kong Policy Act）。這項法律肯定了「一國兩制」方針對解決「香港前途問題」的適切性，並授予回歸後的香港一些近乎「國家級」的待遇。美國的目的不但是要維護美國在香港的龐大政治和經濟利益，也隱含着美國在香港回歸後取代英國在香港的地位和影響力的意圖。當然，美國更期待香港在

「一國兩制」下能夠「繼續」發揮促使中國走「和平演變」道路的作用。

不過，國際格局在中英兩國簽署聯合聲明之後，發生了翻天覆地和當年無法預料的的變化。其中，東歐巨變、蘇聯解體、冷戰結束、中國崛起、俄羅斯再起、西方陷入政治和經濟困局、西方世界走向分化內訌、中俄聯手、中西方「新冷戰」發生、美國和其西方盟友改變對中國的態度和政策、全球化由鼎盛到倒退、民粹民族種族主義抬頭等，最為矚目。今天，中國、香港和「一國兩制」都面對着頗為不利和愈趨惡化的國際環境，而國際環境的惡化又反過來令香港內部的政治形勢惡化，從而對「一國兩制」的實施帶來新的挑戰。目前的國際格局錯綜複雜，不斷變化，呈現極大的不確定性，而且最終出現的國際秩序（如果能夠出現的話）會是甚麼樣的秩序也難以捉摸。縱然如此，起碼在未來十多年內，一些變化趨勢和重要現象還是有跡可尋的。在思考「一國兩制」的未來時，清楚認識那些趨勢和現象甚為重要，因為它們關係到香港在國家和全球的定位，在相當程度上影響到國家和香港的發展，和中央對「一國兩制」方針應該如何延續下去的態度和判斷。

國際秩序的崩壞

自從《中英聯合聲明》於 1984 年簽訂以來，國際秩序（international order）或世界秩序（world order）經歷了巨大變化。從歷史角度看，世界上從來都沒有長期不變的國際秩序，而所謂穩定的國際秩序也只是相對於世界動盪或混亂來說而已。過去幾百年來，曾經有過的、分別由 1815 年維也納會議（Congress of Vienna）、1919 年巴黎和會（Paris Peace Conference）、1945 年雅爾塔會議（Yalta Conference）和波茨坦會議（Potsdam Conference）建構的國際秩序都只能在一段時間內維護國際秩序和世界和平（Ikenberry, 2000）。雅爾塔會議和波茨坦會議的效用尤

其短暫，東西方冷戰在 1945 年後一兩年便遽然爆發，西方陣營和蘇聯陣營緊張對峙，世界也走向兩極化和兩個國際秩序對抗的局面。在美國和蘇聯的霸權領導下，儘管在第三世界發生不少代理人戰爭，但大國之間的戰爭卻得以避免，世界和平因此基本上得到維持，而各地的民族主義則受到美國和蘇聯的壓抑。不過，儘管有些人認為二次大戰後出現的「長久和平」(long peace) 要歸功於美國建立和主導的「自由國際秩序」(liberal international order)，但事實並非如此。「〔二次大戰後出現的〕『長久和平』並非是自由國際秩序的成果，而是在長達 45 年的冷戰時期中，蘇聯和美國之間危險的權力制衡所衍生的副產品，以及在蘇聯解體後短暫出現的美國獨霸世界的局面。[2] 美國介入世界事務的原因，不是因為它有慾望要在外邊推廣自由主義或建構一個國際秩序，而是源於它有需要〔通過打倒世界上所有專制和威權政權〕在國內保衛其自由民主體系。」(Allison, 2018:125)

東西方冷戰隨着蘇聯解體和東歐巨變而戛然結束，那個東西方陣營對峙的雙極 (bipolar) 世界，也因為西方陣營的擴張和美國國力一時無兩而變為單極 (unipolar) 世界，而那個「自由國際秩序」也幾乎伸展到全世界。眾多國家包括一些仍然奉行社會主義的國家例如中國和越南，也紛紛實施改革開放政策和加入這個美國和西方主導的國際秩序。過去，不少人相信這個國際秩序可以行之久遠，而那個建基於美國霸權的單極世界也會無限延續下去。事實上，美國的新保守主義者 (neo-conservatives) 甚至提倡美國應該掌握那個千載難逢的「單極時刻」(unipolar moment)，運用美國和西方壓倒性的軍事、經濟和文化軟勢力按照西方的形象改造全世界，從而讓所有國家都以西方的體制、價值觀和發展模式為依歸。然而，美國

2　大多數美國的分析家同意美國獨霸天下的「單極時刻」為時短暫，但亦有不同意見者。例如，貝克利 (Beckley) (2018) 堅信美國在政治、經濟、軍事、軟實力和地緣位置等方面在整個 21 世紀仍將擁有無與倫比的壓倒性優勢，因此所謂「單極時刻」其實是一個漫長的時代。又見奈 (Nye, 2019a 和 2019b)。

在阿富汗和伊拉克的冒進主義鎩羽而歸、2008 年爆發的全球金融海嘯、全球化退潮、美國和西方國家內外交困、世界經濟長期處於低迷狀態、金融動盪多發、中國急速崛起、世界經濟中心向東亞地區移動、[3] 俄羅斯再起、若干新興大國（印度、巴西、土耳其等）陸續進入世界政治舞台的中央、民族主義和民粹主義在西方國家肆虐、非國家和非政府組織與勢力的湧現、中東地區動盪不安、各種恐怖主義和極端主義的抬頭都狠狠打擊了西方主導的國際秩序和它背後的制度、價值觀和利益格局。美國在世界各地的影響力不斷下降，正好反映那些世界格局的重大轉變（Bulmer-Thomas, 2018）。

當前的國際秩序的狀況為何以及未來的走勢如何，各國的專家學者們人言人殊、莫衷一是。大部分人的看法其本上是認為美國和西方主導的「自由國際秩序」將無以為繼，但要重新建立一個涵蓋全球、並享有全球認受性的新國際秩序卻極為困難。因此，在未來一段相當長的時間內，某種「失序」（disorder）狀態應該被視為「常態」，而在那個「常態」下，大國較量、國家利益至上、國與國之間的關係不穩定、各國合縱連橫形態不斷變化、不同的「政治陣營」包括西方陣營的團結性和持久性走低、大大小小的衝突此起彼伏、各種經濟保護主義出現、地緣政治愈趨複雜以及經濟手段與政治手段混合使用等，都是顯著的現象。

美國著名戰略學者哈斯（Haass）認為目前世界正處於一個「新的世界失序」（a new world disorder）的局面。用他的話來說，「從現時在世界上很多地方和在不同國際關係場所發生的事情來看，一個新的世界失序的

3　不過，有少數學者對亞洲的前景不樂觀，認為亞洲的經濟崛起只是曇花一現。比如，奧斯林（Auslin）預言在不久將來亞洲世紀將要終結。他認為，「隱藏在〔亞洲〕動力十足的表面之內的是經濟停滯、政治動盪、戰爭和其他危險的威脅。」（Auslin, 2017:2）「不均衡的發展、資產泡沫、不當投資、勞工問題和政府操控市場只不過是其中一些存在於亞太地區的風險。」（Auslin, 2017:4）「今天，印度太平洋地區正倒退到 19 世紀的強權政治形態，強權就是公理。」「我們必須承認，亞太地區曾經受惠於一個獨特的歷史時刻：一段綿延幾十年的全球穩定期。」（Auslin, 2017：14）

局面像是正在形成。〔…〕更糟糕的是，將來情況能否扭轉目前狀況難以預測。相反，我們看到的趨勢是一個越來越崩壞的世界秩序。」（Haass, 2017:5）明顯的是，「一次大戰後的世界秩序在中東的大部分地區正在急速瓦解。」（Haass, 2017:8）二次大戰後建立的世界秩序在冷戰結束後也變得越來越脆弱。當今世界缺乏足夠的能力去應對一個權力愈趨分散的國際格局、非國家組織（non-state actors）的湧現和全球化帶來的諸多挑戰。很少人能夠想像未來的世界秩序會是甚麼樣，人們對於何謂能夠得到各國認受的國際秩序缺乏共識，更遑論是應該建構那些國際組織來支撐新的世界秩序。」（Haass, 2017:72-73）

哈斯指出，「穩定的世界秩序的基礎有三：一套各國所認同的、能夠讓世界體系得以運作的規範和原則；一套各方面接受的用以制定、調整和應用那些規範和原則的程序；以及權力的相互制衡」（Haass, 2017:103）。顯然，在他的眼中，現有的基礎並不完備而且正在動搖之中。

不少研究國際政治的專家學者都認為，美國的國力雖然下降，它仍然是世界上最強大的國家。不過，它所建構和主導的「自由國際秩序」將無以為繼，而由美國霸權支撐的單極世界最終也必將結束（Bulmer-Thomas, 2018）。正如亞查爾雅（Acharya）所斷言，「無論美國是否衰落，美國主導的世界秩序都會走向終結。」（Acharya, 2014:2）「世界單獨由一個大國（過去的英國和後來的美國）支配的時代已經完結。」（Acharya, 2014:4）「在一個多元的世界，秩序的建立和管理更為多樣化和權力分散，而參與者包括既有的和新興的大國、一般國家、全球性和區域性組織、跨國的非國家行動者。」（Acharya, 2014:7-8）他進一步指出，將來的國際秩序會由更多的國家共同建構，而一些區域性的國際秩序已經呈現了一些與美國主導的「自由國際秩序」不同的特色。（Acharya, 2019）

為甚麼美國建構和主導的「自由世界秩序」會走向衰落甚至可能崩塌呢？毫無疑問，非西方的大國尤其是中國、俄羅斯、印度和巴西等大國對

那個「自由國際秩序」有着諸多的不滿，縱使它們在不同程度上也通過參與那個秩序而受惠。中國自改革開放以來所取得的輝煌成就，與其積極掌握自由開放的多邊貿易體系所帶來的機遇有密切關係，當中中國於 2001年加入世界貿易組織（World Trade Organization）至為關鍵。然而，「自由國際秩序」的遊戲規則既然由美國制定，則肯定對美國和西方國家最為有利，而它們往往能夠巧妙地利用、改變甚至違反遊戲規則來為其利益服務，即使犧牲別的國家的利益也在所不惜。正如斯塔恩凱爾（Stuenkel）所說，「在很長的時間內，西方大國具備條件去玩那個競爭性多邊主義的遊戲，並從中獲利。它們巧妙地將爭議從一個〔國際〕組織轉移到另外一個組織，務求讓自己的計謀得逞。G20 是一個最佳例子：這個組織成立的目的，是避免讓金融危機在聯合國大會或在其屬下的經濟和社會理事會內討論。西方後來又讓 G20 靠邊站，〔在驅逐俄羅斯之後〕轉而把注意力放在 G7 之上。〔…〕無疑，西方有能力讓規則和制度為自己服務，並在關鍵時刻團結起來，從而延續它在全球治理上的影響力，而其他國家則無此能耐。」（Stuenkel, 2016:188-189）

美國經常按照自己的利益去改變國際秩序，或者在應用遊戲規則時採取雙重標準，又或者不予尊重的行徑讓不少國家懊惱和憤怒不已。事實上，美國建構和主導「自由國際秩序」的目的，除了要按照其價值觀塑造世界外，最重要的目標還是要建立一個符合美國國家利益和保衛美國國家安全的全球體系。因此，美國在二次大戰後一直以來都訴諸各種手段意圖改變國際體制和別國的政治、經濟、文化和社會制度和狀況。所以，在這個干預別國內政的意義上，美國從來都是修正主義國家。已故的美國著名國際關係學者吉爾平（Gilpin）很久以前已經指出，美國在二次大戰後建立一個開放、比較穩定和繁榮的世界經濟和隨之而來的全球化和各國之間相互依賴的體系的理由，是要捍衛其國家安全的利益。稱霸的美國一手締造自由世界秩序並以美國的軍事力量維繫之。（Gilpin, 1981; Milner,

2018) 科特金（Kotkin）也說，「二次大戰後湧現的各式各樣跨國機構和做事方法不應被視為一種名為『自由國際秩序』的新的虛幻東西，而是應理解為美國用以建構和拓展其廣闊的新勢力範圍的機制。」（Kotkin, 2018:12）

誠然，美國在二次大戰建構的「自由國際秩序」並沒有涵蓋全世界，而且也只是局部「自由」而已。在冷戰時期，社會主義國家沒有加入，而一些加入了的美國盟友既非民主國家，更談不上是「自由」國度。這個「秩序」有些時候和在一些地方也會出現「失序」的事例。美國在有需要時會毫不猶豫違反甚至單方面重寫遊戲規則。（Walt, 2018b:55）冷戰結束後，雖然很多國家陸續參加這個秩序，但它們對美國制定的制度和法規並不完全認同，尤其是不接受美國對「民主」、「自由」、「人權」、「法治」和「市場經濟」等概念的定義。

當然，不少美國人始終相信美國主導的國際秩序對其他國家的發展十分有利。不過，正是因為該秩序主要是為美國利益服務，所以為了滿足自身利益，美國會不時單方面改變那個秩序。從這個維護自身利益的角度看，美國從來都是名副其實的修正主義國家。林德（Lind）指出，「二次大戰結束後，美國奉行一個旨在顛覆現狀的策略，其中包括散播自由主義、自由市場和美國在全世界的影響力。」（Lind, 2017:75）「1971 年，美國政府採取行動捍衛其經濟利益。它悍然叫停美元與黃金的固定兌換率，實際上是讓美元對其他貨幣貶值，目的是要幫助美國的出口商和國內的商人。此舉刻意摧毀布雷頓森林體系（Bretton Woods System），在這個體系中大部分其他貨幣與美元的匯率被固定下來。美國的領袖在 1945 年後首次視自己的底線為至關重要，而保存和整合世界經濟體系則只屬次要。」（Westad, 2017:396）「從 1968 年到大約 1982 年，美國在印度支那半島的戰爭失利，美國在政治和軍事上處於弱勢，美國採取單方面行動來支撐其經濟利益，讓人覺得美國的霸權優勢不再，而其行為也變得越來越自私自

利。」(Westad, 2017:397)「在歐洲，蘇聯在 1991 年倒下後，美國和其盟友並不着重保存現狀，它們反而向東挺進，把所有前蘇聯的華沙公約盟國和一些前蘇聯領土（比如波羅的海諸國）吸納進北約。與此同時，歐盟又伸展到東歐。在烏克蘭，美國和歐洲的決策者則迫使那個親俄羅斯政府倒台，並扶植一個親西方的政府上台。」(Lind, 2017:78)

美國著名保守派政論家卡根（Kagan）更明確表示，「今天很多人緬懷那個美國在二次大戰後建立的所謂『有規可循』的秩序（"rules-based" order）。然而，對美國來說，在戰略問題上，那個秩序卻並不『有規可循』。當美國認為有需要時，則無論對或錯，美國會違反規則，包括那些它信誓旦旦聲稱要捍衞的規則，比如在冷戰時期多次沒有聯合國授權下軍事介入〔別國內政〕，或者在沒有國際社會批准下從事秘密行動。」(Kagan, 2018b:52)

冷戰結束後，美國在巴爾幹半島和中東的所作所為，以捍衞人權、推進民主或改變別國政權為名，嚴重侵犯別國的主權，這其實也是對其「自由國際秩序」的突出修正主義事例。「事實上，就它的主要目標而言，冷戰後美國的外交政策嚴重偏離了在大部分有記載的歷史上大部分國家的外交政策。美國把其與蘇聯爭霸過程中積累起來的龐大力量應用在獨特和前所未見的地方。」(Mandelbaum, 2016:3) 1991 年海灣戰爭結束後，美國在伊拉克北部庫爾德族人聚居的地方劃定禁飛區。「在其後的 20 年，美國在國際關係上的舉措主要針對別國的內部政治和經濟情況，而非它們的對外行為。美國外交政策的焦點從戰爭轉移到管治上，從別國政府在國外的所作所為轉移到它們在國內幹甚麼和它們的政權是如何建立起來的。」(Mandelbaum, 2016:3) 其中美國和其盟友通過武力介入，讓科索沃從塞爾維亞脫離出去，乃踐踏別國主權的最粗暴例子。「在冷戰期間，美國以圍堵為務。冷戰結束後，其外交政策側重於改變〔別國的政權〕。冷戰事關保衞西方，冷戰後的外交政策意圖是要在政治和意識形態上把西方

伸展出去。〔…〕只有在冷戰後別國的內政才成為了美國外交政策的主要關注點，而這才讓這段時期顯得特別與眾不同。」(Mandelbaum, 2016:4-5) 不過，正如沃爾特（Walt）明確指出，冷戰結束後，美國在主流外交政策精英的主導下，其旨在傳播美國價值觀和體制的外交、民主輸出，和改造其他國家的所謂「國家建造」(nation-building) 的擴張性政策通通以失敗告終，不單為受影響國家帶來禍害，也大大削弱了美國的國際地位和聲譽。(Walt, 2018b, 2019)

很多時候，為了維護美國自己的利益，美國會拒絕參與國際協定。「對於那些有利於削弱對資本和商業活動的監管的事情，美國願意甚至熱切地犧牲自己的國家主權。當有關目的是要規管工商業或推進人權的話，美國則通常會越趄不前。那些大部分國家已經簽署但美國卻沒有簽署或未被批准的國際協議有：數項與國際勞工組織有關的核心協議、1994 年的海洋條約、1998 年在羅馬簽訂的有關確認國際刑事法院的管轄範圍的協議及 1997 年有關碳排放的京都協議。那個力度有限的 2004 年『種子條約』〔糧食和農業植物遺傳資源國際條約〕尚未被美國確認，而美國又沒有確認 1992 年代生物多樣化協議、有關監管有毒廢物交易的巴塞爾協議和有關持久性有機污染物的斯德哥爾摩協定。在 1980 年後開展談判的主要的人權條約之中，美國只簽署了兩條，但全部未被〔美國國會〕確認，它們包括一些旨在消除對婦女歧視和針對兒童權利的協議。而那些美國拒絕簽署的條約則包括那些與禁止地雷和集束炸彈、消除酷刑和殘疾人士權利的條約。」(Kuttner, 2018:255) 最新的例子是 2019 年 4 月美國單方面宣佈撤回武器貿易條約簽署國身份。

美國和部分西方國家那種把人權置於國家主權之上的立場，並以維護人權為由介入別國內政，甚至策動「顏色革命」來改變別國的政權，其實經已嚴重破壞了以聯合國為中心和以尊重國家主權為基本原則的國際秩序。美國著名戰略家基辛格（Kissinger）曾鄭重提出警告，那個以國家主

權為中心的、發軔於 17 世紀的威斯特伐利亞體系（Westphalian System）正備受挑戰。他指出，「這個體系的智慧和它之所以得以在全世界散佈是因為它着重程序而非實質。如果一個國家願意接受它的基本要求，這個國家便會被承認為一位國際公民。它可以保持自己的文化、政治、宗教和內部政策，並在國際體系的護罩下不受外來干涉。」(Kissinger, 2014:27) 美國、英國和部分西方國家雖然是那個以主權國家為成員的聯合國的主要締建者，但也就是它們以自己單方面的行動嚴重損害了聯合國創立的基本原則。

在構建「自由國際秩序」的同時，美國實際上也在樹立和行使「自由霸權」(liberal hegemony)。通過各種軍事、經濟、金融、宣傳、顛覆甚至征伐的手段，美國竭力把自己的人權、民主、法治、自由和資本主義市場經濟等價值觀強加於其他國家。它不斷以「人權高於主權」為幌子干預別國內政，置他國的主權、政治與文化傳統和各國人民自由選擇自己發展道路的權利於不顧。總體而言，儘管美國的「自由霸權主義」成功的例子寥寥可數，但卻為不少國家比如伊拉克、阿富汗和利比亞帶來災難。連綿不斷的戰爭讓美國人民付出了沉重的代價，但美國的外交政策精英們卻仍然固執己見，尚無「迷途知返」之意。(Mearsheimer, 2018; Engelhardt, 2018；Rapp-Hooper & Lissner, 2019; Walt, 2019) 正如道爾（Dower）所言，「儘管美國的〔自由〕霸權已經呈現裂痕，但美國的領導人仍然不以為意。國防部的官員們依然追求在全世界建立全方位的霸業。」(Dower, 2017:15)

中國和俄羅斯對美國主導的「自由國際秩序」的不滿更是溢於言表。中國認同俄羅斯建構一個多極國際體系的願景。從實際角度而言，兩國都希望出現一個不受單一霸權支配的世界，但卻願意看到數個權力中心相互合作、而國與國的關係又受到國際法和聯合國憲章約束的世界。「中國的精英們一直以來相信現有的〔國際〕秩序仍然對其對手尤其是美國有利，

而中國則從中得益較少。另一個被人忽視的、招致中國不滿的原由,是因為當前的世界秩序中一些關鍵部分仍然不讓中國參與,特別是那些由民主國家們締結的安全同盟。」(Pei, 2018:164)事實上,中國不會相信那個美國主導的世界秩序會承認中國共產黨領導的中國政府之認受性。

對美國構建的「自由國際秩序」不滿的國家並不限於與美國在意識形態上差異極大的中國和俄羅斯,其他新興大國也有同感。新興大國比如巴西、印度、土耳其等對現在的「自由國際秩序」甚有微言,認為它主要是為西方大國服務。比如說,「巴西的精英分子反對讓自己的國家成為美國的聯盟體系的一個組成部分。」(Spektor, 2016:31)「〔巴西精英們給人的印象是〕巴西是一個決意要挑戰現存的規範和制度的非現狀國家。」(Spektor, 2016:33)「〔他們認為〕大國以武力、嚴苛和往往隨意的規則和國際機構,把自己的意願強加於弱國,而那些東西多半是為那些建構戰後秩序的大國的利益服務的。」(Spektor, 2016:33)「巴西的觀點是,冷戰結束後,美國變成對現狀的最大的單一威脅。它干預別國的方式、它對武力的運用、它跨境應用美國法律、它蓄意改變別國的政權、它有條件地接受主權的原則和它熱衷於劃分『文明』國家和『野蠻』國家,如此種種使得美國在9.11事件後對國際秩序構成威脅。」(Spektor, 2016:34)在這裏值得一提的,是就連美國的親密盟友日本對美國鼓吹並施加於日本的「普世價值」、自由國際秩序、單邊主義和干預別國內政也不完全認同,認為與日本原來的政治文化有別。(Pyle, 2018:356;Smith, 2019)

眾多非西方大國對美國的「自由國際秩序」不滿,並謀求對它進行改革,本身已經足以動搖其根基,並為其平穩暢順運作添加不少障礙。更甚者,如保羅(Paul)所擔憂的,「即便新興大國不訴諸戰爭來挑戰現存的國際秩序,持續的衝突和危機也會發生,正如我們在東亞和烏克蘭目睹的情況。對全球管治方式的分歧和對勢力範圍的不同理解都會產生不少矛盾和不確定性,並使得一些需要集體行動才能解決的問題難以找到對策,這

從主要國家在締結新的全球貿易規則和在控制氣候變化上缺乏共識可見一斑。」(Paul, 2016:4)

歷史經驗顯示，新大國的崛起，必然會對現有國際秩序造成衝擊，今天也不會例外。美國保守派評論家卡根 (Kagan) 之所以把 19 世紀崛起的美國形容為「危險」的國家，就是因為縱使美國宣揚自由、平等與和平等政治理念，但其對外擴張和爭霸的意圖卻昭然若揭 (Kagan, 2006)。卡根指出，「古往今來，所有崛起中的勢力，無論是古代希臘、19 世紀德國、19 世紀末日本或 20 世紀末中國，都有一個共同特徵，那就是它們對不斷膨脹的利益和對應得權利的追求。美國在 19 世紀最後幾十年作為一個正在崛起的大國在此也不例外。」(Kagan, 2006:304)「這解釋了美國在 1880 年代和在 1990 年代初期為何大力擴建海軍。美國期望得到一個大國所應該得到的尊重。尤其是在它所在的西半球，美國渴望被其鄰近國家和歐洲列強承認為主導西半球的『仲裁者』。」(Kagan, 2006:349)

非西方國家對「自由國際秩序」的批評和不滿固然對它的延續和進一步擴張構成障礙，美國和其他西方國家對它的懷疑和怨懟其實對「自由國際秩序」的存廢帶來更難對付的威脅。西方的精英和羣眾越來越認為「自由國際秩序」對自己不利，它的遊戲規則更多的是被一些非西方大國尤其是中國有效利用，「犧牲」了西方的利益，更促成了它們的崛起，並對西方國家形成日益嚴重的經濟、政治、意識形態和安全威脅。「自從 1970 年代以來，全球經濟發生巨變，起初美國乃受惠者，但其後卻讓中國和其他亞洲國家取得優勢。逐漸地，經過冷戰結束後一代人的時間，美國不再能夠獨霸世界。它需要與其他國家在一個多極世界中共同合作。美國在 1990 年代的過度自我放縱，以及在 2000 年代無法運用武力去重整伊斯蘭世界的秩序，美國因此在面向一個美國國力相對下降的新世紀之際，白白浪費了很多機會。」(Westad, 2017:620)

近年來，美國對其一手建構的「自由國際秩序」的態度愈趨負面，從

而持續減少對這個秩序的承擔。越來越多的美國人亦反對美國過多介入國際和其他國家的事務，認為那會虛耗美國的國力。特朗普總統上台後，在「美國優先」（America First）的大纛下，美國明顯不如過去般願意承擔起捍衛「自由國際秩序」的責任，反而不斷對其進行破壞。「這個承擔建立在兩根支柱之上。其一是美國為其盟友提供可靠的安全保證，從而避免世界重蹈 1945 年前的歷史覆轍，並讓和平、繁榮和民主發展得以達致。其二是美國和其他參與『自由國際秩序』的成員國締結的自由貿易條約。其他成員國願意放棄其一直以來的地緣政治野心，讓美國擁有壓倒性的軍事力量，以換取美國對一個開放的經濟秩序的支持，而其他國家也可以在該經濟秩序中參與競爭和取得成功。美國不會把參與那個秩序的國家尤其是盟友視為一場零和遊戲中的競爭者。美國也會通過參與國際組織、積極推進多邊外交和與其他國家共用自由價值觀來培育彼此都是『共同體』的成員的認知，並在價值觀和利益共同的基礎上一起奮鬥。」（Kagan, 2018b:135−136）可是，美國總統特朗普的政策則剛好相反。他認為世界各國都是為了本身利益而相互爭鬥不已，「叢林法則」（law of the jungle）而非「互利共贏」才是國際遊戲的主要規則。

卡根指出，戰後美國外交政策的核心前提是美國不會動用其無與倫比的實力與那些加入自由世界秩序的盟友和其他國家競爭。（Kagan, 2018b:138）然而，近年來，民粹民族種族主義在美國抬頭，並為特朗普贏得美國總統選舉。美國的民粹民族種族主義在相當程度上排斥「自由國際秩序」，反對美國繼續擔當它的守護者，認為美國應該優先追求本國的利益，尤其是白種人的利益，必須大幅減少對其他國家包括西方盟友的包括安全保證的承擔，更無必要為國際社會提供近乎「免費」的公共產品。特朗普的政治戰略在頗大程度上體現了這種對「自由國際秩序」的負面態度。

萊佛勒（Leffler）對特朗普的政治戰略有簡要的描述，「特朗普的追求美國偉大的戰略是一個『美國優先』的計劃：對盟友的承擔最小化、把所

有國家都視為競爭對手、把美國從多邊機構的桎梏中解放出來、通過雙邊談判來取得貿易有利條件、增強軍事力量、與那些支持自己的獨裁者為友、在零和遊戲的國際政治框架內單方面行動。」(Leffler, 2018)

　　事實上，除了那些民粹民族主義者外，近年來認為美國應該放棄其一貫的大戰略的學者和戰略思想家為數不斷增加，不過尚未形成主流。他們認為美國不應該繼續維持在全球的高姿態，因為這既不必要，又浪費資源和產生反效果。美國應該採取一個「最少化」戰略，那就是「離岸制衡」(offshore balancing)。簡單說，就是要大幅減少美國在海外的軍事部署和對其他國家的安全承擔。更多地依靠盟友去抵禦其他大國，只有當它們力有不逮時美國才出手進行「在岸」(onshore) 相助。這種想法其實與特朗普的一些主張若合符節。（Reich & Lebow, 2014; Sachs, 2018; Mearsheimer, 2018; Walt, 2018b, 2019; Rapp-Hooper & Lissner, 2019）

　　「無論他意識到與否，特朗普經常提倡回到那套美國的國際主義尚未出現前的外交教義：保護主義、單邊主義、大陸主義 (continentalism)〔只關注美洲本身的事〕和重商主義 (mercantilism)〔在貿易中爭取順差最大化〕。〔⋯〕無論用甚麼標籤來形容都好，毫無疑問，特朗普提出要脫離美國長期以來奉行的那套野心勃勃和全球導向的國際主義政策。他呼籲要回到那套美國在二次大戰後已經被揚棄的狹隘的民族主義。」(Blands, 2018:84–85)「全球化所產生的不公平現象讓美國選民認為美國的領導人過分偏重國際性的事項，從而讓那些四海為家的精英得益，但卻損害了老百姓的福祉。」(Blands, 2018:97)「特朗普施政的指導原則是相信美國所構建的各種安排（自由貿易協定、與其他國家的聯盟、國際組織）讓美國系統地受到剝削。美國要重新繁榮和強大，就必須承認全球性事務根本上是一個零和遊戲。〔⋯〕要求鞏固美國的經濟主權和行動自由，為此不惜犧牲〔美國一手建立的〕國際體系。〔⋯〕特朗普〔不認為〕有一批與美國志同道合的國家存在，所以美國沒有需要與任何國家締結長期的利益

聯繫。」（Blands, 2018:161–163）「特朗普同時在另一方面，通過壓縮美國作為全球民主和人權推動者的角色，對『自由世界』造成危害。」（Blands, 2018:166）

保守派的卡根（Kagan, 2018）更形容特朗普的美國為「無賴國家」（rogue state）。他批評特朗普既不願擔當自由國際秩序的守護者，又不願意削減美國在海外的承擔。「美國是一個無賴超級大國（rogue superpower）。它既非走孤立路線或國際路線，既非退縮或走向衰敗，反而變得進取、強勢和極度自私自利。最近幾個月，在貿易、伊朗、北約防務開支和也許在朝鮮問題上，特朗普總統顯示他是一個不惜拋棄那些限制美國行動的道德、意識形態和戰略的制約的一位總統，其意圖是要迫使那個冥頑不靈的世界向他的意向低頭，至少在一段時間內是這樣。特朗普不但罔顧自由世界秩序，他更是為了狹隘的利益而從中榨取好處。他的所作所為迅速摧毀了那些維繫自由秩序的信任基礎和共同目標，而正是這個秩序的存在才讓國際紛亂在過去 70 年得以避免。他之所以取得『成功』（如果是成功的話），是因為他蓄意做一些以前的總統不願意做的事情，那就是肆意利用戰後秩序內不同國家之間在實力上的巨大差距，並強迫美國的盟友和夥伴付出代價。」

自由派的薩克斯（Sachs）同樣形容美國為「無賴國家」（rogue nation）。他慨歎美國從聯合國的創始者和構思者淪落為一個反對聯合國的倡議者，而反對的理由實屬荒謬，純粹因為大多數成員國確認那些〔原先由美國提出的〕倡議。自從 1994 年以來，美國參議院拒絕確認所有聯合國擬定的條約。美國也不斷削減給予聯合國的經費，而此舉的目標之一是要弱化多邊合作和強化美國的「主權」。他進而指出，美國大幅減少對外援助，越來越依靠軍事力量而非外交工作去維護美國利益，甚至以犧牲別國的利益來滿足自己的利益。（Sachs, 2018:171–184）

波森（B. Posen）直言，「〔特朗普〕與他的前任總統們割席，把大部分

『自由』部分從『自由霸權』中拿走。他仍然尋求保留美國在經濟和軍事實力上的優勢，以及美國在世界上大部分地區的安全仲裁者的角色。但他卻選擇放棄輸出民主和逃避許多多邊貿易協議。換句話說，特朗普開啟了一項『非自由霸權』（illiberal hegemony）的大戰略。」（B. Posen, 2018:20–21）「雖然說了很多關於避免在國外進行冒險和發生糾葛的話，但實際上，特朗普政府仍然下定決心要與世界上其他軍事大國〔主要是中國〕進行地緣政治較量，及繼續維持美國與其盟友既有的正式和非正式的關係。」（B. Posen, 2018:27）

　　帕特里克（Patrick）的看法更為負面。他批評說，美國總統特朗普承諾推行一條民族主義和帶有交易性質的外交路線，焦點乃為美國謀取狹隘的物質利益，無視其對美國在 1945 年以來建構的自由世界秩序的後果。在特朗普的領導下，美國退出了巴黎氣候協定、退出了多國與伊朗達成的限制核武器的協議、退出了跨太平洋貿易夥伴協定（TPP）的談判、不斷攻擊聯合國和其屬下的組織、對盟友和其他國家出口到美國的產品開徵關稅、批評國際刑事法院、威脅退出世界貿易組織（WTO）等體現單邊主義和蔑視國際規則的行動。那個以西方為中心的秩序的危機正在深化。然而，結果會適得其反。特朗普在競選運動中的中心思想是要減少美國遭受國際威脅和不公平經濟競爭的衝擊，但他所認可的步驟卻會趕走美國的盟友和加快美國所製造的世界淪亡的速度。（Patrick, 2017）不過，鮮有觀察家認為特朗普奉行的政策有成功的機會，大多數分析者傾向認為它會損害美國利益和導致國際秩序更加走向崩潰。（Gordon, 2018; Rose, 2018）科恩（Cohen）相信，特朗普雖然信誓旦旦要在「美國優先」的旗幟下徹底改變美國的外交政策，但真正作出的改變其實十分有限。然而，他卻延續了美國已經形成了的逐步退出履行對全球承擔責任的路線，並承認美國只是眾多的國家其中之一而並非所謂「不可缺少的國家」（indispensable nation）。這個看法認為，「華盛頓應該追求自己的利益，主要在本國及間

歇性在海外捍衛自由，並從原則上排斥那些美國過去的領袖們小心建立起來的國際組織。」(Cohen, 2018)

西方學者的基本看法是，那個由美國建立的自由國際秩序的核心其實是一個「大交易」(grand bargain)。為了避免美國不會重蹈被捲入兩次大戰的覆轍，美國需要確保全球和平。為此，美國負起為歐洲和亞洲提供安全的重責。這個安全交易還有一個經濟層面。美國希望它的盟友有強大的經濟，有力抗擊來自左右兩翼極端主義的進攻，並能防止過去引發大戰的軍備競賽和地緣競爭。這個交易是自由世界秩序的基石，包括美國在內的所有參與者都能受惠。不過，它卻使得美國的盟友容易受到傷害，即便到了今天情況依然一樣。盟友們繼續依賴美國給予安全保證和得以進入龐大的美國市場。當然，這個大交易對美國也是有利，不然的話，過去大國衝突的情況會重臨，而美國也難獨善其身。

雖然不少美國的專家學者對特朗普所作所為批判有加，但觀乎美國的國內形勢和民情民意，特朗普所代表的對「自由國際秩序」的負面看法卻得到很多美國人的認同。即使特朗普不再擔任美國總統，美國也難以恢復扮演過去那個「自由國際秩序」的捍衛者的角色。

不但美國，就連歐洲對維護那個「自由國際秩序」的決心和信心也在動搖之中。尼布利特 (Niblett) 認為，「對自由秩序的最大威脅其實來自內部。〔…〕今天，歐盟因為接踵而來的危機而焦頭爛額和停止擴張。『英國脫歐』後，歐盟的體積反而首次在其歷史上縮小了。在大西洋彼岸，美國沒有過去那麼願意承擔全球領導角色，而這個角色過去在維繫全球秩序上極為重要。西方不會好像過去般執意要在全世界推廣西方民主。」(Niblett, 2017:17)

對此，埃莫特 (Emmott) 沉痛地說，「西方的〔開放和平等〕理念曾經取得極大的成功。然而今天這些理念正遇到麻煩，而且是非常大的麻煩。在西方的中心地帶，包括美國、歐洲和至少是 1970 年代以來的日本，

一種衰敗的感覺已經出現。西方的衰落從經濟失敗和失望開始，蔓延到老齡化、缺乏活力的人口結構、繼而延伸到一種新的對世界事務失去影響力的無力感。這種感覺，以及在其背後的各種病症，製造了新的國與國之間及各國內部的種種分化，並在那些原來由西方國家在 1945 年後幾十年建構起來、讓西方世界的集體力量和持久力得以強化的眾多國際合作組織中製造了裂隙。現在是令人悲觀的時刻、分崩離析的時刻及民族主義重燃的時刻。」（Emmott, 2017:4）他更悲觀地預言：開放、平等和它們通過民主政體的體現等西方的象徵會隨着時間的推移而削弱，甚至有可能摧毀它們自己的根基（Emmott, 2017:6）。德羅茲迪亞克（Drozdiak）和另外一些學者更以「破碎的大陸」（"broken continent"）來形容今天的歐洲，「在一個人們越來越感到不安全的氛圍中，選民對主流政府領袖的信心下滑，並強化了法國、匈牙利、荷蘭和波蘭的極右民粹政黨的仇外綱領。它也加深了基督教徒和回教徒的互不信任。〔…〕一個統一的歐洲越來越失去吸引力，原因是經濟停滯和年輕人對此不存幻想。」（Drozdiak, 2017:xvii）「對美國而言，一個分裂和弱化的歐洲對其全球領導地位構成嚴重威脅。冷戰結束後，大西洋聯盟已經迷失方向。美國與歐洲之間在蘇聯解體前的凝聚性和目標一致性已經不復存在。」（Drozdiak, 2017:xviii）「肯定地說，一個分裂的歐洲的命運會決定未來西方民主能否生存下去，尤其是在威權模式正在全球冒起之際。」（Drozdiak, 2017:xxi）

　　中國和俄羅斯等國家反對美國的「自由霸權主義」最力，也是多極世界的鼓吹者和推動者。在多極世界的理想的背後是一個明顯的現實，那就是：俄羅斯和中國，以及另外幾個國家，都擁有足夠的塊頭，因而擁有自己的獨特利益和對區域和全球發展的看法。俄羅斯政治學者盧金（Lukin）指出，中俄兩國不會滿足於一個完全由一個大國（美國）獨霸、而那個大國又漠視它們的利益的世界秩序。然而，它們卻基本上接受那個二次的大戰後的國際結構、相關的國際法和聯合國安理會所行使的最高權威。作

為聯合國安全理事會的永久成員國，它們的地位與美國均等。中俄兩國在歷史上都是舉足輕重的大國，並在歷史上享有崇高的國際聲譽和地位。它們不會滿足於今天的國際地位。爭取與美國平起平坐的地位乃兩國孜孜以求的戰略目標，而為了達到這個目標甚至會不惜犧牲一些實際利益。（Larson & Shevchenko, 2019）然而，有趣的是，美國現在畢竟是一個比中俄都要強大的國家，而為了更「自由」地、不受別國約束地追求國家利益，美國自然地也會試圖改變那個對其訴求造成約束的、〔以聯合國為中心的國際〕體系。」（Lukin, 2018:94）

　　愛沙尼亞政治學者穆勒爾遜（Müllerson）斷言，「現在的情況已經很清楚，中國和俄羅斯不可能整合到那個由西方國家同盟制定和具強制性、並由美國主導的國際體系之中。〔…〕西方須與中國和俄羅斯談判有關接納兩國進入一個多極化的國際體系之中的情況和條件。」（Müllerson, 2017:121）

　　華裔美籍學者趙穗生（2018）認為，在特朗普實行孤立主義之際，中國乘虛而入，在全球治理中發揮越來越重要的作用。中國接受威斯特伐利亞和平協議（Peace Treaty of Westphalia）的國家主權原則，這是戰後秩序的基本規範，它同時順應新興的跨國規範，但中國是想要當修正現狀的利益相關者，它所不滿的並非現在秩序的原則，而是中國在此秩序中的地位。如果可以通過協商增加中國的發言權和分量，改變一些規則，藉此滿足其要求，中國或許會在改革世界秩序方面發揮建設性的作用。他進而指出，中國對於美國的支配地位越來越感到難以接受，尤其不滿意自己在制定規則和規範上的角色，其挫折感主要體現在以下三個方面：第一，許多規則和規範是在美國主宰下創設，以符合美國對於人權、自由的價值觀，以及在民主制度中充分實現這些價值觀。中國對於國家組織放手退場，以利西方公民社會和非政府組織壯大的想法感到不安，中國也抗拒一個強迫它接受自由主義價值觀，並干涉其內政的全球秩序。中國支持這個秩序

是因為它的功用，而非任何最終信念體系，因此它精挑細選要參與和反對的項目。第二，中國認為現在的秩序有利於美國，而阻礙中國實現其大國夢。隨着全球勢力分佈出現根本變化，中國要求全球治理體系有所轉變，給予中國更大發言權和分量。雖然美國一向鼓勵並常常協助中國人融入國際體系，但不樂見中國成為競爭對手，而只想中國乖乖接受美國的主導地位，以換取在現有秩序中佔一席位和擁有發言權。第三，美國在遵守國際規則和規範方面持雙重標準，令中國甚為不滿。中國國家主席習近平在 2014 年的亞洲相互協作與信任會議（亞信會議）上宣佈，亞洲的安全要靠「亞洲人民來維護」。他依靠上合組織和亞信會議這類組織，不但能夠推動他的「命運共同體」構思——提出這一點是希望建立共同的亞洲身份，還能發展在北京和華府關係以外的重要外交關係。習近平要求發展中國特色、中國風格和中國氣派，並且拿出中國方案，顯示中國智慧和發出中國聲音，藉以強調中國對全球治理的貢獻，作為其民族復興論述的中心要素。2013 年提出的、至今已耗資逾千億美元的「一帶一路」以及亞洲基礎設施投投資銀行倡議，就是中國的方案，顯示中國在制定地區貿易和投資架構的規則方面，擁有規範性的力量。習近平希望利用中國的財富去創造新型的全球化，改變西方主導的機構的規則，藉此重塑全球秩序，把其他國家更緊密地拉進中國的勢力範圍。雖然「一帶一路」還在醞釀成形之中，但它雄心勃勃的目標，顯然是要建構一個以中國為中心、由非西方國家組成的洲際網絡。中國是一個想修正現狀的利益相關者。修正型國家可以分為三種不同層次：第一種是革命修正型國家，希望同時改變規則和地位等級；第二種是激進修正型國家，致力改變規則，但主要在國際社會的原有架構內進行；第三種是正統修正型國家，對於規則並無不滿，但希望在分配地位方面能有所改變。趙穗生認為，中國是正統修正型國家，它不是一味反對原有秩序，而是積極加強和重塑它的元素，以提高中國作為規則制定者的地位，擴大它在這個層級中的影響力。

中國學者張睿壯也否認中國有意挑戰現有的國際秩序。他認為要成為名符其實的超級大國,中國要走的路仍然很長。過高估計中國的實力非常危險。這樣只會在國內散播虛假的民族自豪感和盲目的亢奮,並鼓動沒有基礎的野心和鬥心。在國外,這樣會引起人們對中國在世界秩序擔當的角色及其實力和意圖的不成熟驚恐。(Zhang, 2018:245)美國著名中國問題專家沈大偉(Shambaugh)甚至斷定中國尚非全球性大國。他覺得中國缺少軟實力、國際外交影響力和覆蓋全球的軍事力量。他甚至嘲笑中國是 21 世紀的「紙老虎」,在很長時間內中國的實力都難以與美國並肩,更遑論挑戰美國主導的國際秩序。(Shambaugh, 2018:225)

即便如此,大多數西方專家學者即使認為中國還沒有推翻或徹底改造現有國際秩序的實力,但他們卻始終懷疑中國的意圖,相信中國的目的是要推動國際秩序的改革,並取代美國成為世界霸主。曾任葡萄牙外交部長的麥卡爾斯(Maçães)明言,「『一帶一路』是中國意圖建構一個用來取代美國主導的國際體系的新世界秩序。」(Maçães, 2019:5)又說,「『一帶一路』是一個充斥着中國的政治原則,並以中國為核心的全球秩序的稱謂。經濟上,中國會組建和領導越來越大份額的全球供應鏈,將最有價值的生產部分據為己有,並與其他國家建立強韌的協作和基礎設施紐帶,而其他國家在其中的角色則只是佔據價值鏈中的低端部分。政治上,北京希望設立一套西方能夠從中得益的反饋機制:利用投資、基建和貿易上的深度聯繫來左右它們與中國的關係。」(Maçães, 2019:30)

既然現有的「自由國際秩序」無以為繼,而美國、中國、俄羅斯和其他大國又銳意按照其不同的利益和理念提出新世界秩序的看法,則未來的新國際秩序將會是大國較量的結果。儘管未來國際秩序的輪廓尚欠明朗,但新國際秩序的建構過程肯定非常艱辛,甚至會出現多個「國際秩序」並存的情景,大大小小的衝突和鬥爭將不可避免,世界在可預見的將來難免會陷入混亂動盪狀態。這從各國不同的觀察家對未來國際秩序的預言中

可見一斑。

　　薩克瓦（Sakwa）相信，「新的世界秩序將會是一個『競爭與相互依賴並存的辯證組合』。舊的『歷史西方』（美國和其盟友）正受到由俄羅斯和中國領導的『大歐亞板塊』的平衡，其他國家（尤其是伊朗和土耳其）則自行選擇與那一方結伴。當前，位居『歷史西方』的核心的大西洋系統因為『英國脫歐』和特朗普當選總統而受壓，進一步加劇那個大西洋紐帶逐漸鬆脫的趨勢。在另一方，大歐亞板塊正陸續成型和制度化，即便其整合過程的深度有其局限。基本上，大歐亞板塊仍是一個具有足夠靈活性和經濟潛力的發展方向，它會吸引其他國家的加入，但不會成為有嚴格紀律的集團。成功與否在相當程度上取決於中國經濟的命運。」（Sakwa, 2017:321）他估計，「今天的國際關係比 1989 年以來任何時候都兇險。原來的冷戰是具有全球含義的區域性衝突，而現在的對抗則是具有區域性含義的全球化過程。新的管控那兩個截然不同的政治集團之間的衝突的辦法必不可少，不然的話，意外地觸發戰爭的危險是真實存在的。『新世界秩序』尚未形成，但重塑國際體系的過程卻會提供機會讓那些 1989 年滋生但尚未處理好的事情得到解決。」（Sakwa, 2017:328）

　　曼德爾鮑姆（Mandelbaum）則斷言「中國和俄羅斯的外交政策〔…〕讓世界局勢重新回到過去的大國角力政治。」（Mandelbaum, 2016:316）然而，他同時卻認為美國必須制定一套新的圍堵策略（new containment）來對付俄羅斯、中國和伊朗，並爭取同盟國的支持。舊的圍堵蘇聯的策略較為簡單，因為對手只有一個，新圍堵策略則複雜得多，但軍事圍堵則是不可或缺的。（Mandelbaum, 2019）

　　有人則認為「自由國際秩序」無可避免要面對解體的命運。例如，沃爾夫（Wolf）斷言，「我們經已目睹一個經濟時代的結束。西方領導的全球化和在地緣政治上那個冷戰後『單極時刻』無以為繼。〔…〕問題是世界會面臨哪個局面？是哪個由美國領導的二次大戰後的自由秩序的解體，

還是國際合作重新湧現。〔…〕簡單地說，解體較為可能。」（Wolf, 2018）

德德尼（Deudney）和伊肯伯里（Ikenberry）卻對「自由國際秩序」的生存能力有信心。他們相信即便新興大國尤其是中國對「自由國際秩序」有怨言，但有幾個因素讓「自由國際秩序」難以被推翻。第一，數量龐大的人羣的活動和期望與其息息相關。第二，各方面有着極大的相互依存度。第三，這個國際秩序不要求每一個成員都實行自由民主政治。第四，意識形態對立重臨會讓實施自由民主的國家更提起精神維護自由國際秩序（Deudney & Ikenberry, 2018）。因此，新興大國只會要求該秩序的改革，而非要推翻它。奈（Nye）也同意說「總的來說，中國沒有意圖去推翻現有的國際秩序，它反而是要求增加其在這個國際秩序中的影響力。」（Nye, 2017a:13; 2019）然而，奈也認為，儘管美國的綜合國力仍然首屈一指，但其相對優勢正在下降，而所謂美國主宰的單極世界已經過去，因此它必須通過加強與其他大國的合作，才能更好地維護美國自身的利益，和化解那些全球性的難題。（Nye, 2019b）

部分分析家則較為樂觀。尼布利特覺得，「將來可能出現的是一個自由的國際經濟秩序，其中包括擁有不同政治體制的國家。短期內，這會讓民主國家和那些不自由的國家找到共存之道。」（Niblett, 2017:17）也有人認為那個「自由國際體系」不會瓦解，美國的霸主地位仍然在一定程度上得以維持。沙利文（Sullivan）肯定地說，「縱然有各種風險，但有關國際秩序的瓦解的謠言卻是過度誇大的。這個秩序在興建時已經具備了防禦全球政治和經濟巨變的能力，也會在特朗普任期結束後繼續生存下去。」（Sullivan, 2018:10）「就算北京開始建構自己的平行的〔國際〕組織，尤其是在貿易和投資方面，但迄今為止那些組織大體上補充而非威脅取代現有的秩序。」（Sullivan, 2018:11）「今天最大的威脅是人們對它〔自由國際秩序〕的核心假設的認同不斷下降。本土主義和非自由主義的鼓動當然重要，但歸根結底人們在其生活經驗中認為那個秩序沒有兌現讓他們得到好

處的承諾。美國建構的國際秩序有三項基礎性的命題：經濟開放和整合會帶來更多和更廣泛分享的繁榮；政治開放、民主化和人權保障會帶來更強大、更公平的社會和更有效的國際合作；經濟和政治開放又會相互強化。」(Sullivan, 2018:15) 不過，那些威脅尚不足以讓「自由國際秩序」瓦解，但一些改革確是避免不了的。

　　比較多的觀察家則認為，儘管美國的國力仍然無與倫比，但世界走向多極化的趨勢卻是不可逆轉的。穆勒爾森（Müllerson）確信，「自由資本主義信念和共產主義教條在冷戰時期的鬥爭已成過去。今天，主要的競爭發生在兩個思想信念之間。其中一個認為只有一個權力中心的單極世界應該繼續或擴大，而那個世界又越來越走向同質化（即自由民主體系遍佈全球）。另一個則主張多極、權力均等的世界，在那個世界中，多元化的政治、經濟和思想體系既合作、又競爭。〔…〕考慮到世界之大、文化和發展道路的多樣化和世界的複雜性和自我調節能力，一個多極化的國際體系在現實上是唯一結果。此外，國際法如果能夠建基於利益均衡和相互妥協（而不一定立足於共同的意識形態或價值觀）的話，那麼它一定只能在一個多極、權力均衡的國際體系中有效運作，並讓這個體系得以建立和獲得廣泛認同。」(Müllerson, 2017:2) 他又認為，「縱使歷史經驗乃至大部分國際關係的理論都說明任何一個霸權遲早都會被抵銷，但大多數西方政客（尤其是美國的）和專家都是隱藏的福山（Fukuyama）追隨者（儘管他們通常都予以否認），本能地相信人類歷史發展只有一條正確道路，那就是自由民主道路。」(Müllerson, 2017:3)「那個『歷史終結論』被引用來合理化自由民主在全世界的擴散和單極世界的推動。那些反對它的人則被批評為站在歷史錯誤的一方。」(Müllerson, 2017:3)「那個我們可以預見將會出現的國際秩序（多極、權力均等和大國共商大事）可能不是那麼『自由』〔各國可以獨行其是〕，但卻肯定會更為民主。〔…〕它不但會接受社會內部的分歧（正如所有自由的秩序一樣），更會接受國與國之間的

分歧。果如是的話，這個國際秩序其實會比 1945 後的國際秩序更自由。」（Müllerson, 2017:224）

　　無論如何，即使美國的國力相對轉弱，但在可預見的將來，美國仍然是世界上最強大的國家，依然會在多極世界中扮演舉足輕重的角色。美國學者約瑟夫·奈（Joseph Nye）不認為中國的崛起會削弱美國的優勢。他指出美國在未來還擁有六大優勢。第一個優勢是人口優勢：根據聯合國的數據，美國是唯一一個預計到了 2050 年還能為全球人口增長作出貢獻的發達國家。第二個優勢是能源。頁岩革命將美國從能源進口國轉為能源出口國。[4] 科技是美國的第三個優勢，尤其在生物科技、納米科技和下一代資訊科技如人工智慧和大數據。第四個優勢是美國的高等教育體系。第五個優勢是美元的作用。第六個優勢是美國擁有中國所不具備的地理優勢，美國周邊國家不構成威脅，並在世界絕大部分的海洋享有制海權。第七個優勢是美國享有中國無法媲美的軟實力。第八個優勢是美國擁有比中國多得多的盟友。不過，奈不認為中國意圖推翻美國建立的國際秩序，但美國卻有需要與其他國家尤其是中國分享權力，和共同承擔維護國際秩序的責任。（Nye, 2017a; 2019a; 2019b）

　　縱然如此，勒格羅（Legro）仍然認為，「其他『有能力影響世局的國家』（shaper nations）包括中國、印度、俄羅斯、以色列、土耳其和巴西的湧現，都會重塑國際秩序。首先和首要的，是隨着那些國家內部和國際環境的事態變化複雜，世界政治有着極大的不確定性。第二個趨勢是，集體或公共產品的供應會滿足不了全世界的需求。原因是即便全球需求不斷增加，但『世局影響國』卻把焦點放在它們國內的經濟發展和政治鞏固的艱巨的任務，而非關心全球的需要上。第三，『世局影響國』會更多地關注其所屬地區的事務而非世界秩序的構建。〔…〕第四，領袖們的個性

4　又見 O'Sullivan, 2017。

和選擇會扮演越來越重要的角色。〔…〕第五，戰爭與和平的展望並不清
晰。一方面，除了少數例外，沒有『世局影響國』有過大的對外擴張的野
心，而恐怖主義的威脅又會把它們團結起來。另方面，各國在謀求增加區
域影響力時難免會激化各自對安全的顧慮，並可能導致武裝衝突和對抗的
大規模升級。」（Legro, 2016:156–157）與此同時，「『世局影響國』對美國
的獨行獨斷的傾向和能力感到惱火。」（Legro, 2016:172）

國際失序格局下的突出趨勢和現象

原來的國際秩序崩壞無疑會產生極大的混亂和不確定性，全球性、
區域性乃至一些國家的內部矛盾、衝突和鬥爭難免會此起彼伏，就連西
方國家也不能倖免。一些中東國家比如敍利亞、伊拉克和也門與北非國
家埃及和利比亞陷入長期的戰爭和動亂之中，生靈塗炭，國之不國。西方
國家之間和國內因為移民、宗教、種族、經濟發展不平衡和社會不公平
等問題而導致爭鬥不斷。排外情緒、民粹主義、極端思潮、保護主義、
民族主義和種族主義的抬頭對世界經濟發展、和平和穩定帶來了嚴重的
威脅。在國際失序的大環境下，一些突出的趨勢和現象在可預見的將來對
「一國兩制」和香港的影響尤其重要。

經濟全球化退潮

在人類近代史上曾經出現過兩波全球化浪潮。第一波出現在 19 世紀
末至 20 世紀初，第二波則在 1970 年代開始誕生，並隨着東歐變天、蘇聯
解體、中國改革開放和發展中國家紛紛加入全球經濟體系在 20 世紀末達
到巔峯。實際上，19 世紀末的全球化比現在的全球化的開放程度更高，
比如說，移民和人口流動基本上不受管制、資本流動性更大，而全球貿易

額相對於全球生產總值的比重更高。不過，全球化並非是不可逆轉的過程，而國與國之間的密切經濟關係也不是世界和平的保證。第一波全球化隨着第一次世界大戰的來臨而壽終正寢。詹姆斯（James）對第一波全球化的終結有深入探討，並圍繞第二波全球化所呈現的問題和現象提出一些觀察。他認為，「每次〔全球化〕崩潰，都是因為那些用以應對新的和陌生的國際環境之新思維和制度機制出現。長期以來，各個時期表達反動的、怨氣的方式基本相同。」（James, 2001:1）「『賭場資本主義』（casino capitalism）和不受管制的資本自由流動所帶來的危機，是導致全球化無以為繼的原因之一。」（James, 2001:2-3）移民問題和社會不公更是促成全球化無以為繼的元兇。「差不多在每一個國家，全球化很快便引發民眾要求保護，從而免受外來變遷和危機的影響。民族國家的出現，就是應對第一波全球化威脅的回應。」（James, 2001:13）

　　第二波經濟全球化在二次大戰結束後逐步發生，並在 1970 年代開始加速。其實，在二次大戰結束前夕，美國意圖建構的全球經濟新秩序並非以經濟全球化為目標。美國願意承認除了自由市場外，國家機構在經濟發展和市場監管方面應該擔負重要的角色，所以對混合經濟體系持正面態度。在那個體系中，美元成為世界貨幣，其他國家的貨幣與美元的匯率基本上固定下來。各國的資本管制政策限制了資本在各國自由流動，金融全球化和由此而來的金融投機活動非常有限。（Steil, 2013）與此同時，發展中國家的利益受到一定重視，國際機構自覺有責任支持和協助它們的發展。（Helleiner, 2014）庫特尼爾（Kuttner）指出，「在二次大戰期間和之後，美國在世界上的主導作用，是在一個尚算不錯的經濟體系建立過程中擔當關鍵角色。1940 年代初期，美國國內出現罕見的追求進步的情緒。當美國國力無與倫比之際，那些在 1944 年出現的全球性機構的宗旨，是要讓美國和其歐洲的盟友得以建立混合經濟體系。那些混合經濟體系與美國羅斯福總統的『新政』（New Deal）在精神上是相通的，是與投機性私

人金融分隔開來的。」（Kuttner, 2018:xiv）他進一步說明，「二次大戰後建立起來的體制的核心組成部分包括：對私人金融的嚴厲規管、讓組織起來的工人得到權力以抗衡資本、政府擔當積極的角色。」（Kuttner, 2018:26）

　　「在整整一代人的時間，布雷頓森林體系帶來的最重要成果是固定的匯率和對投機性跨境資金流動的規管，而不是國際貨幣基金會或世界銀行提供的貸款。」（Kuttner, 2018:57）「在 1950 和 1960 年代，西歐得益於民族主義和某種形式的受規管的國際主義之間的平衡，從而容許每一個國家去創建屬於自己的受規管的資本主義體系。」（Kuttner, 2018:59）「原來的 1947 年訂定的關貿總協定（GATT）容許成員國限制入口以維護國家安全、提升產品標準、確保消費者安全、確保環境良好和保護國內的農業。成員國也可以因為要達致國際收支平衡而限制進口、更可以為了對付貿易對手補貼本國貨品生產而徵收關稅。這些與放任主義背道而馳的措施，反映了二次大戰後，各國對建立一個受規管和平等的資本主義體系的承擔。那個胎死腹中的國際貿易組織（International Trade Organization）則對此更邁進一步，〔⋯〕其章程容許各國藉着限制貿易去保護勞工和社會福祉。」（Kuttner, 2018:182）

　　然而，那個國際經濟體系很快便發生變化。自由經濟在意識形態上取得主導，貿易壁壘逐步被拆除，而隨着西方經濟復甦和一些新興市場的崛起，全球貿易增長迅速，貿易全球化漸漸成為事實。到了 1990 年代，在國際貿易談判中，中心點是要開放金融和撤銷對資金流動的規限。1990 年代後，各國陸續解除對資本流動、資本市場和金融機構的限制，資本在世界各國頻繁流動，金融全球化勢不可擋。在市場主導下，國家機構和國際組織在經濟發展中的功能被削弱。1989 年後，原有的社會主義國家不是變天，便是朝不同形式的市場經濟過渡，並紛紛積極參與到全球化過程之中。至此，原來只出現在西方國家和部分發展中國家的經濟「全球化」，成為了具真正意義的經濟全球化。

「通訊科技的革命性變化在根本上改變了全球化的形態。〔…〕在 1800 年代，全球化經歷了跨越性的進展。蒸汽和世界和平降低了運送貨物的成本。當資訊和通訊科技大大降低了思想產品（ideas）移動的成本後，全球化在 20 世紀後期經歷了第二次跨越。〔…〕從 1990 年開始，〔西方和非西方分途發展的趨勢終止〕，富有國家過去一個多世紀的崛起趨勢在 20 年的時間便出現逆轉。西方在全球實力中的份額回復到 1914 年時的狀況。這個可以稱為『大趨同』（Great Convergence）的趨勢，肯定是過去 20 至 30 年間的主要經濟事實。這個趨勢也是發達國家爆發反全球化浪潮和新興國家出現新的進取姿態的主要源頭。」（Baldwin, 2016:1）這個新的全球化讓少數國家能夠急速工業化和重塑世界經濟，也讓生產過程走向國際化。（Baldwin, 2016）

儘管經濟全球化席捲全球，並大大推動了發達和部分發展中國家的經濟增長和國民生活水平的提高，但對全球化不滿的聲音卻從未間斷。種種不滿包括：經濟全球化的遊戲規則對發達國家有利，但對發展中國家和落後國家不公平；經濟全球化大幅削弱了工人和工會的政治議價能力，拉闊了社會內部的財富和收入差距，亦減少了在社會向上流動的機會；發達國家內工人階級和中產階級的利益因為來自發展中國家的競爭而受損；金融資本的力量日益龐大造成了經濟結構的扭曲；不受管制的資本流動經常引發大大小小的金融危機，為實體經濟和社會大眾帶來痛苦等等。庫特尼爾（Kuttner）對此作出批判，「然而，當美國政府在 1970 年代開始並一直綿延到 1980 年代變臉而且為全球金融界的盟主後，它對全球體系的期盼也發生逆轉。〔…〕今天版本的全球化是極為反民主的。一邊是，各種全球貿易協議收窄了個別國家制定政策的空間及削弱了政府駕馭資本主義的能力。另一邊是，民眾對全球化所帶來的結果十分反感，遂使反民主的領袖、政黨和極端民族主義情緒得以冒起。」（Kuttner, 2018:xiv-xv）

時至今日，正如羅德里克（Rodrik）描述一樣，「全球主義正在退潮，

而民族國家則顯出生氣勃勃。」(Rodrik, 2017:16) 他甚至認為，全球化並非是必然的，它內部蘊藏着不可避免的張力。在全球化下，所有國家不能同時獲得民主政治、自決權和經濟全球化。如果要保存民主政治，那個國家便要在國家主權和全球化之間作出取捨。如果要保存民族國家，則需要在維持民主政治和深化全球化之間作出選擇。如果要推進全球化，則必須犧牲民主政治或民族國家。任何國家只能在三者中選擇其二，三者兼得是不可能的。(Rodrik, 2011)

美國著名經濟學者施蒂格利茨 (Stiglitz) 指出，「現在，新興市場和發展中國家的反全球化人士正與發達國家的中產和低下階層人士合力。」(Stiglitz, 2018:xvi)「全球化導致一些人，甚至可能是大多數人的處境比前更差。」(Stiglitz, 2018:xix)「在相當程度上，全球化的運作是為發達大國的跨國企業和金融機構服務的。」(Stiglitz, 2018:xxv)「到了 2016 年，越來越多人的共識是：根據華盛頓共識 (Washington consensus)〔強調私有化、去監管化、自由化、打擊通脹、穩定宏觀經濟〕而制定的政策是錯誤的。它們往往帶來與預期相反的效果。它們不但沒有加快增長，反而拖慢增長；不但沒有加強穩定，它們卻帶來了一個前所未有的動盪時代。」(Stiglitz, 2018:351)「事實上，當前全球化最令人驚訝的，是眾多國家在經濟發展上越來越墮後，更遑論追上發達國家。」(Milanovic, 2016:162)

高爾斯頓 (Galston) 更認為經濟全球化是一股重大的分化力量。「這些趨勢深化了各種社會的分化：教育程度較高者和教育程度較低者之間、受惠於科技發展者和受到科技發展威脅者之間、城市與鄉郊之間、歷史悠久的羣體和新進入公民社會羣體之間、那些歌頌動態社會與多樣性者和那些珍惜穩定與同質性者之間。精英們對開放社會的偏好與民眾要求經濟、文化和政治封閉正在角力。」(Galston, 2018:10) 以此之故，美國不少人不但看不到全球化的好處，反而認為因為人口的流動帶來對〔本土〕文化的威脅。」(Kenny, 2018) 米德 (Mead) 亦指出，近幾十年來，隨

着全球秩序承受的壓力增加，民族主義和質疑全球化的聲音越加響亮。民眾對全球秩序所帶來的沉重代價和失敗越加不滿。（Mead, 2017:2）然而，縱然全球化令國內勞動和低下階層及部分地區的利益受損，而不少國家又因為捲入全球化浪潮而受害，但卻很少國家的當政者會制定政策和分配資源對受害者作出補償，而發達國家對落後國家的支援又極少，因此反全球化的呼聲和行動極難遏止。（Eichengreen, 2018）亦有研究認為，在多個造成發達國家內部經濟不平等不斷惡化的因素當中，全球化不是最重要因素，反而對掌握高技術工人有利的科技發展及企業和政府的政策更為重要。（Helpman, 2018）然而，這並不妨礙大多數人相信經濟全球化才是導致經濟差距擴大的元兇。

　　由於對經濟全球化不滿的人無論在西方國家或非西方國家為數不少，反對全球化的聲音越來越響亮，從而導致民族主義和民粹主義在全世界蔓延，並提升了右翼和左翼的反全球化勢力在各國的影響力。各種貿易和金融「去全球化」跡象日益明顯，尤其是形形色色的貿易保護主義、貿易戰、關稅戰、「貨幣戰爭」、出入口管制、出入口補貼、限制技術轉讓、限制資本輸出、限制外來投資、制裁外國企業、補貼本國企業、「治外法權」（特別是美國運用本國法律對別國實施「長臂」管轄）和針對外國企業和企業領導人的法律行動等。在貿易方面，「全球貿易體系走向碎片化是可能的。由世界貿易組織撮合的多邊貿易協議越來越不重要。近年來進行的全球貿易談判只是集中在狹隘的議題上（比如通過若干針對農業和經濟發展的一些改革來推動貿易便利化）。各國越來越屬意雙邊和區域性的貿易協定。〔…〕今天，最大的 30 個出口國一半的出口貨品是前往那些得到優先對待的國家去的。」（Das, 2016:168）毫無疑問，「自給自足和民族主義是危險的組合。」（Das, 2016:172）

　　達斯（Das）指出，2008 年全球金融海嘯後，因應公共債務猛增，西方國家的政府越來越要求金融機構減少海外的投資和發債，從而讓更多的

資金留在國內，同時對金融活動施加更嚴厲的監管，這便讓金融全球化的勢頭受到阻擋。「英國脫歐」和特朗普當選美國總統，更使得過去在世界上推動經濟全球化最力的兩個國家，成為反全球化的先行者，這無疑是極具諷刺性的發展。「前所未有的經濟和金融壓力正在扭轉戰後全球化的大潮。國家的自身利益正在驅動封閉經濟的出現。」(Das, 2016:149)「越來越多人關注全球化會否蠶食經濟和政治主權。」(Das, 2016:153)「奉行『自給自足』(autarchy) 方針成為重奪經濟主權的手段。限制貿易、操控匯率、管制資本流動、掠奪性的治外法權和打擊外國競爭對手都標誌着全球化的倒退。每當一個國家採取那些措施時，它便迫使其他國家採取同類措施以作自保。」(Das, 2016:153-154)

「貿易限制在不斷增加。2008 年以來，世界各國已經實行了超過1,500 項保護主義措施。」(Das, 2016:154)「2008 年以後，跨境的資金流動已經減慢。〔…〕金融海嘯帶來的損失和後來的去槓桿化減少了資金的供應。在金融本土化的過程中，各國的監管機構強迫銀行和投資者採用愛國的財務狀況報表、購買政府債券和優先放貸予本國人士。〔…〕美國、英國和瑞士的銀行已經減少了跨境的貸款，只有日本例外。那些依靠外國投資來發展的國家需要另覓資金來源，同時要承擔更大的金融風險。」(Das, 2016:157)

目前，全球貿易額和國際資金流動都在下降。美國總統特朗普和他的右翼民粹主義支持者對全球化採取敵視態度，並確信全球化損害美國的利益，但卻讓其他國家尤其是中國得利。他所掀起的貿易戰和其他保護主義與經濟制裁措施無疑加劇了全球化退潮的步伐。(Patrick, 2017; Irwin, 2018; Stiglitz, 2018; A. Posen, 2018; Sullivan, 2018; Bown & Irwin, 2019) 此外，美元作為國際貿易、投資和儲備貨幣的地位雖然仍然頑強，但美國的「不負責任」的、損人利己的財政與貨幣政策，以及它越來越把美元和美元支付體系「武器化」，都迫使其他國家逐漸要減少對美元的依賴和

發展其他的「代替品」(包括電子貨幣)。世界各國對美元霸權的怨懟日深
(McKinnon, 2013; Luft & Korin, 2019),美元作為全球化的「潤滑劑」的
功能亦有下降的趨勢,全球化過程也會因此而放緩。內地戰略學者王湘穗
這樣分析,「在危機的衝擊下,所有支撐美式全球化的主要支柱都被撼動,
維繫世界一體化的秩序出現了瓦解的態勢。〔…〕總之,以往支撐美式全
球化運行的貨幣制度、貿易體系、銀行體系、安全體系、觀念體系、產業
標準、科研教育、文化傳播等幾乎所有的體制機制,都在發生着嚴重的機
能蛻化。這直接導致美國綜合力量和影響力的下降。這意味着,美國這隻
老虎還是真老虎,只是變成了筋疲骨軟的老老虎。」(王湘穗,2017:52)

全球經濟長期低迷

與全球化退潮相關的一個突出現象是世界經濟面對長期低迷的前景,
而 2008 年爆發的、源於美國「次貸危機」和部分歐盟成員國「債務危機」
的全球金融海嘯,對各國經濟發展的不利影響,迄今仍然揮之不去。全球
經濟長期低迷反過來,又進一步強化全球化退潮的趨勢。

其實,過去幾十年來,雖然中國和個別新興國家的經濟發展,取得舉
世矚目的成就,且能夠維持令人羨慕的增長率。然而,全球經濟增長的表
現,與二次大戰後到 1970 年代那段時間比較並不理想,主要反映在整體
生產率提升的速度比以往緩慢。

根據一些經濟學者的分析,從 1970 年代開始,世界已經進入經濟停
滯時代。例如,達西(Das)認為,從 1990 年代開始的世界經濟增長,在
相當程度上依賴大規模的信貸擴張和金融投機,而對此美國的聯邦儲備局
難辭其咎。貨幣與黃金在 1971 年脫鈎,讓各國的中央銀行在國內的貨幣
供應上有莫大的靈活性。久而久之,中央銀行充當風險擔保人的角色亦越
來越深入民心,從而產生了越來越多的金融機構和個人的冒險行為。以此

之故，2008 年爆發的全球金融海嘯不是過去常見的「常態」的繁榮與蕭條的交替循環，而是重要的歷史轉折點。二次大戰後的經濟擴張因為四個因素而垮下來：債台高築、巨大的全球收支失衡、過度金融化和無法償還的未來承擔。債務負荷是壓在全球經濟頭上的達摩克里斯利劍（the Sword of Damocles）。在全球金融海嘯之後，即便各國政府加大借貸力度，但全球需求仍然不振，使全球經濟增長無法恢復到必須的水平。高債務、結構性的財政赤字、低經濟增長和高借貸成本讓很多國家的公共財政面臨嚴重困難。（Das, 2016）

　　達西強調，無休止的全球經濟增長已成泡影。全球金融海嘯後的經濟復甦非常微弱。其中原因包括：家庭和企業以減少債務負擔為首務、政府削減開支和加稅、企業投資意慾低迷、消費需求不足、產能過剩、人口和勞動力增長緩慢、生產率下降、人口老化，中國、印度、俄羅斯和其前衛星國參與全球化所帶來的短期經濟刺激已成過去等。儘管創新對經濟增長的重要性與日俱增，但近期的主要創新都集中在娛樂和通信設備方面，對生產率貢獻極少。2000 年後的互聯網熱潮集中在社交網絡、即時通信、網上遊戲、新媒體和網上購物上，對經濟增長的作用有限。況且，很多新技術其實排擠了部分原有產業，從而限制了它對經濟增長和生產率提高的作用。近來的創新聚焦在銷售和分銷現有的貨物和服務上，比如網上與電子支付，而非帶來全新的產業。少數的創新者也許可以成為暴發戶，但對經濟增長的貢獻不大，也不能提高就業率和收入水平。（Das, 2016）

　　另一位經濟學者利文森（Levinson）在解釋全球經濟增長率長期下降時，則較側重生產率的因素。他說，「在 1948 年到 1973 年之間，世界經濟膨脹迅速，在此之前和之後從未見過。」（Levinson, 2016:5）這段時間的經濟蓬勃情況可能只是歷史的例外。「令人心中不安的是，1973 年以來經濟動盪的趨勢其實只是標誌着經濟回歸到常態而已。在常態下，生產力、經濟增長和生活水平只是間歇性有所改善，有時甚至停滯不前。」

（Levinson, 2016:9）「也許最重要的是，隨着黃金時代的消失，人們對經濟前景失去信心。在長達四分一個世紀的時間內，在每一個發達國家中的普通人，和不少在眾多貧窮國家中的人，都感受到自己的生活在不斷改善。無論情況有多難，他們都懷抱信心，相信他們的犧牲和勤勞，會為自己的孩子和孫兒奠下穩固的根基。當黃金時代漸成過去，以往對前路的滿滿樂觀也隨之而消失。」（Levinson, 2016:13）「在富有的經濟體，從 1970 年代初期開始，生產率與之前比較顯著下降。這與經濟政策無關。二次大戰後，大量未被充分利用的勞動力轉移到產量更高的工作，但如今此情不再。」（Levinson, 2016:262）「即使投入勞動人口的年輕人一般比他們的父母擁有更高學歷，平均教育水平迅速上升的年代已經過去。今天，識字率在發達國家已經接近百分之一百。〔…〕通訊成本在 1970 年代開始直線下降，但卻只有在 1990 年末期，隨着互聯網的商業化，生產率才在發達國家迅猛增長。然而，在短短的六年左右，生產率的增長已經消耗殆盡。」（Levinson, 2016:263）

「1970 年以後生產率的提升其實主要集中在一組狹窄的人類互動之中，包括娛樂、通信、及收集與處理資訊。對一般人關注的東西來說，比如糧食、房屋、交通運輸、健康、家居內外的工作條件，改善速度卻已經放緩。〔…〕與 1950 和 1960 年代那些惠及差不多所有人的創新產品比較，20 世紀最後四分一時間的創新產品蘊含比較昂貴的副作用。」（Levinson, 2016:263–264）另外，對利為森來說更為危險的是，為了刺激經濟增長，政府的政策往往引發通脹、資產泡沫爆破和經濟危機。

另一學者戈登（Gordon）也有類似的分析。他認為美國和其他國家的生產率增長其實是來自過去一個巨大的創新浪潮，其中有鐵路、內燃機、合成化學產品、電力、噴氣推進技術和抗生素的出現。自此之後，再沒有出現過對提升生產率同等重要的創新，即便資訊和通信革命也難以望其項背。（Gordon, 2016）儘管有些人對現在發生的「第四次工業革命」

（Schwab, 2016, 2018）對推進新一輪全球化有期盼，但不少人卻認為，不應該高估人工智能、機械人、機器學習、物聯網、5G/6G 技術、區塊鏈、雲計算、量子通信、量子計算、信息科技、大數據、新能源、新材料、新能源汽車、生物科技、醫藥科技等新興產業所能夠帶來的生產力的提升和經濟增長，何況馬上會發生的結果是大量勞動者的崗位會因新科技的興起而消失。（Nachtwey, 2018:50−51）

過去一段時間，中國和一些新興經濟體的崛起為全球經濟增長帶來一些提振作用。然而，隨着它們經濟放緩，再加上各種貿易、科技和金融保護主義的打擊，那些提振作用對全球經濟增長的貢獻也越來越有限，在未來一段長時間內，估計全球經濟低迷、混亂和動盪將是「常態」。

「國家資本主義」和地緣經濟的抬頭

全球化退潮和經濟民族主義興起導致了「國家資本主義」(state capitalism) 和地緣經濟 (geoeconomics) 的抬頭。其實，反之亦然，即「國家資本主義」和地緣經濟的興起又促使全球化退潮和經濟民族主義抬頭。由於「國家資本主義」和地緣經濟都實行市場經濟，但卻不認同「完全」自由的市場經濟，都認為政府在經濟事務上應該或必須擔當關鍵角色，在有需要時可以採取各種經濟、金融、貿易和科技保護措施，甚至對其他國家施加懲罰和制裁。因此，它們的興起無可避免會扭轉全球化的趨勢。不過，「國家資本主義」和地緣經濟都沒有明確的定義，對不少人來說甚至帶有貶義，所以不少國家都反對用這兩個概念來形容它們的經濟體制或政府的經濟行為。比如說，中國政府對西方學者視中國的經濟體系為「國家資本主義」便非常反感。對中國政府來說，中國實行的是社會主義市場經濟，絕非任何形式的資本主義，而它又是中國特色社會主義的有機組成部分。中國政府的經濟行為並非為了追求地緣政治的目的，更非霸權主義的體現。

　　實際上，用「有政府主導或積極參與的市場經濟體系」也許比用「國家資本主義」來描繪有關現象更為貼切。不過，既然「國家資本主義」已經廣為人知，因此姑且在這裏繼續沿用，但卻加入引號，表示其涵義並不清晰，甚至有偏頗之處。

　　西方學者認為，「國家資本主義」或類似的、由政府主導的經濟體系的抬頭，標誌着作為經濟全球化根基的自由市場主導原則正在備受挑戰和侵蝕，而政府、國家組織和公共機構在推動經濟發展、影響財富與收入分配、企業壯大、科技創新、提升國家總體競爭力和在全球搜羅資源上的角色越來越吃重。再者，國有企業又往往在國與國博弈中，成為國家打擊對手的政治工具。「國家資本主義」的興起，既是部分國家在全球化下藉以提升經濟能量的手段，也是全球化退潮下刻意或「必須」採取的、在「逆境」下奮發圖強的工具。不可避免的，是「國家資本主義」嚴重違背和挑戰西方國家尤其是美國的思想信條，並在一些情況下對它們的企業在全球的發展不利。所以，圍繞着經濟運作模式的爭議和衝突是全球化退潮下的一個明顯現象。不過，米拉諾維克（Milanovic）則不用「國家資本主義」而用「政治資本主義」（political capitalism）來描述同一類經濟體系，並相信「政治資本主義」在西方的「自由資本主義」的弊端陸續浮現的情況下對其構成極大挑戰。兩種「資本主義」在世界上分庭抗禮已是不可逆轉的趨勢，但「資本主義」卻成為了全球普遍的經濟體制。（Milanovic, 2019）

　　專門研究「國家資本主義」的學者庫克蘭齊克（Kurlantzick）表示，「由於國家資本主義的興起，中央計劃已經回歸，特別是在亞洲和拉丁美洲的發展中國家。」（Kurlantzick, 2016:15）「早在十多年前，發展中國家對美國的『華盛頓共識』模式經已不抱幻想，原因是冷戰結束後數年間，採納那個模式並沒有為它們帶來它們渴望得到的經濟增長和經濟平等。」（Kurlantzick, 2016:20）「現代的國家資本主義者，通過利用強大的政府和最前沿的跨國企業，也許有能力去不斷適應、創新和承受來自西方跨國企

業的競爭，而且在全世界擴大國家資本主義企業的版圖。」（Kurlantzick, 2016:22）

「國家資本主義有可能提供自由市場模式以外的另一選擇，而作為一個替代品，國家資本主義對全球的政治和經濟穩定構成嚴重威脅。〔…〕總的來說，國家資本主義預示一個比自由市場資本主義有着更多的保護主義、對全球安全和繁榮更危險、對政治自由更有害的世界。」（Kurlantzick, 2016:23）他強調，今天的國家資本主義與威權政府並不是天生地連在一起的。「南非、巴西、印尼和新加坡等民主國家都採用國家資本主義策略，去支持那些被政府認定為對發展重要的工業及個別企業。」（Kurlantzick, 2016:45）

其實，為了應付來自其他國家的競爭和解決本國的危機，「國家資本主義」的一些特徵在西方國家也陸續隱約出現。「在 2008 年到 2009 年危機發生期間，西方國家自己也採取了經濟介入手段，使得自由市場模式黯然失色，即便其介入只是短暫性而且並沒有達到國家資本主義的水平。」（Kurlantzick, 2016:77）「無疑，國家資本主義在中國能夠結合經濟實力和經濟適應能力，這便讓中國模式對自由市場資本主義構成真正的威脅。如果長遠而言國家資本主義取得成功，尤其是在中國，那末它會讓北京（並在較小程度上其他威權但高效國家資本主義者）積聚戰略力量，並有可能把國有企業變成武器。」（Kurlantzick, 2016:175）「對國家資本主義最大的擔憂，是國家資本主義者會利用國有企業為真實的戰爭武器、貿易武器和從外國企業竊取知識產權和敏感技術的手段，甚至有可能利用它們去削弱國際勞工、環保和反貪的標準。」（Kurlantzick, 2016:203）

與「去全球化」和「國家資本主義」相繼出現的，是地緣經濟越來越受到各國的關注和採用。地緣經濟（geoeconomics）的定義是「有系統地運用經濟手段來達到政治目的。」（Blackwill & Harris, 2016:1）在全球化橫掃全世界、自由市場信條睥睨一切、「華盛頓共識」大行其道之際，西

方國家對地緣經濟不屑一顧，認為不符合經濟邏輯和國家利益。不過，西方學者卻斷定中國正在不斷利用地緣經濟手段爭取國家利益。（Norris, 2016）其實，在冷戰時期，美國和其盟友經常運用經濟手段（經濟制裁、關稅、禁止技術轉讓、金融戰爭、貨幣操控等）迫使其他國家就範，從而達到政治或戰略目標。近年來，在全球化退潮和國家資本主義抬頭的大環境下，非西方國家固然繼續積極貫徹地緣經濟戰略，就連西方國家亦步亦趨，主動發動地緣經濟攻勢，力求扭轉頹勢，而伊朗、朝鮮、俄羅斯和中國遂成為了最突出的受害者。美國傾力狙擊中國的電訊設備生產商華為，可算是一個國家舉全國之力，遏制和意圖「打垮」一個外國企業的活生生、無所不用其極的地緣戰略運用的例子。不少著名的經濟學家過去曾預言，社會主義會走向更自由的市場經濟，與此同時國家組織在資本主義中的角色，則會不斷加強，而「國家資本主義」則是這兩個趨勢「相向而行」的明顯體現。（Milanovic, 2016:156）美國學者布萊克威爾（Blackwill）和哈里斯（Harris）指出，「〔地緣經濟手段過去一直被美國所採用〕，然而，到了約翰遜和尼克遜年代，地緣經濟戰略卻走向式微。」（Blackwill & Harris, 2016:3）「現在全球地緣經濟的遊戲場對美國極為不利。除非得到糾正，美國將要付出越來越多的血汗和財富的代價。」（Blackwill & Harris, 2016:2）今天，「對世界上的大國和小國而言，地緣經濟手段絕對是它們的重要乃至首要的外交政策。越來越多國家利用資本來謀取地緣政治利益，運用主權基金和其他經濟工具去達到戰略目標。過去，軍事壓制和征服才是常用手段。」（Blackwill & Harris, 2016:4）「結果是，美國正面對一系列獨特的、難以如過去般藉助傳統政治和軍事實力來應對的挑戰。〔…〕在一個經濟事務壓倒傳統軍事事務的世界中，要維護國家利益和力量，美國需要一套新的外交政策。」（Blackwill & Harris, 2016:7）這兩位美國學者更提出一系列地緣經濟戰略手段供美國政府參考，它們涵蓋貿易政策、投資政策、經濟制裁、網絡攻擊、對外援助、貨幣政策、能源和商品政策、國

有發展銀行、主權基金、儲備貨幣等範疇。從更廣闊的意義說，美國總統特朗普的所作所為其實是地緣經濟手段運用的極致，對全球化和國際秩序帶來重擊，並在根本上改變甚或破壞了美國主力建構的、以全球化為核心內涵的「自由國際秩序」。他以關稅、經濟制裁、退出和重訂貿易協議、禁止使用美元和美元系統、限制或禁止投資、限制或禁止美國高科技產品的出口，和其他經濟措施來保衛國家的經濟和戰略利益，就連美國的盟友也難以倖免於難。（Lew & Nephew, 2018; Luft & Korin, 2019:1–20）「在二次大戰後，美國着力建立一個全球化的、以規則為基礎的經濟秩序。它把自由貿易和法治為核心的自由價值觀放置在這個秩序的中央。」（A. Posen, 2018:28）「實際上，美國為這個經濟秩序單獨提供兩樣東西。一是華盛頓為其盟友張開一張保護傘，當中有安全的保證和核子震懾。二是在一些主要由美國制定的國際規則的監督下，美軍為商業活動提供海上和空中自由航行的保障。」（A. Posen, 2018:30）「特朗普政府在 2017 年 12 月發表的《國家安全戰略》卻對大部分美國過去 70 年來一直承擔的基本全球角色和價值觀作出挑戰。它拆除了分隔經濟和國家安全的牆，並明確要求美國以單對單談判方式欺凌其他國家，而非遵守〔國際〕規則。它提出了『有原則的現實主義』（principled realism）的方針，把美國所有的國家力量（政治、經濟和軍事）整合起來。美國尋求雙邊而非廣泛的貿易協議，而這正是經濟欺凌而非合作。」（A. Posen, 2018:31）

在特朗普領導下的美國，憑藉美元仍然是首屈一指的國際貨幣和石油交易的「強制」支付貨幣的優勢，越來越多傾向把金融「武器化」，通過威脅排除或排除某些國家在美元和以美元為主的支付系統（主要是環球銀行金融電信協會系統〔Society for Worldwide Interbank Financial Communication, SWIFT〕）之外，迫使它們向美國讓步或就範。（Luft & Korin, 2019:18–19）目前，金融制裁較諸貿易保護具有更大的殺傷力，即使美國也不願意隨便運用，因為此舉也要讓美國付出代價。（Zarate,

2013; Cohen, 2015）可是，在俄羅斯佔領克里米亞後，美國運用金融武器制裁俄羅斯，為俄羅斯帶來嚴重的經濟和金融衝擊。同樣地，美國對伊朗和委內瑞拉的經濟封鎖中，金融制裁也是最厲害的武器。即便歐盟擁有龐大的經濟實力，而歐羅又是主要國際貨幣，但在美元霸權下，歐盟也缺乏金融自主能力，在相當程度上仍要仰美國的鼻息。（Benner, 2018a）事實上，自從 2014 年以來，美國越來越猛烈地使用經濟和金融制裁手段，尤其是針對外國企業及其主管和外國政治人物和官員，施加經濟和法律懲罰。（Harrell, 2018; Lew & Nephew, 2018; Luft & Korin, 2019）當然，金融制裁手段的效用也不能過度誇大。俄羅斯、伊朗、朝鮮和委內瑞拉並沒有因此而向美國屈服。在國家組織的大力介入下，俄羅斯在相當程度上克服了美國和歐盟的金融制裁帶來的挑戰。（Connolly, 2018）

「『自由經濟秩序』的締造者希望通過建立一套所有成員國都願意遵守的做生意的規則，讓經濟競爭得以與軍事競爭分隔開來。〔…〕如果分隔經濟和軍事競爭的圍牆崩塌，經濟摩擦〔…〕很容易馬上變成衝突。」（A. Posen, 2018:38）地緣經濟的冒起，實際上是改變了二次大戰結束後一段頗長時間內、在自由市場主導原則下經濟與政治和軍事分離的局面。當經濟活動越來越與政治考量和軍事謀略分不開的時候，一直以來大家所認識的全球化便無以為繼了。

中國的急速崛起

全世界的專家學者幾乎眾口一詞，認定中國的急速崛起是冷戰結束後改變世界格局的最重要力量，也是迫使美國建構的「自由國際秩序」不得不作出重大變革的因素。中國崛起速度之快、影響之廣和衝擊之深，完全出乎西方國家意料之外，也讓它們瞠目結舌不已。從歷史發展角度看，中國在幾十年時間內完成了西方國家耗時幾百年的工業化和現代化進程，

並在短時間內讓數以億計的人脫貧，這些都是了不起的成就。再者，同樣史無前例的是過去幾十年中國締造了最長時間持續高速經濟增長的紀錄。

　　實際上，雖然在上世紀 80 年代以來中國的現代化進程飛躍向前，但奇怪的是卻沒有引起國際社會的廣泛關注。其實，西方人士一貫篤信「威權管治」不可能帶來經濟繁榮。在 1970 年代，絕大多數西方人預期韓國和台灣的威權主義只會引發政治動盪和經濟衰敗。反而，他們對擁抱西方政治價值觀的印度的經濟前景卻非常樂觀。如出一轍地，西方人即便到了 1990 年代初還是預測中國的政治體制和經濟發展都會以失敗告終。（Overholt, 2018:16）正因為這樣，美國才會放心把它的地緣政治戰略的重心放在中東地區（阿富汗、伊拉克和伊朗）之上。西方國家大概只在 21 世紀之初，才無奈地確認中國崛起，已經是一個不可逆轉的現象，並在那個時候才開始認真和憂心忡忡地探索中國崛起引發的廣泛和深刻的對西方霸權主義的衝擊，並對中國展開全方位、全力、長期性和猛烈的圍堵和遏制。不過這恐怕「為時已晚」了。

　　中國的急速崛起，可以歸功於中國共產黨在上世紀 70 年代末開始鍥而不捨地推行一套植根於本國國情和歷史經驗，並切合世界發展大勢的改革開放戰略。該戰略是一項依仗中國共產黨的統一和堅強領導，以經濟發展和人民生活改善為核心目的，以積極和全面參與經濟全球化為主要切入手段的國家發展戰略。在發展過程中，目標明確、道路清晰、理性務實、靈活應變、思想開放、不囿於條條框框、進退有道乃主要特徵。改革開放 40 年來，中國在很多方面都取得了舉世矚目的成就，包括：在歷史上極短的時間內基本上解決了貧窮問題、[5] 讓中國人的生活達到小康的水平、

5　在短短的 40 年內，七億中國人在政府的大力扶貧政策下脫離了貧窮狀態。這是舉世無雙的成就。正是因為中國扶貧工作成效卓著，即便大部分欠發達國家的貧窮狀況在該段時間惡化，全球貧窮人口的比例仍有所下降。希克爾（Hickel）指出，全球不公平情況之所以出現改善趨勢，中國和東亞國家的努力功不可沒。（Hickel, 2017:52）

建構了一個全面的工業生產體系、成為了全世界最大的貿易國、擁有全球最龐大的外匯儲備、成為了全球經濟增長的最大動力、人民幣逐步成為重要國際貨幣、軍事力量不斷提升、科技創新屢攀高峯、對外影響力無遠弗屆、是國際事務和全球治理的積極參與者、世界和平和發展的主要貢獻者等。

　　中國的崛起使得它與世界的關係越來越密切。經濟發展讓中國高度依賴海外提供的市場、人才、技術、資金、自然資源、農產品、投資機會、企業收購合併機遇、信息和資訊等。但來自外部的國家安全威脅、世界經濟走勢、西方國家的貿易和金融政策、各國民眾對中國的觀感和態度、西方和中國周邊國家對中國崛起的憂慮，以及世界局勢和區域形勢的變化，對中國發展所構成的影響越來越大。與此同時，無論是在內政或在外交領域，中國特色社會主義發展道路都呈現獨特性。中國的發展和外交戰略又逐漸形成一套完整和獨特的理論體系，可以供其他國家的發展借鏡，又可以為建立公平合理的國際秩序提供參考。（劉兆佳，2017d; 2018a）

　　誠然，中國的發展也面對不少嚴重的困難和挑戰。其中，經濟增長放緩、貧富差距巨大、區域發展不平衡、市場體制改革未夠深化、國有企業績效不高、金融體制欠完備、法治水平有待提高、國民素質亟須提升、尖端科技還存在不少短板、產能過剩、經濟增長過度依靠基建投資和出口、企業和地方政府債務沉重、經濟發展與社會發展不平衡、貪腐問題、生態環境亟待改善、社會矛盾與衝突增加、內部不穩定因素疊加、分裂（特別是台獨）和極端勢力的威脅等都是表表者。當然，來自外部的制約因素也有增加的趨勢。全球經濟放緩、貿易保護主義抬頭、中國與周邊國家的領土和領海爭議、部分國家對中國崛起憂慮、美國和部分西方國家對中國進行全力和全方位戰略遏制等都是難以迴避的嚴峻挑戰。

　　在過去四十多年的改革開放進程中，因應國內外環境的改變，中國不

斷調整和創新發展戰略和外交政策。內地改革開放的領域從農業、工業不斷向黨、政府、中央與地方關係、地方行政管理、人大、政協、法院、軍隊、國有企業、市場體系、監管制度、財政政策、金融體系、法律、勞動和福利制度和社會治理等眾多領域擴展，形成一個全方位改革開放的格局。早期的「引進來」戰略已經轉化為「引進來」與「走出去」並重的戰略。為了讓中國能夠取得新的經濟發展動力、為了推動均衡發展、為了減少各類社會不公不義的情況、為了建立法治國家、為了保衛中國在海外的利益、開拓更廣袤的國際發展空間、爭取更多國家與中國友好，也為了維護國家安全和發展，近年來中國在習近平總書記和中國共產黨的領導下，銳意進一步擴大開放革新，制定了宏偉的國家內政和外交戰略，力求通過「兩個一百年」的奮鬥計劃，在 21 世紀中葉把中國建設為一個富強的、世界級大國。在「走出去」方針的引導下，中國的資本、企業、技術和人才加速到海外發展。人民幣國際化的速度和幅度不斷增加。在對外事務上，中國改變了過去比較低調的做法，以外交和軍事實力為後盾，在維護國家主權、安全和發展利益上展開積極和主動態勢，尤其充分表現在反對霸權主義與保衛東海和南海的領土領海的權益上。同時，中國也成為了多邊自由貿易體系的維護者，與世界各國一道反對各種形式的保護主義、單邊主義和旨在排斥異己的雙邊主義。

在中國未來發展的宏偉藍圖中，對國際格局、西方世界和對香港影響最深遠的，肯定是習近平總書記提出的新時代中國特色社會主義發展道路和大國外交戰略、「一帶一路」倡議、粵港澳大灣區建設、人民幣國際化和「中國製造 2025」。同樣重要的是中國的發展道路和外交理論在國際上所產生的巨大影響。

過去，不少國家都有提出推動歐亞大陸走向經濟整合的建議並付諸行動。實際上，歐亞大陸成為一個愈趨整合的經濟區域在中國崛起、蘇聯解體、中亞國家興起、歐洲工業重心東移、歐亞大陸東西兩翼距離拉近、

歐亞大陸各國之間的經貿往來愈趨頻繁、歐亞大陸各國的能源貿易激增、西方金融和經濟困頓、交通運輸物流通信的條件隨着科技進步不斷改善、通關手續簡化與電子化、俄羅斯建構歐亞經濟聯盟等情況下已經是不可逆轉的趨勢。（Calder, 2019）「一帶一路」倡議是中國在新的國內和國際環境下提出的宏偉長遠發展戰略，是迄今為止，各國就歐亞大陸經濟整合所提出的主張和計劃中規模最宏大、氣勢最恢宏、目標最明確，和投入資源最充沛的。該倡議蘊含幾個戰略目標。一是要應對世界經濟長期低迷、全球化退潮、保護主義冒起和西方尤其是美國全面戰略遏制中國的挑戰。二是要為中國開拓更廣闊的經濟腹地和發展空間，讓中國過剩的產能能夠用來推動「一帶一路」沿線國家的發展，從而大幅擴大中國的出口市場和投資空間。三是要推動歐亞經濟共同體的建設，讓歐亞大陸的經濟發展潛力得以充分發揮。四是要重新啟動全球化進程、建構一套更公平和合理的、能夠惠及所有國家的全球化模式。五是要維護好國家安全，特別是西部少數民族聚居地區的安全，遏制極端主義、分離主義和恐怖主義，為中國營造和平的周邊環境。

在中國戰略家的視角中，「一帶一路」的戰略意義非比尋常。王湘穗指出，「西方發達國家所主導的國際體系中，容納不下發展中國家的現代化，容納不下現代化的中國。要突破發達國家對發展中國家的限制，中國不能單幹、不能單打獨鬥，必須走與發展中國家合作的道路。因此，『一帶一路』的設想不僅適應了未來發展的需要，也符合發展中國家的共同需要。從國際政治的性質來看，『一帶一路』構想是發展中國家共同發展的組織化模式，是發展中國家形成命運共同體的方式。『一帶一路』不僅具有經濟意義，也有政治屬性，是發展中國家改變邊緣化地位，在全球秩序中爭取平等地位的途徑。『一帶一路』是世界『窮棒子』的合作社。對中國來說，『一帶一路』也是中國實現『兩個百年』『四個全面目標』的重要路徑。因為中國搞社會主義，沒有國際合作不行，中國的國際合作主要是

要與發展中國家合作。」（王湘穗，2017:118）「歐亞大陸是具有全球性影響的『世界島』，『一帶一路』推進的區域式再造，在客觀上危及全球資本的世界性體系，它形成了對美式全球化體系完整性的衝擊，還可能產生替代性的後果，成為全球地緣戰略的重大博弈。因此，西方國家不會把建設歐亞共同體和推進『一帶一路』看成是一個低政治的經濟性倡議，而會將其當作需要認真應對的重大戰略挑戰。」（王湘穗，2017:145）

　　另一中國戰略學者戴旭則從東西方戰略較量的角度，把「一帶一路」納入更大的分析框架內審視。他認為，如果「一帶一路」最終導致一個中國享有極大影響力的歐亞大陸板塊，則美國的安全和利益必會受損。戴旭有這樣的觀察，「按照布熱津斯基替美國設想的征服歐亞大陸的計劃，美國本來也是準備了三條戰線的，即中東、歐洲和遠東戰線，分別解決伊斯蘭世界、俄羅斯和中國。但在具體方法上是分化瓦解、各個擊破。布熱津斯基說，美國必須制定一項全面的、完整的和長期的歐亞大陸地緣戰略，旨在促進歐亞大陸地緣政治的多元化，以防止出現一個最終可能向美國的首要地位提出挑戰，並謀求將美國趕出歐亞大陸的敵對聯盟。這種敵對聯盟最危險的是中、俄與伊朗的同盟；其次是中日軸心。他認為，歐亞大陸的力量加在一起遠遠超過美國。但對美國來說，幸運的是歐亞大陸太大，無法在政治上成為一個整體。布熱津斯基非常擔心兩個問題——這也是美國能否征服歐亞大陸的關鍵：中俄伊結盟；中日軸心。一個在歐亞大陸的中心地帶，一個在歐亞大陸的東端。美國若不能佔據這兩個重要據點，則對歐亞大陸只能垂涎而已。〔…〕美國志在控制歐亞大陸以控制全球，21 世紀只剩下中國、俄國和伊朗尚未制服。而按住日本是圍堵中國和俄國的關鍵。如果中、日像德、法一樣實現戰略和解，則美國在東亞無法立足，美國全球體系將徹底崩盤，遑論朝鮮半島影響力了。這就是美國一再製造蘇聯威脅論、中國威脅論嚇唬日本的原因。」（戴旭，2018）

「一帶一路」提出後，在各方面已經取得長足的進展，參與到「一帶一路」倡議的國家（主要是發展中國家）持續增加。誠然，部分發展中國家對「一帶一路」既嚮往又顧慮。嚮往是因為「一帶一路」會推進本國的基本設施的建設，對長遠經濟發展有利，顧慮則主要源於對融資安排和項目效益的擔憂。（Small, 2018）有見及此，中國政府也不斷對「一帶一路」的內容和方法作出改良，務求達到「共商、共建、共贏」的效果，從而紓解那些國家的擔憂。（Ang, 2019）

其實，「一帶一路」倡議提出之初，西方人特別是美國人不以為意，甚至語帶輕蔑。然而，一些歐洲國家，主要是中、東和南歐國家從自身利益出發，加上對個別西方發達國家的不公平對待反感，也積極加入「一帶一路」倡議。個別西方發達國家（英國、法國、德國和日本）對「一帶一路」則採取「若即若離」的姿態，但瑞士卻表明願意積極加入。不過，經過幾年對「一帶一路」的冷淡對待後，打從 2017 年開始，西方列強尤其美國對「一帶一路」突然驚懼不已，並猛然意識到其對西方的巨大戰略挑戰。歐盟對「一帶一路」的戒懼心態亦愈趨明顯。（Holslag, 2019）自此之後，美國尤其對「一帶一路」諸多挑剔和批評，指責中國「包藏禍心」，甚至對其他有意參與「一帶一路」建設的國家肆意和毫無根據地作出恐嚇，並警告說「一帶一路」的背後是中國謀求世界霸權、建構一套源於古代中國的「朝貢體制」和國與國之間的等級制度、以及讓其他國家因墮入中國設定的「債務陷阱」而喪失主權、自主和自尊。西方的專家學者對中國「一帶一路」的戰略意圖也頗多懷疑，主要是從陰謀論角度出發。（McCoy, 2017; Rolland, 2017, 2019c; Miller, 2019; Gertz, 2019; Calder, 2019）

專門研究「一帶一路」的羅蘭（Rolland）如此寫道，「『一帶一路』戰略是為了達到中國領導人的願景，那就是讓那個已經崛起的中國屹立在一個以中國為中心的歐亞地區之中。〔…〕『一帶一路』不單是一大堆基礎建設項目，它是一個讓中國得以在歐亞地區以及在全球稱霸的重大戰略。」

（Rolland, 2017:xi）羅蘭相信，中國推動歐亞區域發展的目的絕非是要促進自由化。相反，「『一帶一路』是強化和穩定現有的、在中國周邊的威權政權的手段。」（Rolland, 2017:3）「中國要矢志實現『一帶一路』的目標，而它遵循的軌跡不會讓中國與西方的自由模式趨同，它反而會讓中國特色社會主義歷久不衰。」（Rolland, 2017:109）「如果『一帶一路』成功，其含義極為深遠：一個整合了和互相連接的歐亞大陸而其中的威權政體又極為頑強；中國的影響力勢不可擋；一個擁有獨特的政治和經濟制度的區域秩序，其規則和規範卻又阻擋着所謂普世價值的傳播；一個不受美國海上力量威脅的大陸壁壘。如果『一帶一路』戰略成功，〔…〕則中國最終能夠迫使美國接受一個一直以來美國希望防止的現實：一個關鍵區域為另外一個大國所支配。」（Rolland, 2017:178）「隨着中國在其周圍的影響力上升，它便可以逼退美國霸權的擴張，並取得自己的戰略空間。」（Rolland, 2017:120）她在另一研究報告中又說，「中國領導人的願景是要讓歐亞大陸圍繞着中國緊緊地整合在一塊，形成一個以中國為中心的國際秩序。『一帶一路』的終極目標並非單單局限在提升歐亞大陸的互聯互通，而是要走向『人類命運共同體』和擁抱新的未來。」（Rolland, 2019a:5）

　　葡萄牙前外交官麥卡斯（Macães）警告，「中國領導人意圖利用『一帶一路』改變中國的形象，從一個全球經濟體系的自願參與者轉為在新時代下的一個負起組建和塑造該體系的責任的國家。中國如果把影響力伸展到自己邊界以外地區的話，則各方面會要求中國提出新的政治理念，並以此與西方的人權和自由民主思想抗衡。」（Macães, 2018:136）

　　麥科伊（McCoy）「發現」，「經過數十年靜悄悄的準備，北京最近揭示了它追尋全球實力的大戰略，並一步一步地付諸實施。北京的兩步走的戰略設計，是構建橫跨歐亞大陸的基本設施，並藉此在經濟上把構成『世界島』的三個大洲〔亞洲、歐洲和非洲〕整合起來。另方面，北京動員軍事力量猶如外科手術般刺穿華盛頓對中國的包圍與圍堵。」（McCoy,

2017:194）「如此一來，北京的領導人希望讓地緣政治的核心遠離海洋邊陲而深入到到歐亞大陸的心臟地帶。」（McCoy:194）「自 2007 年以來，中國龐大投資的總和其實是一項體積龐大的跨大洲的工程項目，讓中國足以有能力實現麥金德（Mackinder）原來的願景，那就是讓歐亞大陸心臟地帶成為推動一個新的世界級大國崛起的引擎。」（McCoy, 2017:196）

斯莫爾（Small）認為，「〔通過『一帶一路』，〕中國最終會為建立以中國為中心的全球秩序而奠定基礎。〔…〕人口稀少的中亞地區只是交通運輸通道和能源來源地而非重要市場。〔…〕南亞地區才是關乎『一帶一路』成敗的戰場。〔…〕印度聯同日本正在強化特朗普政府旨在抗衡『一帶一路』的『自由和開放印度太平洋戰略』。」（Small, 2018，又見 Miller, 2018）

特倫尼恩（Trenin）警告，「一個由東向西邁進的中國和同一時候轉向東方的俄羅斯聯手驅動的大歐亞板塊正在冒起。〔…〕自從成吉思汗帝國以來，從西太平洋起到東大西洋為止的歐亞大陸正在因為來自亞洲的驅動力而走向整合。這個發展有機會徹底改變整個歐亞格局。」（Trenin, 2016:65）

阿林森（Allison）亦稱，「『一帶一路』不單是要轉移過剩的產能。原來的絲綢之路不但促進了貿易，也激化了地緣政治競爭（包括 19 世紀英國與俄羅斯在中亞爭雄的『大遊戲』〔The Great Game〕）。『一帶一路』會讓中國得對幾個大洲投射力量。『一帶一路』對整合歐亞大陸的國家作出承諾，其背後是一個要把地緣戰略力量的博弈轉移到亞洲的意圖。就此而言，我們可以聽到一個多世紀前哈爾福德·麥金德（Halford Mackinder）（地緣政治研究之父）所言的迴響。在 1919 年，他為歐亞大陸取名為『世界島』（"The World Island"）並發出有名的宣告，『誰統治世界島則誰號令全世界』。到了 2030 年，如果『一帶一路』的目標達成，則麥金德對歐亞大陸的預想會成為事實。『一帶一路』的高速鐵路會把從鹿特丹到北

京的貨運所需時間從一個月減少到兩天。麥金德的遠見也許甚至會使馬漢（Mahan）那條百多年來主導着人們的戰略思維的海權中心理論黯然失色。」（Allison, 2017:125−126）換句話說，陸權國家將會在歷史上首次壓倒海權國家。

　　誠然，對「一帶一路」持正面和肯定態度的西方學者也有一些，但畢竟只是少數。比如，奈斯比特（Naisbitt）等稱許道，「『一帶一路』規模之宏大前所未有，但卻不僅止於此。過去，經濟、技術以及社會發展進程中的巨大轉變都是自下而上發生的：各種發展變化的趨勢和新的理念在不同的城市和地區之中悄然而生，然後，其力量不斷累積形成合力，最終形成一個驚人的大趨勢。這個大趨勢無人掌控。而中國的『一帶一路』倡議則與之恰恰相反。『一帶一路』構想經過精心規劃，對現有全球化框架進行了革命性改造，與此同時，又給各方參與者留下了充分的機動空間。」（奈斯比特等，2018:13−14）「『一帶一路』正是多中心全球秩序、多樣化經濟結構的重要支柱，也是讓那些動盪地區和國家的局勢得以穩定下來的重要力量。」（奈斯比特等，2018:17）「中國認為，從全球範圍內來看，『一帶一路』是『國際關係民主化』進程的有機組成部分，是全球經濟及政治體系從西方壟斷到多極化秩序轉變的過渡產物。在新的多極化秩序中，中國將會在重要的國際事務上發揮核心作用，同時還成為新興經濟體的領跑者。」（奈斯比特等，2018:35）「由發達國家領導的全球化經濟版圖架構重視金融市場以及互聯網證卷交易。美國80%的金融財富來自套匯和債券交易，而不是實實在在的貿易、投資和服務活動。『一帶一路』倡議的思路卻獨闢蹊徑，以投資基礎設施、製造業、加工業、貿易和服務為基礎。『一帶一路』的新策略是重視腹地的發展。新建的基礎設施將內陸城市連接起來，構築成一個新的內陸城市網，使這些地區優先發展起來。」（奈斯比特等，2018:218）

　　博爾特（Bolt）和克羅斯（Cross）亦稱，「『一帶一路』有它的經濟和

戰略理據。中國的能源安全會因為其在歐亞地區的基建投資而加強。中國經濟長遠增長的前景會更加光明。中國內部那些經濟困難區域的狀況會得到改善。中國和歐洲的聯繫有可能會更為密切。中亞地區的經濟增長會有助於地區的政治穩定和加大中國在該地區的影響力。中國也可以藉此顯示，儘管美國向東靠攏，中國在其西部邊界以外的地方也有不少機會。」（Bolt & Cross, 2018:18–19）

　　人民幣國際化也是中國發展大戰略的一個重要環節。作為全世界第二大經濟體、最大的貿易國和主要的對外投資國之一，人民幣迄今在世界上的地位及使用程度和範圍，與中國的經濟體積和國際地位極不相稱。正由於人民幣的國際化水平不高，所以中國不能好像美國般利用美元霸權為其經濟、金融、軍事和地緣戰略利益服務。多年來，美國越來越多從本國利益出發實行了不少「不負責任」的財政和貨幣政策，甚至不惜把美元「武器化」，不但為自己，也為全世界帶來金融危機和動盪，令其他國家包括中國蒙受極大的經濟損失。實際上，美元霸權乃美國霸權的最重要支柱，其重要性甚至比其軍事實力為大。（Luft & Korin, 2019:xxi）對美國來說，任何威脅到美元霸權的意圖都不能容忍。然而，中國從國家安全和利益出發，多年前已經開始積極推動人民幣的國際化進程，而「一帶一路」戰略在人民幣國際化進程中，則擔當着關鍵的角色。如果越來越多的國家願意使用人民幣作貿易、投資和儲備之用，尤其是在買賣石油和天然氣方面，則人民幣的國際化將得到龐大的推動力。[6]

　　據張明和李曦晨（2019）兩位內地學者的分析，過去十多年，人民幣國際化的進程經歷過兩個階段。在 2010 年到 2015 年，人民幣國際化取得

6　不少美國人認為，對美元霸權最大的威脅來自中國，但其實越來越多的國家、非國家組織、國際犯罪集團乃至電子貨幣的發展都會逐步削弱美元的霸權地位。美國本身國力下降、負債纍纍、美國只顧利己的財政金融政策，和過度將美元「武器化」引起各方面的反制等因素，對美元霸權的衝擊更大。（Luft & Korin, 2019）。

持續快速進展。在這個時期，人民幣國際化可以用「三位一體」來概括，也即是中國中央銀行同時推進三種相互配合相互促進的措施：一是鼓勵在跨境貿易與投資中使用人民幣進行結算；二是大力發展離岸人民幣金融中心；三是中國央行與其他央行簽署雙邊本幣互換。不過，在 2016 年與 2017 年期間，人民幣國際化陷入了停滯。原因之一是人民幣兌美元的匯率由升值轉為貶值，降低了非居民持有人民幣資產的動機。原因之二是從 2015 年起，中美貨幣政策的反向操作導致中美利差顯著收窄，進一步降低了非居民持有人民幣資產的動機。原因之三是在 2015 年 8 · 11 匯改後，為了抑制人民幣兌美元匯率過快貶值，中國央行增強了對資本外流的管制，降低了境外人民幣資金的供給，增加了非居民獲得人民幣資金的難度。原因之四是中國金融風險開始快速上升與顯性化，金融風險逐漸暴露，提高了非居民對人民幣資產所要求的風險溢價。兩位學者認為，從 2018 年起，中國央行似乎正在轉換人民幣國際化的主導策略。人民幣國際化正在由舊的「三位一體」轉為新的「三位一體」(推出人民幣計價的石油期貨交易 + 加大國內金融市場開放力度 + 在「一帶一路」相關建設與投資中更多使用人民幣計價與結算)。與舊的「三位一體」策略相比，新的「三位一體」策略更加注重培育人民幣作為計價貨幣的功能、更加注重培育海外關於人民幣的真實需求、更加注重為非居民提供更大規模與更多種類的人民幣計價資產。

從美國的戰略角度看，人民幣國際化對美元霸權乃至美國的整體霸權構成嚴重挑戰，所以對人民幣國際化虎視眈眈，憂心忡忡，極不欲見其成。為了維護美元霸權，美國一直以來都以不同手段遏制歐羅的崛起，包括分化歐洲各國和在歐洲周邊地區製造動亂，這恐怕就是人民幣國際化過程中必然會面對的、來自美國的阻撓。

必須指出的是，人民幣國際化並不表示中國有意讓人民幣取代美元作為國際貨幣的首要地位，因為這樣既不切實際，也沒有現實需要。由於

出口及引入外資在中國的發展道路中仍然相當重要，持續貿易順差仍將會是「常態」，因此即便中國通過增加內需、以人民幣支付進口、以人民幣作為石油和天然氣的計價與支付貨幣、以人民幣對外投資和援助、更多與外國進行貨幣互換，人民幣在海外的流通性與供應量也難以與美元等量齊觀。再者就是，中國既不願意亦無能力全面承擔如果人民幣成為首要國際貨幣後所產生的對國際社會的責任（比如向全世界大量提供人民幣和保持人民幣匯價穩定）。更為重要的，是中國不會像美國那樣通過發動對外戰爭和顛覆行動，讓美元在世界上大量流通。所以，中國的意圖是要推動國際貨幣走向多元化，令美元的國際地位有所下降而已。此外，人民幣國際化也有利於維護和促進國家安全和利益、穩定和改革國際金融秩序、強化中國在世界上的影響力，和讓中國在國際金融危機爆發時能夠發揮紓解作用。

對人民幣國際化一事，西方學者頗多關注。專門研究貨幣問題的權威艾肯格林（Eichengreen）等學者指出，一國的貨幣獨大的情況並不是「常態」。「〔歷史上多個國際貨幣並存的情況曾經出現過。〕一次世界大戰前，國際貨幣的功能由英鎊、法國法郎和德國馬克共同承擔。在 1920 年代，英鎊和美元都是國際貨幣。從歷史的角度看，20 世紀的下半部屬於異常現象。因為其他代替品的匱乏，才讓美元幾乎壟斷了國際貨幣的角色。」（Eichengreen et al., 2018:195）他們相信，如果新興經濟體的增長速度比美國更快的話，則它們對安全和流動的資產的需求會大於美國供應的能力。美國的供應能力會受制於它的徵稅和支付國庫債券利息的能力。事實上，在一個多個國際貨幣並存的世界，其他國家的政府都可以為世界各國提供安全和高流動性的交易和儲備貨幣。（Eichengreen et al., 2018:196–197）他們因此預言，人民幣成為國際貨幣是不可逆轉的趨勢。

另一位金融學者普拉薩德（Prasad）估算，「人民幣正在成為重要的國際貨幣。如果中國處理得當，對金融體系作出適當改革和推行其他市場導

向的改革，則人民幣有望最終佔有全球儲備貨幣的總額的百分之十。〔…〕人民幣若果要成為安全的貨幣的避風港，中國必須大幅改革其制度架構，最終其政治、法律和公共制度都會發生變化。」（Prasad, 2017:xvciii）普拉薩德進而指出香港在人民幣國際化上的重要性。「中國可以利用香港作為推動人民幣的國際化的試驗場以避免失控。中國不但可以把內地的金融市場與在香港發生的事情分隔，它更可以在改革觸礁時輕易地煞停一切。」（Prasad, 2017:103）「香港在全球的外匯交易中佔有 4%，〔…〕所以香港可以讓人民幣比其他新興市場的貨幣成為國際通用貨幣時更具競爭力。」（Prasad, 2017:110）「現在，中國會繼續利用香港這個平台來推動人民幣在國際上的使用。當中國政府認定內地的金融市場已經達到可以更開放資本賬的時候，它會優先讓上海成為國際金融中心，尤其是如果那樣做的話會更有利於國內金融市場的發展。」（Prasad, 2017:118）

當然，要成功推進人民幣國際化，中國需要推進一系列的改革。秦（Chin）建議，「人民幣的使用可以在亞洲以外有更廣闊的地域空間。不過，這取決於一系列因素：中國的經濟能否保持強勁、中國的匯率機制是否更具彈性、資本賬的進一步開放、持續的金融市場現代化和增長、人民幣的買賣交易是否愈趨方便、以人民幣定價的金融產品是否容易取得、更多的跨境資本流動、人民幣產品市場的深度和廣度增加。尤其重要的，是國際上對人民幣資產和金融產品的需求是否上升。」（Chin, 2017:57）秦提出的建議，恰恰就是中國當前在日後打算推行的改革和改進的方向。

無可避免的是，個別美國學者從「陰謀論」角度，審視人民幣國際化。布斯塔尼（Boustany）和弗賴德伯格（Friedberg）堅信人民幣國際化的目的，不單是要減少中國對美元的依賴，更是要讓人民幣成為歐亞大陸的主要貨幣，與美元「分庭抗禮」，從而削弱美元的地位和美國以美元為武器打擊中國的能力。（Boustany & Friedberg, 2019:16）

如何提升中國製造業的創新能力和科技水平，並讓中國能夠抓住新

一輪科技和工業革命所帶來的機遇，關係到中國能否站穩和強化世界製造業大國的地位、推動製造業轉型升級、突破「中等收入陷阱」、維持中高速度的經濟增長率、擺脫發達國家在產業和科技上對中國的遏制以及維護國家安全和發展利益。以此之故，中國擬定了宏偉和長遠的製造業發展藍圖：「中國製造 2025」。「中國製造 2025」是中國政府在新的國際和國內環境下，立足於國際產業變革大勢，所作出的全面提升中國製造業發展質量和水平的重大戰略部署。其根本目標在於改變中國製造業「大而不強」的局面，力求通過十年的努力，使中國邁入製造強國行列，為到 2045 年將中國建成具有全球引領和影響力的製造業強國，奠定堅實基礎，其中十大工業領域乃重中之重。它們是：新一代資訊技術產業、高檔數控機床和機械人、航空航天裝備、海洋工程裝備及高技術船舶、先進軌道交通裝備、節能與新能源汽車、電力裝備、農機裝備、新材料、生物醫藥及高性能醫療器械。國家製造強國建設戰略諮詢委員會指出，「2015 年 5 月國務院頒發了《中國製造 2025》，該戰略是着眼於國內國際經濟社會發展、產業變革的大趨勢制定的一個長期的戰略性規劃和高端產業、技術進步的路線圖。該規劃以應對新一輪科技革命和產業變革為重點，以促進製造業創新發展為主題，以提質增效為中心，以加快新一代資訊技術與製造業融合為主線，以推進智慧製造為主攻方向，以滿足經濟社會發展和國防建設對重大技術裝備需求為目標，堅持市場主導、政府引導原則，通過實施國家製造業創新中心建設、智慧製造、工業強基、綠色製造、高端裝備創新五大工程，促進產業轉型升級，實現我國從工業大國向工業強國的轉變。」（國家製造強國建設戰略諮詢委員會，2017:40–41）可以想像，如果中國能夠掌握世界上最先進的科學和生產技術，成為「科技霸主」，則全球的價值鏈和供應鏈將要重新分拆、合併和重組。中國將會成為新的全球價值鏈和供應鏈的中心，世界經濟版圖將要改寫，各國的經濟實力的對比會發生根本性變化。中國不再是製造廉價的、中低端工業產品的

基地，在科技和高端產品上也不再如以往般依賴西方國家的供應，反而成為其強勁競爭對手。凡此種種都肯定會威脅到發達國家的經濟命運和政治前景，以及徹底改變幾百年來西方雄霸世界的格局。

毫不意外地，「中國製造 2025」提出以來，經常受到美國和一些西方國家的批評。它們對「中國製造 2025」的疑慮甚深。一方面它們擔心西方在產業和科技上的優勢和領先地位會被中國取代，如此一來不但西方國家的世界霸主地位不保，連帶其安全和利益也受到嚴峻威脅。（Small, 2019）特別是從美國的角度看，如果中國的「產業革命」成功，意味着中美之間的經貿關係會出現根本性的變化，將來中國不再依靠出口中低端工業產品到美國以換取美元，然後把賺到的美元購買美債，令美國得以維持偏低的債息和超高的財政赤字，繼而讓美國人民可以繼續維持低儲蓄率和高消費。果如是的話，則美國將要面對嚴重經濟、財政以及政治困難。

美國和一些發達國家對「中國製造 2025」心存恐懼，極不願意讓其有成功機會。美國的一些「鷹派」學者比如納瓦羅（Navarro）（Navarro & Autry, 2011; Navarro, 2015）和皮爾斯伯里（Pillsbury）（2015）老是認定中國的崛起在相當程度上是依靠不法或不正當手段竊取美國的科技成果，或強迫美國企業轉讓技術。美國副總統彭斯（Pence）於 2018 年 10 月 4 日在美國保守派智庫哈德森研究所（Hudson Institute）的發言盡顯美國人對中國的傲慢、無知和敵對態度。他這樣說，「正如特朗普總統在本星期所言，用他的話說，在過去 25 年『我們重建了中國』。現在，〔中國〕共產黨意圖藉着『中國製造 2025』控制全世界百分之九十的最先進的工業，包括機械人、生物科技和人工智能。為了贏得 21 世紀經濟的制高點，北京指令其官僚和企業不惜一切手段獲取美國的知識產權，也就是摧毀我國經濟領導地位的根基。今天，北京勒令很多美國企業交出它們的商業機密以換取在中國經商的權利。它也在收購美國公司從而取得其發明的行動中擔當着協調和策動的角色。尤其惡劣的，是中國的安全部門策劃大規模竊取

美國科技的勾當，包括前沿軍事〔技術〕藍圖。中國共產黨用那些竊取得來的科技大量地把犁頭變成刀劍。」為了減少「中國製造 2025」的政治敏感性和避免讓它成為美國打壓中國工業的藉口，如今國家領導人和中國官員很少提起「中國製造 2025」，但肯定中國追求在工業科技上領先的決心和計劃不會改變。當然，美國和西方國家也不會相信中國會在這個關鍵領域上退卻。

中國軍事力量的不斷現代化和壯大也是眾所矚目的事，但迄今為止中國軍事力量的提升的主要目標是防禦性的，是為了防衛國土、保衛領海、保衛中國在周邊地區以及全球的經濟和戰略利益、應對西方大國的威脅、遏制台獨和各種分離勢力的，而不是為了進行海外擴張、侵略別國，或挑戰美國和西方的全球軍事霸權地位的。過去一段時間，中國的軍事戰略逐漸由強化陸上大國向強化陸上與海上大國齊步邁進，這既標誌着中國崛起的事實和需要，又反映了中國領導人對海洋權益的日益重視。以此之故，中國的海洋戰略也就逐步成形。「進入 21 世紀，海洋在中國國家發展戰略中的地位日益重要，東部沿海地區的繼續發展需要海洋的支援，改革開放的經濟格局需要海上通道的安全來保障，中國國家戰略空間的拓展和安全需要海洋來實現。世界海洋形勢的深刻變化以及海洋在各沿海國戰略地位的普遍提高，中國所處的海洋政治地理環境更加複雜多變，外向性和開放性更加突出，更易受到國際以及周邊海洋政治、經濟以及安全形勢的影響。因而，2015 年 5 月發佈的《中國的軍事戰略》白皮書，強調『近海護衛』戰略。要求逐步實現近海防禦型向近海防禦與遠海護衛型綜合轉變，構建合成、多能高效的海上作戰力量體系。」（賈宇，2017:47）「中國是陸海兼備的發展中國家，在全球海洋上有廣泛的戰略利益，包括國家管轄海域的海洋權益，利用全球通道的利益，開發公海生物資源的利益，分享國際海底財富的利益，海洋安全利益，海洋科學研究利益等。」（賈宇，2017:52）近年來中國海軍和海上力量的建設一日千里，對維護中國在南海

和東海的主權和安全至關重要。

意料之中的是，美國和一些其他國家不會這樣看待中國軍事力量的壯大。它們警惕中國罔顧國際法在南海和東海擴張領土和領海及攫取天然資源，也深信中國要通過在緬甸、孟加拉、巴基斯坦、馬爾代夫和吉布提等國家構築軍港，從而把軍力擴張到印度洋一帶。對此較為敏感和擔憂的是一些東南亞國家比如越南和菲律賓、抗拒兩岸統一的台灣、不願意讓中國軍事力量能夠突破「第一島鏈」包圍圈的美國和日本，以及視印度洋為其戰略要衝的印度。

事實上，中國的軍事力量經常與世界各國一道為維護世界和平而努力與合作，並在一定程度和力所能及上為國際社會提供公共產品（中國為聯合國提供人數最多的維和部隊和參與亞丁灣的護航行動便是很好例子）。重要的是，即便中國在亞洲特別在東亞地區的軍事力量不斷增加，但卻不能如美國般向全球各地投放軍力。因此，對西方來說，中國的軍事實力尚未對其構成嚴重的戰略威脅，但即便中國只是在亞太地區成為軍事大國，也不是美國所能容忍的情勢。所以，西方內部要求擴軍來遏制中國在軍事領域崛起的聲音正越來越響亮。

在改革開放不斷實踐和取得輝煌成就的進程中，中國不斷總結經驗，大膽創新，也不斷豐富了中國特色社會主義的內涵。縱使中國無意「輸出」中國的發展道路，並強調每個國家都必須因應其歷史、文化和國情思考其發展理念和構築其發展道路，但仍然相信中國的成功經驗，可以為其他國家所借鏡，尤其是如何在發展之同時又能夠維護國家主權和民族自主。無論在內政和外交上，中國的發展道路在本質上與西方的模式大相徑庭。一些西方學者把中國的模式稱為「北京共識」（Halper, 2010; Chen, 2017），認為會構成對美國提倡的「華盛頓共識」的嚴峻挑戰，從而削弱美國在全球的影響力。在內政上，中國突出集體利益和中國共產黨的領導、重視政府在經濟發展上的主導作用、視社會和諧和公平公義為首要奮鬥目標、

着重糅合規劃和市場的相互配合、維護國有企業與私營企業各自的功能等,都被西方人士視為「離經叛道」的發展模式。在外交方面,中國堅持國家主權原則、反對各種形式的霸權主義、強調多邊主義、主張以和平協商手段解決國際爭端、反對任何侵犯別國主權的行為、抗拒一切繞過聯合國的針對或侵略任何國家的行動、抵制任何形式的貿易保護主義和霸凌行徑、提出新型大國關係概念、堅持各國有權按照自己的傳統和國情選擇自己的發展道路、反對把西方的民主觀和人權觀強加於別國、反對以暴力或非暴力方式改變別國的政權、改革現有的國際秩序和國際組織使之向平等互利的方向轉變等,而所有這些努力都是為了最終建構「人類命運共同體」而鋪平道路。為了體現中國的外交理念,中國與其他國家成立了一批非由西方主導的國際組織,比如上海合作組織和亞洲基礎建設投資銀行。憑藉「一帶一路」和「區域全面經濟夥伴關係協定」(Regional Comprehensive Economic Partnership, RCEP)等計劃的推動,中國不但要成為新一輪全球化的倡議者,而且正努力示範公平公正、互利共贏的國際秩序的內容和建構。[7]

　　然而,可以想像,不少西方學者對中國進行的改革頗有微言,部分甚至不表樂觀。例如,伊科諾米(Economy)認為,在習近平的強勢領導下,中國正在進行「第三次革命」("the Third Revolution")(Economy, 2018a; 2018b)「中國首次嘗試以一個非自由的國家的身份在一個自由的世界秩序中獲取領導地位。」(Economy, 2018b:61)「習近平的革命的要害是要在價值體系的戰線上挑戰美國所倡導的國際規範。」(Economy, 2018b:70)馬

7　中國國務院總理李克強 2019 年 11 月 4 日在泰國曼谷出席第 22 次東盟與中日韓(10+3)領導人會議時指出,區域全面經濟夥伴關係協定(RECP)15 個成員國已結束全部文本談判及實質上所有市場准入談判。RCEP 由東盟十國發起,並邀請中國、日本、韓國、澳洲、新西蘭、印度共同參與,旨在通過削減關稅及非關稅壁壘,建立 16 國統一市場的自由貿易體系。若 RCEP 成功,將涵蓋約 35 億人口,GDP 總和達 23 萬美元,佔全球總量的 1/3,所涵蓋區域也將成為世界最大的自貿區。中國在 RCEP 的建構中擔當了積極領導角色。不過,由於印度擔心加入 RCEP 後大量中國製造的貨品湧入,所以不會馬上加入。

格努斯（Magnus）認為中國今天正在同時面對「債務陷阱」、「人民幣陷阱」、「人口或老齡化陷阱」和「中等收入陷阱」四大「陷阱」的威脅。它必須摒棄原來的發展模式而另闢蹊徑。「更多的以信貸推動的投資會帶來經濟和金融不穩定的風險，甚至可能導致突然而來而且痛苦的增長崩塌。中長期而言，收入差距的擴闊和環境惡化會產生經濟增長放緩和社會運作艱難的風險。所以，中國需要發展出更可持續的道路和發展模式。」（Magnus, 2018:55）

澳洲前總理陸克文（Rudd）則從比較客觀的視角觀察習近平的治國理政方針。他認為該方針可以從組成同心圓的七個利益得見。第一個並最為核心的同心圓是中國共產黨及維持其長期執政的壓倒性意圖。第二個同心圓是國家統一和團結。第三個同心圓是中國的經濟發展和生態環境的永續。第四個同心圓是在中國的周邊地區建立勢力範圍。第五個同心圓是維護中國周邊的海洋權益。第六個同心圓是與發展中國家建立良好關係。第七個同心圓是未來的以規範為基礎的全球秩序的重塑。（Rudd, 2018）對中國的發展道路，陸克文持審慎樂觀態度。

不少西方學者認為中國的中國共產黨領導下的「威權政體」既妨礙中國的改革，最終也會為中國帶來政治不穩。不過，持不同看法的人也不在少數。比如，洪源遠（Yuen Yuen Ang）（2018a）形容中國的政治體制為「中國特色的專制政體」（"autocracy with Chinese characteristics"）「中國共產黨在表面下進行變遷，它沒有放棄一黨專政，但卻通過對它的龐大的官僚架構進行改革來達到很多〔其他國家〕民主化過程所能達到的目標，特別是問責、競爭和對權力的局部制約。」（2018a:39）「在美國，政治是刺激的，而官僚體系是沉悶的，中國的情況剛好相反。」（2018a:40）中國政府改變了對幹部的審核制度，主要按照他們的表現來進行賞罰，並輔以財政誘因，成功地激勵了幹部的工作積極性。在另一篇文章中，她描述中國那個具有適應能力的體制為「在指導下的臨時拼湊體系」（"directed improvisation"）。在中央的大方針的指引下，各單位可以因應本身的情況而推行自己的發展方案。「單憑專制體制不足以解釋中國的驕人增長。官僚體制因為改革而引入了一些民主品質，以及北京容許和引導地方政府採取因地制宜的措施。這兩個情況才是激化國家的經濟活力的重要因素。中國並不依靠自上而下的命令，相反，它調動了地方的智慧和資源、促進多樣化和鼓勵民眾貢獻其主意和努力。這些特徵在任何一個民主政體都不陌生，但中國卻把它們嵌入到一黨統治之內。」（Ang, 2018b）

美國戰略研究者布倫納（Bremmer）更預期「中國的經濟定當贏得未來」。他這樣認為，「一般的看法是，中國的威權資本主義模式在全球自由市場中難以生存，更遑論生機勃勃。即便在五年前，所有人的理解是有朝一日中國必須實施根本性的政治改革，不然的話政府的合法性便無法維持，而中國的國家資本主義體系也難以持續。今天，中國的政治和經濟體制，與二次大戰後那個雄霸世界的美國體制相比，其實更有能力，也許更有生命力。縱然美國經濟體積在世界上仍獨佔鰲頭，中國卻有能力藉助它的國有企業去提升中國共產黨在國內外的影響力，並確保這個崛起中的巨人的國內生產總值得以按計劃在 2029 年超越美國。」（Bremmer, 2017）

不過，即便如此，一些學者建言，不要讓中國的經濟成就沖昏頭腦，提醒它在外交層面需要提高警惕，謹慎從事。內地國際關係學者時殷弘寫道，「中共十八大以前的數年裏，在與東亞和東南亞鄰國的關係中，中國民眾和政府的『勝利主義』顯而易見，雖然在政府方面其程度顯然較少。〔…〕中國對東亞和東南亞周邊行為中的『勝利主義』還有一些其他原因，首先是持續上漲的國內大眾民族主義，透過受規制程度較小的大眾傳媒有所加強，無可否認中國政府受到它的某些干擾和制約。還有，在國家機器愈益複雜和內在多樣化的背景下，不同政府部門缺乏協調的情況有時看來頗為明顯。」（時殷弘，2018:25）「最特出的問題在於，中國對外關係和政策的兩項重中之重，即對美國和亞洲鄰國的關係和政策，都在一定意義上

被『鎖在』海洋戰略競爭、海洋領土爭端以及海洋權益爭議之中。遙望將來，若沒有重大的緩解或扭轉，那麼結構性的戰略競爭和戰略對立很大可能將會直接發生於中國近海和西太平洋（至少是在其西部），『修昔底德陷阱』（Thucydides Trap）首先會出現在海洋上。中國在大約短短三年半的時間裏，開闢或固化了那麼多『新戰場』或『新戰線』，但其中沒有哪一項是在可預見的未來能夠決定勝負的。因此，如果這樣的狀況繼續下去，那麼中國將長久地同時從事多項或多線『戰鬥』。從戰略常理來說，這是一種令人憂慮的局面。尤其是根據如下兩條基本軌跡，情況就可能更值得憂慮：第一，中國經濟在數年裏緩慢而頑固地持續下行，國家財政收入逐步減少，金融風險顯著騰升，而且這些情勢缺乏在較短時間內幡然改觀的可見前景；第二，除國內經濟結構調整、社會福利建設和生態環境治理上實屬必需和不能再省的花費之外，用於軍力增長、海外擴展和國際介入的支出大為增長，而從中取得可觀經濟收益的把握頗小。做個比擬，中國的存款愈益減少，而支出卻在急劇增加，因此根本的透支風險在顯著增大。」（時殷弘，2018:28）不過，他認為的中國的外交戰略近年來有全面溫和化的態勢。「中共十九大開始了中國特色社會主義的一個新時代。可以肯定，十九大以後，考慮到五年以來國際情況的轉變，中國對外政策方向較長期地說將以三個『更為大力』為特徵：第一，更為大力地拓展和深化中國對全球政治經濟和全球治理的積極參與，包括選擇在某些領域謀求中國的引領角色；第二，更為大力地爭取中國在亞洲大陸甚或更多區域的經濟和外交優勢，與此相連的是選擇在某些地區或要點上促成戰略存在或影響；第三，更為大力地爭取確立中國在西太平洋西部的戰略及軍事優勢。」（時殷弘，2018:32）實際上，為了應對美國的全方位遏制和推進「一帶一路」的建設，中國近年來重新把「睦鄰友好」原則放到外交政策的重要位置上。中日、中韓和中印關係的顯著改善實為明證。

　　美國著名中國問題專家傅高義（Ezra Vogel）也發出相同的警告。他

批評説，「中國人變得過分自信，高估自身對別國的影響力，開始將在國內行之有效的政治手段施於其他國家，致令海外一些國家的反華情緒高漲，它們對中國將如何利用不斷增強的經濟和軍事力量感到擔憂。」(傅高義，2018:4)「由於中國取得的經濟成果，中國人的自信心持續增強，而到了 2008 年，中國人對國內金融機構的信心遠遠超過對西方金融機構的信任。〔…〕中國比西方國家更為平穩地渡過了此次金融危機。再有，北京於 2008 年舉辦了史上最盛大輝煌的奧林匹克運動會，沒有任何國家可以與之媲美，中國人的自信心隨之大大提升。2008 年後，中國經濟持續快速增長，中國人對國家經濟政策的自信心繼而增強，中美在經濟事務上的關係亦變得更加緊張。〔…〕2008 年後中國經濟持續繁榮，亦令美國愈發關注中國有否遵循公平競爭的國際法規。中國企業的競爭力不斷提升，業務遍佈全球，加上中美貿易差額不斷擴大，加深了美國對中國違反公平競爭的憂慮。美國對中國的諸多問題變得更加敏感，包括剽竊知識產權、中國政府以各種政策刁難外資公司，以及利用國有企業與外國企業進行不公平競爭。」(傅高義，2018:5–6) 他接着警告，「自 1971 年起，美國國內支持中美合作的兩大羣體分別為企業和知識分子（特別是美國大學的中國問題專家）。但到了 2015 年，這兩個羣體對中美關係的疑慮達到了 1971 年以來的頂點。中國國內對西方思想的壓制、中西學者無法在中國共同參與研究，以及嚴格的資訊控制，均引起美國知識分子發出了自 1971 年以來對中國最猛烈的批評。西方企業更加關注中國國內市場的公平問題，對中國的微詞亦遠超過去。現時大部分在華的美國企業都認為中國不歡迎外國企業。」(傅高義，2018:7–8)

最近，主要由美國的中國問題專家撰寫的一份報告，充分反映了那些過去對中國懷有「善意」的學者們對中國的態度轉趨負面和敵對。他們認為中國正在無孔不入地滲透美國各個領域（大學、智庫、媒體、政界、企業、科研、地方政府），而美國的華人社羣也因為受到來自中國越來越大的

壓力而被迫幹一些對美國不利的事。他們因此認為中國對美國的國家安全的威脅正在與日俱增，不得不防。（Diamond & Schell, 2019; Schell & Shirk, 2019）美國的商界近來亦不斷批評中國對外資在中國的經營和發展越來越不友善，而且明顯偏幫國有企業，形成對外國企業不公平的競爭環境。

俄羅斯的再起

　　毋庸置疑，中國的崛起令世界格局發生了根本性的變化，而俄羅斯的由衰敗、自強到再起的進程也令人印象深刻。1991 年，曾經顯赫一時的超級大國蘇聯突然崩潰解體，其繼承者俄羅斯失去了大量的人口、土地和財富，並因為倉促推行美國專家推介的所謂「震盪療法」（"shock therapy"）而引發經濟凋敝、金融危機、民生困頓、社會分裂、政局動盪和人民對政府和「民主體制」失去信心。西方曾經為鼓勵蘇聯走西方道路而對俄羅斯作出的承諾不但沒有兌現，反而乘人之危，對俄羅斯進行經濟掠奪和戰略圍堵，意圖進一步削弱俄羅斯並將其變成西方的附庸。一時間，俄羅斯人民對大國地位的喪失懊悔不已，對國家的前景感到悲觀，而對西方世界則怒目相向。俄羅斯總統普京上台後，在政治上推行中央集權和強化國家機器、加強對社會的駕馭、迫使反對勢力走向邊緣化、鼓動俄羅斯民族主義和提出新的政治和發展理念；在經濟上致力打擊寡頭財團、抓住國際石油和商品價格上升週期帶來的機遇、整頓經濟和金融體系和建構歐亞經濟聯盟；在軍事上重建國家的國防力量和實戰能力；在外交層面則放棄已告失敗的親西方政策而着力與中國進行戰略合作、積極發展在周邊國家的影響力（Bechev, 2017）、攻打格魯吉亞和併吞克里米亞以維護國家安全、以及介入敘利亞和中東與北非事務以彰顯國際地位（Trenin, 2018）。時至今天，儘管在經濟上俄羅斯並非大國，但它卻擁有龐大的核震懾力量、仍然是歐洲的軍事大國、幅員廣闊、能源和資源充

裕、是聯合國安全理事會常任理事國、俄裔人士遍佈其周邊國家和俄羅斯優異的橫跨歐亞的地緣位置。多項條件都讓俄羅斯得以在歐亞、中東和北非政治上扮演舉足輕重的角色。美國因為減少介入中東事務而引致影響力下降，俄羅斯則能夠通過在中東的外交和軍事行動奏效而在一定程度上填補了美國留下的「真空」。（Rumer, 2019）尤其令人驚歎的，是俄羅斯在維護國家安全和利益上態度鮮明，立場強硬，膽色過人，而且不惜訴諸武力和以石油與天然氣為武器來達到戰略目標。

原先俄羅斯是希望投向西方陣營，並與西方聯手共同建構一個能夠讓俄羅斯與西歐國家平起平坐的「新歐洲」，但此提議為「勝利沖昏頭腦」的西方國家所拒絕。相反，西方國家藉着「北約東擴」、讓大部分中歐和東歐國家加入歐盟、對俄羅斯進行圍堵和遏制，並在俄羅斯扶助反對普京的勢力。西方國家也在一些中、東歐國家（格魯吉亞、烏克蘭、吉爾吉斯）策動「顏色革命」以推翻其親俄政權。俄羅斯因而丟掉對西方的幻想，轉向尋找獨立、自主和自強的國家發展路線，力圖恢復大國的地位和歷史的榮耀。西方對俄羅斯的蔑視和忌憚，其實令它喪失了讓俄羅斯整合到西方陣營的大好戰略機遇，反而把俄羅斯推向自己的對立面。

薩克瓦（Sakwa）慨歎道，「冷戰結束後，北約在成功完成任務（尤其是圍堵蘇聯）後似乎應該光榮退休，然而，經過四分一世紀的新角色探索後，它反而返回原先其成立時所肩負的主要功能，那就是圍堵俄羅斯。」（Sakwa, 2017:77）由於蘇聯已經解體，西方國家更肆無忌憚干預別國的內政、「輸出」西方民主和利用「混合」（hybrid war）戰爭去變更別國的政權。「即便冷戰引發衝突，但它卻同時帶來穩定。兩極世界的終結讓衝突重來，巴爾幹半島的事態可謂例證。蘇聯的威脅消失卻反而誘使西方大國走上在伊拉克、利比亞和其他地方搞政權變更（regime change）的道路。」（Sakwa, 2017:38）「俄羅斯堅決認為美國和其盟友三番四次插手別國事務，視國際法如無物。正是西方而非俄羅斯才是修正主義者。〔…〕〔1999

年〕對塞爾比亞的轟炸從多方面來說是一個轉捩點。〔…〕更為重要的是莫斯科認為〔西方動用〕過度武力去達到一個可疑的目的，那就是把科索沃從塞爾維亞分離出去。〔…〕當年普京已經警告，西方國家特別是美國倉促承認科索沃的獨立將會帶來後果。但究竟是那些後果當時卻語焉不詳，但俄羅斯在 2008 年 8 月 26 日承認阿布哈茲（Abkhazia）和南奧塞梯（South Ossetia）的獨立可能是後果之一，而在 2014 年 3 月吞併克里米亞（Crimea）則是後果之二。」(Sakwa, 2017:93)

「俄羅斯的觀點是，一個〔新的〕範式正在形成。國際法固然好，但它卻無法約束西方大國隨心所欲地迫使別國政權的變更。」(Sakwa, 2017:95）在俄羅斯眼中，美國布殊總統在 2002 年單方面宣佈退出美俄反彈道導彈條約和美國總統特朗普在 2018 年證實美國會退出 31 年前與蘇聯締結的中程導彈條約，都是美國罔顧國際條約威脅俄羅斯國家和政權安全的重大舉措。

其實，冷戰結束後，美國和西歐國家錯失了一個按照平等原則把俄羅斯整合到西方陣營的黃金機會。鑒於西方的傲慢和自負，加上以勝利者自居的心態俯視俄羅斯，它反而試圖按照西方的價值觀和體制改造俄羅斯，這只會激起仍然相信俄羅斯為大國的俄羅斯人的強烈反彈。在西方與俄羅斯的關係上，彼此的分歧鮮明，而且無法縫合。薩克瓦指出，「西方不能通着改變自己來容納俄羅斯，因為這會產生一個不穩定的歐洲秩序。〔…〕因為未能建構一個涵蓋整個歐洲、真正包容和全面的和平秩序，新的對抗和分裂遂再度出現。」(Sakwa, 2017:1)「西方邀請俄羅斯加入一個擴大了的大西洋共同體，但俄羅斯卻尋求加入一個改造後的西方世界和一個重新建構的歐洲。即使是今天，俄羅斯這些目標依然明確。」(Sakwa, 2017:4)「西方試圖在不改變自己情況下擴大版圖，但俄羅斯卻要求改變以反映新的權力和意識形態的現實。」(Sakwa, 2017:6)「〔對西方而言〕，除非俄羅斯已經完成了系統性的蛻變並成為自由民主體制，那個國家對其鄰

國和全球秩序仍會構成威脅。」(Sakwa, 2017:11)「〔在俄羅斯倡議的〕大歐洲中，現有的安全制度將要轉變，而領導權將要共同分享。這是俄羅斯認為它應該得到的獎品，儘管它暫時還處於弱勢，因為〔俄羅斯人相信〕是俄羅斯〔而非西方〕促成了冷戰的結束。」(Sakwa, 2017:12)

因此，「就歐洲安全和發展的體系來看，冷戰結束並沒有帶來根本性的制度創新，那個大西洋體系（歐盟和北約）反而擴大了。〔…〕在俄羅斯人眼中，俄羅斯並沒有在冷戰中被打敗，冷戰結束應該是一個共同的勝利。〔…〕另一方面，大西洋共同體的領導人們害怕一旦過早地讓俄羅斯進入歷史〔舊〕西方，價值觀的稀釋、制度的不協調和美國領導地位的喪失會隨之而來。」(Sakwa, 2017:15) 康拉迪（Conradi）同樣認為，「毫無疑問，在 1990 年代初期，美國的確真誠歡迎俄羅斯加入西方陣營，但卻不是如戈爾巴喬夫在 1991 年在他與老布殊舉行高峰會時所提出的成為對等的夥伴。如果俄羅斯要成為西方的夥伴，它只可以是小夥伴。」(Conradi, 2017:99)

俄羅斯從親西方立場轉向截然不同方向的過程有幾個階段。從簡單的時序看，它與西方關係惡化早在 1990 年已經開始，當時西方拒絕給予俄羅斯大規模經濟援助；然後是 1993 年後北約的擴大；彼此關係隨着俄羅斯的民族主義分子和共產黨人開始廣泛動員國內羣眾反對西方而進一步緊張；最後，俄羅斯的經濟向內聚爆後，不少俄羅斯人認為那是西方刻意讓俄羅斯變成第三世界國家的奸計，俄羅斯與西方關係的惡化情況也更為具體。（Cox, 2018:328）

既然俄羅斯不能以平等和相互調適的方法加入一個改造了的西方世界，從維護國家尊嚴、獨立、安全和利益出發以及懷抱恢復大國地位的野心，它只能重新思考其戰略出路，而其中最核心的部分是「東進」部署，要義是強化與中國的戰略合作和鞏固俄羅斯在中亞地區的戰略地位。背

後的基本認識是俄羅斯與西方尤其是美國的決裂和角力不可避免。長期研究蘇聯和俄羅斯的學者特倫尼恩（Trenin）斷言，「美俄對抗是根本性的。它並非來源於雙方的誤解或一些具體失誤，而是因為雙方都把自己視為獨一無二的大國。美國不認為其他國家可以與它平起平坐，而俄羅斯則堅持要那個最強大的國家對它平等相待。」（Trenin, 2016b）

在普京的領導下，建立一個能讓俄羅斯發揮影響力的歐亞聯盟至關重要。俄羅斯相信歐亞〔經濟〕聯盟和金磚組織會不斷強化並最終會超越那個走向衰敗的西方。「這個反霸權的構想所顯示的野心，並不比冷戰時期的意識形態所標示的野心為小，而且有更大的成功機會。」（Sakwa, 2017:19）克洛弗（Clover）認為，「普京的言語透露了對『歐亞大陸』（Eurasia）的真正意圖：未來屬於那個擁有地緣政治、金融、經濟、文化、文明、政治和軍事實力的大洲〔歐亞大陸〕。在新的世紀，只有大國才會獲得重視。」（Clover, 2016:15）將來，世界秩序會是通過若干大國的緊密磋商、攜手合作和共同管理來維持的。

在內政上，為了彌補因為共產主義缺位所形成的思想「真空」，普京積極從事意識形態的重建工作，務求建構一套能夠凝聚國民抗衡西方文化腐蝕的新價值觀（Clover, 2016; Ostrovsky, 2015; Walker, 2018; Stent, 2019）。對此，克洛弗如此描述，「普京啟動了一條新的政治路線：極為一致地訴諸東正教會代表的價值觀和俄羅斯民族主義、尖銳批判自由主義和西方價值觀和重新整合前蘇聯的鄰邦。」（Clover, 2016:4）

按照康拉迪的分析，普京建構了一套新的意識形態，當中有五大元素。「『情緒化的民族主義』、介入性的社會保守主義、再次採用過去讓蘇聯政權獲得認受性的神話（主要與第二次大戰與斯大林有關的「衛國戰爭」）、以俄羅斯東正教教會為國家道德觀念的詮釋者、裁決者和實施者、以及以俄羅斯民族為俄羅斯國家的骨幹。這些東西的基礎是一種『例外主

義』(exceptionalism)，強調俄羅斯有着獨特的使命。[8] 正如蘇聯曾一度聲稱自己是世界共產主義的中心一樣，今天的俄羅斯把自己定位為在那個腐朽的自由世界中堅守傳統和保守價值觀的明燈。這便標誌着俄羅斯開始走上一條既不建基於對蘇聯的緬懷、也不依靠與西方整合的第三條道路。」(Conradi, 2017:234–235)

基爾其克 (Kirchik) 則説，「在冷戰時期，莫斯科把蘇聯宣揚為未來的社會，如今它卻摒棄西方，把自己打造為『傳統價值觀』的捍衛者，從而抗擊那個洶湧而來的、否定宗教、反映性墮落和排斥民族主義的『全球主義』。普京認為俄羅斯不是要反對歐洲，而是反對歐洲出現的變化：享樂主義橫流、墮落、自我放縱、四海為家心態和物質主義。正是因為俄羅斯對國家、自我犧牲精神和自然家庭等價值觀的執着，俄羅斯在無可奈何下必須肩負起捍衛真正的歐洲價值的重任。」(Kirchik, 2017:21)

蘇聯在二次大戰擊敗德國所取得的勝利，讓普京得以用來塑造為立國的神話，鼓舞俄羅斯人對國家民族的自豪感和自信心。（Ostrovsky, 2015; Petrov, 2018）沃克 (Walker) 認為，「戰勝納粹主義所引發的自豪感超越政治效忠對象、世代或經濟地位的分野。它被後期的蘇聯領導人用來提升共產政權的認受性。普京再一次利用衛國戰爭勝利作為締造一個團結和愛國的國家鑰匙。」(Walker, 2018:20)

格里加斯 (Grigas) 對俄羅斯力圖再起的戰略的敍述則更為具體，「俄羅斯的再帝國主義化政策路徑從 (1) 軟實力開始，並伸展到 (2) 人道主義政策、(3) 同胞政策、(4) 資訊戰爭、(5) 向境外的俄羅斯裔人士簽發護照、(6) 保護境外俄羅斯裔人士，最後是 (7) 兼併〔別國或其他地區〕。」(Grigas, 2016:10)「俄羅斯之所以要走再帝國主義化道路，或更貼切地説要牢牢控制其勢力範圍，原因是它害怕並試圖制止那些橫掃前蘇聯地區

8　其實，在相當程度上，幾乎所有大國或立志成為大國的國家都傾向認為自己「與別不同」、「獨一無二」，因此可以獨行其是，無須受制於所謂「普世價值」或「國際規則」。

的、要求政權變更的羣眾運動。」(Grigas, 2016:19)「俄羅斯重新把自己定位為國際舞台上的大國，而且是斯拉夫（Slav）、俄羅斯語系、東正派基督教文明的領袖，換句話說，是俄羅斯世界的領袖。俄羅斯人、說俄語的人和其他在其周邊的少數民族都是俄羅斯世界的構成部分。那些人都被視為同胞並加以政治化。」(Grigas, 2016:172)「在中亞地區，地緣政治利益對俄羅斯而言是壓倒性的。面對中國和（尤其是）美國的介入，它要該地區繼續成為屬於自己的一個特殊勢力範圍。〔…〕中亞國家更可以成為緩衝區以防禦那些動盪國家如阿富汗、伊朗和巴基斯坦以及伊斯蘭極端主義和毒品貿易的威脅。」(Grigas, 2016:185) 美國著名戰略家布熱津斯基（Brzezinski）相信，「新的教義是：蘇聯政府是俄羅斯帝國的繼承者，而現代俄羅斯則順理成章地成為蘇聯的正當繼承者。」(Brzezinski, 2017)

冷戰結束後，西方對俄羅斯政策的失敗，不但不能為世界帶來永久和平，反而為自己製造了一個強勁的對手。俄羅斯的強硬外交政策和對西方國家的懷疑與敵視，導致俄羅斯積極介入西方國家的政治尤其是選舉過程，目的是要讓對俄羅斯較為友好的勢力得以壯大。特朗普當選美國總統和一些歐洲的右翼民粹主義政黨的冒起，或多或少背後都有俄羅斯的影子。西方學者甚至驚呼，「今天，俄羅斯政府悍然在全世界襲擊西方民主的根基。」(Biden & Carpenter, 2018:45)

特倫尼恩以下的論述，充分表達了西方對俄羅斯再起的憂慮。「歐洲的歷史雄辯地說明，如果一個前度敵人，尤其是一個大國，在衝突後不能被〔西方〕整合，又不感到安全和安心的話，則新的衝突難免會在一代人之後發生。」(Trenin, 2016:5)「美國、波蘭和波羅的海諸國真正害怕的是俄羅斯和德國建立普京鼓吹的經濟共生關係。那會最終導致德國與美國疏遠、扮演一個更獨立的國際角色，並更為『理解』俄羅斯的地緣政治利益。」(Trenin, 2016:35)「無論如何，西方其實應該更懼怕俄羅斯的孱弱而非它的強大。蘇聯解體的四分一個世紀後，俄羅斯非常脆弱。它正在經

歷一場重大並有結構性根源的危機。俄羅斯享有的少許政治穩定，本質上依靠普京的威望，因此命懸一線。它現在的體系缺乏耐久性的制度和可以取代現政權的、具有公信力的代替品。因此，假如俄羅斯爆發危機的話，那個危機必然會引發動亂。」(Trenin, 2016:54-55)

中俄聯手

上文提到俄羅斯的「東進」戰略的核心是與中國締結建戰略合作關係，而中國也認為加強與俄羅斯的關係對抵禦西方尤其是美國的戰略遏制非常有利。同時，中國的「一帶一路」倡議與俄羅斯提倡的「歐亞經濟聯盟」又可以通過有效對接達致縮小分歧和互利共贏。因此，無論在安全、貿易、經濟、金融、能源、外交、軍事、政治和文化領域，近年來，由於西方因為克里米亞事件對俄羅斯施加嚴厲經濟和金融制裁，而美國對中國的全方位戰略遏制又越來越猛烈，中俄關係因此愈趨密切，而彼此的戰略合作也更愈益升級。2019 年 6 月，國家主席習近平訪問俄羅斯並與俄羅斯總統普京會談。中俄元首決定將兩國關係提升為「新時代中俄全面戰略協作夥伴關係」，意味着兩國把雙邊關係定位提升到一個前所未有的新高度，戰略協作步入更高水平，向更廣、更深方向挺進。步入「新時代」，中俄關係將迎來一系列新的機遇，從遠東開發、從「冰上絲路」到「數字絲路」，中俄將不斷拓展合作新維度和挖掘新潛力。能源、軍事、科技、電子商務、金融、農產品貿易、旅遊等為代表的諸多領域將成為中俄務實合作的熱點。面對單邊主義、保護主義、霸凌主義等逆流，中俄並肩攜手，致力完善國際治理體系，以促進該體系更公正和具包容性。未來中俄將共同參與建構地區安全體系，提高發展中國家在國際組織內和解決全球發展問題方面的話語權，為維護國際社會的公正和正義發揮獨特作用。此外，中俄聯手更會建構一個在美元系統以外的、以其他貨幣（包括電子貨

幣）為核心的國際金融貨幣體系，從根本上打擊美元霸權和那個以美元霸權為支柱的美國霸權，進一步以推動貨幣多極化為手段推進世界多極化。（Luft & Korin, 2019:82–99）

　　中俄聯手實際上從根本上改變了世界政治格局。中俄一方和西方一方的戰略較量更被一些觀察家形容為「新冷戰」的到來（Lucas, 2014）。當然，所謂「新冷戰」卻沒有過去的冷戰的強烈意識形態對抗的意味，而中國與西方的經貿關係卻緊密難分和利益交融。再者就是，在「新冷戰」下，美國和部分西方國家還在全世界竭力傳播其價值觀和制度，積極搞政權變更、不願意承認和尊重發展道路和歷史文化的多樣性，但中國與俄羅斯則不像冷戰時期那樣要大力「輸出」或強迫別國採納其發展模式。此外，在「新冷戰」下，所謂「兩大陣營」之間發生「代理人」流血戰爭的機會微乎其微。然而，縱然如此，中俄與西方的角力對世界和平與發展事關重大，也肯定是 21 世紀國際政治的主軸。

　　不過，重要的是，中俄戰略合作不包括在軍事上結為盟國，雙方沒有在軍事上互相支援的責任，但雙方在軍事上的合作卻仍然愈趨頻密和緊密。一方面，中國對俄羅斯在歐洲的軍事行動比如佔領克里米亞半島並沒有背書，而俄羅斯也不欲捲入中國在東海和南海的可能同美國或日本爆發的軍事衝突之中。另一方面，2018 年 9 月中國參與了俄國在西伯利亞舉行的「東方—2018 軍事演習」。此次超大型的軍事演習意義重大，顯示了中俄兩軍在戰事中交叉協作能力提升的新里程碑。然而，正如加布耶夫（Gabuev）（2018）所言，即使中俄之間沒有類似北約的安全協議，如果美國和其盟友因此對中俄軍事夥伴關係所產生的後果掉以輕心的話，將是大錯特錯的事。他指出，類似「東方—2018」的演習將會大大改善中俄兩軍的共同協作能力（interoperability），並會在比如中亞或朝鮮半島那些區域熱點中發揮作用。它也會提升兩國高級軍事將領的互信和非正式聯繫。」美國的新聞從業員斯圖（Sciutto, 2019）更指控中國和俄羅斯正在聯手向

美國發動「影子戰爭」（"shadow war"）。兩國通過毒殺異見分子、干擾選舉、武裝侵略、網絡攻擊、隱秘的軍備擴充等違反國際法和國際規範的手段，來發動一場意圖摧毀美國和西方的全球化戰爭。

在蘇聯時期，中俄兩國關係大部分時間處於緊張狀態，彼此的關係因為利益愈趨重疊反而在蘇聯解體後得到明顯改善。早前一些西方觀察家對中俄關係的發展並不看好，認為鑒於兩國在歷史上的恩恩怨怨、文化差異和潛在的中俄之間針對俄羅斯遠東地區的領土爭議，加上俄羅斯忌憚中國的崛起和中國在中亞地區勢力的擴張，中俄戰略合作不可能是真誠和持久的。俄羅斯問題專家洛（Lo, 2008）甚至揶揄中俄關係是一個「權宜軸心」（axis of convenience），隨時會因為利益分歧或世界局勢變化而瓦解，而俄羅斯重投西方懷抱則不是不可思議的事。德羅茲迪亞克（Drozdiak）宣稱，「華盛頓、布魯塞爾、倫敦和柏林的外交專家幾乎一致相信，莫斯科面對的最大威脅來自中國對俄羅斯西伯利亞東部邊區和伊斯蘭激進主義在其南部的進犯。〔…〕以此之故，西方國家政府認為莫斯科難以疏遠北約集團和歐盟。所以，西方國家覺得它們有更大空間在那些與俄羅斯毗鄰的國家之內追求民主的勢力結盟。」（Drozdiak, 2017:215–216）

然而，時至今天，秉持這種看法的西方人已經為數不多，但並非完全沒有。[9] 大部分觀察家都相信中俄聯盟是堅實和恆久的戰略合作關係，絕對不容等閒視之。之所以是這樣，是因為中俄兩國有着共同的戰略利益、對自己乃舉足輕重的大國的相同身份認同、彼此一起面對着西方的嚴重威脅和雙方對如何重構國際秩序有相同的思路。（Schoen & Kaylan, 2015; Katz, 2017; Kendall-Taylor et al., 2018; Bolt & Cross, 2018; Cox, 2018; Ellings & Sutter, 2018; Larson & Shevchenko, 2019）

長期研究俄羅斯政治的特倫尼恩（Trenin）確信，「〔中俄關係〕肯定

9　見 Aron, 2019。

不只是權宜關係。由於沒有更好的詞語，中俄關係可以描述為『協約關係』（entente）。這表示兩國之間有一定程度的相互諒解和地緣政治戰略的對接，其基礎是相互重疊的世界觀和共同對美國全球霸權的厭惡。」（Trenin, 2016:66）「現在，世界上的大國（美國、中國和俄羅斯）已經進入大國角力的時期。華盛頓不再強調普世主義（推動全球化和在全世界推廣民主價值），反而意圖建構一個更強大和版圖更廣闊的西方，並且極力遏制那些有意挑戰美國的國家〔主要指中國〕。」（Trenin, 2016b）

內地戰略家王湘穗對中俄聯手對世界局勢的影響有以下的論斷：「在泛亞區域安全合作框架中，最重要的就是中國和俄羅斯的合作。〔…〕中俄關係是建立在 21 世紀全球大環境的基礎之上，已經成為利益共同體，正在向命運共同體方向發展。」（王湘穗，2017:156）「中俄戰略接近使得中國的國際戰略這盤棋的大模樣很好，迫使美國面對中國崛起，由主要進行遏制，逐漸轉向接受事實。〔…〕中俄的戰略合作，可極大地對沖中國面對美國組織的海洋國家盟國體系的壓力，對沖西方國家對俄羅斯的壓力，也可以極大抑制域外國家對泛亞地區事務的干預。在 2017 年上〔海〕合〔作組織〕峰會上，印度、巴基斯坦將成為上合組織正式成員國，亞洲地區的安全框架就有了大模樣。若再把伊朗、蒙古再請進來，再與東盟、海灣國家、東北亞國家組建起區域安全框架，泛亞經濟合作就有了安全保障。」（王湘穗，2017:157）

俄羅斯戰略學者盧金（Lukin）同樣強調中俄聯手對推進多極化世界出現的重大意義。「〔國際體系〕逐步從兩極化模式向多極化模式轉變，〔…〕令中國和俄羅斯對外面世界的看法發生重大變化，也顯著改變了雙方政治精英之間的關係。正是因為那些源於美國和歐盟意圖保存那個在蘇聯崩潰後短暫出現的單極世界所引發的變化，讓莫斯科和北京得以不斷強化彼此的友好關係。中俄兩國友好關係的發展有其本身的動力和邏輯，並對全球秩序產生巨大的影響，也因而在非西方世界中營造了一個合作體

系。這可以從一系列的組織的成立和發揮越來越大的影響力中得見。這些組織包括金磚五國組織（巴西、俄羅斯、印度、中國和南非）、上海合作組織、東南亞國家聯盟和一個新興起的非西方共同體（大歐亞聯盟）。這些發展反過來又驅使國際體系向多極（多中心）世界過渡。」(Lukin, 2918:vv-xvi)「今天，西方的擴張正在撕裂那些與俄羅斯鄰近的國家。它已經導致摩爾多瓦和格魯吉亞的領土分裂，而烏克蘭正在我們的眼前分崩離析。〔…〕西方一面倒地支持一些前蘇聯的共和國內的親西方民族主義者，在它們內部激發嚴重的衝突和導致那些說俄羅斯語的民眾受到壓迫。俄羅斯對那些問題不能袖手旁觀。」(Lukin, 2018:13)

從戰略利益角度，中俄聯手在當前的世界格局對彼此都十分重要。俄羅斯戰略家盧金認為，對中國而言，「明顯地，中俄關係對中國之所以非常重要，不單是因為它本身的重要性，而是因為它代表着中國渴望與其他大國比如美國和日本建立的那種〔平等互利〕關係。」(Lukin, 2018:50) 因此，如果俄羅斯國將不國，將對中國構成巨大威脅。特倫尼恩也說，「重要的是，一個瓦解中的俄羅斯會對中國構成嚴重威脅，可以預期北京會竭力防止俄羅斯的崩潰。即便蘇聯的解體為西方帶來機遇，但西方卻沒有好好掌握。所以，一個嚴重弱化的俄羅斯讓中國可以伺機向它示好和幫助它復甦，從而可以利用其資源和長期左右其政策。如果這個情況出現，則歐亞大陸的地緣政治主軸會轉移。」(Trenin, 2016:111)

俄羅斯走向東方，實際上有其明顯的戰略邏輯，因此絕非短期權宜政策。盧金縷述，「莫斯科的走向亞洲戰略並非表示它要離棄西方，而是因應俄羅斯的實際利益和尊重 21 世紀的現實情況，需要給予亞洲恰如其分的重視。更概括地說，20 世紀的經驗說明，莫斯科與亞洲大國結成反西方聯盟是不智的，而完全倒向西方也是徒勞的。」(Lukin, 2018:71)「結果是，大概在 1990 年代中期開始，俄羅斯採取一個『平衡與等距』的立場來處理它與中國和其他亞洲大國的關係（而並非完全倒向中國）。」(Lukin,

2018:76）「對俄羅斯的地緣政治和國際利益來說，與中國合作至關重要。中國認同俄羅斯建構一個多極國際體系的願景。從實際角度而言，兩國都希望見到一個不受單一霸權支配的世界，而願意看到一個幾個權力中心相互合作、而它們的關係又受到國際法和聯合國憲章所約束的世界。在多極世界的理想的背後是一個明顯的現實，那就是：俄羅斯和中國，以及另外幾個國家，都擁有足夠的塊頭，從而具有自己的利益和自己對區域和全球發展的看法。它們不會滿足於一個完全由一個大國獨霸、而那個大國又漠視它們的利益的世界秩序。然而，它們認同那個二次大戰後的世界結構、相關的國際法和聯合國安理會所行使的最高權威。作為聯合國安全理事會的永久成員國，它們的地位與美國均等，而美國既然是一個更為強大的國家，因此它自然地會試圖改變那個對其慾望造成約束的體系〔聯合國〕。」（Lukin, 2018:94）盧金進一步推斷，「中國是俄羅斯的重要戰略夥伴。正是因為它有着與中國（乃至其他亞洲國家）的關係，俄羅斯的外交政策才更為均衡、更為成熟和獨特，才能讓俄羅斯得以成為一個具有全球影響力的中心。」（Lukin, 2018:94）「自從蘇聯作為一個權力中心不復存在後，美國和其盟友在世界上的影響力便大為提升。美國成為世界政治上最強大的權力中心，並通過其影響力試圖把其價值觀強加於全世界。對此北京和莫斯科嚴重關切。這些因素讓俄羅斯和中國得以在 1990 年代初期克服彼此的政治分歧並開展雙方的友好關係。後來，一方面中俄兩國越來越強大，另方面美國則竭力藉助在不同地區施加壓力和軍事行動意圖維持其絕對領導地位。這兩個因素讓莫斯科和北京的關係更加密切，並鼓勵它們更致力於建構一個雙邊戰略合作體系。」（Lukin, 2018:127）「事實上，中俄關係正常化發軔於 1980 年代，並經過多次兩國領導層的更替而不斷發展起來。」（Lukin, 2018:174）「即便今天俄羅斯與西方的劍拔弩張關係在將來會趨於平靜，彼此的關係卻不大可能會完全恢復到過去的水平。」（Lukin, 2018:182）葡萄牙前外長麥卡爾斯（Macães）亦同意說，「對俄羅

斯來說，歐亞大陸為其提供必需的地理空間去建構它的獨特的文明，從而避免出現在東邊與中國隔絕和在西方則受到歐盟進犯的場景。」（Macães, 2018:193）美國的俄羅斯專家斯坦特（Stent, 2019）與俄羅斯學者盧金的想法幾乎驚人地一致。另一美國學者福伊（Foy）亦有相似看法。他明言，「俄羅斯與中國越來越密切的友好關係讓俄羅斯獲得國際資金、新的貿易機會和外交實力。」（Foy, 2018）

美國學者博爾特（Bolt）和克羅（Cross）在他們的書中提出了四大主題，藉以表明中俄聯手但不結盟乃不可避免的發展趨勢。「第一，俄羅斯和中國的夥伴關係由共同的利益所凝固。其中一項利益是保衛外部和內部的安全。對兩國而言，共同邊界的安全至關重要，雙方也需要合作來對付恐怖主義和內部威脅。〔…〕另一共同利益是雙方都對現有的自由世界秩序的一些部分不滿。西方認為這個秩序的核心是通過既有的規則來解決國際爭端，但中國和俄羅斯則覺得現有的規則不足以消除不公義的東西。第二個主題是俄羅斯和中國乃塑造國際秩序的關鍵力量。冷戰結束後西方湧現的勝利主義已經煙消雲散，俄羅斯與中國在所有重大事項上都有影響力，能夠改變全球的勢力均衡、內政和外交行為的規範以及全球性機構的運作。俄羅斯和中國有力制約美國和西方，而這兩大巨人願否合作，關係到一大堆的在全球環境內的跨國性安全挑戰能否得到成功處理。第三個主題是西方對俄羅斯和中國仍然是重要夥伴。〔…〕最後的主題是俄羅斯和中國是夥伴但卻非盟友。」（Bolt & Cross, 2018:3）兩位學者同稱，「俄羅斯併吞克里米亞和介入烏克蘭事務，接着為西方所制裁，都使得俄羅斯更倒向中國。不過，俄羅斯向東方靠攏早在 2014 年俄羅斯與西方交惡之前已經發生。」（Bolt & Cross, 2018:13）

俄羅斯對西方的不信任有着深層次的歷史和文化原因，不容易改變過來。「大部分俄羅斯的精英以及大部分俄羅斯公民明白到西方不會對他們倒履相迎。因此，縱使俄羅斯不願意與西方對抗並且希望與其維持良好

的工作關係，任何俄羅斯的領導人都不大可能與西方建立起一種建基於共同立場的關係。俄羅斯將會與西方『和平共存』，彼此在一些事情上能夠達成協議，但在另外一些問題上則維持分歧。這種與西方的〔矛盾複雜〕關係將會讓俄羅斯不斷向非西方世界靠攏，尤其是向亞洲的大國〔中國〕靠攏。」（Lukin, 2018:182）「在俄國，親西方的政治和社會力量正處於幾十年來的低谷。人民所展示的俄羅斯民族主義明顯是反西方的。」（Trenin, 2016:99）更具體的是，俄羅斯從 2011 年的利比亞事件中得到的教訓是西方不可信。（Trenin, 2018:47）「緊接着烏克蘭危機之後出現的俄羅斯在敍利亞的行動，是莫斯科明顯對美國主導的世界秩序〔不認同〕的第二個大動作。」（Trenin, 2018:63）

中俄問題專家羅茲曼（Rozman, 2014）更深刻指出，中俄兩國在國家身份認同（national identity）上相差不遠，為彼此的長期合作關係提供穩固基石。兩國都經歷過社會主義的洗禮，都有過戰略合作的經驗，都擁有悠久的文化傳統，都是大國，都有恢復其歷史地位的抱負，都感受到美國和西方的擠壓，對改進國際秩序有共同的追求。

美國戰略學者艾利森（Allison）認為，「目前已經很清楚，冷戰結束帶來了一個單極的時刻，而非單極的時代。今天，外交政策的精英們如夢初醒地看到一個在很多領域與美國匹敵或者甚至超越美國的威權中國的急速崛起，及那個咄咄逼人、非自由的俄羅斯核子超級大國的再起，而它願意使用軍事力量去改變歐洲的邊界和中東的權力平衡。他們慢慢地和痛苦地發現美國在全球力量中的份額已經萎縮。〔…〕對一個一貫倚重利用各種資源作為核心戰略來壓倒其挑戰者的美國來說，它的衰落容易讓人質疑美國的領導地位。」（Allison, 2018:130–131）不過，萊恩（Layne）的看法則有所不同。他認為美國對中俄的戰略意圖恐怕有錯判的成分，從而誇大了它們對美國的威脅。美國以為兩國要主宰世界，但其實兩國只是要求擁有自己的勢力範圍。不過，美國始終相信中俄兩國的威權政體對西方

構成嚴重威脅（Layne, 2018a）。所以，美國對中俄聯手極為憂慮和恐懼，而遏制兩國的力度也只會有增無已，這無疑引起了中俄兩國的強力反彈。

個別西方學者甚至斷言，美國同時對中俄進行遏制，不但不智，也不會成功，徒然消耗國力。比如，林德（Lind）分析，冷戰 II 之所以出現，源於美國作為 20 世紀末和 21 世紀初的惟一世界霸主要追求無限的全球霸權，而中俄兩國對此則作出敵意的反彈。「如果美國勝利是指美國在別國尤其是中國抵抗下而仍然成為世界霸主的話，則美國必然會在冷戰 II 被擊敗。」（Lind, 2018）「從〔美國的〕新冷戰戰士的言辭中可以看到，美國的目標包括中國永久接受美國對東亞地區的軍事支配、中國接受美國與其歐洲和亞洲盟友在沒有中國參與下所制定的國際貿易規則、俄羅斯同意美國與北約在其邊界地區的永久存在、以及俄羅斯把克里米亞歸還烏克蘭。」（Lind, 2018）可想而知，美國是為自己制定一項不可能完成的任務。

西方世界內外交困

對西方國家來說，中國崛起、俄羅斯再起、新興經濟體的冒起已經形成了對西方世界的巨大戰略威脅，嚴重衝擊西方尤其是美國的世界霸主地位。中國以不同於西方的發展模式發展但卻又能取得輝煌成就，確實動搖了其他國家對西方制度和價值觀的認同和信心。經濟呆滯、財政困難、歐洲國家失業率居高不下、相當慷慨的福利體系無以為繼、恐怖主義、民粹民族種族主義、政治衝突、政府管治乏力失效、宗教衝突、難民和移民問題、地區矛盾等都為西方世界帶來難以處理的困擾。然而，與那些問題相比，西方世界的困境其實主要源於其自身體制的缺失，特別清晰地體現在西方的政治和經濟體系──無論是自由民主、社會民主（Mounk, 2019）、自由市場和資本主義──的運作艱難之上。西方的體制不但難以有效處理焦點問題，甚至導致內部矛盾衝突頻繁。2008 年發生、起源於

美國的全球金融海嘯，和接踵而來的歐洲債務危機，既是造成當前西方困局的主因，也是西方困局的最佳體現。全球金融海嘯徹底暴露了西方經濟和政治體制的弊端，狠狠打擊了西方人的傲慢和自信。西方精英和民眾對西方的體制和價值觀的支持和信任也因此而顯著下降。西方的危機，歸根究底是認受性的危機。正由於西方內外交困，自信心不足，和對前景缺乏憧憬，因此西方人對中國的崛起更加引以為憂，更加對中國忌憚和敵視，並相信遏制中國崛起乃維護西方的世界霸權的鑰匙。（Stiglitz, 2019）

正如埃莫特（Emmott）所言，一個弱化了的西方正在面臨四個與國際關係和安全有關的挑戰。其一是來自崛起中的中國的壓力和要求。中國正在試圖劃定它在世界事務上的位置，並且依據其自身利益重新詮釋和重訂國際規則。其二是如何應對那個再起的俄羅斯。俄羅斯正在通過介入其他國家和地區的事務以提升其國際地位和構建其國民的新身份認同，並且要顯示目前的國際規則對其不適用。其三是來自伊斯蘭國、其先行者和其後來者的文明挑戰。其四是來自那些北非、中東和中亞的失敗或正在失敗中國家的威脅。那些國家讓西方文明的挑戰者得以匿藏和招募人手。（Emmott, 2017:192-193）

與此同時，由於內外交困，「新世紀開始以來，西方已經喪失了不少聲望。我們的政治模式不再是全世界傾慕的東西。當西方民主備受質疑之際，西方在全球的勢力也難以獨善其身。美國實力的損失是相對性的，它在全世界的國內生產總和中的份額減少。美國的全球公信力因為它打着虛假的民主的旗號到處魯莽發動戰爭而貶值。歐洲在地緣政治上的損失是絕對的。它幾乎已經沒有能力把它的實力輻射到其邊界以外的地方。當前世界的重心正在無情地向東方轉移。」（Luce, 2017:141）

政治評論家拉克曼（Rachman）更提出「東方化」（Easternization）這個概念來描繪世界格局的巨變。他認為，「在一段時間內，西方勢力的下墜所帶來的最明顯的後果是一個損耗了的國際秩序和衝突風險日增的世

界。」(Rachman, 2016:12)「在奧巴馬年代看到的中東的命運所顯示的東方化的一個重點是：美國的相對沒落只是一個更大的現象的一部分，而這個更大的現象是西方整體的相對沒落。」(Rachman, 2016:174)「東方化過程不單意味着歐洲不再能夠操控地球上大部分地區，因為過去幾十年來這已經是不爭的事實。它意味着歐洲越來越容易受到來自其他地方的政治、社會和經濟態勢的威脅，而那些威脅不但不受歐洲控制，反而會直接和間接衝擊歐洲的穩定、繁榮甚至和平。」(Rachman, 2016:176)

對西方資本主義的前景，德國學者斯特里克 (Streeck) 頗為悲觀，甚至預言它會走向終結。依據斯特里克的觀察，西方當前的危機預示資本主義那等待已久和最終的崩潰的出現。資本主義的病態在過去幾十年已經呈現，目前經已到達臨界點。那些病態包括：經常性的財政危機，讓國家因為要補救市場體系的缺失而一貧如洗；利潤率下降，使得資本家〔…〕因此而要盤剝工人以作補償，從而令資本主義體系失去認受性；資本主義無法處理因為機器加速取代人手而引發的工資下調和工人動亂；以及因為金融體系不斷蠶食實體經濟和週期性崩塌所帶來的結構性危機多發的趨勢。他接着預言，「經過多年來健康欠佳後，資本主義現在處於危急時刻。經濟增長變為停滯、經濟不平等變為不穩定、人們對貨幣經濟的信心已經蕩然無存。〔…〕世界正面對轉變。在二次大戰的陰霾中勉強結合起來的民主與資本主義已經到了盡頭。〔…〕我們現在的世界的特徵是經濟增長下降、寡頭統治、公共空間萎縮、制度腐敗和國際失序。對此當前沒有解救的辦法。」(Streeck, 2016:the blurb；又可參看 Collier, 2018)

導致西方特別是美國資本主義陷入危機的重要原因之一，是金融取代了工廠，製造業遷移到其他國家，實體經濟也因而空洞化。斯坦 (Stein) 指出，「1947 年至 1973 年是美國經濟的輝煌時期，經濟增長可觀，收入與財富分配亦較為合理。那個時期在 1973 年戛然而止。因為生產率急劇下降，工資開始停滯不前。在整個 1970 年代，恢復經濟增長成為左右兩

派的共同事業。起先，民主黨把重點放在一些『後經濟』的議題（外交、種族、性別、政治和環境）上，忽視或錯判了來自歐洲和日本的競爭和高能源價格的影響。民主黨的支離破碎的政策既不保障勞工權益，又不促進經濟增長。接着而來的共和黨則思想保守，確信如果把資本從稅制、規管和貿易壁壘中解放出來，國家和工人的繁榮便唾手可得。儘管工資停滯和巨額貿易逆差，但來自國外的資金卻仍然讓美國人得以維持〔高〕消費。然而，美國的經濟結構也因此而發生改變。金融服務和房地產業蓬勃發展，對製造業造成打擊。最近，這個模式的效用不再。房屋和金融產業的危機在 2008 年把整個世界推向懸崖邊。」(Stein, 2010)

　　諾貝爾經濟學獎得主施蒂格利茨（Stiglitz）直言，美國的金融業過度膨脹乃導致美國資本主義凋敝的元兇。在金融業主導下，美國不能對人才、技術和工業進行長遠的投資，而一個短視的經濟體也只能產生低速的增長。「那些可以用於財富增值的資源卻被用來剝削人民。〔…〕整個國家所呈現的是更慢的經濟增長、更多的波動和更大的不平等。金融業顯示了不受制約的市場所會帶來的弊端：銀行家不受約束地追逐自身利益不但不會為社會帶來福祉，卻帶來了 75 年來最大的金融危機〔指 2008 年的全球金融海嘯〕。」(Stiglitz, 2019:113)

　　米切爾（Mitchell）不認為激烈的、來自內部或外部的經濟競爭導致美國製造業的式微，而美國之所以出現「投機經濟」(the speculation economy) 與政策改動有關。他說，「毀滅性的競爭長期以來都是問題。不過，只有在 19 世紀最後幾年幾個因素出現才共同形成一個完美的風暴，讓美國製造業的目標從生產貨物和服務轉到製造和買賣股票。這幾個因素是：工商業處於困境但卻擁有大量亟需尋找投資機會的剩餘資本、各州的企業法的改變、私人銀行的創造性貪婪、投資基金的興起和新的和不斷發展的投資銀行的出現。」(Mitchell, 2008:3)

　　菲利龐（Philippon, 2019）從政治權力越來越集中在巨型企業手中的

角度解說美國資本主義的困局。那些巨型企業利用其巨大財富進行政治遊說，從而壓縮市場的競爭性，讓它們得以獲取更多的利潤、壓低工資的上升、阻礙創新的發展和拖慢經濟增長。自由市場因而不再是美國資本主義經濟的主要內涵。

有學者「富想像力」地甚至把西方的經濟危機與中東的亂局聯繫起來。埃莫特判斷，「西方經濟的疲弱和中東的動亂其實是互相關聯、甚至是互為因果的。無可置疑，美國和歐洲的經濟疲弱，是因為 2008 年爆發自 1930 年代以來最嚴重的金融崩坍。這場金融危機讓美國和歐洲失去信用而難以成為其他國家的楷模；讓它們過去依靠貿易、對外投資和海外援助去影響其他國家的能力下滑；也削弱了美國和歐洲在參與國際事務上的意向和能量。對此西方的決策者和西方的金融機構難辭其咎。〔…〕『9‧11』發生的殘暴事件和阿富汗與伊拉克戰爭在西方製造了一種高度戒懼的社會狀態，也激發了一種瀰漫着愛國主義的政治和心理氛圍。在這種情況下，英倫銀行、歐洲中央銀行、美國聯邦儲備局，尤其是後者，也難以置身之外。這種高度戒懼社會狀態使得那些機構難以在 2001–2007 期間〔…〕用提高利率或收縮信貸作為手段去維持西方經濟增長和減少失業率。」(Emmott, 2017:191)

西方人一直引以為傲的區域經濟一體化與和平發展的模式——歐盟——正面對分裂甚至解體的風險。歐盟的那個以歐羅（euro）為標誌的共同貨幣政策，在沒有共同的財政政策和財政紀律的支撐下無以為繼。「英國脫歐」(Brexit)、德國堅持國家利益至上方針、意大利在財政政策上獨行其是、北歐和南歐的經濟狀況迥異、歐洲羣眾對歐盟領導機構的「信任危機」，都反映着歐洲當前的困境。「從歐洲議會選舉的投票率不斷下降等現象可見，歐洲民眾對歐洲的管治越來越漠不關心，並相信歐洲的救贖繫於把其政治重新國家化。」(Kirchik, 2017:223) 埃莫特相信，「根據目前的發展趨勢和政策，歐盟正在走向解體和最終的崩潰。它需要改變方

向，這意味着它的成員國需要改弦易轍。經濟低增長、失業率高企和大量移民從中東和北非湧入共同構成致命衝擊。那些移民是歐盟和其成員國難以應對的，但低經濟增長和高失業率卻不是。主要的解決辦法來自歐盟，各成員國在公共開支上進行協作的話可以紓緩問題，但時間已經無多了。」（Emmott, 2017:131）

　　基爾其克對歐洲的前景頗為悲觀，「我們正在目睹那個過去 70 年來我們熟悉的歐洲的完結，那是一個和平、穩定、繁榮、合作、民主和社會和諧的地方。今天的歐洲正在分崩離析。它越來越不民主、經濟停滯不前、飽受來自不自由的左翼到威權的右翼各類極端分子的威脅、而且難以想像地正在沿着戰爭道路進發。在若干方面，歐洲的地緣動亂令人聯想到危機四伏的 1930 年代。」（Kirchick, 2017:1-2）更甚者，「缺乏了政治內聚力的歐洲難以在維護自由民主世界秩序上擔當關鍵角色。」（Kirchik, 2017:229）

　　如果歐盟的分化趨勢持續的話，則歐洲的形勢將會如何？當然，沒有人能夠有信心作出預測。迄今沒有學者認為歐洲會恢復到二次大戰期間的國與國相爭、戰爭重臨的狀態。也許齊亞朗卡（Zielonka）的樂觀看法有一定的合理性。他說，「歐盟的弱化不會強化民族國家，反而會帶來相反的情景。〔…〕歐盟的衰落不會引發混亂和解體。由高經濟依存度、文化融通和政治務實考慮驅動的整合過程仍會繼續。然而，這會是一種新型的整合，沒有建立泛歐洲政府的野心。整合過程會按照功能而非地域方向推進。擔當推進者角色的力量包括以不同國家和區域政府為成員的各類監管機構、大城市和那些代表商界和公民的非政府組織。這個多元化和權力分散的整合網絡可能較目前的歐盟更有效能和更反應敏捷。現在的歐盟受到太多條條框框、機能失調的中央機構和與公民和市場脫節的情況所困。」（Zielonka, 2014:xi-xii）縱然如此，在這種情況下，由於歐洲不再是一個團結和統一的政治集體，也因此難以制定共同的外交政策和立

場，歐洲在國際事務上的角色難免會減少。然而，更具代表性的看法，是
歐盟根本不可能吸納或整合其成員國內部的民主政治和人民訴求，也難以
協調其成員國之間的利益和立場分歧。要在貨幣聯盟之上建構扎實的政
治聯盟和統一的財政政策談何容易。因此，「既然歐盟無法果斷地走向更
緊密的聯盟或下定決心脫離聯盟，任何試圖解決其基本矛盾的努力只會最
終毀掉它。」（Thompson, 2018）

　　經濟不振、貧富差距擴大，難民和移民問題深重，精英與羣眾脫節、
西方原有的民主、自由、法治和人權狀況惡化，但在本質上反民主的民
粹主義狂飆則在歐洲迅速擴散。（Ignazi, 2003; Laqueur, 2011; Marquand,
2011; Mudde & Kaltwasser, 2012; Galbraith, 2016; Judis, 2016; Camus &
Lebourg, 2017; Drozdiak, 2017; Fekete, 2018; Murray, 2018; Shotter, 2018;
Kirchick, 2018; Krastev, 2017, 2018; Kraster & Holmes, 2020）特朗普當選
美國總統，令不少人擔心美國的民主會否向威權政治過渡（Snyder, 2017;
Klaas, 2017; Frum, 2018; Goldgeier, 2018; Sunstein, 2018; Klaas, 2017;
Babones, 2018; Pippa & Inglehart, 2019）。歐洲人對外來難民和移民的排
拒，也讓他們不願意堅守法治、包容、憐憫、自由、多元化等民主政治必
不可少的「普世價值」。

　　一般而言，引致西方民主衰落的原因是結構性的。在某程度上，西方
的民主建立在持續的經濟發展和人民生活不斷提高的基礎上。然而，當西
方的經濟狀況、人民生活水平以及社會福利的供給因為其他國家的興起
和競爭而遇到困難時，那個基礎無可避免會發生動搖，連帶西方民主也無
以為繼。[10] 高爾斯頓（Galston）慨歎，「只不過是 25 年的光景，那些偏好
自由民主的人便從勝利主義走向近乎絕望。」（Galston, 2018:1）「我認為，
現代自由民主建基於民眾一方與他們選出來的代表和非選舉產生的專家

10　實際上，不但是西方民主政體，全世界所有的「民主政體」都面對內部分化內耗的危機。（Carothers &
　　O'Donohue, 2019）

一方的心照不宣的協定。只要精英們能夠給民眾予持續的繁榮和穩步上升的生活水平，他們便會得到民眾的順從。如果精英們不能好好的把經濟搞好，那就甚麼也不用說了。來自發展中國家的日漸強大的競爭令這個協定開始動搖，而那些旨在保護公民不受勞動市場風險所困的政策也承受着越來越大的壓力。〔…〕全球化的經濟體系原來被發現是對大部分發展中國家的人和發達國家的精英的利益有利，但卻不能惠及發達國家內的工人和中產階級，而這些人在二次大戰後的 30 年中曾經過享有不錯的生活。」（Galston, 2018:3）

芒克（Mounk）則從稍為不同的視角探討西方民主不濟的現象。他分析道，「自從民主政體建立以來，有三個顯著的固定狀況伴隨在一起，但今天這些狀況已經不復存在。第一，在民主穩定的時期，大部分公民都能享受到快速的生活水平的上升。〔…〕今天，人們對政治領袖的信任和樂觀情緒已然蒸發。當公民對前景的憂慮愈趨深重之際，他們開始視政治為零和遊戲。任何外來移民和少數族裔之得都被視為是自己之失。〔…〕這個狀況把相對穩定的過去與愈趨混亂的今天的落差進一步拉闊。在整個民主穩定的歷史中，一個種族或民族處於支配地位。〔…〕很多時候我們選擇去忽視這樣一個情況，那就是民主政體的運作依賴種族或民族的同質性。〔…〕在整個西半球，一個大規模的反對民族和文化多樣化的潮流正在升溫。〔…〕〔第三，〕互聯網的出現，尤其是社交媒體，很快便改變了政治局內人和局外人之間的力量對比。今天，任何一位公民都可以快速地與數以百萬計的人分享帶有病毒的資訊。建立政治組織的成本急劇下降。當核心與邊陲之間的科技缺口在收窄的時候，激發不穩定的力量相對於穩定的力量而言已經取得優勢。」（Mounk, 2018:15–16）

因為美國的中東政策的嚴重失誤，致使中東動盪不安，伊拉克、敘利亞、利比亞和也門內戰熾熱，極端主義的伊斯蘭國肆虐，阿富汗亂局未平，伊朗和沙地阿拉伯爭霸、「阿拉伯之春」很快便變成「阿拉伯之冬」，

人民流離失所，生靈塗炭。大量難民甘冒生命危險大量從北非和中東湧向歐洲國家，引發了歐洲國家抗拒移民入侵的情緒和運動。在不少歐洲人的心目中，為了排斥那些民族與宗教與自己差異極大的人的進入，政府必須以嚴厲手段應對，即便那些手段與他們信奉的「普世價值」相抵觸也在所不惜。一些西方學者甚至斷言，大量外來難民和移民湧入歐洲，使得不少歐洲人不再堅持他們原來的民主、法治、自由和人權觀念，因此導致西方人引以為傲的「普世價值」受到重創。保加利亞學者克拉斯特夫（Krastev）指出，「在移民時代，民主政體開始成為排斥他人而非包容他人的工具。」（Krastev, 2017:15）「過去思想的自由流動葬送了共產主義（和冷戰），同樣地，今天在歐盟和美國的人口流動葬送了後冷戰秩序。難民危機暴露了後冷戰秩序的無能，尤其是冷戰時期建立起來的制度和規則已經沒有辦法處理當今世界的問題。」（Krastev, 2017:25）「歐洲人民開始質疑他們過去所擁抱的東西。開放的邊界不再是自由的象徵，如今反而成為不安全的徵象。」（Krastev, 2017:36）「寬容和禮貌不再是歐盟的明確特徵。」（Krastev, 2017:38）「由難民問題引發的〔歐洲內部的〕東西方鴻溝對歐盟的生存構成威脅。」（Krastev, 2017:44）

西方民主的危機，充分呈現在西方民眾對政治精英乃至整個精英階層的信心和信任不斷下降。經濟萎靡不振、金融危機多發、中產階層處境艱難、移民和難民問題嚴峻、福利供給無以為繼、勞工問題突出、貧富差距擴大、政治立場對立加劇、官僚主義橫行、恐怖襲擊不斷、宗教衝突多發等現象都讓西方羣眾對政治精英、企業精英和社會賢達失望，而精英階層與羣眾的隔膜又不斷擴闊。西方的民主政體因此運作失常，政治衝突此起彼伏。西方人對西方民主已經怨聲載道，隨之而來的是西方民主、社會經濟模式和西方價值觀對其他國家的吸引力和認受性也急劇崩塌。高爾斯頓表示，「所有這些發展趨勢的背景，是戰後的自由國際秩序正在遇到愈趨嚴峻的威脅。二次大戰後，政治領袖與民眾的〔政治〕交

易為那個秩序定下框架。普選產生的政府，通過官僚機構的工作，推動了經濟的發展和生活水平的提高，為健康、就業和退休提供了社會保障，維持了國內安定平和，以及消除了國際威脅。民眾則以順從政治精英作為回報。」（Galston, 2018:14）

　　事實上，西方的政治精英，無論其政治立場是左傾、中間或右傾，一方面他們彼此的政治路線的分野越來越窄，沒有人或政黨願意或敢於提出重大的改革主張來應對西方當前遇到的各種危機，反而繼續因循守舊，不思進取。另一方面，他們則越來越以自身的安危為重，務求能夠保存個人和黨派的權勢和利益。不同的主流和非主流黨派實際上已經成為了一股壟斷政治權力的政治「卡特爾」（cartel），極力阻撓新勢力進入權力網絡，可是他們也同時越來越失去人民的信任。卡茨（Katz）和梅爾（Mair）認為，踏入 21 世紀後，西方政黨不再是民主政治的本質性制度。它們正在失去羣眾的支持。西方政黨乃至西方民主因此正處於危機之中。兩人的研究發現，西方的主流政黨已經不再是羣眾性政黨，也不具有廣泛的代表性。相反，它們已經共同組成一個政治「卡特爾」。即便它們之間的競爭依然存在甚或更趨激烈，但卻沒有實質意義。不同政黨輪流上台，但在朝和在野的政黨卻都可以在政治分臟中獲益。它們迴避那些爭議性大的問題，反而着重處理那些較容易對付的小問題。在政黨之內，權力越來越向那些佔有公職的黨領導人集中，而基層黨員的影響力則頗為有限。在這種政治環境下，在那個「卡特爾」以外的挑戰者則以反建制政黨的姿態出現，其中有民粹主義的左翼政黨，但力量更為龐大的則是右翼民粹主義政黨。（Katz & Mair, 2018）

　　與此同時，政治和經濟精英對政治權力的壟斷同樣突出，正如沃林（Wolin）所描述的，美國的所謂民主實際上是「倒轉了的極權政體（inverted totalitarianism）。它聲稱是民主政體，並保留了所有民主政體的制度特徵，但實際上權力卻控制在掌控國家機器和大企業的人的手裏，而

政府、立法機關、法院和民眾都在他們不受約束的權力下被擺佈和管理，並為他們的利益服務。所謂「民有、民治、民享」實屬空談，而政治權利亦徒有虛名而已。（Wolin, 2018）

「自從柏林圍牆倒塌和蘇聯解體之後，西方的政治爭辯的空間收窄。當經濟全球化和〔倚重〕國際組織成為它們的共同的語言後，中間偏左和中間偏右的政黨走向合流。在好幾個國家，它們走在一起並建立『大同盟』。只要經濟和安全情況良好，這種共識政治還是可行的。」（Galston, 2018:16）克拉斯特夫（Krastev）也說，「我們現在目睹在歐洲發生的事情不是單純的反抗建制的民粹騷亂，而是選民對賢能精英的反叛。最能代表那些賢能精英的莫過於那羣在布魯塞爾〔歐盟總部〕勤勞工作和才幹過人的官員，可是他們卻與那個他們應該是人民代表和服務提供者的社會脫節。」（Krastev, 2017:14）盧斯（Luce）的看法則是，「西方的危機的癥結是：我們的社會內部出現了人民意願和專家統治之間的分裂（多數人的獨裁與知情人俱樂部的對壘）；英國對布魯塞爾〔歐盟〕；西弗吉尼亞〔美國的欠發達地區〕對華盛頓。所以，特朗普的當選和英國退出歐洲代表民主意志的伸張。用一位荷蘭學者的話來說，西方民粹主義是『不自由的民主對不民主的自由的回應』（an illiberal democratic response to undemocratic liberalism）。」（Luce, 2017:120）

在惡劣的環境下，潛伏在「自由」和「民主」之間的張力越來越大，彼此難以調和的矛盾讓「自由民主政體」難以有效運作，並進而激化了羣眾對西方民主的認同和信心。

西方學者對「自由」和「民主」越來越難相容的情況引以為憂。芒克嘆息道，「自由主義和民主是相互依存的，因此如果我們的政治的一部分機能失調的話，另一部分馬上也會機能失調。所以，缺乏權利的民主有淪落為〔…〕多數人的暴政的危險。同樣地，只有權利但沒有民主的政體亦難以穩定。我們恐怕正在目睹自由主義和民主政治的分道揚鑣。」

（Mounk, 2018:6）「在大多數政治學者不察覺的情況下，一種非民主的自由主義正在北美和西歐生根。在這種政體內，在大部分時間內就連細微的程序都被小心翼翼地遵守，而個人的權利又往往得到尊重。然而，選民們早已知道他們對公共政策的影響力微不足道。」（Mounk, 2018:13）「當民眾的越來越反對自由的意向與精英們的越來越不民主的意見同時並存時，自由主義與民主政治便開始碰撞。作為個人權利和人民統治的獨特混合品、並長期是北美和西歐政府的特徵的自由民主政體正在它們縫合的地方撕開。取而代之的是『非自由民主』（或沒有權利的民主）或『非民主的自由主義』（沒有民主的權利）的出現。」（Mounk, 2018:14）對此庫特納（Kuttner）也有同感。他確認，「自由民主的兩個理想—自由與民主—之間必然存在張力，原因是『自由』勢必包含致富的自由，但到了一個地步經濟不平等會腐蝕政治平等。」（Kuttner, 2018:259）「自由與民主不一定會走在一起。〔可以出現一個〕不民主，但卻願意接受一些『法治』和『尊重個人』的核心價值的政體。」（Kuttner, 2018:262）「今天，民主資本主義是自我矛盾的概念。在私人金融主導下的全球化，正在逐步腐蝕了民主對資本主義的約制。在向下的螺旋動力的推動下，民眾對掠奪性資本主義的反叛強化了帶有民粹性質的激進民族主義，並且進一步弱化民主。」（Kuttner, 2018:283）「今天，企業和金融精英大體上佔有了國家機器，並讓那些〔以往〕作為系統性改革源頭的、名義上仍稱為中間偏左的政黨走向中立。」（Kuttner, 2018:286）穆勒爾森更語帶嘲諷地説，「西方對其他地方輸出其價值觀和實踐經驗之際，歐洲不但正經歷着難民危機，而且還有自由民主和資本主義的危機。自由市場和自由民主一向被視為相得益彰的兩個東西，但現在看來它們越來越處於敵對和競爭的局面。」（Müllerson, 2017:84）「強民主源於對不公平實行抑制，但強民主卻必然壓抑市場自由。民主的目標是要讓社會更平等，但少受約制的市場卻會擴大不平等。」（Müllerson, 2017:85）「自從共產主義崩塌以後，『資本主義』與

民主之間的摩擦越來越明顯。」(Müllerson, 2017:88)

　　迪尼恩（Deneen）從更深刻的角度出發，認定自由主義之所以失敗是因為它已經成功了。他的理由是，自由主義的原意是要促進公平、捍衛多元文化和信仰、保護人權和擴大自由。然而，它的內部邏輯卻最終會帶來巨大的不平等、泯滅多元性和多樣性、導致物質上和精神上的墮落和自由的萎縮。（Deneen, 2018:3-4）

　　歐洲的民主政體固然正遭受嚴峻考驗，美國的民主政體同樣遇到嚴重挫折。權力集中在精英的手上、人民缺乏政治影響力、政黨受制於財團、既得利益者與政治活躍和狂熱分子對壘、民主和共和兩黨黨同伐異、政府運作艱難、有效管治難以實現、當政者不能滿足人民的訴求和照顧群眾的福祉等都是美國民主的痼疾。（Page & Gilens, 2013; Packer, 2013; Ackerman, 2010; Allan, 2014）佩奇（Page）和賈倫斯（Gilens）對其成因有這樣的分析，「甚麼地方出了錯呢？〔它們是：〕富人的權力、企業和有組織的利益群體的勢力、極端的政治積極分子、兩極分化的政黨、缺乏代表性的選民群體（投票者主要是較富裕、年齡較大和白種的人）、被操縱的投票過程、在選舉期間的虛假資訊、沒有代表性的制度、有錢人和有組織者的大力遊說、碎片化了的政治權威，以及僵持不下的政局。」（Page & Gilens, 2017:55-56）在金錢政治肆虐下，美國已經淪為富人統治（plutocracy）的國度。「不平等的情況已經腐蝕了美國的民主。〔…〕經濟不平等，加上金錢在美國政治的壓倒性力量，已經導致美國政府只願意回應強勢精英的訴求，再也不能夠代表廣大美國人民的利益。」（Formisano, 2015:3）里夫斯（Reeves）指出，美國最重要和影響深遠的鴻溝是中產階級上層與其他人的鴻溝。高收入的父母把自己的階級地位傳授給自己的子女，從而讓美國的平等機會和社會流動的理想受到嚴重威脅。結果是：廣大美國群眾對現存社會狀況甚為不滿。（Reeves, 2017）

　　當前，美國內部分化嚴重，貧富、地區、階級、信仰、種族、民族、

價值觀、宗教、政治等分歧嚴重分化了美國人。因是之故，美國也成為了民粹主義氾濫的國家。（Parker & Barreto, 2013）美國的民粹主義有兩種類型：進步的民粹主義和保守的民粹主義，分別由「新美國」和「舊美國」所代表。「新美國」是那個由一些羣體組成的進步聯盟，包括非洲裔美國人、年輕人、在職婦女、同性戀者、外來移民、高教育水平的專業人士和沒有宗教信仰的人。組成「舊美國」的人主要是白種人、男人、和較為年長、較為保守、較為篤信宗教和通常居住在城市以外的地方的人。」（Schneider, 2018）「新美國」和「舊美國」的矛盾在政治上的突出表現是民主黨和共和黨的生死之爭，而兩黨之爭則在多方面癱瘓了美國的國家治理。

同樣地，在東歐那些民主實踐經驗尚淺的國家，種種社會、政治和經濟問題紛至沓來，狠狠打擊了它們脆弱的政治體制。反民主情緒和民粹主義在匈牙利、波蘭、捷克、斯洛伐克、羅馬尼亞等國家快速冒起，導致東歐民主明顯倒退。克拉斯特夫對此有如下的論述，「橫貫整個東歐，一個非自由的共識正在冒起。仇外的民族主義是其特徵。有點意外地，它得到那些在共產主義崩潰後才成長起來的年輕人的支持。如果那些在 1990 年代風光一時的自由派人士關心的是民族、宗教和性少數的權利的話，則新的共識卻與多數人的權利有關。」（Krastev, 2018）1989 年後，大量東歐的年輕人移居西方國家，另有大批來自中東和北非的移民湧入東歐，引發了身份和文化危機。再者就是，東歐羣眾對來自歐盟的要求和指令感到不滿。「過去很多東歐人把布魯塞爾〔歐盟〕對其國家的干預當作好事。然而，隨着時間過去，他們開始覺得那些干預是對其國家的主權的侵犯。〔…〕東歐民粹主義帶來的最大挑戰是削弱歐盟的凝聚力，而並非是對不同國家的民主政體構成威脅。」（Krastev, 2018）

一直以來，不少學者相信所謂西方的「民主危機」只不過是人民對當權者不滿，而非對民主政體不滿，因而斷言西方民主的認受性並未動搖，仍然得到西方民眾的擁戴，然而這個觀點已經受到挑戰。盧斯（Luce）認

為，「長期以來，學術界假設了那些不斷增加的、對民主不滿的跡象，只不過是反映人民對當時在任政府的不滿。政府的認受性可能下降，但〔民主〕政體的認受性卻仍然絲毫無損。所以，除了民主政體之外人們別無他選，而民主政體則是唯一的選擇。不過，這種觀察實在是過度沾沾自喜。」（Luce, 2017:121）而正是因為不少西方人已經對存在已久但越來越運作失效的民主政體失望，才讓各種反民主的激進主張有滋生和成長的土壤。高爾斯頓認為，「不安全感的上升引發人們對強勢領袖的追求，產生了回覆到〔過去的〕威權主義的風險，但不少人卻仍然相信威權主義〔在西方〕已經一去不復返。」（Galston, 2018:11）他接着說，「專制統治、民族國家主義、救贖性的宗教和掛着中國牌子的市場列寧主義都紛紛興起，並宣稱自己能夠把那個經由普選產生的代表所推行的自治〔政體〕比下去。」（Galston, 2018:5）部分年輕人對激進言行更是趨之若騖。福阿（Foa）表示，「總體來說，在北美和西歐，年輕人較多支持政治激進主義，但卻較少支持言論自由。」（Foa, 2016:8）「在成熟的民主國家中，那些同意最好由軍人統治的人在人口中的百分比有所上升。這些國家包括德國、瑞典和英國。」（Foa, 2016:12）「20 年前，富裕的公民較低收入羣體的人更願意維護民主制度，但今天前者卻稍微更為屬意由那些能夠漠視民主制度的強人來統治。明顯地，那個越來越喜歡非民主替代品的趨勢在年輕人和有錢人當中特別強烈。」（Foa, 2016:13）「富有人士對民主制度的背離並非新事物，只不過是回歸過去的歷史慣例而已。」（Foa, 14）

今天，西方模式已經無法解決西方乃至世界的問題。「舊的社會福利國家的模式無以為繼。〔…〕數個危機同時爆發正對歐洲的生存構成威脅：為期幾乎十年的經濟零增長、俄羅斯的再起、伊斯蘭極端主義抬頭及自從 1940 年代末以來大規模的人口流動。」（Kirchick, 2017:3）「從歐洲中部到英國中部到美國的中西部，那些自從柏林圍牆倒塌和蘇聯解體以後成就了民主西方的各種安排都遇到反抗。中間偏左和中間偏右的主流政客

及政策制定者的觀點和成就都受到民粹主義的威脅。建基於自由貿易和靈活勞工的經濟政策遇到攻擊。那些鼓吹多樣化和鼓勵外來移民的文化規範失去支持。國際協議和制度則讓路予民族主義的力量。」(Galston, 2018:9–10)「經濟呆滯、民粹主義、對自由民主政體不再抱幻想和社會愈趨緊張，都使得歐洲變成一個〔俄羅斯總統〕普京渴望出現的衰弱無力的地方。」(Kirchick, 2017:5) 長期以來被認為是典範的德國模式也正在走向式微，主要反映在社會民主主義在德國乃至在歐洲的衰落。原來支持社會民主主義的社會聯盟，隨着社會的不斷分化和新問題的湧現而走弱。(Der Speigel Staff, 2018; Diez, 2018; Nachtwey, 2018; Buck, 2018)

　　西方面對的內憂外患既然來源自歷史和結構性因素，因此不可能在可預見的將來消失。相反，由於西方的政治體制根本上缺乏解決深層次問題的能力，而西方人民更沒有壯士斷腕般承擔深刻改革的決心、毅力和犧牲，因此要根治西方的痼疾難乎其難。

民族主義飆升

　　自從現代國家在 17 世紀在歐洲誕生以來，民族主義的飆升已是勢不可擋的政治潮流，而且從歐洲不斷往其他地區擴散。民族主義是一次大戰和二次大戰後導致大量新的國家出現的主要因素。在東西方冷戰時期，在蘇聯和美國分別領導的社會主義和資本主義陣營對抗的形勢下，為了確保本陣營的團結和安全，兩個陣營內部的民族主義勢力分別受到蘇聯和西方國家的壓抑。然而，冷戰結束後，蘇聯的解體把其內部的民族主義力量釋放出來，導致一批原來屬於蘇聯的地區比如格魯吉亞、波羅的海三國、烏克蘭、哈薩克斯坦等走向獨立建國。在西方陣營內，除了極個別例子（比如在東歐劇變後加入西方陣營的捷克斯洛伐克分裂為兩個國家）外，原來的國家數量沒有變動。然而，各國以及部分國家內部一些地區的民族主義

冒起甚至尋求獨立（比如西班牙的加泰羅尼亞和英國的蘇格蘭）（Gellner, 1997; Hechter, 2000）。再者，近年來在很多歐洲國家湧現的右翼民粹主義勢力都帶有強烈的民族主義成分（Panizza, 2005; Mudde & Kaltwasser, 2012, 2017; Müller, 2016; Moffitt, 2016; Goldberg, 2018; Gady, 2018; Pippa & Inglehart, 2019）。即便在美國，特朗普當選總統，在某種意義上可以說是美國白人民族主義的勝利（Gest, 2016; Hochschild, 2016; Jones, 2016; Norris & Inglehart, 2019）。與此同時，民族主義在歐美兩洲以外的地方同樣飆升，特別是在中東地區。在亞洲，中國、日本和韓國的民族主義情緒也正在升溫。正如芒克所言，「在整個地球上，民族主義正在重燃，各種超國家的想像（supranational ideals）正在消退。」（Mounk, 2018:197）這也等於說國際主義、世界大同、國際合作、四海一家和地球村等理念的吸引力正在消散。過去不少學者曾經預言民族主義會隨着現代化和全球化的擴散而消逝，但事實卻非如此。基本原因是宗教、語言、文字、文化、傳統、地域、風俗習慣等重要的身份認同標誌並沒有因為現代化和全球化而消失，反而在某些方面有所增強。全球化又導致國與國，以及國內的不同地區和民族之間的不平等和利益衝突爆升，為民族主義的重新抬頭注入新動力。個別國家和民族甚至擔心因為全球化，會令自己的文化傳承和宗教信仰失落和湮滅。

伴隨着新一輪民族主義的冒起是大量狹隘和激進的思潮的湧現，包括左翼和右翼民粹主義、國家主義、「國家優先」主張、分離主義、種族主義、排外情緒、反移民／難民呼聲、貿易保護主義、宗教極端主義、部落政治（tribal politics）（Chua, 2018）、身份政治（identity politics）（Fukuyama, 2018a, 2018b; Sides et al., 2018; Abrams et al., 2018）、恐怖主義等。「民粹和激進政黨的抬頭，反映了那些感受到威脅的大多數人爆發成為歐洲政治的力量。這些人埋怨自己失去了掌握自己命運的能力（無論這是否真實的），他們將此歸咎於信奉世界主義的精英和抱持部落心態

的移民的陰謀。」(Krastev, 2017:76)「今天，感到受威脅的大多數人的確是害怕他們會成為全球化的受害者。全球化也許幫助發達國家以外的大批中產階級人士的興起，但它卻動搖了戰後歐洲的中產階級社會的經濟和政治根基。從這個意義來說，新民粹主義並不代表今天的失敗者，而是那些明天有可能會失敗的人。」(Krastev, 2017:81)

　　所有的狹隘和激進思潮的共同點是它們所代表的「符號政治」(symbolic politics)。考夫曼 (Kaufman) 確認「符號政治的基本原則是：因為一般人主要是基於其偏見和情緒而作出決定，領袖們為了贏取支持，往往使用各種符號去迎合那些偏見和情緒。〔…〕所以，種族和民族衝突並非是情況不確定、錯誤理解、或貧窮的結果。它們一般是由赤裸裸的權力爭奪所引發，目標是要讓一個羣體征服另一個羣體，而權力慾望泛濫的領袖們則在貫徹其計劃時得到極度偏執的民意和組織力量的支持。」(Kaufman, 2015:4)

　　在一些國家內，原來的民主政治體制的認受性也因此受到衝擊。芒克認為，「歐洲的歷史——和大部分北美以外的發達民主政體的歷史——似乎注定了連德國和瑞典這些國家都會起而背叛多民族的民主政體。相反，美國的歷史則似乎註定了它的稍微不同的結局，那就是，美國那個承認所有人都平等的多民族民主政體不被美國人所接受。」(Mounk, 2018:169) 再者就是，一些國家尤其是美國越來越覺得本國利益因為國際組織、國際條約和國際遊戲規則的束縛而受損，從而打算改變現有的國際秩序，甚至退出一些國際組織和條約。

　　民族主義的飆升對中國和香港最大的影響，是西方出現的各種以本國利益為依歸、損人利己或損人卻不利己的行為，大大加劇了全球化退潮的趨勢，為各種保護主義添磚添瓦，同時激化中西方的矛盾衝突，引發西方國家之間的利益摩擦以及進一步對美國構建的「自由國際秩序」造成巨大破壞。下面茲舉數例以作說明。不過，由於特朗普的「民族主義」行徑

和俄羅斯的民族主義冒起已經在上文談過，所以不在下文論述。

美國總統特朗普上任後多次攻擊歐盟和北約，指責美國的盟友沒有肩負起應盡的責任，特別是在增加軍費方面。考慮到美國對盟友的不友善立場將來不會因為特朗普的離去而改變，（Peel & Williams, 2019）歐盟成員國不得不「想方設法」降低其對美國在安全上的依賴和對美元的倚重，目的是要強化歐盟的獨立自主地位、增加「戰略自主」（strategic autonomy）和保障歐盟的安全。（Biscop, 2018; Haddad & Polyakova, 2018）2018 年 8 月，歐盟正式恢復應用一項在 1990 年代頒佈的「堵塞法規」（"blocking regulation"），該法規容許歐盟為那些因為與伊朗做生意而可能被美國制裁的歐洲企業，提供保護或補償。同年 9 月，歐盟又打算成立一個名為「特殊用途工具」（Special Purpose Vehicle）的金融支付系統，目標是要打破美國能夠操控的、以美元為主體的 SWIFT 支付系統的壟斷，以方便歐洲企業與受到美國制裁的國家特別是伊朗，使用美元以外的貨幣進行貿易。2019 年初，這個金融支付系統正式建立，取名為 INSTEX（Instrument in Support of Trade Exchanges），並得到伊朗和一些其他國家的積極支持。歐盟同時也爭取中國和俄羅斯參與這個系統。歐盟此舉讓美國十分懊惱，同時也反映了歐盟對美國單方面退出多國與伊朗達成的核協議的憤怒。歐盟擔心如果伊朗也因為美國的退出而相應退出核協議並恢復為最終生產核武器而進行相關工程的話，則中東乃至歐洲的安全便會受到嚴重威脅。[11]

11　其實，為了應對美國以美元、美元支付體系和美元金融體系作為打擊自己的武器，中國和俄羅斯也分別建立了自己的、以本國貨幣為主的金融支付系統。俄羅斯的系統名為「融信息傳輸系統」（SPFS），而中國的系統則稱為「中國人民幣跨境支付系統」（CIPS）。當然，要成功打擊美國主導的 SWIFT 系統的地位、乃至成為它的代替品，路途相當遙遠，但 SWIFT 系統以外系統的出現，無疑對美元的霸權地位敲響警鐘。如果美國經濟走下坡或美元走弱，則美國策動金融制裁和戰爭的能力便會大打折扣。（Zarate, 2013:12）根據《日本經濟新聞》2019 年的調查顯示，在 2015 年 10 月啟動後，加入 CIPS 的銀行擴大至 89 個國家和地區的 865 家。被美國定為經濟制裁對象的俄羅斯和土耳其等國家也加入其中。2018 年的交易額比上年增長八成，達到 26 萬億元。中國有效利用美國的「與人為惡」的對外強硬路線，開始在美元主導的體系中打入楔子。

羅森堡（Rosenberg, 2018）甚至認為「當前〔世界各國為了〕規避美國制裁的努力所呈現出來的創造性是前所未有的。」在維護歐洲安全方面，個別歐盟國家比如法國倡議組建歐洲軍隊以加強歐盟的國防力量，避免過分依賴美國。誠然，這些提議最後可能因為各種原因，包括美國的阻撓和成員國之間的分歧，而無疾而終，但歐盟爭取「歐洲戰略自主」（European strategic autonomy）的意圖是相當清晰的。正如哈達德（Haddad）和波利亞科瓦（Polyakova）所言，「由於長時期根本上對美國軍事力量的依賴，歐洲才能在今天變成一個經濟蓬勃和政治完整的歐洲，不過這卻又讓歐洲在面對一個大國博弈的世界時毫無準備。〔…〕戰略自主作為一個願景，首要是指讓歐洲作為一個政治實體在世界舞台上有能力保衛自己並在海外追求自己的目標。」可是現在，「當美國擴大行使其治外法權的制裁手段時，歐洲人便因為美國把它的經濟力量用作〔對付歐洲和其他國家的〕武器而受害。」

在外交層面，德羅茲迪亞克（Drozdiak）認為，「相對於烏克蘭的命運而言，歐洲的選民更多地關注恐怖主義和移民問題。因此，在歐洲各地出現的，是一個深刻的政治移位。民眾在情緒上越來越不願意與俄羅斯對抗，並基於現實考慮認為必須容許俄羅斯捍衛其國家利益和擁有一個合適的勢力範圍。〔…〕此外，越來越多歐洲人深信，如果美國和〔脫歐後〕的英國不再承擔對歐洲安全的責任的話，歐洲便有需要與莫斯科達成長久的諒解。」（Drozdiak, 2017:218-219）

美國特朗普總統的「美國優先主義」、對盟友承擔的質疑與不確定性、對盟友的不友好姿態和外交立場的搖擺多變、以及美國與歐盟在一些核心問題比如伊朗和貿易上的分歧，都讓歐盟寒心和擔憂。由於特朗普的立場在美國頗有支持，因此其路線在特朗普離任後，仍然以某種方式延續下去的可能性不能抹殺。從自保的角度，大西洋東西兩方的矛盾將會是長期性的矛盾，不容易化解。歐盟出現的「歐洲民族主義」只會不斷升溫，而

這種民族主義在一定程度上含有「反美」的元素。

在民族主義的驅使下，不同西方國家的內政外交方針會越來越獨立自主，結果是西方陣營的統一性持續下降。西方國家聯合行動的基礎，越來越會是共同利益或「為勢所逼」或源於美國的「裹挾」而非共同價值觀。從西方與中國的關係來說，由於不同西方國家與中國的利益和矛盾交叉重疊，而且大部分西方國家的安全並沒有受到中國的威脅，即使彼此的價值觀有差異，西方要聯手對付中國絕非易事，觀乎西方各國對是否加入「一帶一路」倡議、是否與美國一起遏制中國，和是否拒絕購買華為的產品的立場不一致，便可見一斑。東歐、中歐和南歐的國家由於經濟欠發達，又覺得受到西歐的發達國家的不公平對待，故對與中國加強經貿聯繫更為熱切。不過，只要聯手對付中國會為它們一起帶來利益時，比如合作迫使中國開放市場、「公平」對待它們的企業或尊重它們的知識產權，它們也會毫不猶疑地、權宜地和短暫地連成一線對付中國。

日本是另一例子。日本在太平洋戰爭戰敗後，成為了美國的附庸國，沒有自己的軍隊和獨立的外交政策，只能仰美國人的鼻息。對此日本的民族主義者和不少日本羣眾引以為恥，很希望改變局面。隨着日本的經濟力量不斷上升，尋求國家獨立自主的訴求在日本愈益響亮，不少日本人渴望日本重新成為「正常國家」(normal state)，能夠在國際事務上擔當重要的、獨立自主的角色，甚至能夠成為聯合國安全理事會的永久理事國。冷戰結束後，中國的崛起和朝鮮的核威脅令日本擔憂不已，只能寄望強化美日軍事同盟關係和在美國的要求下增強防衛力量。不過，與此同時，日本與美國的利益分歧卻有所擴大，日本對美國過去提供的安全保證日漸失去信心，而歐美國家的保護主義又令日本懊惱不已，因此在安倍晉三首相的領導下開始執行一條較能伸張民族主義的內政、外交和軍事路線。其中包括：爭取與美國建立更平等的關係、強化與美國的軍事聯盟、推行積極的外交政策、拉攏印度、澳洲和東南亞國家一起制衡中國、與歐盟合作抗衡

「一帶一路」、建構維護國際安全的戰略和體制、加強國防建設、對美國強加於日本的憲法作寬鬆的解釋從而讓日本較能輸出武器及參與集體防衛和海外軍事行動、推行愛國教育、提升神道教的影響力、肯定日本傳統價值觀的地位、重新演繹日本近代歷史、改寫二次大戰後遠東國際軍事法庭對日本戰爭罪行責任的裁決等（Pyle, 2018:350−385; Smith, 2019）。

　　不過，日本卻同時致力於加強與中國的經貿和政治關係，為日本疲弱的經濟注入不可缺少的動力，亦為日本的安全提供保障。過去幾年，考慮到「一帶一路」可能帶來的好處，日本試圖改善與中國的關係，尤其是在經濟領域。美國總統特朗普奉行單邊保護主義、突出雙邊主義的重要性並貶低多邊主義，這個「美國優先」的立場在日本產生了極大的經濟和防衛的不安全感，也提升了日本對加強與中國對話的意慾。即便中日之間在一些重大問題（比如釣魚島和東海油田開發）上分歧仍大，但兩國的經貿關係卻日益密切（Togo, 2018），而兩國的政治關係也有所改善。日本民族主義興起估計會促使日本在中美之間竭力尋找新平衡點。

　　在印度，近年來染有鮮明印度教色彩的印度民族主義飆升，印度的以樹立其「大國」地位和擴展其國際影響力的外交政策亦漸趨活躍。（Raghavan, 2016; Acharya, 2017; Holslag, 2018）印度尤其忌憚中國軍事力量在印度洋的擴張，對中國在緬甸、斯里蘭卡、孟加拉、馬爾代夫、巴基斯坦和吉布提興建港口疑慮甚深。印度脫離英國立國以來，對與其他國家結盟極具戒心，也曾經是「不結盟運動」的倡導者。然而，為了應對來自中國的「威脅」，除了發展戰略核武器外，印度更積極擴建常規軍力，特別是海軍的建設。按照印度學者拉哈範（Raghavan）的說法，「如果中印陸上邊界爆發危機的話，印度有能力威脅中國在印度洋的利益和在該地區的戰略盤算。印度希望通過壯大海上軍事力量來遏制中國用武力改變邊界現狀的意圖。」（Raghavan, 2016:81）在外交層面，在不結盟的原則下，印度強化了與東南亞諸國、美國、澳洲和日本的關係。實際上，日本和印

度為了共同抗衡中國的崛起有越走越近的趨勢，不過卻不會在軍事上結盟。當然，與此同時，印度也致力於改善與中國的關係，力求避免與中國發生衝突。

冷戰結束後，在中東和中亞地區有舉足輕重影響力的土耳其不再如過去般在國家安全上那麼依賴西方，加上伊斯蘭宗教力量和民族主義對土耳其政治的影響加大，土耳其的政治野心明顯膨脹。它尋求擴大在中東和中亞地區的勢力範圍，尤其是在那些與土耳其在言語和宗教上相近的地區。雖然土耳其是北約成員國，但歐盟卻遲遲不願意讓它成為成員，讓土耳其感到不滿和羞辱。土耳其與美國之間又因為在中東和中亞地區事務上立場分歧而發生摩擦。戰略和經濟利益的考量又促使土耳其與俄羅斯有越來越大的合作空間。再者，亞洲的經濟蓬勃發展促使土耳其重新思考它與西方的關係，這從土耳其積極支持「一帶一路」倡議一事上得見。近年來，土耳其因為利益和立場不同與其西方盟友齟齬日多，進一步疏遠了彼此的關係。長遠而言，隨着中國和亞洲的崛起和西方的衰落，土耳其的「東進」政策應該會越來越明顯。斯隆（Sloan）甚至預測，「土耳其可能是第一個北約盟國脫離聯盟的國家，它甚至會與俄羅斯結盟。這不啻是北約在歐洲的戰略地位的巨大損失，也讓西方難以向外證明其政治模式的正確性。」（Sloan, 2018:67）

英國在輕微的民意多數支持下悍然「脫歐」，充分反映了英國民族主義和民粹主義的威力和破壞性。（Norris & Inglehart, 2019:368-405）認同「脫歐」的英國人普遍懼怕外來移民的入侵，對英國因為入歐後國家主權不斷被侵蝕心存怨恨，並相信加入歐盟對自己和自己所屬地區的利益不利。英國希望在脫離歐洲後能夠維持與美國的「特殊關係」（special relationship），並通過與其他國家訂立自由貿易協定，開拓更廣闊的經濟發展空間。當然，這些期望有點一廂情願和不切實際。不過，英國是歐洲的經濟和軍事大國，而歷史上英國經常在歐洲大國主要是法國、德國和俄

羅斯之間折衝樽俎、發揮政治平衡作用，防止歐洲大陸被任何一個大國獨霸。因此，「英國脫歐」對歐洲以及全球政治格局影響深遠。基爾其克認定，在德國已經成為了歐洲舉足輕重國家之際，「英國脫歐」對歐洲政局的穩定不利。他說，「長期以來，英國是一股防止德國雄霸歐洲的力量。缺少了英國的聲音和投票，德國的力量一定會上升，並一定會引發〔其他歐洲國家的〕怨尤。」（Kirchik, 2017:179）「『英國脫歐』其實是心照不宣地表白，歐洲發生的事情與英國無關。這無疑會分裂西方的聯盟和削弱北約的團結和決心。」（Kirchik, 2017:164）基爾其克進一步提出警告，「如果英國對歐洲事務置諸不理和獨行其是的行為與英國人的國民性格不符的話，則如果德國與俄羅斯組成戰略軸心也不是歷史上的新鮮事。〔因為在歐洲近代史上德國與俄羅斯曾經數次結盟。〕」[12]（Kirchik, 2017:227）拉克曼（Rachman, 2019）更提出警告，英國在「脫歐」後，國內的英格蘭民族主義會抬頭、英國會面臨蘇格蘭要求獨立和愛爾蘭謀求統一的國家分裂的風險、歐盟會視英國為競爭對手甚至地緣政治威脅，而英國人亦會擔心歐盟意圖分裂和弱化英國，因此英國有可能與那些與歐盟交惡的政治勢力合作（暗示是俄羅斯）。如此一來，歐洲乃至全球政治局勢會變得更為複雜。

與「英國脫歐」相比，德國從戰敗國一躍而成為歐洲經濟霸主並逐步走國家利益為重的外交路線，對歐洲乃至世界政治的衝擊更大。二次大戰後，德國一分為二。聯邦德國（西德）為了國家利益投向西方陣營，並藉助積極參與各種歐洲組織以表明它願意與其他歐洲國家融為一體，從而放棄過去征服歐洲的野心，並希望在其他國家的諒解下完成德國的統一

12　德國與俄羅斯在波羅的海共同建造的北歐天然氣管道（Nord Stream）是在美國和部分東歐和中歐國家反對下進行的。這條管道讓俄羅斯無須通過烏克蘭等國而向德國輸送天然氣，從而提升俄羅斯對中歐和東歐國家能夠施加的政治壓力。德國也可以藉助這條管道更好的滿足其能源需要。這條管道堪稱為德俄兩國戰略合作的典範。

大業。不過,由於西德的經濟發展凌厲,在短時間內冒起成為歐洲經濟霸主,但卻又同時要對其他經濟上欠發達和財政上欠紀律的歐洲國家提供支援或補貼,從而引發了部分西德人對其他歐洲國家的不滿。冷戰結束後不久,西德抓住了千載難逢的時機併吞了東德,以和平方式完成德國統一大業。2008–09 年爆發的歐洲主權債務危機,清晰地揭示了德國與南歐與東歐國家之間的難以彌縫的利益分歧。中東、北非、東歐和土耳其湧入的難民和移民為德國的社會帶來了嚴重矛盾和衝突,激發了德國民粹民族主義的抬頭。現在的德國既已統一,二次大戰的負疚感也逐步減退,而德國對其他歐洲國家的財政承擔又負荷日重,以德國利益優先為目標的外交政策也自然地陸續浮現,並引發不少德國與其他歐洲國家的摩擦。在這種情況下,德國未來的走向越來越引起各方的關注。迪茨(Diez)的觀察是,原來長期以來佔主導地位的德國溫和保守主義正步向衰落,而一種更具攻擊性和破壞性的保守主義正在抬頭。「背後推動這種保守主義的力量,是對保存傳統價值和民族身份認同的重視。〔…〕過去對二次大戰的回憶和德國對歐洲的莊嚴責任的意識也正在淡化。」(Diez, 2018)

其實,德國人的歷史和文化傳統獨樹一幟,使德國與其他歐洲國家難以水乳交融。基爾其克概述道,「正是由於德國位處歐洲中部,而它的國民身份認同是衝着英國和法國的個人主義和民主政治思想而形成的,因此德國與西方的關係並不牢固。〔…〕在德國大部分歷史中,它奉行一條標榜德國例外主義的『特殊道路』,反映在地緣政治上則是一條在東西方之間徘徊的中間路線。戰後西德是因為外來壓力(國土被盟軍佔領和對蘇聯的恐懼)才與那個跨大西洋的國家〔美國〕聯盟結伴。然而,即使在德國東部一半地方仍被蘇聯紅軍佔領之際,西德人民對於是否同意成為北約的一員的意見依然並不一致。」(Kirchik, 2017:92)

以此之故,在外交方面,德國的對外政策與其一些歐洲夥伴存在不少分歧。利弗(Lever)指出,「冷戰結束後,德國的歐洲盟友很快便捲入一

連串在北約以外地區（伊朗、波斯尼亞、科索沃和阿富汗）的軍事行動之中。對德國人來說，那些行動在法律上和政治上都是有問題的。」(Lever, 2017:215) 德國的特立獨行立場在利比亞問題上尤其顯著。「很明顯，德國對歐盟的領導主要是為了保衛德國的國家利益。德國行使權力的目的，是要保護德國的經濟，並讓其在世界上發揮影響。除此以外，德國並無遠見或目標。對歐盟的窮國來說，由德國領導的歐洲是一個冷漠的地方：沒有資源的調配、沒有共用的貸款、只有嚴苛的財政紀律。但那些國家卻別無辦法。」(Lever, 2017:268)

「德國既已統一，而圍繞着它的都是友好的民主國家，它並不處於東西方對抗的前沿地帶，從而有一個強烈的訴求要在東西方之間保持戰略等距。」(Kirchik, 2017:100)「那種根深蒂固的對中立主義的渴望，在 1989–2014 年期間這段歷史休假期雖然不強烈，但如今卻再度上升到德國政治的第一線。」(Kirchik, 2017:100)

無論德國謀求霸業、走中立化路線或不顧美國的反對與中俄建立新的關係，都會對世界格局帶來重大和不可估量的衝擊。「除非德國再次確認它與美國的盟友關係，它逐步走向中立化的趨勢不會扭轉過來。」(Kirchik, 2017:229) 在美國走向單邊主義和德國民粹主義肆虐之際，美德關係愈趨緊張，要求德國堅持與美國的緊密盟友關係並不容易。近年來，為了自身利益，德國開始艱難地制定一套與過去不同的「對美策略」，不再處處以美國馬首是瞻。(Stent, 2019:7) 另方面，德國是否有意成就霸業，目前還不清楚。正如齊朗卡所言，「要成就霸業，德國必須要〔為歐洲〕提供安全和穩定。然而，儘管它用心良苦，德國目前的政策效果卻適得其反。要成就霸業，德國需要更為包容和慷慨。〔…〕要讓其他國家感覺到德國是一個仁愛而非高壓的大國，它需要同意對其他經濟惡化的國家進行大量的財政支付、容許溫和的通脹在德國發生、減少它的貿易順差、和擔當最後拔刀相助的消費者的角色，目的是為了讓那些負債纍纍的國家

能夠從經濟衰退中翻身。」（Zielonka, 2014:69-71）不過，基於國家利益考慮，德國在經濟上與俄羅斯和中國的互補性很強。德國依賴俄羅斯的石油和天然氣供應，而中俄兩國對德國生產的高端工業產品和技術有強大需求。德國的對俄政策往往從實用主義出發，歷史上德俄之間又有不少戰略合作的例子，因此美國和其他西歐國家對德俄正在發展中的關係頗有疑慮。就德國和中國的關係而言，儘管兩國的政治價值觀差異甚大，不少德國人又對中國人態度負面，而德國又不時在人權問題上找中國麻煩，但加強中德經貿合作卻絕對符合德國的根本和長遠利益，因此中德關係發展的前景廣闊。[13] 誠如德國學者施特岑穆勒（Stelzenmüller）所言，正當俄羅斯吞併克里米亞後它對德國的吸引力下降之際，中國對德國的重要性卻在上升。不過，中德關係仍充滿矛盾。儘管中國作為德國的貿易夥伴的價值巨大，但德國的商界對中國的現實情況卻有清醒的認識：官僚主義、貪腐、不公平競爭、不擇手段地在全球竊取工業秘密、稀有資源和戰略投資機會。在柏林，較有遠見的決策人知道他們需要關注中國在其周邊地區的進攻性姿態對地區穩定的影響，尤其是對德國的全球利益的影響。不過，最關鍵的考慮還是：對德國來説，中國是地球上最大的商業機會。很少柏林的決策者好像美國般把中國視為安全威脅，起碼不是對德國的安全威脅。德國避免在東亞地區安全事務上表達立場。它更屬意以雙邊對話方式處理與中國的關係，而不是倚重歐盟框架。這樣一來，歐盟便會更容易被北京分化。（Stelzenmüller, 2016:53-69）

　　無論如何，蘇聯解體、東歐劇變、西方陣營分化內耗、民族主義、國家主義和右翼民粹主義在西方和其他地方的冒起，其實與全球化退潮和西方世界難以如以往般支配世界有密切關係。所有這些變化帶來的後果非常明顯，那就是世界各國越來越以自身利益為主要考慮來制定內政和外交

13　在 2019 年香港發生的大規模動亂中，德國明顯偏袒香港的反華分子，並對香港特區政府有所責難。

政策。就連美國在二次大戰後悉心建立起來的、以美國為核心的西方同盟國網絡也不復從前般堅韌和穩定。蘇聯領導的社會主義陣營解體後，美國的盟友感受到的國家安全威脅大為減少，所以它們現在擁有更多的獨立性和機會去制定新的、更符合自身利益的對外策略。希契科克（Hitchcock）表示，「冷戰結束意味着美國的盟友在安全問題上沒有如過去那樣依靠美國。它們因此有更大的自由去執行自己的國家戰略，甚至有時不惜冒犯其往昔的守護人。〔…〕單極世界（如果真的出現過的話）為時甚短，只不過是從雙極世界邁向多極世界的過渡期而已。在多極世界中，更多的國家有能力影響國際態勢，對美國的依賴越來越小，而要分清敵友絕不容易。」（Hitchcock, 2016:139）

　　在這種情況下，即便有人描述當前和在可預見將來的世界格局是中俄「陣營」與以美國為首的西方「陣營」的對峙，也有人形容為威權國家「陣營」與民主國家「陣營」的較量，但實際上兩個都不是堅實、牢不可破、能夠長期從事統一和強硬行動的陣營，而兩個「陣營」內的國家之間又有着不少利益的交叉重疊。中俄聯手固然不是軍事同盟，但隨着美國對北約、韓國和日本的軍事承諾變得不太堅定，西方「陣營」的軍事同盟性質也愈趨模糊。雖然有人理解當前形勢為「新冷戰」格局（Schoen & Kaylan, 2015），但冷戰時期社會主義和資本主義陣營之間的楚河漢界、尖銳對立、劍拔弩張的局面再難出現。在一些地區比如中東可以出現「代理人」戰爭，但世界大戰在各國力求避免爆發核子戰爭的思慮下難以發生，不過在科技、經濟、金融、意識形態、網絡、貿易、外交等領域，「陣營」內部和「陣營」之間的鬥爭仍會相當激烈，而那些「沒有硝煙的戰爭」的殺傷力絕對不可小覷，因為它們往往關係到國家和民族的存亡絕續。不少國家更會以國家利益為依歸，遊走或「獨立」於兩大「陣營」之間。展望將來，國與國之間的合縱連橫格式變化多端，國際失序狀況只會越演越烈，而重建國際秩序的工作則會變得越來越艱巨。

中美戰略博弈

　　21 世紀開始以來，對世界局勢的影響最深最廣的變故，肯定是中美兩個大國從戰略合作轉化為全方位的戰略博弈。鑒於中美兩國都實力雄厚，在國際事務上都發揮着舉足輕重的作用，中美全面戰略博弈對全世界所造成的巨大衝擊是不言而喻的，我們甚至可以説中美戰略博弈的結果關係到世界的和平與發展，關係到全人類的安全和福祉，更關係到國際秩序將來的形態。美國國務院的一些「鷹派」官員比如斯金納（Skinner）甚至把中美戰略博弈定性為「文明的衝突」（Clash of Civilizations）。[14] 弗里德伯格（Friedberg, 2019）則認為中美博弈涉及到「兩個對立的政治體系和兩個對未來亞洲和世界的不同願景的搏鬥。」顯然，這些比較「極端」的看法把中美博弈看成是一種「零和遊戲」、一種關乎「國運」的戰爭、一種黃種人和白種人之鬥或一種最後只有一個贏家的「生死之戰」。

　　中美戰略博弈的出現，主要原因是美國忌憚中國的快速崛起，對美國在意識形態、安全、科技、外交、文化、經貿甚至內政上都形成巨大威脅。對大部分美國學者和政治領袖來説，遏制中國的崛起對保持美國的世界霸主地位、維護世界和平、維持美國在全球的影響力、保護美國的價值觀、政治制度、生活方式和內部團結乃必然和必要的大戰略。由於美國對中國的遏制並非單純源於實際利益的考量，而是牽涉到更深層次的文化、宗教、心理甚至種族因素，因此除非中國頃刻便被美國擊倒（不過可能性幾乎沒有），中美戰略博弈將會是長期性的，直到美國接受中國的崛起是不可逆轉的歷史趨勢，而美國認為需要通過與中國和其他國家平等對話協商，共同建構一個「後美國」的、得到國際社會廣泛認同的新國際秩序後才會緩和下來。不過，即便如此，中美的摩擦仍將會連綿不斷，烽煙

14　"State Department Preparing for Clash of Civilizations With China," *Washington Examiner*, April 30, 2019.

四起，但長遠而言卻會在新的國際秩序內以較和平的方式進行。

縱使中國一直以來堅持和平崛起和「不稱霸」、不把自己的發展模式和意識形態強加於他人、無意取代美國在世界上的領導地位、期盼與美國建立平等互利的「新型大國關係」、不認同「修昔底德陷阱」（即現存大國和新興大國之間必會爆發戰爭）無法避免、不謀求推翻美國建構的「自由國際秩序」而只致力於朝公平合理方向對之進行改良、無意把美國從亞洲攆出去、沒有計劃讓人民幣取代美元的首要國際貨幣的地位等眾多讓美國和國際社會放心的承諾，但美國卻仍然不為所動，而其遏制中國的決心卻看似越來越堅定，越來越肆無忌憚，力度也越來越猛。其中的重要原因有幾個。

首先，大多數美國的戰略家都信奉「修昔底德陷阱」理論，而持保留或相反意見的只屬少數。理論上，「國際體系內的成員國要提升其地位，但卻要避免挑戰既有的規則或運用強制性策略的話，有三條途徑可供選擇：接納現有的規則、制定新的規則來補充或取代舊的規則，或擴大現存大國與新興大國能夠合作與競爭的政治和戰略空間。」（Pollack, 2017:158）然而，認為現存大國與新興大國能夠以和平方式處理好彼此關係的專家學者畢竟只屬少數。保羅（Paul）斷言，「從世界歷史上得知，以非暴力手段容納新興大國的例子極為罕見，大多數情況下現有大國不是用和平方式把新興大國整合過來。〔……〕過去，當新興大國提出調整其國際地位時，現有大國通常的應對策略是防禦性戰爭、通過彼此交往來約束新興大國和與新興大國保持距離或把問題扔給其他人。」（Paul, 2016:7）較早時期已經提出「修昔底德陷阱」說法的艾利森（Allison）（2017）則在分析大量歷史事例後，發現在絕大多數情況下，所謂「修昔底德陷阱」無法避免，而現存大國和新興大國之間必會爆發戰爭。

沃爾特（Walt）的看法亦差不多。「如果改變現狀會傷害其他大國並使它們將來處於弱勢的話，國家利益之間的衝突便會發生。」（Walt,

2018a:16）「將來的情況既然難以確定，就算是強大和堅實的國家，當碰到對自己有利的大國之間力量對比出現變化出現時，都會把握機會去減少揮之不去的危險、拖延未來挑戰的出現、並在更長時間內維持其優越地位。如果它們真的這樣做，它們與現在較弱大國的衝突便更容易發生。」（Walt, 2018a:16）「即便崛起中的大國只是尋求糾正那些在其衰弱時所受到的不公平的對待，其他國家也會懷疑它的野心會隨着其日漸強大而膨脹。」（Walt, 2018a:16–17）「就算那個崛起中的大國無意改變現狀，但〔其他大國〕仍然會害怕它將來也許會這樣做，這便會為防禦性戰爭的發生提供明顯誘因。如果一個大國懷疑那個崛起中的國家已經或可能有修正主義的目的，它會考慮現在便使用武力去防止或延遲其崛起。」（Walt, 2018a:17）

　　沙克（Schake）則斷言，霸權在國際秩序中的更替往往以暴力完成，但在 19 世紀中葉到 20 世紀初期，英國霸權讓渡到美國霸權卻屬例外。「這個讓渡過程之所以能夠和平進行，原因是它在一個關鍵的時刻發生。在那個時刻，美國成為帝國，而英國則成為民主國家。結果是，兩個國家都視對方為同道中人，但卻同時與其他國家不一樣。」（Schake, 2017:2）「英國霸權讓渡到美國霸權的經驗昭示：一個和平的、從美國霸權到中國霸權的讓渡過程是不太可能的。〔…〕有中國特色的霸權不會依循美國所制定的秩序規則。相反，假如中國成就霸業的話，中國也會跟美國一樣把自己國內的意識形態灌注到國際秩序中去。」（Schake, 2017:3）「有中國特色的霸權與美國稱霸時所建立的國際秩序會截然不同。它會在政治、財政和社會層面鼓勵和支持其他威權政府。它會懲罰那些阻撓高壓政府施政的國家。它會提供特殊待遇予那些與政府有聯繫的商業機構。它不會讓市場力量去懲處那些不讓市場有效地和可靠地配置資本的行為。」（Schake, 2017:291–292）伯克（Burk, 2018）也有類似看法。她認為縱使英美兩國不時進行戰略較量，但彼此共同的務實主義和文化背景卻又讓他們

經常聯手對付共同敵人。然而，沙克的結論並非一定可靠。根據利比爾特（Leebaert, 2018）對二次大戰後的英美兩國關係的詳細研究，就算英美霸權的讓渡沒有引發戰爭，但過程卻並非平坦。他指出，直到 1956 年英國在「蘇伊士危機」驟然「發現」自己財力短絀和難以抵抗美元霸權後，才迫不得已從此放棄稱霸野心。在此之前，英國仍然相信二次大戰後會出現英、美、蘇三強鼎立之勢，依然覺得它能夠藉助大英帝國的龐大資源在世界上擔當重要角色，而且在並非不得已的時候，用力抗拒美國介入其「勢力範圍」。

不過，也有少數學者認為「修昔底德陷阱」並非必然出現。勒博（Lebow）和瓦倫天諾（Valentino）（2019）的研究發現所謂「權力更替理論」（power transition theory）沒有歷史證據支持。他們蒐集了自 1648 年到現在有關大國戰爭的數據，發現崛起中的大國極少攻擊現存大國，反之亦然。歷史上，崛起中的大國通常被接受和獲得報酬，而權力更替通常由戰爭造成，而非引發戰爭的原因。「權力更替理論」的錯誤在於它認為一個霸權有能力把它的意向強加於全世界或某些地區。事實上，自從 1648 年以來，尚沒有一個大國能夠把自己的意願強加於某個區域，更遑論全世界，也沒有能力自行為全世界制定戰爭與和平的規則。

沃爾福斯（Wohlforth）則認為即便出現新的東西方對立狀態，在某些範圍內的彼此合作仍有可能。「長遠而言，很難斷言未來的趨勢是自由的西方或一個非自由的大國〔實指中國〕會取得優勢。〔…〕背景因素分析會預示一個由美國領導的西方和其他國家（特別是俄羅斯和中國）之間的互不侵犯的平衡狀態的出現。在避免另一次全球經濟崩塌、防止歐亞大陸東西兩翼出現安全危機、抗擊恐怖主義和遏止核武器擴散等議題上，它們也許會致力一起尋找對策。」（Wohlforth, 2016）

埃德爾斯坦（Edelstein）在審視自 19 世紀以來大國的歷史經驗後得出了一個教訓，那就是，超乎一般人的想像，衰落中的大國與崛起中的大

國之間的合作其實頗為普遍。然而，衰落中的大國後來可能會因為曾經給予崛起中大國過多時間成長為對自己的威脅而感到後悔。（Edelstein, 2017）麥克唐納（MacDonald）和帕倫特（Parent）則認為沒落中和崛起中的大國並非注定要爆發戰爭。在考察了幾個沒落國家（1872年和1908年英國、1888年和1903年俄羅斯及1893年和1924年法國）的歷史經驗後，兩位學者確信沒落國家其實也有不少可資使用的選擇，從而避免與崛起中的大國開戰。

約瑟夫·奈（Joseph Nye）（2018）說，「人們有時會忘記，修昔底德的著名解釋包括『崛起』和『恐懼』兩個部分，而人們往往只關注前者。正如前財長拉里·薩默斯（Larry Summers）所指出的，我們不能阻止中國經濟力量的崛起，這樣做會傷害到我們所有人。但是，我們可以塑造中國崛起的政治環境，我們也可以通過不屈服於現時流行於華盛頓的無謂的歇斯底里來應付恐懼。與英國和德國相比，美國有更多的時間和資產來應付中國力量的崛起。亞洲也存在着天然的平衡力量，日本（世界第三大經濟體）和印度（人口即將超過中國）都無意讓中國來主導它們。如果美國屈服於修昔底德思想，那麼這種思想就會成為具有破壞性的自我實現的預言。所幸，民調顯示美國公眾還沒有把中國當成另一個蘇聯。〔…〕中國並不像希特拉的德國或斯大林的蘇聯那樣對我們的生存構成威脅。中國是全球經濟大國，但就其軟實力而言，它的意識形態的影響力有限，同時它還遠遠不是一個全球軍事大國。中國加強了在周邊地區的軍事能力，但它無法把我們從西太平洋趕出去，因為那裏的大多數國家歡迎美國的存在。『第一島鏈』的最大部分是日本，日本為五萬美軍駐紮在當地支付着費用。美國手裏還有更好的牌，我們沒有必要屈服於修昔底德式的恐懼。還有一個原因可以說明屈服於歇斯底里是錯誤的。中美兩國都面臨着跨國挑戰，這種挑戰如果沒有對方的合作是無法解決的。〔…〕我們應該為艱難的討價還價做好準備，美國在國家安全的某些方面需要與中國合作，

而不僅僅是遏制中國。」

　　曾任美國駐外大使的學者弗里曼（Freeman, Jr., 2019）更斷言美國根本沒有準備好如何與中國進行全面競爭。美國國內的各種問題相當嚴重，而在世界上又頗為孤立，難以有足夠力量去打敗中國。所以，任何意圖摧毀中國的行動必將失敗，它不會讓美國從而能夠治癒本身的各種痼疾，反而會讓美國加快走向衰落。

　　整體而言，美國處理中美關係的官員和國際政治學者的主流意見是中美戰略博弈甚至兵戎相見是避免不了，因此美國必須及早做好應有的準備，而持異議的美國人在愈趨激烈的中美較量下處境尷尬。

　　第二，美國人堅信他們的價值觀、制度和發展模式至為完美，甚至是源於聖經中神的旨意和啟迪，其他文明不但根本不值一提，甚至應該被西方（美國）文明所取代。因此，只有在代表美國的事物和思想擴展到全世界後，世界和平、人類福祉乃至美國本身的安全和利益才能得到保障。美國人相信他們的「顯性命運」（manifest destiny）是要在全球建立體現美國立國精神的「自由國際秩序」、行使「自由霸權」（liberal hegemony）和以一切方式（包括戰爭、暗殺、改變或推翻別國政權、意識形態滲透、「顏色革命」、經濟制裁、金融封鎖、扶植反對勢力）來達到目的。美國人篤信「民主和平」（democratic peace）理論，認為只有實行西方民主的國家才不會發動戰爭，才能夠與其他國家和平共處。任何其他非西方的政治體制都不是真正的民主體制，因此無論是法西斯主義、納粹主義、共產主義、威權政體、軍人政權、個人獨裁等都對世界和平、自由貿易、自由市場、民主政治、人權自由、宗教自由乃至美國的福祉構成嚴重威脅。（Walt, 2018）在美國人眼中，中國過去實行共產主義，改革開放後則奉行威權政治和國家資本主義。中國的崛起使得中國所代表的與西方相拮抗的「非西方文明」在全球有散播甚至最終取代西方文明的可能，因此必須予以遏制。美國自身逐步走向衰落更加深了美國人對中國崛起的不安、嫉妒和恐懼。

美國的傲慢和目空一切與美國人信奉「美國例外主義」教條（American exceptionalism）有密切關係。薩克斯（Sachs）指出，「即使在美國在二次大戰後出力制定全球的貿易、金融和外交的規則時，美國的領導人依然堅持認為美國是與別不同的、終歸是例外的國家，所以享有特定的權利去制定和違反國際遊戲規則。[15] 美國外交政策的陰暗面是其一直以來在沒有聯合國授權和全球與美國民意普遍反對下，尋求改變別國的政權和單方面發動戰爭。」（Sachs, 2018:x）「美國信奉例外主義的人爭辯説，美國應該繼續以建立全球霸業為目標，並以美國的壓倒性軍事優勢為後盾。」（Sachs, 2018:10）由於美國人相信美國在維持世界和平和自由貿易上是一個「不可或缺的國家」（indispensable nation），[16] 不少美國人相信美國衰落絕對會對世界和平不利。因此，部分美國學者對美國衰落後的世界格局持悲觀的立場。[17]

不過，另外有些學者則認為衰落中的大國才對世界和平構成最大威脅，因為那個大國還會拼盡全力去保有其霸主地位和由之而來的好處。基爾其克（Kirchik）指出，「歷史經驗說明，衰落中的國家通常最不會規避風險。」（Kirchik, 2017:31）大英帝國、法蘭西帝國和蘇聯在它們走向衰落的初期都沒有察覺，也沒有做好應對衰落的準備，反而竭力抗拒任何對其霸業的威脅，甚至不惜對別國動武，結果是虛耗國力，而敗局也難以挽回。更嚴重的是其他國家因為衰落國家為保霸主地位而「不自量力」地「逞

15　事實上，美國為了自身利益而罔顧或違反國際法的行為多不勝數（Bulmer-Thomas, 2018:186–244）。美國一直以來不斷運用其國內法對外行使「治外法權」、干預別國內政乃至侵略別國來獲取自身利益，不少國家對此早已極為反感。

16　這個概念由前美國國務卿奧爾布萊特（Albright）在 1998 年 2 月提出。

17　英國學者霍其森（Hodgson, 2009）指出，美國根本就不是一個美國人所想像的「例外」的國家，那是對歷史的誤解。美國人由於對自己的歷史無知，所以滋生出一種「志得意滿的民族主義」（complacent nationalism），也奉行一套讓自己孤立於和疏離於全球社會的外交政策。美國學者霍普金斯（Hopkins, 2019）從全球視角探討美國的歷史，斷言美國是一個「正常」的帝國，其行為與歐洲的眾多帝國同出一轍，都是為了自身利益去掠奪別人的土地，包括建立殖民地（比如菲律賓、波哥黎各、美屬處女島）。任何否定美國人沒有「帝國」意圖的研判都沒有事實根據。英國學者布默爾 - 托馬斯（Bulmer-Thomas, 2018）也有相同論點。

強」而蒙受巨大損失。在某種意義上，衰落國家往往比崛起中國家更容易和更輕率地發動各種挑釁和戰爭，因此對世界和平構成重大威脅。

　　無論如何，美國的主流意見還是覺得美國的衰落對世界局勢不利、必然會產生嚴重的後果。已故的美國國際關係權威吉爾平（Gilpin）老早預言，美國國力減退會在全世界重新啟動新一輪的競爭與動亂，原因是崛起中的勢力會力圖向自己有利的方向重整國際體系，而那個過程無可避免會引發現有霸權國與新興霸權國之間的戰爭。他更預見美國的衰落和它所保衛的自由國際秩序的終結。世界正向一個新的國際秩序過渡，但這個過程將會是混亂和粗暴的。國際體系很有可能會分裂為數個區域集團，而每個區域集團則由集團內的最強國家支配。這就是説，全球化的世界不復存在，世界將會重返 19 世紀不同勢力範圍並存的局面，而民族主義、重商主義（mercantilism）[18] 和封閉經濟將會重臨。

　　古尼斯基（Gunitsky, 2017）表示，「美國的突然衰落比中國的逐步崛起對全球民主構成更大的挑戰。中國可能是荷蘭的黃金時代後出現的第一個沒有改變他人的信仰的意圖的大國。〔…〕過去一個世紀的歷史教訓顯示，民主政治的未來取決於美國的實力。諷刺地，美國對全球民主政治擴散最持久的貢獻不在於它在推廣民主政治上的刻意努力，而是因為它擁有顯赫的地位，從而讓人覺得它是一個值得仿效的典範和交往的對象。美國的實力和成功強化了它的政權的認受性，並製造了強大的誘因，讓全世界的領袖都願意加入美國陣營。」（Gunitsky, 2017:241）

　　為何非西方國家的興起會威脅到美國的安全呢？最明顯的理由當然是那些國家會在全世界危害美國的利益，甚至對美國構成軍事威脅。不過，更深層次的原因是如果西方文明受到挑戰，則美國自身的價值觀、體制和穩定也難以得到保障。要理解為何美國在冷戰甫開始，便要提出馬歇

18　重商主義謀求國家經濟利益的最大化，並以損害或犧牲其他國家的經濟利益為政策目標。換句話説，重商主義視國與國之間的經濟競爭為零和遊戲。

爾計劃（Marshall Plan）來推動歐洲的經濟復甦，美國總統杜魯門的講話可堪玩味。1947年，美國總統杜魯門就馬歇爾計劃向國會提交聲明。他警告，如果再不採取行動，後果對歐洲和美國都極為嚴重。他強調，捍衛歐洲的自由和法治極為重要。倘若不然，那些極權勢力〔指蘇聯〕會在歐洲取得優勢。如果那些勢力得逞，則美國自己的資本主義經濟體系也會被迫改變，而為了保衛自己的安全，美國人所享有的種種自由和權利也將不保。其他支持馬歇爾計劃的人也有相同看法。他們認為，如果美國的民主政府為親莫斯科的政府所取代的話，則戰略資產會落入政府手中，從而危害美國的經濟安全。隨之而來的是美國國民會要求政府更多地控制美國的經濟，而此舉肯定與立國以來美國人享有的自由相抵觸。歐洲落入蘇聯手上後，孤立的美國必須大幅增加國防開支和讓社會走向軍事化。屆時美國的政治模式也會受到威脅。（Steil, 2018:212-214）即是說，如果美國受到獨裁或極權國家威脅的話，則為了維護國家安全，美國政府必然會走向獨裁，在政治、社會、經濟和思想領域進行更大的控制，而美國人珍而重之的民主和自由在美國國內亦難以立足，屆時美國亦將國之不國。

再者，美國是一個歷史短淺、人口眾多的多民族國家。要維繫美國的民族團結和維持政治穩定，所有美國人都必須服膺於同一套讓他們篤信並引以為傲的政治信仰。在美國，少數民族佔人口的比例不斷上升和基督教以外不同宗教的興起，要求確立美國為多元文化（multicultural）國度的呼聲此起彼落。美國乃「文化大熔爐」（the melting pot）說法的沒落，已經引起不少學者比如亨廷頓（Huntington, 2004）的恐懼，擔心美國人會失去共同的國家認同，並導致各民族的分化和衝突。美國的民粹民族種族主義冒起，正是部分美國白人拒絕接受多元文化，排斥少數族裔，力圖恢復「傳統」的美國文化的主導地位的表現。不少美國人尤其是那些「大美國主義者」和「另類右翼分子」（alt-rightists）相信美國「原有」的制度和價值觀無與倫比，如果有另外一套非西方、而美國人難以認同的價值觀和制

度在世界上興起，而它們又同樣能夠帶來國家富強和人民幸福的話，則美國的一套便不是唯一的人類文明的碩果，更不是世界各國都必然要仿效的楷模。假若那套「異端」文明讓另外一個國家得以超越美國，則那個國家及其文明的崛起對美國本身的穩定和團結必將帶來毀滅性的衝擊。對美國人來說，中國對美國所構成的最大威脅不僅僅是物質上的威脅，更是精神上和文化上的挑戰。儘管中國倡議文明多元化和發展道路多樣化，並莊嚴承諾不會稱霸、不會把中國人的意識形態強加於他人，但習慣了霸權地位、白種人優越感和西方文化至高無上的美國人卻仍然對中國的崛起感到如芒在背、忐忑不安、恐懼不已。可以設想，美國不像中國般擁有由數千年的悠久歷史、民族同質性和深厚文化底蘊錘煉而成的統一性、團結性、韌力和復原能力，如果那套賴以維繫美國這個多民族國家的思想系統失去人民的崇敬和膜拜，則美國的內部國家安全問題便會湧現。美國對中國崛起的恐懼因此是揮之不去的和刻骨銘心的。蕭伯特（Shobert, 2018）直言，美國人之所以老是抱怨中國，而且把不少美國面對的困難和自身的錯失歸咎中國，其實乃源於他們對國家的經濟前景缺乏信心、對美國的國家地位擔憂、對恐怖主義的恐懼和對美國的政治體制的失效懊惱。與中國為敵可以把自己的問題歸咎他人，從而減輕美國人的負疚感。美國政客也因此可以推卸責任和避免提出那些要求美國老百姓作出犧牲的重大改革。美國近年來反華情緒高漲，其實與美國自身內憂外患加劇有密切關係。

　　要明瞭美國為何要下定決心遏制中國的崛起，我們必須了解美國的亞洲和對華戰略。過去二百多年，亞洲從來是美國的國家利益所在，而隨着過去數十年來亞洲經濟崛起，和歐洲的相對沒落，亞洲對美國的戰略重要性與日俱增。以此之故，美國絕無可能容許亞洲被任何一個大國所主導或支配，更不接受美國在亞洲的霸主地位受到挑戰。如果歐亞大陸（Eurasia）成為另一大國的勢力範圍，則美國的生存和發展必將遇到嚴峻

的威脅。為了解除威脅，美國參與了二次大戰，擊潰了德國和日本主宰歐亞大陸的圖謀。二次大戰後美國竭盡全力遏制蘇聯，其目的也是要防止蘇聯雄霸歐亞大陸。對美國的亞太戰略有深入研究的格林（Green）這樣說，「在 200 年期間，美國已經發展出一套鮮明的亞洲太平洋戰略。〔…〕總的來說，美國崛起成為太平洋的霸主並非單憑天意，而是通過有效（但卻非經常有效率）地運用軍事、外交、經濟和思想工具等國家力量去處理亞洲的問題。」（Green, 2017:4）「如果美國多年來應用在遠東的戰略文化之中有一條主線的話，那就是美國不會容忍任何一個大國在亞洲和太平洋建立排他性的霸業。換句話說，兩百年來，美國的重要領袖把美國的國家利益理解為要確保太平洋只能是美國的思想和貨物從東向西流動的通道，而非各種威脅通往美國本土的通道。」（Green, 2017:5）「在其〔與亞太地區交往〕的歷史中，美國人意識到如果美國不能在西太平洋建立防線，太平洋雖大也不能成為防禦來自歐亞大陸威脅的庇護所。」（Green, 2017:9）「事實上，推廣民主信念從來都是美國外交政策的核心元素，原因不是自我中心或理想主義作祟，而是為了要維持對美國有利的在思想上的實力對比，而那些與美國思想一致的國家會強化美國的影響力、獲取利益的能力和安全。」（Green, 2017:9）

新中國成立後，在其亞太戰略指引下，美國馬上對中國進行圍堵（containment）。早在 1949 年 7 月，眾多美國的戰略家認為美國的安全依靠在中國周邊建構一個由友邦（印度、澳洲、菲律賓和日本）組成的「半月形」的包圍圈。（Peraino, 2017）美國是否公開承認它實施圍堵中國（containment）的戰略無關宏旨，而事實上大部分美國政客都否認有此意圖，因為在中國眼中，美國正力圖限制中國在亞洲相對於美國的影響力。（Heer, 2018）布盧姆（Blum）則從較正面的角度分析美國的亞洲政策，「1945 年，太平洋戰爭結束後，美國最希望在亞洲出現的情況是：亞洲國家獨立自主、彼此之間相安無事、政府穩定、其遼闊的地域不受一個單

一和對西方不懷好意的大國所支配、以及整個亞洲參與到一個對自己和對西方都有利的經濟體系之中。」(Blum, 1982:3)

為了圍堵中國，美國在冷戰時期與中國周邊的國家締結了同盟關係，部分甚至是軍事同盟，此中尤為關鍵的是美日軍事聯盟。不過，為了避免被其盟國聯手對美國施加壓力，美國選擇分別與不同國家締結雙邊同盟關係，而那些國家之間則沒有結盟，由是一個以美國為核心的「輪轂和輻條體系」("hub-and-spokes system")在東亞地區遂告形成。

美國在歐洲建立的北約組織是一個多邊的集體安全體系，美國在亞洲樹立的安全體系卻是以雙邊主義為核心的。美國在亞洲建立的「輪轂和輻條體系」對美國有莫大好處。一方面，美國可以防止那些反共的亞洲領袖採取魯莽行動，把美國捲進不必要的衝突之中。另方面，美國可以牢牢控制它的盟國的內政和外交。「由此觀之，冷戰之初，美國在亞洲建立的『輪轂和輻條體系』類似一個非正式的大美帝國。」(Cha, 2016:6)「也就是說，美國是一羣互不聯繫的亞洲國家中間的經濟和軍事樞紐，也因此而成為亞洲地區的穩定和福祉的壓艙石。」(Cha, 2016:6) 在多邊主義缺位的情況下，亞洲的小國沒有能力去約束美國和捍衛自身利益。

冷戰結束後，亞洲地區的戰略形勢出現巨大變化。中國急速崛起並積極參與國際經濟體系、中俄恢復戰略合作、美國國力雖不比從前但仍然決心維持其亞洲霸主的地位、亞洲國家的實力提升並尋求更自主的外交政策，以及世界經濟重心從西方移向東亞地區都是過去預料不到的事。起初，美國對中國的崛起不以為然，甚至相信中國在崛起過程中會逐步融入美國建構的「自由國際秩序」之中，而中國的發展模式亦會重蹈西方過去走過的道路。一個崛起了但卻願意以美國為盟主和對其「馬首是瞻」的中國不但不構成對美國的威脅，而且會更加強化美國建構的國際秩序和其全球霸主地位，並讓西方的經濟和政治模式千秋萬代在世界延續下去，從而歷史發展也會以西方模式在全世界普及而「終結」。

布蘭茲（Blands）表示，「美國的後冷戰大戰略的主旨是：保存美國在二次大戰後美國戰略經已取得的地緣政治首要地位、深化和擴大在大國競爭時期美國在西方陣營所建立的自由秩序、抗擊那些現在和將來對那個和善的國際環境構成威脅的各種危險。」（Brand, 2018a:4）不過，在21世紀到來之前，美國根本沒有意料到中國能夠以自己獨特的方式迅速崛起，因此在冷戰後把主要的注意力放在中東地區，發動了對阿富汗和伊拉克的戰爭以及對伊朗的敵意打擊，並為此虛耗了不少國力。21世紀開始後不久，美國的對華政策開始發生重大變化，其基調是越來越把中國視為美國必須長期遏制的頭號競爭對手。部分美國戰略家甚至把中國當成為必須徹底擊垮的「敵人」。當然，與冷戰時期的美蘇關係不同，中美之間的經貿關係非常密切，中國的廉價製成品對改善低收入的美國人的生活幫助甚大，而中國又把其從美國賺到的美元大批購入美國國庫債券，讓美國人得以長時期享受低息和低通脹環境。同時，中國的龐大和不斷擴大的市場對美國的產品（汽車、手機、化工產品）和服務又需求甚殷。因此，美國遏制中國的手段與美國遏制蘇聯的手法分別甚大，主要是由於忌憚中國報復和失去中國的龐大市場，美國不能毫無顧慮下運用經濟封鎖或制裁方法來對付中國。

其實，早在中國尚未崛起之前，美國著名戰略家布熱津斯基已經認定中國的核心目標是要「稀釋美國在〔東亞〕區域的力量，直至一個弱化了的美國需要作為區域霸主的中國成為其盟友，最後甚至需要讓作為全球霸主的中國成為其夥伴。」（Brzezinski, 1997:172）林德（Lind）擔心，「如果目前的趨勢延續，則在不久的將來中國會取代美國成為亞洲的經濟、軍事和政治霸主。」（Lind, 2018:71）

近十多年來，不少美國官員和學者對美國過去對中國的「過度」優惠和綏靖政策，包括支持中國在2001年加入世界貿易組織，深表懊悔和擔憂。對此，有份在美國總統奧巴馬時期制定「重返亞洲」以遏制中國的政

策的坎貝爾（Campbell）的論述最為完整。他與拉特納（Ratner）發文説，「自從尼克遜和基辛格以來，美國〔對華〕策略的基石是這樣的一個假設：深化與中國的商業、外交和文化紐帶會改變中國內部發展和對外行為。即便是那些對中國的意圖有懷疑的人仍然堅信美國的力量和霸權能夠按照美國的意願去塑造中國。自從尼克遜朝着與中國尋求和解走出第一步後的差不多半個世紀，實際情況卻越來越顯示，美國過度相信它有能力塑造中國的發展道路。參與政策爭論的各方都犯了錯。自由貿易者和金融專家估計中國不可避免地會越來越開放；整合論者認為隨着中國與國際社會交往越多，北京的野心也會收斂；強硬派人士則相信美國的永恆霸主地位會約束中國的力量。可是，無論是胡蘿蔔或大棒都沒有取得預期的結果。外交和商業的接觸沒有帶來政治和經濟的開放。美國的軍事力量和地區的勢力平衡沒有制止中國意圖取代美國成為國際體系的核心。那個自由國際秩序也沒有如預料般能夠引誘或捆綁中國。相反，中國走上自己的道路，在過程中粉碎了美國的眾多期望。」（Campbell & Ratner, 2018:60-61）

兩位作者進一步認為，「21 世紀之初，中國的經濟開放已經停頓下來。與西方的預期相反，儘管中國已經變得更富有，但北京卻加大了對其國家資本主義模式的重視。就算中國經濟持續增長，那也不會成為更大的開放動力，反而會進一步提升中國共產黨和中國那個由國家帶領的經濟模式的認受性。〔…〕中國共產黨不但沒有通過開放讓中國面向更大的競爭，反而為了維持其對經濟的控制而鞏固其國有企業和採取那些有助於在重要領域內培育先進技術的工業政策。」（Campbell & Ratner, 2018:64）兩人同時提出一系列遏制中國的辦法。美國重返亞洲的戰略是要把中國納入一個區域體系之內，促進它與其他國家的關係，防止它稱霸亞洲，並讓它接受和遵守國際規範。「完整的全面戰略的主要支柱應該包括：鞏固傳統聯盟、營造新的夥伴關係、聯繫區域性組織、加強軍事力量的多樣化、

捍衛民主價值、寓經濟手段於政治謀略之中、針對那個越來越強悍和能幹的中國建構一套真正多層面和全面的戰略。」(Campbell, 2016:7)「簡單地說，美國應該利用其軍事、外交和經濟手段去防止霸權在亞洲出現，從而達到長遠的目標，比如自由貿易和民主。不過，單單防止霸權出現對謀取美國的利益早已不足夠，部分原因是單靠權力均衡，難以確保亞洲國家會採納 21 世紀的貿易和航行的規則，或者參與全球對防止氣候變化的工作。要好好應對那些越來越迫切的問題，美國人需要強化亞洲的運作系統：那套過去曾經促進合作和維護地區和平和繁榮的複雜的制度、價值觀和規範的安排。除了遏制霸權外，這個目標應該成為美國策略的核心。」(Campbell, 2016:150−151)

不少美國的戰略學者更是從陰謀論角度理解中國在外交和對外關係上的一舉一動，總是要不斷印證中國對美國和其「自由國際秩序」圖謀不軌。茲舉數例。米什拉（Mishra）表達對貿易體系變更的擔憂。他認為，「中國主導的貿易體系減少了拉丁美洲和撒哈拉沙漠以南國家對美國和歐洲市場的依賴。中國正在結束那個由歐洲和美國開啟的全球化的第一階段。在這個過程中，中國讓東亞地區成為新的世界經濟的中心。」(Mishra, 2018)「那個由中國主導的區域貿易體系會讓亞洲國家不願意認同美國的地緣政治目標。」(Mishra, 2018)

米勒則相信中國要恢復中華帝國時代它與其他國家的等級關係。「本質上，中國的經濟外交的目的是要建立一個朝貢制度，而所有的道路都是通往北京。」(Miller, 2017:18)「美國把〔亞洲基礎設施投資銀行〕視為構成重大威脅。它害怕它會成為美國主導的、整合在布雷頓體制內的全球發展融資體系的替代品，並讓中國可以重塑亞洲的經濟框架。」(Miller, 2017:37)馬斯特羅（Mastro, 2018）指責中國蓄意隱藏其野心，並斷言「北京的真實意圖並非要取代美國在國際體系頂層的地位。中國沒有興趣建構一張遍佈全球的同盟國網絡、維持在地球上無遠弗屆的軍事部署、調

遣部隊到遠離國境的地區、領導那些可能會約束其行為的國際機構，或到外地傳播其政府系統。〔…〕然而，縱使中國無意篡奪美國作為全球領導者的地位，其真實目標卻同樣事關重大。中國覬覦對印太地區的全面支配；它希望把美國從該地區驅趕出去，從而成為印太地區的不受挑戰的政治、經濟和軍事霸主。在全球領域，即便中國樂意讓美國繼續操控駕駛盤，但它希望擁有在必要時足以反制美國的力量。」（Mastro, 2018）中國的「一帶一路」倡議更令美國人寢食難安。我在上文已經講述過，美國人相信「一帶一路」乃中國用以實現其稱霸歐亞大陸的宏偉戰略，對美國的世界霸主地位乃至整個西方陣營在世界上的主導地位構成嚴重威脅，因此美國必須舉全國之力並連同盟友粉碎中國的圖謀，從而確保西方霸權歷久不衰。

　　鑒於中國是繼蘇聯後對美國最大的戰略威脅，美國要把中國當成為戰略對手甚至「死敵」便是必然的結果。羅斯（Ross）坦率表示，「在 18 和 19 世紀，作為一個新的國家，美國的安全和大陸性擴張得益於歐洲國家之間的爭鬥。然而，當美國成為大國後，為了確保歐洲和東亞地區繼續四分五裂，美國介入歐洲和東亞大國之間的大國角力。美國在歐洲參與第一次世界大戰，並在歐洲和亞洲參與第二次大戰，反映了美國的意圖是要維持兩個地區的勢力均衡。到了 21 世紀，美國防範在這兩個地區出現霸主的計謀的最大威脅是中國在東亞的崛起。所以，東亞戰場是美國海軍的首要戰略優先項目。」（Ross, 2017:224）

　　既然蘇聯已經不再構成威脅，而俄羅斯的實力又有限，美國矛頭直指中國便自然不過。艾利森（Allison）表示，「在 1970 和 1980 年代，當美國的決策者面對的首要挑戰是戰勝蘇聯時，通過支援中國的經濟增長、甚至協助中國提升其軍事和情報實力來強化它合乎一定的邏輯。然而，冷戰結束和蘇聯在 1991 年消失後，美國的戰略家理應該細心聆聽前美國國務卿辛格（Kissinger）對美國面對的主要挑戰何在，以及國際環境的深刻變

化又如何會損害美國的核心利益的講話。相反，他們卻沉醉於勝利主義和忘乎所以的高傲心態之中。他們只能想像出一個新的『單極時代』的來臨、『歷史終結』的必然，他們相信所有國家都會擁抱美國撰寫的劇本，並在美國設計的國際秩序中以市場為基礎的民主國家身份，找到自己的位置。在這種思維下，共產中國不被放在眼內。」（Allison，2017：220）烏伊（Ooi）認為中國同時作為陸上和海上大國，對美國的威脅比以往的蘇聯更嚴重。他說，「冷戰時期，蘇聯是一個歐亞大陸的大國，美國和其他國家則是海洋大國。結果是誰贏了？俄羅斯不能突破海上封鎖。儘管它有海參崴，但這個城市卻位於過度偏北的地方。在世界的另一方，俄羅斯則被圍困在波羅的海、黑海、地中海和北極之內。所以，它只能是純粹的歐亞大國。現在中國也有同樣處境。不過，與俄羅斯不一樣，中國擁有溫水的海岸。美國人非常明白，除美國外，中國是世界上唯一一個既是陸上大國，也是海洋大國的國家。〔…〕中國以往一直是陸上大國，但它現在力圖平衡。這解釋了為何美國那麼憂慮中國取得海上力量。」（Ooi, 2015:165）波拉克（Pollack）也指出，「由於中國在中亞地區無需應對美國的反制力量，該地區因此讓中國得到現成的、有助於擴大中國的影響力和開拓空間的機遇。〔…〕中國實際上是在建立一個雙重的身份，涉及到海洋和大陸兩個層面，而海洋領域則是中美較量的主要場地。」（Pollack, 2017:159）

特朗普總統上台後，一方面削減了對美國的同盟國的安全承擔，從而降低美國的付出，但另一方面卻集中火力全方位遏制中國，特別是在一定程度上把中國的經濟與西方發達國家的經濟分離開來（decoupling），甚至試圖拉攏俄羅斯到美國一方。美國的意圖很明顯，那就是防止中國用任何辦法從西方發達國家取得尖端科技，從而「永久」維持西方在科技領域的絕對優勢和領先地位。美國的國家安全和防衛報告把中國定義為戰略競爭對手（strategic competitor）。2017 年發表的《美國的國家安全戰略》這樣看中國（White House, 2017）：「中俄兩國挑戰美國力量、影響力和利

益，並試圖破壞美國的安全和繁榮。它們決心讓自己的經濟更不自由和公平、不斷壯大其軍事力量以及通過對資訊和數據的控制來壓制其人民和擴大其影響力。」（White House, 2017:2）又說，「中俄兩國意圖塑造一個與美國價值觀和利益對立的世界。中國尋求把美國從印太地區攆走，擴大其國家主導的經濟模式的影響，和循着對其有利的方向重塑該地區的秩序。」（White House, 2017:25）美國 2018 年發表的《國防戰略》這樣描述中國的意圖（Department of Defense, 2018:2）：「中國正利用軍事現代化、旨在影響別國的行動和掠奪性的經濟行為去逼迫其鄰近國家，目的是要重建一個對其有利的印太秩序。當中國繼續在經濟和軍事上崛起，並通過展示力量去貫徹一項國家長遠戰略，它會繼續落實其軍事現代化計劃，在短期內爭取印太地區的霸權，並在將來取代美國而成為全球的霸主。」由此以觀，美國人經已認定大國較量（great-power competition）的時代已經重臨，而拉攏盟國和其他國家對中俄「聯盟」進行全方位遏制乃美國全球戰略的重中之重。（Colby & Mitchell, 2019）為了圍堵和遏制中國，特朗普政府擴大對中國的包圍圈，由以往的「亞太」地區伸延到「印度太平洋」地區，其中意圖甚為明顯，就是要把南亞國家特別是印度也拉攏過來遏制中國。

　　實際上，中國的外交方略與美國所理解的截然相反。中國的外交方略充分展示了包容、互惠、平等信念、國際主義精神和人文關懷情操。實際上，面對美國和其西方盟友的脅迫，中國也只有奉行這條睦鄰友好的外交路線，方能突破它們對中國的包圍策略。中共總書記習近平在「慶祝改革開放 40 週年大會上的講話」中，對中國的以「平等、公平、互利、共贏」為基本原則的外交政策有簡潔的闡述。他表示，「前進道路上，我們必須高舉和平、發展、合作、共贏的旗幟，恪守維護世界和平、促進共同發展的外交政策宗旨，推動建設相互尊重、公平正義、合作共贏的新型國際關係。我們要尊重各國人民自主選擇發展道路的權利，維護國際公平

正義，倡導國際關係民主化，反對把自己的意志強加於人，反對干涉別國內政，反對以強凌弱。我們要發揮負責任大國作用，支持廣大發展中國家發展，積極參與全球治理體系改革和建設，共同為建設持久和平、普遍安全、共同繁榮、開放包容、清潔美麗的世界而奮鬥。我們要支持開放、透明、包容、非歧視的多邊貿易體制，促進貿易投資自由化便利化，推動經濟全球化朝着更加開放、包容、普惠、平衡、共贏的方向發展。我們要以共建『一帶一路』為重點，同各方一道打造國際合作新平台，為世界共同發展增添新動力。中國決不會以犧牲別國利益為代價來發展自己，也決不放棄自己的正當權益。中國奉行防禦性的國防政策，中國發展不對任何國家構成威脅。中國無論發展到甚麼程度都永遠不稱霸。」

中國宣示的對美關係其實也是從友好互利、彼此尊重對方的核心利益出發。中國前副外交部長傅瑩如此講述中國對美政策：「中國對美國沒有採取對抗姿態。中國現時的〔對美〕態度是它整體外交政策的一部分，其目的是要建構一個能夠為中國的發展目標服務和促進中國與外面世界有效合作的良好環境。為了達到這些目的，中國有一切理由採取與美國維持『建設性合作』的態度。」中國倡議中美之間構建「新型大國關係」，目的就是要避免「修昔底德陷阱」，從而達致共同發展、平等互利，讓中美能夠攜手為全人類謀福祉。可惜的是，美國曲解中國的意圖，總是認為中國要把亞洲當作自己的勢力範圍、要推翻美國建構的「自由國際秩序」以及要取代美國成為世界霸主。

中國著名國際關係學者閻學通（Yan, 2018）也指出，即使美國減少在世界上的外交和軍事承擔，中國也沒有清晰計劃去填補美國留下來的領導真空以及從根本上重塑國際規範。在未來十年，中國的外交政策會聚焦在維護那些對中國經濟發展有利的條件，盡量避免與美國和其盟友對抗。

誠然，中國國內也有一些被西方人視為「鷹派」的戰略家。他們的對美強硬言論往往被美方引用來否定中國官方的立場。比如，劉明福肯定中

美世紀大對決不可避免。他說，「用非征服性的方法創造一種非征服性的文明，這是中國的責任，是世界文明發展的歷程和世界愛好和平、發展、自由和文明的人們對中國的要求，是中國對於世界文明所要做的一個貢獻。也只有中國的文明傳統和文明底蘊才能夠擔負起這樣的一個世界文明升級換代的歷史重任」（劉明福，2015:33）「從世界角度看，殖民型冠軍國家早已結束，霸權型冠軍國家也必將終結，而第三種類型的冠軍國家，就是中國式引領型的冠軍國家，它的根本性質不是爭霸世界和稱霸世界，而是爭先世界和領先世界。」（劉明福，2015:33-34）「中美矛盾的實質在於，美國的戰略追求，是維持單極化、持續其世界霸主地位。而在世界多極化的大潮中，中國是立在潮頭並且快速崛起。中國和美國矛盾的核心，是國際秩序的未來是單極還是多極；是建設一個多極化的民主世界，還是建設一個單極化的霸主世界；是持續『有霸世界』，還是終結世界霸權，創造『無霸世界』。」（劉明福，2015:69）「中國在 21 世紀成為世界領袖國家，要經歷半個世紀、三個階段的努力：第一階段是在追趕和接近美國的過程中，積極參與對世界的領導；第二階段是在與美國並駕齊驅的情況下，與美國共同領導世界；第三階段是在超越，中國對在世界上的領導和管理中起主導作用，成為世界的主要領導者。目前中國是積極參與領導，正在走向共同領導，這個階段大體要持續 20 至 30 年。〔…〕融入世界，與世界接軌，並不是我們的目標，而是必須有所作為，成為引導世界、主導世界、領導世界的領袖國家。」（劉明福，2015:79）「美國關注中國的第一位的問題，不是你姓社姓資，而是你強大還是衰弱。美國不怕中國搞社會主義，就怕中國強大。對於美國來說，美國寧願要一個不發達的社會主義中國，也不願意要一個強大的資本主義中國。〔…〕中美兩國深藏的根本矛盾和根本利益是對於國家地位的競爭，是競爭領袖國家、誰主世界浮沉的矛盾。」（劉明福，2015:136）「美國和中國在 21 世紀的根本矛盾，從根本上決定了美國對中國大戰略的核心目標，不是在意識形態上『西化』

中國，而是在國家實力上『弱化』中國，在國家地位上『矮化』中國，在國家復興上『遲滯』中國。所謂『西化』、『分化』、『醜化』等，都是『弱化』中國、『遲滯』中國崛起和復興的戰略手段，目的是使中國在 21 世紀不要追上和超過美國，使 21 世紀仍然是『美國世紀』而不是『中國世紀』。」（劉明福，2015:136）「所謂『美國安全』，首先是美國對於世界的霸權地位、領導地位的安全。所謂『美國國家利益』，核心是美國的霸權地位，領導世界的地位。〔…〕當今美國國家戰略的制高點是：防止出現一個戰略競爭者、霸權挑戰者、並駕齊驅者、霸權代替者。」（劉明福，2015:138）[19]

美國學者當中其實也有少數人從正面角度看中國的意圖，而且認為中美合作不但對雙方有利，也對全世界有利。比如，美恩（Men）如此描述中國的大戰略：「總的來說，中國的戰略立足於它是一種新型的社會主義大國這個概念。它擁抱全球經濟體系，也提出一個新的發展模式。中國有意重振其傳統價值，使它能夠適應現代世界、讓它能夠與西方觀念切合、從而創造一套新的全球文化。它希望自己強大起來，但卻要讓鄰國放心。」（Men, 2016:43）始終相信美國的「自由國際秩序」能夠容納中國的伊肯伯里（Ikenberry）認為，「美國和中國都在務實地利用全球規則和制度來增進其利益和捍衛其主權。中國和美國有可能在東亞地區捲入危險的安全衝突。不過，在全球領域，中國與美國的鬥爭主要是關於擴大在全球機構內的聲音和操作規則與體制來促進其利益。中國謀求改變政治等級制度和提升它在全球體系中的位置和地位，但它並不是要發動全球性的、圍繞着不同的現代化模式的鬥爭，更不是圍繞着不同的國際秩序的意識形態的爭奪。」（Ikenberry, 2018:51）伊肯伯里之所以對其結論有信心，是因為他壓根不相信中國能夠構思出一個能夠與美國的「自由國際秩序」

19　可參看喬良（2016、2017）、王湘穗（2017、2019）、戴旭（2017、2018）、喬良與王湘穗（2016）、羅援（2015）、閻學通（2013、2015）、金一南等（2017）。這些戰略學者經常被美國人視為「鷹派」人物，而且對中國政府的對美政策的影響力正在上升之中。

有同樣吸引力的新國際秩序。

美國著名中國問題專家黎安友（Andrew Nathan）相信中國是一個意圖維護「舊秩序」的守成大國。「如果可以看到一個更大的格局的話，則中國更像是一個保守的大國。它抗拒讓美國和其夥伴塑造其他國家的政權，並因此而帶來對自己不利的後果。〔…〕在與美國和其盟友的鬥爭中，中國經常捍衛舊時的對主權的理解，並反對那些新的、目的旨在對主權設置限制的理解。在這個意義上，中國比美國更像是守成大國（status quo power）。」（Nathan, 2016）不過，明茲尼爾（Minzner）則有不同看法。他認為，隨着民粹勢力在歐洲和美國抬頭，西方對其所構建的自由國際秩序也發生動搖，中國對現存的國際秩序有新的看法不足為奇。「中國也在重新考量其與現有的國際秩序的關係。中國的改革年代經已結束，所以那些來自外部的影響，無論是外來的投資、文化和教育，對北京來說已經缺乏吸引力。北京也不認為有必要捍衛現有的國際規範。」（Minzner, 2018）麥格雷戈（McGregor）的看法也差不多，「北京曾一度不情願地接受美國與一些亞洲國家建立起來的同盟體系，因為它可以制約蘇聯和在該地區發揮穩定作用。不過，冷戰結束後，中國的態度出現變化，從對美國在亞洲的持久軍事足印的不滿，發展到認為美國的同盟系統對中國的威脅是『冷戰殘留』。」（McGregor, 2017:xvi）

事實上，中國乃至亞洲的崛起無可避免會帶來改革現有國際秩序的訴求，從而讓它們的利益和立場能夠更充分地被容納在國際秩序之內，但美國迄今對此置若罔聞，反而試圖遏制中國來捍衛其建構的國際秩序，而又同時按照「美國優先」原則，通過逼迫其他國家包括自己的盟友對美國讓步和讓利，有選擇性地參與或退出國際組織和協定，有時甚至悍然違反國際法和侵犯別國主權來重塑國際秩序。當然，即使在美國國內對那些做法不予苟同的人也有，但畢竟是少數。比如，布熱津斯基認為，「為了防止來自伊斯蘭世界和日後可能來自第三世界的暴力外延並危害全球

秩序，美國必須帶頭重塑全球權力架構。美國只有建構一個包括俄羅斯和中國在內的同盟才能有效地應對來自中東地區的暴力。〔…〕對中國而言，短期內最好的策略是在遏制中東暴力蔓延上成為美國的主要夥伴。」（Brzezinski, 2017）。就連有份制定「重返亞洲」政策的坎布爾也說，「更好的對亞洲的對策的出發點是對美國改變中國的能力有謙卑的認識。美國對華政策的北斗星應該是既不試圖孤立和弱化中國，也不是要為了它好而嘗試改變它。華盛頓反而應該更多聚焦在自己的力量和行為，和它的盟友和夥伴的力量和行為。如果美國把政策植根在更實際的對中國假設上，則無論是維護美國的利益，或是促進中美雙邊關係，都會有更具持續性的基礎。」（Campbell & Ratner, 2018:70）美國著名時事觀察家扎卡里亞（Zakaria, 2019）則認為美國過度誇大中國對美國的挑戰。事實上，中國在地緣政治和軍事上是一個頗為負責任的大國，其經濟行為也與日本在崛起過程中的行為也並無二致。因此，美國應該冷靜對待中國的挑戰，同時運用對話和阻遏兩手，迫使中國尊重美國建構的國際秩序，但卻容許中國在其中有更大的發展空間。

萊恩認為，美國主導的國際秩序隨着中國的崛起已經無以為繼，而中國也不會全盤接受那個秩序。因此美國必須與中國建立新的共處之道。（Layne, 2018b）他甚至提出，「華盛頓〔而不是中國〕才有『最後機會』通過調整其東亞戰略去避免即將到來的中美衝突。那些調整要求美國在那些北京視為至關重要的問題上作出真正的讓步，包括：停止對台灣售賣武器並明確表示美國不會介入台灣與中國的衝突；收回過去〔美國領導人宣稱的〕美國與日本的安保條約包括美國給予日本的對尖閣諸島（釣魚島）的安全保證；對中國在南海的領土聲索採取靈活處理手段；從韓國撤軍；撤回意圖改變中國政權的政策，並奉行不干預中國內政的方針（包括新疆和西藏）。」（Layne, 2018a:138）可想而知，萊恩所代表的政策建議對美國的當權派而言實屬「與虎謀皮」的「投降」策略，絕無可能被美國政府接受。

近年來以及在未來一段長時間內，除了直接發動戰爭外，美國全方位遏制中國的力度越來越猛、領域越來越廣，而且手法也越來越多。實施遏制的領域包括貿易、軍事、外交、金融、貨幣、科技、網絡、情報、文化、人才、教育、政治、簽證等眾多領域，也包括把台灣、新疆、西藏和香港用作遏制中國的棋子。其中美國對中國企業中興和華為的粗暴和下作的打擊尤其令人側目。那些手段充滿敵意和詭詐，違反國際經貿規則，但同時又暴露出美國對中國崛起的深度恐懼。其背後的意圖昭然若揭。美國就是要通過對中國施壓，扶植中國內部的分裂勢力，引發中國的經濟、社會、金融和政治動盪，迫使中國向美國作出重大讓步，改變中國的發展模式，干擾和破壞中國的發展，最好就是能夠改變中國共產黨執政的事實。對於美國的意圖，保羅（Paul）一針見血指出，「就如何容納〔中國〕一事，眾多因素都指向一種有限度和充斥着危機的容納方式，以及在中美之間出現冷和平（cold peace）的情況。〔…〕除非中國變成民主國家，否則美國不太可能願意容納中國。」（Paul, 2016:26）

不過，美國的遏制中國的「大戰略」，尤其是其改變中國的政治和經濟體制的目的，並沒有得到其盟友的充分認同和鼎力支持。對歐盟而言，正如拉克曼所言，「歐盟既無精力也無興趣去介入亞洲冒起中的地緣政治鬥爭。歐洲人——作為亞洲大部分地區的前殖民地宗主國——因為要處理自己地方的大量經濟和政治問題而已經疲於奔命，對遠方亞洲的勢力對比態勢失去興趣。他們只從經濟視角看問題，一方面力圖在亞洲為歐洲工業產品挖掘出口機會，另方面則覺得亞洲會搶走歐洲人的飯碗。結果是，很多歐洲的決策者對美國『圍堵』中國的行動作壁上觀，此舉無可避免會觸怒美國。」（Rachman, 2016:188）

在亞洲，美國也沒有能夠與亞洲國家建構起一個牢固的同盟國網絡來圍堵中國。冷戰時期的以美國為中心的「輪轂和輻條體系」已經無以為繼，不少亞洲國家希望實行更自主的外交政策，並且在安全問題上與美國

和其他國家以不同方式進行合作。麥格雷戈（McGregor）指出，「中國的崛起、亞洲各國之間的貿易增長，以及奧巴馬的重返亞洲戰略，催生了一整套新的國與國之間的關係，亞洲地區的安全體系發生了巨大變化。『輪轂和輻條體系』不是唯一的模式。反而，多個國家聯盟湧現，部分有美國的參與，但也有不少只局限在亞洲地區的國家之內。」（McGregor, 2017:350）其實，很多亞洲國家與中國有着密切的經貿往來，而且對美國的安全承諾的信心不斷下降，因此紛紛採取「兩邊討好」、「兩邊都不得罪」或「兩邊下注」的自保策略。

中國的急速崛起和在東海與南海的頻繁軍事部署和活動，的確引起了中國周邊國家的關注和擔憂。美國的「重返亞洲」策略正正就是要利用這種心理來拉攏那些國家對中國進行戰略圍堵和遏制，力求約束或改變中國的行為。不過，按照康（Kang）的研究，很多中國周邊的國家其實對中國軍事力量的壯大，並不是如西方國家和媒體渲染般那樣擔憂，起碼它們沒有因此而大幅擴軍。他這樣說，「〔東亞各國〕正在快速地與中國和在彼此之間加強經濟聯繫。與此同時，東亞國家逐步減少國防開支，原因是它們不認為它們有需要強化其武裝力量。〔⋯〕東亞的政治現實與一般西方論述的落差甚大，後者視中國的崛起為威脅，並認為東亞地區越來越不穩定。」（Kang, 2017:1–3）「東亞地區的安全環境之所以比較穩定，是因為很少國家擔心自己無法生存下去。」（Kang, 2017:5）「有一定數量的證據顯示，即使那些美國〔在東亞〕的盟友，在美國與中國的對抗中也非常審慎地不願意亦步亦趨地附和美國。」（Kang, 2017:187）「過度緊抱過去，只會〔讓美國〕忽略當前〔東亞地區〕的變化。〔⋯〕很明顯，目前最重要的問題，是如何讓中國的崛起能夠被容納在一個在經濟、外交和軍事上都穩定的區域架構之內。」（Kang, 2017:197）同樣地，專門研究國際制衡問題的保羅指出，跟美國崛起的情況一樣，儘管中國的崛起引起了一些國家的擔憂，但卻沒有出現其他國家聯手制衡中國的情況。「只有在 2010 年

開始才出現一些來自美國和若干區域大國採取有限度軍事制衡中國的現象。」(Paul, 2018:1) 之所以如此，保羅認為有幾個重要原因。其一是中國與其他國家有着眾多的經貿聯繫，彼此的經濟利益交叉重疊。其二是其他國家不認為其生存和領土完整受到來自中國的嚴重威脅，而海洋權益之爭並不如領土之爭般構成嚴峻的國家安全威脅。其三是其他國家相信中國沒有意圖推翻現有的國際秩序，只是要對它進行改良而已。斯溫 (Swaine, 2018) 甚至相信美國賴以圍堵中國的所謂「自由和開放的印太」戰略只會啟動一場沒有贏家、毫無意義的冷戰，既為美國製造一個龐大的敵人，更得不到亞洲盟友的支持，而且有損美國的利益、安全和信譽。薩克斯認為中國沒有能力和意圖取代美國的霸主地位，但美國也缺乏足夠的實力削弱中國。如果美國堅持與中國為敵，它將要付出沉重代價。他指出，「〔跟過去的英國、日本和俄羅斯相比，〕中國擁有更龐大的經濟體、人口是美國的四倍、而且又是美國的債權人而非借貸方。中國與世界各國有着強勁和不斷增加的貿易、投資和外交關係。美國的尋釁只會強化而非弱化那些關係。需要牢記的一件要事，是中國作為一個統一國家有着比美國悠長十倍的光榮歷史，大概 2,250 年與大概 225 年之比。」(Sachs, 2018:148) 可惜的是，這些比較冷靜務實的聲音，對美國當權派的耳朵來說，只是令他們煩擾的噪音而已。

當然，對於美國的不斷挑釁和惡意遏制，中國不可能等閒視之，必然會奮起反擊，但卻仍然會克制和極力避免不必要的對抗。即便美國在不少方面的實力仍高於中國，但今天的中國已經不再是以前的吳下阿蒙，已經具備足夠的「塊頭」去有效抵禦美國對中國的全方位猛力遏制，並迫使美國付出沉重代價。面對美國的敵意行動，中國依然堅定奉行改革開放戰略，堅持推進「一帶一路」倡議來開拓中國的經濟、政治、外交和安全空間，確立以創新、內需和服務業為主力的經濟體系，大力培養人才，力求科技創新自主，建立製造業強國，不斷改革金融體系，繼續推動人民幣國

際化，與其他國家一起建構全球多元貨幣體系並藉此削弱美元霸權，大力反對保護主義、單邊主義和霸權行徑，與發展中國家一道推進國際組織和國際遊戲規則的改革，積極擔當新一輪全球化的先鋒，努力推行以「平等相待」、「互利共贏」為原則的睦鄰友好政策來穩定中國周邊的安全環境、強力維護國家主權、安全和發展利益、消弭一切「顏色革命」和「政權變更」的圖謀以及堅決抗擊美國在中國邊陲地區製造騷亂的敵對行徑。美國和其盟友對中國的明顯帶有白種人優越感和種族歧視成分的圍堵和遏制反而會強化中華民族的憂患感，國人的國家民族意識，人民的鬥志和團結，中國人對美國和西方的失望、反感和憤慨，以及官民一體共同應對西方欺凌的決心，並讓中國在海內外華人的支持下擁有更強大的抗擊外侮來犯的意志力、定力和能力。美國和其盟友對中國的遏制也會轉化為中國進一步改革開放的動力，強化中國共產黨的領導地位和社會凝聚力，讓中國更加能夠排除阻力，使經濟、政治、社會和文化體制得以朝着更自主、合理、包容、公平、公義和有效的方向轉變。

國際和國內形勢的變化對香港的衝擊

回歸前後，香港是冷戰結束、貿易和金融全球化、市場經濟蔚為主流正統、西方經濟蓬勃發展、全球經濟持續增長、中西方尤其是中美關係良好、中美進行戰略合作、西方認為香港對其有戰略價值而善待香港、以及中國內地經濟騰飛的受益者。在那個國際和國內的良好背景下，「一國兩制」方針政策在世界上和國內得到廣泛的認同和支持。西方人明白知道香港回歸中國後，香港不再是西方陣營的一分子，而且必須負起維護國家主權、安全、領土完整和發展利益的責任。然而，由於「一國兩制」充分照顧了西方在香港乃至在中國和亞洲的利益，保留了西方國家尤其是美國在香港的廣闊的政治和經濟活動空間，保護了西方在香港的代理人，保

存了西方在香港的情報網絡，它實際上對西方也非常有利。西方在香港回歸後仍然可以在一定程度上利用香港及香港的反共反華分子對中國內地進行宣傳、滲透和干擾。西方國家對香港的具有濃厚西方文化特色的資本主義體制、自由港、公務員體制、法律制度、人權和自由保障、私有產權保護、多元文化、生活方式和價值觀等頗為認同和欣賞，因此對香港懷有一份好感和親切感。不少西方人憧憬中國的改革開放和加入美國主導的「自由國際秩序」最終會引領中國走向和平演變的道路，在經濟和政治體制上與西方接軌，而一個不言而喻的結果則是中國共產黨執政的結束和多黨政治與「一人一票」民主選舉的來臨。到了那個時刻，全世界都會置於美國主導的「自由國際秩序」之下，所有的獨裁與威權政體都會蕩然無存、政府主導或干預的非市場主導的經濟體被徹底淘汰、國與國之間的戰爭從歷史上消失、西方（主要是美國）主導的世界秩序千秋萬世。在這種期盼下，西方國家自然希望也相信通過香港的示範作用和潛移默化，以及西方勢力利用香港對中國內地進行顛覆滲透，加快中國融入「自由國際秩序」和進入「和平演變」的過程。西方對中國未來的變遷和對香港所能擔演得角色的「樂觀」估計和殷切「期盼」，正是它願意支持「一國兩制」在香港實施的重要原因之一。

　　西方對香港和中國的「意圖」，中國領導人其實了然於胸。他們知道也預期外部勢力一如既往地，會利用香港來影響和干擾中國的發展道路和政治狀況，但因為西方的支持對中國的現代化和香港的繁榮穩定十分重要，而保持香港作為中國與西方、中國與世界的橋樑作用對中國甚為有利，所以理性務實的應對辦法，是在一定程度上容忍外部勢力在香港從事對中國和對香港不友好的政治、滲透和顛覆活動，包括在香港扶植反對中國和挑戰香港特區政府的勢力、利用香港支援和策動中國內地的反政府分子和公開或隱蔽地介入香港的內政，但同時做好各種必要的防禦工事，和擬定必要時需要實施的諸般反制措施。中國與西方國家尤其美國在這

方面的「默契」其實是眾所周知的，不少香港人對此亦頗有了解。[20] 對中國領導人而言，只要在權衡利弊之後，容許外部勢力在香港存在，對國家安全和香港穩定所構成的威脅之「弊」是小於來自香港與西方和世界的密切聯繫所帶來之「利」，而外部勢力在香港的政治圖謀和行為「不太過分」，則中國政府仍會忍受外部勢力在香港的存在。

完全出乎西方意料之外的是中國崛起速度之快和對全球勢力均衡、國際秩序和各個領域的規章制度所帶來的巨大衝擊，特別是對美國主導的「自由國際秩序」的挑戰。以美國為首的西方世界長期對中國的發展雖有寄望，但堅信那是一個曠日持久的過程，即便中國發展起來也難以與西方比肩，只能在國際事務上繼續以西方馬首是瞻。中國以數十年的光陰取得了西方國家經歷幾百年才能得到的成就，尤其矚目的是七億中國人迅速脫貧和中國在西方不知不覺間成為舉足輕重的大國。更讓西方人難以明白和接受的，是中國的成就來自自己獨創的發展道路，卻非西方視為不可替代的西方自由市場和民主道路，而中國定義為「中國特色社會主義」的道路又越來越被其他國家包括個別歐洲國家比如匈牙利和波蘭所借鏡。西方人視中國的發展模式為威權政治與非市場經濟的混合品，與西方的體制和價值觀水火難容。中國道路的出現，在一定程度上打擊了西方在全世界的軟實力。2008 年源於美國「次按危機」的全球金融海嘯和緊接着發生的歐洲主權債務危機不但蹂躪了西方世界，狠狠打擊了西方金融資本主義體制的聲譽，也為其他國家的經濟和民生帶來巨大災難。兩次來自西方的金融危機所帶來的經濟後遺症迄今仍未痊癒，全球政治、金融、經濟和貿易狀況仍未恢復舊觀。更為影響深遠的，是由於兩次危機都與西方體制的深層次缺失和矛盾有關，它們的突然爆發，狠狠挫傷了西方人對自己的制

20　比如中國政府容許美國在香港設立人數超多的領事館，其中不乏軍事、情報和從事政治活動的人員。中國政府也默許眾多代表美國政治勢力的官方、半官方和「非政府組織」在香港活動，其中部分更是在世界各國推動「顏色革命」的積極力量。

度、信念和前景，但同時又讓他們對中國的崛起憂心忡忡和恐懼不已。兩次金融危機、美國對中東地區政策的嚴重失誤、矛頭主要指向西方的恐怖主義飆升和西方國家的內憂外患都堅定了中國人對自己的信心和對西方的失望，部分中國人甚至對西方流露鄙夷和傲慢之情，這無疑讓西方人對中國人的態度更趨負面，而遏制中國的意向也就更堅定。冷戰結束前後，西方對俄羅斯展示了「勝者為王」的姿態，要求那個被視為敗軍之將的俄羅斯對西方俯首稱臣，結果是把俄羅斯推向西方的對立面，並為中俄兩國締結全面戰略夥伴關係製造條件。中俄在戰略和軍事加強合作，在聯合國安理會共同進退，在對外事務上相互配合，加上兩國聯手推動歐亞大陸的整合，驅使西方國家重新評估國際形勢，並且積極全面反制和阻遏中俄「陣營」的「擴張」，防止其成為西方利益和安全的、難以應對的巨大威脅。

過去多年來，西方國家對香港的態度出現了微妙但愈趨明顯的變化，開始對香港發生的事情指指點點與妄加批評，譴責香港的人權和法治狀況，誣稱香港的高度自治受損，並質疑「一國兩制」的成效，矛頭顯然直指中國政府。它們希望通過指控中國違背對香港的承諾來打擊中國在國際上的公信力，並削弱「一國兩制」對台灣的吸引力。個別西方尤其是美國政客甚至出言恐嚇，聲言要對香港施加制裁，並露骨地插手香港事務。事態的發展其實在我意料之中（劉兆佳，2015），甚至是逃避不了，因為香港最終將無法避免受到西方的歧視和敵視。可是，香港的反對派卻堅持相信那些崇奉民主、自由、人權、法治與反對共產主義和威權政府的西方人士同情他們的處境，因而會為他們仗義執言和伸出援手，並向中國政府和香港特區政府施加壓力，迫使它們向反對派交出特區的管治權。一些幼稚的香港政客和激進年輕人，甚至妄想把美國和個別西方國家當作對付中國政府和香港特區政府的「棋子」或自己的「守護神」。近年來，個別反

對派政黨已經加強了與西方政治勢力的聯繫，為自己尋找外援。[21] 與此同時，西方的反華政客也加緊與香港的反對勢力聯繫，共謀遏制中國。2019年，為了反對香港特區政府對《逃犯條例》的修訂，反對勢力與外部勢力（包括台獨勢力）聯手向特區政府和中國政府施壓，並在香港散佈恐慌情緒和挑起激烈政治鬥爭。此乃近期「裏應外合」的突出事例。在圍繞着《逃犯條例》修訂的激烈鬥爭中，美國和個別西方國家甚至威脅對香港施加各種嚴厲制裁和懲罰，目的是要令香港人擔憂香港失去西方國家的支持而受到嚴重打擊，也要讓香港人相信他們作為抗爭者或違法者會得到西方國家的保護，從而在香港產生動員羣眾參與抗爭或違法行動的效果。在相當程度上，《逃犯條例》修訂風波本質上是中國和美國在香港的激烈戰略較量，關係到香港特區的管治權歸屬的根本性問題。

實際上，西方之所以對香港的態度轉趨負面，甚至懷有敵意，卻另有原因。原來西方國家期盼香港能夠發揮作用，推動中國走「親西方」的和平演變路線，讓中國成為西方的附庸。可是，中國能夠無須仿效西方模式而崛起，反而另立門戶，通過成功實踐自行創建的「中國特色社會主義」道路而走向富強，而且在眾多領域挑戰西方的霸主地位。與此同時，香港又在經濟、社會和文化層面與中國內地愈趨整合，在中國持續崛起的過程中擔當重要角色，和在「一國兩制」下發揮獨特作用，實際上是為一個越來越成為西方的嚴重安全威脅的「敵對」國家服務，因此香港的繁榮、穩定和發展其實對西方越來越是利弊參半，甚至是弊多於利。一些西方人甚至懷疑，香港利用其作為中西方橋樑的身份和美國給予香港的「特殊待遇」，協助中國逃避西方的規管、限制和制裁，讓中國得以取得有戰略價

---

21 比如，香港反對派最大政黨香港民主黨在中美貿易戰和美國有人提出要審視香港單獨關稅區地位之後，立馬於 2018 年 12 月宣佈成立一個「國際事務委員會」，與美英等外國政府建立更加緊密的關係，並使之公開化、常態化，同時與「自決派」和「港獨」分子爭奪外國的支持。在反對香港特區政府修訂《逃犯條例》的鬥爭中，香港民主黨擔當了領導和「衝鋒隊」的角色，並派人前赴西方國家求援。公民黨和其他反對黨派頭領也紛紛「應邀」到西方國家遊說。幾乎所有的反對派政客和青年領袖都渴望西方對香港施加制裁。

值的技術、物資和情報。在中國「走出去」的戰略中，部分西方人認為香港的企業可以為「走出去」的中國企業提供「掩護」，讓中國企業得以在國外以合法或不正當手段取得有戰略價值的資產、科技和情報。有些西方人甚至擔心西方資本在香港的發展空間會越來越受到擠壓，尤其是來自中國國有資本的擠壓，而香港特區政府則在其中扮演「不公平」的仲裁者的角色。作為國際金融中心和人民幣國際化的試驗場，和全球最大的人民幣離岸中心，香港為人民幣國際化搭橋修路，削弱美元在全球的主導地位和為中國建構以一個人民幣主導的國際貨幣系統盡心盡力。香港在推進「一帶一路」和粵港澳大灣區的建設上的角色不可忽視，而那些舉措正是中國意慾主導歐亞大陸的重大戰略部署。一些西方反共反華勢力肯定會認為，如果香港發生持續動盪，經濟和社會無法正常運作，則中國的「一帶一路」、粵港澳大灣區建設和人民幣國際化等重大國家戰略會被嚴重干擾和破壞。

近年來，中央加強了在香港事務上的參與，有效運用中央在「一國兩制」下享有的權力、加大對「一國兩制」的話語權、糾正了「一國兩制」在香港實施的一些偏差、加強了對香港特區政府的領導和支持、壓縮了反對派的政治活動空間和羣眾基礎、以及嚴厲打擊了「港獨」和各類分離主義。我會在本書的第三章中詳細講述中央的行動和工作。意料之中的是，中央的積極行動對香港的反對勢力造成了極大傷害，嚴重威脅他們的生存和發展空間，也損害了支持他們的外部勢力利益。反對派在香港的日子越來越艱難，一些反對分子為了救亡紛紛跑到西方國家尋求支持，要求它們介入香港事務，並向中國政府施加壓力。他們向西方媒體和西方政客投訴，指責中國政府強力干預香港內政、損害香港的高度自治和法治、破壞「一國兩制」、違反對推動香港民主發展的承諾、限制香港人的自由和人權等等，不一而足。正當西方國家在新的世界格局下重估香港對其戰略價值之際，香港反對派對香港特區政府和中國政府提出的指控，無疑為一些

反華和反共的西方政客和媒體送上「彈藥」。西方政客和媒體甚至把若干激進香港反對派人士比如黃之鋒等人奉為自由鬥士，把 2014 年爆發的違法「佔領中環」行動定義為反共民主運動，把 2019 年香港的特大動亂描繪為正義之舉，並在西方社會乃至全世界，廣泛藉助那些反華分子和激進暴力行動來抹黑香港和中國。[22] 儘管絕大多數的西方人清楚知道總體來說回歸後的香港仍然是自由、開放、繁榮和法治之地，而香港反對派的指控，其實正正表明中國政府下定決心在香港維護國家主權、安全和領土完整，而這些行動又恰恰是所有主權國家的政府都會做和必須做的事，因此難以非議。可是，為了詆毀中國，為遏制中國尋找藉口，儘管西方國家知道香港的反對派分子在香港社會的代表性有限，而個別「老牌」反對派領袖雖有知名度但卻已經是「過氣」政治人物，但那些人既然對西方傾慕，又願意為西方效勞，所以在中西方衝突中他們仍然是西方可用的「棋子」和「彈藥」，那怕它們的殺傷力和影響力是如何的微不足道。不過，無論最終美國和個別西方國家會否滿足香港反對派的請求，反對派這樣做即使在短期內在政治上得利，但長遠而言實在是飲鴆止渴，對其政治前景甚為不利。在美國大力遏制中國的崛起和對中國大打「香港牌」的嚴峻局面下，反對派「挾洋自重」顯然危害香港和國家的安全和利益，不少香港人對其行為表示不恥和憤慨。無論香港發生甚麼事，無論香港人對中國政府和香港特區政府持任何態度，大部分香港人都不會贊同引入外部勢力干預香港事務，尤其反感的是要求外國做一些有損香港和國家利益和福祉的事。大多數香港人不願意讓香港成為西方遏制中國的「棋子」，不贊成把香港變成中西方的角力場，更反對西方把香港變成顛覆或滲透基地，因為他們深知

22　2018 年初，以參議員魯比奧（Rubio）和眾議員史密斯（Smith）為首的美國國會 12 名議員，聯名向挪威諾貝爾委員會寫信，提名「雙學」三子與「雨傘運動」角逐諾貝爾和平獎，信中讚揚三人發起香港史上最大規模的民主運動，以和平手段爭取政治改革和香港自決，以及捍衛香港受《中英聯合聲明》保障的自由和高度自治，應該得到和平獎的肯定。

如此一來不但「一國兩制」將無法繼續下去，而香港也會面臨滅頂之災。

　　直至最近，雖然西方政客和媒體對香港的批評有增加的趨勢，而言辭又越來越嚴厲，而且帶有威嚇成分，但鮮有建議對香港採取嚴厲「懲罰」行動。例如，在美國國務院發表的 2018 年人權報告中，對香港的人權和高度自治受到「侵蝕」表達關注。這份報告提到內地商人蕭建華被「綁架」、銅鑼灣書店經營者桂民海被「帶返」中國的事件，批評「中國中央政府的意願違反法治以及削弱香港的自治」。美國政府和國會以及個別西方國家，更不時邀請香港的反對派人士到美國和歐盟訪問或作證，利用他們對香港的批評和責難來確認和支持美國與其西方盟友對香港和中國政府的指控。[23] 儘管如此，美國政府和大部分政客卻鮮有認定香港已經失去高度自治和要求對香港施加嚴厲制裁。

　　不過，最近以來，情況已經開始快速發生變化。隨着美國遏制中國的力度不斷加大，西方政客和媒體對香港的敵意也日益濃烈。比如，2017 年，美國參議院議員馬科・魯比奧（Marco Rubio）和湯姆・科頓（Tom Cotton）向美國國會眾議院提交《香港人權與民主法》（Hong Kong Humans Rights and Democracy Act）的草案。在該法的草案中，兩位議員一口咬定香港的自治正受到衝擊，因此美國需要重申對香港自由和民主的歷史承擔。草案威脅如果香港的高度自治受損，美國可以不再承認香港乃單獨關稅區，即是說，對待香港與對待中國內地的城市無異。草案更規定美國要對那些壓制香港的基本自由的香港或中國大陸的官員實施懲罰，

23　2019 年初，公民黨立法會議員郭榮鏗、專業議政議員莫乃光和前政務司長陳方安生三名反對派人士獲美國政府國家安全委員會邀請訪問美國，並與政府官員、國會議員、媒體和智庫會晤。三人趁機向美國人訴說中央和香港特區政府的種種「不是」，並要求美國關注香港的高度自治和人權自由受損的情況。最嚴重的事例是 2019 年 5 月，反對派的元老李柱銘、陳方安生和若干重要成員紛紛到美國和一些歐盟國家「投訴」中國政府夥同香港特區政府刻意修訂《逃犯條例》，從而讓特區政府得以擁有法律權力向中國移交逃犯，從而讓在香港居留的西方國家公民成為中國政府的「人質」。這些反對派頭領因此要求西方國家政府對香港和中國採取強硬行動阻止香港修訂《逃犯條例》。嗣後，美國政府官員和政客更高調紛紛接見香港著名的反共媒體《蘋果日報》的老闆黎智英，和其他到美國訪問或「作證」的年輕反共反華分子。

特別是那些涉及綁架個別〔銅鑼灣〕書店負責人的官員。2019年中，美國高度介入香港因為《逃犯條例》修訂所觸發的激烈政治鬥爭，以威脅對香港實施制裁為手段動員香港人反對有關修訂。美國眾議員吉恩·麥戈文（Jim McGovern）和參議員馬科·魯比奧（Marco Rubio）聯同一批國會跨黨派議員亦乘機再次提出《香港人權與民主法》法案。法案進一步要求美國總統採取措施，保護美國公民和企業，免受香港特區政府制定的向中國內地移交逃犯的任何法律的影響，包括檢視是否需要修改兩地現有的引渡協議，以及國務院對香港的旅遊提示。此外，美國商務部每年都要評估香港有沒有充分執行美國關於敏感軍民用品的出口規定，特別是有關伊朗和朝鮮的制裁措施。對國家主權和香港管治權衝擊最大的，一是美國政府可以對香港那些「踐踏」人權和民主的香港官員和政治領袖施加懲罰，包括不向他們發出到美國的簽證和凍結他們在美國的資產。二是美國敦促香港不要為《基本法》第二十三條進行本地立法，又要求香港推行西方模式的行政長官和立法會選舉。素來反華最烈的眾議院議長、民主黨的南希·佩洛西（Nancy Pelosi）亦表態支持該法案，並多次指港府修訂《逃犯條例》乃危險行為，而且不斷為參與香港特大暴亂的暴徒撐腰打氣。當然，那些議員旨在利用這條草案表白其反華政治立場，並趁機在選舉期間撈取政治資本，但該法案實際上難以得到美國政府的積極支持。雖然法案在美國國會兩院通過，而美國總統又情願或不情願地簽署該法案並讓它成為美國法律，卻不意味着美國政府必然會按照該法的要求對香港施加制裁，因為美國也會考慮到中國的報復、衡量自己在香港的龐大政治經濟利益和考慮到其在香港的代理人的處境。不過，無論如何，這種種跡象都顯示了香港在一定程度上已經引起了個別美國政客的「青睞」，他們開始了解到香港是中國的「軟肋」，是可以用來打擊中國的「武器」。不但是美國，一些英國和歐盟的政客和媒體對香港也諸多責難，矛頭其實是指向中國。個別政客甚至成立專門「關注」中國是否恪守對香港的承諾的組織，並拉攏香港

的反華反共政客提供「彈藥」。[24] 究其實，西方政客與媒體對「一國兩制」的理解，其實與香港反對派的理解頗為一致，都是把香港視為獨立政治實體，既否定中國政府在香港所享有的權力，更不接受和不容許香港有維護國家主權和安全的責任。歸根究底，他們對香港已經是中國不可分離的一部分視若無睹，要求香港在中國主權下繼續擔當過去為西方戰略利益「服務」的角色，如若不然，他們便會對香港「不客氣」。

　　最讓香港人猛然醒覺到香港已經捲入西方遏制中國的漩渦中的事件來自美國。2018 年 11 月，美國國會轄下的「美中經濟與安全審查委員會」（U.S.-China Economic and Security Review Commission）發表年度報告，批評中國政府持續侵蝕香港的自由，令香港逐漸與內地城市無異，建議國會指示美國商務部檢視和評估對香港出口軍民兩用科技政策，將香港和內地分為兩個單獨關稅區的做法。報告發表後美國政府同日表示，越來越關注香港基本自由被削弱的情況，促請香港特區政府和北京信守對「一國兩制」的承諾。2018 年 11 月 19 日，正在訪問香港的美國國務院主管東亞及太平洋事務局首席副助理國務卿墨菲（W. Patrick Murphy）接受香港《明報》訪問時指出，該報告由國會委員會發表，與行政機關沒有關係，不過他繼而指出，從美方角度看，按照《美國—香港政策法》，美方今年繼續確認香港有足夠的自治，但從報告可見，卻有一些發展令人憂慮，國會議員亦看得到，因此那是「認真的政策建議，不應不被理會」，美國駐港領事館會保持密切關注。墨菲表示，美國和香港有重要和長期的關係，兩地經歷了 175 年的外交接觸，相互都獲益，因此兩地關係將會繼續下去。他說，「我們認為《基本法》和《美國—香港政策法》創造了非常好的框架，

24　一些英國政客於 2017 年 12 月成立了名為「香港觀察」（Hong Kong Watch）的組織，其宗旨是要「監察」香港的人權、自由和法治，以及《中英聯合聲明》在香港的執行情況等。其主席羅哲斯（Benedict Rogers）於 2017 年 10 月 11 日抵達香港時被香港特區政府拒絕入境。「末代港督」彭定康（Chris Patten）更無時無刻對香港「指手劃腳」、肆意批評，為香港的反對派搖旗吶喊。

這是獨一無二的情況。」[25]2019 年 5 月 7 日，美中經濟與安全審查委員會
又發表研究報告，警告香港《逃犯條例》的修訂將會為美國國家安全和在
香港的經濟利益帶來嚴重風險，並舉例說修訂後中國政府可以向香港施
壓，通過羅織罪名移交身在香港的美國公民，而修例亦可能違反美國給予
香港優惠待遇《美國—香港政策法》下的關鍵條款。美中經濟與安全審查
委員會的報告引發了香港商界的憂慮，商人們擔心如果美國不承認香港為
單獨關稅區，而美國對中國出口貨品施加關稅的話，香港出口到美國的貨
品亦會遭遇同樣對待。更甚者，香港也許不能像過去般從美國輸入一些關
係到香港經濟發展的尖端科技，而那些尖端科技卻又是美國不容許中國取
得的。這樣一來，香港的經濟發展將會遭受沉重打擊，繼而連香港在「一
國兩制」下能夠對國家發展作出的貢獻亦會大打折扣。可想而知，香港的
反對派對來自美國的「警告」額手稱慶，以為可以「挾洋自重」，紛紛提出
他們的政治要求，實質上要中央和香港特區政府停止對他們的「打壓」，
甚至滿足他們的政治訴求。

　　2019 年香港發生特大暴亂後，加上美國總統和國會選舉快將舉行，
美國政府官員和政客的反華情緒進一步高漲，對香港的指責愈趨嚴厲，充
滿偏頗和敵意，更對《香港人權和民主法案》「加辣」，表明要「懲罰」那些
踐踏香港人權的香港和中國官員，威脅會禁止他們入境美國和凍結他們在
美國的資產，但對香港的暴亂分子則愛護有加，儼然以他們的「守護神」
自居，為他們撐腰打氣，並給予各方面的支持，使得這場暴亂得以持續甚
久。香港的反共反華分子更聲嘶力竭地要求美國嚴厲制裁香港，迫使中國
政府和香港特區政府答應他們的「奪權」要求。美國總統特朗普和他的官
員甚至將香港這場特大暴亂與中美貿易談判拉上關係，顯然是要把香港用
作美國對華政策的重要籌碼。至此，儘管中國政府一直以來都致力防範香

---

25 《明報》，2018 年 11 月 20 日，第 A22 頁。

港問題「國際化」，但香港內外的反華反共勢力卻「成功」讓香港暴亂成為全世界關注和惋惜的問題。

　　其實，為了保持美國作為世界霸主特別是科技霸主的地位，美國對尖端科技的出口、保護和轉讓早已設置了越來越多的關卡，令包括中國在內的國家和企業難以用任何方式獲取。比如，2018 年 11 月，美國商務部工業安全署發出文件，建議考慮嚴格管制 14 個範疇的先進「關鍵技術」出口，包括生物技術、人工智慧、定位和導航、微處理器、數據分析、基因組、機械人、先進晶片、先進材料和量子運算等正在蓬勃發展的核心前沿技術領域，具體涉及的產品包括手機晶片、無人駕駛汽車、立體列印、組裝機械人、臉部和聲紋辨識技術等。[26] 又比如，美國的外資投資委員會（The Committee on Foreign Investment in the United States）對外資的收購活動的審批標準越來越嚴，尤其對中國而言。在美國壓力或自願情況下，美國的西方盟友對來自中國的企業併購活動的態度愈趨嚴苛。「國家安全」越來越成為阻止中國企業和資金進入西方的「殺手鐧」。中國內地企業夥同香港企業到西方國家投資和併購已經開始遇到以前沒有的阻滯和猜疑，就連一些其老闆與中國政府有聯繫的香港企業單獨到西方國家投資和發展也偶有碰壁。如果涉及高新技術轉讓的話，西方國家更不鼓勵有關的西方企業到中國投資和轉讓技術。美國越來越多運用美國的國內法律起訴中國企業和相關人員，藉以限制他們的商業活動空間，這種公然踐踏國際法，悍然行使治外法權的行為即便引起國際社會的非議，但美國仍然我行我素，視國際公論如無物。美國更以人權為幌子制裁那些涉及「侵犯人權」的香港和中國企業，目標是阻礙它們在高科技領域的發展。西方的大學在政府的壓力下減少中國留學生修讀高新科技課程的機會。中國留學生畢業後在美國找工作越來越難。中美學者的學術交流和研究合作受

26　《明報》，2018 年 11 月 21 日，第 A20 頁。

到越來越多的限制，即便是社會科學的交流也受到干擾。就連華裔美國專家學者也受到美國政府情報機構的懷疑，害怕他們會因為「愛國情懷」而被中國招攬當「間諜」。一些設立在美國大學之內的孔子學院被關閉，理由是它們宣揚中國的意識形態和「限制學術自由」。這種種「杯弓蛇影」、「草木皆兵」的行為和舉措，對中國企業、人才和資金「走出去」和高新技術的「引進來」所設置的人為障礙愈趨露骨。在這種惡劣的環境下，香港與美國的合作與交流也遇到了越來越多的困難。在一定程度上，美國實際上已經不把香港與中國內地區別對待。

因此，無論美國或個別西方國家會否檢討對香港的政策，它們遏制中國的種種舉措已經對香港造成負面影響。可以預期，無論香港能否採取嚴謹有效的對戰略物資的管制，確保其不會流入內地，在美國和西方國家對高新科技越來越實施保護主義政策以及越來越懷疑中國從香港「竊取」美國對華禁運的戰略物資的大環境下，香港能夠從西方輸入高新科技的機會和管道將會減少，這難免會為香港推動創新科技發展的計劃帶來困難。[27]

美國的《美國—香港政策法》給予香港的比較重要的「優惠」，是繼續承認香港是一個單獨關稅區。因此，即使美國對中國內地出口或進香港轉口到美國的貨品徵收或增加關稅，香港本身出口到美國的貨品也不會因此而受到影響。其實，香港多年來都是關稅及貿易總協定（GATT）的會員，更以「中國香港」的名義，成為世界貿易組織（WTO）的創始成員。香港《基本法》第一百一十六條訂明，「香港特別行政區為單獨的關稅地區」。從法律角度言，香港的單獨關稅區地位來英國和中國的批准和世界貿易組織的認同，而非由美國授予。美國或其他國家當然可以在事實上拒絕承認，從而產生削弱各方面對香港「一國兩制」和香港前景，尤其是投資前景的信心的效果。當然，香港也可以向世界貿易組織提出投訴，可是，考

---

27 事實上，香港一直以來恪守對美國的承諾，禁止美國對華禁運的戰略物資轉移到中國內地，而美國又從來沒有對香港作出香港違反承諾的指控和證據。

慮到美國也在「美國優先」大纛下不斷向其他單獨關稅區增加關稅，此舉卻不一定有用。不過，就算西方國家繼續承認香港與中國內地是兩個相互獨立的關稅區，它們仍然可以利用種種「理由」，在國際法容許或不容許下，通過提高關稅來「懲罰」和制裁香港。然而，據一些香港經濟學者的判斷，由於香港與美國在貿易上存有巨大逆差，而香港出口到美國的本地產品實在不多，因此即便美國增加對香港出口到美國貨品的關稅，即便個別香港行業受到打擊，但對整體香港經濟影響不算大，對香港人和投資者信心的影響則反而會更大一些。如果美國一定要這樣做，則實際上它是要表明美國對「一國兩制」在香港的實施不滿，難免會在一定程度上削弱國際社會對香港的信心。

其實，美國是否要檢討《美國—香港政策法》在香港的實施，並且制定和實施《香港人權和民主法》，限制香港輸入美國的高新科技，不再「承認」香港是單獨關稅區，和逼迫香港推行西方式民主政治實際上已經無關宏旨，因為香港已經越來越難從美國入口尖端科技，並會受到來自美國越來越多的不友善對待。美國會否對香港施加貿易和其他制裁，也與美國是否繼續承認香港是有別於中國內地的單獨關稅區或香港會否實行民主改革無關，反而取決於中美的戰略博弈和美國自身利益的得失。[28]

事實上，香港與美國的關係從來都不能夠孤立對待，它一直以來都從屬於英美關係和中美關係。美國在處理與香港的關係時，必然會考慮到它與英國和中國的關係。目前，美國竭力遏制中國，而香港在一定程度上又為中國崛起助一臂之力，美國對香港懷有複雜心理可以理解。誠然，如果美國或它的個別西方盟友決意要「對付」香港並藉此來阻撓中國崛起的話，「理論上」它們作為全球的霸主能夠運用的手段很多，無需依靠一

---

28 《美國—香港政策法》將香港享有的到美國的移民配額從原來的每年 600 個增加到一般國家享有的 20,000 個。如果美國收回這個「優惠」的話，香港人移民到美國的人數會大幅減少，但卻讓更多的精英人才留在香港。

些專門針對香港的國內法律，而且也一定會對香港造成嚴重傷害，讓香港在「一國兩制」下為國家所能發揮的獨特作用大打折扣，而主要的殺傷力在於嚴重打擊香港作為國際金融中心和中西方橋樑的地位。美國可以對香港採取不友好甚至敵對姿態和行動多得很，比如不支持港元與美元掛鈎的聯繫匯率，從而打擊香港人和其他人對港元的信心，以及嚴重損害香港國際金融中心的地位。它也有能力在香港引發貨幣和金融危機，從而打擊香港的實體經濟。它更可以通過各種手段在香港引發金融風暴，並以之來動搖內地金融和貨幣穩定。它可以連同英國在香港扶植和鼓動反共、反華和反政府勢力，破壞香港的政治穩定。它可以通過香港向中國內地發動「顏色革命」、引發內地政治和金融危機。它可以對香港進行各種經濟、金融和貿易制裁，對香港直接出口到美國的貨品徵收關稅，減少在香港的投資或甚至撤資，限制來自香港的資本以任何方式到美國投資，限制香港進入和利用美國的資本市場，限制和禁止美國和其西方盟友的高新科技輸出到香港，把香港驅逐出美元體系（不能以美元作為支付手段、不能使用美國的金融機構和美國主導的國際金融機構的服務），強迫 SWIFT 不讓香港的金融機構參與其中，凍結香港在海外的資產包括香港的外匯儲備，限制或禁止香港使用美國控制的全球互聯網通信系統，把香港從一些西方主導的國際機構趕出去，限制香港與美國的文化和科技交流、對香港發出旅遊警示、收緊香港人到美國工作、營商和旅遊的簽證政策、限制香港學生到美國就學、對個別香港特區政府官員施加「懲罰」（不向他們發出簽證，或凍結其在美國的財產）等。即便美國不是直接針對香港，但美國要全面遏制中國的話，香港也會間接受到不少的傷害。比如，中美兩國在東海或南海爆發戰爭，台灣問題引起中美嚴重衝突，美國夥同其西方盟友對中國進行貿易、投資、經濟、科技、金融制裁，禁止內地資金夥同香港資金進軍美國和其西方盟友，在亞太地區建立一個把中國和香港排除在外的自由貿易架構，挑動中國周邊國家與中國發生摩擦、推動去全球化（特

別是去金融全球化）等。如果中國對美國的敵對行動採取反制措施，中美的經貿往來一定會萎縮，而香港亦難獨善其身。

　　然而，儘管香港作為小型經濟體對美國在經貿上的重要性遠比美國對香港的重要性為低，但美國與香港的關係始終是一種互利共贏的關係，而且這種關係經已綿延超過 100 年。美國自己也坦白承認，「美國繼續在香港有着深度的經濟和文化利益。美國政府與香港政府的合作在很多領域一直都是廣闊和有效的，也為美國經濟和國土安全提供了重要的益處。」[29]《美國─香港政策法》給予美國在香港巨大的發展和活動空間，因此該法不但對香港發展有利，對美國的利益也有利。美國訂立該法其實具有加強美資在香港經濟體系中的角色的戰略目的。長期以來，美資在香港甚為活躍，回歸之前美資已經展露在回歸後的香港大展拳腳、取代英資的首要地位的野心。回歸後，美資企業在香港的數量和投資持續增加。美國是香港第二大出口市場和第二大服務出口市場。美國教育機構與香港教育機構有不少合作。[30] 美國金融機構在香港金融市場的角色尤其吃重，而且盈利不菲。

　　根據香港特區政府工業貿易署的資料，港美的經貿關係對美國同樣有利。[31] 就貨物貿易而言，美國一直在香港賺取可觀的貿易順差，香港是美國賺取最高貿易順差的單一經濟體。美國在香港有龐大的外來直接投資，在銀行業、保險業和股票市場中佔有重要位置。香港享有的空運權更使美國的航空公司獲益不少，而香港也是中美貿易的重要轉口港。在地緣戰略上，香港對美國同樣重要。與內地的大城市相比，美國在香港享有相當的政治操作空間。香港一直以來是美國刺探和收集有關中國和亞洲情

29　Bureau of East Asian and Pacific Affairs, U.S. Department of State, *2019 Hong Kong Policy Act Report.*

30　見美國駐香港及澳門總領事唐偉康（Kurt W. Tong），〈回顧 2018 美港關係更牢固〉，《明報》，2018 年 12 月 28 日，B9 頁。

31　https://www.tid.gov.hk/print/tc_chi/aboutus/publications/factsheet/usa.html。

報的重鎮。美國可以用香港為基地對中國內地進行政治宣傳、滲透和支
援內地的反對勢力。香港是美國海軍進行休整的基地。美國又可以在香
港扶持本地政治勢力以影響香港和中國的政治。在有需要的時候，美國可
以利用香港為「棋子」或「籌碼」與中國討價還價。美國也需要香港協助
打擊恐怖主義、走私、洗錢、販毒等威脅美國國家安全的行為。可以說，
即便美國力圖遏制中國和中美摩擦不斷，但美國不會輕易改變對香港的政
策。美國駐香港和澳門總領事唐偉康（Kurt Tong）顯然意識到香港有人
擔心《美國—香港政策法》會被美國廢除或大幅修訂，因此向香港人派「定
心丸」。他表示，儘管香港夾在中美交火之中，美國仍會一如既往讓香港
享受與中國內地不同的貿易地位。只要香港仍是中國的特別行政區，美國
會繼續遵守其《美國—香港政策法》。[32] 不過，由於美國政客對香港越來越
多橫加攻擊，唐偉康作為美國在香港的代表，在立場上和調子上必須與美
國政界一致，因此也越來越多批評中國政府干預香港事務，收窄香港的政
治自由，甚至危及香港的營商環境。他批評香港特區政府對《逃犯條例》
的修訂尤其嚴厲，甚至讓人覺得美國有意鼓動香港人反對政府修例和為香
港的反對派張目。唐偉康的一些言論自然引起中國政府的不滿，外交部駐
港特派員公署甚至向美國駐港領事館提出「嚴正交涉」。[33] 當然，中國政府
不是不知道在「一國兩制」下香港有可能被美國乃至個別西方國家用來對
付中國，但為了讓香港能夠在回歸後繼續得到西方的「祝福」，從而繼續
發揮中西方橋樑的作用，中國對西方在香港的言行採取隱忍態度，當然與
此同時又切實做好各項防備，防止香港成為國家和政權的重大威脅。

　　在中美將長期進行戰略博弈，在西方對香港在促使中國走「和平演

32　"HK's Special Status Will Last, U.S. Envoy Says," *South China Morning Post*, 14 February 2019, p. A3.

33　《明報》，2019 年 3 月 2 日，A3 版。不過，唐偉康卸任美國駐港總領事後，他反而對美國制定的《香港
　　人權和民主法》有所質疑。他認為對香港施加制裁不會迫使中國政府改變對香港的政策，反而適得其反。
　　他建議美國應該加強與香港各方面的聯繫、積極支持香港的發展和鞏固香港的高度政治。這樣做對香港
　　和對美國更為有利（Tong, 2019）。

變」上的作用重新評估，及西方對回歸後香港出現的一些事態有所批評的大背景下，香港與西方日後難免會不時發生摩擦，甚至因為西方對中國或香港採取不友好行動而蒙受損失。香港不能寄望西方如回歸前香港仍是西方陣營一分子般對香港那麼青睞，但卻仍然必須在履行香港對維護國家主權、安全和發展利益的責任的前提下，盡量與西方維持良好關係和加深往來，包括認真保護西方在香港的利益、妥善照顧西方人士在香港的權益、不要無必要地「開罪」西方、信守與西方國家簽訂的各項協議、維持公平開放的競爭環境、保持自由港和資金自由進出的方針、積極向西方人士講解「一國兩制」的要義、細心向西方人士解釋中央和香港特區政府的政策和決定、勇於駁斥西方對香港的無理批評、澄清西方對香港的一些誤解等。

　　不過，話說回來，基於種種原因，即便西方對香港如何不滿和失望，即使西方手上擁有各種制裁香港的法律手段，西方對香港「下狠手」的可能性應該不大。首先，香港所發生的、引起西方不滿的事情只是與西方的一些價值觀和對香港的「期望」有抵觸，但卻並沒有構成對西方利益的損害和威脅，而西方企業和人才在香港的發展也沒有受到任何不利的影響或限制。第二，即便香港能夠對中國的崛起發揮一定作用，但那些作用比以前已經少得多。即使香港因為西方的「制裁」而失去一些競爭優勢和獨特作用，中國的崛起也只會略受影響，但崛起的勢頭不會改變。第三，無論回歸後內地對香港的影響不斷增加，但香港的制度、生活方式和價值觀始終與西方相近。就算一些西方的批評者危言聳聽，說香港的「一國兩制」已經完蛋，對香港稍有認識和接觸的人都不會隨便相信。因此，儘管西方已經對香港引領中國走「和平演變」道路的「期望」經已落空，但不少西方人仍然覺得香港可以在自由、人權、法治和市場監管的等方面對中國發揮積極的「示範作用」。因此，打擊香港並不一定符合西方的根本利益。第四，西方與香港的關係不是孤立存在的關係，它必然從屬與西方與中國

的關係。如果西方一意孤行要打擊香港，讓香港難以對中國的發展作出貢獻，則中國與西方的關係必然會因此而惡化，而中國對有關的西方國家也必會作出反制和報復行動，對它們的安全和利益進行還擊。第五，如果西方與中國和香港交惡，西方在香港政治、經濟和金融活動空間和能力必將大為萎縮，西方再難以利用香港對中國發揮影響力，包括在香港和中國扶植「代理人」和利用香港作為進入日益對外開放的中國的基地。第六，香港的反對勢力希望拉攏美國和個別西方國家，向中國政府和香港特區政府施壓，來達到自己的政治目標，但卻不一定希望它們真的這樣做。如果香港真的受到美國和其盟友制裁而蒙受重大損失，則不少香港人必然遷怒於反對派，並把他們視為香港的「叛徒」和「內奸」。中央也會更加確信反對派乃無可救藥的敵對勢力，必然會加大力度遏制他們，讓他們更難在香港立足。這個結果肯定不是美國和其西方盟友所樂見的事。反對勢力在香港的進一步萎縮絕對不符合西方的利益。第七，香港人一向對美國有好感，覺得美國對香港懷有善意。然而，近年來美國的內政和外交政策所呈現的「損人利己」或「損人又損己」行徑，尤其是美國人對中華民族崛起所流露的敵意，已令不少香港人搖頭歎息不已。美國如果作出傷害香港的行動，或者通過打擊香港來對付中國，只會讓香港人對美國感到失望和寒心。香港與美國的關係削弱更會促使香港人投向和擁抱自己的國家，讓香港人更加覺得他們與內地同胞乃「命運共同體」。一個在思想和感情上「親西方」的香港乃美國和其盟友所希望見到的，因為只有如此香港作為中國的一部分才能發揮對西方「有益」的作用。一個與西方關係越來越疏離的香港恐非西方所願見。最後，美國和其西方盟友如果終止給予香港「特殊待遇」，從而把香港與中國內地的大城市等量齊觀，則香港便基本上不再是美國主導的「自由國際秩序」的成員，也難以以成員身份對這個秩序作出「貢獻」，包括以國際金融中心身份發揮支持美元作為國際貨幣的作用。為了自身的生存和發展，香港只能更多地依靠中國，更全力地以其制度、

條件和國際聯繫為中國力圖建構的新國際秩序發揮作用。缺少了香港這個國際大都會、金融中心和服務中心的參與，那個美國主導、現在正備受挑戰的的國際秩序的能量，尤其是經濟能量，也會相應減少。

當然，所有這些因素都建基在西方從理性、務實和利益角度思考問題，以及西方尤其是美國沒有把中國視為必欲去之而後快的死敵。倘若不然，則香港必會受到西方的傷害。在可預見的將來，西方與香港的關係即使波濤起伏，但應該大致上還會保持平穩。無論如何，在構思「一國兩制」的未來時，我相信中央仍會致力保障西方在香港的利益、儘量維持香港與西方的聯繫和爭取西方對香港的好感，但與過去不同的是，中央不再會如過去般因為要爭取英國和平移交香港、要求英國在回歸前「負責任」地管理香港和要求西方支持香港的「一國兩制」而對西方作不必要和過多的讓步，特別是那些會讓香港成為可為西方所用的「顛覆基地」和「滲透基地」的讓步。縱然西方國家不斷對中央和香港特區政府施加壓力，要求在香港盡快在香港實行「西方式」的行政長官和立法會普選，好讓香港的反對勢力能夠掌管特區政權，但西方尤其是英美兩國對香港的政治體制的發展的發言權實際上將不復存在。因此，西方因素在「五十年不變」後的香港「一國兩制」中的分量將會比回歸前大幅下降，但防範來自西方對國家和對香港的威脅卻越來越成為重要考慮。

國際形勢的變化除了改變了西方，特別是美國與中國和香港的關係外，其他變化對香港日後的發展方向和戰略定位也至為重要。儘管香港特區政府一貫以來疏於從宏觀和長遠戰略角度探索香港在瞬息萬變的形勢下應該如何謀劃定位，但香港既然已經回歸中國，中央卻不能不從國家整體利益出發，擘劃香港的未來。二次大戰結束後，香港的經濟奇跡其實與世界保持長時間和平、中國在美國連同聯合國的經濟封鎖下被迫「閉關自守」、西方走市場開放路線和往後的迅猛膨脹的貿易和金融全球化息息相關。近年來以及在可預見的將來，「去全球化」，貿易、金融與科技保護主

義抬頭、帶有不同程度排外主義的區域經濟合作體紛紛湧現、世界經濟持續低迷和種種貿易、貨幣和科技戰的不斷發生，都會對香港這個高度依賴全球化和自由貿易的小型開放經濟體帶來嚴峻挑戰。大國在亞洲地區的戰略博弈、台海局勢緊張和各種可能爆發的軍事衝突都會對香港的經濟發展和政局穩定構成威脅。中國的改革開放政策和內地經濟的迅猛崛起，雖然對香港的經濟發展有利，但卻同時對香港形成巨大的競爭壓力。

香港一向以奉行自由市場經濟為傲，漠視甚至否定政府在經濟發展中的關鍵角色。可是，當今世界各式經濟民族主義興起，各國政府越來越介入經濟事務，產業政策、貿易策略和關稅安排與產業結構的關係密切，國有企業和那些與政府有緊密聯繫的企業和主權基金在經濟上的地位和角色愈趨重要，政府在國際經濟事務上擔當越來越明顯的幫扶本國企業和商人的角色，貿易、金融、投資、利率和科技政策越來越成為維護和促進國家利益的政治手段，資本管制已經不是罕見事物，政治和經濟越來越難以分割。經濟、金融、貨幣和科技手段走向「武器化」，並成為地緣政治鬥爭的最重要手段，其重要性甚至比軍事力量有過之而無不及。現在和將來，就連一貫鼓吹自由經濟的西方國家也逐漸揚棄了它們過去認為是金科玉律的「自由經濟」信條，其政府在經濟領域的角色不斷膨脹。政府、企業和專業人才越來越結合起來以強化本國的競爭能力。在新的國際經濟環境下，仍然堅持「小政府」、「大市場」的香港將會在日益激烈和殘酷的經濟競爭中處於下風。如何強化香港特區政府謀劃和駕馭經濟、金融和科技的能力因此關係到香港未來的經濟前景。

國際秩序崩壞迫使香港面對一個極為複雜多變和不確定性陡增的外部環境，香港與不同國家和地區的關係也變得不穩定。儘管在回歸前和回歸後香港都沒有外交權力，但在對外事務尤其是那些經貿和實際事務上，香港卻享有不少的國際活動空間。回歸後，香港在政治上不再是西方陣營的一分子，而是中國的一部分，必須在政治立場上與中央保持一致。中國

與西方關係走向緊張，但卻與俄羅斯和不少發展中國家走向密切，肯定會對香港與不同國家和地區的關係產生影響。在外交方面，香港必須積極支持和配合國家的外交政策，甚至在對外事務上香港也會在一定程度上配合國家在發展公共外交、民間外交和「二軌外交」，強化中國的軟實力，弘揚中華文化，推動睦鄰友好等方面的工作。雖然香港與西方的關係仍會密切，但彼此的關係卻又會愈趨複雜和矛盾。比如，為了維護國家安全、防止香港成為西方勢力利用為對付中國的「顛覆」和「滲透基地」、支援或協助那些被西方視為對手但卻又與中國友好的國家、打擊香港內部那些受到西方勢力吹捧、資助和扶植的反對派人士等，香港必然要承受西方的壓力和「懲罰」。所以，儘管在「一國兩制」下香港享有眾多的外事權力，但那些權力卻不可能在違背國家的外交政策下行使。當然，由於冷戰時期的以蘇聯為首的社會主義陣營已經解體，而以美國為首的西方陣營又因為蘇聯不再構成威脅而走向鬆弛，國與國之間的關係可以隨着利益的分合而變得浮動，香港因此可以在中央的支持下，通過睿智的對外政策盡量強化與各國各地區的關係，尤其是亞洲各國和東南亞地區。過去「殖民地」時期的重西方而輕東方的心態難以也不應持久。現時少數香港人提出的所謂「去中國化」或反對香港「大陸化」的主張更是悖逆歷史發展潮流大勢的荒謬觀點。然而，對不少香港人來說，扭轉過去的心態絕不容易，而如何建構一套能夠讓香港重構其對外關係的政策和制度的「基礎設施」，對香港特區政府和香港人而言都是前所未有的考驗。

不少香港人一直以來對西方的價值觀和制度趨之若鶩，並以此來批評中國和思考香港的民主道路。其實，香港的民主道路從來都深刻受到香港的歷史、文化、內部勢力對比、香港人對民主的矛盾態度、中英矛盾和「一國兩制」的要求等因素的影響，從來都是走一條「獨特的民主道路」，與西方的道路和西方強加於他人的民主道路都有着明顯的差異。（劉兆佳，2014）自從 1980 年代初「香港前途問題」出現以來，民主改革訴求

此起彼落，從未止息，成為香港的頭號政治議題，把其他關乎香港發展和福祉的問題大加擠壓。香港的反對派更罔顧「一國兩制」需要、一味追求西方式民主為立身之本和政治鬥爭的籌碼。外部勢力對此一方面推波助瀾，另一方面則對香港缺乏西方式民主大張撻伐，並以此作為斷言「一國兩制」失敗和中國政府「背信棄義」的鐵證。然而，2008 源於美國的「全球金融海嘯」和連帶出現的歐洲「債務危機」把西方的經濟和政治體制的弊端暴露無遺，嚴重削弱了西方價值觀和制度在世界上的吸引力和道德聲譽。近年來，民族民粹主義、排外主義、種族主義、極端主義、宗教衝突、反對移民和難民的狂飆、主流政黨僵化失效、社會經濟改革寸步難行、精英脫離羣眾、管治艱難、威權主義冒起、福利無以為繼、貧富懸殊、年輕人失業問題嚴重等嚴峻情況無法化解，不但讓西方人對自己的民主制度「理想幻滅」，也讓西方陷入無法自拔的連綿不斷的政治鬥爭漩渦之中。非西方國家的羣眾既對西方的民主搖頭歎息，更拒絕全盤接收。西方國家為了自保所做出的種種損人利己和背離其一貫奉為圭臬的「普世價值」的行徑也讓其他國家的人對西方的「講一套、做一套」的雙重標準大開眼界。與此同時，一些國家尤其是中國因為拒絕盲目跟從西方道路、並依據本國的歷史和現實情況創造出自己的成功發展模式。這些顯赫的成功經驗徹底否定了西方模式為唯一發展模式的「神話」。目前世界是各種發展模式「千帆競發」、「百舸爭流」、各爭雄長的局面。西方式民主在其發源地的認受性已然下滑，被西方學者揶揄為「反民主」、「獨裁」和「威權」的政治體制又不斷湧現。（Diamond & Plattner, 2015; Diamond et al., 2016; Cheeseman & Smith, 2018; Danahar, 2013; Lynch, 2018; Sadiki, 2009; Smith & Sells, 2017; Diamond, 2019）對於「民主」浪潮「倒退」趨勢的蔓延，西方人懊惱不已。在香港，由於長年累月深受西方的影響，而且對西方民主的痼疾茫然不知，因此西方民主特別是美式和英式民主作為「理想」對香港人特別是知識階層的號召力仍然牢固，然而西方的沒落和

虛偽性、西方「威權性民粹主義」(authoritarian populism) 的興起、西方的排外情緒上漲、英國脫歐 (Brexit)、特朗普當選美國總統等現象，卻又讓不少香港人開始反思西方民主對香港的實際意義。越來越多香港的有識之士傾向從香港自己的獨特背景和條件探索適合香港、特別是能夠與「一國兩制」切合的政治體制。縱然離開共識尚遠，但起碼西方民主對香港人的號召力比諸從前已經明顯減退。這個政治文化的變化對香港的政治生態和長遠發展的含義絕對不容低估，但作為讓那些堅信西方民主乃人類歸宿的反對勢力，長遠走向衰落的因素卻明顯不過。

　　最後，國家的快速崛起和經濟實力的急劇膨脹不但是香港回歸前難以預見的發展，也從根本上改變了香港與內地的經濟關係。香港在國家發展中的角色雖然仍然重要，而且在中央謀劃的重大發展戰略中，還會發揮一定的作用和擔當若干獨特的角色，但從整體而言，香港今天在經濟上對國家的重要性較諸回歸前已經大幅下降。中國政府在 1980 年代初提出「一國兩制」方針解決「香港前途問題」時，一個重要假設是內地在相當長時間內仍會在經濟上倚重香港，而這個假設也經常被香港人沾沾自喜地引為「定律」。可是，時至今天，這個假設基本上已經不成立。內地與香港的經濟關係經已發生不可逆轉的改變。香港在國家在不斷改革開放進程中仍會有所貢獻，但更顯著的發展是香港越來越依靠國家的發展和中央的扶持來保持自身的繁榮、穩定、進步和國際地位。香港的發展「戰略」已經成為國家的發展戰略的一部分，而香港的產業和人才結構又越來越與國家的產業和人才結構有機連接起來。誠然，香港與西方經濟的關係仍然緊密，但西方對香港的重要性卻正在減退。香港經濟的榮辱得失與內地經濟的起落難以分割。將來如果西方對香港施加各種不友善的政策措施的話，則內地與香港成為「經濟命運共同體」並逐漸走向「政治命運共同體」的情況將會更加明顯。

　　總而言之，種種世界和國家發展的大趨勢，在可預見的將來難以逆

轉，它們共同塑造的國際和國內環境，與 1980 年代香港「一國兩制」誕生時的環境不可同日而語。因此，在思考香港「一國兩制」的未來時，無論中央或香港人都肯定會慎之重之。「五十年不變」後，甚至在「五十年不變」之內，儘管香港「一國兩制」的初心或戰略目標不會大變，但其內容的設計必會把國際和國內環境的巨變包含在內。

第二章 「一國兩制」在香港實踐所面對的問題和挑戰

　　我在 2015 年出版的《一國兩制在香港的實踐》中曾經指出，「一國兩制」是在「國家優先」原則的基礎上兼顧各方面利益和關注的、帶有一定妥協性質的方針政策，而讓英國、西方、投資者和香港人的利益都獲得照顧至關重要。「一國兩制」主要從「靜態」角度出發，把香港大概在 1980 年代的狀況通過《基本法》以法律方式「保存」下來。毋庸諱言，但凡妥協性的方針政策都難免存在內部矛盾，而那些矛盾又會隨着「一國兩制」的正式實施和內地與香港不斷變遷而陸續暴露出來。涉及的主要矛盾包括：香港與內地「經濟融合」與「政治分離」的矛盾、「維持現狀」或「改變現狀」的矛盾、「保存原有的資本主義」和「循序漸進發展民主」的矛盾、「小政府」和政府積極推動香港與內地經濟融合的矛盾、中央「干預」與「不干預」的兩難。而成功實踐「一國兩制」的相關配套不足也影響到「一國兩制」的成效，其中愛國陣營力量尚未達到能夠駕馭政治局面的水平和充分體現愛國者治港最為關鍵，而反對勢力的冥頑不靈和驕矜強悍更使得愛國者難以有效治港。香港人當中仍有不少人對新中國和中國共產黨懷有抵觸情緒甚至敵意，使得針對中央和內地的政治衝突不時發生，為特區的有效管治帶來困難。再者，香港本身就是一個變動不經的地方，1990 年《基本法》頒佈後，香港一直都在不斷改變，而改變的步伐在回歸後更為快速。尤有甚者，英國人在撤離香港前處心積慮、不顧中國政府的反對，引進了不少對香港日後的管治和發展影響深遠的「改革」，更為「一國兩制」在香港的全面和準確實踐特別在政治層面的實踐帶來了嚴重的干擾。最為重要而又是回歸前無法想像的是中國的急速崛起，香港與內地的關係也因此而出

現重大的變化，而那些變化又引致香港人心理的不平衡。香港所處身的國際環境的劇烈變動不可避免地對香港「一國兩制」的實施也產生極大的衝擊。

我在第一章已經縷述國際形勢的丕變對香港的影響，不過那些影響在過去相對有限，但在未來「一國兩制」的實踐中肯定越來越重大，所以香港各方面對世界的大變局必須有深刻的認識。對此我在上一章已經談過，因此在此章不再陳述。

為了簡化和方便論述，我把「一國兩制」在香港的實踐所遇到的問題和挑戰濃縮為幾個大項目，並把不同的矛盾和困難納入不同項目之內。

總論：部分「一國兩制」的戰略目標尚待完全完成

作為國家的重大戰略，香港的「一國兩制」方針政策是要達到一系列戰略目標，其中最為重要的是：國家統一、維持香港的繁榮穩定、香港在國家現代化進程中發揮獨特和不可替代的作用、愛國者有效治港和香港不成為危害國家和政權安全的「顛覆」和「滲透」基地。

中國政府提出「一國兩制」方針政策，得到英國人「勉為其難」的接受和國際社會的普遍歡迎，讓中國能夠以和平方式從英國手中收回香港，讓香港得以繼續成為國際社會的重要一員，也讓中國得以在邁向完全統一的進程中跨出一大步。從歷史角度看，1842 年中國在「鴉片戰爭」落敗後，被迫與英國簽訂喪權辱國的《南京條約》，把香港割讓予英國，從而開啟了中國近代史上的「百年恥辱」。因此 1997 年香港回歸中國懷抱，具有巨大的政治象徵意義。儘管在香港回歸中國前那段悠長的「過渡期」內，為了「光榮撤退」，英國人不斷搞大動作和小動作，意圖按照英國人對「一國兩制」的詮釋，不顧中國政府的反對和抗議，強行在香港推行各種違反「一國兩制」與《基本法》的「改革」，迫使中國接受「既成事實」。然而，

中國政府採取了「另起爐灶」的反制策略，在一定程度上粉碎了英國的「非殖化」計劃。不過，總的來說，香港回歸中國的過程與其他不少殖民地脫離「宗主國」的過程比較，還是頗為和平與順利的。

從維持香港的繁榮穩定角度看，「一國兩制」在香港的實踐尚算不錯，香港的經濟自由和開放程度仍然在國際社會享有良好信譽，其作為國際金融中心、貿易中心、服務中心、信息中心、航運中心的地位仍受重視。當然，很少人會預測到香港在回歸伊始便受到亞洲金融危機的蹂躪，接下來禽流感和非典疫情來襲，之後再有發源於美國的全球金融海嘯的猛擊。回歸以來，香港即便能夠在總體上保持金融秩序的穩定，但實體經濟難免蒙受損害。與此同時，國家的經濟騰飛和一批新興經濟體的冒起，都削弱了香港的經濟競爭優勢、降低了香港的經濟增長速度。香港產業結構過於單一的弊端逐漸浮現、土地和生產成本不斷攀升、經濟壟斷情況愈趨突出、貧富差距日益擴大、向上社會流動機會與不斷提升的教育水平不適應、社會民生房屋貧窮問題日趨嚴峻、階級矛盾和世代衝突上升、政府的「積極不干預」施政方針越來越不符合社會經濟發展的迫切需要等因素，都對香港的長期繁榮穩定構成嚴重威脅。回歸以來中央一系列「惠港」政策對改善香港的經濟和民生狀況發揮了一定的作用，但在調整香港的產業結構和紓緩階級世代矛盾上則效用有限。政治上，在政治體制走向民主化的環境中，各種反對勢力肆無忌憚攻擊中央和特區政府，並不斷挑起政治鬥爭，甚至拉攏外部勢力介入，對香港的政治穩定和有效管治帶來嚴重困難，而且不時還會引發嚴重和大規模動亂，但幸好沒有造成總體政治失控，和嚴重崩壞的後果，也沒有讓反對勢力達到奪取管治權的目的。總的來說，回歸後香港的繁榮穩定得到保存，但深層次問題卻趨於嚴峻，在內外反共反華勢力加緊挑釁的情況下，已經到了不能迴避的地步。

在國家現代化過程的不同階段中，回歸後的香港都能夠憑藉其在「一國兩制」下的獨特和不可替代優勢為國家作出貢獻。當然，隨着國家不斷

改革開放和內地大城市越來越走入國際社會，香港在國內的獨特性和比較優勢有所下降。這是自然和必然的發展大勢，也是在構思「一國兩制」時可以想像得到的發展。誠然，「一國兩制」依然讓香港享有一些內地大城市難以在短中期內取得的特殊優勢，比如香港作為單獨關稅區的身份、香港擁有的廣泛國際聯繫、對世界各地投資者的高度開放、香港享有的外事權利、港幣作為國際貨幣的地位、資金自由進出香港的便利、自由市場的主導地位、公平競爭的維護、國際經濟和金融聯繫廣泛密切、政府對經濟活動的有限干預、政府經濟政策穩定、私有和知識產權的有效保護、良好的法治、知識產權的維護、信息的自由流通、司法公正和獨立、與海外華人社羣關係密切等。惟其如此，即便香港對國家現代化和改革開放事業中的重要性比回歸前的確有所下滑，但仍然不可輕視。在新時代新一輪以「一帶一路」、粵港澳大灣區建設和人民幣國際化為軸心的國家深化改革開放進程中，在國際貿易、金融和科技保護主義肆虐和美國與個別西方國家對中國崛起橫加遏制的大環境下，香港對國家發展的重要性在若干方面反而有進一步提升的空間，即便個別西方國家對香港不太友善。在積極和深化融入國家發展大局的同時，香港有望讓自己的產業結構和社會民生福祉有突破性的改進。

在愛國者有效治港方面，成績無疑是差強人意。在「一國兩制」下，「港人治港」既是高度自治的前提，也是高度自治的體現，更是「一國兩制」成功的條件。不過，「港人治港」並不意味着任何香港人都有資格治理香港。鄧小平先生對此曾有清楚論述，強調回歸後治理香港的人必須是「愛國者」，或後來籠統被稱為「愛國愛港」或「建制派」的香港人。他說，「參與〔管理香港〕者的條件只有一個，就是愛國者，也就是愛祖國、愛香港的人。1997 年後在香港執政的人還是搞資本主義制度，但他們不做損害祖國利益的事，也不做損害香港同胞利益的事。〔…〕港人治港不會變。由香港人推選出來管理香港的人，由中央政府委任，而不是由北京派出。

選擇這種人，左翼的當然要有，盡量少些，也要有點右的人，最好多選些中間的人。這樣，各方面人的心情會舒暢一些。」（鄧小平，1993:13）對於何為「愛國者」，鄧小平的定義頗為寬鬆。「港人治港有個界線和標準。〔……〕甚麼叫愛國者？愛國者的標準是，尊重自己民族，誠心誠意擁護祖國恢復行使對香港的主權，不損害香港的繁榮和穩定。只要具備這些條件，不管他們相信資本主義，還是相信封建主義，甚至相信奴隸主義，都是愛國者。我們不要求他們都贊成中國的社會主義制度，只要求他們愛祖國，愛香港。」（同上，8）實際上，所謂「愛國者」就是那些認同和支持中央的「一國兩制」方針政策，並願意以國家民族利益為重的香港人。可是，迄今為止，雖然香港回歸中國已經超過 20 年，但「愛國者」團結一致、擁有廣闊羣眾支持基礎、具備駕馭政治形勢的本領和能夠實施有效管治的局面尚未出現。

　　誠然，香港回歸前，在英國人的殖民管治和反共氛圍的籠罩下，認同和支持中國共產黨和效忠中華人民共和國的「愛國者」受到排斥和壓抑，很難發展和壯大起來。傳統愛國力量或「左派」勢力在香港的人數和組織雖然數量不少，但也只能算是邊緣力量，自成一派，組成自己的「世界」，與「主流社會」格格不入，甚至為「主流社會」所歧視和排斥。1967 年爆發的「反英抗暴」鬥爭，更把「左派」勢力與一般香港人對立起來，致使前者在香港社會更為孤立。文革結束後，中國推行改革開放方針，內地局面煥然一新，再加上英國在香港的殖民管治將要在 1997 年終結，而同年香港則會回歸中國並成為中國的一個特別行政區，越來越多香港人基於務實考量、利益驅使或民族大義等緣故而加入「愛國」陣營。與此同時，中國政府也不遺餘力爭取和培植支持者，但一來香港的「主流」精英與中國共產黨存有隔膜，而中國政府的「統一戰線」亦未夠廣闊，因此成效不如理想。不過，由於長期以來為數甚多的香港人對中國共產黨和新中國懷有揮之不去和「世代相傳」的抵觸情緒，而且對香港回歸中國心情忐忑、惴惴

不安，所以儘管「愛國」陣營不斷擴張，但在回歸前還不足以成為香港的主導勢力，難以順利從英國人手上接管香港的政權，及在回歸後有效有力承擔起「港人治港」的重責。從另外一個角度看，香港在回歸後實際上迄今為止尚未能夠建立起一個強勢的特區新政權來貫徹執行「一國兩制」，而且香港的管治者無論在政治勇氣、智慧、忠誠、能力和擔當精神等方面仍然差強人意。（劉兆佳，2012）

「愛國」陣營在回歸前之所以積弱，與英國人的阻撓、抵制以至壓迫有密切關係。回顧英國「去殖民化」的歷史，除非英國人是因為「去殖民化」過程過於倉促，或者情勢突然惡化導致要「倉皇辭廟」，他們總會有計劃和有步驟地培養殖民地獨立後的領導人。他們的目標是要阻止共產黨人或敵視西方的人取得那些新興國家的政權，並讓那些國家在獨立後繼續依附西方陣營。就效果而言，英國人與其他帝國主義者比較成績算是不錯。然而，在大部分英屬殖民地，儘管英國人屬意曾經是殖民管治的「同路人」的保守精英為其接班人，但往往卻要退而求其次讓那些反對殖民管治、但卻曾受英國文化薰陶的「反殖」或「獨立」運動領袖特別是那些「反共」領袖接管政權。在香港，在「沒有獨立的去殖民化」模式下，英國不能讓香港獨立，而要把香港交還中國，英國人只能用「創新」方式左右香港特區的領袖人選。他們不太願意讓長期以來襄助他們、但卻越來越靠不住的保守華人精英「同路人」成為回歸後香港管治的唯一力量乃至主力，更絕對不接受那些在他們眼中「親共」的愛國人士成為其「繼承者」。可是，在中國政府的反對下，英國人又無法通過引入「代議政制」、建立「立法主導」的議會制體制、啟動政黨政治和培植「親英」分子繼承大統，只能一方面把那些定義為「政治中立」的華人公務員提拔和改造為政治領袖，二方面大力扶植各類反對中國共產黨的本地新興政治勢力，三方面拒絕與中國政府合作共同物色和培育政治人才，四方面盡量阻撓中國政府屬意和培養的政治人才的冒起和取得管治歷練，五方面明裏暗裏在香港社會鼓動與中國

政府對抗的情緒，六方面則致力在香港年輕人當中散播反共反華思想和
情緒。無可諱言，在扶植政治人才上，鑒於歷史因素和政治環境對英方有
利，英國人在回歸前的政治工作，比中國政府做得更有部署、更細緻和更
有成效。所以，儘管中國政府屬意「愛國者」治港，但「愛國者」無論在數
量和質量上都難以勝任強勢治港之責。因此，在挑選「港人治港」人才時，
中國政府也只能大批起用英國人培養的華人公務員和那些轉投「愛國」陣
營的、曾經為英國人效勞的華人精英「同路人」。當然，傳統「愛國人士」
和一些回歸前新近靠攏中國政府、但在「殖民地」時期卻未受英國人青睞
的精英和次精英分子也在新的香港特區政權中分到一些政治職位和權力，
但在整個管治架構中只能擔當「小夥伴」的角色。

誠然，香港特區成立後，隨着時間的過去，「愛國」陣營的力量有所
增長，部分公務員和前「殖民地」政府「同路人」對中國政府的態度轉好，
可以大體上被歸類為「愛國者」，但整個陣營仍然未能成為能夠有效駕馭
政治形勢的主導政治力量。更為麻煩的是陣營內部組織鬆散、構成蕪雜、
領導薄弱、利益分歧和步調不一致。更重要的是，部分「治港」人士與中
國政府的合作關係帶有濃重的「權宜」和「機會主義」成分，他們對中國共
產黨並無好感，也不會把中國共產黨和中華人民共和國的利益放在心上。
在政治和社會上，「愛國」陣營經常受到各類反對勢力和西方媒體和政客
的批評、攻擊和凌辱，在教育、法律和媒體這三大思想塑造領域缺乏主導
權，在民意上往往處於下風和被動，有時甚至因為抵受不了「民意」壓力
而突然改變或放棄立場。在政治鬥志和士氣不足、社會支持基礎薄弱狹
隘的情況下，「愛國」人士難以以義無反顧、勇往直前的姿態與各方反對
力量和外部勢力周旋較量。

回歸後，基於政治體制和選舉辦法的設計向「愛國者」傾斜，所以「愛
國」程度不一的「愛國」人士取得了行政機關的領導權，並贏得了立法會
和（較長時間）區議會的大部分議席。幾乎所有的法定機構和諮詢組織的

領導職位都落到「愛國者」的手中。不過,即便如此,反對派仍然可以利用他們在立法會和區議會的存在,與社會上不同領域的反對勢力尤其是媒體、大學和公民團體聯動配合呼應,利用中產人士和年輕人對民主和公義的訴求,藉助低下階層對政府和現狀的怨氣,誇大香港人與中央和內地同胞的矛盾,頻頻發動大大小小的、矛頭指向香港特區政府和中央的抗爭行動。在鬥爭心態和行為彌漫的氛圍下,特區政府要有效管治、落實政策和推行改革殊不容易,並由此而造成政治上的惡性循環,即特區政府施政愈失效、羣眾愈不滿、反對勢力愈囂張、政治鬥爭愈頻仍的態勢。

回歸前,鄧小平先生多次申明香港不能成為反對內地的基地。香港在 1989 年發生由北京「六四事件」觸發的多起大規模反對中國共產黨的示威行動後,來自中國政府告誡香港人的聲音有增無已。一直以來,無論是回歸前或回歸後,香港總有一批反對派人士敵視中國共產黨、新中國和社會主義。他們當中有人贊成香港「民主回歸」,認為香港回歸中國乃推動香港民主和促使中國「和平演變」的契機,但更多的人卻抗拒回歸,又不相信中國共產黨會兌現其「一國兩制」的承諾。不過,他們都認為,無論香港是否回歸中國,香港仍舊可以發揮推動中國走向「西方式」民主化的作用,從而實現全民普選政府和議會、結束「一黨專政」和樹立政黨輪流執政的政治格局。回歸後,香港的反對派單獨或與外部勢力一起利用香港為基地對內地進行意識形態滲透、協助內地的異見人士和反政府勢力、批評或譴責內地的法治、人權、管治和道德狀況以及向國際社會宣揚負面的中國和香港形象。香港的一些宗教界人士也不顧內地政府的反對竭力向內地宣揚其教義或支援「地下教會」。部分香港的非政府組織在提供社會和公益服務之同時,在內地散播「公民社會」、獨立工會、「普世價值」、西方民主與政治抗爭的理念。部分反共反華人士更經常印製造謠詆毀國家領導人的書刊,企圖在內地製造政治混亂和不安。凡此種種,在中央眼中都是對內地的政治和社會穩定、國家和政權安全、社會主義體

制和黨國領導人與政府的威信構成威脅的行為。尤有甚者，中央過去一直擔憂香港會否成為內外勢力用以顛覆中國政府，或滲透內地的基地，卻沒有想到內外反共反華勢力會試圖藉破壞香港穩定繁榮和「一國兩制」來打擊中國，更沒有預料到香港會出現「港獨」和其他分裂國家的行徑以及「去中國化」的主張。過去幾年香港出現的一些亂象，包括立法會內反對派策動的激烈鬥爭行動、「佔領中環」、旺角暴動、圍繞《逃犯條例》修訂而爆發的特大暴亂和形形色色的「港獨」與本土分離主義，引起中央對香港會否構成國家安全和領土完整的威脅，乃至香港的管治權會否旁落的高度關注。美國和其盟友長期遏制中國的策略無疑也讓中央對香港提高警惕。傳統的國家安全威脅固然必須關注，但越來越多和日趨嚴重的非傳統國家安全威脅讓中央對香港更不放心。作為國際金融中心和全球最大的人民幣離岸中心，香港容易被內外勢力操弄，並藉此來動搖內地的金融秩序和穩定。尤其棘手的，是香港在回歸二十多年後仍然未能建立一套完備和有效的維護國家安全和領土完整的法律體系。《基本法》第二十三條的本地立法工作固然尚未完成，而香港復又未能與內地正式簽訂互相移交逃犯的協定。那些在香港和內地從事危害國家安全，特別是經濟金融安全行徑的人，因此可以把香港當作庇護所或避難所，或者以香港為跳板逃逸到外地去。[1]

　　所以，總括而言，雖然「一國兩制」在香港的實踐對國家統一和維持香港繁榮穩定有功，但在完全體現國家對香港的主權和全面管治權、落實「愛國者」治港、實現有效管治、遏制反共反華勢力和保衛國家安全上則差強人意。

1　然而，即使沒有正式的相互移交逃犯協議，回歸後內地執法部門卻陸續將二百多名在香港犯法後逃逸到內地的犯罪嫌疑人移交香港。相反，回歸以來，香港從未將在內地涉嫌犯罪後潛逃到香港的人交付內地，造成了大批內地要犯藏匿在香港、個別疑犯甚至公然招搖過市的詭異景象。

兩種對「一國兩制」詮釋的交鋒

　　全面和準確落實「一國兩制」的前提，是中央的「一國兩制」方針政策廣為各方面的理解、認同、擁護和執行。上世紀80年代初，當鄧小平先生和中國政府提出「一國兩制」時，「一國兩制」的目標、核心內容、中央與香港的各自權責是頗為清晰的。儘管香港有人不太願意接受「一國兩制」，但他們也是在比較清楚了解中央的對港立場後才表達反對意見。可是，不旋踵英國人和香港的反對派為了爭權奪利，便蓄意扭曲「一國兩制」的原意和內涵，而且逐步形成了一套另類的對「一國兩制」的詮釋，而且對香港人和國際社會（特別是西方世界）廣為宣傳。此舉不但在香港人當中引起混淆，更得到部分本來抱持頑固反共反華思想的香港人的認同和接受，而通過學校教育、反共媒體和網絡的傳播對年輕人的惡劣影響更為深重。在回歸前「漫長」的過渡期內，英國人一方面不斷要求中國政府參考和吸納他們對「一國兩制」的看法，另方面則不顧中國政府的反對自行引進一系列他們認為「符合」或最低限度「不抵觸」「一國兩制」的思想灌輸與制度政策改革，企圖達致「光榮撤退」和延續英國人乃至西方陣營在回歸後在香港的影響力。無論如何，兩套差異甚大、基礎各異的對「一國兩制」的詮釋在香港回歸中國之前已經並存。鑒於香港社會仍瀰漫着對中國共產黨的不信任和對香港前景的憂慮，英國人和香港反對派的「另類詮釋」佔有相當的優勢。與此同時，為了在政治上「安撫」忐忑不安的香港人，內地官員有時刻意為鄧小平先生的「強硬」和坦率的對「一國兩制」的論述降溫，讓香港人覺得他們在回歸後享有莫大自主權力，其目的在於減少香港人的憂慮和強化他們對中央對港政策的信心。他們的良苦用心在「六四事件」後更表露無遺。那些「安撫」言辭的主要內容包括：突出「兩制」而低調處理「一國」、多談香港的高度自治而少談中央的權力、責任和職能、集中談論《基本法》而避免觸及國家憲法，以及避談香港人在

維護國家主權和安全上所應負的責任。內地官員對香港的政制發展擺出寬鬆的姿態，讓不少人相信在改變香港行政長官和立法會產生辦法時香港特區有頗大的「自主權」和「決定權」，而中央的相關權力則徒具虛名。香港人也同時感覺到在行政長官的產生過程中，中央會充分尊重香港人的意願，不會行使對行政長官的實質任命權。那些「安撫」性言論誠然對穩定人心有利，但卻是建基於對回歸後香港的內外政治局勢過度樂觀的評估，更沒有預料到回歸後部分香港人對中國共產黨和新中國的逆反心態揮之不去，而這種心態更世代相傳，在國家民族觀念比長輩更為淡薄的年輕人當中尤為熾烈。不過，最嚴重的後果是間接讓英國人和反對派對「一國兩制」的詮釋因為得到中央官員的「不經意」的一些「背書」而提升了「權威性」，讓其在香港得以更廣泛地傳播。

不過，儘管回歸前英國人和反對派對「一國兩制」的「另類詮釋」在香港誤導了不少香港人，為他們在回歸後對中央對港政策的種種怨懟埋下伏線，但卻不能夠完全壟斷話語權。國家領導人、中央官員、內地專家學者和內地媒體仍然可以利用不同場合、平台和管道不厭其煩地宣揚「一國兩制」的原來版本，在一定程度上平衡和抵銷了那些對「一國兩制」的「另類詮釋」，不少香港人也大體上明白「一國兩制」的基本目標和內涵。遺憾的是，回歸後，在「不干預」和「不管就是管好」的大前提下，港人再也難以聽到來自中央和內地的聲音。在相當長時間內，中央幾乎完全放棄了對「一國兩制」話語權的爭奪，此舉無疑把話語權向反對派和西方勢力拱手相讓，實際結果是導致香港出現了一些不符合「一國兩制」原意和內涵的現象，致使「一國兩制」不能在香港全面和準確貫徹，亦讓反對勢力的政治力量得以迅速壯大。即便反對派不斷否定和歪曲那些「一國兩制」的基本原則，中央和內地人士也只是偶爾予以駁斥，但力度不強、效用不大。久而久之，中央便逐步失去了在論述「一國兩制」方針上的話語權。話語權丟失的後果十分嚴重和惡劣，除了讓「一國兩制」的落實出現偏差、削

弱特區政府的管治權威和能力外，也是香港人與中央不時發生政治誤解和摩擦的根源。更為明顯的，是年青一代只能夠聽到來自反對派對「一國兩制」的詮釋，而對「一國兩制」的歷史淵源、主要目標和核心內容特別是中央在「一國兩制」下的權責卻茫然不知。

回歸伊始，為了避免香港人和國際社會產生中國政府干預香港事務、不尊重「港人治港」和高度自治的印象，中央馬上撤換了兩位長期以來主管香港事務、並屢屢就香港問題發言的官員——國務院港澳辦主任魯平和香港新華社社長周南。他們的接任人在工作上極為低調，甚少就香港事務發言，更遑論向香港人作出忠告和批評，而認識他們的香港人也不多。國家領導人除了在正式或慶典場合偶有就香港事務發言外，基本上不作表態，而他們的發言也大體上是「善頌善禱」的官方言論。回歸前內地成立的涉及香港研究的機構和智庫大多被裁撤，原來的研究人員轉業或另找研究課題。中央也不鼓勵內地專家學者就香港事務發表個人意見，尤其不允許對香港問題「說三道四」。在中央和內地聲音缺位的情況下，反對派對「一國兩制」的「另類詮釋」便越來越佔領主導地位，更在相當程度上影響到一些對香港認識有限的西方人士和媒體對「一國兩制」的理解。反對勢力通過大量的著作、言論、評論、宣傳和課堂講授，大力傳播其重點在於輕「一國」而重「兩制」，輕中央而重特區、抑中國而揚西方的歪論。誠然，香港的愛國人士可以代替或代表中央和內地人士傳達正確的對「一國兩制」的詮釋，但由於他們的公信力、論述能力、權威性和社會影響力都不足，難以承擔重奪話語權的重任，何況中央對他們能否正確理解和掌握中央的立場也沒有充足的信心。由於愛國力量構成蕪雜，內部對「一國兩制」的理解也存在分歧，要建立「共識」甚為不易。此外，愛國人士如果要擔負重任的話，他們的對外口徑必須統一，但要達到這點中央需要加強對他們的領導和信息傳達，這等如說需要強化中央在香港事務上的參與，違背了中央不欲介入香港問題的初衷。再者，愛國人士在沒有中央的授權或默

許下也不願意主動發言，原因是一方面擔心錯誤理解中央的立場，另方面則害怕引起反對派人士和媒體的攻訐。尤為嚴重的，是反對派人士在教育和公開考試領域享有極大優勢，所以得以在大學和中小學對香港進行對其有利的政治灌輸。為了避免捲進意識形態爭論的漩渦之中，加上部分教育官員也認同反對派的主張，因此長期以來特區政府對此狀況既束手無策，更聽之任之。反共反華媒體在宣揚「一國兩制」的「另類詮釋」上，更與反對派同氣連枝，對「另類詮釋」的廣為傳播發揮重要作用。

事實上，中央對反對派的「另類詮釋」對「一國兩制」的實施所造成的惡劣影響其實十分清楚，也引以為憂。在「另類詮釋」當道下，香港不但出現一些不符合「一國兩制」的事例，更為嚴重的是當中央依法行使其在「一國兩制」下的權責（比如人大釋法）時，往往被反對派、反共媒體、部分香港的法律界「權威」、西方人士、和那些被誤導了的香港人橫加指責，並藉此製造一個中國政府違反香港高度自治的莊嚴承諾的形象。香港的大律師公會和部分香港律師會的成員經常對中央對「一國兩制」和《基本法》的詮釋持異議，主要是將「高度自治」無限推展，把「高度自治」重新定義為「極高度自治」或「完全自治」，從而排斥中央在香港特區的權力。這些人實際上是對中央不信任、不承認全國人大常委會的權威地位和法律造詣、不接受全國人大常委會行使「立法解釋權」、和意圖全面奪取和壟斷對《基本法》的解釋權。有些時候就連香港的法院對《基本法》的理解與中央的理解也不一致。一些法官把「高度自治」作「最大化」理解，經常把人權保障和西方案例置於崇高地位，但在中央眼中卻容易忽視「一國兩制」的初心、《基本法》的立法原意、以及香港和國家的根本利益。反對派也經常藉《基本法》發生「爭議」的機會動員香港人與中央鬥爭，損害中央與香港特區的關係，並毒化香港的管治和政治環境。

中央對香港反對派和部分人不承認中央的權力和責任尤其關注和憤怒。長期以來，人大釋法經常被反對派和部分法律界人士批評為中央蓄意

破壞香港的法治和司法獨立，而 2003 年香港發生的、因為《基本法》第
二十三條本地立法而引發的大型遊行示威更明顯地帶有挑戰中央權力的
成分，但中央的對策卻主要是放在經濟扶助香港之上，政治上的舉措則只
有行政長官的更換，但卻仍然不願意系統地和詳盡地講述中央在「一國兩
制」下的權力和責任。當然，面對香港有人挑戰中央權力的情況，中央不
無憂慮。2005 年，中共中央表明，保持香港長期繁榮穩定是中國共產黨
在新形勢下治國理政面臨的嶄新課題。2007 年中共中央不再用「嶄新」而
用「重大」一詞來形容香港問題的嚴重性。這反映了中央已經意識到香港
問題是一個長期和棘手的難題。在這個對香港問題提高警惕的背景下，偶
爾個別中央領導人也會提醒香港人中央及「一國」的存在。例如，在 2007
年 6 月 6 日，全國人大常委會委員長吳邦國在香港《基本法》實施十週年
座談會上有這樣的講話，「香港特別行政區處於國家的完全主權之下。中
央授予香港多少權，特別行政區就有多少權，沒有明確的，根據《基本法》
第二十條的規定，中央還可以授予，不存在所謂的『剩餘權力』問題。」
不過，這些偶爾的聲明並不表示中央已經下定決心要改變香港人對「一國
兩制」的認識，其實際效用也非常有限，而真正聽到吳邦國的講話的港人
可謂絕無僅有。[2] 另外，2013 年全國人民代表大會常務委員會委員長吳邦
國在澳門社會各界紀念澳門《基本法》頒佈 20 週年啟動大會的講話中，特
別強調中央在「一國兩制」下的重要性。吳邦國的講話雖然是對澳門提出
忠告，但其實矛頭顯然直指香港。他在談到中央權力的問題說，「首先，
國家對澳門具有主權權力，是中央政府對澳門特別行政區享有管治權的前
提，也是授予澳門特別行政區高度自治的前提。其次，澳門特別行政區的
高度自治權是中央授予的，澳門特別行政區有多大的高度自治權，應當遵
循甚麼程序行使這些權力，都要以《基本法》規定為依據。〔…〕深刻認識

2　見劉兆佳：〈回歸後中央政府對香港政策的發展〉，載於劉兆佳：《回歸後的香港政治》（香港：商務印書館
　　（香港）有限公司，2013 年），頁 2–76。

中央與澳門特別行政區的權力關係，就是既要維護中央權力，也有保障澳門特別行政區高度自治權，從而使這兩方面都落到實處，以體現澳門的良好管治。」

大概七、八年前開始，中央才猛然驚覺其對「一國兩制」的話語權的丟失，因此極力進行「撥亂反正」，在一定程度上收復了「失地」，自然地此舉也激發了反對派的反彈和反擊。這方面我在第四章會詳細說明。不過，在香港回歸後的大部分時間裏，中央對「一國兩制」的詮釋的確未能取得主導地位。然而，在關鍵時刻，中央在迫不得已的情勢下也會斷然採取糾正策略，避免中央的權力受到侵蝕，即使因此在香港和西方國家引發政治風波也在所不惜。最為經典的事例是中央在 1999 年首次對《基本法》作出解釋，闡明全國人民代表大會及其常務委員會的權力和地位，制止香港終審法院的越權行為。人大常委會其他四次的釋法行動，都帶有防止香港出現偏離「一國兩制」和《基本法》的意味。然而，在釋法問題上，中央採取慎之又慎、非不得已不為之的態度，往往擔心那樣做會引起香港人的憂慮，因此盡量不以人大釋法來匡正「一國兩制」實踐時出現的偏差，所以實際上對扭轉局面的作用只屬一般而已。

2014 年香港爆發了圍繞着行政長官普選辦法的大型激烈政治鬥爭。反對派不但趁機大肆宣揚他們對「一國兩制」的「另類詮釋」，更指控中央背信棄義，違反對香港人有關政制改革的承諾，迫使中央和愛國力量強力回應，通過正面交鋒把兩種詮釋的差異明顯化，在一定程度上增加了香港人對中央詮釋的理解和部分香港人的不滿。這場鬥爭不單是「文鬥」，反對派更在香港策動回歸以來最大規模、為時長達 97 天、最為激烈和破壞力極大的「佔領中環」行動。反對派固然提出他們屬意的、「西方式」的行政長官普選辦法，而人大常委會則於 2014 年 8 月 31 日通過一項體現中央對「一國兩制」和《基本法》詮釋的相關決定（「831 決定」），徹底否定了反對派的「建議」。

　　在這兩種行政長官普選辦法背後的是中央和反對派對「一國兩制」方針的截然不同的理解。一種是由反對派倡議的、以香港為「獨立政治實體」為出發點的對「一國兩制」方針的詮釋。另一種則是中央一直以來宣示的、由鄧小平先生制定的以「中央授權下的高度自治」為基本原則的「一國兩制」方針政策。香港的反對派雖然一貫否認他們不接受「一國兩制」，但其實際言行卻往往與此背道而馳，他們更不斷向香港人和國際社會宣傳他們那套本質上視香港為「獨立政治實體」的對「一國兩制」詮釋為最「權威」和「真確」的演繹。當然，他們不是全盤否定「一國兩制」的所有內容，但他們對「一國兩制」的詮釋在一些核心問題上，特別是在「一國兩制」的目標、香港的政治體制、中央和特區的權力關係和國家安全上，的確與中央的立場南轅北轍。香港乃「獨立政治實體」的主張回歸後在反對派的大力宣揚下流傳甚廣，不但取得了相當的話語權，而且在頗大程度上通過媒體和學校，影響了年輕人對「一國兩制」的認知。

　　中央的「一國兩制」方針的核心實為「中央授權下的高度自治」，當中包含幾個重要的政治原則，那就是「一國兩制」是以國家的根本和長遠利益為出發點的方針政策、國家對香港擁有主權、中央對香港擁有全面管治權、香港的高度自治權力來自中央的授予、中央在「一國兩制」下享有確保「一國兩制」全面和準確貫徹和維護國家利益和安全的權力與責任、香港並不享有「剩餘權力」、高度自治不等於完全自治、香港的政治體制的主導權和決定權屬於中央、特區政府的政治認受性源自《基本法》和中央對行政長官的任命、全國人大常委會擁有《基本法》的最終解釋權、香港不可以成為顛覆中央和內地社會主義體系的基地、香港的政治體制乃以行政長官為核心的「行政主導」體制、香港的政治體制和選舉制度必須有利於「一國兩制」的目標的達致等。

　　基本上，香港的反對派雖然口頭上接受「一國兩制」和「尊重」中央的權力，但實際上卻曲解《基本法》，否定中央的權威、權力和責任。他

們不斷試圖壓縮中央的權力和責任，經常挑起港人與中央的矛盾，目的是要讓香港享有完全或絕對自治，並逐步演變成雖無獨立之名，但卻有獨立之實的「獨立政治實體」。反對派認為，「一國兩制」方針的主要目標既然是為了保持港人對香港的信心，從而主要是為香港的利益服務。他們不重視香港對國家的責任和義務，但卻把保衞香港人的人權和自由放在至高無上的位置。按照這個思路，香港在維護國家安全上的責任有限，而且在履行責任時還要把有效切實保障香港人的人權和自由視為優先考慮，所以《基本法》第二十三條乃「惡法」，不應該在香港實施。反對派認為特區政府的權力來自香港人而非來自中央，因而香港的政治體制尤其是選舉制度應該由港人來決定。香港政治體制乃「三權分立」而非「行政主導」的政治體制，行政、立法和司法機關權力和地位均等，因此行政長官並沒有「超然」的憲制地位。香港特區行政長官和立法會的產生辦法實質上由香港人制定，中央任命行政長官的權力也只是名義上的權力。他們斷言在「一國兩制」下中央的權力非常有限，而且除非迫不得已不應該行使，即便行使也應該「小心翼翼」、慎之又慎。人大釋法被認為是不恰當的行為，因為它會損害香港的高度自治、危害香港的法治和破壞香港的「司法獨立」。作為一個擁有西方民主政制和擁抱西方價值觀的「獨立政治實體」，香港甚至可以發揮對內地的示範作用，促使中國走上和平演變的道路，最終成為西方陣營的附庸。要完成「獨立政治實體」的建設，按照反映西方「普世價值」的「民主準則」來進行香港行政長官的普選便是順理成章和必不可少之事。而在爭取「西方式」普選的過程中，反對派當中部分人覺得可以或應該接受外部勢力的鼓勵、資助、支持、聲援和配合。

圍繞着行政長官普選辦法爭論的政治鬥爭，可以簡單理解為自從香港前途問題在上世紀 80 年代初出現以來兩種對「一國兩制」詮釋的第一場「決戰」。之所以說它是「決戰」，是因為中央、愛國力量和反對派都進行了廣泛和積極的政治動員，務求與對手「決一死戰」，讓自己的政治主

張成為日後香港的主導思想，而制勝的關鍵則在於控制香港特區的政權和掌握政治話語權。這場戰鬥之所以慘烈，除了因為反對派內的激進勢力抬頭並頗為有效地將港人特別是年輕人長期積累的怨憤、不安、恐懼和憂慮轉化為強大的反對中央、特首和特區政府的政治力量外，另外一個重要原因是中央在幾年前已經決定並開始着手糾正香港的「一國兩制」的實踐路向，好讓香港重回中央定下的「一國兩制」的正確軌道。這一點我在第四章中會詳細論述。中央此舉無可避免與香港長期存在的從「香港乃獨立政治實體」角度來理解「一國兩制」的看法發生劇烈碰撞。那場 2014 年發生的「佔領中環」行動可以理解為因劇烈碰撞而產生的第一場嚴重衝突，另一場嚴重衝突則是 2019 年爆發的、源於《逃犯條例》修訂、外部勢力深度和高姿態介入、暴力橫行、香港人生活於恐懼之中、經濟和社會重創、曠日持久的激烈政治鬥爭和暴亂。相信激烈的衝突在將來一段時間還會圍繞着中央對港政策、政制改革、特區政府施政和國家安全等重大議題不時發生，而外部勢力和台灣勢力的深度和空開介入和對反對派的慫恿與支持，則無疑會加劇香港內部政治鬥爭的長期性，並使之難以化解或紓緩。

再有一個原因，是不少香港人對中央懷有一種來自過往抗爭經驗的政治心理預期，認為中央的立場是可以通過香港人的對抗行動去改變的，而對抗的激烈程度越大，中央讓步的可能性也就會越高，因為非如此中央便會失去香港人的信任、在香港釀成政治動盪、削弱香港對國家的價值、導致內地經濟出現嚴重困難、減少香港「一國兩制」對台灣的示範作用、損害中國的國際形象和引發西方國家特別是美國對香港和中國制裁。這種政治「有力感」和自信心在年輕人當中尤其明顯。部分人甚至把中央在回歸前後給予香港的支持，理解為中國共產黨要「討好」香港人，從而覺得中國共產黨「懼怕」香港人和西方勢力以及中共「軟弱可欺」。自然的，這種政治「有力感」和自信心激發了更多人願意投身這場反對派啟動、外

部勢力撐腰的「決戰」之中。最終，中央和愛國力量打贏了這場「決戰」，「佔領中環」在香港人的厭惡和反感下黯然收場，而中央對「一國兩制」的詮釋也因此得到廣泛傳播的機會，在一定程度上讓不少香港人「重溫」或「首度認識」「一國兩制」的初心和核心內容，尤其對中央在香港的「全面管治權」有所體會。2019 年，香港特區政府因為《逃犯條例》修訂遭遇社會各方面激烈反對而陷入空前弱勢。香港內外反共反華勢力趁機發動一場香港回歸以來、乃至在香港近代史上規模最大的暴亂。他們的最終目標顯然不是阻撓《逃犯條例》修訂，而是要一舉而取得香港特區的管治權，從而架空中國對香港的主權，和讓香港更容易成為「顛覆基地」和「滲透基地」。香港的抗爭者和暴徒相信在美國和其西方盟友傾力遏制中國的大環境下，他們可以憑藉西方的力量迫使中國政府就範。在「志在必得」、「不勝無歸」的高漲樂觀情緒主導下，他們發動一連串的大型抗爭活動，而且在民意的「同情下」不斷提升暴力程度來危害社會秩序、破壞經濟運作、搗毀公共設施、以路障堵塞要道、投擲燃燒彈、以暴力衝擊政府、立法會和警察、製造多宗流血衝突、堵塞破壞商場、毀壞和勒索持異議者的商舖、以暴力衝擊校園、欺凌學校校長和老師、對異己濫用私刑、非法設置路障截查汽車和進行搶掠、擾亂香港人的日常生活，和在香港社會引發普遍恐慌情緒。

然而，在中央的堅定和強硬的回應和中國政府對外部勢力作出外交反制下，外部勢力和香港反對派儘管傾盡全力動員羣眾反對《逃犯條例》修訂和作出種種暴力惡行，但最後雖然能夠迫使香港特區政府「撤回」對《逃犯條例》的修訂，卻在重大問題上仍然不能得逞，進一步讓香港人明白到不要期望可以憑藉大規模的抗爭行動甚至暴亂，迫使中央在重大問題上讓步。不過，「佔領中環」一役後，雖然中央在「一國兩制」的詮釋上能夠奪回部分話語權，但反對勢力卻未有被完全擊倒，他們對「一國兩制」的「另類詮釋」在香港仍有相當的市場，不少年輕人對此仍深信不疑。在

2019 年那場特大暴亂中，大部分的兇殘暴徒就是年輕人，不少更是在校的中學生和大學生。他們所展示的對國家民族的敵意、對特區政府和建制派的仇視、對「港獨」的嚮往和對「一國兩制」的嚴重錯誤理解意味着如果情況不變，即使這場特大暴亂能夠平息，日後香港發生另一次大規模暴亂的可能性不小。

反對勢力的干擾

可以肯定地說，反對勢力的干擾是導致「一國兩制」不能在香港全面和準確貫徹的最重要原因。相比之下，其他因素都瞠乎其後。雖然在香港的政治體系下，反對派並不掌控特區政權，也不可能取得特區政權，但他們依然在香港擁有巨大的政治能量，並在外部勢力的明顯和隱蔽的支持下，能夠通過各種政治手段，充分利用香港這個「自由威權政治體制」的「自由」部分（劉兆佳，2017a），肆意頻密挑起「反共」和「疑共」情緒來動員羣眾，在學校內向年輕人灌輸反共反華反政府思想，和對「一國兩制」錯誤的理解，持續不斷向特區政府和中央施加壓力，在一定程度上成功迫使它們為了維持穩定、減少衝突或息事寧人而對他們作出大大小小的讓步。那些讓步雖然不是重大原則上的讓步，但卻難免削弱中央和香港特區政府的威信，挫傷愛國力量的積極性和公信力，壯大反對派的聲勢和力量，鼓舞外部敵對勢力，也讓香港人相信只要糾集足夠的羣眾參與大型激烈抗爭行動，中央和特區政府必然會作出退讓，包括撤換行政長官和在政改問題上妥協。由於不少香港人懷抱這種政治預期，所以他們認為通過參與、支持和配合反對派策動的政治行動，自己的各種訴求會得到某種程度的滿足。

回歸後，因為反對派動員羣眾施壓而迫使中央或特區政府讓步的突出實例有幾個。2003 年，幾十萬人參與了反對《基本法》第二十三條立法

的示威遊行，迫使特區政府放棄立法工作，導致國家安全立法無限期擱置。直到今天，反對派和部分香港人仍然把《基本法》第二十三條視為遏制自由人權的「洪水猛獸」，它也因此成為了特區政府不敢觸碰的政治「燙手山芋」，而香港作為國家安全的漏洞亦因此而遲遲未能填補。

2005 年行政長官董建華沒有完成第二任任期便因為「健康」理由提前離任，引起了不少猜測。不少香港人相信，中央是為了回應香港人的要求而「撤換」行政長官。無論真實原因為何，的確不少香港人認為 2003 年爆發的大型抗爭行動產生讓中央「撤換」行政長官的作用，因此更加印證了集體政治行動能夠左右中央決策的心理預期。

2010 年，香港發生有關改革立法會選舉辦法的政治鬥爭，中央和特區政府一方與反對派一方僵持不下。香港的愛國人士乃至個別中央官員相信中央不會容許反對派在立法會擴張勢力，因此不會對他們的要求讓步。以此之故，他們當中部分人公開表態支持他們所「理解」的中央的「嚴正立場」。可是，在香港行政長官曾蔭權的遊說後，中央在最後關頭接受了香港民主黨的要求，同意在 2012 年立法會的選舉辦法中增加十個立法會議席，其中五個是「超級區議會」議席，進一步擴大立法會的「民主」或「反對派」成分。儘管民主黨此舉被一些激進反對派分子揶揄，嘲笑他們那麼輕易便被中央「搞定」，但經此一役，愛國人士作為傳達中央立場的「權威人士」的資格受到質疑，其公信力難免受損。

2014 年，當不少香港人預料梁振英將會連任行政長官一職之際，他卻突然宣佈不尋求連任。不少香港人在錯愕之餘，紛紛認為中央希望找一位民望較高的人出任新的行政長官，從而重燃香港人對中央和特區政府的信任和紓緩香港的政治對抗氣氛。香港人傾向相信，中央不會只看重行政長官對中央的效忠程度，更會重視行政長官能否得到香港人的擁戴，因此香港民意對中央決策的影響力不容小覷。

2012 年，大批以中學生為主體的羣眾包圍特區政府總部數天，反對

教育當局計劃在學校內引進國民教育課程，指控特區政府為了執行中央的命令，一意孤行在學校推行「愛國教育」，為年輕人「洗腦」，讓他們盲目相信中國共產黨和效忠中華人民共和國。特區官員雖然「努力」解說，並表示會作出妥協，但仍然無法紓緩家長、學生和社會的擔憂和反對。在羣情洶湧下，特區政府最後被迫作出讓步，同意「擱置」有關計劃。自此之後，「國民教育」被貼上了負面標籤，任何沾上「國民教育」的活動都被「妖魔化」，連「認識國家」、「認識《基本法》」和促進兩地學生交流的教育和推廣工作都受到拖累。

2019 年，香港特區政府提出修訂《逃犯條例》，目的是要讓它有法律依據，把在台灣殺害女友的香港人疑犯陳同佳引渡到台灣受審，同時趁機完善香港的法律體制，避免香港成為「逃犯天堂」。可惜，由於政治觸覺不足和處理不當，《逃犯條例》修訂引發軒然大波，在內外反共反華勢力的聯手策動下，香港爆發了回歸以來最大規模的暴亂，引發了更多更大的政治訴求，狠狠打擊了特區政府的威信。最後特區政府被迫「撤回」有關法案，但對反對派提出的更重大的、涉及到特區管治權歸屬的政治訴求則堅定拒絕。儘管此次讓步沒有觸及重大原則和利益、又沒有涉及中央的核心關注，但無可避免讓反對派感到一定的鼓舞，亦讓反對勢力得到突然而來、「千載難逢」的壯大機會。

在這幾個事件和其他事件中，參與抗爭或表達對行政長官和特區政府不滿的人不但能夠在一定程度上達到目的，而且無需付出代價，個別人士甚至得以成為知名人士、民主鬥士、媒體「寵兒」、社會「明星」和反對派的新晉或年輕領袖。這幾個事件對強化港人的政治「有力感」至為重要，也強化了反對派在社會上的號召力。

再者就是，當不少香港人相信中國政府會屈從於政治壓力之際，2003 年後中央給予香港的種種促進香港經濟發展的優惠政策和措施便容易讓人視為中央「討好」港人之舉，大大削弱了其爭取香港人因為感激中

央的關愛而增加對國家的認同的作用，也讓不少香港人錯誤理解與誇大香港對國家的重要性，從而提升了反對派及其支持者與中央鬥爭的意慾。

一般來説，政治鬥爭成為了反對派培植力量、鞏固和擴大羣眾基礎以及培訓與招攬「新血」的手段，所以他們樂此不疲。因此，回歸以來，大大小小的政治鬥爭無日無之，不但嚴重干擾特區政府的施政，令改善民生和發展經濟的工作難以開展，也造成了政治混亂和人心不穩的困局。反對派人士利用各種各樣香港人的不滿與怨氣、政府的施政缺失、階級矛盾、中央「干預」香港事務、社會不平等、貧富差距、「置業難」、年輕人上流機會短缺、政制改革、「香港被大陸化」等議題、問題和事件，竭盡全力動員羣眾衝擊中央和特區政府，而政制改革、政府施政和中央「干預」更是「歷久常新」的用以策動政治鬥爭的議題。另一個「萬古長青」的議題是「六四事件」，每年的「六四」紀念活動都是攻擊中國共產黨、燃點反共情緒、激化香港與中央矛盾和培育反共反華接班人的場合。香港在回歸後接連出現各種各樣的危機，包括亞洲金融危機、禽流感、非典、新型冠狀病毒、全球金融海嘯，加上原有的並不斷惡化的經濟社會矛盾和香港經濟競爭力下降，在社會上產生了大量的憂慮和怨懟情緒，為反對派和外部勢力提供了絕佳的政治操作環境和氛圍。特區政府的政策和施政失誤更是反對派牢牢抓住不放的大好良機。中央的一些對港政策和措施往往被反對派拿來誤導公眾、聳動視聽、製造恐慌的工具。其實，除了政制改革外，立法會內的反對派「自主」設置鬥爭議題方面的能力其實頗為有限，很多時候是被動地充分利用來自其他源頭，特別是來自特區政府的鬥爭議題。近年來，部分激進反對派人士特別是年輕人提出的政制改革訴求因為不符合《基本法》而不被中央接納，因此訴諸於更激烈的「自我創設」的主張，包括「港獨」、「公投」、「自決」、「最高度自治或完全自治」、「開展第二次香港前途談判」、「反對香港被中國『再殖民化』」、反對香港「大陸化」、「抗拒『香港民族』受到中國人壓迫」、「去中國化」等，而不完全

同意這些主張的反對派人士也因為害怕得罪年輕人，而不敢與激進與暴力勢力劃清界線，反而多方維護和開脫，甚至跑到西方國家尋求支持，因此造成更大程度的中央與反對派的衝突，更引起中央對香港會否成為國家安全的隱患和威脅的擔憂和戒懼。

　　從理性務實角度看，鑒於香港存在着各種嚴重社會、經濟、階級和世代矛盾，還有不少涉及環境污染、城市規劃、土地利用、房屋短缺、醫療衛生等與生活素質息息相關和刻不容緩的問題，而且香港人對這些問題比對政治問題更為關心，反對派「理應」把那些社會問題轉化為首要政治問題，並藉助它們作為爭取和動員羣眾的「殺手鐧」。由於這些問題與香港原有的資本主義體制和社會結構有密切關係，而「一國兩制」和《基本法》又要保持香港原有的制度和生活方式「五十年不變」，反對派其實很容易便可以把這些問題的解決與香港特區的政治、社會和經濟形態掛鈎，更容易鼓動羣眾對現有制度、政策、政府、社會甚至對中央和「一國兩制」的不滿。誠然，有些反對派人士確實努力將這些矛盾和問題轉化為政制、政治和中央與特區關係的問題，但這些人畢竟屬於少數。相反，大多數反對派人士都聚焦在那些能夠迅速和容易挑起政治恐懼和政治鬥爭的政治議題上。然而，經驗證明那些「努力」只能換回有限的成果，長期而言更會顯示反對派的不濟，和在他們的支持者和年輕人當中滋生政治無力感。雖然香港立法會的產生辦法在回歸後有多次朝「開放」和「民主」方向改革，但距離反對派的目的尚遠。一些其實「垂手可得」的改革卻往往因為反對派立場僵化或「原則掛帥」而失之交臂，使得政制發展停滯不前。在反對派仍然對中央採取對抗姿態之際，依靠動員羣眾向中央施壓只會增加中央對反對派的反感和戒心，使中央更不願意讓反對派有機會擴大其政治力量，而防止香港特區政權落在反對派及其背後的外部勢力手上，更成為中央重中之重的工作。

　　為何反對派「捨易取難」，偏要集中「火力」在成效甚微的政治和政制

議題之上呢？這個問題的確令人煞費思量。我想只有幾個原因。其一是他們相信政治、政制、管治和中央損害香港高度自治、「香港被大陸化」等議題有更大的政治殺傷力和動員潛力，而且成本較低。其二是那些政治議題在西方國家遏制中國崛起的意圖和行動越來越兇猛之際，更容易得到西方反共反華勢力的關注、響應、支持和保護。其三是反對派內部對如何處理或解決那些社會經濟民生問題分歧較大，來自中產階層和低下階層的人基於利益和信念不同而立場有異，不容易取得「共識」，搞得不好反而會造成內部分化、破壞團結和削弱政治能量。事實上一些反對黨派確曾因此而出現過內部分裂和部分人退黨的情況。其四是政制和政治議題正是反對派和愛國力量的主要區別所在，突出政制和政治議題不單可以彰顯他們與「親中」或「親共」的愛國力量的分別，更可以藉機打擊愛國力量內的保守分子、既得利益者和權貴。其五是各類反對派人士之所以能夠走在一起，正是因為他們有共同的「民主」訴求和「反共」意識。高舉政治旗幟最能讓他們持續團結一致。其六是反對派認為一天他們未能掌握特區政權，一天他們便缺乏力量克服既得利益者的阻撓推行社會和經濟改革。在他們心目中，奪取政治權力才是徹底解決各種矛盾和問題的根本之道，捨此並無他途。其七與歷史原因有關。回歸前，「殖民地」政府銳意扶植那些在政治上「反共」、思想上服膺西方政治價值觀、甘願與英國人結成「非神聖同盟」和行為上較為激進的反對派人士。那些關注社會、民生、福利和環境問題的「壓力團體」和公民團體則不獲青睞，形成了一個對政治組織冒起的優越條件。「殖民地」政府罔顧中國政府反對，執意推行「代議政制」，其目的就是要為那些新興反對勢力建構「表演」平台和提供「發展」機遇。回歸前，在濃厚的「反共」氛圍下，那些與英國人在政治上緊密合作的反對派黨派和人士在選舉、議會、民意、輿論、抗爭行動和「國際」支持等領域中成功崛起。那個「反共」背景既然是他們成功之道，而香港人又鄙視那些政治立場不穩的政治人物，所以，在缺乏實質

政績支撐的情況下，為了避免流失羣眾支持，特別是激進年輕人的支持，那些反對派人士也只好繼續「硬着頭皮」以「反華」「反共」人士自居，即便他們覺得此路越來越難行和不通，而且為此他們有可能要付出沉重代價。

反對派的鬥爭方式頗為多樣化，核心目的是要通過向中央和特區政府施加最大壓力，迫使中央順從他們的政制改革訴求，讓他們有機會控制立法會和出任行政長官，順帶讓香港成為對西方更有用的「顛覆」和「滲透」基地。其他目的包括削弱特區政府的管治威信和能力、阻撓維護國家安全的立法工作、反對對政治自由和權利施加限制、阻止特區政府推行任何形式的國民教育、維持他們在教育、媒體、網絡和法律領域的話語權優勢、防止特區政府「濫用」政治和法律手段逼迫他們，和迫使特區政府大幅增加公共服務和社會福利等。憑藉阻撓特區政府施政，反對派希望引起羣眾對政府施政的不滿，打擊政府管治威信，尤其重要的是對香港政治體制的失望和不信任。他們力圖營造一個「泛政治化」和「政治鬥爭不斷」的氛圍，引導香港人用「政治陰謀」或「違反『一國兩制』」的角度審視中央和特區政府提出的政策和措施，從而引發羣眾與中央和政府的矛盾和對抗。由是，不少原來應該屬於可以用務實理性態度處理的實務問題，遂轉化為難以妥協的原則性、道德性、政治性和情緒化問題。久而久之，不少香港人也越來越覺得反對派是一羣為反對而反對、以謀求黨派或個人私利為目的、置社會公利和羣眾福祉於不顧的勢力。在這種惡劣的政治環境下，反對勢力對一個威信尚未建立和政治經驗尚淺的新政權的管治構成嚴峻挑戰。「泛政治化」和「政治鬥爭不絕」環境是回歸後香港特區管治維艱的主要原因。

反對派採取議會內外相互呼應配合的鬥爭策略，而在大部分時間社會上出現的爭議和衝突，成為了立法會內反對派予以發難的手段。在立法會內，反對派議員經常利用立法會議事規則進行各種「拉布」行動，包括

對政府法案提出龐大數量的修訂案、[3]，拖慢立法會的工作進度，讓政府提交立法會的法案（包括撥款法案）不能如期通過，部分甚至被迫撤回或從此「壽終正寢」。很多政府的民生和社會政策因而推行受阻，對貧苦大眾和弱勢社羣的傷害尤大。不少政府提出的公共和基礎工程撥款申請被拖延，致使大量工程項目不能開展，嚴重損害建造界和工程界的利益、勞工界的生計和地區居民的福祉。眾多的暴力和肢體衝突在立法會發生，不但延誤議員們的工作，也損害了立法會的公眾形象和聲譽。雖然反對派立法會議員只屬少數，但他們因為能夠「行動一致」，而且不惜對其他議員武力相向，因而增加了他們的政治戰鬥力和殺傷力。由於愛國力量長期積弱，反對派也就有更大的政治發揮空間和更顯赫的「戰績」。

在殖民管治下，英國人對任何對「殖民地」政權構成威脅的本地勢力往往加以無情的遏制和排斥。因為香港沒有成為「獨立國家」的可能，相當部分香港人又是「心甘情願」地從中國內地前來香港接受殖民管治，而殖民管治結束只會換來更不可接受的中國共產黨的接管，香港人所以缺乏意圖或動機要推翻「殖民地」政府，而英國人也沒有必要在香港屯駐重兵、進行高壓統治和培植接班人。所以，在「香港前途問題」尚未出現前，只有一些力量有限的、主要表達不同社會民生訴求的「公民」、民間、壓力和社會團體存在。它們向「殖民地」政府提出種種要求，尤其是要為弱勢社羣請命。這些組織可以勉強被視為準政治力量，因為它們的很多成員對殖民管治下的不公不平現象確有怨言，並希望通過各種行動來推進社會和政策改革。重要的是，憑藉他們的組織，他們擁有一定的羣眾基礎。當然，他們也有一定的「民主」訴求，但政制改革卻並非其急務。除此之外，隨着香港教育水平的上升，越來越多年輕人受到西方民主自由思想的薰陶，對香港的「封閉政治」滋生了不滿。一些中產階級分子希望改善殖

3　其實，絕大部分的修訂案都不符合基本法第七十四條的規定，不過迄今無論中央或香港法院都沒有對此作出權威性的斷定。立法會主席也沒有就其「合憲性」作出裁決或尋求司法裁決。

民管治和滿足自己的政治參與需要，積極向英國人爭取更多的「參政」機會。他們組織了若干論政或公民團體，希望得到英國人的重視和青睞，讓他們有機會獲得公共職位和影響政府施政。然而，這些在「殖民地」成長和受教育的精英分子並不質疑甚至肯定殖民管治的認受性，只是希望進入殖民管治體制「分享」權力，以及推動一些溫和的政制和社會改革而已。在某種意義上，他們是日後的政治反對派的雛形。即便他們人數有限，但英國人卻仍然對其有所顧慮和警惕，對他們進行監視，而對他們「分享權力」的政治訴求則大體上置若罔聞。

香港的政治反對派只有在「香港前途問題」出現後才「突然」獲得英國人垂青，並被授予發展的空間和機遇。1979 年開始，大批政治組織如雨後春筍般湧現，並以香港人的「代表」的身份向中英兩國政府表達香港人的憂慮和要求。部分過去並不涉足政治事務的社會組織也紛紛發表對「香港前途問題」的意見和建議。在眾多政治和準政治組織之中，懷抱「反共」和「疑共」立場的反對派政治組織和準政治組織尤其活躍。無論他們是否贊成中國收回香港，他們在不同程度上其實對中國政府缺乏信任，對社會主義排拒，對「一國兩制」缺少信心，也對香港的前景悲觀。他們向中國政府提出不少它難以滿足的訴求，特別是有關政制民主化和人權、自由、法治、自治的要求。當不少香港人對中國共產黨、「一國兩制」和香港前景惴惴不安之際，反對派那種對中國政府的逆反和對抗姿態容易獲得香港人的好感和支持，讓他們迅速建立了一定的羣眾基礎。「殖民地」政府引進「代議政制」並開放議會選舉後，那個「現成」的羣眾基礎便讓反對派人士在地區直接選舉中取得佳績。反對派進而利用其在議會中的存在而不斷在社會中壯大。在漫長的香港「殖民地」歷史中，英國人從來都對任何反對勢力不假辭色。然而，在他們下旗歸國前夕，為了防止中國政府「介入」香港事務、阻止愛國力量冒起、維護「殖民地」政府的權威、謀取英國的利益、並考慮到原來一直輔助「殖民地」政府管治的保守精英「同

路人」並不可靠,英國人刻意權宜性地通過各種手段扶植反對派為其政治「小夥伴」,和對付中國政府的「政治打手」,藉此鞏固其日漸衰落的政治威信,更希望他們在回歸後成為香港一股能夠左右特區政府管治和政策乃至「一國兩制」走向的強大政治力量。除了在立法會、市政局、區域市政局和區議會拿到席位外,反對派人士也屢屢被「殖民地」政府委任到政府的行政局和諮詢組織之內,從而取得寶貴的管治經驗。然而,反對派這種標榜「反共」和「親英」的「出生背景」雖然讓他們起初在政治上「嘗盡甜頭」,但卻使得他們難以在政治形勢改變後調整立場,原因是香港人不接受那些政治立場上「朝秦暮楚」和缺乏實際政績的政治人物。正因如此,就算他們部分人明知主觀和客觀政治形勢已經改變,原來的政治立場已經不合時宜,他們也只能「堅守」和「捍衛」之,並盡量承受對其越來越不利的後果和竭力延長其政治生命。以此之故,反對派難免給人一個「頑固」和不願意妥協的負面印象。這種把「妥協」當作「叩頭」、「出賣政治原則」或「道德敗壞」的態度,正是香港回歸後政制改革踟躕不前的主因。而又因為反對派具有這些「固有」特徵,因此中國政府對其進行的統戰工作一直收效不大。行政長官曾蔭權和林鄭月娥都曾對反對派人士抱有幻想,以為可以通過對反對派表示友善和盡量回應他們在實際問題上的訴求,讓他們在支持者面前因為曾經向政府「成功爭取」而有「領功」的機會,從而改變他們對特區政府的對抗立場,進而減少政府施政的困難。兩位行政長官對反對勢力的殷切籠絡令愛國力量感到不滿和嫉妒,但到頭來兩位行政長官不但極端失望而歸,反而因為他們對反對派的態度從好轉差而惹起反對派對自己和特區政府更大的敵意。

對新中國認同感淡薄

香港雖然經歷了超過一個半世紀英國殖民管治,儘管英國人忌諱中

國民族主義和對中國共產黨的支持在香港興起，並在一定程度上努力在香港人當中推行「去中國化」，但大多數香港人的國家民族觀念卻依然濃厚。事實上，由於不少短期或長期移居到香港的人，都來自中國內地或在內地受過教育，他們因此難以割捨自己的「中國根」。在香港的歷史上，不少精英分子和販夫走卒都心繫家國，並積極參與國家和政治事務。香港與內地同胞的互動和來往頻繁，彼此互為影響，也拉近了彼此的距離。近代中國的革命者，無論是中國國民黨、中國共產黨或其他政治人物，都曾經利用香港從事打擊內地政治對手的政治活動，和以香港為逃避內地當權者迫害的避難所。事實上，香港的歷史發展與中國的歷史變遷密不可分，我們甚至可以說香港歷史是中國歷史不可分割的一部分；離開了對中國近代史的認識，我們也難以清楚和正確了解香港的過去、現在和未來。（霍啟昌，2019；劉智鵬、劉蜀永，2019）

不過，自從中國人民共和國成立後，情況出現改變。大批內地人士因為逃避國共內戰、害怕中共政權或曾經因為內地的政治運動和社會主義改造而蒙受損失者，紛紛湧到並定居香港，加上不少原來的香港居民因曾受到西方思想的影響而不認同中國共產黨和內地的社會主義，因此 1949 年後的香港出現了香港過去從未見過的、明顯的反共與反對新中國的氛圍。對很多香港人來說，由於中國共產黨締建的中華人民共和國與中國共產黨密不可分，他們對中國共產黨的不信任也因此延伸到對新中國的不認同。這種反共和疑共意識往往代代相傳下去，並經由眾多懷有「反共」和「疑共」心態的學校老師和媒體工作者長期向年輕人灌輸，「愛國」一詞在香港慢慢含有貶義，而「愛國」又容易被理解為「親共」。在香港「殖民」的英國人的反共思想更是根深蒂固。為了不讓中國民族主義在香港抬頭，更為了防止中國共產黨在香港擴張勢力，英國人明裏暗裏在香港人特別是年輕人和公務員當中，散播對中國共產黨的負面和不實看法，並且取得了相當成效，更為日後香港順利回歸中國設置重重障礙。這種局面在回歸後

並沒有得到有力的匡正，反而有變本加厲之勢。在「去殖民化」和國民教育工作缺位下，不少年輕人對中國共產黨和新中國的認知既片面又負面，他們與國家民族離心離德的情況更令人痛心疾首，這不但成為「一國兩制」在香港的成功實施的重大障礙，更使得香港變成對國家安全和領土完整的隱患。

新中國成立後，因為西方列強的封鎖和圍堵，香港與內地經貿、文化和人員的交往戛然中斷。自此之後，兩地的經濟社會文化體制截然不同，而發展的途徑也大相徑庭。隨着時間的推移，兩地居民的隔膜越來越深，不少香港人甚至對內地同胞產生偏見和鄙夷之情，並以因為曾接受殖民管治而取得「現代化」和「西方化」為「榮」，而香港人流露的優越感亦讓內地同胞感到氣憤和鄙視。過去維繫兩地民眾感情和關係的家庭和親族紐帶也變得越來越稀薄。那些對內地經濟社會政治狀況不滿的香港人對新中國的印象更為負面，對新中國的認同感亦更為薄弱。再者，那些原來對「中國」和新中國認識有限、但卻在英國人撤離香港前夕懷柔管治和「去中國化」達到極致的時刻成長起來的年輕人，對新中國更心存敵視和抗拒。

然而，有趣的是，儘管不少人不太認同中華人民共和國，但骨子裏他們的國家民族感情仍在，尤其是深受中國文化薰陶和對帝國主義踐踏中國的歷史記憶猶新的年長一輩。不過，他們所「愛」的中國，卻是比較抽象的「地理中國」、「民族中國」、「歷史中國」、「文化中國」和「傳統中國」。每當內地發生重大自然災害，不少香港人踴躍向受災的內地同胞伸出援手。在一定程度上他們也不得不承認，中國能夠走向富強和中華民族得以「自立於世界民族之林」，與中國共產黨的領導有關。不過，與此同時，當他們認為內地出現不符合他們的政治價值觀的事情時，他們卻會對中國共產黨嚴加批評和指責。這種對國家民族的認同和對中國共產黨和新中國的矛盾與抵觸情緒，正是成功實踐「一國兩制」所需要克服的一大障礙。不少年輕人連對國家民族都不認同，長遠而言更是更大的障礙。

當「一國兩制」方針政策起初提出來時，為了穩定人心，中國政府甚少、甚至避免論述回歸後香港人與中華人民共和國的關係。縱使香港《基本法》的法律基礎和權力來源是中國人民共和國憲法，但中國憲法在香港特區的地位和適用性卻很少被提及，更遑論深入討論。在《基本法》起草之時，起草委員們確曾對這個問題作過初步探討，但卻沒有形成共識，更沒有在香港引發嚴肅關注和認真探索。之所以是這樣，是因為中國政府擔心如果把中國憲法放到一個矚目的位置上的話，香港人會以為他們在回歸後須要效忠中華人民共和國和擁護中國共產黨。實際上，在「一國兩制」下，按照《基本法》的規定，中國共產黨不在香港公開運作，香港人需要承擔對國家的責任少之又少，而國家卻在多方面對香港人照顧有加。中國政府除了要求管治香港特區的香港人是「愛國者」外，對一般香港人並沒有提出明確的「愛國」要求，國家領導人當然希望回歸後香港人能夠「愛」新中國，但這卻不是「一國兩制」能否成功實踐的必要條件。在回歸後的香港推行「去殖民化」或「愛國教育」並不是重要任務，而且更考慮到那樣做反而會引起香港人的「信心危機」。不過，在「一國兩制」下，中央絕對不容許香港人幹那些危害國家主權和安全的勾當，尤其不能讓內外勢力把香港變成「顛覆基地」和「滲透基地」。的確，鄧小平先生和中國政府明白，在反共和疑共氛圍濃厚的香港，要求和「強迫」香港人「愛」新中國乃至擁護中國共產黨誠非易事。不過，只要香港人能夠謹守本分，知所行止，不做對內地社會主義和共產政權不利的事，並認真從自身利益角度考慮負起維護國家和政權安全的責任，則一般香港人「愛國」與否並不重要。

回歸後香港特區屢屢發生對國家和政權不利的事，主要原因是部分香港人不但不認同中國共產黨和由其締建的新中國，而且更肆無忌憚和「有恃無恐」地幹對它們不利的事。不少人甚至相信所謂「五十年不變」包括香港人在回歸後仍然可以「一如以往」般與中國共產黨「對着幹」。部分回歸前恆常進行的反對中國共產黨和中國政府的行動繼續出現，每年舉行

的由「香港市民支援愛國運動聯合會」組織的「六四」集會乃其表表者，其他針對內地政治、法治和人權狀況、中國政府施政和內地的一些政治事件的示威遊行也經常發生。內地的反政府和人權分子更經常得到部分香港人的青睞。對新中國國旗和國歌不敬的事例近年來也有所增加。一些素來反共的媒體在回歸後不但沒有收斂，反而有變本加厲之勢，而標榜「中立」的媒體也往往因為其編採人員的政治立場和要滿足受眾的喜好而偏頗報導和評論內地的人和事。當中國與外國特別是西方國家發生摩擦時，部分香港人會偏袒他國而批評中國的不是。個別國家領導人和中央官員不時慨歎地說，全世界最反共和攻擊中國共產黨最兇的地方，竟然是那個已經回歸了中國懷抱的香港。

最令中國政府大感不解，也憂心忡忡的事，莫過於香港在回歸中國差不多 20 年後出現「港獨」、其他各類「分離主義」、各種旨在排斥內地同胞和中央的「本土主義」和敵視與內地有聯繫的機構和企業的行動。這些基本上是抗拒中華人民共和國、內地同胞乃至中華民族的言行則是一些人把「香港人」與「中國人」對立起來的自然結果。長期以來，在香港社會，「香港人」或「中國人」都是人們習慣用來描述自己的身份認同的普通名詞，情況等於上海居民按照不同情景而說自己是「上海人」或「中國人」一樣。比如，與外國人交談時說自己是「中國人」，但向國內其他地方的人介紹自己時則說自己是「上海人」。「中國人」與「上海人」並非相互排斥，而一個人其實可以同時認同幾個「身份」，因此「上海人」也是「中國人」的一種。同樣地，在香港，「香港人」和「中國人」是香港居民同時擁有的「身份」，而主要認同自己是「香港人」和認同自己是「中國人」的人其實分別不大，主要分別在於「香港人」的國家認同感較弱。更重要的，是兩個「身份」並不相互排斥，一個人可以同時擁有兩個身份。即便在今天，這種情況仍然相當普遍。不過，近幾年來，部分香港居民，特別是年輕人，卻把這兩種「身份」對立起來，認為「香港人」不是「中國人」。認

同自己為「香港人」的人不再認同自己為「中國人」，甚至把「中國人」視為另外一個他們抗拒的國家（中華人民共和國）的居民。有些人甚至把新中國視為「侵略」香港，並讓香港成為其「殖民地」的「外國」。「港獨」、「本土派」和其他「分離主義」等分子通常來自那些自認為「香港人」的人。正是因為有些香港人出現這種對「香港人」「身份」的「新」理解，分裂勢力才取得生存和發展空間，而部分年輕人亦因受到教唆而成為敵視自己國家的激進暴力分子。

一直以來，鄧小平先生等人警惕的是香港成為危害國家和政權安全的基地，卻從來沒有想過香港會成為分裂國家的威脅。這些分裂國家的言論在香港冒起的時刻，剛好也是台獨勢力越來越囂張和美國加大力度遏制中國與打「台灣牌」、「西藏牌」、「新疆牌」和「香港牌」之際。倘若香港在回歸後已經成功完成《基本法》第二十三條的本地立法工作，則香港應該已經具備消弭分裂國家威脅的能力。由於該項立法工作因為反對派的阻撓和部分香港人的抗拒而遲遲未能完成，香港特區政府只能利用一些原有的法律來應對，但效果雖有，然而力度和可靠性卻不足，尤其未能確定法院會否承認和配合。在這種情況下，香港人特別是年輕人對國家的認同感薄弱和容易受煽惑，便構成危害國家安全的一個重要因素，而 2019 年爆發的特大暴亂便是最佳例證。

以此之故，中央多年前已經開始關注香港人與新中國的關係的問題，也充分認識到如果香港人只認同「抽象」的中國，但卻抗拒或疏離中華人民共和國的話，則他們只會重視香港的「一制」，而漠視「一國」。他們不但不會主動積極維護新中國的安全，甚至會淪為內外反共反華勢力的「幫兇」和「馬前卒」。他們不會認識到假如香港成為威脅國家和政權安全的基地的話，「一國兩制」也難以是一項既對國家有利，又對香港和自己有利的重大國策。回歸以來，雖然那些從事反對新中國和中國共產黨的活動的香港人只屬少數，但卻得到不少「旁觀者」的認可和同情，因此在社會

上遇到的反對聲音非常有限。反對派人士更往往藉助那些反共反華活動來籌集政治資本和在議會選舉中爭取選票。因此，加強香港人對新中國的認同和支持，最低限度要讓香港人知道防止香港成為反對新中國的基地，不符合香港和自己的根本利益，便順理成章成為中國政府的對港工作重點之一。近年來國家領導人多次強調在香港開展國民教育的重要性，並敦促特區政府大力在學校推廣國民教育。2007 年 6 月 30 日，國家主席胡錦濤在香港特區政府歡迎晚宴上殷切叮囑，「青少年是香港的未來和希望，也是國家的未來和希望。我們要重視對青少年進行國民教育，加強香港和內地青少年的交流，使香港同胞愛國愛港的光榮傳統薪火相傳。」同年 7 月 1 日，他在慶祝香港回歸祖國 15 週年大會上指示，「高度重視愛國愛港人才特別是優秀年輕政治人才培養，為他們增長才幹、脫穎而出提供機會和平台，使愛國愛港傳統薪火相傳、『一國兩制』事業後繼有人』。」2007 年 12 月 24 日，全國政協主席賈慶林會見香港學生國民教育「薪火相傳系列活動訪京團」時特別囑咐特區政府，「特區政府要在現有基礎上，以更大的力度、更高的目標，全面推動國民教育，重視和充分發揮學校主渠道，從教育體制、教育機制、教學內容、教師培訓和教材編寫等方面，保障國民教育順利開展。」他表示相信，「香港社會各界一定會繼續關心和支持國民教育，在整個特區營造更和諧、更熱烈的國民教育大環境。中央有關部門和地方將一如既往地支持香港各界展開國民教育活動，支持內地和香港青少年的各類交流活動。」

據我所知，中央並非要求特區政府開展「愛新中國」和「愛中國共產黨」的「國民教育」，而是從推廣中國歷史教育出發，讓年輕人了解和欣賞中華民族悠久和璀璨的文明、中華文明對世界文明的巨大貢獻、中國人在近代蒙受的屈辱和磨難，以及中華民族奮發自強所取得的偉績，從而提升青少年對國家和民族的自信心、自豪感、歸屬感和責任感，同時讓他們認識新中國建國以來所取得的成就。無論他們對新中國和中國共產黨

的態度為何，對國家民族有感情和責任心的年輕人，總不會做那些傷害國家民族的事情，更不會勾結外國勢力危害自己的國家和民族。令人遺憾的是，回歸後，特區政府對中國歷史教育的重視程度比「殖民地」政府更不如。特區教育當局從 2000 年起取消了回歸前中國歷史作為必修課的地位。2001 年中學課程改革後，政府允許學校把初中的中國歷史科與其他人文學科合併講授，相關課程對香港歷史及香港與中國內地的互動關係卻着墨不多。2009 年的課程改革大幅削減選修科目後，在學校內修讀中國歷史的學生人數大幅下降。不少學校傾向取消中國歷史課程，把騰出來的時間轉為開設那些更能「吸引」學生修讀，或更具「實用」價值的科目。

不過，無論中央如何催促，也儘管特區政府慢慢開始明白國民教育的必要性，它始終因為忌憚民意和反對派的發難，而不敢大刀闊斧在學校推行國民教育。不但如此，特區政府在處理國民教育一事上手法笨拙、識見淺薄，而且決心不足，部分官員甚至不斷「拖後腿」。行政長官曾蔭權選擇在任期結束前夕才提出要在學校開設「國民教育」課程來「回應」中央的敦促，但具體內容欠奉。此舉旋即引起教育界、反對派、學生、家長和部分香港人的疑惑。不過，由於特區政府沒有馬上推行「國民教育」，所以沒有因此而釀成政治風暴。可是，當新任行政長官梁振英上台並準備開展國民教育後，社會上便馬上凝聚起一批主要由家長、學生、反對派和部分媒體組成的反對力量，一時間反對「洗腦」、「愛黨」或「政治」教育的聲音此起彼落。在抵受不住壓力下，特區政府倉皇宣告擱置國民教育，至於何時重新推動則語焉不詳。從此國民教育在香港蒙上污名，難以名正言順、義無反顧地開動，只能通過讓學校自行開展與國民教育相關的教學活動、鼓勵香港青少年到內地探訪、香港學生與內地青少年交流、兩地學校結伴合作、舉辦各種展覽活動、太空人蒞港與羣眾接觸和奧運金牌運動員到香港訪問表演等「迂迴」和「間接」方式推行。誠然，在香港的學校內，懷有反共反華思想的教師人數不少，即便特區政府銳意推行國民教

育，在那些教師的抵制、扭曲或「明修棧道、暗渡陳倉」下，也未必能夠取得顯著成果，但某種效益卻仍然肯定是可以得到的。內地與外國的經驗充分說明，如果國民教育不能在學校以課堂講授和考試方式推進，並輔之以由政府規定內容和要求的公開考試，則其效用必然有限。

然而，2019 年中香港爆發特大動亂後，鑒於年輕人在這場動亂中的角色突出，更是主要的施暴者，因此中央對於在香港推行國民教育的重要性，有更深刻的體會和更濃重的迫切感。2019 年 11 月召開的中共十九屆四中全會更提出相關要求，提出要「完善加強對香港、澳門社會憲法和《基本法》教育、國情教育、中國歷史和中華文化教育等相關制度和體制機制」。對此國務院港澳辦主任張曉明的解讀是：「香港、澳門回歸祖國是一個重大歷史轉變，從憲制秩序到政權機構、從輿論環境到社會主流價值，都應當順應這一歷史轉變，適應『一國兩制』實踐要求。香港、澳門特別行政區政府和社會各界應當圍繞加強憲法和《基本法》教育、國情教育、中國歷史和中華文化教育，完善相關的教育制度和體制機制、不斷增強全社會特別是公職人員和青少年的愛國主義教育，關心、引導、支持、幫助青少年健康成長。」[4]

總而言之，國民教育在強化香港人特別是年輕人的國家民族意識，尤其是讓他們明瞭自己對中國人民共和國所必須承擔的責任，以及充分認識「一國兩制」的存亡絕續和個人切身利益之間的關係上殊為重要。然而，由於香港沒有義務兵役制度，而香港的年輕人又不能參加中國人民解放軍或到內地政府機關任職，因此國民教育不能通過那些有效渠道實行，所以學校在國民教育上的角色更為關鍵。

4　張曉明：〈堅持和完善『一國兩制』制度體系〉，載於《〈中共中央關於堅持和完善中國特色社會主義制度、推進國家治理體系和治理能力現代化若干重大問題的決定〉輔導讀本》。北京：人民出版社，2019 年。

行政主導不彰

儘管香港《基本法》中沒有行政主導一詞,但「行政主導」作為香港特區政治體制的本質性特徵卻是貫穿於整部《基本法》之中的。[5]《基本法》賦予香港特區行政長官崇高的政治地位和廣泛與重大的憲制權力。《基本法》第四十三條規定,行政長官是香港特區的首長,代表香港特別行政區。他／她又是特區行政機關的首長,享有重大的立法權、財政權和人事任命權。中國政府之所以在香港特區設立「行政主導」體制,原因之一無疑是要延續回歸前香港在殖民管治下行之有效的、由香港總督主導的政治體制。更重要的理由是在「港人治港」和高度自治下,中央既然不能「干預」香港「內部事務」,它便更需要一位由中央任命、得到中央充分信任、對中央負責的行政長官去確保「一國兩制」在香港全面和準確貫徹,維護國家主權、安全和發展利益,切實執行中央命令,駕馭香港的政治局面和促進香港的繁榮穩定。可以這樣說,除非中央依據《基本法》所授予的權力頻密直接介入香港事務,不然它便要高度依靠行政長官來維護國家與中央的利益,然而事實上《基本法》給予中央介入香港事務的權力的確頗為有限。因此,行政長官乃「一國」與香港「一制」的銜接點,角色既特殊也關鍵。惟其如此,中央不會容忍行政長官的地位和權威受到挑戰,特別是來自反對派的和外部勢力的挑戰。再者就是,中央任命行政長官的權力是絕對和實質的,不會容忍旁人覬覦或左右。

然而,事與願違,回歸以來,由於政治環境「形格勢禁」之故,「行政主導」的原則和精神尚未在香港特區充分體現。在強勢政府缺位下,香港特區的管治不但相當艱難,行政長官和特區政府亦經常成為被攻擊、嘲諷和鄙視的對象。儘管行政長官享有龐大憲制權力,但卻難以充分用之來實

5　據說,在《基本法》起草期間,起草委員們曾經有想過把「行政主導」一詞寫進《基本法》內,但卻遇到一名屬於反對派的起草委員的激烈反對,結果最終沒有那樣做。香港回歸後,該名反對派頭領卻經常説由於「行政主導」一詞沒有在《基本法》出現,因此香港的政治體制並非「行政主導」體制。

踐有效管治。可以想像，在反對派的竭力阻撓下，倘若行政長官不擁有龐大的憲制權力，則特區管治的情況會更加惡劣。實際情況是，無論在政策制定、政策執行和立法工作上，香港特區政府都面對不少困難，尤其難以落實那些關係到香港長遠利益、經濟發展和民眾福祉的政策和計劃。行政長官也缺乏足夠的威信成為在香港特區內「一國兩制」方針政策最權威的詮釋者，所以也難以「代表」中央抗衡或擊潰反對派那個刻意扭曲「一國兩制」的「另類詮釋」，更遑論奪回話語權。就算在維護國家利益、捍衛中央權威權力和推進香港與內地合作等重大事宜上，特區政府的表現也差強人意，有些時候甚至因為膽怯而沒有採取必要的應對措施。這從旨在維護國家安全的《基本法》第二十三條在香港的立法工作迄今尚未完成，特區政府對此事又長期姿態模糊和拖拉，以及香港遲遲未能按照《基本法》第九十五條與內地簽訂相互移交逃犯協議，從而體現兩地司法聯繫和互助這兩件關乎國家安全的事項上可見一斑。[6]「行政主導」不彰乃「一國兩制」仍未在香港特區全面和準確貫徹的主要原因之一，而「行政主導」不彰，其實也顯示了中央未能在回歸後的香港特區充分行使國家主權，和與之相關的全面管治權。

　　「行政主導」在回歸後之所以沒有充分體現，原因相當複雜。基本結論是，假如沒有良好的政治條件支撐，空有強大憲制權力也不為功，而古往今來其他地方的經驗教訓也是如此。香港特區的新政權缺乏強大的社會支持基礎、政治認受性不足、而且面反對派的不斷挑釁、外部勢力的介入和攻訐以及民意和輿論的夾擊，香港特區行政長官也因此而怯於行使其憲制權力，反而往往避重就輕，致使那些權力形同具文，而行政長官的個人威望也飽受摧殘。

　　造成「行政主導」不彰的原因之一，是香港特區的政治體制是一個相

6　《基本法》第九十五條規定，「香港特別行政區可與全國其他地區的司法機關通過協商依法進行司法方面的聯繫和相互提供協助。」

當特殊的「混合政治體制」（hybrid political system）。我曾稱之為「自由威權政體」。（劉兆佳，2017a）其「威權」部分體現在龐大政治和決策權力掌握在一個並非由羣眾普選產生的行政長官的手中，而超過一半議席經由普選產生的立法機關的憲制權力則相對頗為有限。與此同時，香港人卻享有高度和廣泛的自由，特別是在言論、出版、思想、宗教、集會和抗爭等方面，而那些自由又受到法律和獨立的司法機關的保障。《基本法》第二十三條立法尚未成功，更讓反對派享有提倡「分裂國家」和勾結外國勢力的「自由」。在這種政治體制下，行政長官在立法會和在社會上都受到相當程度的制度、政治、輿論和民意的制約。如果行政長官和特區政府民望低落的話，則他（她）們受到的制約會更大，而其活動空間也會更小。回歸以來，大部分時間行政長官的民望都處於偏低水平，所以難以「義無反顧」、大刀闊斧地通過行使權力來體現「行政主導」。

原因之二是行政長官沒有政黨背景，而香港特區更沒有一個由行政長官領導、而又同時能夠駕馭立法會的「執政黨」（governing or ruling party），也沒有一個雖非由行政長官領導，但卻矢志堅定擁戴行政長官和特區政府的「主導政黨」（dominant party）。行政長官在立法會內缺少穩定可靠的大多數議員的支持。當然，在中央的協助、遊說和「鞭策」下，立法會內佔大多數支持中國政府的議員都傾向支持特區政府，在「大是大非」問題上更是如此。不過，鑒於那些議員也要維持其選民對自己的信任，而且他們與行政長官的選民基礎不同，加上他們的利益、立場和感情也不一定與行政長官相近，因此他們對特區政府的支持並不穩固，往往視具體情況而定，有時甚至會要求特區政府給予政治報酬或補償作為交換條件。一些愛國人士對行政長官其實並不信服，怨懟頗多，不時更倒戈相向。所以，儘管大多數議員傾向扶持行政長官，但實際上特區政府往往每次都要花費巨大力氣和資源才能糾集足夠的「支持票」，讓政府提交立法會的法案得以通過。特區政府既然經常須要向立法會議員「求票」，則在

形格勢禁的處境下「行政主導」便難以充分發揮。

原因之三是回歸以來，特區新政權的認受性和威信尚未確立。誠然，歷史經驗表明，新政權往往需要經過一段長時間才能夠樹立權威，除非它的領導人在其成立之前已經享有崇高政治威望，又或者它在成立伊始便有機會展示強大能力和「建功立業」。由於英國人在香港的殖民管治為時甚久，並被視為香港「經濟奇跡」和繁榮穩定的「功臣」，因此得以累積頗高民望。香港特區政府要在短期內在政治威信上與「殖民地」政府比肩實屬不可能的事。更不幸的是，特區政府剛成立便馬上要面對嚴峻考驗。亞洲金融危機和禽流感紛至沓來，為香港的經濟和民生帶來了嚴重傷害，而特區政府的表現卻廣為群眾詬病。在如此惡劣的條件下，行政長官和特區政府難以取得香港人的認可和愛戴。

尤有甚者，行政長官「犯有」與中國政府關係密切的「原罪」。在不少香港人心目中，北京委任的行政長官「必然」是「親共分子」、「必然」是唯北京馬首是瞻、唯唯諾諾的人，也「必然」會把北京的利益和想法凌駕於香港特區和香港人之上。彌漫在香港的反共、疑共心態和對「愛國者」的信任不足，無疑是削弱特區新政權的認受性和威信的「元兇」。

最後，中央因為種種政治考量和顧慮，不願意給予香港特區行政長官有力的幫扶，反而偶然和無意中甚至給香港人特別是反對派一個不正確的印象，讓他們覺得只要大多數香港人反對行政長官和其政策的話，則中央會選擇站在香港人那方。例如，曾蔭權在董建華第二任任期結束前接替董建華為行政長官，以及梁振英只能當一任行政長官都被不少香港人視為中央「俯順民意」之舉。2003年香港爆發反《基本法》第二十三條本地立法後的大規模遊行示威後，特區政府宣佈擱置立法工作。這個結局也被不少香港人視為中央「發招」所致。當然，這個認為香港民意足以左右中央決策的「印象」不是事實，更不是中央所希望營造的印象，因為如此一來行政長官的威望會進一步下挫，對國家、中央和「一國兩制」的實踐也不利。

不過，話說回來，在回歸後相當長時間內，中央對香港行政長官的支持力度的確不大，亦往往不到位。中央除了偶爾在口頭上表示支持行政長官，並呼籲各方面尊重他和特區政府外，具體行動着實不多，主要是推出一些對香港經濟發展有利的政策和措施。中央甚少對香港的反對派採取反制行動，就連批評或譴責也不多，甚至對「拉攏」「溫和反對派」仍存一絲幻想。中央對外部勢力介入的反擊力度也不夠強悍。在這種情況下，本已處於弱勢的行政長官只能「單打獨鬥」，難以有力與各方挑戰勢力抗衡。

說到底，任何一個強勢政府都需要一個擁有堅實和廣闊社會支持基礎的「管治者聯盟」的擁戴，而這個「管治者聯盟」又有擁有相當的能力和資源、巨大的話語權、大量政治和社會領袖、能夠有力承托行政機關和立法機關，以及能夠在各項選舉中取得佳績。香港的愛國力量內部凝聚力和團結性不足，社會支持基礎薄弱和狹隘，本來已經難以組成強大的「管治者聯盟」，再加上中央對組建「管治者聯盟」一事有諸多政治顧慮，要組成「管治者聯盟」更是難上加難。

國家崛起對香港的衝擊

隨着國家以驚人的速度崛起，香港與內地的關係也出現前所未有而又意料不到的巨大變化。回歸前，不少內地官員和香港人都相信香港與內地在回歸前的關係在回歸後相當長時間內都不會改變，即使改變也只會是讓人們容易適應的緩慢改變。然而，往後事態的發展和衍生的後果，卻是任何人都始料不及的。

「一國兩制」的要義，除了推進國家的統一大業外，在於保持香港的資本主義制度和生活方式五十年不變，讓香港得以憑藉其獨特的、難以取代的各種優勢為國家的社會主義現代化作出貢獻。誠然，既然「一國兩制」的戰略目標是要讓香港的「一制」對國家的發展作出獨特和不可取代的貢

獻，則「一國兩制」的成功指標之一是隨着國家的改革開放不斷深化、經濟持續發展和人民生活不斷改善，香港與內地之間的經貿往來會越來越頻繁，兩地在生活水平和生活方式上的差距也會不斷縮小，而兩地同胞的關係也會愈趨融洽。回歸前，各方面一般的估計是，國家的發展肯定會不斷取得佳績，經濟增長和人民生活水平提高等目標會按照鄧小平先生和其他國家領導人的設想逐步實現。可是，不少香港人卻仍然相信，在那五十年內，即便國家的發展速度比香港的發展速度較快，香港與內地的經濟差距也只會緩慢地逐步縮窄，而國家對香港在發展上的「依賴」也會長期持續下去，因此兩地的經濟關係不會發生重大的變化。與此同時，香港原有的資本主義制度、社會狀況、政府的管治方式和主要的公共政策（特別是經濟政策）雖有改進的需要以應對香港的不斷變遷，但卻無須作出重大或根本性的改動。

然而，原來的設想和估計與國家往後的發展的實況差距之大，是改革開放之初國外和國內各方面完全意想不到的。在改革開放四十多年中，國家以前無古人的速度、幅度和持續性崛起，以美元計算的經濟總量已經位居全球第二位，成為世界上首屈一指的經濟體已是指日可待的事。四十多年來，各項經濟、產業結構、社會、民生、環境、科技、教育、國防、幸福和國際地位等指標都有長足的改進。國家的發展模式已從「引進來」轉為「引進來」和「走出去」並重。經濟增長的推動力由過去主要依賴出口、重工業和基本建設投資轉為更多倚重內部消費、服務業和各種創新，並由偏重經濟發展轉向全方位和均衡發展。

相反，儘管香港回歸後在發展上仍然取得一定的進展，而且經濟增長速度比不少西方國家為佳，但與內地比較則在發展速度、幅度、全面性和持續性上相差甚遠。誠然，鑒於香港已經是一個成熟的小型經濟體，而且在回歸以來備受政治內耗及管治艱難所困，經濟增長和產業轉型乏力可以理解，但仍然難免令人失望，尤其是香港在回歸後，雖然獲得國家改革開

放所帶來的大量發展機遇、但卻因為嚴重政治內耗、反對派的阻撓和部分香港人對內地的抵觸情緒而未能好好抓住利用。

可以這樣說，國家在過去四十多年崛起之快之急，和對「一國兩制」在香港實踐所帶來的衝擊，遠遠超乎「一國兩制」設計者的預期和想像。當中央提出「五十年不變」的時候，很難會估計到香港會因為國家的急速崛起而發生變化，而內地的劇變又極大地改變了香港與內地的關係。（陳多主編，2019）

無疑，自從中華人民共和國成立以來，香港在國家不同階段的發展中都發揮着獨特的、不可替代的作用。改革開放之前，香港是國家至關重要的外匯來源地，也是國家可資利用來突破西方國家以聯合國名義圍堵中國的缺口。改革開放初期，在國家的以「引進來」為主的發展戰略下，香港成為內地引進資金、企業、人才、信息、技術等發展要素的主要來源地和通道。隨着改革開放的不斷推進、國家經濟的高速發展、內地產業結構的持續優化和調整、國家發展方式的變革和中國經濟與世界經濟密切結合，香港在國家發展上的重要性和貢獻仍然是非常明顯的。香港與內地經濟關係不斷發展和變化也反映在內地對香港經濟越來越重要之上。隨着國家經濟起飛，大量內地企業、資金和人才進入香港，以香港為基地進行經營、集資、提升營運和管理素質、進軍海外、以及以「外資」身份重返內地發展。中資企業數量不斷增加，其中不少規模龐大，擁有巨額資產，並已經成為香港股市的主要增長動力。正如郭國燦和劉海燕所言，「近40 年來，香港中資藉助內地改革開放與香港國際金融中心及香港回歸這幾大因素，迅速崛起。內地 40 年快速經濟增長為香港中資的發展提供了發展的動力和廣闊的市場，而香港開放自由的資本市場，則提供了多元的融資通道和不竭的資金來源。香港中資的快速發展和壯大，反過來又促進了香港的繁榮穩定和內地的改革開放。」（郭國燦、劉海燕，2017:11）

隨着香港與內地經濟關係越來越密切，而香港又積極參與國家的重

大發展戰略，香港在經濟上逐步融入內地已經是不可逆轉的大趨勢，而中央在引領香港經濟發展上的角色也顯得越來越重要。西方主導的全球化退潮和西方經貿和金融保護主義的冒起，都迫使香港與內地建立更緊密的「優勢互補」和「互利共贏」的合作關係。為了促進兩地的經濟關係和推動香港產業結構的優化和轉型升級，中央連綿不斷地推出各種既讓香港受惠，又對國家發展有利的政策和措施。《內地與香港關於建立更緊密經貿關係的安排》(CEPA)、方便內地同胞前往香港的「自由行」政策、粵港合作、深港合作、前海發展、內地服務業市場對香港開放、中央和地方政府給予在內地的香港人更多在生活、就業、就學、營商、就醫、交通和退休上的方便、不斷擴大香港的人民幣業務等都是帶標誌性的舉措。香港與內地的經貿關係越來越全面和密切。(《內地與香港經濟合作概覽》編寫組，2016)

在國家新一輪的改革開放戰略中，「一帶一路」倡議、粵港澳大灣區建設，人民幣國際化，科技和體制創新，產業結構轉型升級，企業、資金和人才「走出去」，增加現代服務業在產業結構中的比重，新型城鎮化，推行供給側改革，改進城市管理的質量和提升內需在經濟增長中的作用等大政方針，都為香港提供源源不絕的發展機遇。概括來說，改革開放四十多年來，香港在國家的發展中的定位和角色的變遷呈現幾個趨勢。首先，香港與內地的經濟關係越來越複雜、多元、緊密和雙向。改革開放初期那種「前店後廠」的較為簡單的生產與貿易關係已不復再。取而代之的是多領域的、互利共贏和優勢互補的關係，其中涉及到龐大的資金、人才、信息和技術的交流。第二，國家的經濟發展對香港的經濟發展越來越重要。在全球經濟持續低迷和香港對西方的經濟依賴下降的情況下，香港越來越需要融入國家發展大局，並從內地引入經濟發展和產業轉型的動力。第三，中央越來越主動和積極發揮引領香港經濟發展和產業轉型的角色和功能。香港與內地經濟關係的發展，越來越被納入整體國家的發展戰略之中。

　　國家的迅速崛起也為香港的經濟和社會形成巨大衝擊，不可避免地也引發出一些新問題。自 19 世紀中葉開埠以來，「轉變不經」，或者說「變幻才是永恆」無疑是香港社會的最佳寫照。然而，為了穩定香港人和國際社會對回歸後香港的信心，中央的「一國兩制」方針的核心內容之一，是保持香港原有制度和生活方式「五十年不變」。從現實角度而言，要真的達到「五十年不變」的目標本來已經不容易。國家在改革開放戰略下迅速崛起，對香港產生了巨大和難以預測的衝擊，也為「一國兩制」的成功實踐帶來嶄新和棘手的課題。那些衝擊其實在香港回歸前已經頗為明顯，而在回歸後更是巨大和勢不可擋。結果是，今天香港的經濟和社會狀況和「一國兩制」方針，在 1980 年代初期提出時所認識的和刻意保持的狀況不可同日而語。

　　國家的改革開放，大力推動了香港經濟的增長，同時也促使香港的產業結構以極快的速度轉型。開始時香港的資金、企業和人才不斷進軍內地，而後來隨着內地經濟的蓬勃發展，內地的企業、資金和人才又大量湧入香港，並利用香港開拓海外業務。馮邦彥對改革開放與香港產業結構轉型的關係有概括性的描述：「香港產業結構的第二次轉型，發軔於 20 世紀 70 年代後期並在 80 年代初期取得明顯進展，到 90 年代末趨於完成，轉型的基本趨勢是『經濟服務化』，即從原來的出口和製造業為主的經濟模式，轉變為亞洲區一個與中國貿易和對外關係有着密切關係，由港口帶動並以服務業為主的經濟體系。這一時期，在中國改革開放的推動下，香港製造業大規模轉移到內地，特別是廣東珠江三角洲地區，雙方形成『前店後廠』的分工格局。這次產業結構的轉型，推動了 20 世紀 80 年代中期香港經濟的持續增長，並強化了香港作為亞太區國際貿易中心、航運及航空中心、國際金融中心的地位，發展成為全球最主要的服務經濟體系之一。」（馮邦彥，2014：「前言」）

　　馮邦彥指出，1997 年回歸前，經過大概十多年的時間，隨着大批工

廠北移，香港基本上已經完成從出口和製造業為主的經濟模式，向生產性和消費性服務業的結構轉型，其中金融和貿易在香港產業結構中的比重愈趨突出，而製造業「空洞化」的情況則越來越明顯。回歸後，這個產業結構轉型的趨勢隨着國家改革開放的迅猛發展，更是方興未艾。中央給予香港的各種優惠經濟政策和措施，促使服務業進一步蓬勃發展，並向高增值方向推進，而製造業則更趨式微，更遑論轉型升級。與此同時，香港與內地「前店後廠」的分工模式也無以為繼，不少原來依靠香港提供的「前店」服務在內地亦可取得，而隨着珠三角經濟的急速發展和向高增值產業轉型，那些「勞力密集」的香港中小微企業也只能遷往內地較落後地區、東南亞國家或索性結業。香港的轉口貿易轉弱，並逐步向離岸貿易轉型，而隨着內地大城市的不斷開放，香港作為內地對外貿易中介的地位也今非昔比。內地資金和企業在香港經濟的比重不斷攀升，形成了對本地企業和資金，以及對外資企業和資金，構成嚴重的競爭威脅。不過，由於港元與美元掛鈎的聯繫匯率、外來資金的洶湧進入、金融業的膨脹、土地供應不足、源於金融全球化和多發的金融危機所衍生的資金供應過度充沛、金融和地產業以外的投資機會有限等諸般因素、香港地產、樓市、租金大幅飆升，拉動香港股市大幅上揚，通貨膨脹的陰霾揮之不去，增加了各行各業的經營成本，嚴重妨礙香港產業結構的多元化發展。（馮邦彥，同上）

可惜的是，儘管回歸前後香港產業結構的轉型的幅度和速度可觀，但卻沒有讓香港的經濟體系轉化為高增值、高技術含量、高生產率、能夠提供大量高薪職位的知識型和創新型經濟體系。「去工業化」和香港在內地的製造業仍以勞動密集為主固然是主要原因之一。依靠個人提供服務的現代服務業的生產率在本質上難以顯著提高、政府在資源和政策上的投入和推動有限、香港缺乏創新與科技產業、政治衝突不斷等也是重要原因。以此之故，香港的整體經濟競爭力呈現不斷下降的趨勢。正如馮邦彥所說，「總體而言，戰後以來香港產業結構的兩次轉型，主要是在外

部因素的推動或刺激下，根據自身比較利益和在市場機制下自動調節的結果，技術進步在其中的影響力不算重要，這直接導致了香港產業結構的缺陷和問題。」而且，「香港對服務的過度依賴，使其經濟發展的步伐中充滿了潛在的不確定性和脆弱性。外向型的服務產業使得原本就高度依賴外部環境的香港經濟更容易受全球經濟變化和經濟週期的影響。」（馮邦彥，同上）

　　回歸前後香港經濟結構的改變也帶來了社會結構的轉變。事實上，香港社會的貧富差距在上世紀 70 年代中期開始已經不斷拉開，而這個趨勢還在持續發展和惡化。今天，香港的貧富懸殊情況已經達到相當嚴重的地步，與世界上其他國家和地區（包括發達國家）相比更是位居前列。貧窮問題特別是老年人的貧窮問題尤其嚴峻。家庭制度、鄰里關係和傳統互助組織的弱化，使得貧窮問題更難通過社會資源來疏解。製造業「空洞化」使得在短時間內大部分製造業的職位流失，很多香港人因此失去了大量的穩定的、收入不錯的工作。受影響的不但是工人，也包括不少的中產人士。大量提供穩定和不錯收入的中層職位流失，引發了中產人士向下流動的現象。儘管金融業和現代服務業不斷崛起，提供了一批優質的、高回報的職位，但數量有限，遠遠不能滿足香港人尤其是教育程度快速上升的年輕人的需要和要求。國家改革開放和中央的「惠港」政策誠然對香港的經濟發展十分有利，但能夠受惠的行業、企業和人才畢竟有限，部分人甚至因為來自內地的競爭而蒙受損失，更無疑在一定程度上使香港原來已經嚴重的貧富懸殊問題有所惡化。同樣重要的，是在國家改革開放的四十多年中，香港內部政治鬥爭不斷，英國人在離開香港前在香港的發展上無心戀戰，回歸後的香港特區政府在經濟和社會事務上的介入又欠積極，加上管治乏力，財政政策保守，創新思維欠奉，因此使香港社會情況難有顯著改善。

　　今天，香港社會的基本狀況是各種社會矛盾相當突出並交疊爆發。

第一，產業結構的改變導致社會階層的結構改變。一個越來越封閉但人數不多的「上層權貴階層」逐步形成，財富愈趨集中和行業壟斷的情況相當嚴重。中產階層萎縮而且內部分化。人數比例不高、由高端專業和行政管理人員組成的上層中產人士處境越來越好，並成為最大的受益者和既得利益者，但為數多得多的中下層中產人士的收入卻停滯不前，而且要經歷向下流動或經常面對向下流動的威脅。低下階層的人數不斷攀升，部分人的生活條件愈趨惡化，貧窮老齡化和世襲現象愈趨明顯，貧窮問題也因此愈趨嚴重。第二，教育水平越來越高的年輕人得不到足夠的發展機會，並深受學業、就業、事業、創業和置業問題所困擾。一些年輕人通過組織和參與各式抗爭行動以宣泄其不滿和要求社會和政治改革。第三，階級矛盾和衝突愈趨明顯，社會上的「仇富」、「厭富」態度抬頭，反精英情緒、反權威心態和民粹主義熾烈。中產人士怨氣上升和言行激進化的現象明顯。第四，部分社會矛盾在反對勢力的利用下變成政治鬥爭的催化劑，加劇了香港的政治內耗。第五，一部分香港人對個人和社會現狀的不滿轉化為對來自內地的人士和移居香港的內地同胞以及對中央的抵觸情緒，對香港與內地關係的發展不利。其中，中產積極分子是越來越多的激烈社會和政治抗爭行動的骨幹。香港中產階層走向「激進化」是香港穩定和有效管治的最大威脅，年青中產人士更是香港近年來數量日增的集體抗爭行動的中堅力量。

香港與內地關係的改變對香港特區的管治方式也帶來了微妙的衝擊。過去，在漫長的殖民管治時期，香港的殖民政府一直奉行所謂「放任主義」或後來經過若干調整的「積極不干預」方針。無論是「放任主義」或「積極不干預」，政府的主要功能都局限在行政管理和執行法律上，而在經濟和社會發展上的角色則十分有限。即便政府要在經濟和社會發展上起帶頭作用，它也缺乏相關的人才、能力、機制、知識和經驗。近幾十年來，經濟發展成功的國家和地區比如日本、韓國、新加坡和台灣都非常依靠

政府在經濟事務上發揮主導作用，包括制定發展計劃、興建基本設施、提供資金、培植人才、開辦企業、招商引資、鼓勵科研、約束勞工和底層人士的要求、開拓海外市場等。香港之所以能在「小政府」的情況下仍能取得驕人的經濟表現，與香港的獨特歷史條件有莫大關係。假如不是因為在中華人民共和國成立前後大量資金、人才和具備技術的工人紛紛湧到香港，而香港又擁有頗為成熟的金融體系和行政管理系統，致使香港無需在政府高度介入經濟的情況下便「馬上」獲得工業發展所必須的要素，恐怕香港也無可避免須要政府擔當重要的推動經濟發展的角色。不過，由於香港的「經濟奇跡」是在「小政府」、「大市場」的背景下締造，不少人便機械式或武斷地相信「小政府」乃香港經濟發展在過去、現在乃至將來的必然條件，因此反對政府積極或主動「干預」經濟事務，不然便是違反香港的經濟發展「規律」。與此同時，多數人亦認為政府在社會事務上的參與可以多一些、可以大膽一些、可以主動一些、可以深入一些，特別是在提供必要的福利、救濟和服務方面，但卻仍然反對政府在社會福利上過分慷慨、反對讓香港成為「福利國家」，更反對政府過多地通過財政和稅務政策去紓緩香港日益惡劣的社會矛盾和衝突。

回歸以前，「小政府」思維所帶來的一個嚴重和深遠的後遺症是「殖民地」政府任由香港製造業「空洞化」和大量製造業工人失去安穩工作而不尋求補救之道。「殖民地」政府認為政府不應該干擾市場的自然運作，否則後果堪憂。相反，新加坡政府作為一個獨立國家的政府則從政治、社會、經濟和政權穩定的角度出發，想方設法在勞動密集工業式微之際，大力扶植和引進一些高增值和高科技的工業，防止製造業「空洞化」，促進產業朝多元化方向轉型，並藉此推動經濟體系升級。一個更糟糕的例子是印度。它的發展模式是放棄製造業而直接「蛙跳式」進入服務業，結果導致就業機會嚴重短缺，大量印度的年輕人對個人前景茫然。

回歸以後，情況發生了微妙的變化。即便「小政府」的信念依然非常

牢固，但在主客觀條件的不斷改變下政府在經濟和社會事務上的角色正在逐步增加，而政府的財政政策也相應地作出一些輕微的調整。其中重要的原因包括：要求政府擔當更多的經濟和社會功能的壓力隨着香港政治體制的「民主化」不斷上升、嚴重的社會問題和矛盾日多、香港社會和華人家庭解決個人和社會問題的能力下降迅速、阻礙香港經濟轉型和長遠發展的結構性因素越來越受到關注、香港的國際競爭力下降等。2019 年爆發的特大暴亂在一定程度上與香港的深層次經濟和社會矛盾有關，因而更促使特區政府加快在公眾的壓力下，強化政府在社會和經濟發展中的角色和功能，亦相應稍稍減少了各種既得利益者反對政策改革的抗拒。

國家的改革開放在推動香港特區政府承擔更大的經濟和社會發展角色上的作用更不可小覷。由於香港的經濟發展越來越依賴內地經濟的發展，而內地各級政府尤其是中央政府在經濟和社會發展上擔當極為重要的角色，香港特區政府必須要取得中央和地方政府的支持、合作和配合才能讓香港好好地利用國家發展所帶來的機遇，並通過參與國家的發展對國家作出貢獻。同時，為了促進香港的發展和穩定，中央也主動推出各項對香港有利的政策和措施。回歸以來，為了配合或實施一系列來自中央的和香港主動出台的、旨在推動香港與內地經濟合作的舉措，香港特區政府在香港經濟和社會事務上的參與正在逐步增加。行政長官董建華於 2003 年發表的《施政報告》中率先提出推動香港與珠三角經濟融合的主張，以及嗣後由中央、香港或內地地方政府提出的 CEPA、自由行、人民幣業務、粵港合作、深港合作、建構「泛珠三角」區域經濟體、香港建設成為首要的人民幣離岸中心、香港發展為創科中心、「一帶一路」倡議、粵港澳大灣區建設等都是強化香港與內地合作的好例子。為了讓香港與內地發展有更系統、全面、緊密和有機的聯繫，中央更在多年慎重考量後容許香港參與國家的五年經濟和社會規劃，並大力支持香港的發展。

在國家的「十二五」和「十三五」規劃中，都有專章論述香港在國家

發展中的定位和中央承諾給予香港的大力支持。「十二五」規劃強調要支持香港充分發揮優勢，在國家整體發展中繼續發揮重要作用。相關方針之一是要支持香港鞏固提升競爭優勢，具體政策包括：繼續支持香港發展金融、航運、物流、旅遊、專業服務、資訊，以及其他高增值服務業，支持香港發展成為離岸人民幣業務中心和國際資產管理中心、支持香港發展高價值貨物存貨管理及區域分銷中心、鞏固和提升香港國際金融、貿易、航運中心的地位、增強金融中心的全球影響力。相關方針之二是要支持香港培育新興產業，具體政策包括：支持香港增強產業創新能力、加快培育新的經濟增長點、推動經濟社會協調發展。支援香港環保、醫療服務、教育服務、檢測和認證、創新科技、文化創意等優勢產業發展，拓展合作領域和服務範圍。相關方針之三是要深化內地與香港經濟合作。具體政策包括：加強內地和香港交流合作、繼續實施更緊密經貿關係安排。深化粵港澳合作，落實粵港、粵澳合作框架協定，促進區域經濟共同發展，打造更具綜合競爭力的世界級城市羣。支持建設以香港金融體系為龍頭、珠江三角洲城市金融資源和服務為支撐的金融合作區域，打造世界先進製造業和現代服務業基地，構建現代流通經濟圈，支持廣東在對港澳服務業開放中先行先試，並逐步將先行先試措施拓展到其他地區。加快共建粵港澳優質生活圈步伐。加強規劃協調，完善珠江三角洲地區與港澳的交通運輸體系。加強內地與香港文化、教育等領域交流與合作。

「十三五」規劃則表明要發揮香港獨特優勢，提升香港在國家經濟發展和對外開放中的地位和功能。具體內容包括：支持香港鞏固和提升國際金融、航運、貿易三大中心地位，強化全球離岸人民幣業務樞紐地位和國際資產管理中心功能，推動融資、商貿、物流、專業服務等向高端增值方向發展。支持香港發展創新及科技事業，培育新興產業。支持香港建設亞太區國際法律及解決爭議服務中心。支持香港參與國家雙向開放、「一帶一路」建設，鼓勵內地與香港企業發揮各自優勢，通過各種方式合作走

出去。加大內地對香港開放力度，推動內地與香港關於建立更緊密經貿關係安排升級。深化內地與香港金融合作，加快兩地市場互聯互通。支持內地與香港開展創新及科技合作，支持香港中小微企業和青年人在內地發展創業。支持共建大珠三角優質生活圈，加快前海、南沙、橫琴等粵港澳合作平台建設。支持香港在泛珠三角區域合作中發揮重要作用，推動粵港澳大灣區和跨省區重大合作平台建設。

因為中央制定的發展戰略和長遠規劃在國家的發展過程中佔有主導關鍵位置，香港特區政府不得不因應這情況，而在一定程度上改變其在經濟和社會事務上的角色。首先，為了參與國家的發展戰略和規劃，香港特區政府或多或少也必須思考香港的長遠宏觀發展需要，和做一些相關的規劃工作，以便香港的發展能夠與國家的發展對接。過去政府的「小政府」心態、「短線思維」和對規劃的抗拒已經悄然發生變化。第二，一直以來政府被動地和滯後地配合和回應經濟和社會發展的做法已經不合時宜，香港特區政府開始關注政府在經濟和社會發展上的主動、前瞻角色。政府不再把自己看成是「追隨者」，反而覺得自己應當多點發揮「帶領者」和「促進者」的作用。第三，為了讓香港的發展更好地為國家的發展服務，中央會向特區政府提出要求和建議，制定相關政策和提供相關設施，好讓香港的政策和發展能夠體現「國家所需、香港所長」的效果。第四，香港特區政府有需要動員香港各界參與國家的發展，為此它需要在香港和在內地營造必須和合適的條件，包括基本設施、人才培訓、資金提供、支援照顧、政策推動與配合、政府與政府之間的協商合作、特區政府與外國政府協商談判、研究和資料收集、加強香港與內地在各方面的流通和對接等。所有那些工作都不是民間和私人機構所能應付的。第五，為了更好的參與「一帶一路」，香港特區政府有需要與「一帶一路」沿線國家建立各種合作安排，包括稅務、簽證、專業和教育資格互認、企業融資、貿易往來、文化交往、信息流通、交通運輸、監管方式、法律仲裁等。第六，為了加快

香港向高增值和知識型經濟轉型，推動香港經濟的多元化發展，為香港人尤其是年輕人製造更多的發展機會，香港特區政府同意為一些具有潛力的產業比如創新科技和創意產業提供支援，讓它們在政府的扶持下能夠茁壯成長。在這方面內地的支持和配合不可或缺，尤其在開放市場、資金提供和科研合作方面。

總而言之，國家的改革開放促使香港特區政府在一些方面加強了它在香港的經濟和社會發展上的參與。當然，「小政府、大市場」在可預見的將來仍然會是香港特區政府奉行的「金科玉律」，而它的確也欠缺足夠的資金、人才、經驗和手段去承擔主導性的角色，但畢竟與過去相比，在中央的引領和催促下，香港特區政府的功能仍然有進一步擴充的空間。

國家的崛起及香港與內地關係的改變又促成香港人在思想心態上的改變和調整。國家因為改革開放而崛起，在極短時間內改變了內地的經濟社會面貌、中國的國際地位和影響力、人民的生活水平和內地同胞的思想心態。香港與內地在經濟、社會、文化和政治上的關係越來越密切，而兩地同胞的交往與互動也越來越頻繁。這些巨大和深遠的變化對香港人的思想心態難免會帶來急劇和猛烈的衝擊，並產生了微妙和複雜的改變。由於不同的香港人有着不同的處境、經歷、利益、價值觀和際遇，那些衝擊在不同人當中自然地產生了不盡相同的思想心態的變化，從而造成了香港人內部的分化，並因此而引發出眾多過去無法想像得到的現象、問題和衝突。茲就其犖犖大端者作簡單說明。

首先和最明顯的是香港人對國家和民族在態度上的改變。國家的崛起使得中華民族取得了過去幾百年來前所未有的強國地位，扭轉了百年的屈辱，獲得了國際社會的尊重和讚歎，當然也因此引發了一些國家主要是西方國家的嫉妒和恐懼。對大部分香港人來說，國家取得的舉世矚目的成就讓他們感到自豪，對民族的將來提振了信心。在一定程度上，相當部分香港人對中華人民共和國和中國共產黨增加了好感。西方國家對中國

崛起的遏制卻又同時有助於提振香港人的家國情懷和消滅對西方幻想的作用。不過，對於那些一直以來對中國共產黨有抵觸情緒或者崇拜西方制度、文化和價值觀的香港人來說，由於他們壓根不相信社會主義對國家發展有利，中國在中國共產黨帶領下的崛起是他們極不願意看到的。這些人骨子裏可能不敢輕視甚至欽佩中國共產黨所取得的成就，但國家在他們意想不到或不希望見到的情況下崛起，卻無疑推翻或動搖了他們原來的信念和想法，迫使他們不斷找中國共產黨的岔子，把一些內地的「落後」、不文明和不符合西方人或香港人要求的東西無限放大和加以鞭撻，一方面藉以「印證」他們對中國共產黨的負面看法，另方面則企圖挑撥香港人與新中國和中國共產黨之間的關係。

第二，內地同胞的生活水平越來越好，比較下香港人的生活條件則有「躑躅不前」的境況，而兩者之間的接觸和交往則因為自由行、香港人越來越多到內地發展、內地人才、學生和移民來港日多，和內地企業和資金不斷湧進香港而日益頻繁。然而，由於香港人與內地同胞在文化、生活方式、道德規範和思想心態上差異甚大，部分人遂覺得自己的利益和價值觀受到損害，接觸和交往增加雖然會加深彼此的了解，但也同時造成了不少摩擦，從而在香港人與內地同胞之間形成了隔膜和裂痕。雖然不少香港人受惠於香港與內地的緊密關係，但也有部分香港人覺得內地企業在香港的投資，內地富豪和消費者在香港「炫耀財富」，內地同胞到香港佔用香港的公共設施和服務，內地同胞在香港學習、發展與定居等等都對他們形成難以應付的競爭壓力、改變了他們的生活環境和就業前景。一些人更認為來自內地的文化和做事方式損害或腐蝕了香港原來的「先進」和「文明」的現代化事物，把香港推向「大陸化」和倒退，讓香港不再是他們熟悉的香港，更把「香港人」的身份內涵變得模糊不清，從而在他們的心目中引發「身份危機」，以及想像出一種有別於中華民族（或甚至與中華民族對立）的、在現實上並不存在的「香港民族」的狹隘意識。由此而產生的不

安全感和擔憂加劇了這部分人對國家、內地和內地同胞的逆反情緒。「港獨」、「去中國化」和各種分離主義思想也因此找到了生長的土壤。

第三，「港獨」、「去中國化」和分離主義思想的冒起，而且在年輕人當中造成了極為惡劣的影響，促使中央被迫採取各種措施大力對其進行遏制，導致一些宣揚「港獨」和「本土分離主義」的人失去了立法會議員或參與立法會選舉的資格，香港民族黨又因為明目張膽宣揚「港獨」而被香港特區政府取締。部分香港人特別是年輕人對此表示憤慨，指責中央和特區政府踐踏香港人的人權自由，收窄反對勢力的政治活動空間以及侵蝕香港的高度自治。這些人不接受中央和特區政府負有維護國家主權和領土完整的責任，中央和特區政府的舉措在他們的眼中成為香港「高度自治」受到破壞的「鐵證」，強化了他們對中央和「一國兩制」的抵觸情緒，也加劇和鞏固了他們的「香港民族」受到「外來統治者」迫害的意識。

第四，香港人對「一國兩制」的態度形成分化。國家改革開放的成功，讓國家更有能力支持香港的發展和協助香港解決一些深層次社會經濟矛盾。縱使在一些政治議題上中央和部分香港人在短時間甚至在更長時間內難以達成共識，但大多數香港人仍然認為「一國兩制」整體上是成功的、是對香港有利的，更熱切希望「一國兩制」在「五十年不變」後能夠經改進後延續下去。認為「一國兩制」對香港不利的人一般認為，國家的崛起和內地對香港的影響日大對香港原來的制度、價值觀、利益和生活方式構成嚴重威脅和造成不可彌補的傷害，嚴重削弱香港的獨特競爭優勢，泯滅「兩制」之間的界線，並使香港走向「大陸化」，所以不認為「一國兩制」在香港成功實踐，因此需要為香港的「前途」另尋「出路」。然而，這兩類人都有着共同的擔憂。他們憂慮香港對崛起中的中國的價值和貢獻不斷減少，但卻又因為一些政治議題與中央不時發生齟齬和摩擦，並在一定程度上甚至成為國家安全的隱患和西方國家用以遏制中國的棋子，因此中央是否願意在 2047 年後在香港延續「一國兩制」方針乃未知之數，因此擔心

「香港前途問題」在不久的將來再次爆發，而中央的新對港政策也許會比現在的「一國兩制」方針要嚴苛。

第五，香港人的心理狀態出現微妙變化。長期以來，香港人對內地同胞懷有強烈的優越感和傲慢態度。他們認為內地發展落後、人民生活水平與香港相差甚遠、內地同胞素質低下、國內制度不完備、自由和法治不如香港、貪腐行為普遍、國家必須依靠香港才能發展起來。回歸前，絕大部分香港人都相信即便國家持續發展，香港也能夠維持高速發展的勢頭，因此內地和香港在發展水平上的差距需要經過很長時間才有明顯縮窄的可能。然而，時移世易，內地經濟的騰飛和內地同胞愈趨富裕，嚴重衝擊了香港人對內地和內地同胞的固有看法，並在香港人當中產生了心理不平衡的效果。香港與內地發展速度的差距、香港在經濟發展上越來越依靠國家發展提供的機遇和中央制定的對港政策，都讓不少香港人感到不是味道。由是，一種夾雜着優越感、自卑感、樂觀、悲觀、不安感、憂患感、羨慕和嫉妒的矛盾複雜心理狀態形成，造成了心理上的不安、困惑、憂慮和痛苦，並影響着不少香港人對內地同胞的態度和行為。香港人的「香港人身份認同」一直以來是通過把香港人「引以為傲」的一些特徵與他們認定的內地同胞的特徵對立起來建構而成的。過去香港人覺得在政治、經濟、社會、文化和道德各方面都比內地同胞優越。國家的急速崛起、人民生活水平的不斷提高和香港經濟對內地經濟依賴度的提升，削弱了香港人在經濟和相關方面的優越感。為了維護香港人的優越感，部分香港人越來越把西方的「普世」政治價值觀作為香港人與內地同胞的主要分野所在，並以之為界定「香港人」的首要特徵和「香港人身份認同」的核心內容。如此一來，部分香港人尤其是年輕人更加傾向以爭取和捍衛「普世價值」為理由，與中央和內地同胞對抗，而這種對抗也變得越來越激烈和難以化解。然而，這種態度和行為的發生，反過來又引起部分內地同胞對香港人的反感和抗拒，產生了對香港與內地關係發展不利的結果。不過，在

這裏值得注意到是，在 2019 年爆發的暴亂中，不少抗爭者和暴徒肆意踐踏香港的法治、自由、人權、包容、民主、制度、反暴力等「核心」價值，而對此眾多香港人或表示同情理解，或雖反對但卻因為怕遭到報復而選擇沉默。這些現象的發生，讓不少內地同胞感到詫異，更懷疑香港人不斷標榜的「核心」價值在香港是否真的那麼普遍受到信奉、香港人是否真的願意不惜一切來加以維護，還是只是一些香港人用來在內地同胞面前炫耀其「優越性」的手段。當不少內地同胞越來越質疑香港的體制的「優越性」之際，這次特大動亂也使得不少香港人對香港的年輕人、香港的學校和老師、香港的媒體、香港的政治體制、香港的政治人物乃至自己都頗為失望，部分人甚至對一向被吹捧為無比「優越」的制度和價值觀在香港是否真的根深蒂固和是否真的適合香港產生了懷疑和憂慮，從而在一定程度上降低了他們對內地同胞的傲慢和偏見。長遠而言，2019 年的特大暴亂也許會對香港人與內地同胞最終建構一種相互尊重、和洽共處的關係有利。

第六，部分香港人特別是年輕人把他們對香港政治、經濟和社會的不滿逐步演化為對中央和「一國兩制」的不滿。他們相信中央的「一國兩制」方針「凍結」或「固化」了香港在上世紀 80 年代的、包含許多不公平現象的社會，並維護了大財團和其他既得利益者的利益「五十年不變」，而香港與內地的經濟合作和各種中央的「惠港」政策又只是對那些權貴階層有利。在政治上，他們指控中央過分偏重香港的工商財團，讓他們取得不合乎比例的政治影響力，置中產和草根階層的利益於不顧。他們認為回歸後香港社會經濟矛盾惡化與中央的「一國兩制」方針有關。與此同時，他們希望通過政治制度民主化來取得更多政治權力，並利用那些權力去改變香港的利益格局，讓香港特區政府能更公平對待各方面和各階層利益，不過那些政治訴求卻得不到中央的積極回應。對於中央對選舉制度改革在內外反共反華勢力仍然強橫的情況下，會讓香港成為危害國家安全的基地的擔憂，他們則不予理會，甚至認為是「好事」，覺得那會讓特區政府的

施政會更向香港人傾斜。

第七，部分人覺得香港特區政府聽命於中央，把中央和內地的利益置於香港利益之上，更認為中央過分干預特區事務，削弱了香港的「高度自治」。他們認為在維護國家主權和利益、在確保「一國兩制」全面和準確貫徹、乃至在政治體制的設置改革上，香港特區政府作為向中央負責的政府與中央可以立場有異，可以不同心同德。他們既然不認同「愛國者」治港，因此對所有中央對「愛國者」的支持、協助、指導和培植等工作都會反對，並指責為對「港人治港」和高度自治的踐踏。

第八，香港人對香港未來的發展路向，相關的戰略和政策以及香港特區政府所應該擔當的角色和功能分歧甚大。其實，在回歸前後，由於香港的經濟競爭力下降、產業結構轉型困難和社會矛盾突出等深層次問題湧現，香港應該往哪裏去，而政府又應該做些甚麼事情等問題在香港激發了不少爭論。雖然不少人覺得過去香港賴以成功的經濟社會制度、各項重要公共政策、政府在經濟社會事務上只擔當有限功能等東西仍有存在的價值，但卻因為那些東西已經越來越對香港發展不利或成為香港解決深層次問題的障礙，由此感覺到香港在很多方面都有改革更新的需要，但一方面卻對改變過去的東西感到忐忑不安，而另一方面則對究竟應該採納那些新制度、新政策和新政府功能內心沒底。比如說，即便越來越多的香港人要求香港特區政府在經濟社會發展上發揮更大的推動和促進作用，但仍有不少的專家、學者和民眾依然抱殘守缺，視政府「干預」為大逆不道的事。雖然隨着國內外政治和經濟環境的變遷，香港有需要加強和加快融入國家發展大局，方能獲得美好的發展前景，但種種心理和政治障礙卻使得社會上仍然缺乏對應否融入國家發展大局一事上的強大廣泛共識。在未來發展方向和相關方針政策缺乏共識的情況下，要凝聚各方面力量朝着一個明確的方向發展香港便非常困難。回歸以來，不少精力和時間浪費在無窮盡的爭論之中，嚴重拖慢了香港的發展，也使得香港的深層次矛盾難以得到

適當的處理。

　　總的來說，國家的改革開放和迅速崛起的的確確在不同方面對香港造成了衝擊，改變了香港人對國家、中央、內地以及對香港自身的心理狀況和預期，產生了不少心態上和行為上的改變。這些改變引發了不少香港人特別是年輕人對中央和內地同胞的抵觸和排斥情緒與行動，它們在2019年的特大暴亂中表露無遺。在這種情況下，要維持香港的原有狀況「五十年不變」極不容易，而「一國兩制」在香港的全面準確實踐因此也碰到了一些過去意料不到的事態。

新情況、新問題、新挑戰

　　香港回歸祖國20年之際，習近平總書記蒞臨香港考察，肯定回歸以來「一國兩制」在香港實踐取得的成就，但同時又坦率地指出它所面對的問題。2017年6月30日，習近平主席在香港會見政商界人士發言時提到，「香港回歸祖國20年來，『一國兩制』的實踐取得了舉世公認的成功。當然我們在實踐中，也遇到了一些新情況、新問題、新挑戰。對這些問題，我們要正確地看待，理性地分析。一方面，要看到『一國兩制』作為一個新生事物，必然要在探索中前進。另一方面，也要看到香港發生的很多問題，有其複雜的歷史根源和國際背景，不能簡單歸因，更不能採取情緒化的態度。有問題不可怕，關鍵是想辦法解決問題，困難克服了、問題解決了，『一國兩制』的實踐也就前進了。」

　　對於何謂新情況、新問題和新挑戰，習主席2017年7月1日在慶祝香港回歸祖國20週年大會暨香港特別行政區第五屆政府就職典禮上的講話中有具體的論述。習主席指出，「當前，『一國兩制』在香港的實踐遇到一些新情況新問題。香港維護國家主權、安全、發展利益的制度還需完善，對國家歷史、民族文化的教育宣傳有待加強，社會在一些重大政治法

律問題上還缺乏共識，經濟發展也面臨不少挑戰，傳統優勢相對減弱，新的經濟增長點尚未形成，住房等民生問題比較突出。解決這些問題，滿足香港居民對美好生活的期待，繼續推動香港各項事業向前發展，歸根到底是要堅守方向、踩實步伐，全面準確理解和貫徹『一國兩制』方針。」

習主席的講話的一個要點，是香港在回歸祖國後碰到了一些經濟和社會的難題，而這些難題又在一定程度上演化為政治問題和衝突。在上文我提到的一些經濟和社會改變，尤其是產業結構轉型舉步維艱、金融危機多發、經濟增長速度不如理想、社會分化愈趨嚴峻、年輕人面對眾多的生存和發展的難題、社會怨氣深重和民粹情緒澎湃等，使得一部分香港人對「一國兩制」、對國家、對中央、對內地和對內地同胞產生質疑或抵觸情緒。這一部分人同時又對香港的經濟和政治前景擔憂、對社會的不公不義抱怨、對香港特區政府的管治能力和香港的政治體制不滿、對內地的騰飛懷有複雜的不平衡心態而且缺乏安全感。這些人尤其是反對派勢力，對國家的歷史和文化所知不多或只有片面和負面理解的年輕人，更是各種挑戰《基本法》和中央權力權威、否定「一國兩制」、提倡「香港乃獨立政治實體」的立場、對「一國兩制」作另類詮釋、策動各種不符合「一國兩制」和《基本法》的主張和行為的鼓吹者、組織者和參與者，而與此相關的最為嚴重的事端無疑是 2014 年爆發、為時 79 天的違法「佔領中環」政治事件、 2016 年農曆年初二凌晨發生的旺角暴動，以及 2019 年爆發的特大規模暴亂。一些香港人尤其是年輕人更提出把香港與內地切割、放緩或甚至中止香港與內地經濟合作、減少香港人與內地同胞的交往接觸、和摒棄把香港融入國家發展大局的任何計劃。更為極端的行為，是要推動香港獨立、公投自決、反對愛國者治港、啟動「第二次香港前途問題談判」和通過壓縮中央在「一國兩制」下享有的權力和職能，好讓香港在實質上成為獨立政治實體。這部分香港人的存在，構成了全面和準確實踐「一國兩制」的巨大障礙，也為香港充分利用國家發展帶來的機遇和妥善處理由此

而引發的挑戰製造了不少阻力。更由於年輕人是那類人中的多數,所以那些障礙和阻力在香港將會長期存在。

要處理好「一國兩制」在香港實踐的新情況、新問題和新挑戰,尤其是經濟發展動力不足、產業結構單一、社會矛盾突出和政治衝突不斷等,強化香港競爭優勢、大力推動經濟發展、積極參與國家的重大發展戰略、促進產業多元化、創造更多優質中產職位、讓更多香港人特別是年輕人得以分享經濟增長的好處、抑制約束各種阻礙改革的既得利益集團、鼓勵公平競爭、縮窄貧富差距和處理好貧窮問題乃必由之路。縱使政治問題比如政制改革——鑒於香港仍然存在多股蓄意與中央對抗的內外力量的緣故——不是一時三刻所能解決,但如果能夠處理好那些經濟、社會和民生問題,香港的政治氛圍亦會趨於緩和,香港人與中央和內地同胞的關係會好轉,反對勢力的活動空間也會減少,迫使他們調整政治立場或走向邊緣化。

為此,習主席在香港回歸 20 年視察香港時,特意敦促香港特區政府和社會各界聚焦發展。他指出,「當前,發展的任務更應聚焦。少年希望快樂成長,青年希望施展才能,壯年希望事業有成,長者希望安度晚年,這都需要通過發展來實現。香港背靠祖國、面向世界,有着許多有利發展條件和獨特競爭優勢。特別是這些年國家的持續快速發展為香港發展提供了難得機遇、不竭動力、廣闊空間。香港俗語講,『蘇州過後無艇搭』,大家一定要珍惜機遇、抓住機遇,把主要精力集中到搞建設、謀發展上來。」為了替香港人打氣,習主席還進一步臚列香港享有的有利條件和獨特優勢,「香港經濟高度自由開放,人員、貨物、資金等要素自由流動,這是吸引國際資本、留住本地資本的重要因素。香港法律、會計、監管等制度同國際接軌,服務業完備,政府廉潔高效,營商環境便利,深得外來投資者信任。香港是重要的國際金融、航運、貿易中心,是連接內地和國際市場的重要中介,是國家『引進來』、『走出去』的雙向服務平台。迄

今香港仍然是內地最大的外來直接投資來源地和境外融資平台,同時也已成為內地最大的境外投資目的地和全球最大的離岸人民幣業務中心。更為重要的是,香港享有『一國兩制』的制度優勢,不僅能夠分享內地的廣闊市場和發展機遇,而且經常作為國家對外開放『先行先試』的實驗場,佔得發展先機。」

必須關注的,是習近平主席縷述的新問題、新情況和新挑戰是在中國正面對越來越複雜兇險的國際局勢、美國和西方遏制中國、國家安全威脅愈趨嚴峻、兩岸關係緊張、內地的改革開放事業處於關鍵敏感時刻的大環境下發生的,因此在處理時倍加困難。要推進「一國兩制」朝正確方向發展,使它能夠更好的為國家和香港服務,中央的領導和香港特區的共同努力都不可或缺。因應「一國兩制」在香港實踐所碰到的種種困難和挑戰,中央遂在香港回歸一段時間後不斷強化其在「一國兩制」實踐中的角色和職能,確保「一國兩制」「不變形」、「不走樣」,並通過有效運用它在「一國兩制」和《基本法》中所享有的權力來達到。

第三章 若干影響「一國兩制」基本內涵和目標的因素的改變

今天，「一國兩制」在香港的實踐經已超過 20 個年頭，已經接近「五十年不變」的中線。對於「一國兩制」在香港實踐所取得的經驗和教訓，各方面在不同程度和不同領域上都不斷進行檢討和探索。此中，中華人民共和國國務院新聞辦公室於 2014 年 6 月發表的《「一國兩制」在香港特別行政區的實踐》的《白皮書》最為全面和嚴謹，而國家主席習近平在 2017 年香港回歸中國 20 週年視察香港時發表的《系列講話》就是在白皮書的基礎上就中央對香港「一國兩制」方針政策的進一步權威闡述。可以說，在全面和深入總結「一國兩制」在香港實踐的經驗和教訓、並考慮到國家和國際環境的深刻變化後，中央已經大體上定下了香港「一國兩制」今後發展的路向和中央在確保「一國兩制」在香港全面和準確貫徹上的角色，當然具體內容還會根據形勢和情況的變化而不斷修正。在某個程度上，香港「一國兩制」的未來輪廓已經初步浮現。

要探索香港「一國兩制」的未來發展，我們必須認真找出和分析那些將會影響到「一國兩制」的內涵和目標的重要因素。一些在 1980 年代初「一國兩制」提出時發揮關鍵影響力的因素在今天的作用已經淡化和變異，但一些來源於「一國兩制」實踐經驗總結和香港與國內外形勢的急劇變化的因素則冒起而變得至關重要。本章的主旨就是要探討新舊因素對香港「一國兩制」的主要目標和內涵的意義。

對殖民管治的再認識

當「香港前途問題」在上世紀 80 年代初出現並引發各方面爭論時，無論是中國政府或大部分香港人對英國在香港實行的殖民管治的認識都是粗淺和片面的、過度美化了的、而且往往是從「僵化」的靜態角度來理解殖民管治的。尤有甚者，英國人、殖民管治下的華人精英特別是香港的公務員和「親英」的反對派人士更傾向刻意為殖民管治「塗脂抹粉」和合理合法化殖民管治，把殖民管治當成是「善治」的楷模、「民主櫥窗」的示範、西方人交付予香港人的瑰寶、是必須在香港回歸後妥為保存的「祖宗遺訓」和「金科玉律」。其中當然有着他們為了維持其自身利益而出發的狹隘思維，不希望在回歸後因為政權的更迭而蒙受損失。廣大的香港人其實對英國的殖民管治的本質和手法不甚了了，但出於害怕改變的心理，寧願採取抱殘守缺的態度，希望他們在殖民管治下的「好日子」能夠在 1997 年後延續下去。年輕人在殖民管治「最開明」的時候成長，沒有經歷過嚴苛的殖民管治，對「殖民地」的過去不理解，更容易產生對殖民管治的片面和正面解讀，更容易美化和緬懷殖民管治，更容易「以古諷今」或覺得「今不如昔」。對不少主管香港事務的中國官員來說，他們儘管在道德和信念上難以認可殖民管治，感覺到它是中華民族的恥辱，但卻仍然相信香港的成功與殖民管治的不少方面有不可分割的關係，而保存香港的成功因素則有助於維持香港人對香港的信心、減少英國人對「交還」香港的抗拒、對樹立回歸後的新政權的「認受性」和「合法性」有利、對提升香港公務員對中國政府的信任和維持他們的政治威信有利、也可讓香港在回歸後得以繼續保存其對國家的價值和用途。凡此種種，構成了中國政府同意讓香港在回歸後維持其原有的制度和生活方式「五十年不變」的原因，認為「以不變應萬變」乃最為穩妥的策略。事實上，即便要作出改變，中央也不清楚應該如何做。在這種背景下，各方面都力圖避免對殖民管治作出批

判，唯恐會打擊對前途信心仍然薄弱的香港人對香港前景的信心，和對公務員的士氣帶來傷害，對繁榮穩定和平穩過渡不利。尤有進者，為了提振香港人的信心、「安撫」英國人和維繫國際社會對回歸後香港的好感，保持香港原有制度和生活方式「五十年不變」的承諾，甚至通過香港《基本法》以法律形式固定下來，其中殖民管治下的決策模式和主要的公共政策更成為了《基本法》裏面的重要條文。

與其他脫離英國而獨立的眾多殖民地比較，香港的「沒有獨立的去殖民化」過程具有一些明顯的獨特性。其中最為重要的是香港沒有成為獨立國家、香港人對殖民管治的普遍認同、及批判殖民管治的「去殖民化」計劃和行動沒有在回歸後的香港出現。不但如此，任何被認為偏離殖民管治的基本原則的建議和行為，都容易被部分香港人特別是反對派與「親英」人士批評為不符合「一國兩制」的原意。當然，考慮到在香港殖民管治的一個半世紀之中，殖民管治的方式方法曾經經歷過許多的改變以應對香港的變遷，因此何謂殖民管治的精粹對不同人來說也是因人而異。[1] 然而，這方面的話語權在回歸前長期掌握在殖民管治者和他們的「同路人」的手裏。縱使英國人在香港回歸後不再是香港的執政者，但回歸後不少香港人特別是年輕人對香港過去殖民管治的認識，仍然是回歸前經過英國人和其追隨者經過精心粉飾和重構、對「一國兩制」和香港長遠發展不太有利甚至造成窒礙的一套，而且這一套對香港殖民管治的論述又往往被誇耀為是「超越時空」的、固化了的、放在回歸後的香港也是長期適用的一套「治港方略」。香港《基本法》內的「行政主導」體制和大量具體公共政策條文也正好是這套「治港方略」的最佳背書。

1　比如在回歸前的過渡期內，英國人在香港的管治形態其實已經出現變化。英國人被迫要減少依靠過去支持殖民管治的工商和專業精英「同路人」，轉為更多的依靠新興的反共反對勢力。英國人更對香港原來的政治體制進行大幅度的改造。

　　然而，縱觀整個英國殖民歷史，英國的殖民管治模式其實是務實、多樣化和靈活多變的，不會因循守舊，沒有一套「放諸四海而皆準」的政治與經濟管治手法，也不會囿於既定的觀點、信念或教條，而且會因時、因地、因人和因勢而變。英國人的「面子」和威信固然重要，但維護大英帝國的利益和維持對殖民地的有效管治、防止殖民地人民造反才是至高無上的考慮。因此，大英帝國的慣常做法是在不同殖民地或在同一片殖民地內不同時期實行不同的管治模式。影響殖民管治手法的較為重要的因素包括：當時在英國流行的意識形態、相關殖民地的特殊情況、英國面對的國際形勢、國際輿論對帝國主義和殖民統治的看法、外來壓力、相關殖民地與周邊國家和地區的關係、不同殖民地總督個人的管治思維和手法、相關殖民地是由英國政府直接管治還是由商業集團（比如東印度公司）管治等。

　　首先要清楚知道的是大英帝國其實是一個「大雜燴」或「拼湊物」，其形成並是非來自一個周詳和長遠的建立帝國的計劃的產品，反而往往是「非經意」、出於商業或防衛等需要而來的領土攫取的結果。專門研究殖民地的德國學者奧斯特哈梅爾（Osterhammel）對此有扼要的論述。他指出，「大英帝國其實是一張以眾多個別方式來適應不同地方的特殊情況而拼湊起來的牀罩」（Osterhammel, 2010:4）「即便在其巔峰之時，大英帝國也只是由三個鬆散連接起來的部分所組成：『白種人的自治領』（"white dominions"）、『附屬地』（"dependencies"）和那個往往以自身利益為重的印度『帝國』。」（Osterhammel, 2010:8）「20 世紀之初，英國的殖民地法律把海外屬地劃分為四十多類，分別由三個部門負責管理：殖民地部、印度事務部和外交部。羅德西亞和北婆羅洲則由私人的『特許公司』（"chartered companies"）管理。在憲制架構中，『英國政府直轄殖民地』（"crown colonies"）隸屬於殖民地部，比如香港、福克蘭羣島、錫蘭、黃金海岸（加納）、特別是錫蘭。肯雅、烏干達、索馬里、尼日利

亞、納賈蘭（馬拉維）、阿丁等是『受保護領地』（"protectorates"）。與『英國政府直轄殖民地』相比，『受保護領地』較多是以『間接』（"indirect"）方式管治，而在前者則殖民地政權擁有絕對的主權。」（Osterhammel, 2019:51）印度是一個特殊事例。它並非由殖民地部管理，而是由印度事務部（India Office）管理。很多非洲的屬地起初是由外交部管理的「保護地」（protectorates）而非由殖民地部管理的殖民地。數個非洲屬土（尼日利亞、東非〔肯尼亞和烏干達〕和羅德西亞）則是由英國君主特批的「特許公司」（chartered companies）所經營。

　　正因為大英帝國的眾多屬地的實際情況差別甚大，所以英國殖民者不但在不同屬地採取不同的管理模式，就連英國政府對其屬地也沒有統一和集中的管理。事實上，在大英帝國下，英國政府下面負責管理其各類屬土的「中央」機構不時改變。「大英帝國並非在所有時候都有一個強大的、中央集權的負責管理殖民地事務的部門。英國的殖民地部（Colonial Office）直到 1850 年代才設立。也就是說，它的成立是在英國已經成為世界霸主之後，而又是在經過數個世紀的殖民版圖擴張之後。」（Go, 2011:62）不過，殖民地部並不是一個對殖民地的管治者「發號司令」的機構。「在相當長的時間內，殖民地部認為自己的職能是回應海外屬地的變化，而非〔向它們〕提出新的政策。」（Marshall, 1996:24）再者就是，大英帝國的統治有多於一個目標，而一項具有共識的、完整的和專注的帝國政策並不存在。（Darwin, 2012:191）

　　因此，長期以來英國政府讓當地的管治者有相當大的自主空間，從頗為寬鬆的懷柔統治到極為殘酷高壓的統治方式都有，其中一個重要考慮是不同屬地的傳統。「在任何一片殖民地裏，英國人都會碰到一個政治『傳統』，〔…〕那個傳統在當地的精英心目中釐定了所謂合法權力的準則、良好領導的標準、以及〔政府〕介入私人和神聖的事務的界限。」（Darwin, 2012:190）比如，「在印度，英國人的統治手法徘徊於『寬鬆』和『保守』之

間。」（Go, 2011:77）在「大叛變」（the Mutiny）發生和印度的深受西方教育薰陶的中產階層冒起之後，英國人轉為採取較為開明的統治方式。在繼續依靠印度的貴族外，英國人更積極地爭取和扶植印度新興的中產精英成為殖民統治的「同路人」。在斐濟，當地「土著」的管治方式和傳統、習俗和制度被完全保留下來。在坦桑尼亞，當地的「土著」領袖由英國人任命，並在英國人的領導和支配下管治其人民。英國人一方面統治着「土著」，但有些時候統治者也會走向「土著化」，採納或佯裝接受一些當地的風俗習慣，目標是讓自己更好地適應當地情況、爭取「土著」的好感，從而把那個地方治理得更暢順。（Go, 2011:240-241）

英國長期研究大英帝國的權威學者達爾文（Darwin）認為多元化的殖民管治方式其來有自。「英國〔殖民〕『政策』的取態，起碼在倫敦而言，是接受不同殖民地之間的巨大差異，並讓在當地實行管治的人有很大的酌情空間。其實，英國政府很難不是那樣做，因為它根本沒有足夠的手段去監管當地的事態。〔…〕實際上，在英國，一個負責整體帝國事務的統一指揮中心並不存在。從 19 世紀中葉開始，倫敦對殖民地的監督分散在六個不同的部門之中。」（Darwin, 2012:192）

隨着情況的變化，特別是帝國主義因為兩次世界大戰而深受衝擊，而殖民地爭取獨立自主的呼聲又日趨響亮，英國人為了繼續有效管治其殖民地和防範共產主義「入侵」，其管治模式亦變得較為開明，開始較多考慮殖民地人民的「福祉」。比如，「1940 年通過的《殖民地發展和福利法》（Colonial Development and Welfare Act）是一項積極和有建設性的政策，也是二次大戰後在殖民地推行「政治進步」（political advancement）的前奏。〔…〕夥伴關係成為新的口號，儘管這個概念的內涵含糊不清。〔…〕過去英國人作為其屬地的託管者所秉持的家長主義已經是明日黃花。姑無論所謂『夥伴關係』的內容為何，殖民地部官員清楚知道他們必須用『新的視野』來處理殖民地的問題，必須與殖民地人民進行合作，不能如過去

般指令他們。」(Hyam, 2006:90) 達爾文更指出,「為了應付戰爭時期的生產需要,殖民地政府不再認為應該把自己當作守夜人,而是要成為推動經濟和社會變遷的動態力量。」(Darwin, 1988:138)「在 1940 和 1950 年代,因應在全球範圍遏制共產主義擴張的需要,那些外來複雜因素使得在處理殖民地政治和制定殖民地的憲制發展時增加了種種政治考慮。」(Darwin, 1988:145)

英國殖民者的多元化管治模式也充分反映在他們在不同殖民地所採取的「去殖民化」(decolonization) 的手法和方式不盡相同上 (Darwin, 1988, 1991; Hyam, 2006; Brendon, 2007; Shipway, 2008; Go, 2011)。有些英國屬土很早以前便被授予自治的機會,主要是那些居民為白種人的地方,但在另外為數更多的地方 (絕大部分在非洲),自治權利只是在獨立前夕才獲得。詹森和奧斯特哈梅爾 (Jansen & Osterhammel, 2017) 對在二次大戰後出現的去殖民化過程有此分析:「去殖民化過程背後既缺乏社會經濟發展計劃,也缺乏政治和行政改革綱領。那些計劃往往是實驗性和被動回應性的,而並非是某個全盤策略的一部分。尤為重要的是,那些計劃的目的是要引導和控制那些反對殖民統治的抗爭行動和為殖民統治建構新的合法性基礎。」(Jansen & Osterhammel, 2017:82) 正因如此,「去殖民化」的後果在不同殖民地差異甚大,不少殖民地在獨立後與英國的關係走向緊張。達爾文指出,「一個廣泛流傳的神話〔⋯〕認為英國人擅長有步驟和計劃地處理大英帝國的沒落 (“managed decline”),也就是說,因應資源的不斷萎縮,以務實的方式來調節帝國的野心。〔⋯〕誠然,英國人的確極端不願意去抗拒大型的羣眾運動,無論它們發生在 1945 年後的印度或 1959 年後的非洲。不過,如果他們有成功的機會或有足夠的誘因的話,則英國人並不介意使用武力來保衞其殖民地,比如在馬來亞、塞浦路斯和肯雅。同樣不正確的判斷,是英國能夠很快便能夠因應其軍事力量和經濟潛力的下降而調校帝國的願景。實際上,情況往往與此相反。

〔⋯〕英國在印度經常對形勢作出『錯誤判斷』、對非洲存有虛假的期望、不正確地以為自己可以成為第三世界的盟主、不當地以英鎊的復甦為前提制定其經濟大戰略、以為仍然能夠維持它在中東霸主的地位、夢想能夠無需付出太多但卻能夠在國際事務上長期擔當重要角色。」（Darwin, 2012:383）即使在香港問題上，起初英國人相信為了保持香港對中國的經濟價值，中國會容許他們在 1997 年後以某種方式繼續管治香港，完全忽視中國人對國家主權和領土完整的強烈執着。

所以，英國殖民管治的「遺產」在不同地方也是多種多樣的。「殖民管治的性質和突出的高度多樣性、殖民地走向獨立的多種渠道、以及前殖民地在獨立後的不同變化軌跡使得何謂殖民管治的『遺產』難以辨認。」當然，英國人希望從英國的意願和利益出發來引導「去殖民化」過程，最好把獨立後的殖民地吸納進英聯邦之內，從而令它們在冷戰時期進入英國和美國的勢力範圍。如有需要，英國人甚至會用鎮壓叛亂的手法來達到目的，包括把潛在的麻煩製造者（無論他們是民族主義者、共產主義者、或部落叛徒）與廣大人民分隔開來，同時致力贏取大部分殖民地人民的人心。（Grob-Fitzgibbon, 2011:2）

然而，即使英國人在不同屬地展現不同的管治方式和風格，但卻仍有一些重要和明顯的共同點。英國其實只是一個中等規模的國家，但卻要管治一個幅員廣袤的帝國，因此大英帝國只能以極為有限的人力和物質資源去管治其眾多的屬土，所以「靈活變通」必然是殖民管治的要訣。「英國帝國主義的標記在於其手法、面貌和目標的超乎尋常的靈活多變。〔⋯〕英國人想像出不同類型的帝國、尋覓不同形式的與其殖民地子民的關係、並追逐廣泛的、有些時候相互矛盾的利益。英國人能夠在地球上不同地方滿足眾多不同的人比如夥伴、盟友、買辦、同路人和皈依者的利益。」（Darwin, 2012:388）「最遲自 19 世紀初以來，英國的外交和帝國政策把靈活性與深刻理解英國國力不足歌頌為一種美德（virtue）。」（Darwin,

1988:122）英國政府不會在任何一個殖民地投放大量資源，更不願意讓任何一個殖民地成為自己難以承擔的財政負荷。所以，「正統的信條要求所有殖民地在財政上能夠自給自足和應該在倫敦的資本市場籌募發展所需的費用。」（Darwin, 1988:137）一般來說，管治各類屬土的英國人人數不多，而且財政資源並不豐富。「小心謹慎」施政乃最高教條。財政資源基本上在當地籌措，不能依仗英國政府。英國政府要求各屬土能夠做到「自給自足」。「節儉」或「審慎理財」乃首要的理財原則。在大部分情況下，英國人需要在其屬土招募當地人充當政府機構和治安力量的僱員（酋長、地主、蘇丹或謝赫〔sheikhs〕〔阿拉伯的親王或首領〕）。幸運的是，「作為一個商業帝國，大英帝國無須承受〔因為要在其屬土徵稅而為自己帶來的對其管治行為的〕諸般制約。它對在其屬土直接徵稅缺乏興趣，無須在那些地方實施高壓統治。大英帝國反而主要依靠從貿易中得到的利潤。」（Darwin, 2012:393）所以，在盡可能的情況下，「輕徭薄賦」是殖民管治的基本原則。

在奪取殖民地時，運用武力往往不可避免。但在管治殖民地時，則最好避免需要訴諸鎮壓手段，因為此舉在政治上、財政上和心理上都非常昂貴。一個流行的看法是英國人比其他帝國的管治者擁有更高超的統治技巧籠絡人心，所以武力運用的需要較低。不過，這只是一個錯覺。英國人其實經常使用武力來捍衛其帝國，比如在印度、巴勒斯坦、尼日利亞、蘇丹、馬來亞、（南）羅德西亞、南非、肯雅、塞浦路斯、阿丁。「在那些軍事行動中，英國的情報機關也深度介入。〔…〕有足夠證據可以證明英國撤出其殖民地的過程並不是友善的、自願的和文明的。」（Porter, 2016:142）反過來看，當殖民地已經建立後，在反殖或獨立運動尚未爆發前，的確殖民地人民武裝反抗英國殖民管治的情況比較少。殖民地人民通常只會在他們的風俗習慣被侵犯或玷污的情況下才會羣起反抗。然而「一般來說，軍事征伐不一定會引起那些旨在保衛傳統的抵禦行動，那些行動

反而較多會因為殖民地統治者徵集工人、士兵和賦稅，或者當傳教士對當地的文化產生威脅時才發生。」(Osterhammel, 2010:46) 總的來說，就算武力鎮壓不是英國殖民管治常用的手段，但它在「正常」管治過程中所擔當的角色依然是關鍵性的，因為殖民地人民知道英國人在非武力手段用盡後仍未能奏效的話，便會「圖窮匕見」、刀刃相見。

「懷柔統治」(benign governance) 是英國人最屬意的駕馭殖民地人民的手法，而「慈父主義」(paternalism) 則是「懷柔統治」的中心精神。其實，某種程度的「懷柔統治」在其他帝國的殖民地也有實施，但卻沒有如英國人般發揮得那麼淋漓盡致和技巧嫻熟。這與英國的歷史中封建傳統深厚有關。即便英國是第一個工業國家，但資本主義和封建主義仍不斷在大英帝國內角力，並對英國的殖民統治方式產生不同的牽扯。英國殖民管治者一方面追逐經濟利益，但卻同時好像封建領主般願意負起照顧其子民的福祉的傳統責任。「那些曾經接受英國公學 (public school)〔實為私立貴族學校〕教育的殖民地統治者和官員嚴肅認真對待他們在殖民地作為『保護者』和『家長』的職能。如果他們擁有適當的工具的話，他們也願意承擔『教化者』的功能。」(Porter, 2016:33) 大英帝國著名的殖民地總督盧加德 (Lugard) 提出的「雙重授權論」("dual mandate") 便深得此中精粹，他認為歐洲人有向落後的殖民地子民傳授文明的責任，而後者又可以從殖民管治中獲益，所以殖民統治者和被統治者的關係乃相輔相成的互利關係，而彼此都需要對方。(Osterhammel, 2010:110) 不過，批評盧加德的人卻這樣理解，「盧加德對殖民管治冠以『雙重授權』一詞，簡單了當地承認了這樣一個事實，那就是帝國主義者特別是英國並非出於善心才要在非洲攫奪殖民地。『雙重授權』其中一部分是為了賺取金錢，另一部分則是為了發展殖民地來造福當地人。這是一條簡潔的用以說明殖民主義乃對被統治者和殖民帝國都有利的方案。」(Kwarteng, 2011:289)

當然，隱藏在英國殖民者的「教化」工作的背後是西方人的文明優越

感和對殖民地人民的俯視或鄙視。英國人相信殖民管治是道德崇高的事業，標誌着西方人遵循神的意旨，通過傳道授業把野蠻落後的殖民地人民帶領進入現代文明。「白人的負擔」("white man's burden") 一詞最能反映這種文化高傲心態。不過，向文化背景截然不同的殖民地人民傳授西方文明並非易事，那些本身文化底蘊深厚的殖民地人民對西方文化抗拒尤甚。因此，最有效的手段是在他們心中滋生文化和種族自卑感。「殖民地統治者的一大挑戰是如何勸服或強迫當地的領袖，即使不是所有的人，採納那些歐洲人認為明顯是最為優越的宗教、道德規範、語文、文學、藝術傳統、法律制度和科學技術。〔…〕殖民地統治者在設計凌辱非歐洲人的方法時展示了天分，並在讓被殖民者心中產生自卑感上展示了高超的技巧。」(Abernethy, 2000:12)「殖民主義使殖民地人民自慚形穢，並在接受了白種人和殖民者為他們規定了的形象後憎恨自己。」(Jansen & Osterhammel, 2017:164) 在這個過程中，西方的傳教士擔當了重要但卻不光彩的角色。「傳教士往往認為要令大量殖民地人民徹底改變信仰的話，毫不留情地摧毀他們原先的信仰最為有效。」(Abernethy, 2000:296)「很多傳教士採用宗教和道德的理據去合理化殖民主義。」(Abernethy, 2000:296)「無論是來自優越感、恐懼感或兩者，歐洲人與殖民地人民保持距離。〔…〕社會距離又通過地理上的距離來體現和強化。〔…〕殖民地統治者處心積慮在殖民地人民當中宣揚一種自卑情意結。」(Abernethy, 2000:298)「通過不留情面地貶損當地人的文化，和有系統地推廣那些對增進自己權力有用的『殖民地知識』("colonial knowledge")，殖民地統治者毀滅被統治者的文化自信。」(Darwin, 2012:267)「殖民地知識」中最重要的莫過於「法律知識」。英國人把他們認為最文明、公平、公正、能夠捍衛個人權利和最有利經濟發展的法律制度引入其殖民地，並以此把殖民管治「合法化」和「合理化」。然而，顯而易見而且毫不掩飾的事實是，在殖民地實施的「西方」法律制度與在「宗主國」運作的法律制度之間存在重

大差異。「儘管要概述殖民地的法律非常困難，但通常當中一個突出現像是〔殖民地統治者〕『不願意用歐洲的法律來治理其子民』，無論是民法或是那些對外國人沒有直接影響的刑法。傳播歐洲的法律不是歐洲海外擴張的重要目的，這和基督教的傳播不可同日而語。母國和其殖民地分屬兩個法律體系。在剝削殖民地過程中，全面讓法律歐洲化不在考慮之列。」（Osterhammel, 2010:59）

其實，「向外傳播歐洲的法律並非是歐洲人對外擴張的主要目標，這和他們在傳播宗教信仰時所顯現的熱情不一樣。宗主國和殖民地屬於兩個不同的法律實體。在剝削殖民地的過程中，從來沒有想過要把整套歐洲的法律體系移植到殖民地去。」（Osterhammel, 2010:59）最明顯的差異在於殖民地法律確認了殖民管治的「合法性」，所以不容挑戰。另一差異就是殖民地內的種族等級制度得到法律的認可，認為是「天經地義」的現象。再者就是殖民管治者往往在殖民地實施那些難以在「宗主國」內運用的嚴刑峻法，藉此威嚇和控制殖民地人民。

從成效角度看，殖民管治者旨在殖民地人民當中製造自卑感的「心理工程」甚為成功，尤其是對那些曾經接受西方教育和文化薰陶的知識分子的衝擊尤大。在「巍巍」的西方文化面前，他們只能匍匐仰視。即使殖民管治已經結束，他們的文化自卑感仍會長時間揮之不去。「在那些脫離殖民統治後新成立的國家中，對不少知識分子和意見領袖來說，爭取心理上的獨立比爭取政治上的獨立是一個更漫長和感情上更痛苦的過程。」（Abernethy, 2000:374）

「等級觀念」和精英主義在英國的殖民地乃核心觀念。（Kwarteng, 2011:391-395）對下層階級的傲慢與優越感在上層階層中十分普遍。當中，種族等級制度是英國人竭力要維持的首要管治手段。通過賦予不同種族不同地位、權力、待遇、榮譽、居住地和其他身份標記，英國人刻意標榜和烘托殖民管治者的優越種族地位。英國人極為反對異族通婚，那些與

「卑下」的被殖民者通婚的英國人，在政府和在英國人的社交圈子中會受到排斥。英國人對殖民地人民存有「莫名」的恐懼，深怕為數眾多的、被壓在下層的被管治者有朝一日會謀反，甚至對自己的生命、財產、女人和血統造成傷害，所以更注重維持英國殖民者的內聚力和排他性。在英國的殖民地中，容易發現「雙重社會」（dual society）的現象。英國人和被他們管治的人在不同的地方居住、生活和工作，彼此之間在工作以外甚少有社會接觸，更談不上成為深交摯友。

　　將行政凌駕於政治乃西方殖民地一個重要特色。一方面英國人把自己吹噓為「政治天才」，是與生俱來的「管治者」。與此同時，他們又把行政工作視為最重要的「政治」，並傾向把殖民地內的政治問題定義、界定或重塑為行政問題，所以只需要以行政措施處理。阿伯內西（Abernethy）指出，「殖民地統治者不厭其煩地宣稱他們特別擅長管治之道。〔…〕尤其是當一個殖民地政府成立後，歐洲人更有理由相信他們是好的管治者。他們覺得自己不但知道如何管好自己，他們也懂得如何管治好那些遠離文明中心的異族人士。更甚者，歐洲人聲稱與其他人的自我管治比較，他們會把其他人管治得更好。」（Abernethy, 2000:382–383）然而，殖民管治者在殖民地追求的是一種「去政治化」的治理模式。「一直以來，貫穿在所有殖民管治之中的是這樣的一個『空想的完美境界』，那就是一種沒有政治的管理模式。〔…〕來自歐洲的統治者賴以成功的鑰匙，是他們傾向於『把政治‘去政治化’和把所有關乎民眾的問題都理解為如何達致良好的行政管理的問題』。〔…〕因此，對那些對殖民地政權不構成威脅的行動，甚或是那些由殖民地政權的支持者提出的推行西式政治改革的要求，殖民地統治者都會難以容忍。」（Osterhammel, 2010:111）「一直以來，殖民管治者在政治上夢寐以求的，是一種不受政治羈絆的行政工作。〔…〕歐洲總督們之所以成功，是他們傾向把政治『去政治化』並把所有牽涉到人的事務轉化為適當的行政事務。〔…〕以此之故，殖民地政權對所有實

際上無害的、和基於對西方嚮往的引進西方式政治的意圖都非常反感和
抗拒。他們不容許任何人擾亂那個有效率的行政體系。」(Osterhammel,
2010:110-111) 殖民管治者之所以傾向以行政取代政治，或者把政治問題
定義或重新定義為行政問題，當然最明顯和簡單的原因是行政問題一般只
涉及利益之爭，所以較為容易對付，而政治問題則牽涉到體制、政策、種
族和意識形態等棘手問題，也有可能轉化為更危險的針對殖民管治的認
受性的爭議。不過，更深層次的原因是殖民管治者篤信殖民管治的「合法
性」和「認受性」，不願意承認政治問題、尤其是那些帶有挑戰殖民管治及
其認受性意味的政治問題，更不願意承認那些反對殖民管治的政治領袖的
存在。

在眾多的殖民管治手段中，最厲害的莫過於「分而治之」("divide and
rule") 策略。這個策略讓人數極少的統治者能夠有效控制和治理人數龐大
的民眾以及駕馭政治局勢。「分而治之」的精粹在於把不同的社會羣體分
隔開來（部分社會羣體甚至是殖民管治者「人為地」和「刻意地」創造出來
的產物），給予他們不同的地位和待遇，讓殖民地政府得以對他們逐個擊
破，而他們彼此之間的社會、身份、文化和利益分歧則使他們難以團結
起來對付殖民管治者。正如奧斯特哈梅爾所言，「殖民地政權的主要特徵
包括其雙重性格（既從屬於英國政府但卻在殖民地內可以為所欲為、既集
權於中央但卻以『分而治之』的手法統治下面的人、在不同的羣體中把自
己定位為『政治中立者』而非不同羣體的管治者）。尤其突出的特徵是統
治者和被統治者之間的無法縫合的文化鴻溝。」(Osterhammel, 2010:58)
阿伯內西亦有類似的觀察。他認為，「歐洲人介入外地事務的方式通常是
『分而治之』("divide and rule")。歐洲人在其他人當中製造分化，並藉此
取得權力。〔…〕更確切的說法，是『藉操縱而統治之』("manipulate and
rule")。」(Abernethy, 2000:264) 他又說，「殖民地統治者如何利用殖民地
人民在種族上和文化上的多樣性來克服來自下面的挑戰呢？三類手法經

常被運用：把不同的羣體隔離起來、讓不同的羣體互相爭奪、和把不同羣體劃分為不同等級或階層。」（Abernethy, 2000:285）達爾文亦認為，「英國人建構權威的奧秘是把被他們征服的人分配到不同的組織之中，並嚴格限制他們之間的橫向聯繫。」（Darwin, 2012:221）毋庸諱言，「分而治之」的管治手法其實是在殖民地人民內部「人為」地製造或強化不同羣體之間的政治和社會分化與分裂。殖民地獨立後，過去能夠勉強維繫社會「團結」和穩定的殖民地統治者已然下旗歸國，各種種族、民族和宗教等衝突便隨之而爆發。

在「分而治之」的策略下，英國人標榜自己擔當一個「中立」的角色，因此可以藉此提升其政治「認受性」和站在「道德高地」上來處理殖民地內部的矛盾和分歧。「起碼在理論上，殖民地政府盡量避免成為個別利益集團手上的工具。」（Osterhammel, 2010:58）當然，殖民管治者實際上絕非「中立」。作為一個既得利益集團，殖民管治者首先要維護的是自己的利益和大英帝國利益，其次是其政治「同路人」（collaborators）的利益，再其次是經濟精英的利益，而最後才是那些平民百姓的福祉。只有當民憤爆發威脅到殖民地的管治和生存時，殖民管治者才被迫推行一些對民生和勞工有利的政策。

在極少數統治大多數的情況下，物色和培養殖民管治的「同路人」乃重中之重。一般而言，「同路人」是當地的精英分子、原有的權勢人物和殖民地政府刻意栽培的政治人物。對於「同路人」，阿伯內西的看法是，「〔在統治殖民地時〕，在和平時期尋找同路人（collaborators）與果斷地打擊叛亂者同樣重要。〔…〕非歐洲人的同路人在以下方面不可或缺：語言上的中間人、作為當地人的習俗和信仰的詮釋人、作為辨認和監視那些麻煩製造者的密探、充當低層和中層的低工資政府人員、和為殖民地統治者去做那些苦活（徵收賦稅、貢品及強迫當地人為殖民地政府無償勞動）的人。」（Abernethy, 2000:284）作為現代工業文明的代表和握有先進

武器的勢力，殖民管治者對被統治者中的精英分子極具吸引力。「當大型的工業文明入侵小型的農業社會後，來自前者在貿易、資本、技術、軍事或外交上所能給予的各種好處，或者是懼怕前者的報復，都會讓當地人願意成為政治上和經濟上的『同路人』。」（Robinson, 1972:120）

上面勾劃的是殖民管治的特徵中之犖犖大者，而理性務實和靈活變通則是其中的精粹。事實上，在長達一個半世紀的殖民管治中，英國人管治香港的手法經歷過數次重大改變，目的不外乎是因應香港社會的發展和政治局勢的變化，藉着管治策略的改變來達致政治穩定和殖民管治的「永續」。因此，在思考香港「一國兩制」的未來時，不能僵化地對待過去的殖民管治方式，而必須從動態的角度從新檢視過去「殖民地」時期的制度和政策，去蕪存菁，避免墨守成規，不讓它們成為妨礙香港發展和社會穩定的桎梏，不能讓其成為維護既得利益者的理據和護身符，消除其「去中國化」和反共反華的作用，阻止其讓香港成為危害國家安全的基地，尤其不能容許其成為香港「融入國家發展大局」的絆腳石。

既然殖民管治的手法務實和靈活，則絕對不宜將一些過去與管治有關的東西固有化，應該把它們視為在不同歷史形勢下的因時、因地或因勢而制宜的舉措。1980 年代以來，即便在香港回歸中國後，應該如何理解英國殖民管治和應該保留和揚棄那些「殖民地」時代的「遺產」在香港社會一直以來都是具爭議性的問題。在「五十年不變」的原則下，的確不少殖民管治後期的東西被保存下來，包括那些英國人在「過渡時期」罔顧中國政府的反對而強行引進的東西，特別是政制和行政改革。在設計香港未來的「一國兩制」時，適宜以科學態度對待那些東西。基本原則應該是不管它們是好是壞，盡量不要把它們以法律手段固定下來，從而不讓它們窒礙香港的發展、限制香港特區政府的政策改進和阻礙香港人特別是年輕人的「人心回歸」。

英國人在其他殖民地的諸般管治手法，在本質上和不同程度上其實

也在香港應用，不過卻因應香港的獨特性而作出調節。與其他英國殖民地的最大分別是，香港具有「先有『殖民地』政府、後有『殖民地』人民」的獨特歷史背景。「殖民地」人民可以到香港來，也可以隨時離開香港。為了吸引中國內地和其他地方的資金、人才和勞工到香港發展，並與英國人共建一個嶄新的「遠東」商埠，英國人在香港實施的管治從一開始便的確是比較開明和懷柔的。

儘管有少數英國人確信他們有在香港向落後的「殖民地」人民傳授西方文明的使命，但基本上這不是英國人在香港尋找管治「合法性」或「認受性」的依據。殖民管治的「合法性」的立足點不在於道德標準、西方文明的優越性或領袖魅力，反而在於管治表現。他們試圖通過促進香港的繁榮穩定，「公平」、務實施政，和良好法治而取得「合法性」和「認受性」。

簡單低稅制和偏向維護商界利益的政策為香港營造了有利的經濟發展環境。「殖民地」政府的經濟政策着重市場的功能，盡量避免政府的介入。「放任主義」（laissez-faire）和其後的「積極不干預」（positive non-intervention）便是主導信條。政府的財政政策以「量入為出」為主旨，避免力所不及的財政承擔，更不能讓香港成為英國的財政包袱。社會福利政策則主要從「救濟」角度出發，反對把福利變成權利，目的是不讓香港承受過多的福利負荷。殖民地政府尤其反對擔當縮窄貧富差距或財富再分配的積極角色。

在駕馭香港的政治局面時，英國人採取較溫和的「分而治之」的手段，給予不同種族、階層和地域（比如「新界」原居民和其他香港居民）不同的待遇和權利。英國人也刻意在香港培植和製造一批華人政治精英並倚重他們來協助管治香港。當然，除了那些由其親手培養出來的華人高官外，其所依靠的其他政治精英並不固定，但商界和專業界人士則較大機會獲得青睞。不過，種族分隔和等級制度卻仍然明顯。此外，把支持中國共產黨的愛國力量視為異類和威脅，並刻意發動其他香港人歧視和敵視他

們，也是巧妙的「分而治之」管治手段的運用。「行政」凌駕或取代「政治」的情況比比皆是，「政治」被視為以非理性和狹隘利益為依歸的訴求和行為，而「行政」則代表理性和科學決策。不少華人高官以深得英國人管治精粹的「天子門生」和「天生的管治者」自命、自詡和自勉，標榜「政治中立」和以公共利益為重，鄙視各種形式的「政客」，但卻忽視了自己也是一個龐大的政治利益集團的成員的客觀事實。

香港既然是「殖民地」，則種族不平等乃其本質性的標誌。無論香港如何享有「自治權力」，但英國的利益包括英資的利益歸根到底和在關鍵時刻仍然是必須優先照顧的，也是不容挑戰的。這點在整個香港「殖民地」歷史、政策和法律中表現無遺，尤其在英國政府處理「香港前途問題」和部署撤退時看得一清二楚。當然，隨着時間的過去，在法律和執法方面種族不平等的情況有相當的改善，但在社會、政治和文化領域種族差異和歧視仍然頑固地存在。一定程度的「崇洋媚外」和「民族自卑」心態在香港人尤其是社會精英當中隱約可見，但與其「相反」的對洋人的、帶有「阿Q精神」的「輕蔑」態度也不時可見。不過，相對於其他英國殖民地人民的民族自卑感，香港人的民族自卑感不算太嚴重。一來香港人對悠久和燦爛的中華文化有自豪感，對西洋文化雖心存敬畏，但卻未至於「俯伏膜拜」。即使英國人頗為積極在香港弘揚西方文化，但卻沒有蓄意摧殘中華文化，反而在一定程度上巧妙地利用中國傳統政治文化來強化殖民管治，香港人的價值觀因此仍然保留了不少來自傳統中國的元素。當「殖民地」政府感受到來自中國內地的左傾思潮的威脅時，英國人更希望通過弘揚儒家思想來提升香港人對政府權威的尊重，其中香港總督金文泰（Clementi）乃表表者。二來大部分香港人是「甘願」而非被迫接受殖民管治，因此對於身受殖民管治不以為恥，不少人甚至認為殖民管治為他們提供機會親炙西洋先進文明，讓他們因此得以「傲視」內地同胞。三是不少香港人認為香港在新中國成立後仍然維持殖民管治並非因為中國沒有能力收回香港，

而是基於更重要的國家利益的戰略考量，因此殖民管治是在中國人「批准」下才能延續的，所以並不覺得繼續接受殖民管治是丟臉的事。四來是傳統中華文化在香港的傳揚並沒有受到「殖民地」政府的阻撓，因此在香港的影響力甚為深遠。五來是在芸芸眾多屬土中，香港在經濟上的成功是出類拔萃的，當中少不了香港人的貢獻，而香港人也從香港的經濟「奇跡」中增強了對自己的信心。這一點在下文還會進一步討論。

在殖民管治下，香港人的國家觀念和民族意識難有充分發展的空間。英國人特別忌憚中國內地洶湧的民族主義對其在香港管治的影響。香港歷史上出現過數次挑戰殖民地政府的事件，其實都與中國民族主義、愛國情懷和反對帝國主義情緒在香港飆升有關。由於不少華人頻繁來往於香港與內地之間，其中很多人無意以香港為家，所以懷抱家國情懷的香港人為數甚多。可是，1949 年中國共產黨締建的中華人民共和國成立後不久，香港便與內地分隔並分途發展，兩地在制度、思想和文化上的差異越來越大，並形成鴻溝。在這種情況下，香港人越來越以香港為家，香港的本土意識亦油然而生，再加上不少香港人本來便抱有反共意識，香港人與內地同胞的政治隔膜亦變得越來越大。英國人在香港對傳統中華文化並不抗拒，但從維護殖民管治角度出發，卻長期刻意以各種有形和無形的手段灌輸香港人對中國內地和中國共產黨的負面態度和對中華文明的輕視，「親英」精英、公務員和年輕一輩所受影響尤其顯著。

經過漫長的「殖民地」管治，香港的法律不斷有所改進，其刑法、商業法和民法在相當程度上與發達國家接軌。然而，在「憲法」層次，「殖民地」法律卻不容許對英國法律、英國政府的對港政策、對「殖民地」的身份地位、對殖民地政府的權威和認受性、對香港的不民主的政治體制和對種族等級制度提出挑戰。因此，認為香港在回歸前的法治是公平公正的籠統說法並不完全公允。

一般而言，香港人普遍對「殖民地」香港的過去認識有限。在香港回

歸前十多年的過渡期內，英國人對香港懷柔策略發揮到極致、並以積極的民主改革者、堅定的香港利益捍衞者和強悍的反共者姿態自居。很多香港人特別是年輕人所認識的「殖民地」香港其實就是那個存在時間甚為短暫的「殖民地」香港，而在缺乏歷史視野的情況下不少人以香港的殖民管治從來或一向都是如此的「進步」和「開明」，對英國人曾經採取的粗暴、險詐和不公不義的管治手法茫然不知，也不清楚殖民管治過去對香港發展的窒礙。他們所理解的「殖民地」的「現狀」，就是香港作為英國「殖民地」最後的十多年左右的狀況。很多香港人由於害怕香港在回歸後出現改變，心理上更加容易傾向保存現有的東西，容易不假思索地、缺乏批判地全盤接受和讚揚「殖民地」「臨終時期」的「現狀」。為了穩定人心，中國政府也盡量滿足香港人對「維持現狀」的要求。然而，回歸二十多年後的經驗和香港內外環境的變化，已經逐漸引發部分香港人對殖民管治的得失作出一些談不上深刻的反思，過去那些「維持現狀不變」的心態也正在微妙地發生調整。因此，在構思未來香港的「一國兩制」時，有需要糾正不少內地同胞和香港人對殖民管治歷史的片面和不正確認識，從而讓他們明白殖民管治的正反兩面情況和作用，減少香港「殖民地」的過去對香港未來發展的桎梏，清除「殖民地」時期作出的種種「去中國化」的部署，改變或放棄一些已經不合時宜的「殖民地」「遺物」，讓未來「一國兩制」在香港的實踐得以輕裝上陣。

首先，作為經濟上最成功的英國「殖民地」，殖民管治所提供的法律和政策環境不容否認，但也不能誇大，必須充分肯定國際環境、中國內地以及香港人對香港經濟發展尤其是工業化的貢獻。設若沒有來自中國內地的人才、資金和勞動者，香港這片荒島也難以發展起來。在香港任教的歷史學者高馬可（John M. Carroll）指出，「英國的歷史學者、殖民地官員和訪客往往把香港的經濟成長歸功於英國的自由制度和放任經濟政策。〔…〕不過，所有這些都不足以讓香港成為殖民地建立者夢想的『東方的偉

大商埠』。」(Carroll, 2005:55)「殖民地政權在香港的經濟發展中的角色一直被誇大。殖民主義甚至可能是香港經濟發展的障礙，原因之一是在二次大戰前殖民地政權妨礙香港的工業化。」(Carroll, 2005:36)「事實上，香港的傳奇性經濟成功也許不是因為它是英國的殖民地，而是由於在一些重要的中國歷史的時刻香港不是中國的一部分。」(Carroll, 2005:57)

高馬可尤其突出華商在香港經濟發展上的舉足輕重作用。「在鴉片戰爭（1839-1842）後的一個世紀，上層華人與他們的英國統治者協力把香港這個地方發展起來，並將這個地方視作自己的地方。這種協力並非來源於殖民管治，而是來自那些興起中的華人資產階級的自發性和不懈努力。華人資產階級的領袖充分利用殖民管治者的不一致、疏漏、尤其是無能所產生的空間來在中華帝國和大英帝國的邊陲地帶建立起香港在地理上、政治上和文化上的戰略位置。殖民地政府與華人精英之間的關係並非是支配與反抗，而是彼此視野的共通，當然雙方偶爾也有利益衝突。」(Carroll, 2005:2-3)「華人商人精英的形成，與香港作為殖民地的性質密不可分，而華人在公共事務上的參與在根本上塑造了和規範了英國在香港的管治。〔…〕殖民地政府堅信香港在大英帝國中的歷史任務是要成為一個商業中心，而香港的華商正好在這方面讓英國人深深認識到他們能夠在這方面為英國人效勞。到了 19 世紀末，殖民地政府不再視華商為唯利是圖的過客，而是在香港、華南和大英帝國中英國人在維持秩序和穩定的艱巨工作上的盟友。」(Carroll, 2005:4)「在建構『香港的神話』(香港是一個在英國推行自由貿易和公正法治下平穩暢順運作的「殖民地」) 上，香港華人的貢獻甚大。〔…〕在形成殖民政府和官方的對香港的歷史觀上，香港華人也貢獻良多。這個歷史觀把英國佔領香港之時當作香港歷史的開端。〔…〕對很多香港華人來說，殖民主義是一股解放的力量，而非一股壓迫的力量。」(Carroll, 2010:12)

華人精英與「殖民地」的關係頗為微妙，有着「命運與共」和「互利共

贏」的成分。在「殖民地」香港,「『殖民地』政府與華人精英的關係並非是支配與反抗的關係,而是彼此有着共同的願景和偶爾發生的衝突的權宜利益結合。雖然英國人和華人精英都想要一個成功的和穩定的商業中心,但華人精英和英國殖民者卻在生活上互不相干,而且各自成立屬於自己的會所和組織。他們在經濟和政治上的協作與一個在社會上分離的系統同時存在。」(Carroll, 2005:2-3)

「在香港,很多早期成功的華人商人來自那些與外國人有合作傳統的地方(華南或其他在亞洲的歐洲殖民地)。這些人的大部分都不是那些被迫接受新的統治者的原住民。相反,他們選擇跟隨英國人到香港來,因為這個地方為他們提供有利可圖的合作機會。」(Carroll, 2005:18)「通過給予那些人各種特權比如批出土地或者授予他們得以獲利的專營權,殖民地政府實際上讓一輩本地的華人商人精英得以誕生。」(Carroll, 2005:18)

長期以來,不少香港人對英國在香港實施的殖民管治認識不足。「首先,香港人強調殖民地政府的不干預主義,但卻往往忽視了政府擁有強大的插手的力量。他們的焦點放在和諧與合作上,而忘記了危害香港的法律和種族的歧視。第二,儘管很多理論可以解釋為何殖民地政權與華人社會之間的關係得以維繫,但那些理論卻不能解釋為甚麼那個關係最初為何出現,而又隨着時間的過去為何變化。最後,那些理論很少觸及到華人在參與建構殖民地香港過程中的角色,以及殖民地的狀況又為他們提供了甚麼。」(Carroll, 2010:17)

「積極不干預」政策被不少香港人奉為圭臬,尤其是那些在現狀下的既得利益者,主要是工商財團。「積極不干預」被褒揚為香港經濟奇跡的基石,是在任何環境和時刻都應該堅持的施政方針。然而,很多人其實誤解了「積極不干預」的要義,以為政府不管經濟才有利於經濟發展和調整,因此不贊成政府在經濟和社會領域有重要角色。曾經出任署理香港總督的鍾逸傑(David Akers-Jones)曾向我表示,所謂「積極不干預」其實是兩

個「獨立」概念。當「殖民地」政府認為有需要做事時，它便會「積極」起來。相反，如果它不想做事時，它便會「不干預」。因此，「積極不干預」實際上給予「殖民地」政府在管治過程中極大的自主性、酌情權和靈活性。香港經濟學者陳坤耀也有類似理解。「三十多年來，陳坤耀不斷提出一個説法：把 70 年代財政司司長夏鼎基提倡的 "postive non-interventionism" 翻譯作『積極不干預』是大錯特錯。他指出：『港英時代的經濟哲學一向是最大的支持，最小的干預（maximum support, minimum intervention），即使是港英年代的財政司郭伯偉也不是提倡完全放任的政策。』但當政府、傳媒、社會大眾翻譯為積極不干預後，意思成為了『積極地』不干預，但這是翻譯的錯誤，〔真實意思〕應該是『積極性』的不干預，差之毫釐，謬以千里，誤導政府官員及市民多年，實在令人咋舌〔…〕」「按陳坤耀的理解，積極不干預意味基本上是要干預的；若不干預，必須要有正面而積極性的效果。」（陳坤耀，2018）

　　無論如何理解，在「積極不干預」下，「殖民地」政府的確在香港經濟發展和民生改善上的角色不大，而且往往在問題出現後才作出被動回應。只有在有迫切需要時，尤其在二次大戰後，當殖民管治面對質疑、危機和挑戰時，「殖民地」政府才會採取一些措施來維護市場秩序、紓解民困和紓緩社會矛盾。其中表表者可算是香港總督麥理浩（McLehose）的「十年建屋」計劃和港督衞奕信（Wilson）的以「新機場」為核心的「玫瑰園」計劃。一般而言，在香港的「借來的時間、借來的空間」下，殖民管治一般比較短視、精英主義、同情心與同理心不足，推崇「漸進主義」（incrementalism）和「頭痛醫頭、腳痛醫腳」的施政方式。長遠、戰略、歷史和宏觀思維不是「殖民地」官員的強項。不少官員對任何帶有「社會主義」和「計劃經濟」意味的東西都嗤之以鼻。

　　如果香港在毋須政府高度介入下仍然取得經濟奇跡，而日本、韓國、新加坡和台灣等地卻仰賴政府的領導才得到經濟發展，那只能説明香港在

經濟「起飛」時便「幸運地」毋須依靠政府的積極介入便得到充沛的資金、人才、勞工和市場的供應，而且在二次大戰前香港的華人工業家已經獨力在香港建立了工業生產的基礎而已。可以說，「積極不干預」與香港的經濟發展沒有必然的聯繫。然而，當影響香港經濟發展的環境和條件出現變化，尤其是當香港面對越來越激烈的經濟競爭、保護主義肆虐、國外市場萎縮、西方國家遏制中國的崛起、西方國家視香港為對付中國的棋子、各種形式的「國家資本主義」冒起、香港產業結構長期以來狹隘而且轉型艱難、金融和地產財團勢力過大、貧富懸殊問題日益嚴重、香港缺乏強有力的新經濟增長點、香港需要在廣度和深度上提升與內地經濟的整合、香港要積極參與到國家的經濟規劃和重大國家發展戰略、美國和其盟友對香港愈趨不友善、香港亟需開拓新的發展空間之際，越來越多人已經對「積極不干預」產生懷疑，認為需要檢討甚至揚棄那個「金科玉律」和「祖宗遺訓」。再者，既然過去華人精英在創造香港的經濟奇跡上的作用舉足輕重而且不可替代，而且在某程度上和在某些方面「積極不干預」政策其實是不讓政府為他們開拓更大的發展空間，則在香港繼續堅持「積極不干預」而不作出適當的變通便更顯得不合時宜了。

在香港的高度自由的資本主義市場體系下，繼續奉行「殖民地」政府的施政方針其實不利於有效處理社會矛盾和衝突，更遑論建構公平公義社會。「殖民地」政府中央政策組首席顧問顧汝德（Goodstadt）對此曾作出猛烈譴責。（Goodstadt, 2009, 2013, 2018）論市場的自由度，香港應該在世界上名列前茅，但其社會不公平程度、貧窮問題的嚴重性和公共服務提供的不足在發達社會中也是數一數二。自從 1970 年代開始，香港的貧富差距無止息地不斷擴大。富裕中的貧窮情況非常突出。過去不少香港人相信香港是一個公平的社會，向上社會流動機會充沛，中產階層人數會持續增加，因此對貧富懸殊的問題較能容忍。可是，當人們越來越看到的是一個越來越「封閉」的上層階層已經形成、政府施政向金融和地產財團大

幅傾斜、專業壟斷情況明顯、在既得利益的阻撓下難以擴寬香港的產業結構、房屋短缺問題突出、社會流動機會日益減少、中產階層萎縮及年輕人上進前景渺茫等景象，他們對社會不公不義的現象也就越難接受，因為感覺到「相對匱乏」（relative deprivation）而引發的激進思想、民粹主義和暴力傾向亦油然而生。不少人越來越把社會矛盾與衝突與政府的「積極不干預」政策、「官商勾結」和官員罔顧民間疾苦掛上等號，並且要求加大政府在經濟發展、改善民生和促進公平等方面的介入和力度。部分人更相信只能通過政制改革才能達致經濟社會改革。由是，「一國兩制」所要保持的原有狀況「五十年不變」的安排越來越難以得到廣泛認同。

依靠「政治中立」的公務員作為管治骨幹的殖民管治方式在回歸後經常受到質疑。回歸前各界人士對香港公務員的管治能力褒獎有加，甚至是過度頌揚，而中國政府對他們也竭力拉攏。儘管香港在 2002 年引入政治委任官員的制度，但高層公務員的影響力沒有受到實質性的削弱。一方面他們迄今仍是主要官員的來源，二方面他們仍有相當能力左右來自其他社會背景的主要官員的想法和行為。三方面是對絕大多數的社會精英來說政治事業並不吸引，甚至視之為畏途，因此不願意從政。在政治領袖匱乏下，公務員在回歸後繼續成為維繫政治和經濟秩序的主力。不過，回歸後香港面對各種國際環境變化，中國的快速崛起，政治、經濟、社會、突發事件和金融問題與危機的猛烈衝擊，高層公務員的表現備受批評，過去認為香港公務員無比優秀的「神話」不再存在，導致民眾對政府的信心和信任長期處於低水平。「公務員治港」這種安排起初符合「五十年不變」的要求，而且的確對維持穩定和現狀有利，但頗為高傲自視的公務員和他們的濃厚精英心態以及他們對「小政府、大市場」的嚮往、對國內外形勢變化掌握不足、短視和狹隘的施政方針、以及他們在危機時刻缺乏勇氣、智慧和擔當都對爭取和動員民眾不利，也難以縮窄政府與人民長期以來形成的隔膜，而長期趨勢反而是官民關係越來越疏離。在缺乏能幹的政治領

袖的情況下，香港難以依靠政治領袖去推動改革來應對新形勢、新問題和新挑戰。過去香港的社會和經濟變遷（例如產業轉型）的起源主要來自民間，政府基本上是被動回應和配合。當社會出現危機或動亂，或殖民管治遇到衝擊和威脅時，政府才會偶爾主動推行改革（例如在 1960 年代中後期和當「香港前途問題」出現後）。回歸後香港原來的「現狀」發生巨變，已非原來面貌，為了香港的長期繁榮穩定和長治久安，香港的領導人亟需以長遠目光、歷史視野、戰略思維、巨大勇氣和承擔精神去推動各種重大的政治、行政、社會和經濟的改革。在設計未來的「一國兩制」時，「殖民地」時期的管治人才、方式、思維和作風有需要反思和檢討，方能找到香港往後發展所需要的政治體制和管治模式，而尤其重要的是他們必須摒棄對國家民族的排拒心態和對西方的過度景仰和膜拜。

在殖民管治下，香港社會尤其是年輕人對中國歷史特別是近代史認識膚淺，甚至毫無認識或認識錯誤；對香港的「殖民地」歷史不了解，甚至傾向美化殖民管治；對西方文化片面理解和嚮往；對中國共產黨和新中國不但所知甚少，而且因為受到「殖民地」政府和香港的反共反華人士的影響而認識有偏差和扭曲。要求「殖民地」政府在香港推行國民教育不啻是緣木求魚、刻舟求劍，要在香港樹立對中國共產黨和新中國的較為客觀持平和對歷史尊重的認識也非易事。如果在香港真要推行某種形式的改變民眾思想心態的「去殖民化」的話，則提升香港人對中國共產黨和新中國的全面和持平的認知以及對「一國兩制」乃「國家優先」的方針應該列為首要任務。至低限度，香港人必須具備強烈的政治現實意識和理性思維，清楚明白到在「一國兩制」之下，任何挑戰國家主權和中央權力的行為不但不會奏效，反而會嚴重損害香港人的利益和福祉。

儘管為了穩定人心和恪守「五十年不變」承諾的緣故，香港沒有像不少前殖民地在獨立後那樣，對殖民主義進行嚴肅批判和推行旨在重建民族自信的「去殖民化」政治和文化運動。然而，回歸二十多年來，基於對現

狀和前景的擔憂，陸續和零散的對過去殖民管治的利弊的反思和討論卻不時出現。雖然仍有不少人出於緬懷「殖民地」時期的風光歲月和對中國共產黨的怨恨，因而對「殖民地」政府讚譽有加，並以古諷今，訴說中央和香港特區政府的不是，慨歎「今不如昔」，但已經開始有人認識到殖民管治本身就不是公義和光彩的事，而不少香港當前面對的不少經濟社會民生問題其實是殖民管治下長期積累下來的「深層次」問題。

　　香港在回歸後「一國兩制」實踐面對的一些困難和挑戰其實部分來源於殖民管治，尤其是回歸前夕「殖民地」政府所播下的政治分化對立的種子。越來越多香港人不願意盲從過去的殖民管治方式，對殖民管治的不公不義性有了新的體會，亦因為國家的崛起而對中華民族的自信心有所提升，因此對那個維持「現狀」「五十年不變」的政策開始質疑。人們開始期望香港特區政府的管治方式有所改變，特別在推動經濟發展、優化產業結構、改善民生、縮減貧富差距、消減世代矛盾、強化與內地經濟融合、建構公平公正社會、減少政治分歧、推行符合「一國兩制」原意的政治改革、實行「包容性」的管治模式和公共政策等方面。

　　總而言之，儘管香港沒有正式推進思想心態方面的「去殖民化」，但畢竟回歸中國已經超過 20 年，殖民管治對大多數香港人來說已經是歷史陳跡，剩下只有模糊依稀的記憶。當然，那些不滿現狀和得益於殖民管治的人仍會緬懷過去，甚至不斷頌揚英國人的好，並希望英國人和其他西方人「保護」他們和為他們撐腰。部分年輕人雖從未經歷殖民管治，但卻被那些一貫反對香港回歸中國和仰視崇拜西方文明的人所誤導，把一個過度美化了和修飾化了的「殖民地」香港與一個當前被「醜化」了的香港特區對比，得出一個「今不如昔」的觀感，從而產生對現狀的不滿、興起與當權者抗爭的念頭以及要求英國政府出手「搭救」香港。不過，逝者已矣，大部分香港人越來越不傾向把香港「殖民地」的過去當作今天香港需要仿傚的對象。英國國力不斷下降，內部政局混亂，政府管治乏力，而中國則

恰恰相反，國力和國際地位不斷攀升，香港人看在眼內，想在心裏，很難不得出一種「世界輪流轉」、「大國盛衰有時」的感覺。儘管某種「崇英」和虛假的「親英」心態仍揮之不去，但香港人對過去的殖民管治的態度和看法肯定變得越來越複雜和客觀，甚至越來越負面。要求香港特區一定要奉「殖民地」香港的制度、政策和處事方式為「圭臬」的聲音不再響亮，羨慕內地的辦事效率的人有所增加，懷疑西方的意圖的人不斷上升，更多的香港人同意應該根據香港本身的具體情況來制定它的體制、規章和政策，特別是政府在香港經濟和社會發展中的角色。

國家安全

國家安全作為一個考量因素在設計「一國兩制」方針政策時已經頗為重要，畢竟東西方冷戰正酣，容許一個受到西方深度影響和政治高度開放的香港存在於中國的邊陲，無疑會對國家安全構成一定的威脅。不過，由於當時中美兩國因為要聯手應對蘇聯的挑戰，而蘇聯在香港的政治影響力非常有限，因此起初中國政府不認為香港在回歸後會構成嚴重國家安全威脅。1989年春夏之間爆發的「六四事件」，中國政府認為牽涉到香港和西方國家的反共反華勢力的挑唆和介入，因此特別關注香港對國家安全所構成的威脅，但其後隨着國內政局趨於穩定，這個關注也就緩和下來。事實上，中國政府認為，回歸前香港內部的反共反華勢力能量有限，而且受到「殖民地」政府一定的約束，難以成為國家安全的實質重大威脅。中國政府又樂觀地相信，在英國人撤離香港，而五星紅旗又在香港特區迎風飄揚後，香港的反對勢力也會知所行止、收斂約束。再者，中央認為，既然香港已經回歸中國，則無論外部勢力的意圖為何，它們亦沒有能力把香港從中國分裂出去或奪取香港的管治權。即便如此，「一國兩制」的總設計師鄧小平也曾不止一次對香港人提出忠告，切不要讓香港變成反對中國共

產黨和內地社會主義體制的基地，不然中央必會介入。也就是說，要「一國兩制」在香港行之久遠，除了中央尊重香港的制度和生活方式外，另外一個基本條件或前提是香港不能成為「反共基地」、「顛覆基地」和「滲透基地」。除了忠告外，中國政府亦以法律手段防止香港成為國家安全的威脅。香港《基本法》第二十三條規定，「香港特別行政區應自行立法禁止任何叛國、分裂國家、煽動叛亂、顛覆中央人民政府及竊取國家機密的行為，禁止外國的政治性組織或團體在香港特別行政區進行政治活動，禁止香港特別行政區的政治性組織或團體與外國的政治性組織或團體建立聯繫」。在其他國家，國家安全立法屬於中央政府的職責，不會下放到地方行政單位。然而，為了不引起香港人的恐慌並從平穩順利收回香港着眼，中國政府願意把這項事關重大的立法任務交付香港人，期望香港特區能夠訂立一項既能保衛國家安全、又能照顧香港的法制傳統和香港人的憂慮的國家安全法律。同樣地，為了不在香港引起政治擔憂，中央也「容許」香港在回歸後長時期沒有與內地簽訂相互移交逃犯協定。如此一來，香港遂儼然成為在內地犯罪而又逃逸到香港的人的庇護所，和這些人從香港逃往外地的跳板。

不過，事與願違，2003 年不但《基本法》第二十三條的本地立法失敗，連帶維護國家安全也被反對派人士抹黑為侵犯人權自由之舉。結果是，香港雖然已經回歸中國超過 20 年，接近「五十年不變」的一半，但成功順利立法的政治條件仍然未具備。一些香港反對派人士和西方政客甚至不負責任、意圖挑撥地說，《基本法》第二十三條本地立法成功等同「一國兩制」以失敗告終。美國一些反共反華政客甚至警告說如果香港通過《基本法》第二十三 23 條立法，香港將要面對美國的制裁。由於《基本法》第二十三條本地立法不成，而香港與內地又沒有互相移交逃犯協定，這兩個在維護國家安全上的漏洞或缺口遂使香港成為國家安全的隱患。設若《基本法》第二十三條在香港成功立法，則香港特區政府便可以依法處分

相當部分的、那些策動和參與 2019 年特大暴亂的，包括外國人之內的人。

　　然而，隨着中國的急速崛起及美國對中國的全方位和長期性遏制，國家面對的安全威脅也愈益嚴峻，而香港本身又出現了一些對國家安全構成威脅的事故，中國政府因此不能不把國家安全問題放到極高的位置來考量。過去世界各國較多關注傳統的國家安全威脅，包括戰爭、間諜活動、分離主義、顛覆政權等，而《基本法》第二十三條正是為了應付那些威脅而制定的。可是，隨着國際環境的變化、科技的革新、宗教和意識形態衝突的爆發、金融和貿易全球化等因素的湧現，所有國家都面對着越來越多和愈趨多樣化的國家安全威脅，比較常見的是恐怖主義、大殺傷力武器擴散、極端主義、分離主義、金融戰爭、思想滲透、政權更迭、「顏色革命」、以「人道主義」為名侵略他國、大規模傳染疾病來襲等。為此，中國提出了一個嶄新的、全面的國家安全概念，並稱之為「總體安全觀」。「總體安全觀」對國家安全的內涵和外延的概括，可以歸結為五大要素和五對關係。五大要素，就是以人民安全為宗旨，以政治安全為根本，以經濟安全為基礎，以軍事、文化、社會安全為保障，以促進國際安全為依託。五對關係，就是既重視外部安全，又重視內部安全，強調外部安全和內部安全彼此關係，相互影響；既重視國土安全，又重視國民安全，強調國土安全與國民安全存在有機的統一；既重視傳統安全，又重視非傳統安全，強調傳統安全威脅與非傳統安全威脅相互影響，並在一定條件下可能相互轉化；既重視發展問題，又重視安全問題，強調發展和安全是一體之兩面，只以其中一項為目標，兩個目標均不可能實現；既重視自身安全，又重視共同安全，強調全球化和相互依賴使得中國和世界的安全已密不可分。（《總體國家安全觀幹部讀本》編委會，2016）

　　通過針對性的法制建設，總體安全觀已經在相當程度上具體落實。2015 年 7 月 1 日，第十二屆全國人大常委會第十五次會議通過《中華人民共和國國家安全法》。該法第二條規定，「國家安全是指國家政權、主

權、統一和領土完整、人民福祉、經濟社會可持續發展和國家其他重大利益相對處於沒有危險和不受內外威脅的狀態，以及保障持續安全狀態的能力。」這裏值得注意的是政權安全乃國家安全的核心。同樣重要的是各項配套法律法規的陸續完備。「2014 年反間諜法公佈施行後，1993 年公佈施行的國家安全法相應廢止──該法主要涉及國家安全機關的反間諜工作。〔…〕《國家安全法》以法律形式確立總體國家安全觀的指導地位和國家安全的領導體制，明確維護國家安全的各項任務，建立維護國家安全的各項制度，為構建國家安全體系奠定了堅實的法律基礎。在專門性立法方面，2014 年 11 月 1 日，第十二屆全國人大常委會第十一次會議通過《中華人民共和國反間諜法》〔…〕2015 年 12 月 27 日，第十二屆全國人大常委會第十八次會議通過《中華人民共和國反恐怖主義法》〔…〕。此外，第十二屆全國人大常委會分別於 2014 年 12 月、2015 年 4 月審議了《中華人民共和國境外非政府組織管理法（草案）》，於 2015 年 6 月初次審議了《中華人民共和國網絡安全法（草案）》。」（《總體國家安全觀幹部讀本，2016:26-27》）[2]

　　中國當前面對的國家安全威脅至為複雜和嚴重。歷史經驗昭示，一個國家正在崛起但尚未完全崛起之際最容易引起其他大國的恐懼和挑戰，而中國目前正處於這種關鍵時刻。部分美國的政客和學者甚至認為美國應該趁中國「羽翼未豐」之際遏止中國的崛起並對中國予以重擊，徹底消除來自中國的威脅，從而永久維持美國的霸業。對於當前國家安全面臨的威脅，內地的專家學者頗多評論。內地戰略家金一南指出，「中國是個大國，中國是一個強國，全世界沒有一例一個強國連自己國家的統一沒有解決，還稱自己是強國。這是你從大國到強國必須邁過的門檻。現在我們講

2　《中國人民共和國境外非政府組織境內活動管理法》已由第十二屆全國人民代表大會常務委員會第二十次會議於 2016 年 4 月 28 日通過。《中華人民共和國網絡安全法》已由第十二次全國人民代表大會常務委員會第二十四次會議於 2016 年 11 月 7 日通過。

憂患意識，不是說天下本無事，庸人自擾之。」（金一南，2017:11）又說，
「國家主權、國家安全、領土完整、國家統一、國家政治制度和社會大局
的穩定，經濟社會可持續發展的基本保障，這六項，新中國第一次公佈自
己的核心利益，不惜用戰爭手段維護的利益就是核心利益。」（同上，13）

　　中共中央黨校國際戰略研究院對國家安全問題有以下的綜合論述，
「然而，冷戰後，反共主義仍然在美國有一席之地。反共主義者對中國堅
持走社會主義道路，並快速崛起，越來越感到恐懼，尤其是對『中國模式』
影響力的不斷增強，更是耿耿於懷。美國實施『推進民主』戰略和推廣『普
世價值』戰略，在亞洲試圖構建『民主國家聯盟』，在新疆、西藏、台灣問
題上干涉中國內政，支持海外的各種反共、反華勢力，在香港政治發展上
暗中同中國大陸較勁，無不是在貫徹其『西化』中國的戰略。」（中共中央
黨校國際戰略研究院，2016:42–43）

　　內地的戰略學者王湘穗把國際資本流動、「顏色革命」和國家安全連
在一塊探討。「在當地美國挑起的安全衝突和戰爭中，往往都存在着控制
全球資本流向和流速的意圖。在當代資本主義世界體系之下，無論是挑
起安全衝突，還是引發戰爭，都是資本謀取利益的手段。既然是謀利的手
段，就會受到利益的制約。」（王湘穗，2017:149）「驅動資本流動的最有
效手段—低成本和高效率的方式—是通過組合運用『顏色革命』、經濟制
裁和軍事壓力，多管齊下，迅速改變一個國家和地區的安全環境，導致資
本的大量流出。」（同上，151）長期關注中美摩擦的劉明福則認為，「美
國對付中國，可以設置陷阱的地方不少。它可以設置政治陷阱，向中國出
口和投資大民主，讓中國亂起來；它可以設置經濟陷阱，搞金融危機、金
融戰爭，捲走中國民眾辛勤勞作又不捨得花的血汗錢；它可以搞軍事陷
阱，在中國周邊的某個熱點，創造條件讓中國打個敗仗；它可以設置外
交陷阱，挑唆關係，製造矛盾，形成某個對付中國的聯盟。」（劉明福，
2015:124）

更全面的論述來自《總體國家安全觀幹部讀本》編委會。「我國越發展，面臨的問題會越多，遇到的阻力會越大，霸權國家對我國的遏阻力度必然增大，面臨的內外安全壓力也必然越來越大。面對複雜嚴峻形勢，迫切需要通過加強黨對國家安全工作的絕對領導，總攬國家發展與安全大局，為實現『兩個一百年』奮鬥目標提供可靠安全保障。」（《總體國家安全觀幹部讀本》編委會，2016:42）「〔『顏色革命』是〕倡導『非暴力』進行政權更迭的運動。其實質是外部勢力通過各種手段在有關國家進行各領域滲透、培植政治反對派並鼓勵其利用社會矛盾推翻現政權的一種政治顛覆活動。〔…〕目前，人民內部矛盾和其他矛盾相互交織，容易被外部勢力所利用，便於他們扶植反對勢力。」（同上，82-83）「當代世界思想文化領域交流交融頻繁、鬥爭深刻複雜，尤其是外部勢力把我國崛起視為對其價值觀和制度模式的挑戰，加緊通過互聯網等各種管道進行滲透分化。近年來，境外勢力利用資訊網絡、課堂講壇、獨立媒體、地下教會等，傳播西方思想文化和意識形態，詆毀我國主流意識形態，片面渲染、刻意放大我國的各種問題，甚至製造各種謠言，煽動人民的不滿情緒。」（同上，83）「金融安全是我國最敏感的部分之一。近年來，我國宏觀債務水平持續上升，產能過剩行業信貸風險逐步顯現，金融機構信用和流動性風險上升，部分影子銀行業務擴張過快，跨境資本異常流動風險增大，金融風險日趨加大。隨着我國金融市場對外開放程度不斷提高，風險跨境傳染的可能性增大。頻繁顯露的局部風險特別是資本市場的劇烈異常波動說明，現行監管框架存在着不適應我國金融業發展的體制性矛盾，必須通過改革保障金融安全，有效防範系統性風險。」（同上，110-111）「某些別有用心的外部勢力加緊對我國進行思想文化滲透，對黨史、國史、民族史等進行惡意解構甚至顛覆，在青少年中宣揚拜金主義、享樂主義、極端個人主義、傳播消極頹廢的消費文化，價值觀等『軟實力』較量更為激烈。境外資本、文化企業、文化產品和服務大量進入國內，對我國維護文化安

全帶來很大壓力。」（同上，118）「我國在晶片、操作系統、基礎零部件、基礎工藝、基礎材料等方面，以及重點產業領域核心技術長期受制於人。」（同上，140）

2019年1月21日，中共總書記習近平對省部級主要領導幹部談到防範和化解重大風險時表達了對國家安全的濃重憂患意識。他說，「面對波譎雲詭的國際形勢、複雜敏感的周邊環境、艱鉅繁重的改革發展穩定任務，我們必須始終保持高度警惕，既要高度警惕『黑天鵝』事件，也要防範『灰犀牛』事件；既要有防範風險的先手，也要有應對和化解風險的高招；既要打好防範和抵禦風險的有準備之戰，也要打好化險為夷、轉危為機戰略主動戰。」又說，「各級黨委和政府要堅決貫徹總體安全觀，落實黨中央關於維護政治安全的各項要求，確保我國政治安全。」「當前，世界大變加速深刻演變，全球動盪源和風險增多，我國外部環境複雜嚴峻。」「防範化解重大風險，需要有充沛頑強的鬥爭精神。」

回歸二十多年來，香港內部發生的事態使得中央對來自香港的、牽涉到內部和外部敵對勢力的國家安全威脅愈趨嚴峻。香港內部出現的各種挑戰中央權力、「勾結」外部勢力衝擊香港和內地的穩定、「港獨」和形形式式的分離主義的行動有所增加。外部勢力尤其是美國和台灣扶助香港反對派的跡象頗為明顯。「港獨」和其他分裂國土的勢力有合力的態勢。《基本法》第二十三條的本地立法工作遲遲未能展開，各種敵對勢力對二十三條立法竭力阻撓，而單憑香港原有法律已不足以有效維護國家安全。香港與內地在相互移交逃犯協定缺位下成為資金外逃和國有資產流失的缺口，嚴重危害國家的經濟和金融安全。香港作為國家安全的威脅，已經引起中央領導人和內地官員和專家學者的關注。

2014年末香港爆發了回歸以來為時最久、規模最大和遺害最深的「佔領中環」行動。策劃那次抗爭行動的人強調行動的目的是單純地要求以西方模式普選香港行政長官、行動乃自發性和沒有外部勢力的參與。但內

地不少人卻視之為一次極為嚴重、性質至為惡劣的意圖打擊香港特區政府和中央政府的、具有「顏色革命」影子的行動。比如，內地戰略家喬良從國際形勢的角度來分析「佔領中環」。他相信「佔領中環」和美國要在中國「剪羊毛」有密切關係。喬良認為，「過去十年裏，大量資本進入中國，使中國的經濟總量，以令人垂涎的速度增長到全球第二，如此一來，美國把第三次剪羊毛的目標瞄準中國，一點不奇怪。如果這一判斷成立，那麼，從 2012 年中日釣魚島爭端、中菲黃巖島爭端之後，中國周邊的事情層出不窮，一直到 2014 年中越『981』鑽井平台衝突，再到後來的香港『佔〔領〕中〔環〕』事件。這些事件還能看成是偶然事件嗎？2014 年 5 月，我陪同國防大學政委劉亞洲將軍到香港去考察時，已經得知『佔中』行動正在醞釀中，可能在 5 月底就會發生。但是 5 月底沒有發生，6 月底沒有發生，7 月還是沒有發生，到了 8 月仍然沒有發生。甚麼原因？這個醞釀的『行動』在等甚麼？讓我們對比另一事件的時間表：美聯儲退出 QE 時間表。2014 年初，美國就說要退出 QE（量化寬鬆），4 月、5 月、6 月、7 月、8 月，一直沒有退出。只要不退出 QE，就意味着美元還在超量發行，美元指數就不能走強，香港的『佔中』也就沒有出現，二是在時間表上完全重合。直到 2014 年 9 月底，美聯儲終於宣佈美國退出 QE。美元指數開始掉頭走強後，10 月初，香港『佔中』爆發。其實，中日釣魚島、中菲黃巖島、『981』鑽井平台、香港『佔中』，這四個點都是炸點，任何一個引爆成功，都會引發地區性金融危機，也就意味着中國周邊投資環境惡化，從而滿足『美元指數走強時，其他地區必須相應出現地區性危機，使該地區投資環境惡化，迫使投資人大量撤出資本』這是美元獲利模式的基本條件。但是對美國人來講很不幸的是，這回它碰到的對手是中國。中國人用打太極的方式，一次次化解了周邊危機，結果直到現在，美國人最希望的在 99 度水溫時出現的最後 1 度，始終沒能出現，水，也就一直沒有燒開。」（喬良，2017:74）喬良更把「佔領中環」與烏克蘭和克里米亞事件連

在一起。「如果不能讓資本從中國撤出去追捧美國的話，那就讓歐洲的資本撤出來回流美國。這第一步，戲劇性的烏克蘭變局實現了，但第二步，卻未能如美國所願。因為從歐洲撤出的資本，並沒有去美國，另有數據顯示，它們大部分來到了中國香港。這意味着全球投資人仍然不看好美國經濟的復甦，而寧願看好雖已經處在經濟下行線上，但仍然保持着全球第一增長率的中國。這是其一。其二是中國政府在 2014 年宣佈了要實現『滬港通』，全球的投資人都熱切地希望通過『滬港通』，在中國撈一把。過去西方資本不敢進入中國股市，很重要的一個原因，就是中國進行嚴格的外匯管制，寬進嚴出，你可以隨意進來，但是你不能隨意出去，所以說他們一般不敢到中國來投資中國的股市。『滬港通』之後，他們可以很輕鬆地在香港投資上海的股市。這就是 2014 年 9 月之後，也就是香港『佔中』開始直到今天，『佔中』勢力及其幕後推手始終不肯罷休，總想捲土重來的一個很重要的原因。因為美國需要製造一次針對中國的地區性危機，讓滯留香港的資本撤出中國，去追捧美國經濟。」（同上，75-76）姑勿論喬良對「佔領中環」的分析是否準確，但內地部分官員、專家和學者對於外部敵對勢力意圖利用香港搞「顏色革命」和危害國家安全是深信不疑的。

2019 年，在美國傾全力遏制中國的大環境下，香港特區政府提出修訂《刑事事宜相互法律協作條例》和《逃犯條例》，讓特區政府可以用「一次性」「個案」方式與那些未與香港簽訂互換逃犯協定的地方（包括中國內地）移交逃犯。對此，美國和歐盟若干國家大興問罪之師，指責此舉會嚴重威脅其公民在香港的人身安全，並夥同香港的反對勢力對香港特區政府發起猛攻，對中國政府大張撻伐，威脅要對香港採取懲罰行動，目的是要在香港引發恐慌情緒和動員香港人反對中央和特區政府。美國和其西方盟友的目的非常明顯，那就是要把香港用作勒索中國的棋子，詆毀「一國兩制」，破壞香港的繁榮穩定，培植反共反華勢力，奪取香港的管治權，驅使資金向西方外流，削弱香港對國家發展所能作出的「獨特和不可替

代」貢獻，強化台灣對以「一國兩制」方式達致國家統一的抗拒，以及阻撓中國和香港堵塞香港這個國家安全的漏洞。他們更希望迫使中央出動軍隊到香港平亂，從而取得對中國實施經濟和金融打擊的藉口。此次外部勢力和香港內部的反對勢力「破天荒」、「首次」如此露骨地勾結在一起向中國國家主權和安全發動猛烈攻擊，而其行動又明顯帶有「顏色革命」、暴力橫行和恐怖主義的特徵，清晰地暴露了香港作為國家安全隱患，和在中美戰略博弈中香港被美國利用為對付中國棋子的事實。

　　來自美國的信息也透露了一些外部勢力與香港反對派的密切關係。根據 Land Destroyer 在 2014 年至 2015 年的系列報導，[3] 美國承認，其國務院通過一批機構和非政府組織對「佔領中環」行動給予各種支持和協助，包括制定行動計劃、培訓組織者和參與者、資金和物資的提供、西方政府、機構和媒體的偏頗報導和煽動。支援「佔領中環」行動的目的，是要通過在香港製造動亂和一些暴力衝擊，來動搖香港特區政權和引發金融混亂，簡言之是要在香港發動「顏色革命」，並以此來擾亂中國內地和打擊中國共產黨的管治。無疑，Land Destroyer 的報道帶有一定的政治成見，但由於它同時徵引了一些事實，所以有若干程度的可信性。事實上，曾任美國政府官員的「中國通」皮爾斯伯里（Pillsbury）2014 年在接受美國福克斯新聞（Fox News）訪問時透露，因為美國駐香港領事館人員數量龐大，而美國的國家民主基金會（National Endowment for Democracy）又為香港的民主發展項目提供了數以百萬美元計的資金，所以中國政府確有理由懷疑，美國有份策動「佔領中環」行動。[4]

　　2019 年，在支持和反對《逃犯條例》修訂的大型政治鬥爭中，美國和其西方盟友擔當了前所未有的、相當突出的角色。它們邀請反對派頭領

3　http://landdestroyer.blogspot.hk/search?q=Occupy+Central+ 。Land Destroyer 是一個由美國地緣戰略分析家卡坦盧斯（Tony Cartalucci）建立的網站。

4　https://www.hudson.org/research/10714-china-tries-to-blame-us-for-hong-kong-protests.

到其國家表達反對《逃犯條例》修訂的立場，而這些人又趁機請求外部勢力介入香港的事務。與此同時，西方政府和政客頻密發言，表示《逃犯條例》修訂會威脅它們在香港的國民的人身安全，並警告香港此次修訂會引來西方的制裁和懲罰，希望藉着嚇唬香港人而慫恿他們出來反對中央和特區政府。美國國會更利用這次機會重新提出和通過《香港人權和民主法案》，並獲得美國總統特朗普簽署生效，讓美國政府得以利用其國內法律，直接插手香港事務和裏挾香港的官員和政治社會領袖，從而悍然挑戰中國對香港的主權和領土完整。[5]2019 年末，美國總統特朗普又簽署了 2020 年度的《國防授權法案》，進一步以國內法方式讓美國得以「合法」地在不同領域插手中國內政和香港事務。[6]在《逃犯條例》修訂的鬥爭中，西方勢力與香港反對派合作無間，在香港進行大規模和全方位動員，而入世未深但卻憤世嫉俗的青年學生，則是他們的重點「洗腦」和發動對象。

　　《總體國家安全觀幹部讀本》編委會認為，「〔在香港，〕有極少數人在外部勢力支持下，妄圖將香港作為對中國內地進行滲透、顛覆的橋頭堡。」（《總體國家安全觀幹部讀本》編委會，2016:84）曾任解放軍駐港部隊副司令員的王郡里表示，「香港長期以來就是國際資訊重地，各國力量在此匯聚；主權回歸後的香港，治權由英國人轉到港人手中，但在治理空間上，還沒有真正做到強有力地制止顛覆勢力威脅國家安全的行為。這決定了香港安全歷來就處於一種十分複雜的狀態。」（王郡里，2017:34）「香港作為一個開放性的國際大都會，新的安全因素會不斷介入進來。」（同

5　繼《香港人權與民主法案》後，更有以霍利（Hawley）為首的三名美國共和黨參議員提出《香港如水法》（Hong Kong Be Water Act）法案，譴責北京違反香港人的公民權利，並授權美國行政部門，根據《全球馬格尼茨基法案》，對削弱香港人言論、結社、集會、遊行及抗議自由的「外國人士」，採取制裁行動，包括凍結資產。法案所指的「外國人士」，包括香港及內地的現任及前任官員或代表，以及與香港和北京合作的人。

6　該《法案》的內容與《香港人權和民主法》大同小異，其中值得留意的內容包括要求香港特區政府尋求方法回應香港民眾的其餘四大訴求；要求與持美國相同看法的國家繼續支持香港民眾，鼓勵中國作出更多負責任的行為；要求中國政府禁止利用軍事、準軍事或中國執法部門參與武力鎮壓香港。

上，34)「香港是一個具有國際金融中心地位的城市，看戰略安全，必須看金融安全。香港採取固定匯率和與美元掛鈎的聯繫匯率制度，這與內地不一樣。但也因為這一點，它對內地金融體系的『撬動』作用不可忽視，容易造成金融上的波動和危機，1997 年亞洲金融危機就是這樣的例子。」(同上，34)「在大國中，中國是相對平安的，但香港在國家反恐全域上是個薄弱環節，被下手的可能性不能排除。」(同上，35)「20 年後的今天，中央對香港的期望主要是安全上的，維護一個和平繁榮、穩定發展的家園就是香港目前對國家的最大戰略貢獻。」(同上，35)「多年來，西方大國對香港問題是深度關注的，將香港作為一顆棋子在擺弄。為甚麼？主要不是意識形態的考慮，而是巨大的經濟利益決定。香港金融結構中，外資尤其是西方的資金存量比重是超過內地和港資份額的。在西方大國的戰略大棋局中，香港不是『主力棋』，但絕對不是閒棋冷子，更不是『棄子』。在西方大國眼裏，香港作為棋子是隨時可以拿來交易的。」(同上，37)「目前特區政府的安全能力尚不能滿足當前『一國兩制』的推進和香港未來發展的要求，香港的政治生態也亟待改善；特區政府的管治力量建設存在不足，還不能支撐起國家對香港安全的戰略要求。」(同上，37)

　　時任香港中聯辦主任的王志民對於香港尚未具備維護國家安全的法律體系深表憂慮。他於 2018 年 4 月 15 日在「全民國家安全教育日」香港研討會上致辭說，「俗話說『麻繩最容易從細處斷』，國家安全也是一樣，那裏的防護薄弱，那裏就容易出問題。在維護國家主權、安全、發展利益方面，香港的制度還不完善，甚至是世界上唯一長期沒有健全國家安全法律制度的地方，成了國家總體安全中一塊突出短板和風險點，也是直接影響我們香港市民安全的重大風險點。〔…〕近年來，既有外部勢力的滲透，也有內部力量的呼應。一些『港獨』激進分子肆無忌憚以各種方式不斷挑戰國家的主權安全，不僅在社會上大肆傳播『港獨』謬論，還堂而皇之進入校園，『獨害』下一代；不僅搞街頭暴力，還滲透到建制框架內，企圖從

內部動搖香港的憲制、香港的法治;不僅在香港搞『港獨』,還跑到台灣和
國外,與反華勢力勾連,實施分裂祖國和顛覆國家政權的活動。這些嚴重
衝擊了『三條底線』的活動,[7] 遠遠超越了所謂『學術自由』、『言論自由』的
界限,對中華民族偉大復興的歷史進程,對香港的繁榮穩定是實實在在的
危害。〔…〕維護國家安全就是維護『一國兩制』制度安全。〔…〕中國共
產黨是『一國兩制』制度的原創者、領導者和堅定的捍衛者、實踐者,沒
有中國共產黨領導的中國特色社會主義制度,就沒有『一國兩制』、就沒
有香港特別行政區、就沒有香港的長期繁榮穩定。歷史和現實都已證明,
『一國兩制』這樣好的制度來之不易,需要我們像愛護自己的眼睛一樣珍
惜和維護,這同樣也需要我們尊重並維護國家主體實行的以中國共產黨領
導為最本質特徵的中國特色社會主義制度,這樣才能從根本上真正維護好
『一國兩制』。這是我們香港保持長期繁榮穩定的『定盤星』、『壓艙石』。」
2019 年 2 月 19 日,在中聯辦邀請立法會議員出席春茗茶聚午宴時,王志
民重申,「需要共同樹牢一國意識、堅守一國原則,共同維護國家主權、
安全和發展利益。在這一點上,只有『一國』之責,沒有『兩制』之分。香
港作為享譽全球的法治社會,更不應成為國家安全的『法外之地』、憲制
責任的『真空地帶』。」2019 年 3 月 15 日,王志民在香港舉行的「全民國
家安全教育日」研討會發言時,更嚴辭譴責那些力圖拉攏外部勢力干預香
港事務的反對派頭領,並定性他們的行徑危及香港和國家的安全。他說,
「當前,我國安全環境是冷戰結束以來最為複雜且變數最多的,一些別有
用心的國家想通過打『香港牌』遏制中國。而我們香港也有極少數人跟反
華政客與組織沆瀣一氣,『密會』『座談』,極力『唱衰』香港,乞求外國干
預,這種拿着香港納稅人高俸厚祿卻遠赴重洋『賣港求榮』的行徑,令廣
大市民所不齒,令全體國人所唾棄,也令我們中華祖先所唾棄。」

7　指危害國家主權安全、挑戰中央權力和香港《基本法》權威、利用香港對中國內地進行滲透破壞的活動。

　　2019 年中香港爆發的特大動亂，更讓中央意識到香港已經成為了國家安全的威脅。國務院港澳辦主任張曉明在解讀中共十九屆四中全會有關港澳部分內容時指出，「近幾年來香港反對派和一些外部勢力對中央政府和特區政府大肆攻擊的幾件事，包括取締『港獨』組織『香港民族黨』、取消在立法會違規宣誓議員的資格、拒絕為公然支持『港獨』活動的外國記者馬凱續辦在港工作簽證等，都恰恰是因為有關組織和人員的行為嚴重挑戰了『一國兩制』的底線。」他進一步指出，「香港尚未完成《基本法》第二十三條立法，也未設立相應執行機構，這也是近幾年來『港獨』等本土激進分離勢力的活動不斷加劇的主要原因之一。」[8]

　　2017 年 11 月 16 日，全國人大常委會香港《基本法》委員會主任李飛在「香港特別行政區成立 20 週年《基本法》研討會」致辭，特意提醒香港人對國家安全的責任。他說：「我國憲法明確規定，『中華人民共和國公民有維護國家統一和全國民族團結的義務』，『必須遵守憲法和法律，保守國家秘密』，『有維護祖國的安全、榮譽和利益的義務，不得有危害祖國的安全、榮譽和利益的行為』。」又說，「香港《基本法》已經實施 20 年了，迄今為止第二十三條立法仍未得到全面落實，法律缺位所帶來的不良影響，相信大家已經有目共睹。我在這裏想強調，通過制定法律並嚴格執行法律來維護國家的主權和安全，香港特別行政區應當全面準確地落實，這是責無旁貸的。」

　　鑒於香港對國家安全有着實質威脅，所以《中華人民共和國國家安全法》第十一條第二款刻意在法律層面對香港人提出要求，「維護國家主權、統一和領土完整是包括港澳同胞和台灣同胞在內的全中國人民的共同義務」。第四十條第三款亦同樣規定，「香港特別行政區和澳門特別行政區應當履行維護國家安全的責任」。

8　張曉明：〈堅持和完善『一國兩制』制度體系〉載於《中共中央關於堅持和完善中國特色社會主義制度、推進國家治理體系和治理能力現代化若干重大問題的決定》輔導讀本》。北京：人民出版社，2019 年。

可以預期的是，在思考和設計未來香港的「一國兩制」時，如何免除可能來自國家安全的威脅，和強化香港在保衛國家安全上的能力，是至關重要的考慮。在法律層面，這不但牽涉到《基本法》第二十三條的本地立法以應對傳統國家安全威脅，和堵塞內地罪犯利用香港為庇護所的漏洞，更涉及到不斷強化香港在應對非傳統國家安全威脅的法律體制和政治能力。在政治層面，確保愛國者治港、加強其治理能力、遏制反對勢力和外部勢力，以及加強香港特區政府的執法和情報機關力量至為關鍵。在中央和特區關係層面，設立強而有力的中央與特區在維護國家安全上的合作機制必不可少。再者，鑒於國家安全威脅日趨嚴峻，而香港特區政府的政治能量又因為 2019 年特大暴亂而受到嚴重打擊，依靠香港特區來建立一套完備的維護國家安全的法律和機制，恐怕不切實際。因此不排除日後中央會主動出手擔負起保衛國家安全的「第一責任人」的責任。

英國和西方國家

英國和西方國家因素在制定原來的「一國兩制」時非常重要。雖然如果中國決心要以非和平方式收回香港的話，英國也沒有能力和意志抗拒，但這樣一來中國與西方國家的關係勢將受損，香港的繁榮穩定亦將不保，而香港對中國的價值也有可能會毀於一旦。中國政府要以和平方式收回香港，並同時要保持與英國和西方國家的良好關係，以及保持香港的繁榮穩定和對國家發展的貢獻，則中國政府必須說服英國和西方國家接受和支持中國提出的香港回歸後的安排，敦促它們繼續支持回歸後的香港，並保證它們在香港的利益會得到妥善照顧。當然，英國人是在迫於無奈下才願意交還香港的，但在與中國談判「香港前途問題」時，英國人仍盡力為「光榮撤退」、英國在香港回歸前後的利益與影響力、以及履行英國對香港人的「道義責任」而籌謀。同樣地，西方國家尤其是美國也高度關注它們在

香港的龐大利益，而美資對英資更有在香港回歸後取而代之的野心，因此它們紛紛要求中國政府讓它們在回歸後的香港仍能「大展拳腳」。因此，無論在「一國兩制」的構思和香港《基本法》的制定過程中，如何回應和滿足英國和其他西方國家的要求和顧慮事關重大。事實上，在英國最終同意交還香港後，英國人便致力於遊說中國政府接受他們對回歸後香港的制度設置、人事安排和施政方針。即便在回歸前「漫長」的過渡期內，「殖民地」政府也在中國政府不情願甚至反對下改變香港的「現狀」，迫使中國政府接受一個在回歸時與 1980 年代初差異甚大的香港，一個存在着許多對落實鄧小平先生和中國政府構思的「一國兩制」不利的香港。其中最為要害的是英國人在撤退前引進「代議政制」、削弱香港的行政機關的權力，構建各種制衡行政權力的組織、法律與機制，樹立立法機關和司法機關制衡或抗衡行政機關的範例、加大對人權和自由的保障，引進羣眾選舉政治，大力扶植反對中國共產黨的反對派，阻撓「愛國力量」的壯大，扶持由英國人培育的華人公務員成為「別無選擇」的「港人治港」人才，盡量維持英國在香港的影響力，宣揚與中國政府不一樣的「一國兩制」理念和離間香港人與中國共產黨的關係。所有這些都成為回歸後香港管治困難、行政主導乏力、行政立法對立、政治紛爭不斷、香港人與中央矛盾激化和經濟發展滯後的部分主要原因。

　　自從香港回歸中國後，英國和西方國家在香港的政治和經濟影響力無可避免地不斷下降。在政治上，儘管英國人仍然堅稱由於《中英聯合聲明》的關係，英國對香港仍然須要承擔「道義責任」，甚至有權利「監督」《聯合聲明》的實施。英國政府在香港回歸後，每年都向英國國會提交有關《聯合聲明》在香港執行情況的報告，對香港的自治、人權、民主、法治等狀況指手劃腳、屢有微言。英國一些政客，尤其是那位對中國共產黨怨毒甚深的「末代港督」彭定康，更經常對中國政府的對港政策和香港內部事務說三道四、橫加譴責，離間香港人與中央和特區政府的關係，並不

斷為香港的反共反華勢力張目撐腰。不過，英國政府從來沒有就香港問題提出正式外交交涉，頂多表達一些「關注」、「不滿」和「忠告」，顯然是既拿不出確證證據指控中國違反《中英聯合聲明》，又不願意因為香港而損害對英國經濟發展日益重要的中英關係。即便偶爾有個別「親英」或反對派人士向英國政府陳情或「請願」，要求英國介入香港事務，但往往不得要領。英國成功「脫歐」之後，它在國際社會會趨於孤立，它因此更需要與中國建立和維持密切的經貿關係，因此更不可能為了香港而損害中英關係和自身利益。

中國政府的立場是，中國政府已經按照《聯合聲明》內有關中央對港方針政策的內容寫進香港《基本法》，因此已經切實履行了《聯合聲明》的責任，而《聯合聲明》的歷史任務（讓香港以和平方式回歸中國）也告完結。所以，回歸後的香港事務屬於中國內政，外人無權置喙，所以對英國人在香港回歸後仍然過問和插手香港事務、聲援香港的反共反華勢力明顯感到不快，並多次向英國表達不滿。不過，英國人對香港的所言所行，其實主要是要滿足英國政客自己在國內的政治需要，已經成為「指定政治動作」，不會因為中國政府的不滿而改變，但也不會演化為中英交惡的導火線。無論如何，在構思「一國兩制」的未來時，當然需要考慮到西方國家對香港的信心和支持，但卻再沒有需要如過去般大幅接受英國人提出的政治要求，在政治體制發展上主要還是要按照「一國兩制」最終落實行政長官和立法會「雙普選」，但卻要因應香港、國家和國際形勢的實際情況變化而循序漸進推行。

在設計未來的「一國兩制」時，美國的因素肯定比英國的因素更為重要，因為這牽涉到中美戰略博弈下香港的處境和定位問題。維持香港與美國的良好關係對香港的繁榮穩定十分重要，也關係到香港能否繼續成為國際金融中心、中西方的橋樑和內地「走出去」的跳板。如果美國利用香港作為對付中國的棋子，並拉攏其西方盟友遏制香港的話，對香港會造成重

大打擊。因此，除非香港真的出現嚴重危害國家安全和領土完整的事態，中國政府也會盡量避免讓香港發生一些授〔美國〕人以柄的事態。不過，鑒於中美戰略博弈將會是相當長期的現象，香港難以置身事外，實際上美國也不會讓香港置身事外，必然會把香港作為對付中國的棋子，在有需要時會不惜傷害香港以達到美國的戰略目標。美國在發動源於《逃犯條例》修訂的激烈鬥爭中的角色尤其突出和醜惡。無論如何，香港必須履行對維護國家安全的重責，完善保衛國家安全所需的法律法規，遏制那些危害國家安全的行為，也不排除在有必要維護國家安全時，中央會把一些涉及到維護國家安全的法律引入香港、制定主要針對香港的全國性法律、進行人大釋法和向香港行政長官發出命令。比如，人大常委會 2016 年 11 月 7 日對《基本法》第一百〇四條的解釋，導致不效忠中華人民共和國及其香港特別行政區和不擁護香港《基本法》的人失去參加議會選舉的資格，使得「港獨」和「分離主義」分子不能利用議會為平台宣揚其主張，已經在一定程度上和範圍內產生了維護國家安全的效用。再者，對過去的殖民管治的成敗得失進行檢討，去蕪存菁，端正部分香港人對殖民管治的錯誤理解，減少過去殖民管治模式對香港特區管治方式的羈絆也十分重要，尤其是要思考如何制定在香港已經是中國一部分，並面對新的國際經濟和政治環境所需的發展策略和公共政策。如何從政治和制度層面，清除那些「殖民地」政府在英國人撤離香港前在香港設置的、有礙於香港特區有效管治的人物和東西，也是需要認真對待的課題。在建構未來的「一國兩制」過程中，那些執意與中央對抗的反對勢力即使越來越勢孤力弱，但也肯定會負隅頑抗。他們肯定會繼續香港引發事端，祈求西方媒體和政客的關注和介入。他們會跑到美國和西方國家求援，而那些國家也會為了遏制中國的崛起而主動干預香港事務，對香港說三道四，利用香港的反對勢力為其「馬前卒」，甚至對香港採取不友善甚至敵對的行動。

　　總的來說，縱然英國和西方國家對構思未來香港「一國兩制」方針政

策時的影響力今非昔比，但仍然不可小覷。在維護國家主權、安全和發展利益的大前提下，為了香港的福祉、求得香港的長治久安和維持香港對國家的價值，中國政府仍會盡最大努力尋求美國、英國和西方國家對香港的好感和支持，減少它們在香港找到把柄和藉機對香港採取「懲罰性」措施的機率。然而，即便如此，在中西方在未來長時期仍會處於戰略博弈的狀態下，香港、中國和西方的關係無疑將會變得複雜和不太穩定。由於美國和其他西方國家肯定會不斷利用香港作為遏制中國的籌碼，香港難免會成為中國的外交問題，中國會竭力運用外交和其他手段制止那些國家干預香港事務和與香港的反對勢力聯手搞亂香港。在一定程度上，縱使中國政府極不願意讓香港問題國際化，也不希望西方國家對香港施加各種「制裁」，但這個良好意願恐怕不容易達成，只能從最壞的打算作好準備和部署。然而，隨着中國的國力越來越強大，中國政府會有越來越多的手段在不同領域對美國和其西方盟友予以反擊，以報復它們在香港的惡行，外國勢力在香港的干擾因此可望逐步減少。

穩定人心

本質上，「一國兩制」方針是一項以國家民族長遠利益為依歸的重大國策，而香港人對「一國兩制」的信心卻是「一國兩制」能否成功落實的關鍵。回歸前，香港人的憂慮是多方面的，包括中國政府會否恪守承諾、香港人享有的法治、人權和自由會否不保、香港的資本主義制度會否發生巨變、香港人的私人財產會否被沒收、香港特區政府會否實施高壓管治、香港與西方的聯繫會否斷裂、香港會否發生帶有報復性質的政治運動、會不會有大量內地同胞湧到香港等。為了穩定人心，並在確保國家主權、安全和利益得到妥善照顧的前提下，中國政府一直努力在設計「一國兩制」的具體內容時，盡量滿足香港人的訴求和緩解他們的憂慮，其中授予

香港很高的自治權力、保證現狀「五十年不變」和充分照顧投資者利益等舉措，對提升香港人對「一國兩制」和香港前景的信心、防止大規模資金和人才外流至為有效。

　　誠然，回歸以來，香港人對「一國兩制」的信心會因為事態的變化而起伏不定，沒有直線上升或直線下降的趨勢，但總的來說維持在可接受的水平。當香港人感受到來自中央的關懷和支持時，特別是中央對飽受1997年至1998年亞洲金融風暴蹂躪的香港伸出援手，和其後不斷出台一系列讓香港經濟受惠的政策時，香港人對中央和「一國兩制」的信心會攀升。相反，由於近年來為了要從香港反對派手上奪回對「一國兩制」的話語權、限制「港獨」和其他分離主義力量的活動空間、在香港建構各種保衛國家安全的工事，中央增加了對香港事務的參與，並對香港民主發展的態度趨於保守。反對派、反共媒體和西方勢力會隨即大肆宣傳「一國兩制」已死，部分不理解「一國兩制」的初心和核心內容的香港人也無可避免地因為受到蠱惑而對「一國兩制」的信心產生動搖。這點我在第四章會詳細論述。然而，不論來自那方面的衝擊，大部分香港人仍然相信「一國兩制」是處理「香港前途問題」的最佳方案，捨此別無他途。現在不少香港人卻擔心「五十年不變」後「一國兩制」不保或者高度自治權力被中央大幅削減。過去幾年，一些反對派人士試圖在社會上引發新一輪「香港前途問題」的討論，並提出各種背離「一國兩制」的主張，包括「港獨」、公投自決、建構香港為「獨立政治實體」、大幅減少中央在「一國兩制」下的權力、開展第二輪「香港前途談判」等，不過這些「主張」由於不切實際，在香港並沒有掀起波瀾，反而遇到不少抗拒。不過，反對派卻頗為成功地在部分香港人尤其是年輕人當中散播對國家、中央和內地同胞的敵意，掀起了一些「排內」的政治鬥爭行動，嚴重損害彼此之間的關係。在這種惡劣的氛圍內，在香港的內地同胞、內地企業以及與中央和內地有密切關係的香港人與企業，都或多或少受到那些人的歧視和衝擊，情況在2019年中發生的

特大動亂中尤其惡劣。

其實，自從香港《基本法》於 1990 年頒佈後，儘管「末代港督」彭定康（Patten）在香港利用政改問題挑起與中國政府的對抗並引發香港內部激烈政治鬥爭，一時間政治議題成為香港公共議題中的首要議題，但卻基本上沒有動搖香港人對「一國兩制」的信心。張妙清、鄭宏泰和尹寶珊所作的一系列民意調查發現，「回歸前，香港人面對外圍經濟不穩、本地經濟起飛、香港前途未卜之時，大多將社會穩定和經濟發展放在首要位置；香港回歸的關鍵目標，便是確保安定與繁榮。〔…〕回歸 20 年來，香港人心目中的核心價值已隨社會的持續發展出現顯著變化。〔…〕重視『自由、民主』以滿足自我實現需求的後物質主義價值則逐漸浮現，並隨着『八／九十後』成長、社會燃亮民主希望而迅速壯大。不過，在這大趨勢下，我們可觀察到：一、香港人心目中的核心價值相當多元。〔…〕二、香港人的核心價值取向雖朝後物質主義轉移，但仍以崇尚物質主義者居多。〔…〕三、核心價值取向會因應環境劇變而出現波動，每當經濟逆轉、社會出現危機時，〔…〕物質主義價值會更受重視；然而，在回復經濟繁榮、社會安定的局面後，民眾又會較強調自由、公正廉潔和民主等後物質主義或混合價值。另一值得重申的變化是，香港人的社會價值觀從物質主義往後物質主義轉移，主要循世代更替來進行。〔…〕儘管如此，普羅市民明顯仍較認同法治、自由和公正廉潔乃香港核心價值的核心。〔…〕」（張妙清、鄭宏泰、尹寶珊，2017:78-79）

一直以來，香港人之所以對「一國兩制」有信心，是因為第一，香港人對自己的「一制」引以為榮，相信香港的「一制」比內地的中國特色社會主義制度優越；第二，香港人相信在回歸後相當長時間內中國內地的經濟發展，仍然須要高度依靠香港的不可缺少的支持；第三，香港不會成為國家安全的威脅和國家經濟的包袱。然而，回歸以來的種種變遷，使得這三根維持信心的「支柱」出現動搖跡象。要鞏固香港人對「一國兩制」的信

心，必須強化這三根「支柱」。

　　首先，稍為中肯的評估都會得出無論在民主發展、自由人權和法制建設方面，香港在回歸後的狀況比「殖民地」香港只有過之而無不及。不過，因為不少人，尤其是年輕人，對那些方面的訴求和期望不斷上升，而且對過去殖民管治的威權性質認識不多，甚至過度扭曲化、美化和理想化，容易把香港目前的情況與一些不切實際的「理想」與「美化了」的「殖民地」狀況、或與那些經「修飾包裝」後的西方發達國家相比，所以對現狀不但存有不滿之情，甚至「妄自菲薄」，對香港的體制橫加貶抑，產生了一些對香港「一制」的信心下墜的情況。與此同時，內地的高速發展和各方面取得的長足進步，卻在香港人中間產生了各種複雜的「心理不平衡」狀況。不少人無法拋棄他們根深蒂固的對內地的歧視態度，但卻又不得不承認內地的制度和辦事方式有其優勝之處，而香港的競爭力又越來越落後於內地。回歸後香港出現的激烈政治對抗、管治困難、經濟發展和產業轉型緩慢、社會分化、貧富懸殊、社會上流機會不足、房屋和民生問題嚴峻、階級摩擦、世代矛盾等不穩、不公和不正的現象，都大大打擊了香港人對內地同胞和制度的優越感和傲慢態度。2019 年爆發的特大暴亂，更狠狠打擊了香港人對自己的制度和價值觀的信心。由於對香港「一制」的信心下降，越來越多香港人對維持「現狀」、「五十年不變」產生疑惑。如果要改變「現狀」的話，推進更高水平的民主、自由、人權、法治、公義、平等和產業結構固然是好事，但社會上對究竟如何進行和願意為此付出多少代價卻缺乏共識。香港人也擔心中央和內地同胞對香港的「一制」沒有以往那麼推崇和敬慕，尤其是 2019 年特大暴亂之後，會不再堅持維護香港的「一制」。因此，要在將來繼續實施「一國兩制」，穩定香港人對「一國兩制」的信心甚為重要，如何改進香港的「一制」則是在構思「一國兩制」的未來時必須研究的問題，而任何改進都應該盡可能在 2047 年「五十年不變」結束之前，以原來鄧小平先生的「一國兩制」構思為基礎，

按照未來「一國兩制」的藍圖，分階段引進，並多作細心解説，避免同一時間改變太多，對維持社會和人心穩定不利。

第二，中國內地經濟高速發展和人民生活水平顯著提高，大幅改變了香港與內地的經濟關係，迫使香港在各方面都要作出預料之外和艱難的調適。香港人普遍預期香港與內地的經濟關係在回歸後一段長時間內不會發生大變，即便內地的改革開放對經濟發展有推動作用。他們認為內地在引入資金、人才、技術、市場、資訊、法律法規、管理方式等方面會長期依賴香港，香港將會繼續是內地與世界的主要甚至是「唯一」的視窗和通道、內地大城市就算發展起來也難以與香港媲美。不過，這種高傲自滿態度，很快便被香港回歸後不久爆發的亞洲金融風暴所衝擊。之後在世界不同地方接連發生的大大小小的金融危機，尤其是 2008 年源於美國並禍害全球的金融海嘯，更讓不少香港人對香港那個被香港人自己和美國傳統基金會吹捧為全世界最「自由」的經濟體的信心下降。人們甚至開始懷疑「最自由」的經濟體系是否就是最好的經濟體系，一個既有利於經濟增長並同時能夠讓所有人都獲益的經濟體系。相反，中國那個不那麼「自由」的經濟體系和中國政府駕馭經濟的強大能力，卻反而讓中國在全球金融經濟動盪的環境中不單能獨善其身，而且還能夠對世界金融穩定和經濟增長作出貢獻。正是因為中央對香港經濟伸出援手，香港經濟才能渡過難關並取得一定的增長。誠然，香港在國家「引進來」的政策中仍然重要，但隨着內地大城市不斷對外開放，香港這方面的角色已經比前遜色。隨着大量內地資金、企業和人才進入香港，以及香港與內地的經濟關係愈趨密切，香港經濟發展和產業轉型也越來越依靠中央的對港政策和內地的經濟狀況。國家改革開放進入新階段後，「走出去」政策比「引進來」更形重要，香港也逐漸成為內地資金和企業進軍海外的基地。近年來，「一帶一路」、「粵港澳大灣區」建設和人民幣國際化，促使香港在國家發展中的功能和角色進一步調整，連帶香港本身的產業結構也逐漸發生變化。不過，儘管

香港經濟發展大大得益於內地經濟發展，也讓香港在西方經濟走下坡、全球保護主義抬頭和西方國家對香港愈趨不友善的情況下仍然得以保持穩定增長，但卻難免讓不少香港人擔心香港在國家發展中的地位和重要性不斷下降，促使他們憂慮中央會否改變對「一國兩制」的堅持。

第三，香港經濟增長較諸內地相對滯後，而且香港在回歸後又連綿不斷發生挑戰中央權力、威脅國家安全、招攬與勾結外部勢力干預香港內政、扭曲「一國兩制」和曲解《基本法》的事態。不少香港人因而擔心中央質疑「一國兩制」在香港實踐的成效，從而對「五十年不變」後是否延續「一國兩制」舉棋不定，或者繼續保留「一國兩制」但卻大幅收緊對香港的政策和壓縮內外反共反華勢力在香港的活動空間，特別是要避免香港成為國家安全和領土完整的威脅。

第四，不少香港人擔心，由於西方國家不再相信香港能夠發揮推動中國走和平演變的道路，反而「為虎作倀」，協助中國走一條對西方構成威脅的「中國特色社會主義」道路，香港對西方國家的戰略價值因而大幅下滑，而隨着美國刻意在某程度上把美國經濟體系與中國經濟體系「切割」(decoupling)，香港作為中西方橋樑的重要性也會隨之而下降。更甚者是，美國和其西方盟友對香港的態度會越來越差，不排除會做出傷害香港的事。如此一來，香港在中國發展過程中所能作出的貢獻也會減少。為了「應對」這個局面，部分「親西方」的香港人特別是反對派政客希望通過向西方國家靠攏和「表忠」，祈求西方國家繼續好像回歸前那樣把香港視為西方陣營的一分子，充當香港的「守護者」，避免香港走向「大陸化」，從而拖慢香港向中國內地和亞洲靠近的客觀趨勢，維持他們表示願意在西方國家遏制中國崛起的戰略中「盡一份力」，並在香港擔任西方的「代理人」。當然，這些努力肯定是徒然的，絕對不會改變西方國家在經濟上越來越對付和疏遠香港，但在政治上不但不會保衛反對派所聲稱的「香港利益」，反而要把香港變為「顛覆基地」和「滲透基地」的戰略部署。在這個

戰略部署中，反對派最終只能充當西方國家的「用完即棄」的「棋子」。

　　不過，即便有一些香港人對「一國兩制」的實施有諸般不滿或對「一國兩制」的未來有憂慮，但大多數香港人仍然認為「一國兩制」對香港而言是最佳和唯一的安排。過去因為信心問題而引發的大規模資金和人才外流的情況難以重現。今天仍要往外地移民的人大多數是因為對香港的政治、管治、經濟、社會、民生、向上流動機會短缺甚至治安不滿，也有一些人因為香港不時出現的鬥爭和動亂而離開，而因為對「一國兩制」和中央對港政策失望而移民的人則只屬少數。隨着香港人對「一國兩制」的原來戰略目標和核心內涵理解增多，尤其是對中央在「一國兩制」下的權力和責任的認識，香港人對「一國兩制」的信心未來有望會有所提升。

　　今天，現實情況不是大部分香港人對「一國兩制」作為解決「香港前途問題」的最佳和唯一的安排有懷疑，反而是他們擔心中央和內地同胞對「一國兩制」在香港的實踐失去信心，從而使得「一國兩制」在「五十年不變」後無以為繼。以此之故，在思考和設計未來香港的「一國兩制」時，穩定香港人對「一國兩制」的信心，和讓香港人相信中央和內地同胞仍然支持「一國兩制」，應該是重要考慮，但內容和手段與 1980 年代卻大有不同。如何推動香港的經濟發展和產業轉型，建構一個公平合理的香港社會，確立中央對「一國兩制」詮釋的主導地位，加強對國家憲法、「一國兩制」和《基本法》的教育和宣傳，明確中央與香港特區的權責分工，加強香港人特別是年輕人對國家和內地的認識，加快香港與內地的經濟整合，讓更多香港人在中央的「惠港」政策中獲益，培育香港與內地同屬「利益和命運共同體」的觀念，強化香港在國家發展中的獨特角色和不可替代作用，構建全面的保衛國家安全的法律和機制，加強特區政府的政治和管治能力，確保香港法院對《基本法》條文的理解與全國人大常委會一致，擴大和強化愛國力量，遏制香港的反共反華勢力，抗拒外部勢力介入和防範香港成為各類國家安全的威脅，應該是各方面的努力方向。

台灣因素

台灣因素在中央擬定以「一國兩制」方針處理香港回歸問題時頗為重要。在香港回歸問題尚未出現時，全國人大常委會委員長葉劍英已經提出了「有關和平統一台灣的九條方針政策」，其宗旨是以某種「一國兩制」方式達致兩岸和平統一的目標。雖然「葉九條」的內容不太具體，但相對於後來給予香港的「一國兩制」方針，針對台灣的「一國兩制」方針的條件更優厚，比如台灣可以保留自己的軍隊、台灣民眾選舉產生的領導人毋須經由中央任命、沒有「五十年不變」的限制等。不過，「葉九條」並沒有得到台灣方面的廣泛認同，反而反對的聲音更大。雖然兩岸的交流合作取得良好的進展，台灣的經濟又越來越依賴大陸的經濟，而中國共產黨和中國國民黨也沒有就兩岸統一問題開展對等談判，反而「一國兩制」卻率先在香港應用和成功實踐。「葉九條」之後，台灣的「台獨」勢力不斷冒起，其中年輕人為數不少，為兩岸統一設置嚴重障礙。1995 年中共總書記江澤民提出對台政策的八項主張和 2008 年中共總書記胡錦濤提出的六點對台政策方針中，除了堅持「一個中國」原則和倡議加強兩岸多方面交流外，還特別強調要遏制「台獨」分裂勢力和阻止外部勢力插手台灣事務。對中央而言，台灣問題是一個越來越棘手的問題，而在美國橫加阻撓下，兩岸統一更是難以在短期內達成的目標。更甚者，美國更把台灣納入其旨在遏制中國崛起的「自由和開放的印度—太平洋戰略」（Free and Open Indo-Pacific Strategy）之中，從而使得台灣問題不單是國家統一的問題，也是國家安全的問題。

我個人一貫認為，在提出「葉九條」時，中央絕無可能會樂觀相信單憑「一國兩制」方針便能夠達到兩岸和平統一的結果，而提出的目的是要向台灣民眾表達中國共產黨的立場、善意和對他們的關愛，同時也向國際社會表達中國政府用和平方式達致國家統一的誠意。在決定以「一國兩

制」解決香港回歸問題時，中國政府希望通過「一國兩制」在香港的成功實踐，國際社會尤其是那些同情台灣的西方國家會相信在「一國兩制」下，台灣仍然可以保存它原來的制度和生活方式，保持繁榮穩定和繼續向前發展，以及開拓它的國際活動空間。這樣的話，即便台灣有人要求西方國家支持台灣獨立，西方國家便有足夠的理由或藉口不予支持，從而避免與越來越強大的中國為敵。中央的思路是，如果「一國兩制」在香港成功實踐，可以讓國際社會和西方國家相信中國信守承諾的誠意和能力，從而為日後兩岸統一掃除一些阻力。對於在香港實施「一國兩制」與解決台灣問題的關係，鄧小平先生有較為樂觀的看法。他說，「用『一國兩制』的方式解決台灣問題，美國應該是能夠接受的，台灣也應該是能夠接受的。〔…〕『一國兩制』的方式，你不吃掉我，我不吃掉你，這不很好嗎？最近一個外國人問我，解決台灣問題的政策是不是同對香港的一樣？我說更寬。就是除了解決香港問題的這些政策可以用於台灣以外，還允許台灣保留自己的軍隊。」(鄧小平，1993:19-20)

　　然而，隨着時間的過去、兩岸關係的變化和世界局勢的變遷，「一國兩制」在香港的實踐即便成功，對台灣是否願意回歸中國的實際意義卻顯然越來越小。首先，儘管中國大陸快速崛起，而台灣在經濟上又高度受惠於大陸的經濟發展和市場開放，但不少台灣民眾依然不認同中國大陸的政治體制、經濟模式和基本價值，因此他們特別是年輕人對兩岸統一頗為抗拒。在這種情況下，無論是有台獨傾向的民進黨和其他黨派，或是對兩岸統一態度模糊的中國國民黨，基於選票考慮或政治生存的考量，都不會也沒有膽量積極支持兩岸統一。第二，無論是土生土長的台灣居民或是祖籍大陸但在台灣出生或成長的台灣居民在抗拒兩岸統一上分歧不大，但那些人在台灣人口的比例卻越來越大。第三，儘管越來越多台灣居民到大陸營商、就業、定居和發展，他們當中大多數並沒有因此而積極支持台灣回歸中國。相反，維持「不統不獨」的現狀更讓他們「左右逢源」。他們一方面

因為被大陸拉攏而獲益，另方面則繼續維持他們在台灣的利益和地位。第四，各種「台獨」的訴求不斷湧現和發酵，「台獨」立場鮮明的民進黨甚至成為台灣的執政黨，並公然否定「一個中國」的「九二共識」，也反對以「一國兩制」達致國家統一，導致兩岸關係緊張和交流受挫。第五，雖然從大體上「一國兩制」在香港成功實踐，但部分台灣居民尤其是那些懷抱台獨訴求的人出於對香港「一國兩制」不認識、有誤解、或者為了否定香港「一國兩制」對台灣的「示範作用」，老是從帶有偏見的角度和利用誇大失實的態度，來觀察與理解香港在回歸後出現的事事物物，對香港「一國兩制」橫加批評，肆意扭曲，在相當程度上扭曲了台灣民眾對香港的認識和印象，從而增加他們對以「一國兩制」處理兩岸統一問題的抗拒。其中台灣的政客、媒體和評論界所造成的損害尤為顯著。在 2019 年中香港爆發的特大動亂中，台灣當局和台獨勢力不遺餘力地批評香港特區政府聽命於中央、主動放棄高度自治、粗暴踐踏香港人的人權自由、從而引起了香港人的反抗和憤怒。它們並據此斷言「一國兩制」在香港經已徹底失敗，因此呼籲台灣民眾應該拒絕大陸提出的以「一國兩制」來達致兩岸統一的圖謀。

　　最後也可能是最關鍵的因素，是美國對台灣的態度的轉變，主要是美國不斷提升台灣在美國在遏制中國戰略上的價值。長期以來，美國意圖把台灣納入美國遏制中國的戰略之中，在有需要的時候利用台灣為中國製造麻煩。這個立場在中美兩國建交前和建交後都沒有改變。不過，對於大陸武力攻台的話美國將會作何反應，一直以來卻採取諱莫如深的模糊策略，從來不會斬釘截鐵地表示必然會出兵護台，顯然是利用此策略來擴大美國的對華政策的靈活性，和阻嚇中國不要以武力達致統一。

　　不管怎樣，隨着中國的崛起和軍事力量的強化，尤其是海軍、空軍和火箭軍作戰能力的大幅提升，美國的確感到如芒在背。美國過去對台灣的政策，曾經出現過數次轉變。起初，美國的對台政策是要防止台灣挑釁大

陸並引發中美軍事衝突。之後美國把台灣視為軍事上圍堵中國的第一島鏈的核心部分，力圖把中國的海軍力量限制在中國近海一帶。不過，隨着中國海軍、空軍和火箭軍的實力提高，中國的軍事力量在一定程度上已經能夠突破第一島鏈的限制。中國軍機和軍艦不但能夠在台灣東部海域執勤，也可以在西太平洋一帶進行演習。美國一些戰略家憂慮，如果兩岸統一，台灣成為中國的一部分，則第一島鏈固然崩潰，就連第二島鏈也會守不住，中國的軍事力量將會延伸到整個太平洋，對夏威夷甚至美國西岸會構成嚴重威脅。如此一來，美國作為全球軍事霸主的地位也岌岌可危。因此，儘管美國口口聲聲贊同兩岸和平統一，但在中國迅速崛起的情況下心中所想肯定不一樣。事實上，在美國擬定的對中國大陸進行大規模軍事襲擊的「海空聯合作戰計劃」（air-sea battle）中，台灣難以置身事外，無可避免要成為美國攻擊中國的跳板。早在冷戰爆發之初，美國著名軍事統帥麥克亞瑟（MacArthur）曾經稱許台灣為美國對付中國的「不沉的航空母艦」，如果這艘航空母艦落在中國手上並成為戳破美國海上霸權的利器，肯定是美國不可能接受的結果。美國的中央情報局和總參謀長聯席（Joint Chiefs of Staff）亦認為讓中共取得台灣，則中國便會在美國的盟友日本和菲律賓之間取得一個巨大島嶼，並以此來跟蹤監視美國海軍（Pomfret, 2016:376）。對於美國覬覦台灣的意圖，中國領導人早已了然於胸。鄧小平先生在 1987 年已經語重心長指出，「在台灣問題上，美國的政策就是把住不放，這個我們看準了。兩三年來，我們一直批評美國的霸權主義，批評他把台灣當作他的一艘『永不沉沒的航空母艦』。美國也有一部分人贊成台灣和我們統一，但不佔主導地位。」（鄧小平，1993:19）他嚴正指出，「台灣不實現同大陸的統一，台灣作為中國領土的地位是沒有保障的，不知道哪一天會被別人拿去。現在國際上有好多人都想在台灣問題上做文章。一旦台灣同大陸統一了，那怕它實行的制度等等一切都不變，但是形勢就穩定了。所以，解決這個問題，海峽兩岸的人都會認為是一件大好

事，為我們國家、民族的統一作出了貢獻。」(鄧小平，1993:34-35)

　　一直以來，想方設法阻撓中國的統一將長期是美國的首要戰略目的之一，而遏制中國崛起、強化台灣的軍事實力和在台灣培植台獨或反對統一的勢力則是明顯不過的選項。(Silove, 2016) 美國總統特朗普上台後，雖然馬上退出了奧巴馬主催的跨太平洋貿易夥伴協定(TPP)的談判，從而拆毀了奧巴馬倡議的「亞太再平衡」(Asia Rebalancing) 或「重返亞洲」(pivot to Asia) 策略中的一根以貿易圍堵中國的重要支柱，然而他卻又提出圍堵中國力度更大的「自由和開放的印太策略」，試圖拉攏更多國家在美國的領導下包圍和箝制中國。(Roy, 2019) 對中國統一和國家安全構成嚴重威脅的是美國決定把台灣也納入「印太戰略」之中，並決心強化台灣的軍事實力。(The Department of Defense, 2019:31)

　　早在2017年，美國參議員科頓(Cotton)已經提交了《台灣安全法》草案，草案指令美國國防部實施一項旨在促進美台軍事關係的美台高級將領交流的計劃。近一兩年來，美國打「台灣牌」來鉗制中國的行動愈演愈烈。2018年3月16日，特朗普簽署國會已經通過的《台灣旅遊法》。該法鼓勵美國各級官員到訪台灣並與對等的台灣官員交流，也容許台灣的高層官員進入美國並與對等的美國官員接觸。[9] 在此之前，特朗普於2017年12月12日簽署國會通過的《2018年財政年度國防授權法》，該法提出要強化美國與台灣在防衛上的夥伴關係、評估美台軍艦互訪停泊和訂明美國對台軍售事項。在2019年的前夕，特朗普又簽署了《亞洲再保證倡議法案》。該法建議美國定期向台灣出售武器，也鼓勵美國政府高層官員訪台。2019年5月7日，美國眾議院通過《2019年台灣保證法案》和《重新確認美國對台灣及對執行台灣關係法之承諾》決議案。兩案明言台灣是美國「自由和開放的印太戰略」的重要部分，要求美國對台軍售常態化、重

9　比如，台灣國家安全會議秘書長李大維2019年5月13–21日訪美期間，與一貫視中國為死敵的美國國家安全顧問博爾頓(Bolton)會面，成為美國1979年與台灣斷交後首個雙方高層官員對話的例子。

啟美台貿易協定會談和支持台灣加入國際組織等。2019 年 5 月，美國參議員賈德納（Gardner）、魯比奧（Rubio）、柯寧（Cornyn）和昆斯（Coons）共同提出《2019 年台灣友邦國際保護及加強倡議法案》，表達美國支持台灣維繫全球邦交，並授權行政部門可採取降級外交關係或減少外援等措施，防止那些為數不多仍然承認台灣的國家作出對台灣不利的行動。2019 年末，美國國會通過了《台北法案》，法案旨在幫助台灣維持「邦交」及提升台灣的「國際地位」。法案要求美國行政部門對那些可能與台灣「斷交」的國家進行制裁，而且還要求美國政府指示與協助國際組織支持台灣，意在提升台灣的「國際地位」。同年末，美國總統又簽署 2020 財政年度國會通過的《國防授權法案》，表明美國支持強化台灣軍隊備戰能力和提升美台國防與安全合作交流。由於台灣在 2020 年初舉行「總統」選舉，該《法案》亦要求國家情報總監提交關於中國有否干預選舉及美國如何阻止有關行為的報告。

當然，美國政府是否認真執行《台灣旅遊法》和《國防授權法》，而眾議院通過對《2019 年台灣保證法案》最終會否成為美國法律並付諸實施都存在變數，而其間又有許多模糊和彈性空間，因此事態的發展在相當程度上取決於中美關係的好壞。其實，美國過去也曾有內閣級別官員訪台，時至今天也有台灣領導人過境美國的事例。1995 年台灣「總統」李登輝甚至曾經高調到美國訪問，並在其母校康奈爾大學發表演講，因此那些扶助台灣的法律的意義主要是象徵性的，目的是要顯示台灣對美國的重要性、爭取台灣進一步靠攏美國、鞏固台灣對大陸的抗拒、防止台灣與大陸進行統一的談判和警告北京不要對台灣實施嚴屬打擊手段或試圖以武促統。美國和其盟國的軍艦又增加在台灣海峽游弋的次數，向中國展示「肌肉」、維護在公海「自由航行」和挑戰中國領海主權的決心。總的來說，美國的多項舉措事實上是把台灣納入美國為圍堵中國的「自由和開放的印太戰略」之內，增加對台售武以強化台灣的軍事力量，加強美國與台灣的官方交流，阻撓

中國統一，並在「實質上」把台灣當成是一個「獨立國家」和「盟國」。

時至今天，「台獨」勢力肆虐、台灣成為美國遏制中國的棋子，以及美國愈趨抗拒台灣回歸中國等變故，迫使中央重整對台方針政策。台灣問題不再只是國家統一和領土完整的問題，也是國家安全和領土完整的嚴重威脅。台灣不回歸，不但中國統一無期，而且中國的海空軍力量也會在一定程度上被局限在「第一島鏈」之內，難以充分發揮維護無遠弗屆的國家利益的能力，更與中國作為大國強國的身份不相稱。2016 年蔡英文當選台灣「總統」，拒絕承認「一個中國」的「九二共識」，並試圖與美國互通款曲，引致兩岸關係緊張。2019 年 5 月，台灣「外交部」宣佈，為明確反映台灣處理對美國事務代表機構的工作內涵，台灣外交部經與美方充分協調溝通，決定將「北美事務協調委員會」更名為「台灣美國事務委員會」，首次不使用「台北」二字，並正式把台灣和美國的名稱列出，像是把台灣和美國當作兩個對等的「主權國家」。更名象徵台美關係緊密，互信良好，意義非凡。

為了遏制台獨勢力，中國政府對台灣採取嚴厲的反制措施。在大陸的強力打擊下，台灣的國際空間大為壓縮，[10] 而台灣的經濟狀況又因為大陸大幅削減兩岸經貿往來以及大陸遊客訪台而重創。更為重要的，是大陸越來越視台灣為國家安全的嚴重威脅，主動高姿態啟動兩岸統一的具體進程，並以爭取台灣各界同胞支持統一為要務。中央對台灣的政界人士顯然已經失望，對民進黨則近乎絕望，而打擊「台獨」分裂勢力和美國的對台野心則顯示決心和信心。

2019 年 1 月 2 日，習近平主席在《告台灣同胞書》發表 40 週年的紀念活動中發表講話，確立了在新形勢下中央的對台方針政策。首先，習主

---

10 蔡英文上台以來，已經失去了六個邦交國，它們是：西非聖多美普林西比、巴拿馬、多明尼加共和國、布基納法索、薩爾瓦多、所羅門羣島和基里巴斯，只剩下 15 個邦交國。在大陸的外交攻勢下，估計承認台灣的國家將會不斷減少。

席指出，「一個中國」原則已經是國際社會的廣泛共識，因此「台獨」在世界上沒有市場，而兩岸和平統一符合國際社會的利益。「70年來，我們高舉和平、發展、合作、共贏的旗幟，在和平共處五項原則基礎上發展同各國的友好合作，鞏固國際社會堅持一個中國原則的格局，越來越多國家和人民理解和支持中國統一事業。」「世界上只有一個中國，堅持一個中國原則是公認的國際關係準則，是國際社會普遍共識。國際社會廣泛理解和支持中國人民反對『台獨』分裂活動、爭取完成國家統一的正義事業。中國政府對此表示讚賞和感謝。中國人的事要由中國人來決定。台灣問題是中國的內政，事關中國核心利益和中國人民民族感情，不容任何外來干涉。」「中國的統一，不會損害任何國家的正當權益包括其在台灣的經濟利益，只會給各國帶來更多發展機遇，只會給亞太地區和世界繁榮穩定注入更多正能量，只會為構建人類命運共同體、為世界和平發展和人類進步事業作出更大貢獻。」

　　第二，習近平期望台灣民眾以國家民族大義為重，反對國土分裂，而國家統一乃歷史大勢，是正道。第三，習近平強調「和平統一、一國兩制」是符合台灣民眾根本利益的最佳和唯一出路。「『一國兩制』的提出，本來就是為了照顧台灣現實情況，維護台灣同胞利益福祉。〔……〕在確保國家主權、安全、發展利益的前提下，和平統一後，台灣同胞的社會制度和生活方式等將得到充分尊重，台灣同胞的私人財產、宗教信仰、合法權益將得到充分保障。」「和平統一之後，台灣將永保太平，民眾將安居樂業。有強大祖國做依靠，台灣同胞的民生福祉會更好，發展空間會更大，在國際上腰桿會更硬、底氣會更足，更加安全、更有尊嚴。」

　　第四，中央會與台灣各界共同探討「一國兩制」在台灣的具體安排，意味着中央打算給予台灣比前承諾的更優厚的條件。「『一國兩制』在台灣的具體實現形式會充分考慮台灣現實情況，會充分吸收兩岸各界意見和建議，會充分照顧到台灣同胞利益和感情。」「探索『兩制』台灣方案，豐

富和平統一實踐。『和平統一、一國兩制』是實現國家統一的最佳方式，體現了海納百川、有容乃大的中華智慧，既充分考慮台灣現實情況，又有利於統一台灣後台灣長治久安。制度不同，不是統一的障礙，更不是分裂的藉口。」「在一個中國原則基礎上，台灣任何政黨、團體同我們的交往都不存在障礙。〔…〕我們願意同台灣各黨派、團體和人士就兩岸政治問題和推進祖國和平統一進程的有關問題開展對話溝通，廣泛交換意見，尋求社會共識，推進政治談判。」「我們鄭重倡議，在堅持『九二共識』、反對『台獨』的共同政治基礎上，兩岸各政黨、各界別推舉代表性人士，就兩岸關係和民族未來開展廣泛深入的民主協商，就推動兩岸和平發展達成制度性安排。」

第五，中央願意日後給予台灣民眾更多實惠，此中尤為重要的是「要積極推進兩岸經濟合作制度化，打造兩岸共同市場。」第六，不會放棄以武力達致統一。「中國人不打中國人。我們願意以最大誠意、盡最大努力爭取和平統一的前景。〔…〕我們不承諾放棄使用武力，保留採取一切必要措施的選項，針對的是外部勢力干涉和極少數『台獨』分子及其分裂活動，絕非針對台灣同胞。」最後，習近平警告那些試圖分裂中國的外部勢力不要干預中國的內部事務。「中國人的事要由中國人來決定。台灣問題是中國的內政，事關中國核心利益和中國人民民族感情，不容任何外來干涉。」其中對美國發出的警告呼之欲出。

中央的以促進國家統一和維護國家安全為主軸的對台方針政策肯定對中央對香港的「一國兩制」有深遠影響。首先，中央明白，無論「一國兩制」在香港的實踐如何成功、如何按照「一國兩制」的原來目標和內涵落實，都難以徹底改變台灣對「一國兩制」的反對立場。即便台灣民眾最終接納經兩岸協商後達致的適用於台灣的「一國兩制」方案，其內容肯定比香港的優厚得多，尤其是中央在台灣所享有的權力一定比在香港少得多，因此香港「一國兩制」的成功實踐對台灣的示範作用有限。不過，如

果台灣民眾認為香港在「一國兩制」下能夠維持繁榮、穩定、發展和在世界上的地位，則「一國兩制」在香港的實踐對最終對兩岸統一仍然會有一定的貢獻。香港回歸後大部分時間中央在香港之所以採取放任政策，以及在香港事務上的話語權因而明顯減少，其實在一定程度上也因為要顧及到台灣民眾的感受。不過，由於香港出現越來越嚴重的與中央對抗的態勢，這個放任政策在數年前已經調整過來，而中央在香港維護國家安全和領土完整上的力度和決心明顯增大。今後，在新的對台方針下，中央在遏制那些對國家利益構成威脅的香港內部和外部勢力時更可以義無反顧、更無須顧慮對台灣產生的影響。相反，台灣同胞會更加意識到大陸方面對「國家統一」和「領土完整」的堅持。第二，當「一國兩制」在 1980 年代初提出時，「台獨」的威脅有限，而「港獨」更渺無蹤影。除非「五十年不變」後兩岸已經完成統一，否則中央必然會以嚴厲手段防止「台獨」和「港獨」合流，而來自台灣的政治勢力以及其背後的外國勢力會否在香港單獨或與香港的反對勢力共謀在香港興風作浪，更是中央密切關注和防備的要務。事實上，中央對台獨勢力在 2019 年香港爆發的特大暴亂中所擔當的積極角色了然於胸。第三，當大陸要推動兩岸各方面的互動和合作時，中央應該會讓香港發揮其獨特作用和擔當一定角色。在中央對台方針引導下，香港與台灣的交往，特別是經貿和民間往來仍會持續不斷，目的在於增進兩地同胞的感情，希望在若干程度上減少台灣各界對香港「一國兩制」的誤解。最後，兩岸的統一過程不會是一馬平川，更大可能是會崎嶇不平。中央謀求兩岸統一的行動又難免會引起美國的阻撓和破壞。為了妨礙中國的統一，不能排除美國和其盟友威脅對香港採取敵對行動作為反制中國的手段。然而，既然中央已經了啟動兩岸統一進程，則台海局勢惡化對香港的衝擊將會是中央密切關注和戒備的事。總而言之，在中央的以武力為後盾、以經濟為誘因和以促進台灣民眾福祉為依歸的中央「一國兩制」對台方針下，台灣因素在中央日後對香港的「一國兩制」政策與原來的「一

國兩制」政策的內容將會有所不同。最要緊的是,在構思香港「一國兩制」將來的發展時,中央會把維護國家的利益和打擊台獨勢力放在重要位置,而不必為了「討好」一部分台灣民眾或擔心美國的反應,而對香港的反共反華與「港獨」勢力「網開一面」,並因而使得「一國兩制」不能在香港全面和準確貫徹。

國內因素

　　「一國兩制」在 1980 年代初出台時,中央領導人尤其是鄧小平先生是該項政策的首要制定者。當然,在政策制定過程中,中央領導人通盤考慮了各種政策選項、各自的利弊與可能帶來的後果,並對香港回歸問題進行了認真的調查研究。在擬定「一國兩制」的具體原則和內容時,首要考慮的是國家的戰略利益和發展需要,特別是在改革開放下經濟現代化的需要。如何穩定香港人對香港前途的信心和爭取英國、西方和國際社會對中國政府的香港政策的認同也至關緊要。從政策制定的方式來說,「一國兩制」無疑是一項「自上而下」的重大國策。內地的機構、組織和民眾在決策過程中的參與程度應該不算高,事實上也缺乏正式和公開的參與渠道。可以想像的是,內地同胞對與中央授予回歸後香港高度自治和眾多「特權」和優惠不會樂於認同,特別是香港人所享有的一些「特權」和優惠是內地同胞當時所沒有的,包括香港成為單獨關稅區、生兒育女不受限制、資金出入自如、香港毋須向中央交稅、香港人出入境非常自由、香港人不需要承擔軍費和服兵役等。「一國兩制」的具體內容公佈後,部分內地同胞不滿香港人得到中央的厚待是完全可以理解的,特別是他們認為香港人素來歧視內地同胞、缺乏愛國熱誠、甘心當「殖民地」的順民、而在「香港前途問題」出現後又對香港回歸中國諸般抗拒,並在中英兩國在香港事務上博弈的時候偏向英國人一方。在中國共產黨的強勢領導下,

那些內地同胞的不滿不會溢於言表,更不會形成反對的行動。不過,中國政府也要竭力和耐心向內地同胞解說「一國兩制」對國家統一和經濟發展的重要性。為了爭取內地同胞對「一國兩制」的認同,中央顯然強調保存香港的資本主義體系,和其作為中西方橋樑或通道的角色,對國家走向現代化所發揮的獨特和不可替代的作用。同時,中央着重指出只有「一國兩制」才能讓英國人容許中國政府以和平方式順利收回香港、保存中國與西方的良好關係和爭取西方繼續支持回歸後的香港。再者,中央提醒內地同胞「一國兩制」在香港成功實施將有利於達至兩岸統一,為中國的完全統一打好基礎。對於那些認為「一國兩制」對自己不公平的部分內地同胞而言,中央的理據應該有一定的說服力。因此,在收回香港的整個過程中,內地同胞不成為重要因素。

不過,經過二十多年的實踐,不少內地同胞對「一國兩制」在香港實踐的成敗得失可謂心情複雜。一方面他們同意香港在回歸後仍然對國家的改革開放和現代化事業發揮積極作用,並且擔當一些內地大城市不能擔當的角色,另方面他們覺得香港在回歸後的發展強差人意,而且在一定程度上需要依靠中央和內地的眷顧和支持。隨着國家的高速崛起,內地同胞對國家和對自己的信心倍增,少數人甚至洋溢過度自滿自負之情。他們對香港的「一制」再沒有過去的仰慕和尊重,加上奉行自由市場體系的美國和西方國家的體制缺失情況不斷暴露,一些內地同胞甚至相信香港那種「小政府」和「自由放任」經濟模式已經不合時宜。他們把內地政府的果斷決策和實力執行與香港的「議而不決、決而不行」作強烈對比,從而得出香港的「一制」沒甚麼了不起的結論。三方面在台獨問題愈趨嚴重的局勢下,「一國兩制」在香港成功實踐與否對台灣回歸的作用已經不大,因此給予香港種種優惠對國家統一的貢獻實在有限,反而香港的反對勢力的言行成為了台灣方面貶低香港「一國兩制」的「口實」。四是在一些方面香港是國家安全的隱患,而在中西方戰略博弈愈趨激烈時,香港在某程度上儼

然成為美國和其西方盟友掣肘和威脅中國的棋子，而香港人在維護國家安全上不但軟弱無力，甚至漠視不理。當特區政府在 2002 年提出就《基本法》第二十三條進行本地立法和在 2019 年提出《逃犯條例》修訂時，不少香港人馬上想起的不是如何對國家安全負責，反而是如何防範香港人的人權和自由不受中央所侵蝕，實際上是要逃避對國家的責任。

回歸後香港特區管治困難重重、政治鬥爭無日無之，讓內地同胞甚為厭煩。香港的反共反華勢力囂張跋扈、隨意曲解「一國兩制」、肆無忌憚挑戰中央權力、乞求外部勢力干預香港內部事務、阻撓香港特區政府有效施政和圖謀奪取特區政權更讓不少內地同胞反感不已。最近幾年香港發生的「港獨」、本土分離主義、「佔領中環」、反對《逃犯條例》修訂、利用新型冠狀病毒肆虐挑動反內地同胞情緒、挑戰中央權威、侮辱國家民族、不尊重國旗國歌、排斥內地同胞、勾結外部勢力等事態更讓不少內地同胞對香港反感和憤怒。

長期以來，內地同胞缺乏渠道發表他們對「一國兩制」和香港事務的意見，而內地熟悉香港問題的人也不被鼓勵對香港的情況發表負面或與官方不一致的言論。近十多年來，隨着內地在政治上愈趨開放，民眾參與公共事務的空間越來越廣，網上討論平台愈趨普及化，再加上中央為了糾正香港人對「一國兩制」認識的偏差而增加在香港事務上的參與和意見表達，內地同胞特別是專家學者越來越多公開談論和針砭香港各方面的問題，甚至已經成為常態。通過不斷增加的兩地同胞的互動、內地同胞觀察和研究香港問題的機會日益增多，內地同胞對「一國兩制」在香港實踐的現實情況的認知和了解亦日漸提升。儘管只有極少數內地同胞公開質疑「一國兩制」在香港的實施成效，但他們對香港在回歸後發生的一些事態肯定是既懊惱又費解。

不過，與此同時，由於越來越多內地同胞到香港學習、定居、旅遊、投資、就醫、就業、享用香港的公共服務，即使也因此與部分香港人發

生利益、社會和文化上的摩擦，但總體來説他們還是欣賞和肯定香港在制度、法治、監管方式、廉潔、專業精神、公德心、包容開放和社會秩序等方面的優點的。事實上，不少內地企業和專業人才在香港找到了合適的發展機會和空間，也因此而對香港的「一制」讚譽有加，也願意踴躍維護。可以説，越來越多內地企業、人才和一般羣眾已經成為了「一國兩制」的「既得利益者」和守護者。

令人非常可惜和遺憾的是，2019 年香港爆發的特大暴亂讓不少內地同胞對香港人和「一國兩制」「大開眼界」，也產生了極為負面的態度，在日後頗長的時間內肯定會損害內地與香港的關係。在這場特大暴亂中，部分香港人的「低智」、非理性、偏狹、只問立場不問是非真偽、對國家民族的敵意、對內地同胞的歧視和排斥、對西方的盲目崇拜、勾結外部勢力對付香港和自己的國家、粗暴踐踏自己過去聲稱珍而重之的「核心價值」（自由、人權、包容、民主、法治）、為了狹隘的政治鬥爭而置香港的繁榮穩定秩序於不顧、從事和縱容暴力與違法行為等內地同胞過去甚少看到卻又感到極為震驚的行為與心態徹底暴露。內地同胞對於「一國兩制」所要保存的香港資本主義制度和生活方式亦產生了「新」的、鄙夷的態度，但同時對內地的制度和價值觀亦增加了自豪感。當然，不少內地同胞更會認定原來的「一國兩制」方針在香港已經失敗，而且對國家和香港都帶來了嚴重傷害。要繼續實行「一國兩制」的話，一些果斷和嚴厲的撥亂反正措施必須由中央制定和執行。

在設計未來「一國兩制」方針政策時，內地同胞必定是重要的持份者、見證者和參與者。「五十年不變」後香港的「一國兩制」一定要得到內地同胞的廣泛認同和支持，方能行之久遠。如何讓內地同胞認同維持「一國兩制」不但對香港有利、對國家有利，也對內地同胞有利非常重要。當中央給予香港人在內地越來越優厚的「國民待遇」時，也許會讓部分內地同胞覺得香港人在「一國兩制」下，與自己在權利上的差異更有所擴大

而感到不快，所以要取得內地同胞對「一國兩制」的認可，一方面香港有必要更好地履行對維護國家主權、安全和發展利益的責任，以更開放包容關愛的態度處理與內地同胞的關係；二方面要積極提升自身的「獨特」和「不可替代」優勢，從而能夠更好地為國家的改革開放和現代化事業作出貢獻；而三方面則要把香港管好，讓香港得以保持繁榮、穩定、秩序、有效管治和不斷發展。中央在擬定未來香港的「一國兩制」方針政策時肯定會認真和全面聆聽內地同胞的意見和建議。隨着內地的持續發展、人民生活水平提高和人權法治的不斷進步，香港人與內地同胞在「權利」享有上的差距一定會不斷收窄，這樣才可望減少因為差距的存在而引發的內地同胞對香港人的「不平之氣」。

國家與香港

　　「一國兩制」提出時的首要考慮是如何以和平方式從英國手上收回香港，從而把國家統一大業向前推進一步，並藉此湔雪百年民族恥辱和提振國民精神。鑒於不少香港人對中國共產黨有抗拒，並對由中國共產黨締建的中華人民共和國認同感不足，中國政府為了爭取香港人對「一國兩制」和對香港未來的信心，所以對於香港在回歸後與國家的關係沒有作詳細深入探討和論述。中國政府基本上只向香港人提出極小量的對國家責任的要求，而那些責任基本上也是「消極」的責任，主要是遵守《基本法》和不要做不利國家和政權安全的事。對此鄧小平先生也曾對香港人提出忠告，不要把香港變成反對中央和內地的基地。他說，「有些事情，比如一九九七年後香港有人罵中國共產黨，罵中國。我們還是容許他罵，但是如果變成行動，要把香港變成一個在『民主』幌子下反對大陸的基地，怎麼辦？那就非干預不行。」（鄧小平，1993:36−37）《基本法》第二十三條的目的，其實就是在法律上規定香港特區必須履行維護國家和政權安全的責任。

在「一國兩制」下，香港人毋須服兵役，香港毋須向國家交稅，防務也是由中央「免費」提供。中央沒有明確要求香港人愛中華人民共和國，更遑論愛中國共產黨。當然，承擔管治香港特區的主要人員必須是愛國者，但這類人的人數有限。中央沒有要求香港特區在回歸後要推行目的在於建立國民身份認同和民族自豪感的「去殖民化」的政治計劃和運動，也沒有勒令香港特區政府在香港推進國情教育、國民教育或愛國教育。除了遵守香港《基本法》外，中央起初也沒有要求香港人了解和遵守那個作為《基本法》母法的國家憲法。因此，總的來說，「一國兩制」的原來目標並不包括在香港人中間樹立國家觀念和民族意識。

由此以觀，「一國兩制」的首要目標是推進國家的統一，但對於在「一國兩制」下是否需要培養香港人對中華人民共和國的歸屬感和責任感，或者換句話說推動「人心回歸」，當年卻不是需要優先處理的問題。可以想像，部分國家領導人和中央官員憧憬香港人的「愛國」情懷會隨着「一國兩制」的成功落實和中國現代化事業成就輝煌而逐漸提高。回歸後，中央對面對經濟困難的香港不時伸出援手，並且不斷提供機會讓香港得以分享國家發展的紅利。很多內地同胞預期因此香港人對國家的向心力會日益強化，香港與內地和中央的關係亦會逐漸改善。誠然，不少香港人在回歸後的確對國家和中央增加了好感，但仍然有部分人，特別是香港的反共反華分子和他們的支持者，卻因為意識形態的差異和部分人的過去經歷而繼續對國家和中央懷有敵意。那些人也因為中央無法滿足他們對政制民主化和獲取執政權力的訴求，而執意與中央對抗。部分香港人特別是年輕人甚至認為來自內地的競爭蠶食了他們的利益，而兩地交往愈趨頻繁又逐步破壞了香港的獨特形態，所以對國家的崛起不但不產生愛國情懷，反而覺得國家的崛起是對香港和對自己的「威脅」，從而對國家、中央和內地同胞更加敵視。少數人更與外部勢力勾結，謀求把香港變成針對國家和政權的顛覆和滲透基地。

近年來，因應香港各種反對派勢力日益囂張，連綿不斷挑戰中央的權力權威、策動各類分裂國家的行動、否定香港維護國家安全和領土完整的責任、以言論和行動表達對國家和民族的不敬、抗拒香港與內地加強經濟和社會聯繫，和拉攏外部勢力干預香港事務，中央和內地專家學者開始積極探討和講述在「一國兩制」下香港以及香港人與國家的關係應該如何。他們相信，要「一國兩制」成功落實，單憑「一國兩制」方針、中央對香港的關愛和《基本法》並不足夠。如果部分香港人仍然對中華人民共和國和中國共產黨懷有抵觸甚至敵對情緒，則香港與國家、內地和中央的關係仍會矛盾不斷，而且愈趨激化，「一國兩制」的全面和準確落實仍會荊棘滿途。在這個背景下，國民教育逐漸得到中央的高度重視。中央固然加大力度以各種方式讓香港人特別是年輕人更多更好地認識自己的國家，包括國家的制度和大政方針，中央也要求香港特區政府儘快和積極開展國民教育。中央的目的並非要宣揚「愛黨」情懷，而是希望香港人尤其是年輕人對中國歷史和文化有感情、了解和崇敬，對新中國和國家政權有客觀、全面和均衡的認識，對「一國兩制」的目標和內涵有正確的理解，對國家和香港的共同命運和利益有深切的體會，以及對維護國家安全和利益有明確和高度的責任感。中央的最大希望是香港人能夠從民族感情和國家認同的角度尊重「一國」和處理好「兩制」的關係。如果達不到的話，則最低限度香港人能夠出於對自身利益的關心而避免做出那些危害國家安全和傷害兩地同胞感情的勾當。中央的基本立場是，即便香港的「一制」與內地的「一制」不同、香港人與內地同胞在權利和義務上有不少差別、香港人作為「中國公民」與內地的「中國公民」的內涵有異，但這並不妨礙香港人以身為中華人民共和國的一分子而感到自豪，並積極熱情地履行作為中國公民所應盡的基本責任。事實上，在不少發達國家，不同國民的權利和義務都並非完全一樣，而由於種族、民族、宗教、地域、語言的差異他們之間也存在摩擦與爭鬥，但他們作為國家公民都必須也願意共同效忠國家

和其憲法，並切實承擔維護國家主權和利益的責任和義務。

　　如果說中央在「一國兩制」提出之初沒有突出國家與香港關係的問題是為了讓「一國兩制」能夠廣為香港人接受，那麼最近中央突出國家觀念和民族意識的重要性，則是為了讓「一國兩制」能夠成功落實和行穩致遠，讓這個方針政策能夠裨益國家、裨益香港。可是，由於起初「一國兩制」並沒有明確提出要香港人積極和誠心愛國，因此當中央提倡需要通過國民教育來提振香港人的國家民族情懷，而國家又是指中華人民共和國時，不少香港人尤其是反對派政客便馬上起閧並攻擊中央要替香港人「洗腦」，要香港人「愛」中國共產黨，所以是違反「一國兩制」之舉。國歌法在香港本地立法便馬上碰到這些人千方百計的阻撓和抗拒。長期以來，香港特區政府在推行國民教育上既欠積極、手段頗為粗糙，政治敏感度又不足，並因此而引發出社會上的「反國教」行動，讓國民教育蒙上「污名」，難以名正言順地大力推行，只能以間接和迂迴方式進行，不但容易惹來反對者的責難和抵制，效果自然也大打折扣。不過，無論如何，面對香港內部那些反共反華和本土分離主義分子的持續威脅，日益兇險的世界局勢和愈趨嚴峻的國家安全形勢，要「一國兩制」全面和準確實施，香港人對於國際形勢和國際格局的變化，對國家安全、國家利益、領土完整、國家體制、中央的大政方針、對中國共產黨，對中華人民共和國所應承擔的責任（尤其是明白那些事不應該做），對如何處理與內地同胞的關係，對「一國兩制」的初心和核心內容，對國家發展為香港帶來的機遇及對香港如何能夠為國家發展作出貢獻等東西都須要有清晰的認知和了解。在香港大力推進國民教育，其中旨在認識國家的方方面面的國情教育、國家憲法和《基本法》推廣是無可避免的政治和教育「硬」任務。經歷過 2019 年的特大暴亂後，就連過去以為香港人已經習以為常的「守法」觀念也需要「重新」樹立。在推行國民教育時，為了提振香港人的國家民族自豪感和歸屬感，某種程度和某些方式對香港「殖民地」過去作出客觀和理性的批判，恐怕是

無法避免的事。當然，這種香港特色的「去殖民化」不是要全盤否定香港的過去，更不是要讓過去曾經為英國人效勞的人感到尷尬，而是要端正在「一國兩制」下香港與國家的關係、香港人與中央的關係、香港人與內地同胞的關係和香港歷史與中國歷史的關係，從而減少彼此的隔膜和摩擦。香港人更要清楚明白在中國崛起的過程中西方勢力利用香港遏制中國的圖謀。

從更長遠角度看，鑒於「大一統」是中華文化的深厚政治傳統，也是中國與西方乃至不少其他國家最大的不同之處。對中國人來說，國家統一是常態，也是理想狀態，只有在國家統一的基礎上中國人才得以享受獨立、自主、穩定、善治、和平與發展。近 200 年來中國所經歷的痛苦和磨難，更強化了中國人對國家統一的期盼和執着。相反，國家分裂必然導致國家被列強欺凌、主權和領土淪喪、國家分崩離析、經濟凋敝不振、百姓顛沛流離和內戰連綿不斷。在中國歷史上，「大一統」不單指領土完整和中央政府在全國令行禁止，也指制度的統一。即便各地的制度、法規、權利和生活習俗有差異，但差異程度有限，不會在本質上改變「大一統」的格局。從「大一統」的角度看，「一國兩制」容許中國內部存在兩個差異極大的政治、社會和經濟制度並非是理想和能夠行之久遠的安排，而最終「一國兩制」也會逐步消失，但那是一個漫長的過程，而香港與內地之間的互動愈趨緊密、彼此不斷相互借鑒、內地與香港在現代化和開放程度上差距縮小、香港與內地各自經歷急劇的社會變遷、越來越多香港人到內地發展和定居、內地企業和同胞到香港來的人越來越多、香港人在內地享有越來越多的「國民待遇」和發展機遇、香港人參與國家事務的層次和機會不斷攀升、香港的發展機遇越來越多向內地同胞開放、彼此利益和文化共同點不斷增多等因素都會逐漸減少兩制之間的差異。當然，中央的政策無論出於有意或者無心，都會增大那些引致「趨同」的因素的影響和作用。

在長遠的將來，在「一國兩制」下，即便香港的制度、價值觀和生活方式與內地仍然存在一些不同，但彼此的分歧和隔膜也會逐步收窄。較理想的狀態是，香港人在未來的「一國兩制」下縱使仍然覺得與內地同胞有差異，但卻無損他們與內地同胞一樣認同自己的國家，並願意共同負起維護中華人民共和國的主權、安全和發展利益的重責。果如此，則「一國兩制」不但不違背「大一統」的政治傳統和原則，反而因為「兩制」的相輔相成、優勢互補而對促進國家團結和民族復興更為有利。中國著名社會學家費孝通曾提出「中華民族多元一體」格局的概念。這個概念展示了中國文化的理性、包容、寬厚和豁達。儘管費老提出這個概念時沒有把「一國兩制」考慮進去，但肯定「一國兩制」在香港、澳門和未來台灣的實施在本質上也體現了「中華民族多元一體」的襟懷。在思考「一國兩制」的未來時，估計中央也會從「中華民族多元一體」的角度，採取各種政策措施，讓香港在「一國兩制」下保存其特色，並順利地「融入」中華人民共和國和中華民族之中，從而實現具有時代精神和中國特色的「大一統」局面。

資本家和社會精英的利益

當中國政府在 1980 年代初期提出「一國兩制」時，為了避免大批資本家撤資而導致香港經濟崩潰，也為了防止大規模的香港人才外流，它刻意給予香港的資本家和社會精英特殊優厚待遇。誠然，在「殖民地」香港，資本家和社會精英實際上早已享有各種特殊待遇，但英國人卻不讓他們染指政治權力，而只有在「殖民地」政府的庇蔭下他們才能被授予一些政治影響力和地位作為對英國人效忠或輸誠的獎賞。不過，中國政府的「一國兩制」方針政策不但進一步增加那些特殊待遇，而且更通過《基本法》把它們以法律方式固定下來，並以法律權力加以保護。為了取得他們對中國政府的支持和鼓勵他們繼續留在香港，在「一國兩制」下，香港經濟原來

的壟斷和寡頭壟斷情況不但得到延續，而且更為牢固和惡劣。部分專業人士比如醫生和律師的專業保護主義，更因為英國和英聯邦的醫生和律師不容易取得香港執業資格而提升。資本家和社會精英在政治上同樣得到前所未有的厚待。《基本法》所規定的政治體制給予資本家和社會精英們渴望已久的政治權力、地位和利益。他們在選舉行政長官的選舉委員會中佔有超過一半的席位。在立法會內，功能團體議席的設置讓他們享有頗大的議席份額，從而可以左右立法會的運作和決定。他們佔有港區全國人大代表中相當數量的席位。在港區全國政協委員和各省市的香港政協委員中，他們也佔有大多數的位置。香港特別行政區的眾多法定和諮詢組織更是他們的「天下」。

　　香港的公務員同樣是香港回歸的受益者。在「殖民地」政府內，長期以來華人公務員無法覦覬高層政府職位，能夠當上部門首長已經是莫大榮譽，更遑論躋身最高層領導位置。不過，隨着英國人下旗歸國時間臨近，「殖民地」政府推出「本地化」（localization）計劃，安排華人公務員逐步接班，本地公務員遂得到前所未有的大量晉升機會。更為重要的是，在香港模式的「沒有獨立的去殖民化」下，鑒於中國政府的反對，英國人不能在撤離香港前，通過建立一個立法主導兼內閣制的政治體制及推行立法機關普選和政黨政治，把香港的執政權力移交他們屬意的「親英」人士和反共反華分子。英國人因而「退而求其次」，推展一項英國殖民歷史上前所未有的舉措，把華人公務員培植為香港回歸後的「治港」港人，並讓中國政府在別無選擇下「接收」過來。這樣一來，少數華人公務員在英國人的青睞下扶搖直上，佔領了絕大部分「殖民地」政府的最高職位。

　　因此，對不少資本家和社會精英而言，在「一國兩制」下，他們的處境不單是「五十年不變」，而是「五十年大變」，客觀上成為「一國兩制」下最大羣的既得利益者。甚至可以說，儘管他們當中不少人對香港回歸有抗拒、對中國共產黨不信任，但毫無疑問他們是英國人撤出香港後的最大受益

者，因為過去「騎在他們頭上」的英國人已經離去，而剩下來的英國人也不再享有特權。與此同時，英國其他屬土的居民也不復在香港享有任何優惠，甚至不能與他們「公平競爭」。實際上，「一國兩制」和「五十年不變」不單提升了資本家和社會精英的地位和權力，還把它們以法律手段固定下來。

然而，隨着時間的推移，這個原意是穩定資本家和社會精英對香港前途的信心和讓「一國兩制」得以成功落實的安排，卻越來越引發民眾尤其是年輕人反彈、加劇了香港社會的不公不義性、阻礙香港長遠的發展和民生狀況的改善。自從 1970 年代以來，香港的貧富懸殊情況便持續惡化，今天香港的貧富差距情況在發達地區中名列前茅。回歸後，財富集中和企業壟斷的情況不但持續不退，反而更為突出。貧窮現象特別是老人貧困問題甚為突出，形成對香港作為富裕的國際大都會的一大諷刺。香港製造業移入內地，金融、地產和高端服務業成為香港經濟的支柱，資訊科技和創新科技在經濟生產和企業機構運作上愈形重要，以及回歸後香港經濟屢受國際金融危機打擊，都是激化社會和階級矛盾的「元兇」。年輕人的教育水平隨着香港高等教育普及化不斷提高，但香港社會能夠提供的向上社會流動機會卻遠為滯後。年輕人面對不少生存和發展的問題和挑戰，因此產生了許多對社會和政府的不滿和怨懟。近年來房屋短缺的問題困擾着不少香港人，年輕人尤其感到苦惱和氣憤。在那些發達的福利國家，政府一般通過高稅率和慷慨的福利供給，發揮紓緩社會矛盾和照顧弱勢社羣的作用。然而，在「五十年不變」下，香港特區政府保留了簡單低稅制和以「救濟」而非「權利」為基本原則的社會福利政策。在經濟領域，「小政府、大市場」和「積極不干預」政策使得政府在推動產業轉型、促進公平競爭和改善營商環境等方面的舒展空間有限。由是，各種社會和經濟矛盾在回歸後紛至沓來，讓香港特區政府疲於奔命、窮於應付。結果是，社會上瀰漫着民粹主義、仇富心態、反權威和反精英情緒，從而社會穩定和有效管治也難以維持。到目前為止，大量內地資金湧入香港、其他外資的存在和中

央一系列「惠港」政策基本上都沒有改變香港的社會經濟困局，更在一定
程度上令其有所惡化。

　　在思考「一國兩制」的未來時，如何改變當前香港的社會和經濟狀
況，緩和香港的社會矛盾和世代摩擦，發揮香港特區政府在推進社會經濟
轉型上的角色，促進香港的繁榮穩定，推動香港的長遠持續發展，從而讓
香港人特別是年輕人認同和擁護香港的「一制」肯定是重要課題。中央和
內地對於處理以上問題，有何積極角色和功能，也必然是需要深刻思考的
事項。

愛國者治港

　　回歸超過 20 年後，以愛國者為主體、擁有廣闊和扎實社會支持基礎
和能夠強勢領導的香港特區新政權尚未建立起來。回歸前，鑒於不少香港
人對中國共產黨有抵觸情緒，那些擁護新中國和中國共產黨的愛國者領袖
不但受到香港人的歧視和排斥，更飽受「殖民地」政府的壓迫和漠視。在
回歸前長達 13 年的「過渡期」內，英國人拒絕與中國政府一道共同扶植回
歸後的治港人才，反而竭力防範愛國者的崛起和扶持各類反對派人士。因
此，在香港特區成立後，符合鄧小平先生的定義而又有能力治港的愛國者
領袖人才為數不多，難以成為特區新政權的核心和香港社會的主流政治勢
力。回歸後，雖然政治環境對愛國者的冒起比前有利，但在與反對派勢力
展開鬥爭和爭取民眾支持時一般仍處於下風，從而削弱了特區的有效管治
和窒礙香港的長遠發展。尤有甚者，香港特區政府在政治立場上與中央往
往不是步調一致，而在維護國家主權、安全和發展利益上也未竭盡全力、
勇往直前，形成了「一國兩制」在香港成功落實的一個重大阻力。香港的
司法人員和法律界「翹楚」無論在政治立場或法律思維上往往與中央相
左，而他們對國家的認同又相對薄弱，因此為「一國兩制」在香港的全面

準確貫徹造成困難。在思考「一國兩制」的未來時,如何大力培養有廣闊羣眾基礎和擁有優秀領導能力的愛國者,並讓其「進駐」香港特區政權的各個部門和領域,為「一國兩制」、「港人治港」和高度自治提供堅強支撐必然是重點研究課題。

資本主義與社會主義

古往今來,在一些國家的內部存在着數個享有不同政治權力和制度設置的地方行政單位的事例比比皆是。例如,美國南北戰爭爆發前,南部的奴隸莊園制與北部的工業社會便有分別。加拿大的魁北克省便擁有自己的政治體制和自治權力。英國的蘇格蘭與英格蘭在政治制度上也有差異。最近的突出例子是蘇聯解體後的一段時間裏,俄羅斯的地方行政單位因為中央政府大權旁落而取得了極大的政策制定和行政管理權力,儼然成為「獨立政治實體」,不但中央政府的政令往往在地方難以推行,中央政府甚至要一眾地方「諸侯」的支持方能勉強管治國家。(Reuter, 2017:74-106)以此之故,在一個國家內存在不同制度並非新鮮或罕見事物。然而,香港的「一國兩制」仍有其獨特之處。其一是在一個國家內存在兩個截然不同的社會經濟制度,它們分別是中國內地的社會主義體系和香港的資本主義體系。當「一國兩制」在 1980 年代初提出時,內地的改革開放事業剛起步不久,計劃經濟仍是中國經濟體系的顯著特徵。相反,香港的資本主義體系卻以其「放任」、「自由」和「小政府、大市場」在世界上見稱。兩地之間在經濟、社會和政治制度上可謂「天壤之別」,難以兼容。其時,雖然香港商人已經開始到內地主要是珠江三角洲一帶投資設廠,但兩地經濟關係仍難稱得上緊密。再者,當年東西方冷戰仍酣,西方的資本主義與蘇聯的社會主義纏鬥不休,在經濟上東西方陣營可謂涇渭分明,往來甚少。即使中國已經開啟了改革開放進程,但國內對市場經濟和西方的資本主義依

然戒心不減。在改革開放初期，意識形態鬥爭尚未止戰，「姓資姓社」的爭論不時掀起。因此，「一國兩制」容許兩個差異甚大的經濟體在一個國家下共同存在，實際上是對香港的資本主義給予肯定，對相信社會主義優於資本主義而且又是人類社會發展的歸宿的中國共產黨而言，絕對不是容易作出的大膽和創新決定，但卻肯定是出於對中國特色社會主義的「理論自信」、「制度自信」和「道路自信」，而「一國兩制」在人類歷史上也的確是難得一見的「壯舉」。對此，鄧小平先生豪邁地指出，「我們的主體必須是社會主義，但允許國內某些區域實行資本主義制度，比如香港、台灣。大陸開放一些城市，允許一些外資進入，這是作為社會主義經濟的補充，有利於社會主義生產力的發展。」（鄧小平，1993:6）「我們堅持社會主義制度，堅持四項基本原則，是老早就確定了的，寫在憲法上的。我們對香港、澳門、台灣的政策，也是在國家主體堅持四項基本原則的基礎上制定的，沒有中國共產黨，沒有中國的社會主義，誰能夠制定這樣的政策？沒有哪個人有這個膽識，哪一個黨派都不行。你們看我這個講法對不對？沒有一點膽略是不行的。這個膽略是要有基礎的，這就是社會主義制度，是共產黨領導下的社會主義中國。我們搞的是有中國特色的社會主義，所以才制定『一國兩制』的政策，才可以允許兩種制度存在。沒有點勇氣是不行的，這個勇氣來自人民的擁護，人民擁護我們國家的社會主義制度，擁護黨的領導。〔…〕很重要的一個內容就是對香港、澳門、台灣問題的處理，就是『一國兩制』。這是個新事物。這個新事物不是美國提出來的，不是日本提出來的，不是歐洲提出來的，也不是蘇聯提出來的，而是中國提出來的，這就叫做中國特色。」（鄧小平，1993:32–33）此外，以「一國兩制」方式把兩個截然不同的社會經濟體容納在一國之內來作為達致國家統一的手段在歷史上也屬「創舉」。對鄧小平先生來說，這個「創舉」其實也有普遍應用性。他認真指出，「香港問題的成功解決，這個事例可能為國際上許多問題的解決提供一些有益的線索。從世界歷史來看，有哪個政

府制定過我們這麼開明的政策？從資本主義歷史看，從西方國家看，有哪一個國家這麼做過？」（同上，6-7）「我們提出『一個國家，兩種制度』的構思，也考慮到解決國際爭端應該採取甚麼辦法。〔⋯〕我認為有些國際爭端用這種辦法解決是可能的。我們就是要找出一個能為各方所接受的方式，使問題得到解決。」（同上，10）「解決國際爭端，要根據新情況、新問題，提出新辦法。『一國兩制』是從我們自己的實際提出來的，但是這個思路可以延伸到某些國際問題的處理上。好多國際爭端，解決不好會成為爆發點。我說是不是有些可以採取『一國兩制』的辦法，有些還可以用『共同開發』的辦法。」（同上，20）

在原來的「一國兩制」構思中，鑒於當年冷戰的主軸是社會主義和資本主義兩大陣營勢不兩立，各自相信自己的體制代表人類的未來，所以不少內地官員和專家學者傾向把資本主義和社會主義視為「水火不容」的兩種經濟制度。他們比較從「靜態」角度理解香港的資本主義，也不太了解香港資本主義的獨特性和來龍去脈。他們不少人認為，要保存香港的資本主義制度，就不可以摻入社會主義元素，而香港《基本法》的大量條文就反映了這種觀點。[11] 其中有幾方面特別值得注意。第一，他們相信既然社會主義體制要求代表「無產階級」的政黨為執政黨，則資產階級也理所當然是資本主義社會的執政力量，當然大前提是在「一國兩制」下香港的資產階級也必須接受中國共產黨的最高領導。然而，在「殖民地」時期，儘管「殖民地」政府需要為資產階級提供合適的投資與營商環境，並且在公共政策上向他們傾斜，但卻沒有賦予他們最終或巨大的決策權力，也不容許他們在香港總督任命上有發言權。為了維持和鞏固殖民管治，「殖民地」政府會迫使資產階級「犧牲」一些利益來改善稅收制度、福利供給、公共房屋和勞工權益，從而紓緩社會矛盾和減少民眾對政府的不滿。即是說，

11　有趣的是，無論在「殖民地」時代或者在回歸後，不少香港的官員和公務員認為要保持香港的資本主義體制，便不可以摻雜「社會主義」元素。

政府在不同社會階級之間發揮着一定的平衡和協調作用，不能讓資產階級利益過度凌駕「整體利益」和「公眾利益」。第二，他們也以為政府在處理資產階級內部矛盾時大體上應該保持「中立」。誠然，內地人士一般認為「殖民地」政府必然偏袒英資，不然奪取香港為「殖民地」所為何事。所以，即便英資享受特殊關照，只要不過分，也無可厚非，大體上不損害政府「公平」對待各方資本。的確，在「殖民地」時期，在香港和在英國的英資特別得到眷顧，但隨着華資的興起，殖民管治的手法亦逐步得到若干改善。然而，政府不介入資產階級的內部矛盾卻不一定對香港的繁榮、穩定和發展有利，因為這樣會讓部分享有優勢或壟斷地位的資本家和依附他們的專業人士的利益得以「永續」，從而妨礙新興產業的發展，並因此而拖慢香港經濟的轉型和社會矛盾的化解。另一方面，大企業利用其先天和後天競爭優勢擠壓或排斥中、小和微型企業同樣對促進經濟發展、暢通社會流動、促進公平競爭和疏解社會矛盾不利。所以，在某些時刻和情況下「殖民地」政府需要稍微「偏離」其在不同資本家之間的「中立」態度，「永遠」保持「中立」不一定符合香港最佳利益，適當地扶助一些對香港經濟長遠發展有利的產業有時也有需要。第三，「小政府」、「量入為出」財政方針和政府在社會和經濟發展上的角色「最小化」被視為香港資本主義的優良傳統，是香港經濟奇跡的主因，因此需要長期保留。不過，環顧世界經濟歷史，除了英國外，所有西方國家包括美國的政府都在其經濟發展和產業轉型進程中發揮不可替代的功能，其中在資金投入、基本設施建設、科研開發、國防建設、教育培訓、人才招攬、關稅政策等方面尤其重要。美國的經濟崛起在相當程度上其實與美國不斷發動戰爭、並利用戰爭去驅動經濟發展有關。在亞洲，除了香港外，日本、台灣、韓國、新加坡等發達國家和地區的政府都扮演着非常重要的角色，包括制定中長期的經濟和產業發展計劃。香港「殖民地」政府之所以毋須承擔重要角色與香港的特殊情況有關，這一點我在前文已述及。不過，回歸以後，世界、亞洲和

中國內地經濟的發展和變遷恐怕已經改變了香港「小政府」和保守理財的客觀存在條件。香港產業急需向多元化和高端化轉型、香港經濟越來越與內地經濟整合、香港加入國家的經濟和社會規劃之中、香港必須強化其經濟競爭優勢、香港內部社會矛盾愈趨嚴峻，都迫使香港特區政府改變其管治方式和提升介入社會經濟發展的程度。

事實上，所謂「自由市場」概念在當今世界已經不是主導思想，反而變成了空洞口號。所謂「自由國際秩序」和「華盛頓共識」早已率先為其締造者美國所打碎。為了威逼中國低頭，美國特朗普政府對中國發動猛烈的貿易、金融和科技戰，並無所不用其極地打擊華為和其他中國企業，凡此種種都標誌着美國自己也已經棄自由市場經濟如敝屣。全球化退潮、經濟民族主義飆升、貿易金融科技保護主義抬頭、地緣經濟戰略興起、貿易和金融戰爭、帶有某種「排他性」的地區經濟合作組織紛紛湧現等現象，都迫使各國政府負起更大的保衛本國經濟利益和民眾福祉的責任。無論原來的「一國兩制」構思如何希望保存香港原來的「自由放任」資本主義，但在新的內外環境中，這確實是非常為難的事。

當然，具有洞察力的個別國家領導人能夠從動態或歷史發展的視角預見「一國兩制」的發展。鄧小平先生曾指出，「我們總不能講香港資本主義制度下的所有方式都是完美無缺的吧？即使資本主義發達國家之間相互比較起來也各有優缺點。把香港引導到更健康的方面，不也是變嗎？向這樣的方面發展變化，香港人是會歡迎的，香港人自己會求變，這是確定無疑的。我們也在變。最大的不變是社會主義制度不變，而『一國兩制』就是大變。」（鄧小平，1993:12）又說，「中國的發展戰略需要的時間，除了這個世紀的十二年以外，下個世紀還要五十年，那末五十年怎麼能變呢？現在有一個香港，我們在內地還要造幾個『香港』，就是說，為了實現我們的發展戰略目標，要更加開放。」（鄧小平，1993:39）當然鄧小平先生不可能準確具體預言1997年後香港與內地的變化，但從他的講話中，

我們可以察覺到他預期香港與內地的「兩制」就算不會完全趨同，但它們之間的差異卻會縮小，原因是內地不斷發展進步，不斷改革開放，而「兩制」之間又會互相影響、相互促進。事實上，「一國兩制」的初心就是要香港與內地在經濟領域加強互動合作，俾使香港能夠發揮其獨特優勢在國家現代化過程中作出貢獻。在內地的中國特色社會主義下，「市場」在生產和分配領域的重要性會與日俱增、勢不可擋，而私有經濟或民營經濟在製造經濟財富、推進科技進步、提升人民生活水平和提供就業機會上的角色和重要性也會不斷攀升。國家的管理模式和制度與法制的建設亦會圍繞着經濟體系的改變而作出調整和改善。在香港，「積極不干預」雖然仍為不少崇奉西方「自由市場」的官員、商人、媒體和經濟學者所推崇和遵循，但客觀需要卻促使香港特區政府和香港人越來越重視政府在經濟和社會發展中的角色，尤其從中長期角度規劃香港的未來。這些因素包括：香港需要在西方越來越不會為香港提供發展機會的大趨勢下更好地抓緊國家和亞洲騰飛的帶來的機遇、香港亟需通過產業轉型升級來擴大產業基礎和帶動長遠和持續經濟增長、香港需要積極參與國家的經濟和社會規劃、香港必須紓緩貧富矛盾和世代衝突以達致社會穩定，以及政府有需要在全球化退潮、世界經濟中心向東亞地區移動、和各國政府積極介入經濟社會事務日增的環境下為本地企業提供各種支援和幫扶。事實上，越來越多香港人也認為政府在經濟發展和民生改善上應該擔負更重要和積極的角色。過去的研究發現，香港人雖然在口頭上認同「積極不干預」，但實際上傳統思想在香港仍有相當的影響力。在傳統中國，政府「理論上」和在實際上都擁有龐大的管理和駕馭社會和經濟的權力。「積極不干預」在中國文化和歷史上從來都不是主流思想，而在香港也只可能在過去一段特殊歷史時期中佔有首要位置。

今天，所謂「自由放任」的經濟模式在世界上已成明日黃花，提倡者已越來越少。勉強繼續奉之為「金科玉律」或「祖先遺訓」不但不合時宜，

而且會阻礙香港的轉型和發展。其實，回歸後董建華、梁振英和林鄭月娥三位行政長官都表達了強化政府的經濟和社會角色的意向，都倡議「有所作為」或「適度有為」政府。就連最為重視市場作用的曾蔭權行政長官都願意加快香港與內地的經濟聯繫和推進香港產業多樣化。不過，由於政治鬥爭的干擾、公務員的保守心態作祟和部分大資本家的阻撓，而中央和內地的引導與配合又不足，政府職能和角色的「轉型」步伐緩慢。然而，長遠和不可扭轉的趨勢，是香港特區政府越來越多介入經濟、社會和民生事務之中，而香港的財政方針、理財「哲學」、稅收制度、福利政策和產業政策也會越來越「告別」過去「殖民地」政府引以為傲但卻同時容許其「推卸責任」的套路。較為進取和前瞻性的理財哲學應該會是未來香港特區的主導思想。

東西方冷戰結束後，全球化席捲全球，所有國家除了個別例子（比如緬甸和朝鮮）外都進行了不同形式和程度的改革開放、提升私人資本的地位和作用、強化市場在資源配置上的作用並參與到全球的經濟分工和競爭。就連西方資本主義國家的政府也更積極地扶助和保護本國產業和企業。在西方世界存在已久的社會民主主義實際上是資本主義和社會主義的「混合品」。因此，所謂資本主義和社會主義「涇渭分明」、互不依存的現象早已不復存在。越來越少人視資本主義和社會主義的鬥爭為當今世界的鬥爭主軸。有人形容「新冷戰」現在正形成，但他們卻認為「新冷戰」的「主角」不再是資本主義和社會主義，而是「威權主義」和「民主自由」的對撼，或者是「文明的衝突」，或者是「國家資本主義」和「市場資本主義」的競爭，又或者是「中國特色社會主義」體制和西方體制的爭雄。不過，在全球化下「新冷戰」的交戰各方卻在經濟和貿易上交往頻繁不斷，在實際利益上難以割裂。美國一些人倡議的中美經濟切割（decoupling）的情況實在難以想像會出現。西方國家一方面不斷批評中國和其他「威權主義」國家採取「反市場競爭」或不正當手段謀取經貿利益和技術優勢，

但其實西方國家也憑藉加強政府偏袒本國資本和企業的力度、增加政府在基本建設和科技發展上的投入、限制資本和科技輸出和打擊或消滅對手等手段以作「抗衡」。政府與市場、公有經濟與私有經濟、市場與規劃等看似不相融的東西在不同國家其實共存，只是比重在各國不一樣而已。

　　在思考香港「一國兩制」的未來時，鑒於內地不同地區存在制度上的差異、內地與香港的經濟社會制度的差距又有所縮小、內地經濟與香港經濟愈趨交叉整合、而內地與香港更處於變動不經的狀態之中，把內地的社會主義和香港的資本主義截然劃分已經不太恰當，因此需要從務實和創新的態度來思考香港經濟和社會制度的發展，尤其是政府在經濟和社會事務上的角色，乃至政府的整個管治模式和思維。內地和香港應該互借互鑒，採長補短，改進自身的制度，並在發揮各自的制度優勢下加強合作和整合。

第四章　中央對香港事務處理手法的嬗變：從被動到主動到主導

　　在中央的心目中，「一國兩制」如果在香港全面和準確實踐，國家、中央和香港都會三蒙其利。所以，除非出現與香港有關的國防、外交和國家安全、香港的政治體制等重大問題，中央的確無須過問香港特區的內部事務，而特區政府也沒有需要提請中央介入或指導香港特區的內政。在這種至為理想的情況下，無論香港人或國際社會都會確認「港人治港」和高度自治得到中央的尊重和恪守，而批評中央和質疑「一國兩制」的聲音也難以響亮。不過，正如我在前幾章中所述，國家面對的國際形勢愈趨兇險、內地迅猛發展、香港反對勢力的衝擊、不少香港人對「一國兩制」的理解與中央背離、一個能夠堅定貫徹「一國兩制」和有效駕馭政治形勢的特區新政權建設尚待完成、香港內部各種深層次矛盾惡化和外部勢力的入侵和干預等情況，都在不同程度上干擾着「一國兩制」在香港的全面和準確貫徹。一直以來，中央對香港出現的不符合「一國兩制」原意、原則和核心內容的事例其實了然於胸，而且引以為憂，但為了不希望讓香港人擔心，不讓反對派和外部別有用心的反共反華勢力有詆毀「一國兩制」和介入香港事務之機，也因為難以掂量中央介入香港事務的合適程度和介入後所產生的種種後果，中央在香港回歸後頗長時間內都採取隱忍和猶豫的態度。中央希望香港的局面會逐漸好轉，而那個「被動」的姿態也只會維持一段短時間。然而，事與願違，香港的局面不但沒有好轉，反而繼續惡化。政治上，反對派越來越囂張和跋扈，對行政長官和特區政府的攻擊此起彼落，特區的管治愈趨艱難。更為嚴重的是，反對派的民意和社會支持基礎持續擴大，而在中央「缺位」的情況下，「一國兩制」的詮釋權逐步落

在反對派的手中。外部勢力介入和干擾香港事務的趨勢越來越明顯。香港人對「一國兩制」的理解與中央越來越遠。很多人對鄧小平先生對「一國兩制」的論述已經模糊,不少年輕人對此更茫然無知。在反對派的挑撥和動員下,香港人與中央的隔膜日深,而且摩擦不斷。經濟上,回歸後香港的產業結構單一化的弊端日漸暴露,原有的產業面臨來自內地和其他國家與地區的強力競爭,新興產業發展舉步維艱,經濟增長緩慢。回歸後,數次國際金融危機爆發,令香港經濟雪上加霜。經濟不振復又加劇香港的各種社會矛盾,導致民怨積聚,更讓反對派有可乘之機。2003 年夏天香港爆發了超大規模的反對《基本法》第二十三條本地立法的抗爭行動,矛頭雖然主要指向香港特區政府,但在一定程度上中央也成了「眾矢之的」。在「一國兩制」在香港的實踐陷入困局之際,中央毅然「主動出手」幫扶香港,推出了一批「惠港」政策措施、加大對香港行政長官的支持、並對反對派施加壓力,主要目的是要協助香港處理一些突出問題,從而穩定香港的政局,防止其進一步惡化。中央的對策無疑收到一些成效,但卻未能徹底扭轉局面,把「一國兩制」在香港的實踐納入正確軌道。香港的反對勢力也沒有因為中央「主動」出擊而有所收斂,反而藉此加大攻擊中央和特區政府的力度,積極尋求外部勢力的支援,並不惜採用激烈甚至暴力手段以求達到目的,包括試圖迫使中央向他們放權。2014 年的「佔領中環」行動和 2019 年的特大暴亂暴露和印證了內外反共反華勢力的莫大野心和巨大實力。面對「一國兩制」在香港的實踐與原來的構思越走越遠、香港與中央走向對抗的風險不斷增加、以及外部勢力干預香港事務和把香港用作遏制中國崛起的威脅日增,中央遂決心在香港「一國兩制」的實踐上擔當「主導」的角色,力求「撥亂反正」,糾正「一國兩制」在實踐上的偏差,讓「一國兩制」的實踐回到鄧小平先生擘畫的藍圖之內。所謂「主導」,就是即使在短期內要付出政治代價,也要全面和徹底改變香港的主觀和客觀形勢,「一勞永逸」地塑造一個長遠有利於全面和準確貫徹「一國兩制」的

環境和氛圍。

　　總的來說，回歸後中央在「一國兩制」方針政策下處理香港的手法經歷了三個階段，從「被動」走向「主動」，再從「主動」走向「主導」，充分運用政治、政策和法律工具改變香港的政治、經濟和社會形態，為「一國兩制」在香港的全面和準確貫徹逐步奠下穩固的基礎，也讓「一國兩制」在香港的實踐有利於促進國家和香港的利益和福祉。（劉兆佳，2013:2-76; 2015c:277-300）

被動回應：「不干預」或「不管就是管好」

　　在 1984 年《中英聯合聲明》簽署，到 1997 年香港回歸中國這段漫長的「過渡期」內，中英兩國在政治和政制問題上角力不斷，而香港的政局亦動盪不已，可幸沒有對經濟造成嚴重影響。不過，在香港回歸中國的前夕，由於英國為了國家利益重新採取務實對華政策，以及希望其所培植的政治人物能夠為中國政府接受，所以在香港事務上減少與中國對抗和恢復彼此之間一定的合作，中英關係有所好轉。「六四事件」和西方國家對中國施加經濟制裁都沒有改變中國的改革開放戰略，而中國的經濟更持續取得長足的發展。除了在政制改革一事上中國政府轉為保守謹慎外，「一國兩制」方針政策基本不變。凡此種種都讓香港的政局在回歸前夕漸趨平穩，香港人對香港前途和對「一國兩制」的擔憂也較前有所紓緩。

　　從中央的角度看，整體形勢在回歸前夕發展向好，即便仍然有一些隱憂，但對「一國兩制」的成功落實應無大礙。此外，在回歸之初，香港人和國際社會對香港前景的信心尚未牢固，任何削弱各方面對中央落實「一國兩制」的誠意和決心的事情都應該盡量避免，不可以授人以柄。因此，對中央而言，處理香港事務的最佳手法顯然是堅守「不過問」、「不出頭」和「不干預」的原則。個別中央官員甚至認為「不管才是管好」，即是說放

手讓特區政府和愛國力量運用《基本法》所賦予他們的廣泛權力把香港管理好和發展好，而中央在香港事務上的角色則非常有限。在「不干預」或「不管就是管好」的大前提下，除非迫不得已，中央絕對不願意插手香港事務。因此，回歸後頭幾年，國家領導人、中央和地方官員、內地媒體極少就香港事務發言，即便發言，內容也是一些善頌善禱的「套話」。

更值得留意的是，中央不贊同內地專家學者，包括那些研究香港問題的人，發表有關香港的言論，尤其不允許對香港事務「說三道四」或質疑中央的對港方針政策。同時，中央主動減少或裁撤那些本已不多的涉及香港研究的機構和人員，覺得已無需要。此舉實際上削弱了中央了解和掌握香港事務的能力。

2000 年 1 月 15 日，中央宣佈原來承擔中央交付涉港工作的新華社香港分社更名為中央人民政府駐香港特別行政區聯絡辦公室（中聯辦）。首位中聯辦主任姜恩柱表示，更名是因為中國政府已經對香港恢復行使主權，也為了更好地貫徹「一國兩制」、「港人治港」、高度自治的方針和《基本法》，支持特區政府依照《基本法》施政，保障中央人民政府駐香港機構按其授權履行職責。然而，姜恩柱也強調說，中聯辦不干預香港特區自治範圍內的事務。在成立後頭幾年，中聯辦確實頗為低調，事實上，姜恩柱所言非虛。一位中央駐港聯絡辦公室的官員，也是我在香港特區籌備委員會時的同僚跟我說，他不會主動與香港各界人士聯繫，怕會因此引起中央干預香港事務之嫌。另一位中聯辦官員向我抱怨說，他到香港履新後，每天只能在辦公室看報紙了解香港情況，但卻要避免接觸香港人，難以了解香港實際狀況。

中央的「不干預」或「不管就是管好」政策也反映在中央與特區政府的關係上。一些例子顯示，當特區政府就一些問題向中央請示時，中央往往發還特區政府自行處理。2002 年，特區政府開設主要官員問責制。問責制實施後，對絕大部分行政長官提名的主要官員人選，中央在任命前都

沒有對其做嚴謹細緻的資格審查，甚至往往在極短時間內便要在不太了解情況下同意行政長官的提名人選。

　　無疑，香港在回歸後頭半年的局面的確比較平和，但不旋踵香港便受到亞洲金融危機和歷史上罕見的禽流感的蹂躪。金融風暴對一向頗為自滿自信的中產階層的打擊尤其沉重，不少人因為房屋價格出現斷崖式下跌而淪為「負資產」一族，致使部分中產人士在政治上走上激進道路，讓反對派得以擴張勢力。社會上充斥着怨天尤人、憤憤不平和悲觀絕望之氣。行政長官董建華的民望受到重挫，連帶特區政府的威信亦一沉不起。各種針對政府的抗爭行動此起彼落，政府的言行動輒得咎，官員飽受欺凌侮辱，重大政策無法出台，管治形勢十分嚴峻，政局極為動盪。

　　面對兇險的政治和經濟環境，中央不得不重估香港當前的局勢和日後的發展。中央開始意識到香港經濟和社會體系的諸般結構性問題，特別是產業基礎狹隘和貧富懸殊等深層次問題。中央也關注到香港的各種管治問題，其中新政府經驗不足、政治立場模糊不定、無法駕馭複雜政治形勢，愛國力量散漫薄弱，反對勢力囂張跋扈，行政和立法緊張，司法機關對行政機關「過度」制衡，外部勢力明裏暗裏扶助反對派等現象尤其突出。2002 年董建華連任行政長官後，在政局不穩而且在非典肆虐之際強推《基本法》第二十三條本地立法，激起了香港人尤其是媒體對言論自由和人身安全的憂慮。2003 年 7 月 1 日爆發的、事前意料不到的數十萬人參與的反政府大遊行更把香港的政治矛盾推向沸點。雖然行政長官沒有倒台之虞，但特區的管治岌岌可危，卻是不爭的事實。2003 年的大規模抗爭行動大大壯大了反對派的實力，也大幅提升了他們的「叫價」。他們旋即提出加快香港民主步伐的要求，視中央為主要鬥爭對手，並以「逼迫」特區政府為手段向中央施壓。

　　然而，儘管在 1997 年至 2003 年這段時間內香港的局勢和特區的管治困難重重，危機四伏，但中央處理香港事務的手法仍然立足於被動的

「不干預」和「不管就是管好」的原則上。這樣當然不是說中央完全對香港事務撒手不管。在香港舉行立法會和區議會選舉時，中央駐港機構會在不違反香港選舉法律下支持愛國者參選，並協調他們之間的矛盾。此舉雖屢受反對派和部分西方國家的批評，但由於「一國兩制」的基本原則之一是「愛國者治港」，所以中央「偏幫」愛國者並沒有違背「一國兩制」的初心。在行政長官選舉過程中，中央要避免出現中央拒絕任命行政長官選舉委員會選出來的行政長官的尷尬局面和政治「危機」，所以在行政長官的選舉過程中以微妙隱晦，甚或較為明顯方式透露其屬意人選及促成其當選。此舉也難免招來非議責難，但既然中央對行政長官有實質任命權，而一位不被中央信任的行政長官實在也不會被中央委任和難以有效執政，所以中央在行政長官選舉中的「介入」也可以自圓其說。

再者，在這段時期，當中央感到它的權力受到嚴重挑戰時，它亦會毫不猶疑「出手」捍衛自己的權力。最震撼的例子是 1999 年初中央和內地法律權威強烈否定香港終審法院認為它對人大常委會的決定擁有「違憲審查權」的司法裁斷，迫使終審法院撤回其違反中國憲法和香港《基本法》的立場。此外，當特區遇到重大「危機」而特區政府自己又無法自行處理時，中央也會伸出援手，具體例子包括赤鱲角新機場開幕後運作混亂、終審法院就居留權訴訟的判決所會帶來的大批內地居民移居香港的風險、港元聯繫匯率與股票市場受到外來「金融大鱷」的踐躪、史上從未見過的非典（SARS）疫情爆發等。

不過，上述的中央「介入」香港事務的例子少之又少，反而更加印證了「不干預」或「不管就是管好」政策的主導性。其他例子其實更能說明中央的「不干預」或「不管就是管好」政策。其一是中央在政治上沒有與董建華「並肩作戰」，讓董建華在孤立無助下掙扎求存。當董建華面對內外交困之際，中央一般只會作出「口頭上」和「道義上」的支持，或勸諭各方面包容和協助特首。中央鮮有向反對派施加壓力，而大力動員愛國力量

積極擁護特首的動作也不多見。偶爾中央會要求個別人士、媒體或團體多點支持董建華，或起碼減少對他的批評，不過這兩方面的舉動實際上成效不彰。其二是在關係到國家安全如此重大事項上，中央也是謹小慎微。2002 年中，董建華剛連任行政長官後便迫不及待展開《基本法》第二十三條的本地立法工作。無論此舉是否來自中央的要求，中央高調和鼎力支持特區政府的立法工作厥為應有之義。雖然立法工作開始時較為順利，但旋即遭到社會各界激烈反對。在如此惡劣的政治局面下，中央對特區政府的支持也只是停留在口頭上，令香港人覺得中央對立法成功與否並不熱衷。身兼行政會議成員的自由黨主席田北俊訪問北京後對外宣稱中央不急於立法，中央也沒有對此不實之論作出澄清，實際上容許它對董建華的威信施以重擊。其三是當境外勢力利用香港宣揚不利於國家主權和安全的事情時，中央也很少挺身而出予以反擊，反而依靠威信不足的特區政府代為出頭，成果不但難免不彰，更進一步挫傷其政治威信。這在董建華行政長官嚴厲批評法輪功和來自台灣駐港官員提出的「兩國論」這兩宗事件上可見一斑。我們不否認特區政府有責任和義務捍衛國家和中央的安全和利益，但在回歸初期，當反共和反新中國心態在香港人中間仍然相當普遍的氛圍下，處於弱勢的董建華在缺乏中央的堅定支持下仍強自出頭，不但不能達到目的，反而容易丟失管治威信，而且也讓政治鬥爭成為常態。其四是由於中央盡量避免在香港事務上發言，回歸前中央對「一國兩制」的權威詮釋在回歸後亦轉趨沉寂。騰出來的空間便迅速被反對派和西方勢力佔據。其中最為嚴重的後果，是香港人「忘記」了香港有維護國家和政權安全和利益的重責，和不知道中央在「一國兩制」下所享有一系列重要權力。因此，當反對派和部分法律界「翹楚」批評人大釋法破壞香港的高度自治、司法獨立和法治時，不少香港人表示認同，並加入與中央「抬槓」的行列。儘管中央對那些不符合「一國兩制」原意的「另類詮釋」深痛惡絕，但卻不予強力回擊，實際上任由歪理擴散。最後，除了在選舉期間給

予支持和幫助外，中央沒有決心和計劃去擴大、強化和團結各方面的愛國人士，從而建構強勢的、能夠支撐行政長官和特區政府的管治聯盟。在愛國力量處於分化羸弱的劣勢下，反對派獲得了千載一時的壯大機會。

回顧過去，中央的「不干預」或「不管就是管好」的處事手法對成功實施「一國兩制」可謂利弊參半，也許更可能是弊多利少。中央在香港事務上置身事外，甚至在香港和特區政府處於風雨飄搖時仍是如此，無疑為中國政府贏得了西方國家和不少香港人尤其是反對派的掌聲，他們幾乎眾口一詞讚揚中央恪守承諾，讓「港人治港」、高度自治得以體現。然而，後來的事態發展卻證明，「不干預」或「不管就是管好」為「一國兩制」的全面和準確貫徹以及香港特區的有效管治、長治久安和未來發展帶來了長遠的障礙。首先，由於對「一國兩制」和《基本法》的詮釋權落到反對派和西方人的手上，致使「另類詮釋」廣為傳播，不少香港人特別是年輕人對「一國兩制」和《基本法》的理解出現嚴重偏差，對國家主權和利益、以及對本屬中央的權力缺乏認識和尊重，這不但不利於「一國兩制」的落實，也在政治上限制了中央權力的運用。

第二，「不干預」或「不管就是管好」政策不利於通過壯大和整合愛國力量來建構強大的特區新政權，也使董建華陷入孤立無助的險境。愛國力量在中央組織和動員缺位下未能有力和有效地擔當特區政府的強大後盾。更嚴重的後果，是「愛國者治港」無法實現。沒有中央的凝聚和推動，本來已經山頭林立、利益分化和羣龍無首的愛國力量更陷入一盤散沙的渙散狀態，嚴重缺乏政治話語權和戰鬥力，並備受反對勢力的揶揄和攻擊。儘管愛國力量擁有龐大政治與經濟資源，但其分化、內耗和怯懦卻嚴重削弱其政治能量，既不能給特區政府予大力支持，又不能開拓廣闊的羣眾基礎，從而加劇特區管治的困難。

第三，「不干預」或「不管就是管好」政策讓不少香港人覺得中央害怕香港民意反彈，又恐懼香港出現政治動亂，因此只要發動龐大的集體抗爭

行動，最好又爭取到西方的支持，則中央必會妥協就範。這種政治心理預期產生後，不但香港人會更踴躍參與抗爭行動，也更願意響應反對派的鬥爭號召。回歸後示威、遊行、靜坐、衝擊政府、侮辱詆毀公職人員等激烈行為愈演愈烈，而香港更被西方媒體形容為「示威之都」，這些現象與中央處理香港事務的手法不無關係。

第四，中央的政策為反對勢力提供了絕佳的機會去擴充規模、團結一致、招攬人才、拓闊羣眾基礎和擴大政治能量。他們不斷轟擊董建華、特區政府和愛國力量，竭力利用特區政府的施政失誤、香港的經濟疲弱、民怨民憤來否定香港的政治體制，進而發動羣眾提出加快香港民主化速度的訴求。最後，弱勢的特區政府、強勢的反對勢力、動盪不安的政局都令香港難以集中精力、調撥資源去推進經濟發展、紓解社會矛盾和增殖政府的威信，形成了一個單憑香港內部力量難以打破的惡性循環。

主動出手

2003 年香港爆發的大規模遊行示威讓中央驚愕不已，但又同時猛然醒覺香港在回歸六年後，「一國兩制」在香港的實踐竟與原初的構思相距那麼遠。2003 年的事件迫使中央認真審視香港的形勢，探索問題所在，重新思考對香港的處理手法，對香港問題作出較為全面與深入的研究，並擬定一系列旨在協助香港應對困難的政策。2003 年後，中央領導人開始對香港事務表達意見，甚至提出建議，而隱晦和不太隱晦的批評亦時有出現。由於領導人對香港的忠告，特別是有關發展經濟、改善民生的建議得到香港人的認同，所以香港人對中央領導人的言論反應頗為正面，只有極少數人覺得中央在干預香港事務或損害香港的高度自治。

2005 年 9 月 19 日中國共產黨第十六屆中央委員會第四次會議通過的《中央關於加強黨的執政能力建設的決定》（下面簡稱《決定》）中有一段講

到香港的話：「保持香港、澳門長期繁榮穩定是黨在新形勢下治國理政面臨的重大課題。」毫無疑問，這個課題對中國共產黨非常重要，因為中國共產黨是全國（包括香港在內）的執政黨，香港能否在「一國兩制」下保持繁榮穩定，是對中共執政能力的重大考驗。講「嶄新課題」，是因為香港作為享有高度自治權的特別行政區繼續實行原有的資本主義制度，但如何管好這樣的特別行政區，在中共領導革命、建設和改革的歷史上是從未有過的，沒有現成的經驗可循，必須從實踐中不斷總結和探索規律。把香港問題視為「嶄新」問題，意味着中共視之為建設中國特色社會主義的重要任務的一部分，是一項重大挑戰，而這項挑戰不是短時間內可以克服的，因此是中共長期面臨的任務，必須要不斷以創新和積極態度應對，不能以為有了「一國兩制」大框架後便萬事大吉。換句話説，中共承認中央在香港落實「一國兩制」方針政策時面對新的困難和挑戰，其中的潛台詞是中央有需要調整它對香港的政策以應對新的困難和挑戰，實際上是否定了回歸以來的「不干預」或「不管就是管好」的原則立場。另一個值得關注點是《決定》表明中共堅決反對外部勢力干預香港和澳門事務。雖然《決定》沒有明確指出何為「外部勢力」，但顯然它相信香港在回歸後出現的各種亂象和管治困難與西方和台獨勢力有關，特別是它們對反對派所給予的支持與鼓勵。

中央高度關注其權力在香港是否受到承認和尊重的問題，特別是香港的反對勢力不斷從「兩制」凌駕「一國」的角度肆意侵犯和「篡奪」中央的憲制權力。2007 年 6 月 6 日，全國人民代表大會常務委員會委員長吳邦國為此強調指出，「香港特別行政區處於國家的完全主權之下。中央授予香港特別行政區多少權，特別行政區就有多少權，沒有明確的，根據《基本法》第二十條的規定，中央還可以授予，不存在所謂的『剩餘權力』問題。」不過，這些偶爾的聲明並不表示中央已經下定決心要改變港人對問題的認識，其實際效用也非常有限，而真正聽到吳邦國的講話的港人可

謂絕無僅有。

　　自此之後，中央領導人對於香港的狀況和未來發展的發言亦愈趨頻密，尤其談到維護國家主權、安全和利益，以及中央可以如何在各方面協助香港的發展和紓解香港的「深層次」矛盾等重要問題。這顯示中央已經逐步摒棄了過去不恰當的「不干預」或「不管就是管好」的對港政策，開始突出中央在香港事務上的角色和職能。比如，2007 年 7 月 1 日，國家主席胡錦濤在慶祝香港回歸祖國十週年大會上發言時指出，「十年來，我們在實踐中獲得了許多寶貴經驗，其中最重要的是：第一，堅持全面準確地理解和貫徹執行『一國兩制』方針。『一國』就是要維護中央依法享有的權力，維護國家主權、統一、安全。『兩制』就是要保障香港特別行政區依法享有的高度自治權，支持行政長官和特別行政區政府依法施政。〔…〕把『一國兩制』偉大事業繼續推向前進，需要中央政府、香港特別行政區政府和廣大香港同胞共同努力。中央政府繼續堅定不移地貫徹執行『一國兩制』、『港人治港』、高度自治方針，嚴格按照香港特別行政區《基本法》辦事，全力支持香港特別行政區行政長官和政府依法施政，全力支持香港發展經濟、改善民生、推進民主，全力促進內地同香港在經濟、教育、科技、文化、衞生、體育等領域的交流合作，積極支持香港特別行政區開展對外交往。」

　　經過幾年的認真研究後，中央對香港的「新」的、「主動性」較為明顯的政策在胡錦濤總書記於 2007 年 10 月 15 日在中國共產黨第十七次全國代表大會的報告中初見端倪 (以下簡稱《報告》)。《報告》中有關香港的部分分為兩方面。第一方面涉及整體方針，第二方面則涉及對港方針的五大原則。改革開放 30 年的整體方針 (「加快發展」、「深化改革」和「擴大開放」) 沒有改變。香港回歸祖國十年來的主題也沒有改變。《報告》強調鄧小平先生提出的「一國兩制」、「港人治港」、高度自治和保持香港繁榮穩定的方針不變，繼續是中央處理香港事務的基本政策。與此同時，《報

告》強調保持香港長期繁榮穩定是中國共產黨在新形勢下治國理政面臨的重大課題。2004年中國共產黨曾說過保持香港長期繁榮穩定是黨在新形勢下治國理政面臨的嶄新課題。2007年的《報告》不再用「嶄新」而用「重大」，原因是這個課題提出後已有三年，已非「嶄新」課題。講「重大課題」，是要強調保持香港長期繁榮穩定的重要性和任務的長期性。此外，香港的發展在國家的發展中擔當着不可取代的角色，亦關係到國家的整體發展和和平統一大業的完成，因此中國共產黨在香港事務上不容有失。無論是「嶄新課題」或「重大課題」，兩種提法的精神實質是一致的。「重大課題」的表述更突出了香港工作在全黨工作中的全局性和政策性意義，表明中央對香港問題更加重視。十七大黨章修改把「促進香港、澳門長期繁榮穩定」納入，正式從執政目標高度提到全黨面前，清晰突顯了中央在香港事務上愈趨「主動」。

幾年後，中央的對港政策更為具體和明確。對此，2012年7月1日，胡錦濤主席在慶祝香港回歸祖國15週年的典禮上作出清晰說明。他說，「這些年來，中央政府把保持香港長期繁榮穩定作為新時期治國理政的重大課題，鼓勵和支持香港特別行政區政府和社會各界人士集中精力發展經濟、切實有效改善民生、循序漸進推進民主、包容共濟促進和諧，進一步豐富和發展了『一國兩制』理論和實踐。在已經取得成就的基礎上不斷探索，把『一國兩制』事業繼續推向前進，是中央政府、香港特別行政區政府和社會各界人士的共同使命。中央政府對香港的一系列方針政策和重大舉措，根本出發點和落腳點就是維護國家主權、安全、發展利益，保持香港長期繁榮穩定。這是在香港實踐『一國兩制』的核心要求和基本目標。為此，必須堅持全面準確理解和貫徹『一國兩制』方針，嚴格按照《基本法》辦事，把堅持『一國』原則和尊重兩制差異、維護中央權力和保障特別行政區高度自治權、維護國家整體利益和保障香港社會各界利益、支持香港積極開展對外交往和反對外部勢力干預香港事務等有機結合起來，

任何時候都不能偏廢。」在這段說話中，維護國家主權、安全和發展利益以及維護中央權力佔據顯要位置。

　　胡錦濤主席於 2012 年 11 月 8 日在中國共產黨第十八次全國代表大會上的報告中對中央的對港政策有進一步的闡述，內容極為重要。他說，「中央政府對香港、澳門實行的各項方針政策，根本宗旨是維護國家主權、安全、發展利益，保持香港、澳門長期繁榮穩定。全面準確落實『一國兩制』、『港人治港』、『澳人治澳』、高度自治的方針，必須把堅持一國原則和尊重兩制差異、維護中央權力和保障特別行政區高度自治權、發揮祖國內地堅強後盾作用和提高港澳自身競爭力有機結合起來，任何時候都不能偏廢。」在這裏，「維護國家主權、安全、發展利益，保持香港和澳門長期繁榮穩定」成為了中央對港政策的「根本宗旨」，表示中央決意要從「一國」的高度和廣度思考探索香港作為國家的一部分的問題。胡錦濤主席進一步指出，「中央政府將嚴格依照《基本法》行事，完善與《基本法》相關的制度和機制，堅定支持特別行政區集中精力發展經濟、切實有效改善民生、循序漸進推進民主、包容共濟促進和諧，深化內地與香港、澳門經貿關係，推進各領域交流合作，促進香港同胞、澳門同胞在愛國愛港、愛國愛澳旗幟下的大團結，防範和遏制外部勢力干預香港事務。」這段說話明確展示了中央在貫徹「一國兩制」和香港事務上的「主動」角色。

　　中央也開始較明顯地表達對「一國兩制」在香港實踐所出現問題——特別是對中央權力不尊重——的不滿。2013 年 2 月 21 日，全國人民代表大會常務委員會委員長吳邦國在澳門社會各界紀念澳門《基本法》頒佈 20 週年啟動大會的講話中特別強調中央在「一國兩制」下的重要性。吳邦國的講話雖然是對澳門提出忠告，但其實矛頭直指香港。他在談到中央權力的問題說，「首先，國家對澳門具有主權權力，是中央政府對澳門特別行政區享有管治權的前提，也是授予澳門特別行政區高度自治的前提。其次，澳門特別行政區的高度自治權是中央授予的，澳門特別行政區有多大

的高度自治權，應當遵循甚麼程序行使這些權力，都要以《基本法》規定為依據。〔…〕深刻認識中央與澳門特別行政區的權力關係，就是既要維護中央權力，也要保障澳門特別行政區高度自治權，從而使這兩方面都落到實處，以體現澳門的良好管治。」

中央更改變了過去對香港事務一味的善頌善禱，改為對香港的發展表示關注和提出忠告、意見和建議。溫家寶總理多年來對香港行政長官的耳提面命，不但表現出溫總理對香港的關愛，也反映了他對香港的局勢和發展的掌握和憂慮。作為國務院的總理和香港行政長官負責的對象，溫家寶的說話尤其坦率。他早在 2003 年第十屆全國人大會議期間與中外記者會面時就曾提到，「毋庸諱言，香港經濟目前確實遇到比較大的困難，主要表現在失業率增高和財政赤字加大。這既有國際經濟形勢變化的影響，也有香港自身經濟結構的問題，但是香港的優勢還在。〔…〕至於說到中央政府對香港的支持，我想明確表示，我們將一如既往，竭盡全力支援香港的穩定和發展。我們正在抓緊落實內地與香港特別行政區建立更加緊密的經貿關係的各項措施。香港是中國的一顆璀璨的明珠，保持香港的穩定和繁榮是我們堅定不移地目標，也是中央政府義不容辭的責任。」溫總理於 2005 年 12 月 28 日接見赴京述職的行政長官曾蔭權時，首次提到香港的「深層次矛盾」，「目前香港經濟和社會發展繼續保持良好的態勢，仍有一些深層次的矛盾和問題尚未得到根本解決，希望特區政府與各界人士同心同德，集中精力發展經濟，改善民生，維護社會和諧。」顯然，溫總理心目中的「深層次」矛盾包括香港的產業基礎過分狹隘、經濟增長動力不足、貧富懸殊問題突出和民生問題嚴峻。2012 年 12 月 21 日，溫家寶接見首次到北京述職的行政長官梁振英時，首次具體說明香港有六大民生問題：就業、物價、住房、貧困、環境和老齡化，囑咐梁振英「要特別關注和解決好」那些涉及香港同胞切身利益的民生問題。溫總理和其他國家領導人其實已經改變了過去的「不干預」或「不管就是管好」的政策，

不但要求香港特區政府切實面對和解決香港的問題，而且還承諾中央會「主動」協助香港處理有關問題。

　　國家領導人有關香港問題和政策的談話和論述其實頗為廣泛，並不限於上述內容。綜合起來，中央的「主動性」對港政策的輪廓已現。簡單來說，這個「新」政策有幾個主要內容，都涉及到中央主動承擔責任和協助香港特區處理一些重要問題。第一，在落實「一國兩制」、發展經濟和促進和諧上，中央除了自行發揮作用外，也會密切與香港合作，同時對香港方面也有要求。國家與香港「共同發展」和「共同承擔責任」乃今後中央對港政策的核心。過去在「不干預」或「不管就是管好」政策下香港與內地的分割發展已經不合時宜。在這個「新」政策下，中央要求香港人明白中央對港的方針政策、其提出的歷史和背景、「一國兩制」方針所要達到的戰略目標，以及在「一國兩制」下中央與特區權力的劃分。香港人尤其須要尊重中央的權力和了解特區的權限。第二，中央會全力支持特別行政區政府依法施政，着力發展經濟、改善民生和推進民主。中央也會協助特區強化「行政主導」和壯大愛國力量。第三，加強內地與香港交流合作，實現優勢互補、共同發展。中央要求特區政府發揮香港在「一國兩制」下的獨特優勢，積極推動香港與內地的交流和合作，為國家的發展作出獨特和不可替代的貢獻。第四，積極支持香港開展對外交往，堅決反對外部勢力干預香港事務。「支持香港開展對外交往」是新提法，目的是要為香港的發展開拓更大的國際空間，鞏固香港作為國際大都會的地位。中央過去主要要求香港做好內地與世界橋樑的角色，支援國家的「引進來」政策。今後中央會加強香港在協助內地「走出去」的作用。與此同時，中央比以前更從「國家安全」角度思考香港問題，警告外部勢力不要將香港變成威脅國家安全的基地。為此，中央特意提醒香港人在維護國家主權、安全和發展利益的責任。

　　總括來說，2003 年以後，中央以「劍及履及」、積極主動的態度，通

過一系列措施、安排和行動來落實其「不干預但有所作為」的對港「新」政策。整套「主動」政策當然還不能說完整和全面，應該說它還帶有濃厚的「摸着石頭過河」的色彩。但即便如此，那些措施、安排和行動為全面和準確貫徹「一國兩制」和解決香港面對的難題發揮了一定的效用，然而這項「問題導向」的「新」政策的總體成效卻最終未能令中央滿意。

「新」政策下舉措的犖犖大端者包括：第一，中央逐步建立了一整套由中央領導人直接過問和領導，並由相關的黨和政府主要機構組成的專門處理香港問題的政治、行政和研究體制。其中最重要的是成立一個由政治局常委領導的中共中央港澳工作協調小組，反映對港政策已經上升到國家全局和中央政策的高度。在新的架構下，中央領導核心加強了對整個涉及到香港事務的系統的駕馭，從而一個由中共總書記到中共中央港澳工作協調小組到國務院港澳辦到中聯辦的垂直領導體制已經成形，使得中央領導人得以更得心應手地制定和落實中央對港的政策。此外，專門研究香港問題的機構亦陸續在政府、大學和智庫內成立，為中央制定對港政策發揮參謀作用。第二，中央開始認真行使中央在「一國兩制」下的權力以捍衞「一國」和中央的利益，並逐步有計劃有步驟地運用中央的權力糾正香港在實施「一國兩制」過程中的偏差。國家領導人、中央官員和內地專家學者多次提醒香港人中國是一個單一制國家，而香港享有的高度自治權來自中央的授權，《基本法》乃一部授權法，不存在所謂「剩餘權力」的問題。高度自治不等於完全自治。第三，國家領導人、中央官員和內地專家學者更多講述中央對「一國兩制」和《基本法》的詮釋，目標是為了糾正香港人在認識上的偏差，並爭取重掌話語權。雖然話語權基本上仍然掌握在西方和反對派之手，但中央領導愛國人士重新投入「戰鬥」也的確帶來了一些積極效果。

另外一項爭奪話語權的舉措是藉助國民教育的推行，讓香港青少年對「一國兩制」和《基本法》有正確的理解。不過，由於特區政府尤其是公

務員對此缺乏理解和熱情，而且顧慮多多，有時又過猶不及，處事莽撞，使得國民教育在學校內推行不順，成果非常有限。學校內部分老師自己也有濃烈的反共反華情緒，要求他們推行國民教育不但是緣木求魚，反而為他們提供機會在年輕人當中散播「反共反華」思想。此外，香港的學校又不重視中國歷史和中國語文科目，因此不能好像其他國家般通過那些學科來培養年輕人的愛國情懷。在《基本法》推廣上，2003 年以前，特區政府對此工作也不熱衷。不少高層官員對香港回歸中國仍有抵觸情緒，對推廣那些與他們的政治理念相左的東西老大不願意。更要害的，是《基本法》的推廣工作較多集中在與香港人的權利和生活有關的《基本法》條文。至於那些至關重要的內容比如中央對港的「一國兩制」方針背後的核心思想和戰略目標、香港高度自治的權力來源、中央與特區的權力關係、政治體制設計的基本原則等卻往往被忽略，而那些內容恰恰就是反對派竭力向香港人尤其年輕人灌輸「不正確」認識的部分。可以這樣說，儘管《基本法》的推廣工作取得一些成果，但卻難以抵銷反對派的「另類詮釋」所造成的惡劣影響。儘管國家領導人、中央官員和內地專家學者不時就《基本法》的關鍵內容作出闡述，力圖糾正局面，但一來次數有限，二來他們的論述手法不容易讓香港人明白，所以作用也是不大。

　　第四，中央加強與香港特區政府的聯繫和合作，在適當時候向特區政府提出意見和建議。2003 年以前，中央盡量放手讓特區政府處理問題，避免讓人有機會批評中央干預特區事務，但其實中央對特區政府的管治表現，尤其在維護國家安全和捍衛中央權力方面，頗有微言。不過，由於中央一直認為反對派才是香港政局混亂和管治困難的「罪魁禍首」，所以把精神和資源主要投放在削弱反對派上。然而，一方面基於中央執行相關部署的力度和手法不足，另方面中央亦缺乏對反對派有效的懲罰和獎賞手段，因此中央打擊反對派的目標沒有達到，反而反對派可以利用中央對他們的「打壓」博取同情。逐漸地，中央意識到強化香港的管治力量才是匡

正局面的關鍵，畢竟「一國兩制」方針落實與否，與手握大權的特區政府對中央的忠誠度、它對中央對港政策的理解和它的政治和執行能力有莫大關係，所以中央越來越重視中央與特區政府的溝通和合作。中央領導人和官員與特區政府尤其是行政長官的接觸和商談持續增加，特別希望特區政府更了解中央對香港形勢和政策的立場。由於中央加強了對香港情勢和問題的研究，領導人和官員越來越有信心對行政長官和特區政府「耳提面命」，而部分中央對香港情況公開提出的分析和建議甚至得到香港人的普遍認同。胡錦濤總書記在中國共產黨的十八大報告中不但肯定這個發展趨勢，而且還要求中央政府和特區政府的合作朝着規範化、制度化、具體化和細緻化方向前進。對此，港澳辦副主任張曉明有所説明：「要進一步完善行政長官向中央政府述職和報告重要情況、重大事項的制度，把行政長官向中央負責的關係落實好；完善與行政長官和主要官員任命相關的制度，把中央對主要官員的任命權落實好。」同時，中央也加強了與特區政府的公務員的交流和培訓，促使他們調整對中央和內地的態度，讓他們明瞭自己對國家和中央的責任，提升他們對行政長官的認同和支持。2014 年發表的《白皮書》也提出，「完善與香港《基本法》實施相關的制度和機制，有利於更好地維護香港《基本法》的權威。香港《基本法》實施以來，已經建立完善了一系列與之相關的制度和機制，包括在行政長官產生辦法和立法會產生辦法的修改方面，確立了行政長官向全國人大常委會提出報告、全國人大常委會作出決定、立法會通過、行政長官同意及全國人大常委會批准或備案的『五部曲』法律程序；在《基本法》解釋方面，建立了全國人大常委會主動釋法、行政長官向國務院作出報告並由國務院提請全國人大常委會釋法以及特別行政區終審法院提請全國人大常委會釋法等有關程序和工作機制；在特別行政區立法方面，明確了全國人大常委會處理特別行政區法律備案的工作程序；在特別行政區與內地司法協助方面，達成了相互送交民商事司法文書、相互認可和執行仲裁裁決和部

分民商事判決等一系列安排；在行政長官向中央政府負責方面，形成了行政長官向中央述職的制度安排。隨着『一國兩制』實踐不斷發展，香港《基本法》實施不斷深入，必然要求繼續完善與香港《基本法》實施相關的制度和機制，特別是要着眼香港的長治久安，把香港《基本法》規定的屬於中央的權力行使好，使中央與香港特別行政區的關係切實納入法制化、規範化軌道運行。」

第五，因應不少香港人對中央委任的「親中」行政長官抱有懷疑，中央積極採取措施意圖強化行政長官的威信和表現。中央盡量順應行政長官提出的請求，推出一系列對香港有利的政策和措施，包括與香港簽訂CEPA、開放內地同胞到香港的「個人遊」或「自由行」、鼓勵更多內地企業到香港股票市場上市、在香港開闢越來越多的人民幣業務、協助香港成為全球最大的離岸人民幣金融中心、加強粵港經濟合作、促進香港與深圳的合作、允許香港參與國家的五年規劃、協助香港舉辦更多的國際活動和盛事、支持香港以某種身份加入中國與東盟的自由貿易區等。除了這些重大政策外，凡是有助於改善香港民生的事，比如打擊「水貨客」、阻止「雙非孕婦」來港產子、減少內地同胞到香港的數量和次數等，中央對行政長官的要求也盡可能接納。當然，中央的「惠港」政策和措施在相當程度上也對國家的發展有利和產業轉型有一定作用，特別是對國家越來越重要的「走出去」戰略有幫助，因此帶有「雙贏」性質。即便如此，國家刻意向香港「讓利」仍是彰彰明甚的。不過，中央的「惠港」政策也為香港帶來了一些新問題和新困擾，比如內地同胞過分佔用香港本已緊絀的公共和私營設施和服務、過多「搶購」日常用品和必需品而讓香港人的日常生活受到影響、部分社區的面貌和形態改變為當區居民帶來不便、兩地同胞因文化、語言、舉止、生活方式和社交習慣的差異而引發的人與人之間的摩擦等。與此同時，國家的崛起、部分內地同胞率先富起來、香港人對內地同胞的優越感受挫、香港人心理不平衡等因素導致了香港人排拒

內地同胞的情緒陡然滋生並不斷發酵。

第六，就算在香港政制改革的事情上，只要不觸碰到中央的「底線」，中央也願意作出一定的「讓步」，目的在於部分滿足香港人的民主訴求。中央在 2007 年甚至承諾允許香港在 2017 年按照《基本法》的規定普選行政長官，並讓立法會緊隨其後全面由普選產生。當然，反對派和部分香港人對中央的「讓步」仍舊不滿意，批評民主化的步伐太慢，幅度太小。2005 年行政長官曾蔭權提出的政改方案更在立法會遭到否決。

第七，中央擴大、組織和動員愛國力量支援特區政府「依法施政」，並盡量減少愛國陣營內反對行政長官的聲音和動作。所謂「依法施政」並非簡單地表示特區政府的所作所為都要依照法律規定進行，因為那是不言而喻的。「依法施政」實際上表達了中央希望也要求行政長官積極、大膽和充分運用《基本法》授予他和特區政府的龐大權力來達致有效管治，不要畏首畏尾地讓那些權力廢而不用，徒然成為具文。更重要的，是不讓反對勢力「篡奪」屬於行政長官的權力，特別是涉及到人事任免、財政和立法的權力。2003 年後，中央加大力度推動各類支持中央和特區政府的政治和社會團體的成立與發展，且取得了一定的成績。參與那些團體的人不僅是傳統愛國人士和「新晉」愛國者，也招攬了一些政治立場較為保守的「中間」人士，從而使團結面有所擴大。為了壯大愛國力量以抗衡反對派，中央一反過去不讓人大代表和各級政協委員在香港談論政治的態度，轉而積極鼓勵他們參與香港的事務、鼎力支持特區政府「依法施政」和反擊反對派的言行。不過，中央對於在香港組建「執政黨」或堅實的管治聯盟依然顧慮重重，因此愛國力量的團結性和戰鬥力仍然不強，而愛國人士與特區政府之間也存在着諸多矛盾和分歧，難以與特區政府同心同德。部分愛國人士更與特區政府齟齬頻仍。

第八，回歸後頭幾年，中央縱然對反對派疑慮甚深，但除了偶爾作出批評外，基本上沒有與他們激烈交鋒。中央起初低估了反對派在回歸後

的政治實力，認為反對派作為違逆歷史大勢的政治力量只會走向式微，不足為患，中央因此沒有對反對派發動政治鬥爭。然而，事與願違，反對派的實力在回歸後仍在壯大，對中央和特區政府形成巨大威脅。2003年香港爆發大型遊行示威後，中央對反對派的態度出現明顯變化，從過去的隱忍，轉為主動出擊，但卻同時仍設法爭取「溫和」的反對派人士，提供機會讓他們幡然改圖。不過，中央對反對派的「恩威並重」手法收效甚微，未能改變香港的政治生態。原因是當香港主流民意仍以反共和反華為主旋律時，一向以民眾「代表」自居，而本來對中國共產黨絕無好感的反對派頭領亦難以調整其政治立場，唯恐失去羣眾基礎、輸掉自己的政治生涯和失掉作為議員的豐厚物質回報。隨着更激進的反對黨派和社會運動的冒起，特別是那些鼓吹本土分離主義以及「港獨」的力量抬頭，就連那些素來標榜「和平」、「理性」和「非暴力」的主流反對派亦轉趨偏激。被反對派標籤為「港共政權」的、以梁振英為行政長官的新一屆特區政府上台後，針對梁振英本人和特區政府的鬥爭行動不斷升級，且無日無之，香港陷入前所未有的政治亂局之中。新政府的政治能力不足，民望低沉，為激進反對派營造了極為有利的環境和氛圍。在這種惡劣的局面下，中央與反對派的鬥爭不斷升溫，政制改革更是雙方鬥爭的主戰場。一直以來屬於反對派主流的溫和反對派在激進反對派的擠壓下為求生存，只能放棄過去的務實路線，不敢拂逆激進勢力，反而向其靠攏。缺乏了溫和反對派的緩衝，中央與反對派的鬥爭更為熾烈，而與此同時愛國力量中的強硬力量也有冒起之勢。香港的政局因為政治鬥爭陡升和愈趨激烈而混亂不安，而香港特區的管治困難亦達到前所未有的地步。總的來說，中央雖然在2003年後加強了對反對派的制衡和反制，並希望通過某些退讓來催促溫和反對派的壯大，但由於基本政治因素沒有發生根本性變化，反而有所惡化，所以成效有限，而香港的政治狀況則更形惡劣。

第九，因應香港產業結構狹隘、經濟競爭力下降和經濟增長動力不足

的困局，中央主動出手相助。中央通過各種政策和措施加強香港與內地的經濟合作，讓香港得以從國家的高速經濟發展中注入新的經濟增長動力，強化香港在國家發展過程中的角色，從而維持國際社會對香港貿易和金融樞紐乃至外資進入中國內地的跳板的重要地位。上文提到的一系列「惠港」政策和措施，加上在粵港合作、深港合作、泛珠三角區域經濟發展的推動，總的目標就是要為香港的長遠經濟發展和結構轉型提供源源不絕的新機遇。整體而言，儘管那些政策和措施的確為香港帶來實惠，但成效明顯不足。一方面中央對於如何將香港「融入」國家經濟發展大局上沒有總體戰略與規劃，而力度又不算很大。不少內地與香港的合作項目來自內地地方政府的倡議，而那些倡議又往往缺乏中央「特殊」政策的支持，因此難以收到預期的成果。在中央統籌協調缺位的情況下，那些合作項目又經常因為不同地方之間、以及它們與香港之間的利益矛盾無法彌合而遇到阻滯。另一方面，香港特區政府其實對與內地經濟合作態度並不積極。不少特區官員對內地心存偏見和抗拒，對與內地加強聯繫有戒心。更為麻煩的是他們擔心香港的利益和競爭優勢會因為與內地「融合」而受損。再者就是，不少香港人尚未認識到內地對香港長遠經濟發展的重要性，還是頑固地相信那個經濟困頓和對香港越來越不友善的西方世界，仍舊是香港經濟未來希望之所在，深信香港仍然可以依靠走過去的經濟舊路和在西方的眷顧下而復興。

最後，中央更積極應對來自西方對香港事務的干預。一直以來，中央重視維護香港與西方的良好密切關係，不如此的話香港就難以發揮中西方橋樑的作用。不過，中央也高度警惕西方勢力有意將香港變成「顛覆基地」和「滲透基地」的圖謀。回歸初期，西方勢力在香港的活動尚算克制，但隨着中國的持續崛起和西方遏制中國的意圖和決心上升，西方勢力在香港事務上的介入愈趨活躍，其利用香港來對付中國的動機和舉動更有不斷增強之勢。在新一輪中西方較量的格局中，西方尤其是美國無可避免會看重

香港所能發揮的作用。一些西方勢力希望強化香港作為「反共基地」的角色，並藉助香港的反對勢力製造香港內部不穩、激化香港人與中央的對立以及質疑中央落實「一國兩制」的誠意，從而打擊中國的國際形象和影響力。針對西方勢力，中央在香港事務上的對策有正反兩手。正手是推動香港與西方和國際社會的交往，鞏固香港作為國際大都會和國際金融與服務中心的地位。反手是密切留意西方勢力在香港內部的一舉一動，尤其其在香港扶持反對和反共勢力的行為，在必要時運用外交、經濟、政治和其他手段作出反擊和反制。然而，由於香港在維護國家安全上的法律和其他手段不完備，要妥善應對來自西方的威脅並不容易。

綜上所述，2003 年後，中央的對港政策有所調整，亦轉趨主動，並針對個別問題和挑戰作出回應。雖然我們不能說中央已經形成一套完整的應對香港局勢的政策，但它明顯增強在香港事務上的介入，提升對香港特區政府的「領導」，和主動向反對勢力和外部勢力「出擊」等行為已經是不可逆轉的發展。2003 年後，中央的香港政策從「不干預」或「不管就是管好」調整為「不干預但有所作為」。從本質上看，中央對港政策從被動走向主動的調整基本上是有點被動的，也是頗為無奈和迫不得已的。惟其如此，在中央對港政策的發展中，「回應性」的性質比較多，而前瞻性和開拓性的比較少，充分顯示「摸着石頭過河」的心態，缺少從全局和根本性視野解決問題的胸襟和決心，因此難以在香港構造全面和徹底清除問題根源的格局。與此同時，中央的「新」對港政策本身又帶來了新的問題和挑戰，部分香港人特別是年輕人甚至感到中國內地對香港構成「威脅」，從而在某程度上削弱和抵銷了原有政策的效用。因此，中央竭力在香港落實「一國兩制」時無可避免地陷入疲於奔命和事倍功半的困局。

無論如何，中央的對港「新」政策其實已經取得了一定的成績。在經濟上，香港在國際金融危機不斷衝擊和西方經濟疲弱的大環境中仍能享有不錯的經濟增長，強化了它的金融體系和開啟了其漫長和艱辛的產業結

構轉型過程。內地與香港的經濟合作為香港日後的持續發展奠定了堅實的基礎。在政治上，中央的支持強化和鞏固了特區政府的管治能力，在一定程度上壓縮了反對勢力的政治生存和活動空間，減少了反對派的政治動員能力，觸發了反對派的內訌和分化，削弱了香港人對反對勢力的支持和讓香港人知曉反對派是沒有執政機會的「永久反對派」。在「人心回歸」方面，中央對香港的關愛和支持縮窄了中央與香港人的距離，大幅弱化了香港人與中央對立的情緒、動機和需要。國家的崛起和受到西方的遏制在一定程度上提升了香港人的國家民族自豪感、憂患感和責任感，促使越來越多的香港人願意在思考香港問題時，加入「國家」和「中央」利益和立場的元素。

毋庸置疑，經調整後的中央對港政策只能說是獲得了一些階段性成果。香港的「結構性」或深層次問題依然嚴重，管治困難依然嚴峻，政治和社會不安不穩因素繼續存在，反對勢力亦依然囂張強橫。

正如前述，中央的一系列舉措基本上是「回應性」的應對策略，目標在於解決短期性的問題和改善不理想的情況，但卻缺乏全盤和長遠戰略。「不干預」政策雖已揚棄，但在「不干預但有所作為」的政策下，中央仍然戰戰兢兢、謹小慎微，生怕惹來破壞高度自治的責難、觸發香港人的反彈和為反對派輸送彈藥。最明顯的例子是中央對於廣泛動員和組織能夠承托「一國兩制」方針和支撐特區管治的、以愛國者為主體和接受中央領導的「管治聯盟」還是戒心重重。各種愛國勢力仍是組織散漫、內訌不斷和戰鬥力低下。特區政府既然不是「管治聯盟」的效忠對象，他們自然不構成「政治命運共同體」，彼此之間不單難以相互扶持，反而齟齬頻頻，經常製造機會讓反對派有機可乘。

中央在 2007 年向香港人作出一項出乎絕大部分人意料之外的承諾。在沒有「不可抗逆」的政治壓力下，中央同意讓香港在 2017 年按照《基本法》的有關規定普選行政長官，並在其後普選立法會。我個人猜想，中央

之所以作出這個決定，是因為它對未來香港政治形勢的發展有過度樂觀的判斷，以為中央對香港的關愛和不斷出台的各種「惠港」政策會讓香港人逐漸改變其反共和疑共心態，因此香港人會本着「負責任」的態度，在普選行政長官時會選出一位中央能夠接受和任命的行政長官。當然，眾所周知，香港往後的政治局面卻越來越惡劣，與中央對抗的政治行動有增無已，令中央極為懊惱。更為嚴重的是，中央的許諾實際上是讓政改議題長期在香港的公共議題上佔據顯赫位置，讓反對派得以利用行政長官普選問題不斷發動羣眾向中央施壓，要求中央接納他們倡議的普選辦法，最後釀成 2014 年「佔領中環」的大悲劇、隨後激進和暴力行為的上升和「港獨」勢力的肆虐。那次對政治形勢發展的錯誤判斷對中央的教訓極其深刻。

中央在 2012 年的行政長官選舉中希望通過「有競爭」的選舉來提高行政長官選舉的政治「認受性」，並從中擷取有用的參考材料為日後的行政長官普選做好準備。然而，殊為不幸的，是梁振英和唐英年之爭引發了新愛國勢力和傳統愛國力量之間的激烈鬥爭，愛國力量因而分化內訌，而反對勢力也伺機而動。梁振英領導的特區政府更被揶揄為「西環治港」的示範。在香港，政治情況之惡劣，特區管治之艱難，乃回歸以來得未曾見。簡言之，強大、團結、有為、政治立場清晰堅定和社會基礎廣闊的特區「新政權」的繼續缺位，仍然是困擾香港和中央的頭號難題。

愛國力量內部的長期分化對立明顯，而政治人才又相當匱乏，成為「一國兩制」在香港成功實踐的主要障礙。當然，部分特區政府官員過分吝嗇其手上的權力，而且對愛國力量持鄙夷態度，也是愛國力量不願意鼎力襄助政府的重要原因。因此，儘管中央亟欲改善香港的政治局面，但卻因為種種政治顧慮而難以狠下決心，好好運用其掌握的賞罰權力把特區政府和愛國力量整合起來。

2003 年後的中央對港政策的原意是要削弱、分化和孤立反對勢力。縱然相關的力度仍然有限，但效果還是不錯的。不過，在主流反對黨派走

向衰弱之同時，若干新的情況卻拔地而起，對中央和特區政府形成新的挑戰。其一是反對勢力愈趨偏激，並相信在更強大羣眾壓力下中央會妥協和退讓。無論在言語和行動上，激進勢力乃至部分溫和反對勢力都不時衝擊香港主流民意的容忍底線。在立法會內，他們巧妙和肆意運用立法會的議事規則所提供的空間和「灰色地帶」，以「拉布」、肢體衝突和其他伎倆來妨礙立法會的運作和特區政府的施政。他們指控中央破壞「港人治港」和高度自治，而中央政府也就越來越成為他們鬥爭的主要對象。在這種情況下，特區政府已經無法充當中央和反對派的緩衝。

其二是部分原來比較沉默、務實和理性的中產人士尤其是年輕中產人士也開始按捺不住，蠢蠢欲動，呈現出中產階層激進化的趨勢。不少大型的集體抗爭行動之所以出現，實在是由於中產人士的積極領導和參與。中產人士的不滿源於多方面，包括事業發展困難、生活艱難、個人「下流」或擔憂「下流」、下一代「上流」不容易、教育機會不平等、樓價高企、「地產霸權」、「專業霸權」、貧富懸殊、民主發展遲緩、經濟前景不明朗等結構性因素，也包括對梁振英領導的特區政府的不信任和不接受等特殊因素。中產人士和年輕人的憤怒和怨氣為本在走下坡路的反對勢力注入「新能量」。

其三是隨着主流、比較溫和的反對黨派的政治影響力的下滑，一些新的、為數眾多、組織細小鬆散、缺乏統一領導、行動飄忽不定、以年輕人特別是大學生和中學生為骨幹和支持基礎並且較為激進和宣揚暴力的反對力量卻異軍突起，對原來的反對勢力形成巨大壓力，其中鼓吹「公投自決」、「本土分離主義」和「港獨」的組織最為矚目，也最引起中央的警惕。那些新勢力不完全認同甚至懷疑原來的反對派，不接受反對派的領導和約束，覺得他們已經異化為某種「建制力量」、偏重維護自身的利益、失去了「改革」的熱情和意志。他們尤其反對其對「國家事務」的關注，認為「中國」乃「外國」甚至是「侵略國」，其事情與香港無關，所以應該集

中精力在本地事務上，而首要任務就是要減少香港與內地的聯繫和防範中央干預香港內政。然而，這並不排除新勢力和原來的反對勢力在一些涉及中央和內地的事情上走在一起。在如何處理與中央的關係上，他們的立場卻頗為一致，彼此都相信只要能夠廣泛發動羣眾和外部勢力對中央施壓，引發中央憂慮香港出現政治動盪，則中央一定會如過去般對反對派的要求作出讓步。無疑，各式各樣的政治和社會運動的冒起，以及它們與原來的反對勢力若即若離的關係，為中央和特區政府帶來了新的頭痛問題。麻煩的是，不少反對派人士要求的是一些非物質性的東西，涉及到價值觀、信念、理想、信仰和原則等方面，因此與中央和內地的思想心態南轅北轍，雙方的鴻溝難以跨越。更為嚴重也更具威脅性的，是有些反對勢力蓄意要把香港從中國分裂出去，試圖與「台獨」、「藏獨」和「疆獨」合流，並向西方勢力求援，對國家主權和領土完整構成挑戰。部分香港人特別是年輕人與自己的國家「離心離德」的現象，令中央既擔心又痛心。一直以來，中央憂慮的是香港有人要將香港變成對付中國共產黨的「顛覆」和「滲透」基地，卻完全沒有預料到香港在回歸接近 20 年後會出現各種分裂勢力。這種新的政治現象為中央的對港政策提出新的難題。

在「不干預但有所作為」的「主動出手」政策下出台的各種「惠港」政策的正面政治、經濟和社會效用恐怕已經到了「有時而窮」的地步，而若干負面效應卻陸續浮現。那些政策對推動香港產業結構的轉型升級的力度有限，對改變香港當前的政治和社會格局也作用不大，反而惡化了一些因香港與內地關係愈趨緊密所衍生的問題。總結中央在「主動出手」階段的經驗教訓，兩地的經濟合作和「融合」帶來的明顯負面效果有幾個。

一方面，那些政策在一定程度上，和經濟全球化一樣加劇了香港的社會不公和貧富懸殊的情況。能夠從兩地經濟合作中獲益的人主要是從事金融業、高端專業服務業、批發與零售業、旅遊業、運輸業、個人服務業和地產業等與內地發展和內地同胞的日常需求有密切關係的行業。

那些主要以服務香港人和地方社區的行業則受惠有限，甚至出現受害的情況，當中小微企和家庭式經營者受到的不利影響最大。不少低文化水平、年齡較大和依靠勞力謀生的人直接和間接面臨更激烈的來自內地同胞的競爭。結果是香港社會內收入和財富的差距不斷拉大。那些受害者對內地同胞以至對國家的抵觸情緒也最強烈。

另一方面，香港的年輕人也需要面對內地人才的強大競爭。隨着內地的高速發展，內地人才紛紛冒起，香港年輕人的競爭優勢不斷下降。既然到內地發展不易，適應內地生活又有困難，更有不少香港的年輕人既安於逸樂並得到家長的「關愛」，「留守」香港遂成為「自然」或「無可奈何」的選擇。然而，留港的年輕人除了要與其他教育程度越來越高的本地人競爭外，更要與來自內地而且人數持續上升的內地人才爭奪就學、就業和發展機會。鑒於內地對香港和海外企業和僱主的重要性有增無已，內地人才的競爭優勢不斷上升，香港的年輕人在學業、就業、創業和置業方面受到越來越嚴峻的考驗，不少香港年輕人或有挫敗感，或自信心不足，或感到前景灰暗，或覺得生活困難、或覺得社會對自己不公，或怨懟特區政府沒有照顧好自己，又或埋怨香港過度對內地開放。無論如何，部分年輕人憤世嫉俗，怨天尤人，對中央有抵觸情緒，對內地同胞抗拒，對「一國兩制」有質疑，對國家懷有敵意，甚至「虛構」、「緬懷」和美化他們從未體驗過的殖民管治是不難理解的。

在兩地經貿關係不斷加強和內地同胞生活水平和消費能力持續上升的大環境下，內地同胞來港發展、讀書、就業、旅遊和消費的人數迅猛增長。內地同胞與香港人的直接「面對面」接觸和交流急劇增加，隨之而來的文化差異、人際摩擦和羣體之間的利益分歧迅速浮現，損害了彼此的感情，也強化和固化了彼此對對方的偏見。來港定居的「新移民」和特意來港使用香港有限的公共服務和資源的內地同胞，更受到香港人的鄙視和排斥。這種對內地同胞的排拒情緒，正是醞釀各類「本土分離主義」的溫牀。

　　縱使中央極力回應和滿足香港人的訴求和紓解其憂慮，但因為中央始終擔心特區政權會落到那些堅持與中央對抗並和外部勢力勾結的反對勢力手上，而香港也因此成為內外反共反華勢力可資利用的「顛覆」和「滲透」基地，所以，除非香港人對中國共產黨的態度發生根本性的變化，否則中央難以全面滿足香港人對普選行政長官和立法會的要求。以此之故，無論中央如何調校對港政策，要達到高程度的「人心回歸」、有效管治、和諧社會、良好的香港與中央和內地關係以及在政治穩定的氛圍下實現政制改革和建構維護國家安全的法律屏障，殊為困難。也正因如此，政制改革和國家安全立法長期成為反對勢力用來挑撥離間香港人與中央關係的有效法寶，也是反對勢力藉以衝擊行政長官的管治威信的利器。毋庸諱言，這些難以化解的政治和價值觀矛盾的存在，使得「一國兩制」的主要目標難以充分達致。

　　中央對港政策轉趨「主動」的時刻，也同時中國的改革開放進入關鍵階段和西方國家，特別是美國銳意和強力遏制中國崛起的時期。為了保持社會穩定，中國政府在國內強化了對各種不穩定因素的監控，並果斷地用強硬手段來恢復社會秩序。在反對派和部分香港人的眼中，內地違反人權和法律的事件有增加之勢，而反對勢力也「機不可失」地不斷動員羣眾向中央提出抗議和反對，在香港人中間散播恐懼和困惑，意在製造香港人與中央和內地的對立，並為自己積累政治資本。與此同時，中央又越來越擔心外部勢力與反對派勾結起來從事對香港與內地不利的事情，因此對香港採取更加戒懼和保守的態度，並謀劃強化香港在維護國家安全上的能力。在這種情況下，中央爭取香港人「人心回歸」的努力也只能事倍功半。

　　中央的「主動」對港政策對香港的反共和反政府媒體的作用有限。部分媒體的老闆即使是愛國者，但從商業利益角度考慮，也受制於他們崇尚「新聞自由」的僱員，他們在一定程度上也不得不讓其媒體「迎合」香港人對國家、民族、中央和內地的抵觸情緒。同樣地，在司法獨立的制度原

則下，加上不少香港的法律界和司法界精英在政治和法律理念上與內地的一套格格不入，部分法律「翹楚」甚至希望利用司法權力抗拒中央的「干預」，中央實在沒有辦法「確保」香港司法機關對《基本法》和中央對港方針保持一致，更無法「要求」香港的法官把國家安全和利益放在重要位置上考慮。不過，中央也積極推動香港司法人員的交流，藉此加深彼此的認識。國家領導人、中央官員和內地專家學者有關「一國兩制」和《基本法》的論述，對香港的法官和法律界精英或多或少也會產生影響。

究其實，要徹底處理好對反對勢力、反共媒體和司法機關的問題，除了有效運用中央享有的憲制權力外，關鍵還在於營造有利於全面和準確貫徹「一國兩制」方針的民意氛圍。即是說，如果香港人在大是大非問題上與中央的分歧收窄，反對與中央對抗，並願意主動「照顧」或「兼顧」中央和內地的想法和利益，則無論是反對勢力、反共媒體和對《基本法》有不同理解的法官和法律界精英，都會在某程度上呼應香港人的觀點，從而避免受到羣眾的非議或「制裁」。

簡言之，中央的「主動出手」，即便在一定程度上處理了香港在「一國兩制」實踐時面對的一些難題，但由於整體的政治、人心經濟格局沒有發生全面性和根本性的改變，而中央的一些政策又產生了一些反效果，因此中央不得不認真因應國際、國內和香港環境的變遷而對香港的政策作「戰略性」的調整，目的在於全面、長遠和徹底地重塑香港的政治和經濟格局，壓縮反對勢力與外部勢力的活動空間，並藉此帶動香港人的思想心態的改變，從而一舉而為「一國兩制」在香港的全面和準確貫徹營造有利條件，並為「一國兩制」在「五十年不變」後的順利延續奠下基礎。

主導引領

鑒於「被動」的對港政策實乃無視問題累積和惡化的「弊政」，中央在

「一國兩制」下處理香港事務的手法遂從「被動」走向「主動」，通過中央權力的行使和政治影響力的發揮，在一定程度上糾正了「一國兩制」在香港實踐過程中的偏差，也部分紓緩了香港的深層次矛盾，當然無疑也引起了香港反對派和激進年輕人的反彈。不過，要確保「一國兩制」能夠「永久」在香港全面和準確貫徹，讓「一國兩制」的戰略目標得以完全實現，讓香港能夠達致長治久安和持續繁榮穩定，並讓「一國兩制」在「五十年不變」後能夠基本上順利延續下去，中央感到在對港工作上有需要加大力度，發揮中央的積極作用，充分考慮到國際、國家和香港情況的變化，從「綜合治理」的戰略角度，塑造有利於「一國兩制」成功實踐的政治、經濟和民意環境，加快把「一國兩制」在香港的實踐納入正確的軌道上。中央對重整對港政策的「急迫感」，其實也與國際形勢風雲變幻，國內的改革開放事業進入至為艱鉅的關鍵時刻，國家面對的來自內部和外部的國家安全威脅愈趨嚴峻有密切關係。以此之故，中央處理香港的手法近年來愈趨「主導」，希望在比較合理的時間內取得成果。中央顯然感覺到，單靠香港特別行政區和特區政府的意向、決心和能力難以成事，況且香港各界包括政府官員的「憂患感」明顯不足，特區政府的處事風格謹小慎微與欠缺勇氣，香港的反對派和外部勢力肯定會對特區政府施政百般阻撓，香港年輕人的躁動與焦慮成為社會動盪不安的隱患，而香港的政治體制又為反對變革的人提供不少「否決」渠道。因此，中央希望通過大力發揮「主導」的政治領導和政策引領作用，在香港「塑造」有利於「一國兩制」全面和準確貫徹、有利於香港的政治、社會和經濟發展，以及防範香港成為國家安全威脅的主觀和客觀環境與氛圍。

「主導」引領作用實際上包含兩個方面。其一是以更大的力度、更廣的幅度和更快的速度推行過去「主動」時期證明行之有效的「主動」政策和措施，以期帶來從量變到質變的效果。換句話說，當那些「主動」舉措的力度和頻度增加到某個地步，中央的「主動」出擊便會轉化為「主導引

領」和塑造。其二是通過前瞻性的「主導性」「出擊」,「永久性」地改變香港的政治和經濟生態以及香港社會和民意氛圍。在過程中,中央加強對香港特區政府的領導和問責,強化愛國力量的團結性和戰鬥力,壓縮反對派和外部勢力的活動空間,紓緩香港的深層次矛盾,致力緩解年輕人面對的生存和發展的問題和挑戰,提高香港人的國家觀念,及促使香港人尤其是年輕人對「一國兩制」和《基本法》的目標和內涵有正確的認識。

從歷史發展的角度看,2014 中華人民共和國國務院新聞辦公室發佈的《「一國兩制」在香港特別行政區的實踐》的《白皮書》拉開了中央對港處理手法走向「主導引領」階段的帷幕。《白皮書》不但是中央認真檢討「一國兩制」在香港回歸後實踐的經驗和教訓的成果,更重要的是它宣告了中央日後的長期對港方針政策。《白皮書》一方面肯定了「一國兩制」的正確性,另方面則指出其在實踐過程中遇到的問題,但更為重要的是它突出了中央在確保「一國兩制」全面和準確貫徹時所享有的權力、所承擔的責任、所肩負的領導功能和所應該發揮的作用。值得注意的,是《白皮書》從國家的角度出發思考香港問題,也把香港的發展納入國家發展的框架內審視。《白皮書》的「結束語」中有這樣一段話,「當前,全國人民正滿懷信心地為實現『兩個一百年』的奮鬥目標和中華民族偉大復興的中國夢而努力奮鬥。不斷豐富和發展『一國兩制』在香港特別行政區的實踐,保持香港長期繁榮穩定,是中國夢的重要組成部分,也是完善和發展中國特色社會主義制度,推進國家治理體系和治理能力現代化的必然要求。中央政府將一如既往地與香港特別行政區政府和廣大香港同胞一道,全面準確貫徹『一國兩制』方針政策和香港《基本法》,進一步推動香港特別行政區各項事業的發展。」

《白皮書》揭示的中央對港方針政策成為了新時代中國特色社會主義的基礎。習近平總書記在 2017 年中國共產黨第十九次全國代表大會上的報告中有關香港的部分(以下簡稱《十九大報告》),正是對《白皮書》的進

一步闡述。習總書記明確指出，在推行「新時代中國特色社會主義思想和基本方略」的 14 項重要工作中，「堅持『一國兩制』和推進祖國統一」是其中一項。他在《十九大報告》強調，「保持香港、澳門長期繁榮穩定，實現祖國完全統一，是實現中華民族偉大復興的必然要求。」因此，習總書記勉勵香港人，「實現中華民族偉大復興，是全體中國人共同的夢想。我們堅信，只要包括港澳台同胞在內的全體中華兒女順應歷史大勢、共擔民族大義、把民族命運牢牢掌握在自己手中，就一定能夠共創中華民族偉大復興的美好未來。」因此，成功推行「一國兩制」一方面是中國共產黨在建設新時代中國特色社會主義中有關「治國理政」和「全面建設社會主義現代化強國」的宏大戰略上的重要環節，二方面則是實現中華民族偉大復興中國夢的要素，而三方面則是與國家統一大業密不可分的重大事業。所以，「一國兩制」絕對不是單純為了照顧香港人的利益和憂慮的短期或權宜安排，而是充分考慮到國際和國家發展大局，掌握歷史發展趨勢，從維護國家民族利益和發展出發，經過深思熟慮之後才擬定的、貫徹「國家優先」原則的長遠大政方針。誠然，作為國家的重大政策，「一國兩制」的設計者從來都是從國家民族利益的大格局中處理「香港前途問題」，但過去甚少提到把香港納入國家發展大局和國家治理體系之中，也沒有明確表明中央乃「一國兩制」是否成功落實的「第一責任人」或「最終責任人」的身份。惟其如此，中央必須擁有足夠的權力和手段以確保「一國兩制」在香港的全面和準確落實，從而切實維護國家和民族的根本利益。

既然中國擁有對香港的主權，而香港特區的高度自治權力又是由中央授予，因此中央作為「一國兩制」成敗得失的「第一責任人」，基於對國家民族的責任，在尊重「一國兩制」下香港高度自治的基礎上，適當運用中央在國家憲法和香港《基本法》下享有的權力，糾正「一國兩制」在香港實踐過程中出現的偏差、保持香港的長期繁榮穩定、確保愛國者治港和防止香港成為國家安全的隱患乃應有之義。以此之故，中央對香港發揮

「主導引領」作用，遂成為了理所當然和義不容辭的事。

　　鑑於不少香港人對中央按照國家憲法和香港《基本法》、在「一國兩制」下享有的權力不太理解，甚至錯誤認為中央的權力有限和狹隘，因此，要順利承擔「主導引領」角色，中央有需要改變香港人對中央權力的認識，不然的話中央在行使其合法權力時便會受到質疑，並讓反對派和外部勢力有攻擊中國政府的可乘之機。為此，《白皮書》引進了一個「不言而喻」但對香港人來說卻是頗為陌生和敏感的概念，那就是「全面管治權」。對這個概念，《白皮書》有此闡述，「憲法和香港《基本法》規定特別行政區制度是國家對某些區域採取的特殊管理制度。在這一制度下，中央擁有對香港特別行政區的全面管治權，即包括中央直接行使的權力，也包括授權香港特別行政區依法實行高度自治。對於香港特別行政區的高度政治權，中央具有監督權力。」[1]

　　中央的「主導引領」處理香港事務手法，是經過長時期醞釀後的方針政策，因此可以預期它是未來長時間內中央的對港策略。自《白皮書》發表以來，這項策略愈趨全面、具體和細緻，並陸續通過具體政策和措施予以頒佈和落實。國家主席習近平在香港回歸20週年時蒞臨香港考察並全面闡述中央對港方針，對中央的「主導引領」政策作更為具體的說明，而嗣後中央也快速推出大量措施予以配合和落實，讓中央的對港「新」政策得以發揮最立竿見影的效用。

　　可以這樣說，《白皮書》、中共十九大報告和習近平主席在香港的《系列講話》構成了中央對港「主導引領」方針的基石。《十九大報告》和《系列講話》之所以尤其重要，不單是因為它們代表了國家的執政黨對香港的長遠方針政策最權威和最系統的闡述，更是因為它們明確提出了「一國兩

1　香港反對派和外部勢力對「全面管治權」一詞不遺餘力地口誅筆伐，詆稱中國政府意圖全面干預香港事務，壓縮香港的高度自治權力，並違反它對香港人的承諾。反對派更不斷利用這個概念來動員香港人與中央鬥爭。

制」在「五十年不變」後在香港延續和發展的基礎和前提。在相當程度上，中央已經制定了一套穩定、全面和長遠的治港方略。誠然，我們不能排除日後因應國際、國內和香港形勢的變化，和汲取治港方略在落實時的經驗教訓後，這個治港方略也會作出或大或小的調整，但相信其背後的大原則和大方向不會出現重大變化。之所以如此，是因為從本質上而言，這套方略比較能夠讓「一國兩制」的初心在「新時代」和新環境下得以實現，讓「一國兩制」在香港的實踐能夠在促進國家利益的大前提下保持香港的繁榮穩定和推動香港的發展。

下面我會簡要勾畫中央的「主導引領」方針的主要內容。

全面講述「一國兩制」的初心

在「主動出手」階段，國家領導人、中央官員和內地專家學者不時就「一國兩制」方針發言，主要目的是要糾正不少香港人對「一國兩制」的錯誤理解、反駁香港反對勢力對「一國兩制」的「另類詮釋」和重奪中央對「一國兩制」的話語權，但對「一國兩制」乃以「國家優先」為基本原則的重大國策卻仍嫌語焉不詳。此中的原因相信是擔心會引起嚴重政治爭議，並貽反對派以可乘之機。

然而，如果不把「國家優先」的原則搞得一清二楚，則難以在香港人，特別是那些對「一國兩制」有誤解的年輕人的思維中確立「一國兩制」是要讓香港的「一制」得以為國家服務乃至維護國家利益和安全的重要性，和讓香港人明白到「皮之不存、毛將焉附」的淺顯道理。換句話說，必須讓香港人尤其是年輕人知道如果在「一國兩制」下，由中國共產黨締建的中華人民共和國的主權、安全和發展利益受到來自香港的威脅和危害，則中央也沒有繼續在香港落實「一國兩制」的理由，繼續這樣做的話必然會遇到內地同胞和海外華人的堅決反對。其實，「一國兩制」的總設計師

鄧小平先生對此早有坦率説明。他説，「中國的主體必須是社會主義，但允許國內某些區域實行資本主義制度，比如香港、台灣。大陸開放一些城市，允許一些外資進入，這是作為社會主義的補充，有利於社會主義生產力的發展。」(鄧小平，1993:6) 他又説，「為甚麼説五十年不變？這是有根據的，不只是為了安定香港的人心，而是考慮到香港的繁榮和穩定同中國的發展戰略有着密切的關聯。」(鄧小平，1993:39)

為了讓香港人清楚明白「一國兩制」的初心，在「主導引領」階段，中央在闡述「一國兩制」時，「國家」部分佔據首要位置，而「一國」高於「兩制」亦成為不言而喻的基本信條。對此，2017 的《張德江講話》有所説明。他指出，「一國兩制」的根本宗旨「是有機統一的兩個方面，不僅要保持香港、澳門長期繁榮穩定，而且要維護國家主權、安全和發展利益。〔…〕可以説，牢固樹立國家觀念是香港特別行政區《基本法》實施的核心要求，離開了這個基本前提，一切都無從談起。」

雖然絕大多數香港人都知道「一國兩制」是重大國家政策，但仍有不少人片面從「兩制」的角度理解「一國兩制」。他們傾向把「一國兩制」視為一種主要是中央為了穩定香港人心和照顧香港人的權宜、務實和短期的、用以「解決」所謂「香港前途問題」的辦法，是一項以「香港為主」或「香港優先」的政策，他們因此容易從香港本身利益和需要以及從香港人的感覺和標準來審視「一國兩制」的內容設計和成敗得失。有些人甚至用西方人的角度來評價「一國兩制」，從而得出與「一國兩制」的初心截然不同的理解。然而，事實是，從一開始，「一國兩制」便是以維護和促進國家民族利益為前提的國策，是一項體現「國家優先」的國策。這個國策讓國家得以用和平方式從英國人手中收回香港，通過保留香港的資本主義體制來維持香港的繁榮穩定，讓香港得以對國家的現代化繼續作出貢獻，為將來兩岸和平統一垂範以及贏取國際社會對香港和國家前景的信心。習主席在《系列講話》中特意提醒香港人，「堅持『一國兩制』方針，深入推

進『一國兩制』實踐，符合香港居民利益，符合香港繁榮穩定實際需要，符合國家根本利益，符合全國人民共同意願。」又說，「『一國』是根，根深才能葉茂；『一國』是本，本固才能枝榮。『一國兩制』的提出首先是為了實現和維護國家統一。」誠然，「一國兩制」也是建設中國特色社會主義的有機組成部分，讓香港的資本主義體制得以為國家的社會主義現代化建設服務。值得注意的是，「一國兩制」作為重大國策的戰略意義在《十九大報告》中得到進一步的提升。一方面，在推行「新時代中國特色社會主義思想和基本方略」的 14 項重要工作中，「堅持『一國兩制』和推進祖國統一」是其中一項。同樣重要的，是習近平總書記在《十九大報告》中明確指出，「保持香港、澳門長期繁榮穩定，實現祖國完全統一，是實現中華民族偉大復興的必然要求。」因此，習總書記勉勵香港人，「實現中華民族偉大復興，是全體中國人共同的夢想。我們堅信，只要包括港澳台同胞在內的全體中華兒女順應歷史大勢、共擔民族大義、把民族命運牢牢掌握在自己手中，就一定能夠共創中華民族偉大復興的美好未來。」如此一來，成功推行「一國兩制」一方面是中國共產黨在建設新時代中國特色社會主義中關於治國理政和全面建設社會主義現代化強國的宏大戰略上的重要環節，二方面則是實現中華民族偉大復興中國夢的要素，而三方面則是與國家統一大業密不可分的偉大事業。所以，「一國兩制」絕對不是單純為了照顧香港人的利益，和憂慮的短期或權宜安排，而是充分考慮到國際和國家發展大局，掌握歷史發展趨勢，從維護國家民族利益和發展出發，經過深思熟慮之後才擬定的長遠大政方針。正正由於「一國兩制」是重大國策，因此對於其成敗得失，中央負有最終的責任。惟其如此，中央作為「一國兩制」的「第一責任人」，必須擁有足夠的權力和手段來確保「一國兩制」在香港的全面和準確落實，從而切實維護國家和民族的根本利益。

堅持「一國兩制」不動搖、不改變

　　既然「一國兩制」是關乎國家民族利益的重大國策，因此理所當然地它也是一項需要長期堅持並不斷完善的方針政策。誠然，在過去 20 年，「一國兩制」在香港的實踐的確遇到一些困難和險阻，特別是香港的反對派對「一國兩制」的「另類詮釋」在社會上尤其是年輕人中間造成了不良影響，不同反對勢力不斷挑戰中央的底線和香港特區政府的管治威信，以及有人（主要是年輕人）甚至提出各種形式的分離主義主張和行動。為時79 天、對香港造成嚴重傷害的違法「佔領中環」行動，更是試圖以大型集體行動挑戰中央底線的實例。內地和香港有部分人因此甚至認為「一國兩制」在香港的實際落實情況沒有符合原來的設想，因此難言成功，也不一定或不應該在「五十年不變」後繼續下去。這些言論在香港社會無疑已經引起部分人對「一國兩制」前景的擔憂，並讓一些反對派人士乘機提出激烈訴求，比如要求啟動「第二次香港前途談判」、「公投自決香港前途」甚至「港獨」。不過，對中央而言，儘管出現這樣或那樣的問題，甚至呈現若干「變形」、「走樣」的跡象，「一國兩制」在香港的實踐大體上還是成功的。[2] 習主席在《系列講話》中斬釘截鐵地說，「20 年來，『一國兩制』在香港的實踐取得了舉世公認的成功。事實證明，『一國兩制』作為中國特色社會主義的一個偉大創舉，是完全行得通、辦得到、得人心的。」又說，「香港、澳門回歸祖國以來，『一國兩制』實踐取得舉世公認的成功。事實證明，『一國兩制』是解決歷史遺留的香港、澳門問題的最佳方案，也是香港、澳門回歸後保持長期繁榮穩定的最佳制度。」同時，習主席在《系列講話》中，也十分坦率地指出「一國兩制」在香港實踐的主要問題和困難所在，「當前，『一國兩制』在香港的實踐遇到一些新情況新問題。香港維護國家主權、安全、發展利益的制度還需完善，對國家歷史、民族文化

2　劉兆佳：《一國兩制在香港的實踐》（香港：商務印書館（香港）有限公司），2015 年。

的教育宣傳有待加強，社會在一些重大政治法律問題上還缺乏共識。」習主席在《系列講話》更給香港人送上「定心丸」，「我明確講過，中央貫徹『一國兩制』方針堅持兩點，一是堅定不移，不會變、不動搖；二是全面準確，確保『一國兩制』在香港的實踐不走樣、不變形，始終沿着正確方向前進。」習主席的講話在香港起了穩定人心的作用。不過，與此同時，習主席也明確讓香港人明白中央不會容忍那些「變形」和「走樣」的東西繼續妨礙「一國兩制」的全面和準確貫徹，從而為中央的「主導引領」政策提供理據。

事實上，在「主導引領」的政策下，中央在確保「一國兩制」全面和準確貫徹上越來越積極進取，在某程度上其實反映了中央對「一國兩制」在香港的實踐的「迫切感」和「憂患感」，表達了中央不放心完全依靠香港行政長官、特區政府和愛國力量完成任務（特別是與維護國家安全有關的任務），更重要的是中央意識到有效和適當運用中央在國家憲法和《基本法》下享有的權力，對「一國兩制」在香港成功實踐的不可或缺性。簡單說，中央在「主導引領」政策下的舉措和行動都聚焦在重塑香港的政治和經濟格局，維護好國家安全，把「一國兩制」在香港的實踐重新納入合符其初心的軌道上，讓「一國兩制」在香港的實踐能夠讓國家和香港都兩蒙其利。2019 年中香港爆發特大動亂後，中央對於運用其在國家憲法和《基本法》下享有的權力來匡正香港的局勢的決心更為堅定，實際上是要把中央行使權力的工作常態化。在解讀中共十九屆四中全會報告有關港澳部分內容時，國務院港澳辦主任張曉明強調，「把憲法和《基本法》賦予中央的各項權力切實用起來，是落實中央全面管治權的重要途徑，也是依法治港治澳的題中應有之義。」具體舉措包括：完善中央對行政長官和主要官員選拔、任命、監督、罷免的相關制度和程序；《基本法》解釋權的行使不應取決於某些人的主觀好惡，而應根據實際需要決定，該解釋就解釋；監督特別行政區的法律和政權機關的活動是否違背憲法和《基本法》；中央可

就《基本法》規定的有關事務對行政長官發出指令等。其中重中之重是要「確保行政長官代表整個特別行政區對中央負責的要求落到實處。」[3]

提升香港人對新憲制秩序的認識

要糾正「一國兩制」實踐中的偏差，首先要讓香港各方面充分了解「一國兩制」的憲制基礎和尊重香港的憲制秩序。既然香港自古以來是國家的不可分割的部分，則國家憲法和香港《基本法》便共同構成香港特區的憲制基礎，不能好像反對派和部分香港人般把《基本法》從國家憲法中抽離出來，不能否定國家憲法在香港的效力，更不容許把國家憲法和《基本法》對立起來。國家憲法是《基本法》之本，是香港法律的權力來源，香港的法律不能與國家憲法和《基本法》相抵觸。在國家主權下香港的憲法秩序必須得到各方面的尊重和維護。

為了讓香港人明白「一國兩制」的初心、中央在「一國兩制」下的權力、香港《基本法》的法律地位和權力來源、國家憲法和《基本法》的關係、樹立香港人的國家觀念和明確香港人對國家的責任和義務，強化香港人對國家憲法的認識和擁護至關緊要。1982年頒佈的國家憲法第三十一條規定，「國家在必要時得設立特別行政區。在特別行政區內實行的制度按照具體情況由全國人民代表大會以法律規定。」第三十一條遂成為中央在香港成立特別行政區與實施「一國兩制」的憲制基礎。我在上文提到，習近平主席特別強調國家憲法和香港《基本法》共同構成香港特別行政區的憲制秩序。然而，弔詭的是，當中國政府在上世紀80年代初提出「一國兩制」方針政策時，國家憲法在回歸後香港特區的地位和意義問題卻沒有得到正式和認真處理。在《基本法》起草的時候，雖然這個問題曾經在

3　張曉明：〈堅持和完善『一國兩制』制度體系〉，載於《〈中共中央關於堅持和完善中國特色社會主義制度、推進國家治理體系和治理能力現代化若干重大問題的決定〉輔導讀本》，（北京：人民出版社），2019年。

起草委員之間有過爭論，但卻在缺乏共識下而沒有作出結論。中國政府顯然不希望在當時那個政治敏感時刻，讓國家憲法成為各方面關注的焦點，尤其不願意引發香港人對是否需要效忠中華人民共和國和中國共產黨的忖測和擔憂。然而，由於國家憲法在香港的適用性問題懸而不決，由此所產生的對實施「一國兩制」不利的影響是顯而易見的。不少香港人特別是反對派和部分處處「以西方為師」的法律界「翹楚」以為只有香港《基本法》在回歸後的香港應用，而國家憲法除了第三十一條外，一概與香港無關。由此而引申出來的觀點是香港人在法律上和政治上都沒有維護國家主權、安全、發展利益的責任，都可以把香港的「利益」凌駕於國家利益之上。也就是說，「一國」的觀念無法在香港特區樹立起來，形成了「兩制」凌駕甚至取代「一國」的思想心態，絕對不利於「一國兩制」的全面和準確貫徹，也容易帶來香港特區與中央對抗或香港特區成為威脅國家安全的地方的惡劣後果。

近年來，中央高度強調「全面依法治國」的重要性。習近平總書記2017 年在中共《十九大報告》中特別指出，「全面依法治國是國家治理的一場深刻革命，必須堅持厲行法治，推進科學立法、嚴格執法、公正司法、全民守法。〔…〕加強憲法實施和監督，推進合憲性審查工作，維護憲法權威。」憲法是國家法律體制內的最高權威，而擁護和遵守憲法更是全體國民的神聖責任。2014 年中央將每年的 12 月 4 日定為「國家憲法日」，目的就是要彰顯國家憲法的崇高地位。

在這個突顯法治的背景下，並為了讓香港人特別是年輕人對「一國兩制」方針政策有更全面和深刻的理解，中央把在香港宣揚國家憲法定位重大任務，尤其在於闡明香港《基本法》與國家憲法的子母關係及國家憲法乃《基本法》的權力來源和基礎。國家主席習近平 2017 年 7 月 1 日在香港主持新一屆香港特區政府就職典禮上對此一錘定音。他明確指出，「回歸完成了香港憲制秩序的巨大轉變，中華人民共和國憲法和香港特別行政

區《基本法》共同構成香港特別行政區的憲制基礎。憲法是國家的根本大法，是全國各族人民共同意志的體現，是特別行政區制度的法律淵源。」他進一步指出，「回歸祖國懷抱的香港已經融入中華民族偉大復興的壯闊征程。作為直轄於中央人民政府的一個特別行政區，香港從回歸之日起，重新納入國家治理體系。中央政府依照憲法和香港特別行政區《基本法》對香港實施管治，與之相適應的特別行政區制度得以確立。」

其實，早於 2014 年 6 月中央政府發表的《「一國兩制」在香港特別行政區的實踐》的《白皮書》已經為宣揚國家憲法的重要性打響了「頭炮」。這份闡述國家對香港方針政策的權威性文件這樣說，「憲法和香港《基本法》規定的特別行政區制度是國家對某些區域採取的特殊管理制度。在這一制度下，中央擁有對香港特別行政區的全面管治權，既包括中央直接行使的權力，也包括授權香港特別行政區依法實行高度自治。對於香港特別行政區的高度自治權，中央具有監督權力。」又指出說，「香港社會還有一些人沒有適應〔香港回歸祖國〕這一重大歷史轉折，特別是對『一國兩制』方針政策和《基本法》有模糊認識和片面理解。目前香港出現的一些在社會和政制發展問題上的不正確觀點都與此有關。因此，要把『一國兩制』在香港特別行政區的實踐繼續推向前進，必須從維護國家主權、安全、發展利益，保持香港長期繁榮穩定的根本宗旨出發，全面準確理解和貫徹『一國兩制』方針政策，把堅持一國原則和尊重兩制差異、維護中央權力和保障特別行政區高度自治、發揮祖國內地堅強後盾作用和提高香港自身競爭力有機結合起來，任何時候都不能偏廢。」

2017 年的《張德江講話》鄭重提到香港特別行政區的憲制秩序的基礎是國家憲法和香港《基本法》，「我國對香港恢復行使主權，標誌着香港的憲制基礎和法律地位發生了根本性改變。作為國家根本大法的憲法和根據憲法制定的香港特別行政區《基本法》，共同構成了香港特別行政區政權架構、政治運作、社會治理體系的憲制基礎。〔…〕在香港特別行政區

《基本法》的實施過程中，全國人大常委會根據憲法和《基本法》賦予的職權，行使《基本法》的解釋權，所作出的解釋具有最終性，與《基本法》具有同等法律效力，必須得到一體遵循。同時，全國人大常委會依據香港特別行政區《基本法》作出的有關規定，在特別行政區具有法律約束力。」

2017 年 11 月 16 日，全國人大常委會香港《基本法》委員會主任李飛在「香港特別行政區成立 20 週年《基本法》研討會」上致辭。他說，「憲法第三十一條規定：『國家在必要時得設立特別行政區。在特別行政區內實行的制度按照具體情況由全國人民代表大會以法律規定。』憲法第六十二條規定，全國人民代表大會有權『決定特別行政區的設立及其制度。』〔…〕香港《基本法》序言第三段就明確指出，『根據中華人民共和國憲法，全國人民代表大會制定中華人民共和國香港特別行政區《基本法》，規定香港特別行政區實行的制度，以保障國家對香港的基本方針政策的實施。』可見，我國憲法是設立香港特別行政區、在香港實行特別行政區制度的最根本、最權威的法律依據。」「如果大家細心的話，會注意到近年來黨和國家領導人在談『一國兩制』、依法治港等問題時，經常將憲法和《基本法》同時來講，多次強調國家憲法和《基本法》共同構成了特別行政區的憲制基礎，要始終依照憲法和《基本法》辦事。這麼說是有重大現實意義的。對香港《基本法》的重要地位及其意義，不會有人質疑。但有些人在談到香港特別行政區的憲制基礎時，只提《基本法》，說香港《基本法》是香港的憲法，而有意無意地忽略我們國家的憲法，甚至有些人說香港特別行政區的憲法依據是中英聯合聲明。眾所周知，我們國家是一個統一的多民族的單一制國家。在單一制國家中，只能有一部憲法，這就是《中國人民共和國憲法》。這部憲法是國家根本法，包括香港特別行政區在內，在中華人民共和國全部領域範圍內，具有最高法律地位和最高法律效力。香港《基本法》是根據我國憲法，按照香港的實際情況制定的專門規定香港特別行政區制度的基本法律，在香港特別行政區具有憲制性法律地位。」「香

港特別行政區直轄於中央人民政府，這意味着中央對香港特別行政區實行由上而下的憲制性管治，香港特別行政區是統一的國家治理體系的一個組成部分，直接接受中央人民政府的領導和監督，中央對香港特別行政區享有全面管治權。」「根據我國憲法所規定的國家體制，所有的地方政權機關都是國家機構，是國家機構體系的組成部分，行使的是國家的權力，都是國家治理體系的一部分。在香港特別行政區內，中央人民政府與經中央授權的香港特別行政區本地政權機關一道，共同對香港特別行政區實行管治，在這個過程中，有些重要事務由中央直接管理，更多的香港特別行政區的本地事務，由中央授權香港特別行政區自己管理。我們所講的高度自治，是指香港特別行政區依法行使《基本法》授予的權力，從來沒有脫離香港《基本法》的高度自治，更沒有所謂的『自決』、『獨立』的權力。這才是港人治港、高度自治的真正含義。」「〔……〕一國兩制的根本宗旨，即：『維護國家主權、安全、發展利益，保持香港長期繁榮穩定。這些年來，對這兩句話最好的詮釋，我認為是《一國兩制在香港特別行政區的實踐》（《白皮書》）明確提出的、中央領導人在各種場合多次強調的三個有機結合，也就是把堅持一國原則和尊重兩制差異、維護中央權力和保障香港特別行政區高度自治權、發揮祖國內地堅強後盾作用和提高香港自身競爭力有機結合起來，任何時候不能偏廢。」「要做到尊重國家憲法、維護國家憲制秩序，一個基本前提就要接受中華人民共和國是一個中國共產黨領導的社會主義國家的現實，要尊重人民所選擇的中國特色社會主義道路、理論、制度和文化，尊重內地實行的社會主義制度和政策。」

　　全國人大法律委員會原主任委員喬曉陽 2018 年 4 月 1 日擔任香港《基本法》推介聯席會議舉辦的「紀念《基本法》頒佈 28 週年研討會」的主禮嘉賓，並發表講話。他認為，「需要特別指出的是，香港是國家的一部分，憲法規定的國家制度是包括香港在內的國家的制度，即對香港來說，這些國家制度不是外在的，而是內在的，通俗來講，不是別人家的，而是

自己家的。」「深入學習憲法，才能真正地理解和貫徹落實好《基本法》，才能更好地解決『一國兩制』方針和《基本法》實施中遇到的法律問題。」

近幾年，香港與內地的專家學者通過不同渠道熱烈討論國家憲法和《基本法》的關係，以及香港的新憲制秩序的構成原則等問題，在一定程度上推廣了香港人對國家憲法、香港《基本法》和「一國兩制」的認識，也提升了人們的國家觀念和民族意識。當然，反對派人士和部分香港法律「翹楚」仍然堅持其把憲法與《基本法》割裂的立場，頑固堅信憲法內與香港特區有關係的內容已經全部納入《基本法》之內，所以國家憲法與香港特區無關。正因為反對勢力和法律界「翹楚」有這樣的看法，所以他們不認為香港人有維護國家和政權安全的責任，更不認為拉攏外部勢力介入香港事務乃「大逆不道」之舉。

與提升香港人對國家憲法的認識和擁護同樣重要的，是《基本法》的宣傳教育。在「主動出手」時期，《基本法》的推廣和與其相關的國民教育工作有欠積極，而且屢遭敗績。對此中央引以為憂。2017 年的《張德江講話》特別強調《基本法》推廣的戰略意義。他強調，「加強香港特別行政區《基本法》宣傳教育，維護《基本法》權威。香港特別行政區《基本法》是依法治港的法律基石。我們要在香港社會普遍樹立起國家意識和法治意識，使廣大香港同胞自覺地尊重《基本法》、遵守《基本法》、捍衛《基本法》。我們要在全社會範圍內開張對『一國兩制』和《基本法》的教育。堅持正本清源、匡正驅邪，糾正對《基本法》的『另類』詮釋，堅決地同歪曲、挑戰甚至違反《基本法》的言行作鬥爭，樹立《基本法》不可動搖的權威。〔…〕要將學習掌握《基本法》的水平作為特別行政區任用和評價公職人員的重要標準，努力提升管治團隊的國家觀、大局觀和法治觀。要格外重視和切實加強對香港青少年的國情教育和法治教育，從小培養他們正確的國家觀念、民族觀念和法治觀念，將他們塑造成為愛國愛港、遵紀守法、奮發有為的新時代人才。」

其實，近年來，國家領導人、中央官員、內地和香港的專家學者對《基本法》的方方面面頻密發言、香港的愛國團體積極開展各類《基本法》宣傳教育的活動、社會上因應不同事件所引發的有關個別《基本法》條文的爭論和特區政府較前進取地推廣《基本法》對提升香港人對《基本法》的認知和《基本法》與個人的種種關係。行政長官林鄭月娥在 2017 年的《施政報告》中宣佈，下學年（2018-19）起將中國歷史科定為初中獨立必修科。特區政府教育局則於 2018 年 5 月公佈中國歷史科修訂課程大綱，中國歷史將列為初中必修科，新課程大綱最快在 2020 年 9 月在全港中一逐級實施。[4] 其實，世界上大部分國家都以歷史教育作為國民教育的切入點，慎重選擇歷史典故、歷史人物和人文與科技成就來孕育國民，尤其是年輕人的國家和民族自豪感和責任感。在香港，鑒於教育界內反對派勢力雄厚，以歷史教育來彌補國民教育之不足，其效用不容高估，但在學校內強制實行歷史教育畢竟是好的開端，將來可以在這個基礎上修訂和豐富內容，讓歷史教育與國民教育更好的接軌，從而更有效地提升香港人的國家觀念和民族意識。總的來說，憲法和《基本法》的推廣，加上歷史教育的推行，肯定會為日後國民教育的展開打下堅實的基礎。

既然要尊重和遵守國家憲法、《基本法》和香港特區的憲制秩序，並因為歷史教育而強化了個人和國家民族的紐帶，香港人便不能也不應該幹那些損害國家主權、危害國家安全、破壞國家制度、威脅國家政權、勾結外部敵對勢力、損害內地的社會主義體制和香港的「一國兩制」的事。其實，早在回歸前，「一國兩制」的總設計師鄧小平先生已經警告香港人不能讓香港在回歸後成為「顛覆基地」，否則中央非干預不行。習主席在

4　教育局指出，初中史科會將中國歷史分為九個「歷史時期」，中一課程是「遠古至唐末」，中二由現時教授「宋元明」延長為「宋元明清」，整個中三則將會教授中華民國和中華人民共和國。初中古代史的教授時間會減少，中國近代史及現代史比例增加。大綱也把「文化特色」及「香港發展」編入不同歷史時期的不同課題，一併教授。

《系列講話》中也劃出中央的底線並提出嚴正警告，「任何危害國家主權安全、挑戰中央權力和香港特別行政區《基本法》權威、利用香港對內地進行滲透破壞的活動，都是對底線的觸碰，都是決不能允許的。」習主席這番話，表明了中央維護國家主權和領土完整的決心和意志，對那些存在於香港內部和外部的對中國共產黨和中華人民共和國心存不軌的勢力無疑是當頭棒喝，也是對廣大香港人的忠告和勸諭。

中央的全面管治權與香港特區的高度自治權的有機結合

儘管中央的「全面管治權」的內涵貫穿於整部香港《基本法》之中，但「全面管治權」這個概念卻是由 2014 年 6 月中央發表的《「一國兩制」在香港特別行政區的實踐》的《白皮書》首次提出，《白皮書》並同時明確申明國家憲法和香港《基本法》的有機聯繫。《白皮書》指出，「憲法和香港《基本法》規定的特別行政區制度是國家對某些區域採取的特殊管理制度。在這一制度下，中央擁有對香港特別行政區的全面管治權，既包括中央直接行使的權力，也包括授權香港特別行政區依法實行高度自治。對於香港特別行政區的高度自治權，中央具有監督權力。」《白皮書》進而臚列了部分重要的中央權力，包括組建香港特別行政區政權機關、支持指導香港特別行政區行政長官和政府依法施政、負責管理與香港特別行政區有關的外交事務、負責管理香港特別行政區的防務、行使憲法和香港《基本法》賦予全國人大常委會的職權。

嗣後，國家領導人和中央官員不斷重申中央的「全面管治權」既是「一國兩制」的基本原則，也是它成功實踐的前提。2017 的張德江講話對「全面管治權」作扼要論述。他指出，「中央對香港特別行政區擁有全面管治權。在此基礎上，香港特別行政區《基本法》規定了中央對香港特別行政區行使管治權的方式，既規定了一部分權力由中央政權機關直接行使，一

部分權力由全國人民代表大會授予香港特別行政區依照《基本法》的規定行使，這就是通常所說的高度自治權的來源。還需要指出的是，在『一國兩制』下，中央與香港特別行政區的權力關係是授權與被授權的關係，而不是分權關係，在任何情況下都不允許以『高度自治』為名對抗中央的權力。正確理解和把握這一點，是維護中央與香港特別行政區良好關係的關鍵。近年來，香港社會有些人鼓吹香港有所謂『固有權力』、『自主權力』，甚至宣揚甚麼『本土自決』、『香港獨立』，其要害是不承認國家對香港恢復行使主權這一事實，把香港從國家中分裂出去。對此，我們絕對不能視若無睹。」

國家主席習近平於 2017 年中視察香港時鄭重指出，「作為直轄於中央政府的一個特別行政區，香港從回歸之日起，重新納入國家治理體系。中央政府依照憲法和特別行政區《基本法》對香港實行管治，與之相應的特別行政區制度和體制得以確立。」在國家治理體系中，國家擁有對香港的主權和由此派生的「全面管治權」。習主席強調，要成功實踐「一國兩制」，「必須把維護中央對香港、澳門特別行政區全面管治權和保障特別行政區高度自治權有機結合起來，確保『一國兩制』方針不會變、不動搖，確保『一國兩制』實踐不變形、不走樣。」有鑒於此，中央會牢牢掌握全面管治權，不會容忍那些權力受到任何方式的挑戰或侵奪。

所謂中央的「全面管治權」與香港特區的高度自治權有機結合，是表示在「一國兩制」下，中央的權力和香港特區的權力共同構成一個有機的整體、扭成一股統一的力量。中央與特區政府各司其職、各用其權、相互配合，互相尊重、一起全面和準確貫徹「一國兩制」、掃除一切妨礙「一國兩制」實施的東西，以及一起維護國家主權、安全和發展利益。中央大力支持特區政府依法施政和推動香港經濟、社會和政治的發展；協助香港融入國家發展大局；共同維護憲法和香港《基本法》的權威；一起壯大

和團結「愛國力量」；合作推動香港人的「人心回歸」；聯手對付香港的反對勢力、分離主義分子和外部敵對力量。簡言之，中央的「全面管治權」與特區的高度自治權相輔相成，一起為共同的目標而奮鬥。

「全面管治權」被《白皮書》提出後，遭到香港反對派和他們在境外的支持者大肆攻擊。為了挑起香港人對中央的猜疑和不滿，他們反對中央在香港享有「全面管治權」，肆意扭曲「全面管治權」的含義，指責中央要削減香港的高度自治權力，背信棄義，並要「全面」和「牢牢」操控香港。事實上，香港回歸以來，反對勢力一貫不承認中央在「一國兩制」下的權力，更不時當中央依法行使權力時予以阻攔和譴責。比如說，「人大釋法」便經常被批評為中央濫用權力、破壞香港的高度自治、損害司法獨立的示例。又比如說，反對派認為在政制改革上，中央沒有主導權和決定權。再比如說，在任命香港特區行政長官一事上，中央沒有實質權力。反對派蠱惑人心的觀點無疑得到部分香港人的認同，而不少中央與部分香港人的摩擦便由此而來。習主席在講話中明晰了在「一國兩制」的憲制秩序下中央與特區的關係以及彼此的權責分野，有利於破除反對派的歪論。

其實，中共十八大以來，中央已經開始認真和有效運用其全面管治權，並與特區政府和愛國力量緊密合作，匡正「一國兩制」在香港實踐出現的偏差，在大是大非問題上堅守立場和底線，對違反《基本法》和香港法律的行為強硬打擊，大力宣傳「一國兩制」的初心和目的。這些舉措，在一定程度上扭轉了長期以來中央因奉行「不干預」或「不管就是管好」政策而造成的被動局面，打擊了反對派的氣焰，排拒了外部勢力，改變了部分香港人對「一國兩制」和中央立場的錯誤理解，鼓舞了愛國力量，對「一國兩制」在香港的實踐產生了良好作用。以此之故，習近平總書記在中共《十九大報告》中得以宣告，「港澳台工作取得新進展。全面準確貫徹『一國兩制』方針，牢牢掌握憲法和《基本法》賦予的中央對香港、澳門

全面管治權。」從今以後，中央必然繼續會堅持運用其全面管治權來履行其作為「一國兩制」「第一責任人」的職責，瓦解各種破壞「一國兩制」和危害國家安全的圖謀。

最近一段時間，中央的全面管治權和香港特區的高度自治權的有機結合越來越明顯，即便遇到一些挫折，但卻又取得了不少實際成果，有力地推動了「一國兩制」在香港的全面和準確貫徹，維護了國家安全，並在相當程度上讓「一國兩制」的實踐沿着鄧小平先生和中央早已制定的路徑前行。總的和具體來說，可以清楚驗證中央牢牢把握全面管治權、體現中央全面管治權與香港特區高度自治權有機結合的事例有多宗，反映全面和準確貫徹「一國兩制」已經取得不錯的進展，也同時大為削弱了反對勢力和外部勢力干擾「一國兩制」和特區管治的能力。

第一個事例是中央在香港特區各界的支持和配合下為香港的政治體制的發展定下了原則、框架和規範。回歸以來，香港的反對勢力在外部勢力的慫恿下從不間斷地以「政制改革」為中心議題、大力動員羣眾向中央和香港特區政府施加壓力、並因為其政治訴求得不到充分滿足而不計後果地衝擊香港特區的管治，從而使香港長期陷入政治不穩、港事蜩螗、衝突摩擦不斷和特區管治維艱的陰霾之中。2013 年開始，反對勢力為了爭取他們希冀得到的、讓他們有機會取得特區政權的行政長官普選安排，不惜策動「佔領中環」行動，威脅癱瘓香港的金融中心區和金融體系，向中央和特區政府步步緊逼。在特區政府的配合下，為了維護國家安全和防止香港特區政權落在敵對勢力手上，中央決然斷然出手，既彰顯了中央的全面管治權，又解救了陷於水深火熱之中的香港特區政府，從而摧毀了反對派的「佔領中環」行動和其他政治圖謀。2014 年 8 月 31 日，全國人民代表大會常務委員會通過了關於香港特別行政區行政長官普選問題和 2016 年立法會產生辦法的決定。人大常委會的決定確認，「制定行政長官產生辦法，必須嚴格遵循香港《基本法》的有關規定，符合『一國兩制』的原

則，符合香港特別行政區的法律地位，兼顧社會各階層的利益，體現均衡參與，有利於資本主義經濟發展，循序漸進地發展適合香港實際情況的民主制度。」再者，人大常委會的決定強調，「香港特別行政區行政長官既要對香港特別行政區負責，也要對中央人民政府負責，必須堅持行政長官由愛國愛港人士擔任的原則。這是『一國兩制』方針政策的基本要求，是行政長官的法律地位和重要職責所決定的，是保持香港長期繁榮穩定，維護國家主權、安全和發展利益的客觀需要。行政長官普選辦法必須為此提供相應的制度保障。」由是，香港的「政改」問題在中央行使全面管治權後得到根本性的處理。

中央此次處理香港政制改革的態度和手法與過去的截然不同，充分反映了中央「主導引領」的「新時代」對港政策。在此之前，政改方案通常由香港特區政府在取得中央批准後，先行與社會各界包括反對派商討和醞釀，然後由特區政府向中央提出，最後由中央拍板決定。誠然，實際具體過程並非如此「循規蹈矩」，特區政府肯定在很早階段便會與中央探討政改的需要和方式，目的是避免出現特區政府在未經中央應允下啟動政改程序，和防止發生特區政府提交的政改建議被中央否定的尷尬局面。即便如此，中央此次處理行政長官普選的手法並沒有先例可援。在反對勢力搶先大力動員羣眾，並以「佔領中環」相脅迫的陰霾下，中央毅然「提早」亮出對行政長官普選辦法的底線，表明與中央對抗的人不能成為行政長官，並在龐大政治壓力下堅守底線。中央此舉不單導致了「佔領中環」的最終挫敗，也狠狠打擊了反對勢力，並在相當程度上重塑了香港的政治環境和生態，讓長期困擾香港的政改議題在香港的公共議程中失去了首要位置。

第二個事例是中央和特區政府通力合作，阻止「港獨」和本土分離主義分子進入香港立法會，並利用立法會為宣揚分裂國家、危害國家安全的主張的政治平台，同時防止了「一國兩制」在香港的實踐出現「變形」和

「走樣」的情況。在 2016 年舉行的香港立法會選舉，發生了多名鼓吹港獨、公投自決和本土分離主義分子報名參選的情況。立法會選舉後，又有幾名反對派候任立法會議員在宣誓就職時做出各種侮辱國家民族、蔑視國家憲法和香港《基本法》的言行。為了防止那些蓄意挑釁國家主權、挑戰憲法與《基本法》權威和宣揚國土分裂的人進入立法會。香港特區政府率先史無前例地提請香港法院對立法會處理議員宣誓一事進行司法覆核。然而，在司法覆核過程尚未完結之前，那些違法宣誓的候任議員的蔑視國家憲法和香港《基本法》和侮辱國家民族的行徑，卻已經引起了香港人和海內外同胞的公憤。鑒於香港的司法程序甚為冗長、反覆不定和結果難料，為了從根本上杜絕蔑視國家主權的人進入立法會，為了盡早平息政治風波，為了不讓民憤不斷發酵、為了讓立法會盡快恢復正常運作，也為了防範出現「意想不到」的、可能引發更大政治爭鬥的司法裁決，中央不得不果斷主動出手。2016 年 11 月 7 日，全國人民代表大會常務委員會對香港《基本法》第一百〇四條作出解釋，對香港特區各類公職人員的就職宣誓提出嚴格和清晰的要求，未能達到要求者不許就職。人大常委會的解釋嚴正要求宣誓人「必須真誠、莊重地進行宣誓，必須準確、完整、莊重地宣讀『擁護中華人民共和國香港特別行政區《基本法》，效忠中華人民共和國香港特別行政區』內容的法定誓言。」有了人大常委會對《基本法》第一百〇四條的解釋，香港立法會及其他政治體制內的機構便具備了堅固的防禦工事，而「愛國者治港」此一基本方針方能得到體現。人大常委會此次釋法對香港的政治生態造成了廣泛和深遠的影響。由於所有立法會和區議會的議員都需要宣誓或表明願意效忠中華人民共和國香港特別行政區和擁護《基本法》，因此人大常委會對《基本法》第一百〇四條的釋法實際上賦予特區政府權力和責任把那些曾經宣示「港獨」或其他本土分離主義的人排除在議會選舉的門外，從而不容許這些人利用香港的議會為政治平台，向香港人和國際社會散播危害國家主權和領土完整的主張，有效地

保衞了國家的安全，也大為減少了那些人對外部勢力的利用價值。[5]當那些極端分子失去了進入香港的政治體制的機會後，他們的政治能量自會迅速蒸發，理論上能夠讓立場較為溫和的反對勢力有機會再度抬頭，可惜後來溫和的反對派人士沒有好好掌握機會，反而走上激進之路。

　　第三個事例是中央運用其全面管治權為香港特區解決了廣深港高鐵香港段實施「一地兩檢」的法律障礙，讓廣深港高鐵可以如期通車，從而讓香港得以藉着融入國家發展大局而推動自身的發展。儘管各方面都認為，香港要更好地融入國家發展大局，建設廣深港高鐵並實現香港特區與全國高鐵網的互聯互通十分必要和迫切。不過，香港總有一批反對派人士罔顧香港的根本利益而反對深化香港與內地的合作，背後作祟的顯然是他們對中華人民共和國和中國共產黨的抵觸情緒。他們一口咬定，香港《基本法》第十八條至高無上，凌駕一切。他們認為，既然第十八條規定，「全國性法律除列於本法附件三者外，不在香港特別行政區實施」，則容許內地執法人員在「一地兩檢」安排下在香港特區內執行內地法律便違反《基本法》。他們更上綱上線地恫嚇香港人，謊稱「一地兩檢」乃「割地」之舉，而容許內地執法人員在香港執法會破壞香港的高度自治和危害香港人的人身安全。這種對《基本法》的「僵硬」和「偏頗」看法，長期以來在香港特區政府的律政司內也頗為流行，導致特區政府遲遲不能對實施「一地兩檢」的法律依據作出定論，從而耽誤了「一地兩檢」的執行。在廣深港高鐵香港段建成後通車的前夕，如果「一地兩檢」尚未通過法律的認可，則只能通車無期，或者是放棄使用「一地兩檢」的辦法，這樣便會讓那個耗

5　在香港的鄉郊選舉，即使鄉郊代表在就任時無須宣誓效忠中華人民共和國香港特別行政區和擁護基本法，但有意參與鄉郊選舉的人卻須要在遞交選舉提名表格時發表聲明表示「效忠」和「擁護」。反對派立法會議員朱凱廸有意參加鄉郊選舉，但卻沒有遞交有關聲明。選舉主任根據朱凱廸過去曾經發表支持「港獨」作為香港自決的選項而裁定其參選資格無效。同樣地，在 2019 年的區議會選舉中，在國際上知名度甚高且得到美國和西方反共反華政客大力吹捧的香港眾志秘書長黃之鋒也被取消參選資格。選舉主任質疑黃之鋒曾擔任眾志要職，未與眾志的自決主張劃清界線，認為他並非真心擯棄「港獨」作為自決香港前途的選項，並非真誠地擁護基本法，所以裁定他的提名無效。

資巨大的基建項目成為被反對派和香港人嘲笑和譴責的「大白象」，成為他們策動新一輪抗爭行動的藉口，也會嚴重打擊特區政府的管治威信和能力。無疑，那些正是反對派和部分法律界「翹楚」「翹首以待」的最佳結果。

2017 年 12 月 27 日，為了維護香港的繁榮穩定、為了「解救」特區政府、為了讓廣深港高鐵香港段盡早通車、為了徹底平息法律爭議，中央運用來自國家對香港主權的權威和國家憲法授予全國人大的權力，毅然決定出手。當天，全國人大常委會作出了批准《內地與香港特別行政區關於在廣深港高鐵西九龍站設立口岸實施「一地兩檢」的合作安排》的決定，在香港特區高鐵西九龍站設立內地口岸區，在區內實施「一地兩檢」。既然內地口岸區隸屬內地管轄範圍，因此《基本法》第十八條在此便不適用。由是，中央運用其全面管治權掃除了在香港特區高鐵站實施「一地兩檢」的法律爭議，讓廣深港高鐵香港段得以順利通車，並讓香港與內地的交流與合作走上新台階。

第四個事例發生在 2019 年。香港特區政府提出對《逃犯條例》進行修訂。回歸後，香港與內地沒有簽訂互相移交逃犯的協定，香港遂成為內地犯罪者的逃逃藪或庇護所，或者是逃往外地的「跳板」，從而形成了國家安全的突出漏洞。這個漏洞與《基本法》第二十三條本地立法缺位，都標誌着香港特別行政區尚未能完全履行對維護國家安全的責任。香港與內地在回歸後之所以尚未就相互移交逃犯達成協議的主要理由，是中央不想引起香港人和外國人的擔憂，而中央亦體恤特區政府的處境，因此沒有催逼特區政府盡快堵塞漏洞。然而，隨着國家安全和經濟形勢愈趨嚴峻，外部勢力與香港的反對勢力聯手危害國家安全的行動愈趨頻密，而香港又越來越成為內地資金外逃和國有資產流失的管道，堵塞這個漏洞的迫切性也因此越來越迫切。事實上，經過多年來的法制建設，內地的法治情況比前已有明顯改進，難以再以兩地法治「水平」有差異而無限期拖延相互移交逃犯協議的簽訂。2018 年，一名香港人涉嫌在台灣殺害另一名香港

人，然後返回香港並向香港警方承認曾犯殺人之罪，但礙於香港與台灣之間沒有移交逃犯的協議，所以不能將涉案人移交台灣接受審訊。此案在香港社會引起極大關注，也突顯了香港法律制度的漏洞。為了堵塞漏洞，讓公義得以彰顯，香港特區政府提出修訂《刑事事宜相互法律協作條例》和《逃犯條例》，讓特區政府可以用「一次性」或「個案」方式與那些未與香港簽訂相互移交逃犯協定的地方（包括中國內地）移交逃犯。特區政府的修訂建議雖然合乎甚至可以說超越國際標準所給予涉案逃犯的法律保障（Sadoff, 2016），但仍然引起了反對派、台灣當局和一些西方勢力的嚴厲批評和激烈抗議，他們反對把逃犯移交「法治不健全」的中國內地，並「杞人憂天」、「危言聳聽」地宣稱西方國家在香港的公民隨時都有被押解到內地受審的風險。一些反共反華勢力更藉機詆毀香港和中國的司法制度，而部分香港的商界人士也擔心有心或無意觸犯內地法律而被移交。香港反對勢力、一些香港、內地和海外的商界人士和西方政府和政客因為反對此舉而組成「非神聖同盟」，對特區政府形成龐大壓力，希望一舉而摧毀特區政府的管治威信，令《基本法》第二十三條本地立法工作從此「壽終正寢」，削弱各方面對「一國兩制」的信心及醜化中國的國際形象。反對勢力更企圖利用這件事在政治上「翻身」，並進而提出旨在奪取特區管治權的要求。在這場風波中，外部勢力更是前所未有、明目張膽地介入香港事務，積極以各種手段動員和支持香港人尤其是年輕人參與反對《逃犯條例》修訂的各種激烈抗爭行動。

　　從維護國家安全的角度看，香港與內地達成正式的交換逃犯的協議才是較為全面和長遠堵塞漏洞之方，但特區政府的建議仍有一定的作用，因為修訂後的《逃犯條例》對香港內外勢力會產生阻嚇作用，減少香港對他們作為「顛覆基地」、「間諜基地」或「滲透基地」的價值。然而，香港特區政府在處理《逃犯條例》修訂一事上政治判斷力嚴重不足，管治團隊欠戰鬥隊形、而且沒有「打硬仗」的準備，加上態度傲慢和進退失據，讓外

部勢力、台獨分子和香港反對派有「黃金機會」發動連串超大規模的政治鬥爭和暴力衝擊。一時間特區政府陷入「四面楚歌」的絕境。在這次香港回歸後最嚴峻、最大規模和最血腥暴力的政治鬥爭中，特區政府的管治威信固然大受打擊，就連愛國力量也因為堅定支持特區政府而付出沉重政治代價。為了維護國家主權、保衛特區政府的管治權威和能力和抗擊反對派和外部勢力，中央果斷出手，旗幟鮮明表態支持特區政府修訂《逃犯條例》。2019 年 5 月 21 日，中共中央港澳工作協調小組組長韓正在會見香港福建社團聯會訪京團時指出，香港特區政府提出的「兩個條例」修訂，[6]符合《基本法》相關規定，有利彰顯香港社會的法治和公平正義。中央政府完全支持特區政府的修訂工作，深信通過特區政府努力工作和社會各界理性討論，一定能夠消除疑慮，進一步達成共識，香港社會各界都要為香港社會在全世界範圍內的良好法治形象而共同努力。中央出手有利於整合愛國力量共同「禦敵」、紓緩了商界的擔憂，希望讓法例修訂工作得以在強大反對壓力下「順利」進行。可是，外部勢力與香港反對派沒有因此而偃旗息鼓，反而傾盡全力，利用香港長期積累的社會矛盾和年輕人的各種怨氣，挑起部分香港人對警察「以武制暴」的一些手段的誤解或不滿來離間警民關係，更在香港組織和策動連場大規模的、含有血腥暴力成分的政治鬥爭。反對派與外部勢力的目標，顯然不是阻止《逃犯條例》修訂那麼簡單，而是要奪取香港特區的管治權、破壞香港的「一國兩制」和在中美戰略博弈中讓香港成為危害國家安全的棋子和與中國討價還價的籌碼。所以，即便後來香港特區政府宣佈不再處理或「撤回」《逃犯條例》的修訂，暴亂不但未有止息，反而愈演愈烈。《逃犯條例》修訂風波也快速演化為歷時甚久的香港特區管治權的爭奪和中美戰略較量；成為了關係到特區管治權是由中央和愛國力量繼續掌握，還是旁落到外部勢力和反對派

6　「兩條條例」修訂指《2019 年逃犯及刑事事宜相互法律協助法例（修訂）條例草案》。

手上的生死之戰。此次生死之戰也關乎到「一國兩制」是沿着鄧小平先生制定的路徑貫徹還是朝着建構香港為「獨立政治實體」的方向前進；當然更關係到香港是逐步融入國家發展大局還是逐漸從國家分離出去。針對這場特大暴亂，外交部駐港特派員謝鋒在 2019 年 10 月 24 日舉辦的「粵港澳大灣區國際論壇」上指出，人們越來越看清楚，反修例根本就是一個幌子。香港反對派及其背後外國勢力的真實面目的就是要搞亂香港，推翻合法政府，搶奪管治權，就是要把香港變成獨立或半獨立的政治實體，顛覆「一國兩制」。謝鋒口中的外國勢力明顯是指美國。[7]

在政治疾風驟雨下，中央毅然挺身而出力支撐那個飽受各方政治壓力煎熬的香港特區政府，全力支持備受屈辱和責罵的香港警察「止暴制亂」，並在愛國陣營的積極參戰下，與外部勢力和香港反對派正面交鋒，決一死戰。中國政府也對那些慫恿和包庇暴亂分子的西方國家特別是美國施加外交壓力，迫使其收斂其敵對行為。縱使外部勢力和香港反對派最終成功迫使特區政府「撤回」《逃犯條例》修訂，但卻未能讓中央和特區政府向其提出的嚴重打擊國家主權安全、特區政府管治威信和警察隊伍士氣的極端要求就範。此次《逃犯條例》修訂風波雖然讓香港反對派得以逞一時之勇，增殖了政治資本，挫傷了中央和特區政府的威望，並增加了特區政府的管治困難，但卻讓中央對外部勢力介入香港和中國內政加深了警惕、對香港反對派的本質和忠誠有了新的體會、對香港年輕人乃香港社會和政治穩定的隱患增加了了解、對部分特區官員和「愛國」人士的立場不穩、機會主義和缺乏擔當的情況看得清楚、對香港成為國家安全的威脅提升了擔憂和關注，也對香港特區和特區政府在維護國家安全上的意志

7　謝鋒提出質問：美國國會上週通過了所謂《香港人權與民主法案》、《保護香港法案》和《與香港站在一起》決議案，有良知的人不禁要問，這些議員何其虛偽，一方面污衊中國中央政府侵蝕特區自治權，另一方面卻通過美國立法赤裸裸地干涉中國內政和香港事務，竟對法治和自由指數排名均比美國高的香港指手劃腳？他們究竟是「保護香港」，還是縱容暴力、庇護暴徒？他們道貌岸然，口口聲聲「與香港站在一起」，為何所作所為卻「與暴徒站在一邊」？

和能力有更多的疑慮。這場特大規模、歷時甚久和破壞力超強的政治暴亂估計會促使中央日後在維護國家和香港的安全上承擔更加主動和積極的角色和作用，減少對香港特區的依賴，盡量利用其作為主權國的中央政府所擁有的各種手段去捍衛國家利益和安全，保衛香港的繁榮穩定，以及確保「一國兩制」全面和準確貫徹。可以預料，在維護國家與香港安全上，中央的「主導引領」角色會越來越大，也越來越明顯。

第五個事例同樣發生在 2019 年。當香港飽受極端暴力煎熬之際，香港特區政府在 10 月初引用《緊急情況規例條例》(《緊急法》) 訂立《禁止蒙面規例》來壓制暴力分子。24 名反對派立法會議員對此提出司法覆核，香港高等法院的裁決卻認定行政長官會同行政會議以危害公共安全為由動用《緊急法》立法，不符合《基本法》規定，其立法理據因而不獲法院接納，法院因此裁定緊急法違憲。由於《基本法》第二十三條尚未完成本地立法程序，如果《緊急法》又被法院裁定違憲的話，則特區政府便失去強有力的法律手段去止暴制亂，而香港則會繼續受到極端暴力的蹂躪。在中央眼中，香港法院的裁決本身便違反了《基本法》，因此乃越權之舉。而香港法院罔顧香港當前面對的嚴峻局勢而獨行其是，其欠缺大局意識更令中央懊惱不已。針對香港的亂局，中央毅然決然出手，既保衛中央權力，又維護特區政府的管治能力。除了港澳辦、中聯辦和其他中央機關對高等法院的裁決表達異議外，全國人民代表大會法制工作委員會發言人臧鐵偉更表明人大法工委對高等法院的判決「嚴重關切」，並且高調批評該判決不符合《基本法》。他指出，「《基本法》第八條規定，包括緊急法在內的香港原有法律，除與《基本法》相抵觸或經香港立法機關作修改外，予以保留；在 1997 年 2 月 23 日，全國人大常委會會議亦根據《基本法》第一百六十條處理香港原有法律的規定，作出《決定》，將緊急法採用成香港法律。」因此，臧鐵偉認為《緊急法》符合《基本法》，反而是高院判決不符合《基本法》和人大《決定》。他進一步指出，香港法律是否符合《基

本法》，只能由全國人大常委會作出判斷和決定，任何其他機關都無權作出。更嚴重的是，「法院判決削弱特區政府管治權。」中央此次出手，讓緊急法繼續成為香港特區政府能夠運用來維護國家主權和安全乃至香港的治安與秩序的有力法律武器，不會因為反對勢力的挑戰和香港法院對《基本法》的不正確理解而被廢掉，從而鞏固了香港的「行政主導」體制。事實上，經過多年來的發展，中央對香港特區的全面管治權已然確立，而中央的全面管治權與香港特區的高度自治權的有機結合也越來越順暢並明確展現。與此同時，中央的全面管治權和香港特區的高度自治權的有機結合亦逐步走向制度化和細緻化。2017 年的《張德江講話》強調，「從香港特別行政區《基本法》的實踐情況看，今後要從維護中央全面管治權和中央授予特別行政區自治權兩個方面，繼續夯實制度基礎，完善制度建設，用實用好《基本法》的科學頂層設計，健全《基本法》實施的監督和保障機制。對於香港特別行政區依法享有的行政管理權、立法權、獨立的司法權和終審權等，要充分尊重並切實予以保障。對於屬於中央的權力，在完善有關法律法規，保障直接行使外交、國防等權力的同時，圍繞對特別行政區法律備案審查權、行政長官和主要官員任命權、《基本法》解釋權和修改權、特別行政區政制發展問題決定權、中央政府向行政長官發出指令權以及聽取行政長官述職和報告權等，要制訂和細化有關規定，健全落實《基本法》的具有操作性的制度和機制，確保《基本法》得到全面準確貫徹執行。」

中央之所以將其權力行使納入制度化和細緻化軌道，目的是要體現堅持依法治國和依法治港的原則，也讓權力的行使更具有效性、合理性、高透明度和可預測性，減少各方面對中央行使全面管治權的疑慮。習近平總書記在《十九大報告》中提到要在全國深化「依法治國」，這項方針肯定也在香港適用，其中講到「成立中央全面依法治國領導小組，加強對法治中國建設的統一領導。加強憲法實施和監督，推進合憲性審查工作，維

護憲法權威」等各項重要工作，其對「一國兩制」在香港實踐的含義甚為清晰。這就是說，中央將會積極確保國家憲法和《基本法》在香港的應用和實施，消除一切違反國家憲法和《基本法》的東西，但卻同時要合符制度和法律的規範。習近平總書記明言，「保持香港、澳門長期繁榮穩定，必須全面準確貫徹『一國兩制』、『港人治港』、『澳人治澳』、高度自治的方針，嚴格按照憲法和《基本法》辦事，完善與《基本法》實施相關的制度和機制」（《十九大報告》），就是這個意思。完善行政長官向中央的述職制度、強化行政長官和主要官員對中央人民政府的任命前審查和就任後的問責，以及加強人大常委會對香港立法會通過的法律的審查工作，都是已經開始實施了的舉措。這些工作在 2019 年的特大暴亂後肯定會進一步加強。

發展和壯大香港的愛國力量

既然「愛國者治港」乃「一國兩制」成功實踐的關鍵，則大力發展和壯大香港的愛國力量乃應有之義。習近平總書記在《十九大報告》中指出，「我們堅持愛國者為主體的『港人治港』、『澳人治澳』，發展壯大愛國愛港愛澳力量，增強香港、澳門同胞的國家意識和愛國精神，讓香港、澳門同胞同祖國人民共擔民族復興的歷史責任、共享祖國繁榮富強的偉大榮光。」鄧小平先生在回歸前已經明確表示，回歸後的香港必須由那些忠於國家民族和認同中央的「一國兩制」方針的愛國者治理。假如特區政權落在反對中央的人手上的話，不但「一國兩制」無法落實，香港人的利益受損，外部勢力更會通過香港進逼中國，香港難免會成為國家安全的威脅。不過，迄今為止，香港的愛國力量仍然不夠強大、團結、具備統一領導，和擁有高超的管治本領，反對派因此能夠在香港不斷興風作浪，對「一國兩制」的實踐、特區的管治和香港的長遠發展造成嚴重困擾。在壯大和團

結愛國力量上，中央一定會與香港特區加強合作，讓愛國者能夠更快地進入各級管治架構中吸收經驗和發揮作用，從而擴大愛國力量的人才供應和羣眾基礎。同時，國民教育必須切實推行，以確保香港的管治者和作為「一國兩制」的接班人的青少年都是愛國者。習近平主席記在《系列講話》中鄭重要求，「要對香港社會尤其是公職人員和青少年進行廣泛的國家憲法和香港《基本法》的宣傳和教育，讓他們了解和擁護國家憲法和《基本法》，成為合格的『愛國者』。」

管治聯盟的建設

要全面和準確貫徹「一國兩制」，一個其主體是愛國者的管治聯盟必不可少。這個管治聯盟內部有一個眾所周知和承認的領導人等級序列和明確的規章制度。它需要承擔的任務包括：確保「港人治港」、高度自治得以落實，維護國家主權、安全和發展利益，認同中央的「一國兩制」方針政策，聯繫和團結各方愛國精英，實現香港特區的有效管治，加強中央、香港特區政府和香港社會的聯繫和感情，拓闊中央、特區政府和愛國力量在香港的社會支持基礎，理順香港行政機關和立法機關的關係，支持和協助愛國人士在行政長官和各級議會選舉中當選，訂立和執行利益、職位和酬庸的制度和機制，分別聯繫社會各界團體和力量，在「一國兩制」的詮釋上掌握「話語權」從而讓香港人更了解「一國兩制」的原來目標和核心內容，抗衡反對勢力在香港的言行，推動國民教育和愛國情懷，消除國際社會對香港「一國兩制」的誤解和爭取海外人士對「一國兩制」的支持，擴大愛國陣營、培訓愛國政治人才等。

在英國「正常」的撤出殖民地過程中，無論是源於英國人的培植或來自「反殖」和獨立運動的鬥爭歷練，在殖民地獨立前夕已經存在着有相當羣眾支持基礎和政治能力的執政力量和領袖人物，他們可以馬上接收英

國人留下來的政權，並按照其政治藍圖和理念管理新的國家。香港的情況顯然極為不同。在「殖民地」時期，那些支持中國共產黨和新中國的愛國力量長期受到「殖民地」政府的打壓和迫害，也受到不少對中國共產黨有成見和逆反心態的香港人的歧視與排斥。1967 年爆發的、目的在於呼應內地文化大革命的「反英抗暴」行動更加深了愛國人士與廣大香港人的隔膜。以此之故，回歸前愛國力量在香港頗為勢孤力弱，與主流社會隔膜甚深。當香港回歸中國已是既成事實後，不少「識時務」的「俊傑」紛紛參與到愛國陣營來，而中國政府又大力在香港開展統戰工作。然而，總體而言，愛國力量雖有顯著的擴大，但其社會支持基礎仍屬偏狹。與此同時，為了不讓愛國勢力坐大並成為香港特區政權的骨幹，英國人一方面竭盡全力限制愛國力量的擴張，二方面盡力培植蓄意與中國政府對抗的香港反對勢力，三方面銳意培訓華人公務員為日後的「治港港人」，四方面或明或暗地在香港灌輸不利愛國力量發展的反共反華意識。在中英兩國因為政改問題談不攏而分道揚鑣之後，這幾方面工作更加緊進行。與中國政府擴大愛國力量的工作成效相比，英國人在扶植反對派上的成果更為顯著。

香港在回歸之際，愛國力量在香港不但尚未成為主流政治力量，而且由於其組成廒雜、羣龍無首、組織鬆散、紀律鬆弛、山頭林立、個人恩怨不少和缺乏統一政治理念的緣故，其戰鬥力和政治威望都難以望反對勢力的項背。如果不是因為香港《基本法》制定的政治體制和選舉辦法刻意讓愛國力量得以執掌香港特區政權和在立法會內佔有多數議席的話，則「愛國者治港」的局面也難以在「名義上」達致。然而，由於反對勢力仍可利用其在立法會的存在不斷干擾和阻撓政府施政，並憑藉其在社會上較高的民望和組織優勢不斷製造和利用政治議題發動輿論和羣眾向中央和香港特區政府施壓，愛國者即使不虞丟失政權，但卻難以進行有效管治和穩定政局。

回歸前後，就如何建構能夠體現「愛國者治港」的管治聯盟一事，中

央思考再三，其中是否要在香港組建類似「執政黨」的機構更讓中央趑趄不前。據我多年來的觀察，鑒於要實現「港人治港」、中央莊嚴承諾中國共產黨不在香港特區公開活動、嚴陣以待香港反對派的強力挑戰、防止外部勢力介入香港內政和實施有效管治的關係，組建以愛國者為主體的管治聯盟客觀而言既必不可少，也刻不容緩。不過，中央對於組建管治聯盟確實有諸多顧慮。第一，在中國的憲制下，中國共產黨是包括香港在內全中國的執政黨。不過，在「一國兩制」、「港人治港」和高度自治下，中國共產黨不能在香港直接執政，只能依靠香港的愛國者行使中央授予的高度自治權力、「代為」履行管治香港的任務。可是，在香港的政治體制下，行政長官和立法會都要通過選舉產生。香港的反對派在產生行政長官的選舉委員會中佔有一定比例的席位，又有足夠選票在立法會中拿到一定數量的分區直選和功能團體選舉產生的議席，因而對行政長官和立法會的選舉結果有一定但難以預料的影響，實際情況取決於政治形勢和民意氛圍的變化。再者，由於有選舉的關係，所有參與選舉的候選人都有傾向和需要尋求民意與選民的支持，但因為有部分香港人對中央有抵觸情緒或逆反心態，行政長官、主要官員和相當比例的立法會議員在重大事項上的立場不一定會與中央保持一致。所以，任何香港特區的管治聯盟的核心既然都必須包括行政長官、主要官員和大部分立法會議員，如何確保這個管治聯盟作為體現中國共產黨在香港執政的「代表」或「代理人」能夠不辱使命是必須處理好的問題。第二，管治聯盟的成員應該都是那些願意效忠中華人民共和國、擁護國家憲法和香港《基本法》，和認同與理解中央的「一國兩制」方針政策的香港各界精英，可是多年來儘管中央多番努力物色和培養愛國精英，但迄今他們加起來尚未能夠得到大多數香港人的鼎力支持和信任。如果要組建一個有更廣闊羣眾基礎的管治聯盟，則需要招募一大批政治立場並不一定牢固可靠的人士，其中包含的風險自不待言，尤其在國家面對的安全威脅愈趨嚴峻之際。第三，由於歷史原因，就算在那些符合愛

國者最低要求的精英之中也存在在諸般差異，包括政治背景、界別利益、個人利益、政治信念、政治勇氣、政策主張，和與西方勢力的糾葛和對中央的忠誠度。尤其難處理的是來自不同社會階層的精英、「親中」和曾經「親英」的政治人物、傳統愛國人士與「新晉」愛國人士、「新界原居民」代表和其他政治精英之間的分歧、隔膜和恩怨。中央要把那些人「扭成一股繩」絕非易事，非要花大力氣不可，但最終成效為何卻難以斷言。（劉兆佳，2017b:166-175）

第四，在愛國力量內部分化和鬆散的情況下，要把他們組織起來成為名符其實的、統一的、團結的、有政綱、有領導、有紀律和有戰鬥力的「執政黨」，而香港特區行政長官和主要官員又是來自或產生自這個「執政黨」是幾乎不可能的事。我所指的「執政黨」並非泛指一個領導或控制政府的政黨（通常執政黨就是這個意思），而是指一個與政府關係密切、是政府在執政時需要依靠、而且又擁有龐大政治資源和群眾基礎的組織，所以我才在「執政黨」一詞上加上引號。大部分這些愛國精英都沒有群眾基礎或只有薄弱的群眾基礎，也得不到重要社會團體的可靠和鼎力支持。所以，在缺乏眾望所歸領袖、彼此爾虞我詐和高度依賴中央支持的情況下，期望他們「自發」和「自行」組織起來成為一股強大政治力量並不實際。事實上，沒有中央的首肯，他們也不會、不能和不敢做違逆中央意願的事，生怕中央懷疑他們的政治意圖和對中央的忠誠。傳統愛國精英雖然有不少愛國團體和組織為後盾，但那些愛國組織成員的效忠對象卻是中國共產黨，並在重大事務上接受中共的指導和領導。由於愛國精英本身缺乏能力、自主性、團結性與龐大資源組建「執政黨」，所以，要不要把他們組織起來成為「執政黨」其實最終取決於中央對在香港成立「執政黨」的意向。不過，一個完全由傳統愛國精英組成的「執政黨」難以取信於香港人，在可預見的將來亦難以主導和駕馭香港的政局。然而，儘管以「執政黨」形式組建管治聯盟在「理論上」能夠更好地履行我在本節開始時縷述的政治功能，

尤其是考慮到香港特區的管治將長期遇到擁有一定羣眾基礎的反對派和虎視眈眈的外部勢力的挑戰和阻撓，但從中央角度看，組建「執政黨」牽涉到一些複雜的考慮。其一是一個比較強大和有不錯的羣眾基礎的「執政黨」會否在香港人的壓力下與中央在重大問題上發生齟齬甚至衝突，最嚴重的後果是因為那個「執政黨」的存在反而會使得「一國兩制」在香港的實踐出現偏差。其二是「執政黨」的存在無可避免對中央在處理香港問題時的「自主性」受到一定的制約，難以從「全局」或國家整體利益的角度制定對港方針政策。如果因為「執政黨」的壓力而在方針政策上過度祖護香港，則內地同胞會不高興，對「一國兩制」的認可也會打折扣。其三是「執政黨」有可能要求中央在選拔行政長官和特區主要官員時接受他們的推薦，尤其是要優先或只能考慮「執政黨」的成員。果如是的話，香港特區的行政長官和主要官員雖由中央任命，但實質上卻要對「執政黨」負責。這個情況肯定不是中央所能接受的。其四是在愛國力量仍然不夠強大的情況下，建構「執政黨」乃艱巨、龐大和長期的政治工程，需要克服重重困難。如果中央狠下決心和投入足夠資源的話，也許會有成功機會。不過，組建過程難免會在香港引發中央與反對派和他們的支持者的摩擦，也會引來外部勢力的干擾、責難甚至「懲罰」。就算在愛國陣營之內，能否讓他們對組建過程中涉及的利益、地位、職位和回報的分配「心悅誠服」對中央來說也是一大考驗，弄得不好的話反而會分化愛國人士。其五是在愛國力量的社會代表性和羣眾基礎仍然不夠廣闊的情況下，組建「執政黨」有可能把愛國力量的社會代表性和羣眾基礎「凍結」下來，對日後延攬其他精英加入或引導部分反對派人士「改弦易轍」轉化為愛國者不利，因此反而會妨礙愛國陣營的不斷擴大和充實。事實上，由於反對派的生存和發展的空間長期而言只會越來越惡化，他們當中部分人將來選擇投向愛國陣營的可能性是不低的。更有可能的是，原來準備加入反對派但政治包袱不重的人尤其是年輕人在「審時度勢」後選擇放棄反對派而投身愛國陣營。

　　根據路透（Reuter, 2017）對俄羅斯和其他國家的研究，即使在那些有着多黨選舉競爭的地方，強大的「主導政黨」（dominant party）也不一定會誕生。只有在政權領導人和政權外的精英分子實力相當而又彼此在政治上需要對方的時候，他們才會放棄自己一部分的「自主權」與另一方合組「主導政黨」來贏得選舉和駕馭政局。路透這樣分析，「當政權領袖相對於精英分子享有資源上優勢時，他們尋求精英分子的支持的誘因便會下降，相反，他們違反過去與精英分子達成的交易的動機卻會上升，因為那些交易約束了他們的活動空間。反過來說，如果精英分子相對與政權領袖有更多的可以自主支配的資源的話，他們便可以自行達到自己的政治目標，所以精英們便有誘因去不遵守他們以前與政權領袖達成的、削弱他們的自主權的協定。因此，主導政黨最有可能出現的情況是，當精英分子擁有足夠的、獨立的政治資源，而政權領袖又垂涎那些資源，但那些資源卻又不是因為過於充沛而令精英分子〔因為不願意讓政權分享自己的資源而〕對投入主導政黨卻步。」（Reuter, 2017:3）假如我們把「主導政黨」換作是「執政黨」、「政權領袖」換作是中央、而「精英分子」換作是香港的愛國者，則香港沒有出現「執政黨」便不難理解。中央固然希望在處理香港事務時享有最大的「自主性」，不會願意受到「執政黨」的限制。香港的愛國人士和團體既然社會支持基礎不強，加入一個「執政黨」反而會讓他們獲得更多的資源和回報，但要與那些與他們利益、理念和支持者不一致的人協調、合作和妥協卻非他們所願，要他們接受嚴謹的紀律更非易事。因此，他們對成立「執政黨」的誘因不大，更不會聯合起來要求中央組建「執政黨」。

　　然而，在「港人治港」下，中央不能委派內地官員治理香港，行政長官和立法會須要通過選舉產生，而香港的反對勢力在外部勢力和部分香港人的縱容下，又不斷挑戰中央和香港特區政府的權威和干擾與阻撓特區的管治。在這個複雜艱難的環境下推進「一國兩制」大業、在香港特區實現

有效管治和抗衡反對派殊非容易。所以，某種形式的管治聯盟不可或缺。事實上，回歸以來，中央在建立管治聯盟上的確做了一些工作，而且近年來那些工作還在不斷有意識和有計劃地加強，並且已經取得一定的進展，當然離理想目標尚遠。2019 年的特大暴亂，正好暴露了管治聯盟在與內外反共反華勢力的搏鬥中戰鬥力和團結性都不足的弱點。即便如此，通過從過去一段時間的發展，中央組建管治聯盟大方向的輪廓基本上已經可見端倪，管治聯盟也已經初步出現，今後應該會繼續沿着既定方向不斷擴大、加快和強化。

　　這個形成中的管治聯盟估計有幾個明顯特徵。首先，它不是以「執政黨」的形態出現，而是一個廣泛和龐大的政治網絡。中央或其授權的機制則是管治聯盟的總部，擔負指揮、協調、統籌、賞罰和資源分配的功能。管治聯盟內的不同組織和個人與總部密切聯繫，而彼此之間則維持各自的某種自主性。第二，管治聯盟的成員各自代表不同的政治、經濟、社會、羣體和地區的利益。管治聯盟容許某種程度的利益和觀點分歧的存在，然而，在大是大非問題上，他們的立場必須保持一致。大是大非問題包括對「一國兩制」的理解、對中央權力和責任的認識、對政治體制發展的態度和對中央與香港特區政府的支持。第三，由於管治聯盟是政治網絡而非嚴密機構的關係，管治聯盟的組織和運作都頗為鬆散，內部矛盾不時公開化難以避免，在一定程度上會削弱其政治威信。第四，管治聯盟的成員當然以行政和立法機關的領導者（行政長官、主要官員、行政會議成員、立法會議員、重要的法定機構和諮詢組織的領導人等）以及各大政黨最為重要，但來自社會各界（工商界、學術界、文化界、媒體、智庫、社會賢達、人大代表、政協委員、已經退下來的高級官員和政治人物、勞工界、專業界、宗親組織、同鄉組織、宗教界、學生和青年領袖等）的精英也是重要成員。第四，管治聯盟的組成和人數在維持某種團結性和統一性的前提下不斷開闊。除了忠誠擁護中央的愛國者的數目會持續上升外，越來越多

的、在政治上比較「中性」但卻對中央持合作和友善態度的社會精英也會被吸納到管治聯盟之內。反對派中有些人會有感於其政治道路越走越窄，而香港人又愈趨重視與中央建立良好合作關係之故，也會在審時度勢後改變對中央的態度，在堅持推進民主發展和社會改革的訴求之同時，接受中央對「一國兩制」的詮釋，願意在《基本法》規定的政治體制內活動（包括尋求其改變），拒絕「勾結」外部勢力和承擔維護國家主權和安全的責任。如此的話，他們可以以「忠誠的反對派」或「建制派內的改革派身份加入管治聯盟。隨着越來越多新成員的加入，管治聯盟的社會支持基礎和政治認受性也會不斷強化。可以預期，中央日後會朝着那個方向努力推進管治聯盟的開拓工作。

從政治角度來說，儘管中央政府和特區政府兩大機構不是管治聯盟的正式成員，但它們在管治聯盟和組建和運作過程中卻擔當着不可或缺的角色。當然，中央擔當的是主導者的角色，而特區政府則主要予以襄助和配合。以此之故，我們不妨把中央、特區政府和管治聯盟三者視為香港特區的「廣義管治力量」的有機核心組成部分。換句話說，他們是管治香港特區的「鐵三角」。特區政府和管治聯盟分別接受中央政府的政治領導，而它們三者之間則在明確政治分工下進行合作。中央尊重「一國兩制」下的「港人治港」和高度自治，而特區政府和管治聯盟則肩負維護國家利益和確保「一國兩制」全面和準確貫徹的責任。2019年特大暴亂發生後，香港特區政府處於空前弱勢，在之後的一段日子裏，中央和管治聯盟在這個「廣義管治力量」中的重要性和影響力會有所提升，特區政府對他們的依賴性亦會相應增加，而特區政府更會逐步擺脫它一貫標榜的「政治中立」、「超越政治」的迷思，政治行為更向愛國力量傾斜。

過去幾年的香港政治形勢的變遷表明，即便香港特區沒有「執政黨」的設置，一個非正式組織起來的「廣義管治力量」和其所承托的一個頗為鬆散的管治聯盟亦能夠讓香港特區享有一定程度的有效管治和政治穩定。

當中至關重要的是中央政府對管治聯盟的堅強和睿智領導。如果中央和香港特區政府約制反對派的策略持續取得成效，而反對派又因為長期處於分化狀態和流失民眾支持而走弱，則一個略為鬆散的管治聯盟也許已經能夠基本上應付未來香港特區管治的需要，而同時又能兼顧到中央對「執政黨」的擔憂。倘若不然，特別在外部勢力介入的情況下，則進一步構建一個組織更為嚴密、領導更為強勢與集中的管治聯盟便不可避免。

要求香港人切實承擔對國家的責任

　　香港人必須切實負起維護國家主權、安全和發展利益的責任。不少香港人錯誤以為在高度自治下，他們對國家沒有或只有有限的責任和義務，只需要以香港特區為「效忠對象」。以此之故，他們甚少思考國家利益、根本上不明白何謂國家利益，更遑論切實保衛國家利益。一些人甚至把國家利益或中共政權的利益與香港的利益對立起來。習近平總書記在《十九大報告》中明確要求香港特區政府和香港人「履行維護國家主權、安全、發展利益的憲制責任」，而對行政長官和特區公職人員的要求比對一般人則更高得多。在「一國兩制」下，中央出於對香港人的信任，把部分原來應該屬於中央的、有關維護國家安全的權力授予香港特區行使。這種把保衛國家安全的權力授予地方行政單位的安排在世界上非常罕見，說明了香港享有的自治權確實十分高。比如說，《基本法》第二十三條要求香港特區自行立法禁止六類危及國家安全的行為，而通常這類法律在其他國家和地區是由中央政府訂立的。這個安排的用意是一方面要求香港人負起維護國家安全的責任，但另方面則確保在香港應用的國家安全法律能夠符合普通法的精神和適合香港的情況。同樣的是，香港特區法院審判的眾多案件中，部分也涉及到國家安全的問題，而那些案件在其他國家往往由國家級的法院辦理。當然，伴隨着權力而來的是責任。不但香港的政

治體制內的行政、立法和司法機構需要履行維護國家安全的責任，所有香港人都有這個責任。

隨着國家的快速崛起，一些國家對中國的崛起心生疑慮和抗拒，而國際秩序又愈趨混亂，因而中國面對的各種各樣傳統和非傳統的國家安全威脅越來越多，也越來越複雜。外部勢力意圖利用香港來危害國家安全的誘因和行動只會越來越多。2014 年底發生的「佔領中環」嚴重事件，外部勢力的慫恿和參與若隱若現。[8] 近年來「港獨」勢力的發難更是明顯的分裂國家的行動。在國家安全問題越來越複雜和嚴峻之際，以捍衛傳統國家安全為主要目的的《基本法》第二十三條已經難以滿足維護國家安全的需要，更何況香港特區還沒有完成與此相關的本地立法程序，而甚麼時候能夠完成立法程序又無從得知。香港又長期沒有按照《基本法》第九十五條的規定與內地簽訂正式和全面的相互移交逃犯的協定。部分香港的法官也不一定能夠充分意識到他們在維護國家安全上的責任，也有可能對國家面對的安全威脅不理解和不重視。香港的反對派除了罔顧國家安全外，又經常單獨或與外部勢力勾結從事危害國家安全的行徑。2019 年爆發的特大暴亂正好印證這點。在這種背景下，總書記的忠告和要求必須得到高度重視。當然，中央對於來自香港的國家安全威脅絕對不會坐視不理，聽之任之，必會運用全面管治權予以化解。為此，習近平總書記在《十九大報告》中嚴正表明，「我們堅決維護國家主權和領土完整，絕不容忍國家分裂的歷史悲劇重演。一切分裂祖國的活動都必將遭到全體中國人堅決反對。我們有堅定的意志、充分的信心、足夠的能力挫敗任何形式的『台獨』分裂圖謀。我們絕不允許任何人、任何組織、任何政黨、在任何時候、以任何形式、把任何一塊中國領土從中國分裂出去！」《十九大報告》中雖沒有明言「港獨」，但中央對「港獨」的零容忍態度是彰彰明甚的。

8　喬良：〈美國東移與中國西進—中美博弈與中國「一帶一路」大戰略〉，載於金一南等著：《大國戰略》（北京：中國言實出版社），2017 年，頁 61–91。

中央更積極引領香港的發展

回歸以來，香港雖然大體上仍能保持一定的繁榮穩定，但卻長期要面對經濟增長緩慢、產業結構單一、國際競爭力下滑、貧窮現象突出、貧富懸殊惡化、民生問題叢生、社會矛盾激化、年輕人發展機會不足等眾多經濟社會問題。這些問題在香港引發了不少社會衝突，並為反對派製造了大量策動以中央和特區政府為對象的政治鬥爭的可乘之機。習近平主席在《系列講話》握要地點出問題之所在。他說，「〔香港的〕經濟發展也面臨不少挑戰，傳統優勢相對減弱，新的經濟增長點尚未形成，住房等民生問題比較突出。」習近平主席認為，要處理好香港的眾多問題和挑戰，關鍵在於讓香港更快更好發展。「發展是永恆的主題，是香港的立身之本，也是解決香港各種問題的金鑰匙。」當前，隨着國家的崛起和西方經濟處於長期疲弱狀態，世界經濟的重心正朝着東亞地區轉移，金融和貿易保護主義肆虐，加上西方對香港越來越不友善，香港經濟發展越來越難以如回歸前那樣依仗西方。相反，隨着國家的崛起並考慮到香港對國家的價值，一些對中國懷有敵意的國家有可能對香港居心叵測。因此，在新的世界格局中，香港如何利用好國家發展帶來的機遇和中央給予香港的各種「惠港」政策，關係到香港的長期發展、繁榮和穩定。過去香港強調「背靠祖國，面向世界」，但隨着國家的「走出去」政策深入展開，香港既要「面向世界」，又必須「面向祖國」；既要「朝向西方」，更要「擁抱東方」。當然，那個思想心態的轉變非常痛苦，不少香港人會竭力抗拒，也會在長時間內引發香港內部和香港與內地的摩擦。誠如習近平主席語重心長所言，「香港背靠祖國、面向世界，有着許多有利發展條件和獨特競爭優勢。特別是這些年國家的持續快速發展為香港發展提供了難得機遇、不竭動力、廣闊空間。香港俗語講，『蘇州過後無艇搭』，大家一定要珍惜機遇，抓住機遇，把主要精力集中到搞建設、謀發展上來。」（《系列講話》）與此同

時，香港又可以憑藉它擁有的獨特優勢為國家在建設新時代中國特色社會主義之際作出貢獻。對此，總書記勖勉香港人，「我要特別指出的是，香港同胞一直積極參與國家改革開放和現代化建設，作出了重大貢獻。對此，中央政府和全國人民從未忘記。香港同胞不僅完全有能力、有智慧把香港管理好、建設好、發展好，而且能夠繼續在國家發展乃至世界舞台大顯身手。」(《系列講話》) 習近平主席更具體地說，「香港是重要的國際金融、航運、貿易中心，是連接內地和國際市場的重要仲介，是國家『引進來』、『走出去』的雙向服務平台。迄今香港仍是內地最大的外來直接投資來源地和境外融資平台，同時也已成為內地最大的境外投資目的地和全球最大的離岸人民幣業務中心。更為重要的是，香港享有『一國兩制』的制度優勢，不僅能夠分享內地的廣闊市場和發展機遇，而且經常作為國家對外開放『先行先試』的試驗場，佔得發展先機。『滬港通』、『深港通』以及即將開通的『債卷通』都在香港試點。」(《系列講話》)

然而，儘管香港經濟與內地不斷融合在全球經濟版圖深刻變化之際乃不可逆轉的大趨勢，也是香港能否保持繁榮穩定、對國家的價值和國際地位的大前提。然而，舊的發展思路仍居優勢、特區官員的保守因循心態、行政主導力度不足、部分香港人對國家的抵觸情緒、香港人對改革或改變的患得患失心情、既得利益勢力的阻撓、反對勢力的掣肘以及西方國家的干擾等因素都為香港與內地經濟融合設置種種人為的障礙。以此之故，多年來兩地融合的廣度和步伐只能說是強差人意。當國家的發展一日千里，而香港的發展則瞠乎其後之際，不少內地同胞和香港人對香港的發展前景紛紛引以為憂。如果香港的發展持續滯後，香港的各種社會和政治矛盾便不但難以紓緩，更會愈趨嚴峻，危及到香港的穩定和安全。更甚者，部分香港人因為根深蒂固的對內地同胞的「優越感」受挫而滋生對內地同胞的排斥和歧視，嚴重損害兩地同胞的感情。

面對這種情況，習近平主席在講話中特別提出兩個重要觀點。其一

是中央會更主動積極推動和引領香港的發展，目的是要讓香港更快更好地
融入國家的發展大局之中，尤其是更大幅度地參與到重大的國家發展戰略
之中，從而讓香港可以搭上國家的經濟快車，獲得更多的發展機遇。習近
平主席在《系列講話》中表示，「不論是過去、現在還是將來，祖國始終是
香港的堅強後盾。經過近 40 年改革開放，中國實現了從站起來到富起來
再到強起來的偉大飛躍」。近年來，中央已經擺脫過去對香港特區的「不
干預」態度，轉為「不干預但有所作為」，更多地從國家民族發展和國家安
全穩定的高度來引導香港未來的發展，並適當地把香港納入國家的發展規
劃之中，為香港的發展提供條件和動力。習近平總書記在《十九大報告》
中承諾，「香港、澳門發展同內地發展緊密相連。要支持香港、澳門融入
國家發展大局，以粵港澳大灣區建設、粵港澳合作、泛珠三角區域合作等
為重點，全面推進內地同香港、澳門互利合作，制定完善便利香港、澳門
居民在內地發展的政策措施。」這個承諾正在逐步落實。比如說，過去香
港和內地的合作，一般是通過香港與內地的地方政府商討，經雙方同意後
推行。不過，由於彼此在利益、立場和目標上存在分歧，要進行合作殊不
容易。有見及此，中央開始加強在香港與內地融合上中央所擔負的主導、
設計、推動和協調的角色，並制定相關的政策和措施。國家發改委在粵港
澳大灣區建設上發揮主導、統籌和協調作用便是很好的安排。同樣地，香
港在參與「一帶一路」和人民幣國際化戰略上也會在相當程度上得到中央
的指導和協助。中央的積極性和主動性肯定會加快香港融入國家的速度
和幅度。

　　其二是中央敦促香港特區政府和社會各界積極主動把握國家發展和
中央政策為香港帶來的機遇。中央希望香港特區政府和社會各界調整過
去的「積極不干預」的消極心態，更多的進行長遠和戰略「規劃」，從全國
一盤棋的角度構思香港的長遠發展戰略，讓香港在實現中華民族偉大復興
中國夢征程中作出新的貢獻。鑒於特區政府的領導、推動和統籌的角色

極為關鍵，尤其是涉及到與內地政府和其他國家政府合作、制度和政策的改革、基本設施的建造、人才培訓、財政政策和理財哲學的革新、長遠戰略思維的樹立等方面，特區政府應該率先自我更新和改變。所以總書記對特區政府和行政長官寄望殷切。在《十九大報告》中，習近平總書記強調「要支持特別行政區政府和行政長官依法施政、積極作為，團結帶領香港、澳門各界人士齊心協力謀發展、促和諧，保障和改善民生。」其中「積極作為」是頗為罕有的提法，意味着中央要求行政長官和特區政府在發展上，尤其在兩地經濟融合作上，有更大的承擔和作為，擺脫過去「小政府，大市場」的過度被動保守因循心態，為香港和國家的發展發揮更大的推動、領導和協調作用。同時，習近平主席更希望香港特區的公職人員包括司法人員能夠樹立國家民族觀念，不但戮力服務香港，也要殷殷以國家民族為念。在《系列講話》中，習近平主席對與他會見的行政長官和香港的行政、立法和司法機構負責人這樣說，「希望大家繼續為國、為港貢獻力量。你們當中有一部分人會繼續擔任公職，另一部分人將開始人生的新旅程。留任也好，離任也罷，我都希望大家服務香港、服務國家的初心始終不變，繼續關心香港和國家發展，〔…〕促進香港和內地交流合作，引領青年一代繼承好愛國愛港光榮傳統，為把香港建設得更加美好、為實現中華民族偉大復興的中國夢作出新的貢獻。」為了讓香港的公職人員更好的了解國家的大政方針，從而讓特區政府能夠帶領社會各界更好的支持和配合國家的發展，中央開始設立一套讓特區官員有系統地和及時地了解中國共產黨和中國政府的戰略和政策動向的制度。其實，過去也有中央官員向香港特區官員講授中央內政外交工作的演講會，但一般偶爾為之，尚未建成體系。不過，情況已經得到逐步改善。最近兩三年，每當中國共產黨和中央政府有重大發展戰略和政策出台，來自內地和香港中聯辦的官員便會向特區官員和其他公職人員講解，俾使他們及早掌握，並在行動上作出配合。中共中央文獻研究室主任冷溶、中聯辦主任王志民、外交部香港特

派員謝峰、前全國人大法律委員會主任喬曉陽便曾經分別講授中共十九大報告內容、2019年兩會會議精神、中國的外交政策和動態以及國家憲法與《基本法》的關係。這類對香港公職人員的宣講會今後可望會繼續不斷，並形成制度慣例。

中央的「主導引領」政策的最有力、最突出和最有效的舉措，莫過於在推動香港的經濟發展和產業轉型方面，並力圖藉助經濟的提升來紓緩香港的深層次社會民生矛盾。如果人大常委會對行政長官和立法會普選的「8‧31」決定和人大常委會對《基本法》第一百〇四條的解釋發揮了重大的重塑香港政治生態的作用的話，則中央協助香港「融入國家發展大局」的方針長遠也必然會重塑香港的經濟結構和社會民生生態，而其中的「一帶一路」和粵港澳大灣區建設更是這個方針的「旗艦」。

回歸後，面對內地和其他新興經濟體的激烈競爭，香港產業基礎過於狹隘的弱點暴露無遺。眾多有識之士深知，原來的產業結構只能為香港帶來低經濟增長、愈趨嚴峻的貧富懸殊情況和有限的能夠滿足年輕人訴求的社會流動機會，凡此種種都對政治和社會穩定甚為不利。有見及此，前行政長官董建華於2003年提出香港與珠三角「融合」的發展理念，而前特首曾蔭權則於2009年倡議依靠內地的廣闊市場來發展「六大優勢產業」（教育產業、醫療產業、檢測和認證產業、環保產業、創新科技產業、文化及創意產業）。前行政長官梁振英對加強香港與內地的經濟整合尤為積極。不過，各方面以及政府內部對政府帶頭推進經濟發展和產業轉型缺乏共識，部分香港人特別是反對派對香港與內地「融合」更是百般阻撓，加上客觀條件尚未完備，因此相關工作只能取得有限進展。與此同時，為了促進香港的經濟發展和產業轉型，中央推出了不少讓香港受惠的政策和措施。那些措施雖對香港的經濟增長有一定幫助，但在推進產業轉型上卻效用不大，金融、地產、貿易和服務業仍在產業結構中佔主導地位。尤有甚者，因為世界局勢的深刻變化，香港的經濟還要面對嚴峻和難以確定的挑

戰，包括國際保護主義肆虐、美國和部分西方國家遏制中國崛起、西方國家對香港諸多質疑、全球經濟尤其是西方經濟持續疲弱、「去全球化」和內地經濟處於轉型的關鍵和困難時期乃至美國可能對香港施加制裁等。無論如何，回歸後香港與內地之間的經貿往來日益頻繁，這無疑對香港有幫助，但要在經濟增長和產業轉型上有突破性發展，香港必須要獲得能夠產生新動力的新引擎。

近年來，香港參與到國家的五年經濟社會規劃、粵港合作、深港合作、珠三角區域合作和泛珠三角區域合作等經濟發展合作項目，並取得了一定的成效，但仍有很多不足之處。就參與國家的五年規劃而言，中央願意容許香港參與其中其實是不久之前的事，之前中央的態度相當審慎，生怕讓外界產生香港「被規劃」的錯覺，並因此而被反對派和外部勢力批評中央意圖「模糊」兩制之間的界線或削弱香港的高度自治。再者，中央對如何把奉行自由市場經濟的香港「納入」國家的規劃之內，以及如何落實執行也心中無底。後來，經過認真的考慮，認為此舉有助於香港的發展，再加上特區政府和愛國人士的不斷懇求，中央才「勉為其難」答應。在參與國家的五年規劃過程中，香港特區政府其實沒有從事過嚴謹和全面的科學研究，沒有動員社會各界積極參與，更沒有從國家整體的發展角度思考香港的發展路向，從而把香港的發展與國家的發展連結起來。因此，在「十二五」和「十三五」規劃中有關香港的部分，其實只是那些由香港特區政府各政策部門各自提出並希望獲得中央在政策和資源上支持和配合的項目，它們之間的關係、它們與香港長遠發展之間的關係，乃至它們與國家整體規劃之間的關係並不清晰，甚至連項目完成的日期和打算投入的資源也欠明確，只能代表特區政府的「願望清單」而已。最後，部分項目在五年規劃期內其實尚未完成或「動工」。中央方面雖然對那些項目有所支持和配合，但由於中央尚未能清晰明確界定香港在國家發展戰略中的定位和功能，對項目的落實又沒有監督的權力，其支持和配合無論對香港或國

家的發展，都難以產生戰略性和整體性的功效。

　　過去各種香港與內地經濟合作，其構思和動力主要來自內地地方政府與香港，而前者則比後者往往更為積極進取，主要原因是內地地方政府認為中央重視香港，所以夥同香港一起向中央爭取對自己有利的政策會更容易奏效。實際上，在香港與地方單位的合作中，中央基本上只扮演鼓勵和配合的角色，在主導性、投入程度和國家政策支援上都不算高。可是，香港與各地方單位因為利益矛盾、積極性差異、工作步伐不同、政府的功能角色有別、目的和方向分歧、尤其是制度和規範的差異，彼此的合作往往流於「雷聲大、雨點小」的局面。遺憾的說，相對於內地的熱烈和積極，香港方面則顯得被動和消極。

　　為了更有力地推動香港經濟發展和產業轉型升級，中央深感不能再依賴來自香港的積極性、動力和力量，包括特區政府的主動性。鑒於在國際格局深刻變化的大環境下，香港的未來發展，乃至「一國兩制」能否成功落實，都與國家的發展，尤其是國家的重大發展戰略密不可分，因此中央覺得必須積極引領香港的經濟發展和產業結構改變，並為之提供源源不絕的助推力。因此，在中央的領導下將香港納入「國家發展大局」乃「不二法門」。今後，香港的經濟發展需要整合在國家的經濟發展之中，香港的經濟發展和產業結構必須配合國家發展的需要，以達到「香港所長、國家所需」的全國產業分工合作佈局。只有這樣，香港才能從國家中不斷得到經濟提升的動力，而國家又可以從香港在「一國兩制」下的獨特優勢和貢獻中得益。

　　「一帶一路」倡議和粵港澳大灣區建設乃中央制定、主導和推進的特大國家發展戰略。中央不但期望，也要求香港積極參與其中，並為香港作出清晰定位。這是過去前所未有的事。2018 年 11 月 12 日，國家主席習近平在北京會見香港澳門各界慶祝國家改革開放 40 週年訪問團時表示，中國特色社會主義進入了新時代，意味着國家改革開放和「一國兩制」事

業也進入了新時代。在新時代國家改革開放進程中，香港、澳門仍然具有特殊地位和獨特優勢，仍然可以發揮不可替代的作用。他強調，「對香港、澳門來說，『一國兩制』是最大的優勢，國家改革開放是最大的舞台，共建『一帶一路』、粵港澳大灣區建設等國家戰略實施是新的重大機遇。我們要充分認識和準確把握香港、澳門在新時代國家改革開放中的定位，支持香港、澳門抓住機遇，培育新優勢，發揮新作用，實現新發展，作出新貢獻。」為此，習近平主席提出幾點希望。第一，香港應該更加主動協助國家全面開放。希望香港繼續帶動資本、技術、人才等參與國家經濟高質量發展和新一輪高水平開放。特別是要把香港國際聯繫廣泛、專業服務發達等優勢同內地市場廣闊、產業體系完整、科技實力較強等優勢結合起來，提升香港國際金融、航運、貿易中心地位，加快建設香港國際創新科技中心，努力把香港打造成國家雙向開放的重要橋頭堡。第二，更加積極主動融入國家發展大局。香港融入國家發展大局，是『一國兩制』的應有之義，是改革開放的時代要求，也是香港探索發展新路向、開拓發展新空間、增添發展新動力的客觀要求。實施粵港澳大灣區建設，是國家立足全局和長遠作出的重大謀劃，也是保持香港長期繁榮穩定的重大決策。建設好大灣區，關鍵在創新。要在『一國兩制』方針和《基本法》框架內，發揮粵港澳綜合優勢，創新體制機制，促進要素流通。大灣區是在一個國家、兩種制度、三個關稅區、三種貨幣的條件下建設的，國際上沒有先例。要大膽闖、大膽試，開出一條新路來。香港也要注意練好內功，着力培育經濟增長新動力。第三，更加積極主動參與國家治理實踐。香港回歸後，已納入國家治理體系。港澳同胞要按照同「一國兩制」相適應的要求，完善特別行政區同憲法和《基本法》實施相關的制度和機制，提高管治能力和水平。同時，大家要關心國家發展全局，維護國家政治體制，積極參與國家經濟、政治、文化、社會、生態文明建設，自覺維護國家安全。香港人士還有許多在國際上發揮作用的優勢，可以用多種方式支持國家參與

全球治理。第四，更加積極主動促進國際人文交流。香港多元文化共存，是中西文化交流的重要紐帶。要保持香港國際性城市的特色，利用香港對外聯繫廣泛的有利條件，傳播中華優秀文化，宣介國家方針政策，講好當代中國故事，講好「一國兩制」成功實踐的香港故事，發揮香港在促進東西文化交流、文明互鑒、民心相通等方面的特殊作用。

其實，在習近平主席發表上述講話之前，為了加快推進香港參與「一帶一路」和粵港澳大灣區建設的步伐，以及「主導引領」香港的工作，中央經已明確界定了香港在這兩個重大又相互連接的國家發展戰略中的角色和功能。國家主席習近平於 2017 年 7 月中蒞臨香港考察後不久，中央政府在同年 8 月份已經原則上同意由國家發展改革委員會（發改委）與香港特區政府簽署一份有關中央支持香港全面參與「一帶一路」建設的文件。2017 年 12 月 14 日，行政長官林鄭月娥和發改委主任何立峰在北京簽署了《國家發展和改革委員會與香港特別行政區政府關於支持香港全面參與「一帶一路」建設的安排》（以下簡稱《安排》），作為香港進一步參與「一帶一路」建設的方針和藍本。《安排》指出，加大內地對香港開放力度，推動《內地與香港關於建立更緊密經貿關係的安排》（CEPA）升級；鼓勵內地企業以香港為平台，根據需要在香港成立地區總部，以香港作為進入相關國家和地區的前沿平台；支持相關國家和地區的企業在香港成立地區總部，並開拓內地市場。《安排》提出六大重點領域，包括金融與投資、基礎設施與航運服務、經貿交流與合作、民心相通、推動粵港澳大灣區建設與加強對接合作與爭議解決服務等。

《安排》指出，在符合相關金融市場規範及金融領域監管的基礎上，促進各主要利益相關方（包括投融資方和項目營運方）通過香港平台共同合作，為「一帶一路」建設提供所需資金和多元化的融資管道，包括上市集資、銀團貸款、私募基金、債卷融資等服務。配合人民幣國際化的方向，充分發揮香港作為全球離岸人民幣業務樞紐的地位，完善內地與香港

之間的人民幣跨境雙向流動管道，鼓勵通過人民幣跨境支付系統（CIPS）完成跨境人民幣業務的資金結算，推動兩地資本市場進一步互聯互通，便利兩地規範的跨境投資活動。

《安排》強調，支持香港積極參與和推動粵港澳大灣區建設，深度參與粵港澳大灣區科技創新中心建設，與大灣區其他城市優勢互補，發揮協調效應，並作為雙向開放平台，與大灣區城市共同「走出去」，建設帶動中南、西南地區發展，輻射東南亞的重要經濟支撐帶，積極參與助力「一帶一路」建設。支持香港把握粵港澳大灣區建設的機遇，拓展自身經濟社會發展空間，提升在國家經濟發展和對外開放中的地位與功能。深化大灣區與「一帶一路」相關國家和地區在基礎設施互聯互通、經貿、金融、法律及爭議解決服務、生態環保及人文交流領域的合作，進一步完善對外開放平台，打造推進「一帶一路」建設的重要支撐區。

《安排》還指出，建立聯席會議制度，由國家發展和改革委員會、國務院港澳事務辦公室等相關部門負責同志和香港特別行政區高層代表組成。聯席會議每年至少召開一次例會，圍繞香港參與和助力「一帶一路」建設中的重大問題和合作事項進行溝通協商。

中央對《安排》發表後香港參與「一帶一路」建設上的工作顯然頗為肯定。比如，全國人大常委會委員長張德江於 2018 年 2 月 3 日在北京人民大會堂出席香港特別行政區政府和香港「一帶一路」總商會聯合舉辦的「國家所需，香港所長：共拓『一帶一路』策略機遇」論壇並發表主旨演講。他認為，「在不到兩年的時間裏，香港特別行政區政府在參與和助力『一帶一路』建設方面已取得許多進展，包括成功舉辦兩屆『一帶一路』高峰論壇，加入亞投行，成立『基建融資促進辦公室』，設立『一帶一路』獎學金，與東盟簽署自由貿易協定和投資協定，與國家發展改革委簽署《關於支持香港全面參與和助力「一帶一路」建設的安排》等。」

相對於「一帶一路」，粵港澳大灣區建設與香港的關係更為直接、具

體和密切，也更能夠在短期內取得立竿見影的成果，所以中央對香港在大
灣區建設中的角色和貢獻更為重視，而且要求也更高。粵港澳大灣區建設
與過去的香港與內地合作項目不同，因為它已被納入國家的重點發展戰略
之中，在調動中央、內地城市和香港的積極性方面自然不可同日而語。

　　從世界和歷史發展的大勢觀察，有理由相信粵港澳大灣區發展戰略
應該能夠讓香港的發展踏上新台階，和讓香港經濟裝上長期持續增長的新
引擎。積極參與大灣區建設不但能讓香港提升自己，也讓香港在國家發展
進程中作出新的和獨特的貢獻。如果香港能夠牢牢和竭力抓住和用好大
灣區建設帶來的新發展機遇，從而讓香港面貌一新，則香港乃「福地」的
說法會獲得進一步印證。

　　粵港澳大灣區建設的重要性和對香港的戰略意義，可從幾方面說明。
首先，當今世界，經濟競爭已經不單是國與國之間的事，越來越多的競爭
是城市羣之間的競爭。城市羣內的不同城市憑藉發達的交通、運輸和通
信網絡、暢通的人流、物流、資金流、服務流、信息流和科技流，緊密
合作和優勢互補，制度和政策對接，標準和資格劃一，形成強大的聚合效
應，從而大幅提升它們所屬地區的經濟能量，並拉動周邊地區乃至整個國
家的發展。那個國家擁有強大競爭能力的城市羣，尤其是集聚在交通便捷
的大海灣周邊的城市羣，那個國家便具備全球競爭的能力。以美國的紐
約、三藩市和日本的東京為核心的大灣區的城市羣便是其中的佼佼者。
粵港澳大灣區擁有龐大的人口、發達的製造業和高度的對外開放性，經已
具備了足以進一步與其他大灣區媲美和競爭的條件。要謀求未來長遠可
持續發展，香港不能「單打獨鬥」，必須緊緊依靠和利用粵港澳大灣區所
提供的廣大發展空間。

　　第二，紐約、舊金山和東京大灣區基本上是經過長年累月和「自然」
的區內各城市相互競爭合作、汰弱留強而產生的結果，美國政府在構建
其大灣區經濟帶上的主導角色有限，但日本政府在規劃上的角色則較為

積極。中國的情況有所不同。粵港澳大灣區發展戰略是習近平總書記親自謀劃、親自部署和親自推動的重大國家發展戰略，體現着中國政府的決心和抱負，也是關乎到國家晉身成為富強大國的、「只許成功，不許失敗」的百年大計。從國家深化改革開放、轉變國家的發展方式、鼓勵科技和制度創新、突破「中等收入陷阱」、通過「一帶一路」構建歐亞共同體、建立新的有廣泛輻射能力的經濟增長極和香港長遠發展的角度看，粵港澳大灣區都具有非凡的戰略意義。粵港澳大灣區交通運輸網絡發達，城市之間互補性強，語言文化相通，擁有長期的合作經驗，又擁有香港這個國際聯繫密切的國際大都會，因此完全可以通過在中央和地方政府的推動和協作下，進一步通過經濟整合、優勢互補、分工合作來提升整個地區的競爭力，擴大整個地區的外向開放性，並以其為中心輻射華南一帶，成為推動國家整體發展的一股強大動力。作為一個相對先進和長期對外開放的地區，粵港澳大灣區可以引進更多的科技、政策、制度和辦事方式的創新，配合中央的以創新為發展主軸的方針，為國家的深化改革提供源源不斷的助力，也為全國深化改革開放提供新的範本和經驗。粵港澳大灣區是「一帶」和「一路」的交匯點，是海上絲綢之路的樞紐，能夠強化中國沿海城市與東南亞和南亞國家的城市的聯繫，為建設海上絲綢之路發揮積極作用。粵港澳大灣區也可以讓香港更全面地融入國家的發展，利用其「一國兩制」的獨特優勢為國家作出貢獻，也為粵港澳大灣區進一步走向世界搭橋鋪路。

第三，2019 年 2 月 18 日，中共中央和國務院印發了《粵港澳大灣區發展規劃綱要》(以下簡稱《綱要》)，作為粵港澳大灣區當前和今後一個時期合作發展的綱領性文件。規劃近期至 2022 年，遠景展望到 2035 年。《綱要》要求，作為粵港澳大灣區的四個中心城市之一，香港的功能主要是「鞏固和提升國際金融、航運、貿易中心和國際航空樞紐地位，強化離岸人民幣業務樞紐地位、國際資產管理中心及風險管理中心功能，推動金

融、商貿、物流、專業服務等向高端高增值方向發展，大力發展創新及科技事業，培育新興產業，建設亞太區國際法律及爭議解決服務中心，打造更具競爭力的國際大都會。」香港憑藉其制度完善、法制完備、人才充裕、資訊流通、金融和服務體系發達及國際聯繫廣泛等比較優勢，完全可以在粵港澳大灣區內擔當各種樞紐、協調或中心的角色。

第四，跟過去的各類香港與內地合作不一樣，中央在粵港澳大灣區的建設中擔當着主要的領導、規劃、統籌、協調、推進、執行、防止惡性競爭和「排難解紛」的角色，《綱要》正好反映這一點。尤其重要的是，中央會因應大灣區的建設而源源不斷制定和推出各種特殊和優惠政策，務求讓大灣區能夠在制度和政策創新上大膽嘗試和探索，為國家的深化改革開放戰略累積經驗。中央也希望通過大灣區的建設與世界各國在經貿、金融、投資和科技領域加強交流，讓外國投資者和企業感受到和相信，中國不但不會好像一些發達國家般採取單邊和保護主義政策，反而會為全球化的優化發展、國際自由公平貿易體系和多邊主義體制的建立而盡力。中央更願意不斷向外資開放中國的龐大市場，特別是金融市場，讓各國企業和人才都可以從中國發展中「分一杯羹」。在世界籠罩在「去全球化」的陰霾下之際，中國成為了推進更公平合理的「全球化」和新國際經濟秩序的主要力量。過去香港因為「全球化」而興，現在則是「去全球化」的受害者。中國的以「一帶一路」、粵港澳大灣區建設、亞洲基礎設施投資銀行和「歐亞共同體」為主軸的「新全球化」戰略肯定讓香港大受其惠。

第五，在制定粵港澳大灣區建設戰略時，香港當前的經濟社會民生「困局」和未來的長遠可持續發展是始終是中央念茲在茲的大事。粵港澳大灣區的建設在某程度上是為了讓香港能夠從「融入國家發展大局」中煥發新生機。過去香港與內地合作的成果不少落在財團和專業精英之手，大灣區建設卻是要讓香港不同階層和不同世代的人都能夠分享成果。國家主席習近平 2018 年 11 月會見港澳各界慶祝國家改革開放 40 週年訪問

團時殷切指出，「香港、澳門融入國家發展大局，是『一國兩制』的應有之義，是改革開放的時代要求，也是香港、澳門探索發展新路向、開拓發展新空間、增添發展新動力的客觀要求。實施粵港澳大灣區建設，是我們立足全局和長遠作出的重大謀劃，也是保持香港、澳門長期繁榮穩定的重大決策。」香港行政長官林鄭月娥被委任為國務院副總理韓正主持的粵港澳大灣區建設領導小組的成員之一，成為香港特首進入中央領導機構的首次，充分突顯香港在大灣區建設中的重要角色。中央和大灣區的內地城市不斷推出有關與香港合作的項目，也源源不絕推出便利香港人在大灣區工作、居住、往返、生活、就學和營商的措施，目的都是要促進香港與內地的融合。由是觀之，中央對香港在大灣區建設中寄予厚望，亦鼎力支持和協助。日後中央在考核香港行政長官和特區政府的工作表現時，他們在大灣區建設中所展示的魄力、擔當、能力與成績肯定是一項重要指標。

第六，為了突顯香港在大灣區建設中的重要地位和引領角色，中央特意賦予香港若干「領導」功能。在 2018 年 5 月 11 日國務院港澳辦的官網上發表了《中央領導同志有關粵港澳大灣區建設等內地與港澳交流合作事項的指示精神》(摘自 2018 年 5 月 11 日國務院港澳辦官網)。當中提出，「第一，要始終把堅持『一國兩制』方針作為處理涉港澳事務的大前提。〔…〕我們研究和處理涉港澳的事務，不同於研究和處理內地某個省份的內部事務或內地不同省份之間的事務，既要強調『一國』，也要尊重『兩制』，還要考慮到三地分屬三個關稅區、使用三種貨幣等差異，要將維護中央全面管治權和保障特別行政區高度自治權有機結合起來。這一點把握好了，我們與港澳各界人士的最大公約數就有了。第二，要互相尊重，換位思考，特別是要充分尊重特區政府的意見。比如，處理港澳的事情，同時有幾個方案都可以接受的，應盡量採用特區政府所提方案；中央制定的有利於港澳的政策措施，可以由行政長官和特區政府宣佈的，盡量由行政長官和特區政府宣佈。要讓港澳社會充分感受到中央對行政長官和特

區政府的支持，維護行政長官的權威，強化行政主導，並且要注意用港澳社會容易認同和接受的方式、語言做好中央有關政策舉措的宣介工作，以取得最佳社會政治效果。第三，要更加注重改善民生，特別是讓廣大普通民眾有實實在在的得着感。內地推出的有關港澳的政策措施，不僅要有利於促進港澳經濟發展，而且要有利於促進港澳民生改善，不僅要有利於港澳工商界投資興業，而且要有利於增進普通港澳市民的福祉，特別是有利於年輕人拓展發展空間。中央政府有關部門要繼續推出便利港澳居民在內地學習、就業、創業、生活的政策空間。第四，要按照市場化機制、規則和國際化標準推進港澳與內地的合作項目。特別是像港珠澳大橋等重大工程建設，必須以工程質量和法定程序為優先考慮，嚴格依法辦事。而且，要認真評估港澳主流民意和社會反應，把好事辦好。」[9]

9　中央和地方政府源源不絕地推出各方面有利於香港人到大灣區乃至內地的發展政策和措施，務求在不抵觸「一國兩制」方針下縮窄香港人與內地同胞在內地的待遇。下面茲舉若干重要措施。《大公報》2018 年 8 月 4 日報道，「國務院昨日宣佈，取消『台港澳人員在內地就業許可』，即台港澳人員在全國各地工作均毋須申辦就業證。〔…〕此前，港澳台人員在內地就業需由設區的市級人力資源社會保障部門進行審批。取消審批後，人力資源社會保障部只是通過以下措施加強事中事後監管：在台港澳人員就業服務、社會保障、失業登記、勞動權益保護等方面，盡快出台配套政策措施，並指導督促地方人力資源社會保障部門抓好落實。」《明報》2018 年 8 月 17 日報道，「長期在內地工作和生活的港人，現時仍然無法與內地居民享有同等的公共服務和便利措施。國務院新聞辦昨日召開記者會，宣佈將會在 9 月 1 日實施《港澳台居民居住證申領發放辦法》，持有有效回鄉證的港澳居民，只要在內地居住半年以上，並有穩定就業、居所或在內地讀書，都可以申領『居住證』，享受『7 項權利、6 項基本公共服務和 9 項便利』包括就業、社會保險、住房公積金、9 年免費教育、網上購票、旅館住居和銀行服務等。」2019 年 1 月 11 日，國務院港澳辦主任張曉明在接受中央電視台訪問時指出，中國共產黨的十九大報告明確提出，要支持香港融入國家發展大局、制定完善便利香港居民在內地發展的改革措施，而近年來中央有關部門相繼推出了一些便利香港居民在內地學習、就業、創業、生活的政策措施，符合條件的香港居民可以在內地申領港澳居民居住證就是其中一項。領取了居住證後，香港居民在公積金、社保、教育醫療、證照申辦、求職就業等方面可以享受與內地居民一樣的權利、基本服務和便利。國務院又取消了對香港居民在內地就業的行政許可事項，下一步還將推出關於香港居民在內地就業服務、社會保障、失業登記、勞動權益保護等方面的政策措施，並在大灣區內逐步放寬香港居民就業、教育、醫療、住房等方面的一些限制性規定。在符合一些條件後香港居民可以申請內地幼兒園、中小學和中等職業學校教師資格以及中等職業學校實習指導教師資格。在深圳前海、廣州南沙、珠海、橫琴幾個已有的港澳青年創新示範基地基礎上，在珠三角九個城市在建一批港澳青年創新創業基地，重點為香港青少年在大灣區發展創造有利條件。「大灣區科技創新產業比較好的格局就是，香港側重搞研發和金融等服務，廣東側重高成果轉化和產品開發，從而共同形成『科學研究—成果轉化—產品開發』一條龍的區域科技產業協同創新體系。」2019 年 3 月 6 日，國家發展改革委主任何立峰在記者會上表示，將重點推進有利於港澳居民進出內地和到內地發展的便利措施，造福於港澳居民的民生福祉。何立峰說，對今年落實好粵港澳大灣區規劃綱要的各項工作的重點有二。一是

最後，《綱要》突出中央的「主導引領」作用。「加強對規劃實施的統籌指導，設立粵港澳大灣區建設領導小組，研究解決大灣區建設中政策實施、專案安排、體制機制創新、平台建設等方面的重大問題。」「中央有關部門要結合自身職能，抓緊制定大灣區發展的具體政策和措施，與廣東

在創建國際科創中心方面，力度要進一步加大。在硬件建設方面，一個是香港和深圳靠近的河套地區，大體上 3.89 平方公里，要加快規劃，主要是深圳方面配合香港方面，時機條件成熟以後推進建設。另一個是橫琴、珠海方面要密切配合澳門方面，加快科技創新中心的建設。同時，在廣州、深圳到香港、澳門，要建設國際水平的科技創新走廊。除此之外，要支持中國科學院創辦的香港創新研究院。還有其他一些涉及到科技創新方面的重大舉措，要繼續大力推進。粵港澳大灣區，包括廣東大灣區的九個市和香港、澳門，都有比較好的基礎，三地密切配合，將產生「1+1+1 遠遠大於 3」的效果。二是重點推進有利於港澳居民進出內地和到內地發展的便利措施。3 月 1 日的大灣區領導小組會議上已經公佈了八項措施，接下來成熟一項要公佈一項。比如，在跨境車輛進出、人員進出、海關通關便利等方面，特別是有利於港澳青少年到大灣區廣東這一側就業創業，要提供更好的便利。對於這些創新型企業的人才，在個人所得稅的稅收方面，也有一些新的重大舉措。要落實好便民措施，造福於港澳居民的民生福祉。同時，極大地提升粵港澳大灣區整體創新水平、經濟實力。香港與內地在加強科技合作方面更獲得習近平主席的大力支持。據新華社北京 5 月 14 日電，「2017 年 6 月，24 名在港中國科學院院士、中國工程院院士給〔習近平主席〕寫信，表達了報效祖國的迫切願望和發展創新科技的巨大熱情。習近平對此高度重視，作出重要指示並迅速部署相關工作。他強調，促進香港同內地加強科技合作，支持香港成為國際創新科技中心，支持香港科技界為建設科技強國、為實現中華民族偉大復興貢獻力量。習近平指出，香港擁有較雄厚的科技基礎，擁有眾多愛國愛港的高素質科技人才，這是我國實施創新推動發展戰略、建設創新型國家的一支重要力量。長期以來，香港科技界為香港和國家發展作出了重要貢獻。習近平強調，促進香港同內地加強科技合作，支持香港成為國際創新科技中心，發揮內地和香港各自的科技優勢，為香港和內地經濟發展、民生改善作出貢獻，是在香港實行『一國兩制』的題中應有之義。〔…〕根據習近平總書記重要指示精神，科技部、財政部高度重視、多次召開專門會議，將香港科技力量作為國家創新體系和創新實力的重要組成部分，從國家整體科研佈局和支撐香港自身發展兩個層面，研究加強內地與香港科技合作的相關舉措，並會同中央政府駐港聯絡辦充分聽取香港特區政府和科技界的意見建議，先行先試，特事特辦，堅決迅速做好貫徹落實工作。目前，在港兩院院士來信反映的國家科研項目經費過境香港使用、科研儀器設備入境關稅優惠等問題已基本解決。國家重點研發計劃以對香港 16 個國家重點實驗室港澳夥伴實驗室給予支持，並在試點基礎上，對國家科研計劃直接資助港澳科研活動作出總體制度安排。香港在內地設立的科研機構均已享受到支持科技創新的進口稅收政策，澳門兩個國家重點實驗室港澳夥伴實驗室也得到了國家科技計劃直接支持，香港、澳門科技界反映熱烈。下一步，國家有關部門還將系統落實習近平總書記重要指示精神，支持愛國愛港科研人員深入參與國家科技計劃，有序擴大和深化內地與香港科技合作。」香港與內地電影業的合作也取得進展。《明報》2019 年 4 月 17 日報道，「行政長官林鄭月娥作宣佈，中央部委同意推出 5 項放寬措施便利香港電影業，包括取消合拍片內地演員比例，且不一定要有內地元素；香港人參與內地電影業製作不作數量限制等。香港電影業界一致歡迎，形容屬『拆牆鬆綁』，增加電影人的創作自由，同時有助培育新人及留住幕後人員。」2019 年 5 月，中央宣佈從 10 月起港澳回鄉證「升級」。香港人憑卡可以享受與內地居民身份證同樣的網上及自助服務便利，包括自助購票驗證乘搭高鐵和飛機、快速登記入住酒店、網上辦理銀行開戶等，涵蓋交通運輸、金融、通訊等九個領域，涉及三十多項公共民生服務。2019 年 11 月 6 日，粵港澳大灣區建設領導小組舉行會議，會議後公佈了三大類 16 項普及惠民及便利香港專業界別到大灣區發展的政策措施，包括香港人在大灣區內地九市買樓豁免居住年限證明，進一步便利香港人在大灣區內地城市發展、就業和居住。

省政府和香港、澳門特別行政區政府加強溝通，堅持用法治化市場化方式協調解決大灣區合作發展中的問題。廣東省政府和香港、澳門特別行政區政府要在相互尊重的基礎上，積極協調配合，共同編制科技創新、基礎設施、產業發展、生態環境保護等領域的專項規劃或實施方案並推動落實。國家發展改革委要會同國務院港澳辦等有關部門對本規劃實施情況進行跟蹤分析評估，根據新情況新問題提出規劃調整建議，重大問題及時向黨中央、國務院報告。」

其實，對香港特區政府以及對香港社會各界來說，如何抓緊和利用好粵港澳大灣區帶來的機遇，並讓香港能夠充分發揮其推動大灣區建設的獨特作用，都是前所未有的挑戰，因為其中牽涉到特區政府的管治方針和政府與社會的協作關係的調整與創新。對特區政府而言，儘管歷任特首都表明不會盲目依循「積極不干預」，而是要「有所作為」或「適度有為」，但實際上政府在推動經濟發展、產業轉型和處理社會矛盾時，仍然是小心謹慎，步步為營，而其理財方針實際上仍沒有擺脫過去的窠臼。在大灣區建設上，特區政府必須與中央和大灣區內其他城市一起共同制定具體規劃、擬定合作項目、共建各種促進要素流動的基礎設施、在尊重「一國兩制」前提下實現制度、規則和政策的對接以及一起向各方面包括國際社會推介大灣區的發展和機遇。[10] 香港也需要與大灣區其他城市在工作上步調一致，不能掉鍊子，更不能拖人家後腿，從而連累整個大灣區的建設進度。港珠澳大橋的建造經驗，正好說明香港特區政府在工作進度相對滯後的情況。香港特區政府的強項是行政管理和政策執行，但在長遠規劃、宏觀思考、戰略思維和政策研究方面則相對較弱。特區政府有需要快速強化其弱項。

10　一個很好的例子是廣東省政府、香港特區政府和澳門特區政府於 2019 年 4 月 9 日在日本東京聯合舉辦粵港澳大灣區推介會。中日兩國政府官員、經濟界組織及金融、企業代表 1,200 多人與會，就實現東京灣與粵港澳大灣區對接，促進中日經濟合作高水平發展進行深入研討。這個推介會是 2 月 18 日《綱要》公佈後首個由三地政府合辦的海外宣傳活動。

不然的話，香港特首也難以在大灣區建設領導小組內提出對大灣區和香港發展有價值的意見和建議。特區政府可以繼續是「適度有為」的政府，但所謂「適度」應該是較高程度的「適度」，意味着它理應更積極、進取和前瞻性地投入到大灣區的建設中去。具體地說，香港特區政府要讓香港能夠更好地利用大灣區建設所帶來的發展機遇和為其建設作出貢獻的話，有幾方面的工作必須做好。首先，香港特區政府必須充分認識到，當香港在國家發展中的地位正在下降和香港的產業結構必須盡快轉型升級之際，粵港澳大灣區對香港未來發展的重大戰略意義。第二，香港特區政府需要加大力度向香港人講解大灣區對香港以及對香港各界的重要性，尤其在世界格局風雲變幻的今天和西方對香港的「不懷好意」，同時盡力消除部分香港人的誤解和疑慮，為香港積極參與大灣區的建設掃除內部阻力。第三，香港特區政府需要改變過去對香港與內地合作的「散漫」和「不經意」態度，積極加強與大灣區內城市的政府的溝通與合作，共謀共建共管合作項目，推動香港與各城市在制度、法律、交通運輸、公共政策、專業和行業准入標準、及生活條件和方式等方面的對接，讓大灣區真正成為一個香港人和內地同胞的共同家園。最後，香港特區政府必須對其在經濟發展上的角色重新定位，擺脫過去「積極不干預」的消極心態，提升它在推動經濟發展上的主動性和領導功能。為此，香港特區政府的財政思維也應該作出調整，比如說特區政府是否應該擺脫過去的羈絆，把更多的香港的財政和行政資源投放到大灣區去支持香港人在內地的發展、協助香港人處理在內地遇到的困難和問題、資助香港與內地的一些合作項目等，因為不如此的話香港在粵港澳大灣區建設的參與上便會受到很大的局限，以往香港與內地在南沙、橫琴和前海的合作都不如理想，其中一個原因正是因為香港不能在那些項目上大量投放資金和資源。所以，在參與大灣區建設時，過去那套香港公帑不應或不能用於內地的財政政策，早已不合時宜。

粵港澳大灣區建設是政府與社會各界的共同事業，而市場、民營企

業和民間專業人士在其中擔當着比內地其他地方更關鍵性的角色。在內地，由於經濟社會規劃和公有企業仍佔重要位置，加上政府擁有強大的管治能力，所以在動員和配置民間資源上相對香港有明顯優勢。過去香港與內地進行合作，經常出現的情況是香港特區政府缺乏能力推動民間企業和個人的參與，致使合作結果難讓對方滿意。在大灣區建設過程中，政府與社會的關係也需要作出調整。香港特區政府需要提供有利於民間參與的政策環境、資源投放、信息提供、教育培訓、服務支援等多方面因素，同時與社會各界尤其是工商團體、法定機構、專業組織、教育和培訓機構、社團、青年組織等建立持久和密切的聯繫和協作，從而提升政府在動員民間資源和統籌協調公共與民間資源的本領，發揮積極和主動的領導力。

毫無疑問，粵港澳大灣區建設是香港必須牢牢抓住的新發展機遇，也是讓香港得以提升其在國家崛起中的地位的契機，但它卻同時要求香港特區政府調整其管治思維和方針，強化其在香港經濟社會發展中的角色與功能。

總之，在中央的「主導引領」和香港特區的配合下，香港經濟與進一步與內地和「一帶一路」區域的經濟連接起來，讓香港的產業結構走向優化，讓香港的國際地位得以在西方愈趨不友善的氛圍下重新強化，讓香港特區政府的管治方式發生質變，並讓長期困擾香港的社會民生深層次矛盾有紓緩的機會。

遏制反對勢力

要徹底改變香港的政治局面，從而讓「一國兩制」在香港得以全面和準確貫徹，遏制反對勢力乃必然要務，但卻同時需要展示恢宏氣量和政治智慧，為部分反對派人士提供「改弦易轍」、「迷途知返」的機會，為較為「和諧」的政治氛圍的形成營造條件。

　　大部分反對派人士因為受到西方價值觀的薰陶、對國家的歷史和情況不了解、對中華人民共和國建國以來發生的一些政治事件耿耿於懷、對中央在香港的意圖存在誤解，並傾向從「利益衝突」和「零和遊戲」角度對待香港與中央和內地關係，所以對新中國和中國共產黨心存芥蒂，對內地同胞在感情上有抵觸，並對中央抱持對抗心態。依我看來，在香港龐雜的反對勢力之中，基於其強烈和根深蒂固的反共思想，矢志和誓死要推翻中共政權，並在任何情況下決心與中央和香港特區政府為敵的人應該很少，而這類人也得不到香港人的廣泛支持。長遠而言，隨着國家愈趨富強和香港人的國家意識漸起，那些人的人數估計還在減少之中，他們在政治上的影響力預料也在縮小。大多數的反對派人士尤其是年輕人之所以與中央和特區政府對抗，往往是因為他們對一些政治和社會的不公平和不公義現象深惡痛絕，覺得自己和所屬階層或羣體不能從香港的經濟增長中受益，認為他們的種種改革政治和社會的要求不受重視，對內地發生的一些情況反感，覺得國家的崛起對他們的利益、價值觀和「身份認同」構成威脅，以及對香港行政長官和特區政府的管治和言行不滿等等。過去幾年，激進思想和行動此起彼落正是那些情況的反映，而 2019 年爆發的特大規模和為時甚久的暴亂更是各種深層次社會經濟怨氣及根深蒂固的反共反華思想和行為匯聚的結果。儘管那些激烈言行和暴力衝擊沒有讓反對派人士達到其大規模動員羣眾乃至運用暴力所希望達到的奪權目標，而且越來越受到廣大香港人的厭惡，但在一定程度上他們的聲音在社會上引起了不少共鳴。惟其如此，以強制手段對付激烈和暴力言行只能治標，也只能是短期措施。要標本兼治，中央和特區政府必須帶頭推動香港在各方面的改革，克服來自既得利益者的阻撓，務求建構一個更公平、公正、包容、和諧、開放和具競爭力的香港。由於「去殖民化」、國民教育、憲法與《基本法》宣傳、和保衛國家安全法律的缺位，不少年輕人多年來在思想上受到來自媒體和老師的各類反共反華與本土分離主義主張的煽惑，並越來越

成為激進暴力行動的主要參與者，香港在可預見的將來還存在着一股不可忽視的、繼續與中央和國家對抗並且勾結外部勢力的反對勢力，香港要實現行政長官和立法會的雙普選仍然是荊棘滿途，漫漫長路。但在政治和管治層面，儘管 2019 年的特大暴亂讓香港的反對勢力與中央的關係走向破裂，但將來在暴亂平息後仍然可以以開放態度讓那些「覺今是而昨非」、願意改走溫和與非對抗路線的反對派人士加入特區的管治機制和過程之中，從而實現「包容性的管治」。這樣的話，反對派的政治怨懟會有所緩和，而中央與反對派的政治互信也可望提高，這必然會有利於日後香港的民主進程，進而把香港納入一個良性的政治互動過程之中。

各種激進的「本土分離主義」和「港獨」主張的出現，即便只在少數香港人尤其是年輕人當中造成惡劣影響，但大部分香港人對那些分裂國家的言行不但不認同，而且引以為憂，並會逐漸作出反制。可以說，那些置全體香港人的基本利益不顧的激烈言行，無論發生在議會和社會，將會越來越遇到香港人的反對和壓制。那些極端思想的抬頭，以及其演化為激烈暴力行動後對香港在精神上和物質上造成的摧殘與破壞，將會促使香港人深刻反思其核心利益何在、香港發展與國家發展的關係、中央的底線何在、香港與中央的關係應該為何、與中央對抗香港所要付出的代價、「一國兩制」之外是否存在對香港更有利的安排、「一國兩制」如何才能在 2047 年後延續下去、香港在維護國家安全和利益的責任等重要問題。我相信，儘管部分香港某些時刻因為被仇恨、恐懼和偏執淹沒而出現集體「失智」、「失範」、「自相殘殺」和「自殘」的現象，比如在 2019 年的特大暴亂時期，然而，香港畢竟是一個高度發達和複雜的資本主義社會，理性、務實和妥協思維在香港最後還是會陸續回復，長遠而言絕對有利於改善中央與特區的關係以及內地同胞與香港人的互信。

既然中央已經明確和嚴正宣示其對重大政治議題的立場和底線，並通過行動表明它會堅守立場和守衛底線，則香港人無論喜歡與否都無可避

免要思考如何適應中央的強硬堅定姿態。香港人大體上已經知道，起碼開始明白中央在「一國兩制」下享有的權力，而任何挑戰中央權力的行動不但徒勞，更會引來中央的強力反應，對香港的利益不利，也對「一國兩制」將來的延續不利。我估計香港人在思考問題時，無論是真心也好、假意也罷，都或多或少會把中央的利益和看法考慮在內。日後反對勢力要發動群眾挑戰中央的權威和損害國家的利益會越來越困難。近年來，反對派把政治重點從改變內地政治狀況到「保衛」香港的「一制」。當然，反對派中的老一輩仍然有人主張利用香港的有利政治條件，結合各種國內和外部反共反華勢力，推動中國「和平演變」，結束中國共產黨的「一黨專政」，促成中國走上西方式的民主道路，從而讓中國成為西方的附庸。又有若干熱衷於「本土分離主義」和「港獨主張」的年輕人提出要推翻中國共產黨的統治，方能達到把香港從中國分裂出去的目的。反對派和不少激進年輕人相信只要香港實施「西方模式」的行政長官和立法會普選，香港特區政權便會落在自己的手上，更可以利用那些權力讓香港成為「獨立政治實體」。但總的來說，在反對勢力中，贊成把工作重點放在改變中國的政治狀況的人相對於集中精力在「保衛」香港的制度和價值觀的人的比例似乎正在不斷下降。一直以來，中央對反對派不信任，是因為他們蓄意要與中央為敵，妄圖利用「一國兩制」所提供的方便從事危害國家和政權的勾當，而他們的所作所為又得到不少香港人的默許或縱容。過去幾年來，新興的反對勢力否定「家國情懷」，提出把香港與內地和國家切割，更不認同香港的民主發展的前提條件是中國的民主化的理論，因此不熱衷於介入內地政治。與此同時，無論是出於現實分析或自身利益考慮，越來越多香港人也不願意讓香港捲入內地的政治漩渦之中。這些發展對老一輩的反對派領袖無疑造成壓力，迫使他們重新思考他們的政治路線。總的來說，反對勢力把工作重點逐步放回香港，並把「捍衛」香港的高度自治、抗拒中央「干預」香港事務、爭取香港的政治和社會改革和拉攏外部勢力為自己撐

腰為重要目標。在這方面而言反對勢力對國家和中央的「威脅」有所下降，長遠來說應該有利於彼此關係的緩和。要進一步改善關係，反對派必須承認國家和香港特區的政治體制，停止質疑中國共產黨領導的國家政權和經由中央任命的特區行政長官的合法性，願意在香港特區現有政治體制之內進行政治活動和推行政制改革，反對外部勢力干擾香港和放棄勾結外部勢力危害國家安全。現在看來，在中央和「本土分離主義」的「夾擊」下，長遠而言，我估計部分反對派人士會逐步和曲折地和蹣跚地向「忠誠的反對派」過渡。[11]

　　過去，在「主導引領」政策下，中央對反對派的策略以遏制為主，特別是要擊退反對勢力對「一國兩制」的挑戰和防止他們與外部勢力合謀，但同時卻願意提供渠道和機會鼓勵反對派改變其對抗立場。習近平主席於 2017 年中蒞臨香港考察時的講話正好體現這種「恩威並重」的手法。習主席一方面向反對派釋出善意，另方面則提出警告。在他的《系列講話》中，習近平主席承諾，「從中央來說，只要愛國愛港，誠心誠意擁護『一國兩制』方針和香港特別行政區《基本法》，不論持甚麼政見或主張，我們都願意與之溝通。『和氣致祥，乖氣致異』。」同時，習主席也警告，「香港雖有不錯的家底，但在全球經濟格局深度調整、國際競爭日趨激烈的背景下，也面臨很大的挑戰，經不起折騰，經不起內耗。只有團結起來、和衷共濟，才能把香港這個共同家園建設好。」又說，「香港是一個多元社會，對一些問題存在不同意見甚至重大分歧並不奇怪，但如果陷入『泛政治化』的漩渦，人為製造對立、對抗，那就不僅於事無補，而且會嚴重阻礙經濟社會發展。」

　　過去幾年，中央確實採取了一系列行動，有力有效地壓縮了反對派的政治活動空間和削弱了他們對香港人的號召力。中央與特區政府、愛國

11　劉兆佳：〈香港反對派能否轉型為「忠誠的反對派」〉，《紫荊雜誌》，2015 年 10 月號，頁 44–47。

力量和廣大香港人一道，加大力度去改變香港的「泛政治化」情況，把激進反對勢力排除在香港的政治體制之外、約束了立法會內反對派議員擾亂和阻撓立法會工作的能力、嚴懲暴力行為、抵制反對勢力蓄意把實際事務轉化為衝擊中央和特區政府的政治鬥爭議題的行動。再者就是，愛國力量也能夠藉助與反對派的戰鬥得到鍛煉、團結和壯大的機會。

鑒於反對派與中央的對抗源於根深蒂固的意識形態分歧，而且得到部分思想心態雷同的香港人的支持，要反對派改變初衷，接受中國共產黨在中國執政的事實，認同中央對「一國兩制」的詮釋，願意在國家憲法和《基本法》的框架之內活動，放棄不斷挑戰香港特區政府的「認受性」、摒棄挾洋自重的做法實在是「緣木求魚」、「刻舟求劍」。從另一個角度看，絕大多數反對派的頭頭很早以前是因為利用一些事件——比如「香港前途問題」、「六四風波」、「政制改革」、《基本法》第二十三條本地立法和反對《逃犯條例》修訂——來標榜其反共和反對新中國的立場而獲得部分香港人的支持和信任，並在議會選舉中贏得選票。這些政客的支持者雖然隨着內外政治形勢的轉變而正在萎縮和變得更為激進，但他們卻依然是反對派政客的核心支持基礎，絕對不能得罪，否則便會斷送政治前途和報酬甚豐的議會席位。反對派政客如果出現政治立場改變，或者不再堅持其原來的強硬姿態，都會被其支持者視為叛徒而成為眾矢之的。因此，只有在香港的民情民意出現重大轉變的時候，那些有意與中央修好的反對派政客才有「轉軚」和「翻身」的機會。諷刺的是，如果這種情況真的出現，則中央也沒有誘因去招攬那些「過氣」和「無用」的反對派政客。惟其如此，反對派政客無論是真心或是實意，只能無可奈何、「義無反顧」但同時卻「膽顫心驚」地繼續走反共反華和與中央對抗之路。過去一段時間，無論中央和香港行政長官都嘗試向溫和反對派人士伸出橄欖枝，希望改變與反對派的關係，並鼓勵溫和反對派與激進反對派割席，但收效卻甚微而且短暫。一旦出現「火爆」政治議題，各類反對派便會馬上抱團與中央和特區政府火拼。

所謂溫和反對派比如香港民主黨和公民黨在反對《逃犯條例》和參與 2019 年的特大暴亂上的近乎「瘋癲」和視中央為死敵的表現，正好證實了反對派自我改造的艱難。

在「主導引領」政策下，中央對反對勢力的主導和最有效策略是採取遏制性的手法，務求壓縮反對派的活動空間，削弱他們的羣眾基礎和促使他們內部分化內訌。與此同時，中央也會和有意與中央改善關係的反對派人士接觸，希望藉此拉動更多反對派人士仿效。比如，全國人大委員長張德江於 2016 年 5 月蒞臨香港視察時特意安排與若干反對派人士作短暫交談，並應允處理個別反對派人士不獲發回鄉證的問題，讓他們能夠有機會到內地走走，多了解和溝通。2016 年底，內地部門宣佈向曾被拒絕領取回鄉證的反對派人士「開綠燈」。他們若申請回鄉證將會獲批，惟主張「港獨」者除外。然而，由於中央難以滿足反對派的核心訴求，比如依照西方辦法進行行政長官普選，中央的努力也肯定會徒勞無功，反而會讓那些有意走「不對抗」路線的反對派人士陷入「兩面不是人」的困境，對大部分反對派人士來說這個結果反而會成為反面教材。因此，中央也只能等待反對派的年輕一輩在沒有過去長期反共的包袱下改走一條與中央「和解」的道路。不過，這顯然不是短期內會發生的事，況且現在看來較年輕的反對派領袖也不見得特別理性務實，更麻煩的是他們似乎願意繼承老一輩反對派頭頭的反共反華和依仗外部勢力的「衣鉢」，從而讓自己背上新的政治包袱。過去兩三年的事態發展顯示，那些「年輕」的反對派人士特別是大學生已經難以自拔地主動或被動地貼上了「反共」、「反華」、「本土分離主義」和「勾結外部勢力」的標籤，要轉變過來甚為困難，何況這些人又無意承擔立場改變所帶來的政治風險。更重要的是，由於在未來相當長時間內中央不能期望反對派轉變政治立場，所以中央對港政策的首要考慮是維護國家安全和確保「一國兩制」全面準確貫徹，因此對反對勢力的戒懼警惕心態不但不會鬆懈，反而會更加強化，要改變中央與反對勢力的對立狀況更

是難上加難。我甚至有理由相信，經過《逃犯條例》修訂的激烈政治鬥爭後，反對派的粗暴與惡劣表現和他們與外部勢力的勾結，都讓中央和香港特區政府丟掉對反對勢力的本已不多的「幻想」和期盼，甚至界定彼此的關係為「敵我關係」。

以此之故，既然不能指望「世代更替」會改變反對勢力的對抗態度，中央也就只能主要依賴遏制策略來對付反對派，並在中央主導下，屢屢夥同特區政府和愛國力量主動出擊。客觀而言，中央的遏制策略取得了相當成效，並大幅度重塑了香港長期以來對「一國兩制」成功實施不利的政治格局。中央的遏制策略的基本原則是不管反對派策動多大的羣眾壓力，中央都會拒絕在重大問題上對反對派讓步。中央更會在香港大力發動愛國力量和羣眾力量對反對派作出反擊和針鋒相對。中央的堅守原則、絕不退讓的強硬立場，讓香港人看清楚中央的底線所在，從而不會隨便跟從反對派去衝擊中央的底線。不少香港人過去之所以願意追隨反對派和參與他們發動的抗爭行動，是因為他們以為中央會因為「害怕」羣眾壓力和擔心香港出亂子而作出退讓。在「主導引領」政策下的中央「新」立場確實改變了不少香港人的心理預期。既然羣眾壓力不一定會迫使中央讓步，則反對派的抗爭行動也所以不一定能夠奏效，反而會帶來對香港和自己的傷害。

中央對「佔領中環」行動的處理手法乃以遏制為主導的中央對反對派政策的活生生示例。2013 年中開始，香港一些極端人士開始放話，要求中央兌現其在 2007 年所作承諾，在 2017 年實行行政長官普選，而且還要按照他們要求的西方普選方式來進行。這些人還發出「狠話」，警告說如果他們的要求被拒，他們會策動「佔領中環」行動、癱瘓香港的金融中心來迫使中央就範。然而，中央的反應卻大大出乎這些人的意料。中央一方面很快便明確宣示其對行政長官普選辦法的底線，斷然否定那些與中央對抗的人成為行政長官的可能性，而且中央一直都堅守底線，寸步不讓。

2014 年 8 月 31 日，全國人大常委會通過決定，具體確立了行政長官的普選辦法。對反對派來說，「831」決定堵塞了反對派人士出任行政長官的可能性。對於中央的回應，反對勢力的反應極為激烈。在激進和年輕的反對派分子的「騎劫」下，「佔領中環」行動以更激烈的方式匆匆展開，而且為時達 79 天之久。這場香港回歸以來最大型、最激烈和為時最久的集體政治行動對香港各方面造成了嚴重的破壞，經濟和民生上的損害固不待言，社會也因此更為撕裂，就連香港在世界上作為穩定和安全之都的美譽也被玷污。中央對「佔領中環」行動的處理手法頗為明智、沉着和得體，最後不但挫敗了反對派的圖謀，也促使香港人對反對派的行為反感。中央和特區政府沒有動用武力驅散佔領者，反而耐心等待香港人在維護自身利益和恢復社會安寧下以各種言行驅使佔領者撤離佔領地，從而讓「佔領中環」行動得以以「和平」方式結束。「佔領中環」行動的失敗讓香港人明白到在涉及重大國家利益和安全的問題上與中央對抗不但徒勞無功，香港人自己也要付出沉重代價。在《逃犯條例》修訂一事上，香港人也清楚知道，中央和香港特區政府之所以願意延緩對《逃犯條例》的修訂，是因為它不涉及到國家和香港的重大利益。不過，當外部勢力和香港反對派提出更苛刻和重大要求、並不斷發動激烈鬥爭步步進逼時，中央和香港特區政府的立場卻是「寸步不讓」，讓香港人更清楚了解中央對底線的堅守。[12]

　　對香港政治生態影響尤其深遠的，是經歷過「佔領中環」和《逃犯條例》修訂風波之苦的香港人在「憤怒」、「仇恨」、「恐懼」和「失智」過後重新燃起了對繁榮、穩定、秩序、法治、包容和發展的渴求，和對動亂、暴力和違法行為的厭惡和擔憂。「保守心態」在香港社會重新成為主流心態，反映了香港人經歷劫波磨難後的心理調整。在一定程度上，社會上「保守

12　那些要求包括林鄭月娥下台、「撤回」「送中」惡法、釋放被捕人士、不檢控或特赦示威者、取消對 2019 年 6 月 12 日示威者暴力衝擊立法會的行動為「暴動」定性、追究警方是否採用過度武力對付示威者、實施行政長官和立法會的「雙普選」、解散立法會、成立主要針對警方的獨立調查委員會。

心態」抬頭對香港的主流媒體也帶來影響。為了謀取利潤，媒體必須要迎合民意，不然會流失受眾，尤其是中產人士讀者。近年來，除了個別「死硬」反共反華媒體外，大部分主流媒體的言論沒有過去那麼激烈、那麼「譁眾取寵」，對反對派的批評亦有所增加。當然，我們也需要清醒知道，香港人這種思想心態上的轉變迄今為止仍然是緩慢、反覆和脆弱的。他們依舊會因為某些事件的出現而產生疑慮、恐懼和憤怒而失去理性，從而讓反對派有機可乘。不過，長遠而言，香港人走向理性務實的趨勢乃不可逆轉的態勢。

「佔領中環」行動後，雖然一些激進分子希望訴諸暴力行動來「力挽狂瀾」，但卻導致反對勢力在中央、特區政府和愛國力量聯手遏制下接二連三遭遇挫敗，使得反對勢力在立法會內和在社會上的政治能量大為減少，而且在香港的處境更為孤立。

2015 年 6 月 18 日，香港特區政府向立法會提出的、按照人大常委會的「8‧31」決定而擬定的「2017 年行政長官普選辦法」的法案，在立法會被否決，令香港的行政長官和立法會的選舉辦法停滯不前，而香港的政治生態又不能夠因為選舉辦法走向開放而出現重大的、歸根結底對反對勢力其實相當有利的變化。反對派不接受人大常委會「8‧31」決定，反而讓自己更難開拓政治發展空間，實屬愚不可及。

2016 年 8 月 2 日，報名參選新界東立法會選舉的「本土民主前線」的梁天琦，雖然書面表示擁護《基本法》，但選舉主任卻不相信他已經改變了原先的政治立場，因而梁天琦不被批准參加立法會選舉。2016 年 10 月 12 日，新一屆立法會開會。新成立的反對派組織「青年新政」的梁頌恆和游蕙禎及「獨立」人士姚松炎因展示「香港非中國」旗幟或在誓言後加插內容，未能成功就任。2016 年 10 月 18 日，立法會五名議員重新宣誓的前夕，行政長官梁振英和律政司司長袁國強史無前例地入稟高等法院申請司法覆核，目的是要阻撓立法會主席梁君彥為青年新政立法會議員梁頌恆

和游蕙禎監誓，令二人不能就任，理由是二人已被撤銷議員資格。2016年 10 月 19 日，一向標榜「反拉布、反流會」的「建制派」立法會議員破天荒製造流會，阻止了青年新政梁頌恆和游蕙禎宣誓就任議員，並形容那是「別無他法」之舉。2016 年 10 月 25 日，立法會主席梁君彥在立法會大會開會日的前一天，決定押後讓青年新政梁頌恆和游蕙禎再次宣誓，亦不容許二人進入會議廳開會。

在香港法院對梁頌恆和游蕙禎案件尚未有裁決之前，全國人大常委會主動對《基本法》第一百〇四條作出解釋，指出「該條所列公職人員對中華人民共和國及其香港特別行政區作出的法律承諾，具有法律約束力。宣誓人必須真誠信奉並嚴格遵守法定誓言。宣誓人作虛假宣誓或者在宣誓之後從事違反誓言行為的，依法承擔法律責任」。人大常委會對《基本法》第一百〇四條的釋法對香港法院即時有約束力。2016 年 11 月 15 日，高等法院原訟庭法官區慶祥就「青年新政」梁頌恆及游蕙禎在立法會宣誓事件引發的司法覆核頒下判辭，判政府勝訴，並裁定梁、游二人 2016 年 10 月 12 日所作的宣誓無效，取消其議員資格。歐慶祥指出，人大常委會對《基本法》第一百〇四條的解釋對香港所有的法庭均具有約束力，而法庭應該落實該解釋。

2017 年，因應前行政長官梁振英和律政司提出的司法覆核，要求撤銷羅冠聰、梁國雄、劉小麗和姚松炎立法會議員資格一案，高等法院頒下判詞，引用人大釋法及相關案例，指四人宣誓時並非真誠莊重，或無嚴格跟從誓言內容，客觀上認為他們屬於拒絕或忽略宣誓。」四人也因此失去立法會議員的資格。

全國人大常委會對《基本法》第一百〇四條的解釋，讓特區政府有法律依據取消那些宣揚「港獨」和「分離主義」的人士參加議會選舉的資格。2018 年 1 月，報名參加 3 月份立法會選舉的香港眾志成員周庭被選舉主任裁定提名無效，被取消參選資格，理由是周庭與香港眾志的政治聯繫。

選舉主任在通知書中指出，香港眾志採用「民主自決」的主張，即使並不提倡「港獨」，但同意公投應包括獨立和地方自治等選項，「清楚顯示」周庭沒有真心及真誠擁護《基本法》及效忠香港特別行政區。

2018 年 2 月，主張「港獨」的香港民族黨召集人陳浩天，2016 年被選舉主任以不擁護《基本法》為由，取消參選立法會的資格，他其後提出選舉呈請。高院法官頒下判詞指出，選舉主任有權引用各項相關資料，客觀地評定參選人是否符合真誠擁護《基本法》的要求，而陳浩天的廢除或修改《基本法》的主張與此相違背，取消資格屬正確做法，裁定陳浩天敗訴和需要支付訟費。判詞確立了選舉主任有權按照參選人政治主張，判斷其是否擁護《基本法》，並以此為由取消其參選資格。

長期以來，以暴力或違法行動從事抗爭的人經常大義凜然地，以各種道德理想把它們的行為「合理化」，試圖爭取公眾的同情，並以此在法庭上作為抗辯理由來逃避刑責。香港的法院一貫以普世「人權」的捍衛者自居，往往對這些人從輕發落，讓執法者感到氣餒，也令不少香港人覺得憤憤不平。不過，隨着激進和暴力行為有擴散和蔓延的趨勢，要求「嚴刑峻法」的民意越來越清晰和強烈。有見及此，部分法官開始以從嚴的態度處理涉及激進暴力行為的案件，但迄今尚未形成穩定、明確和可預測的裁決方向，反映在不同層級的法院對同一類型行為的態度不一之上。比如，2014 年 9 月 26 日，黃之鋒、周永康和羅冠聰三人因為號召人羣衝擊政府總部東翼前地而遭政府檢控。這次行動揭開了「佔領中環」的帷幕。2016 年 8 月 15 日，裁判法院判處黃之鋒和羅冠聰分別 80 小時和 120 小時的社會服務令，而周永康則因為已被倫敦政治經濟學院取錄，難以完成社會服務令，因此判處監禁三星期，緩刑一年。律政司對裁決不服上訴。2017 年 8 月 17 日，上訴庭在案件的刑期覆核聆訊中，批評原審裁判官沒有考慮判刑須具阻嚇性，一面倒地給予各被告的個人情況、犯案動機等因素不相稱的判刑考慮比重，認為原審裁判官忽略這是大規模的非法集結，當中

暴力衝突的風險非常高，因此決定調高三名號召人黃之鋒、周永康及羅冠聰的社會服務令或緩刑的原審判決，改為將三人即時監禁六至八個月。上訴庭直指香港當年「瀰漫一股歪風」，斥責一些有識之士，鼓吹「違法達義」的口號、鼓勵他人犯法，將公然蔑視法律視為光榮及值得自豪之舉，荼毒部分年輕人，導致他們在遊行或示威時隨意作出破壞公共秩序的行為。上訴庭強調為維護法治尊嚴，須給予更具阻嚇力的判刑。上訴庭因此推翻原審裁判官的裁決而改判監禁和即時監禁。三人不服提出上訴。2018 年 2 月 6 日，終審法院頒下判詞，認同上訴庭為涉及暴力的非法集結訂立更嚴謹的量刑指引，強調即使所涉的暴力程度低，法庭未來亦不會容忍，如有充分理由可以判處即時監禁。可是，終審法院同時指出，原審裁判官判刑並無原則上犯錯，上訴庭所訂新指引不應追溯到本案，五名法官裁定上訴得直，刑期維持原判，三人無須再就本案服刑。又比如，13 名參與反新界東北前期工程撥款的示威者，因為 2014 年 6 月以暴力行動衝擊立法會而被判非法集結罪成，原被判 80 至 150 小時社會服務令，惟律政司成功覆核刑期，上訴庭改判他們監禁 8 至 13 個月。他們不服，並向終審法院就加刑裁決提出終極上訴，終審法院在 2018 年 9 月 7 日的審理中，首席法官馬道立提到本案涉及暴力，但質疑上訴庭何以得出 15 個月的量刑起點，因此裁定被告得直，毋須重返監獄繼續服刑。

　　儘管香港的法院並沒有確立以嚴刑峻法打擊暴力行為的原則，但香港人對暴力行為採取「零容忍」態度對法院不可能完全沒有影響，所以長遠的趨勢應該是法院對暴力行為的取態愈趨嚴厲。比如，2016 年農曆年初二旺角爆發嚴重暴動，其暴力程度令人咋舌。事後，參與者中有 11 人被控暴動、襲警及刑事毀壞罪。經審判後，九名被定罪的被告及另一名早前已認罪被告，分別被判囚兩年四個月至四年三個月不等，另有一名被告則判入教導所。法官在判刑時指出，除個人行為外，各被告須就羣眾行為負上刑責，法庭須透過判刑維持公眾秩序，防止相同事件發生，所以不會

考慮被告參與暴動的政治信念，亦不會把政治議題帶入法庭。又比如，本土民主前線前發言人梁天琦被法院裁定策動旺角暴動罪成，他並已承認了一項襲警罪。高等法院法官於 2018 年 6 月 11 日判刑時，拒絕接納政治背景為求情理由，認為這會讓社會錯誤以為對政府或現狀不滿便可訴諸暴力，又引述案列形容選擇參與暴動的人屬咎由自取，判處梁天琦監禁六年。同案被告盧建民判囚七年，認罪的黃家駒亦被判囚三年半，盧建民的刑期乃本港開埠以來最重的暴動罪判刑。2019 年 5 月 9 日，再有兩名參與旺角暴動者被判刑。容偉業和袁智駒各被判囚三年。法官強調，判刑須要考慮懲罰、阻嚇、預防和更新復康四個因素，若涉及重大公眾安全事故，會看重前三項。[13]

2018 年 6 月 4 日，「青年新政」梁頌恆及游蕙禎前年因宣誓風波，與三名前議員助理強行進入立法會會議室宣誓，五人早前經審訊後被裁定非法集結罪成，被判囚四周。游蕙禎與另兩名前議員助理決定不上訴，即時服刑。梁頌恆則與另一前議員助理獲准保釋等候上訴。裁判官判刑時指出，當行為涉及暴力時，法庭不會理會政治理念及動機，梁、游二人視自己為民意象徵，卻在損害立法會尊嚴，判監是唯一選擇，又指游蕙禎只表達對家人的歉意，而非對其行為有悔意。

過去幾年，香港出現了一些鼓吹「香港獨立」和各類「本土分離主義」的言行，都對國家安全和領土完整構成嚴重威脅。中央對此極度關注，並表達了「零容忍」的立場。習主席在 2017 年在香港發表的《系列講話》中雖然沒有提到「港獨」，但實際上對所有危害國家安全和領土完整的行為已經劃出了中央的底線並對此提出嚴正警告。他說，「任何危害國家主權安全、挑戰中央權力和香港特別行政區《基本法》權威、利用香港對內地進行滲透破壞的活動，都是對底線的觸碰，都是決不能允許的。」在那些

13　另外兩名暴動策劃者黃台仰和李東昇則棄保潛逃，並於 2018 年獲德國給予難民身份。

意圖分裂國土的組織之中，情節最為惡劣的莫過於香港民族黨和其發起人陳浩天。該黨於 2016 年 3 月 28 日成立，明確宣稱要在香港建立自由和獨立的香港共和國，而且表明不排除使用武力來達到目的。

　　過去百多年來，中國人飽受主權淪喪和國土分裂的恥辱和痛苦，這種民族傷痛直到新中國成立後才基本結束，但仍是記憶猶新。對廣大中國人來說，任何破壞國家統一的圖謀都是大逆不道、揭歷史傷疤之舉。儘管香港民族黨和其他類似組織勢孤力弱，而且為絕大多數香港人所唾棄，但卻對部分憤世嫉俗的年輕人和那些敵視中國共產黨和中華人民共和國的人有吸引力。為了把「港獨」勢力扼殺於萌芽狀態，中央從一開始便對「港獨」採取零容忍態度。國務院港澳辦主任張曉明表示，「民族黨明目張膽宣揚港獨，招募成員和募集資金，陳浩天亦曾說要拿起武器保衛香港，事實說明民族黨和陳浩天是『有組織、有預謀、有行動』地從事意圖分裂國家活動，違反《基本法》和香港刑事法例，包括煽動罪，相關行為的性質非常嚴重。」[14]

　　為了表達嚴厲打擊「港獨」的決心，2018 年 9 月 24 日，香港特區保安局局長在憲報刊登命令，表示基於維護國家安全、公共安全、公共秩序及保護他人的權利和自由的需要，援引《社團條例》禁止香港民族黨在香港運作。嗣後香港民族黨向行政長官會同行政會議提出上訴。上訴被駁回後，香港民族黨正式被取締。

　　然而，當香港民族黨正在被特區政府取締之際，外部勢力卻試圖為「港獨」分子提供宣傳的機會。香港外國記者會（FCC）第一副主席兼《金融時報》亞洲新聞編輯馬凱（Victor Mallet）罔顧中國外交部特派員公署的抗議和香港特區政府的勸諭，一意孤行邀請香港民族黨召集人陳浩天為其午餐會的演講嘉賓，實際上是為他搭建平台，讓他向國際社會攻擊中國

14　《明報》2018 年 8 月 16 日報道。

和香港以及宣揚「港獨」主張，而陳浩天也「順利」在午餐會上大肆攻擊中國、中央政府和特區政府，並請求外國政府「制裁」香港。中央政府、香港特區政府及建制派在午餐會後迅速回應及批評 FCC。外交部駐港公署、建制派議員均對 FCC 表示「譴責」，特區政府則稱「深表遺憾」。外交部駐港公署發表聲明，措辭比港府更加嚴厲，聲明指香港民族黨挑戰國家安全和領土完整，嚴重違反憲法、《基本法》和香港有關法律；FCC 為港獨分子「搭台造勢」，嚴重傷害中國人民感情，是濫用言論和新聞自由，認為「請誰演講、為誰提供平台本身就是一種立場」，做了壞事，還要狡辯，促 FCC 反躬自省。公署對 FCC 表示「義憤並予以譴責」，又指絕不允許「港獨」勢力和香港外國記者會「踩紅線，越底線」。嗣後，馬凱申請香港工作簽證續期時遭特區政府拒絕，他離開香港後又試圖以訪客身份到香港來也被拒入境。馬凱的遭遇引發香港反對派、西方媒體和政客對中央和香港特區政府猛烈批評，但同時也產生了迫使外國勢力在香港開始懂得規行矩步的效果。

為了顯示中央對「港獨」的「零容忍」立場，並彰顯香港特區政府維護國家安全憲制責任，2019 年 2 月 26 日中央政府向行政長官發出公函。公函指出行政長官依法對中央政府和香港特別行政區負責，並請行政長官就依法禁止香港民族黨運作等有關情況向中央政府提交報告。

「佔領中環」爆發後多年，策劃和參與此次破壞性極大的行動的人仍然逍遙法外，令不少香港人耿耿於懷。經過多年的調查和蒐證，特區政府向九名人士包括「佔領中環」的三名發起人正式以煽惑公眾妨擾等六項罪名提出檢控。經過幾個月的審訊，2019 年 4 月 9 日，法院裁定九人就不同控罪罪名成立。其中陳健民、戴耀廷和朱耀明串謀作出公眾妨擾罪罪成、陳健民和戴耀廷煽惑他人作出公眾妨擾罪罪名也成立。法官在判決書中指出，「非暴力的公民抗命」在香港並非刑事控罪的辯護。2019 年 4 月 24 日，法院對九人判刑，「佔領中環」的發起人陳健民、戴耀廷和朱耀

明同被判囚 16 個月，其中朱耀明獲緩刑，其他人則分別判處監禁或緩刑。法官判刑時指法院無意令被告放棄其政治理念或政治訴求，但法院關注被告應該對公眾構成不便和痛苦表達悔意，公眾也從未得到來自被告的道歉，而他們更表現毫無悔意。鑒於妨擾罪的刑期可以長達七年，各被告的刑罰其實可算相當輕。不過，此次裁決的最重要意義是在香港的法律體系下，不容許任何人以「崇高理想」為名，策動破壞法律權威、擾亂秩序和危害治安的「公民抗命」行動。法院的判決實際上是為那些試圖以理想包裝違法行為的人敲響警鐘，估計對偏激的人尤其是年輕人有警惕的作用。

多年來，立法會內的反對派肆意和巧妙地利用立法會的議事規則來阻撓立法會的運作，從而達到掣肘政府施政的目的，其中不斷提出清點與會人數、對政府法案提出大量的不符合《基本法》第七十四條的修訂（劉兆佳，2015c：153-157）、肆意提出種種規程問題、製造流會、擾亂立法會秩序、肢體和暴力衝突等乃常用的伎倆。最近一段時間，各種用以拖延時間的「拉布」手法層出不窮而且愈趨頻密，幾乎癱瘓了立法會的工作。中央政府出於種種政治考慮不願意對《基本法》第七十四條釋法，因此難以「徹底」約束「拉布」行為，而立法會內的「建制派」議員有缺乏足夠的團結性和紀律去有效應對反對派議員的挑釁。不過，由於數名反對派議員因為宣誓無效而丟失議席，而反對派又不能夠在補選中贏回所有議席，致使「建制派」議員得以通過控制分組點票機制對議事規則進行較大幅修改。2017 年 12 月，經過近三天約 36 小時會議，立法會在爭議聲中，通過了「建制派」提出的議事規則修訂，令反對派議員日後可用的拉布工具大幅減少，而立法會主席則被賦予更大的權力。反對派議員縱使施展渾身解數都無法阻止表決，並發話說擔心他日《基本法》第二十三條等「惡法」進行本地立法時，立法會將可快刀斬亂麻地通過。不過，建制派強調今次修訂只是讓立法會恢復理性莊嚴，不容反對派再濫用規則，亦稱修改並非要完全「杜絕拉布」。這次通過的主要修改內容包括降低會議法定人數門

檻：立法會全體委員會階段，由不少於全體議員二分之一（35 人）降至 20 人；提高呈請書的門檻：提交的門檻由不少於 20 名議員起立，提升至不少於全體議員二分之一（35 人）；流會後復會時間由立法會主席決定；立法會流會後，主席可下令在任何一天的任何時間，繼續為適當地處理完議程上各項事務舉行會議；全體委員會階段主席可以不批准休會待續，若全體委員會主席認為休會待續議案是濫用程序，可決定不提出「待議議題」或毋須經辯論便將議題付諸表決；議員一旦想提出二讀及法案未經預告動議，須獲立法會主席同意。議事規則經修改後，反對派議員今後若要靠拉布抵擋和拖延爭議法律通過，其中一個僅餘的拉布工具，就是在全體委員會階段無限次發言。2019 年 5 月，為了阻撓「建制派」議員主導的《逃犯條例》的法案委員會開會，反對派議員甚至不惜以粗暴、野蠻和暴力手段在會議室製造衝突和打鬥，導致多名議員受傷。

當然，鑒於議事規則是一份很複雜的文件，有意阻撓立法會工作的議員肯定仍會有空子可鑽。然而，此次修訂在相當程度上縮小了反對派議員的抗爭空間，對日後立法會工作的推進無疑有很大幫助。尤其值得注意的是，此次「建制派」議員對立法會議事規則進行修改，沒有遇到民眾的反對。香港人對此事的反應是既平和又冷淡，反映社會對恢復立法會正常秩序的渴望。

中央、特區政府和愛國力量過去幾年聯手遏制反對勢力，已經取得了不錯的成效。極端勢力再難以進入立法會、立法會內反對派議員的抗爭空間有所縮減、法院對激進暴力行為不再姑息對有意從事這些行為的人士產生了阻嚇作用、外部勢力在香港活動所受到的制約只會越來越大，再加上香港人愈趨理性務實，對反對派的支持和信任有所下降，反對派的政治能量確實今非昔比。中央和特區政府對反對勢力的遏制在香港並沒有引起社會的強烈反應，更沒有出現大規模聲援反對派人士的羣眾運動。在因為幾名立法會議員喪失議員資格而引發的補選中，反對派又因為選舉

落敗而丟掉三個議席，其中兩個更是地區直選議席。[15] 香港人對反對勢力的支持不斷下降，已經是不爭的事實。政治環境的改變迫使反對派人士開始反思過去的路線，也會迫使部分人改變自己的立場。

無疑，因為香港特區政府在處理《逃犯條例》修訂過程中工作嚴重失誤，遂讓內外反共反華勢力有機會在香港發起特大規模和為時甚久的暴亂。反對派勢力與愛國力量之間的力量對比呈現此消彼長之勢。一時間，反對派相信自己在政治上已經「翻盤」成功，而且立志擴大戰果。事實上，反對勢力的聲勢和規模上在短期內會有所擴大，不過，在全面考慮到國際形勢的變化、中美戰略博弈的激化、台海局勢惡化、中央「主導引領」的對香港政策的不斷深化強化、維護國家安全機制走向完備等發展後，香港人越來越不會相信中央會向來自香港人的政治壓力屈服。香港人也會越來越明白中國政府為了打擊台獨、藏獨、疆獨等分裂勢力和強化中國在歐亞地區的領導地位和威望，更不會在香港問題上對內外反共反華勢力示弱。以此之故，中長期而言，香港人對內外反共反華勢力的支持會不斷下降，而它們在香港的政治活動空間也只會不斷縮小。

然而，必須指出和警惕的，是反對勢力的走弱過程雖然無法扭轉，但它卻是一個反覆不定、顛簸起落的過程。只要中央或香港特區政府推出具爭議性的政策或措施，特別是那些與維護國家安全有關的政策和措施，比如修訂《逃犯條例》，又或者內地或香港爆發一些引起政治衝突的事件，

15　在 2016 年的立法會選舉中，反對派和「建制派」在地區直選中取得 19 席和 16 席，反對派掌握了立法會地區直選分組點票的否決權，並得以抗衡長期在功能界別佔多數議席的「建制派」。不過，選舉後發生的宣誓風波，反對派四名議員被取消資格，當中包括五名地區直選議員，使得反對派和「建制派」在地區直選議員中的比例，從 19 對 16，變成 14 對 16，分組點票的主導權完全掌控在「建制派」手上。嗣後「建制派」便利用那個千載難逢的機會，通過分組點票，成功修改了立法會議事規則，大幅限制了反對派議員藉「拉布」阻撓立法會工作和特區政府施政的手段。分別在 2018 年 3 月和 11 月舉行的立法會地區直選四個議席的補選中，反對派需要贏得全部三個議席，才能奪回分組點票的否決權。可是，2018 年 3 月姚松炎在九龍西選舉落敗，民建聯的鄭泳舜當選，讓直選議席比例變成 16 對 17，主導權仍然控制在「建制派」手中。在 2018 年 11 月舉行的九龍西補選中，陳凱欣又擊敗了反對派元老李卓人，直選議席變成對「建制派」更為有利的 16 對 18。

例如新型冠狀病毒來襲，則反對勢力必然會「揭竿而起」，竭力挑起香港人的「反中央」和反特區政府的情緒，動員羣眾參與政治抗爭，公然拉攏外部勢力介入，把香港推入政治動盪的危機之中。不過，反對派勾結外部勢力雖能讓其逞一時之勇，但卻在香港人心中種下他們是外部勢力的棋子的負面形象，長遠而言更難取信於中央和香港人。簡言之，反對派無法自行創造對其有利的政治環境，只能盡量利用一些不由他們控制而且難以預測的「機遇」來發難。反對勢力既然缺乏能力主動開拓局面，並在中央、特區政府和愛國力量的不斷約制下，其政治前途不但存在很大的不確定性，而且長遠走向衰敗的機率不低。

小結

總體而言，中央對香港的「主導引領」政策實施以來在一定程度上已經取得成效，儘管香港的政治生態仍難以說已經改變過來。在外部勢力的慫恿和配合下，並在躁動的年輕人的支持下，只要中央或特區政府偶有失誤，反對派仍然可以抓緊時機在香港掀起「腥風血雨」。毋庸諱言，中央的「主導引領」政策難免會引起反對派和部分年輕人對中央和特區政府的不滿和怨懟，由此而積累起來的壓抑情緒在機會來臨時會大規模爆發出來。《逃犯條例》修訂風波所觸發的激烈政治鬥爭便是最好的例子。諷刺的是，《逃犯條例》修訂並不涉及重大或核心政治和政策利益，只不過是因為香港特區政府偶然政治失誤而讓外部勢力、反對派和部分激進年輕人有機可乘而已。不過，總的來說，我在本書中提到的所有的主觀和客觀因素最終都會讓中央的「主導引領」政策達到其重塑香港政治生態的目的，不會因為一些偶發或迴避不了的政治風波而失敗。

結語　對香港「一國兩制」未來的蠡測

　　過去幾年，縱使風雨不斷和鬥爭不息，「一國兩制」在香港全面和準確貫徹其實已經漸露曙光，逐步形成了一些較有利於克服新情況、新問題和新挑戰的條件。首先，在政治和經濟上，中央在香港發揮越來越大的主導和引領作用，掃除了一些阻撓香港發展的障礙，為香港未來發展創造了更廣闊的空間。中央積極運用其全面管治權維護了國家主權、安全和利益，有效地應對反對派和外部勢力的挑戰，打擊了反對派和外部勢力的氣焰和通過與香港特區政府的合作成功懲治和壓制了激進暴力行為。中央提出了各種對香港長遠經濟發展和產業轉型的國家發展戰略，並主動積極推動香港參與其中，從而讓香港更快和更全面地融入國家發展大局。其中至為重要的莫過於「一帶一路」倡議、粵港澳大灣區建設、人民幣國際化、內地企業和資金「走出去」的重大戰略部署。縱然香港特區政府本身沒有明確的宏觀發展戰略，但如果能夠和願意搭上國家經濟發展的快車，並作出相應和必須的心態、政策、法律、制度、行為和對外關係的調整，香港的發展也會越來越與國家的發展戰略對接並從中蒙受其利。第二，香港各方面對香港往後的發展路線的分歧有所縮小。雖然離共識尚有相當距離，但越來越多香港人意識到隨着世界經濟政治格局的巨變，西方在遏制中國崛起的大戰略下對香港的態度會愈趨不友善，但西方由於內外交困的緣故能夠提供予香港的發展機遇只會不斷減少，因此香港在國際上的政治和經濟定位無可避免要作出調整。即便如此，香港仍然須要盡量和積極與西方保持密切聯繫，並讓香港繼續成為西方可以利用的經貿和金融平台。然而，隨着東亞地區的崛起、歐亞經濟共同體的形成及西方的衰落，香港要持續發展的話必須更牢牢抓住國家和亞洲發展所帶來的機遇並做好充分

準備。香港要向成為國家和歐亞大陸的「綜合和高端服務中心」的方向努力，尤其是在金融、專業、法律、教育、培訓、財富管理、信息、電子商貿、法律仲裁、市場推廣、業務諮詢、中介服務、運籌指揮等方面。同時，香港也要大力推動創新科技、創意產業、生物科技和中醫中藥的發展，並用創新科技來提升傳統產業比如貿易、物流、旅遊、金融的競爭能力和效益效能。因應香港土地昂貴而且供應不足，大力增加土地房屋供應乃特區政府刻不容緩的責任。不過，香港仍然可以選擇若干技術和知識密集的產業，通過與內地優勢互補和在兩地政府的聯手扶持下予以發展，尤其是那些創新科技、創意產業和與互聯網相關的經濟和金融活動。

第三，儘管「小政府、大市場」觀念仍然根深蒂固，在公務員、經濟專家學者和部分商界人士當中影響更大，並得到《基本法》的「確認」，但其主導地位已經發生動搖。越來越多香港人意識到過去香港賴以成就經濟奇跡的放任主義或「積極不干預」方針並非甚麼金科玉律，而且已經差不多被世界上所有國家和地區所揚棄或大幅修正，因此在新的環境和情況下並非一定合適，反而會拖慢和延誤香港所需要的產業轉型。香港人越來越對香港的經濟前景憂慮，認為必須有新的發展思路和發展戰略才能突破當前經濟發展的桎梏，而繼續以不變應萬變的態度面向未來則肯定不是香港之福。

第四，無論是香港特區政府和廣大香港人都越來越覺得政府在香港的經濟社會發展上的角色和參與應該有所增強，必須摒棄消極被動心態。他們認為，更多的公帑應該投放到促進經濟發展、扶持有潛質的新產業、強化與內地合作、開拓歐亞大陸市場、推動香港成為歐亞大陸的金融和服務樞紐、提升香港競爭能力和紓緩社會矛盾上，為此政府的理財哲學和財政政策也應該作出相應的、合適的改革，從而容許政府在經濟社會事務上有更多更大的發揮，包括克服既得利益者的阻力強力開闢土地以供發展之用、對一些知識型產業注資、為在內地與歐亞大陸發展和經營的香港

企業和人才提供支援、與內地和「一帶一路」沿線各國政府和企業聯手打造合作項目、提供優惠吸引內地和海外尤其是「一帶一路」的企業和人才來港、拓闊香港的稅基並讓其能夠為政府提供穩定可靠和充足的財政資源、通過稅制改革、福利政策調整和提升公共服務的數量和質量以促進社會公平公義、讓年輕人有更多更好的發展機遇、也為香港人口的老齡化及早籌謀。

第五，經過超過三十多年的政治折騰，香港的政治衝突局面的整體和長遠趨勢是走向緩和，但過程並不平坦。一來新一屆特區政府上台，努力與各方非敵對政治勢力改善關係，並避免主動引發政治摩擦和風波，雖然無法徹底改變反對勢力的鬥爭心態，也難以防止新的政治鬥爭的發生，比如因為《逃犯條例》修訂這件因為政治失誤而偶發突發的激烈政治鬥爭，但這種政治策略長遠而言仍會逐步減少了他們「興風作浪」的機會。二來人心思定和思治，厭惡政治鬥爭，從而減少了反對勢力所得到的公眾支持。這個趨勢不會因為偶發突發的政治鬥爭而改變。三來在中央的領導下愛國力量比以往團結，戰鬥力有所提升。四是中央和香港特區政府在議題分工上已經形成一定默契。那就是，敏感和棘手的政治問題，特別是那些觸及國家安全的事宜，「收歸」中央，由中央直接處理，從而減少它們對特區政府所造成的政治壓力，而特區政府則專注於應對與民眾福祉息息相關的社會、經濟和民生問題，並藉此厚植民望。《逃犯條例》修訂風波卻因為特區政府的政治失誤而跌入「政治陷阱」，讓外部勢力和香港反對派有機可乘，無意中被嚴重政治問題所困和損耗了管治威信。在深刻吸取經驗和教訓後，此等偶發突發事故在將來發生的機率應該不高。五是反對勢力在長遠的未來仍會處於鬆散、分化和羣龍無首狀態，政治能量大為萎縮，只能等待某些事件的發生而再度「團結」起來，並通過與躁動的年輕人相互呼應而發難。最後是在中國政府的強硬介入和應對下，外部勢力礙於中國的可能報復而在香港事務上有所收斂。

可以預期，過去幾年和往後一段時間香港局勢發展所展現的勢頭，大體上在未來一段頗長時間應該會延續下去；當然不排除中間還會有反覆和震盪，尤其是因為來自外部勢力的干擾會產生難以預測的變故。圍繞着《逃犯條例》修訂的政治風暴，正好反映了在美國和其西方盟友對中國展開全方位遏制的大環境下，香港被外部勢力和香港的反對派用作打擊中國的棋子的實例。另外一個值得關注的現象，是部分香港年輕人由於對個人和社會現狀不滿，而形成了一股不穩定和缺乏強大與統一組織和領導的狂躁政治力量。事實上，現今幾乎所有國家和地區由於經濟發展動力不足、貧富差距擴大、失業率上升、政治體制的運作不順和當政者無法滿足年輕人的理想和需要，在它們當中都存在着一大批憤世嫉俗、苦無出路的年輕人。他們成為了政治動盪的根源，也是各式民粹主義的擁戴者。迄今為止，所有國家對此都束手無策。在香港，愛國者固然無法駕馭這股力量，即便反對派對它也只能附和與配合，偶爾充當或佯裝其「領導」，偶爾卻又反過來被其所「牽扯」，但卻無法予以控制。有些時候，那些年輕人的過激和暴力行徑會惹起民眾的反感，民眾又會把對他們的不滿投射到反對派身上。總的來說，儘管政治鬥爭在未來仍會時有發生，個別鬥爭甚至規模甚大，而某種程度的政治張力仍會長期存在於香港，但由於求穩定、求秩序的心態仍是香港人的主流思想，因此即便政治鬥爭此起彼伏、跌宕不定，但香港大體上仍然是相對穩定的社會。

儘管香港回歸祖國已經超過了 20 個年頭，而距離《中英聯合聲明》簽署的日子也已經有 35 年之久，「一國兩制」在香港的實踐其實是在最近一段時間才開始逐漸納入正軌和符合初心，但整個過程卻十分坎坷。誠然，在構思「一國兩制」這個重大國家政策的時候，鄧小平先生和其他國家領導人都不可能預知國際、國內和香港形勢的變化對「一國兩制」的實際運作的影響，尤其難以預知所有干擾和扭曲「一國兩制」實踐的因素和阻力，特別是來那些自香港內部和外部的因素和阻力。回歸前，英國人和

與他們結成「非神聖聯盟」的香港反對勢力在回歸前漫長的「過渡期」中花盡心思、竭盡全力，無視中國政府的反對，強行通過改變香港的政治體制、管治方式和政治文化、宣揚一套把香港當作「獨立政治實體」的「一國兩制」主張、激化香港人與中國政府的對立、及醜化與壓抑愛國力量的崛起，從而讓回歸後的香港長年累月承受中央與特區對立、政治內耗、鬥爭不絕、管治艱難、發展遲緩之苦，而一個以「愛國者」為核心、能夠洞悉「一國兩制」的初心、確保「一國兩制」全面和準確貫徹、強勢和擁有相當羣眾基礎的特區新政權也遲遲未能建立起來。中央在香港回歸後的「不干預」或「不管就是管好」的「被動回應」政策雖然在當時香港人心未定的政治氛圍下有其合理性和短期效用，但客觀效果卻是沒有阻止香港的局勢進一步惡化，而 2003 年爆發的大規模遊行示威則將香港的崩壞局面推向巔峯，迫使中央不能不對「被動回應」政策進行深刻的反思和調整，並以「主動出手」政策來積極應對香港的亂局。「主動出手」政策的主要目標是緩解香港的經濟問題，更希望通過改善香港的經濟狀況來減少香港人的政治社會不滿和怨氣，從而強化特區政府的政治威信和管治能力。這個「問題導向」的政策卻顯然不能根本、整體和長遠地克服「一國兩制」在香港全面和準確貫徹上面對的困難和阻力。在「主動出手」時期，雖然整體而言香港在經濟上得益不少，但社會矛盾卻有所激化，而香港的反對勢力則仍然可以藉着部分羣眾尤其是憤世嫉俗的年輕人對特區政府不滿、對內地和中國共產黨的抵觸情緒、對政改停滯不前的憤懣、對社會不公不義的怨懟和對自己的前景和機遇悲觀而不斷擴張勢力和發動羣眾衝擊中央。與此同時，以美國為首的西方陣營又因為懼怕中國的迅速崛起而加大力度遏制中國。香港作為中國的一部分對西方的戰略價值也逐漸下降，並因此而遭到西方的不友善對待，在某程度上西方更意圖與香港的反對勢力「沆瀣一氣」，讓香港成為西方對付中國的「棋子」；或者在香港製造內部不穩，從而讓香港成為國家安全的威脅；又或者破壞「一國兩制」在香

港的實踐，讓香港難以為台灣垂範。香港回歸後爆發的最為激進、破壞力最大的「佔領中環」行動正好是香港的嚴峻政治局勢的真實寫照之一。而外部勢力串通香港反對勢力和其他社會力量藉助《逃犯條例》修訂在香港策動與中央和特區政府的激烈政治鬥爭和掀起的「腥風血雨」則是另一嚴重惡劣事例。事實上，早於「佔領中環」行動出現之前，中央經過幾年來對「主動出手」政策的檢討後已經擬定了「主導引領」的新對港政策，並迅速付諸實施。在「主導引領」政策下，中央不但巧妙地運用其在「一國兩制」下的全面管治權來處理一些具體問題（特別是那些涉及國家安全的問題），積極利用全面管治權去重塑香港的經濟和政治格局，和強力支持特區政府頂住各種內外政治壓力，務求在一段合理時間內將「一國兩制」在香港的實踐納入正軌，讓「一國兩制」的初心得以實現，讓「一國兩制」得以行穩致遠，並讓「一國兩制」能夠讓國家與香港兩蒙其利。

經過中央幾年來的努力，並在香港特區政府和愛國力量的配合下，「一國兩制」在香港正朝着全面和準確貫徹的方向挺進。很多「變形」和「走樣」的東西在不同程度上已經或正在獲得糾正。雖然形勢尚在發展，嚴重挑戰此起彼落，挫敗不時發生，也不能排除新的干擾因素的出現，但未來「一國兩制」的輪廓其實已經是看得到、摸得着的東西。展望將來，「五十年不變」後，「一國兩制」方針肯定繼續在香港實施，不過，香港「一國兩制」的形態與鄧小平先生和其他國家領導人的構思和設想在一些具體方面肯定不一樣，但「一國兩制」的初心卻依然會維持不變，而「一國兩制」未來在香港的實踐也肯定比現在更能實現其初心。

簡單而言，「一國兩制」作為中央的重大國家政策，其初心主要包括推進國家的統一進程、維持香港的繁榮穩定、讓香港在國家發展的過程中發揮獨特和不可替代的作用、讓香港繼續擔當國家與世界接軌和聯繫的角色、以及防止香港成為危害國家安全的「顛覆」和「滲透」基地。儘管香港回歸以來國際形勢風雲變幻、中國快速崛起、中西方關係走向緊

張和對立、歐亞大陸在經濟上邁向整合、西方世界陷入內憂外患、美國和其若干西方盟友加大力度遏制中國崛起、中國經濟與個別西方國家的經濟聯繫弱化、香港面對的國際環境發生重大變化、香港與西方國家的關係趨於疏離以及香港與內地的關係愈趨密切和複雜，「一國兩制」在香港仍然擁有頑強的生命力和合理性，其初心依然維持不變，未有因為時移世易而動搖。不過，即便「一國兩制」的初心仍在，而其方針政策的大框架依舊強固，但在具體內容和運作上，未來香港的「一國兩制」肯定和過去的「一國兩制」有重要差異。那些差異的形成，一來是源於「一國兩制」長時期實踐所衍生的變化，二來是源於香港本身經濟、政治和社會的變遷，三來是源於國際和國內局勢的變更，而四來則源於中央對港政策的調整。所有的差異都有可能納入香港未來的「一國兩制」的框架之內，並反映在中央對港政策、經修改後的香港《基本法》、香港與內地關係、香港與西方的關係，乃至香港在世界上的新定位和新角色之上。

必須承認，即便我們現在已經可以觀察到將來「一國兩制」的輪廓，但也只是粗枝大葉的窺探而已，因此不可能在此章詳細論述。然而，過去幾年來「一國兩制」在香港的實踐，尤其考慮到中央的「主導引領」政策在重塑香港的經濟和政治格局方面已經取得一定成效，我們可以對「一國兩制」在香港的未來作出框架性的初步蠡測，並對一些較具體的現象和發展進行探索。

（一）在未來的頗長時間，「一國兩制」在香港的實踐將要面對一個不穩定、不確定和相當兇險的國際環境。過去由蘇聯領導的社會主義陣營隨着蘇聯解體和東歐劇變而土崩瓦解。冷戰結束後初期那個曾經被一些西方學者形容為人類歷史歸宿的、由美國建構和主導的「自由國際秩序」也因為西方陣營分化內訌、西方國家內部不穩、西方體制本身的缺陷、新興大國對現有國際秩序的挑戰以及美國拒絕履行其國際責任而出現崩壞跡象。在缺乏全球公認的國際秩序的情況下，民族主義、國家主義、民

粹主義、種族主義、排外主義和保護主義紛紛抬頭。不同國家在「國家優先」的大纛下開展與其他國家和「陣營」的關係,產生了大量混合了競爭、合作和對抗的複雜國與國之間的關係。在這種情況下,國與國、「陣營」與「陣營」之間的關係並不穩定,國家安全與利益左右着各國的外交和結盟策略。在具有認受性的國際秩序缺位的情況下,小國為求生存,只能依托某些大國的「庇蔭」,或靈活地遊走於全球性大國和區域性大國之間。香港並非主權國家,只是中華人民共和國的一個特別行政區,因此沒有國防和外交的自主權,在政治、外交和防衛上必須仰仗國家,並與國家共同進退,患難與共。在未來的幾十年,崛起中的中國必然會面對來自美國、部分西方國家和一些區域性大國的懷疑、忌憚和遏制,即便中國政府在香港實施「一國兩制」,其他忌憚或敵視中國的國家也不可能讓香港「獨善其身」並對香港完全「區別對待」。其他國家肯定在政治上視香港為中國的一部分,而香港與中國在客觀上,甚至某程度在主觀上,已經結為「政治命運共同體」,而這個「政治命運共同體」又因為香港與內地的密切經貿關係而更形牢固。以此之故,無論香港人如何試圖說服西方和其他國家香港與中國有別,並希望讓香港在中西方博弈中「獨善其身」,功效也不會顯著。即便西方國家在經濟上得益於香港的「一制」,但在政治上也肯定會對香港諸多敲打,削弱香港在中國崛起中的作用,利用香港來危害中國的安全與穩定,裹挾香港來迫使中國對其讓步,在香港扶植反對中國政府和香港特區政府的勢力,以及在香港製造亂局來破壞「一國兩制」在香港的實施。比如,中央在「主導引領」階段積極構建保衛國家安全和領土完整的工事,便屢屢被西方國家指控為違反人權、自由和法治等「普世價值」和削弱香港的高度自治,但卻毫不理會甚至不承認香港在「一國兩制」下必須承擔維護國家主權和安全的神聖責任。在繼續在香港實施「一國兩制」之同時,如何讓香港持續對國家作出獨特和不可替代的作用,維持香港與西方的「良好」關係,但卻同時不讓香港成為國家安全與香港穩定的

隱患，無疑乃構思未來香港「一國兩制」的重要考慮。

（二）在原來的「一國兩制」設想中，香港擔當着重要的聯繫中國與西方的角色。將來，這個角色無可避免會淡化。原因之一是隨着內地不斷改革開放，不少內地大城市已經與世界各地建立了廣泛的聯繫。當然，在「一國兩制」下，與內地的大城市相比，香港仍然具備更優越的條件來充當中西方橋樑的角色。那些條件包括香港的高度自治、單獨關稅區地位、價值觀與西方接近、英語的普遍使用、自由港身份、資金自由進出、法律法規與國際接軌、專業標準國際化、信息流通暢順、競爭公平自由和西方機構和個人在香港有廣闊的經濟和政治活動空間等。不過，隨着內地的不斷改革開放，那些優勢還將會有所削弱。原因之二是西方對香港的態度有變，從而減少了西方對香港的重視。上世紀 80 年代初期，美國與西方國家同中國進行戰略合作，聯手抑制蘇聯的擴張，因此西方對中國以「一國兩制」方針解決「香港前途問題」表示支持。西方而且對香港寄予「厚望」，相信香港不但能助力中國的改革開放，更能推動中國走西方發展道路，並成為美國主導的國際秩序的一分子。可是，中國卻因為走上一條獨特的發展道路而崛起，而那條道路所包含的制度、理念和價值觀又與西方的一套不但格格不入，而且諸多對立，更在很多方面構成對西方模式的競爭和威脅。在西方人的眼中，「一帶一路」乃中國藉以建構一個以中國為中心、體現政治威權主義和國家資本主義，以及為中國利益服務的另類國際秩序。這個秩序甚至有可能衝擊或摧毀美國主導的國際秩序，甚至危及美國的政治穩定。從西方的角度看，在新的中西方關係下，香港不但履行不了西方交託它的「任務」，反而成為實現中國戰略圖謀的「幫兇」。不過，即便如此，由於西方在香港仍然擁有巨大利益和廣闊的政治經濟利益和活動空間，而且西方國家仍然可以利用香港這個「開放平台」進入內地市場，甚至不排除參與「一帶一路」倡議和粵港澳大灣區建設，並顧慮到中國的可能激烈反應，所以它們即便對香港採取一些不友善行動，卻應該不會貿然對香港

實施嚴厲制裁和打擊。然而，在政治上，美國和個別西方國家肯定會加大其干預香港事務的力度、扶植代理人、不時藉助香港發生的事件和中央的對港政策大做文章、並慫恿、支持與資助那些與中央和特區政府對抗的集體行動，務求動搖香港和內地的穩定，損害中國和香港的國際形象，以及削弱中國的「軟實力」。西方在香港的政治介入，長遠而言無可避免會引起香港人對西方和其在香港的「代理人」的反感和厭惡。

原因之三是西方的民主政治、人權自由、金融體制和市場經濟對香港人的吸引力隨着西方社會、政治、經濟和對外政策等方面問題叢生。西方阻撓中華民族復興的意圖昭然若揭，讓香港人尤其是年輕人對西方的偽善和險惡有新的、更明晰的體會。某種「反西方」情緒在香港預計會慢慢地滋長。可是，儘管西方羣眾對西方過去賴以成功的一套的信心下墜，但西方人仍然自以為是地試圖把他們的一套強加於他人，這難免讓越來越多的香港人對西方的「雙重標準」、「講一套、做一套」，和傲慢偏見有新的認知和感受。不少香港人由於經歷了長期的殖民管治，一直慣常用西方的標準來評價自己和中國，頗有處處以西方為師之意。國家的崛起、西方的困境和西方人的排外情緒抬頭無疑已經促使部分香港人反思中西方制度和文化的優劣，對中華文化和中華民族有新的體會和欣賞。在擺脫了西方文化和所謂「普世價值」的羈絆後，改革和創新將會更容易在香港發芽生長。

原因之四是中央和香港人會越來越覺得西方國家意圖將香港變成對付中國的「棋子」。美國和其西方盟友在《逃犯條例》修訂鬥爭中的所扮演的積極和險惡角色可為例證。中央和特區政府難免會採取一些反制措施來約束西方政治勢力在香港的活動空間，尤其防範它們與本地反對勢力勾結。那些蓄意拉攏外部勢力介入香港事務並向中央和特區政府施加壓力的反對派政客會越來越受到香港人的鄙視、怨懟和排斥。原因之五是西方經濟會持續面對諸多難以克服的結構性困難，保護主義、民粹主義和種

族主義也將揮之不去，而打壓中國的行動也會紛至沓來。香港因而再難以如過去般仰賴西方市場、科技、人才和資金。我們也不能排除香港日後會受到西方的一些「制裁」。香港與西方的經濟聯繫因此有走弱的趨勢。最後，雖然香港仍有部分人仰慕西方，視香港為「西方陣營」的一分子，甚至「崇洋媚外」和甘當「洋奴走狗」，但西方卻最終仍會將回歸後的香港視為中國的一部分，而並非如過去般是「西方陣營」的一員。無論其崇洋媚外或「親西方」與否，香港人會越來越感受到西方人對香港的冷漠、歧視、敵意和無理取鬧。西方媒體今天越來越頌揚那個過去它們經常鞭撻的新加坡，但對那個它們過去不斷抬捧的香港卻諸多揶揄責難，實在是國際形勢滄桑變化的最佳寫照。

在未來一段長時間，西方在世界舞台上仍然會舉足輕重，絕對不容小覷，所以香港仍需竭盡所能與西方尤其是美國維持「良好」關係，盡量保持香港對西方企業、人才和資金的吸引力，盡量避免讓西方人士找香港麻煩，但在西方的長期遏制中國和對香港不太友好的大格局下，西方在香港的活動也因此在某些情況下和一定程度上會成為國家安全和香港穩定的威脅。香港無可避免地會成為中西方角力的舞台，也必然和必須在政治上與中央步調一致、協同行動。如此一來，香港與西方的關係也只能越來越建築在功利和利益的現實基礎上，難言情感的交集和共容。

（三）香港與西方的關係愈趨疏離之際，它與崛起中的國家和亞洲的關係卻越來越緊密。香港未來的發展機遇肯定會更多的來自內地和亞洲。儘管香港仍然有小部分人對香港「融入國家發展大局」有擔憂和抗拒，但這個確實是不可違逆的歷史發展大勢。從正面的角度看，西方的政治經濟的內憂外患原本會讓長期仰仗西方的香港走向衰落，但國家和亞洲的崛起卻又讓香港重獲生機，從而又再一次印證香港乃「福地」的說法和想像，並讓香港人對香港的未來有所期盼和憧憬。誠然，香港大多數人對於中西方乃至東西方的勢力對比發生重大變化，世界經濟中心向東亞地區轉移，

以及國際格局的多極化和持續動盪的趨勢並非懵然不知，但他們在心理上和情感上卻仍然感到難以接受和無所適從，尤其是難以與西方割捨，因此無論是政府官員、社會精英、普羅大眾和年輕人都沒有因應世界大格局的變遷而深刻思考分析，更遑論做好積極和前瞻性的應對和準備，往往還是沿用舊的一套，以為可以「以不變應萬變」。不過，這種消極的「鴕鳥政策」雖然帶來短期的心理安穩，但畢竟難以抵擋滔滔的歷史洪流。誠然，要香港人在短時間內改變過去因為長時期的殖民管治而孕育的「民族自卑感」、中國過去積貧積弱而衍生的「重西方而輕東方」的心態，和反共思想與對西方價值觀認同所帶來的對新中國和中國共產黨的抗拒絕非易事，但卻又必然會是最後的歷史結局。

在國家持續崛起的過程中，國內的發展空間已經難以滿足國家走上發展新台階的需要，因此對外開拓更廣闊的發展空間乃刻不容緩的事。此事的急迫性又因為美國和西方國家的步步緊逼和惡意盈盈而陡然增加。美國和西方國家全力全面遏制中國的意圖昭然若揭，美國認定中國乃美國的頭號對手，部分美國人甚至把中國當成敵人或死敵。在未來的一段日子，美國會減少它在歐洲、中東和其他地區的介入和承擔，傾盡全力並拉攏盟友遏制中國的崛起。在國家安全危機愈趨深重的情況下，提出「一帶一路」倡議，大力開拓中亞、南亞、非洲乃至中東歐地區為中國的經濟發展腹地因而關乎國家民族的將來，而推進和整合歐亞大陸乃至非洲地區的經濟合作不單能讓中國在西方列強環伺下仍然能夠迅速崛起和規避美國和西方的遏制，更可藉此為建構新的、更公平合理和更具生命力的國際秩序作出示範。「一帶一路」倡議和作為「一帶」和「一路」銜接點的粵港澳大灣區建設為香港帶來源源不絕的發展動力和新機遇，讓香港得以在新時代國家發展過程中作出新的、獨特的貢獻，並為「一國兩制」在香港的實踐注入新內容和新養分，當然也會帶來新問題和新挑戰。香港的發展會越來越與國家和歐亞大陸的發展息息相關，香港的經濟與內地和歐亞大陸的

經濟會不斷走向整合，而香港作為愈趨整合的歐亞大陸經濟體系的樞紐的角色也會越來越明顯。香港的國際地位和重要性也會因為香港積極投入歐亞大陸經濟「共同體」而得到鞏固和提升。

（四）雖然香港沒有外交權力，但在「一國兩制」下它卻享有廣闊的外事權力，可以在眾多實務領域開展與其他國家和地區的合作。在西方與香港的關係比以前疏離的情況下，香港與世界其他國家依然維持着的大量和廣泛的聯繫會得到進一步的加強，從而為香港開拓新的發展空間，並藉此部分彌補西方空間的縮小。從生存和發展的角度看，儘管不少香港人的心態仍是偏向西方，但客觀而言香港的出路卻必然是要開拓或加強與亞洲和部分歐洲國家的聯繫，特別是那些認同、支持和參與「一帶一路」倡議的國家和地區。中央也會充分利用香港的獨特國際地位來協助中國的歐亞大陸經濟「共同體」建設戰略，讓香港得以成為「一帶一路」的樞紐，並為「一帶一路」倡議提供金融、法律、專業、信息、風險評估、商務諮詢、交通運輸、運籌管理等重要服務。香港更可以用自己的方式方法協助國家到海外弘揚中華文化，為提升中國在世界上的軟實力發揮作用。在全球性國際秩序無以為繼、多個區域性國際秩序分庭抗禮之際，香港可以作為「一帶一路」所代表的、體現「中國方案」和「中國智慧」的國際秩序和仍然存在但卻已被扭曲了和弱化了的西方主導的國際秩序的聯繫點，在中西方之間繼續扮演一定的橋樑或緩衝角色。這些都是香港在「一國兩制」下可以為國家的發展作出的新的貢獻，也可以為「一國兩制」在香港的實踐灌注新的內容和生命力的地方。隨着香港的國際定位的變化，香港的經濟結構、人口構成、對外關係、教育培訓、做事方式、典章制度和思想心態無可避免也會產生微妙和「不知不覺」的變化。當香港已不再是「西方陣營」的一員的時候，香港人會越來越感到自己是「亞洲人」，對西方的心理文化依附和「自卑感」會進一步下降。那些自詡為西方文化信徒的精英分子的影響力也會因此而逐漸減退。

（五）香港在可預見將來將會遇到比過去更為複雜、兇險和嚴峻的國際形勢。美國的「自由與開放的印度—太平洋」戰略（"Free and Open Indo-Pacific" Strategy）以中國為「唯一」對手甚至敵人，認為中國在多方面威脅美國的利益與安全，並認定中國要摧毀美國主導的國際秩序和取代美國的世界霸主的地位。在這個戰略下，不少美國人相信中美鬥爭是一場你死我活的「零和遊戲」，是「中華文明」和「西方文明」的殊死戰爭。美國會盡力拉攏中國周邊國家尤其是日本、印度、澳洲、個別東南亞國家乃至台灣地區對中國進行「圍堵」，並以軍事、貿易、金融、文化、網絡、思想和高科技「封鎖」等手段對付中國，並在中國的邊陲地區扶植分裂勢力。在中美角力的大格局中，香港在某程度上難免會捲入其中，在一些方面甚至成為美國對付中國的「棋子」。香港的反對勢力為了突破其「勢孤力弱」的困境，更會與外部勢力「結盟」並拉攏外部勢力介入香港事務，把香港變成內外勢力鬥爭的場所，甚至試圖將「香港問題」國際化，從而在香港注入新的政治動盪不安的因素。美國和其盟友又會因為香港內部發生一些不符合西方要求或違反西方宣揚的「普世價值」的事情而對香港實施政治干預和經濟制裁。它們更會試圖脅逼香港做或不做一些事情，比如不就《基本法》第二十三條進行本地立法或按照西方模式推行行政長官普選。為了維護國家主權，中國勢必與西方勢力在香港事務上角力不斷。凡此種種，都是不容忽視的發展和挑戰。中國大陸積極推進兩岸統一，兩岸衝突勢難避免，美國為求保住台灣這艘「不沉的航空母艦」為其所用，一定會介入台海局勢，阻止兩岸統一，因此中美關係會因為台灣問題更呈緊張，國家安全乃至香港的安全形勢也會愈趨嚴峻。由於中國在長遠的未來要應對愈趨嚴峻的國家安全形勢，在未來香港的「一國兩制」設計中，如何維護國家安全、保持香港繁榮穩定和牢牢掌握對香港的全面管治權對中央而言必然是最重要的考慮因素。美國和其盟友對中國的全方位遏制的力度未來只會越來越猛烈。軍事威脅固然揮之不去，但卻非首要

威脅，原因是沒有一個大國願意承受爆發核子戰爭的風險。然而，由於中央推進國家統一的方略已經進入實質階段、台獨勢力極為囂張跋扈、台灣島內具有台獨意圖的領導人蓄意參與美國遏制中國的「自由開放的印太戰略」、台灣對國家安全的威脅與日俱增，因此未來台海爆發軍事衝突的可能性不能抹殺。台灣既然是美國在軍事上圍堵中國的第一島鏈的重要部分，在美國人眼中，台灣失守會徹底改變中美在西太平洋地區的實力對比，讓台灣這艘「不沉的航空母艦」轉過來成為中國對付美國的利器，危害美國的國家安全和動搖美國在亞太地區霸主地位。假若中國以雷霆萬鈞之力謀求國家統一的話，很難想像台灣、美國及其盟友不會以各種手段打擊中國，而香港也必然會受到牽連。

今天，《基本法》第二十三條尚未完成本地立法，讓香港繼續成為國家安全的隱患，而《逃犯條例》的修訂又受到外部勢力和香港反對派的阻延。《逃犯條例》修訂失敗，大大增加了日後《基本法》第二十三條本地立法的難度。因此，香港作為國家安全的威脅也就愈益明顯和嚴重。在美國和其西方盟友加緊遏制中國之際，外部勢力利用香港作為對付中國的「顛覆基地」和「滲透基地」的誘因進一步增大。假如未來香港成為國家安全越來越嚴重的威脅，而香港又沒有能力擔負維護國家安全的重責，則中央出手堵塞香港這個國家安全的漏洞便是理所當然的事。2019 年 10 月 31 日，中共第十九屆四中全會通過對《中共中央關於堅持和完善中國特色社會主義制度，推進國家治理體系和治理能力現代化若干重大問題的決定》。《決定》在論述「一國兩制」時，首次引入「國家安全」概念，充分突顯中央在香港發生特大暴亂後對於香港成為國家安全威脅的深切關注和憂慮。《決定》提出要「建立健全特別行政區維護國家安全的法律制度和執行機制，支持特別行政區強化執法力量。」2019 年 11 月 1 日，在十九屆四中全會的新聞發佈會上，港澳《基本法》委員會主任沈春耀在闡述《決定》時更斬釘截鐵重申，「〔我們〕絕不容忍任何挑戰『一國兩制』底線的

行為，絕不容忍任何分裂國家、危害國家安全的行為，堅決防範和遏制外部勢力干預港澳事務和進行分裂、顛覆、滲透、破壞活動。」可見作為維護國家安全的「第一責任人」的中央將要承擔越來越重要的為香港建構維護國家安全體制的責任。[1] 當然，中央也嚴肅敦促香港特區政府切實負起維護國家安全的重責。在解讀中共十九屆四中全會的報告有關港澳部分的內容時，國務院港澳辦主任張曉明嚴正要求，「建立健全維護國家安全的法律制度和執法機制，強化執法力量，已成為香港特別行政區政府和社會各界人士面前的突出問題和緊迫任務。」他又提出，「我們必須針鋒相對，與特別行政區政府建立健全反〔外部勢力〕干預協同機制，決不能任由外部勢力在香港、澳門為所欲為。」[2] 2019 年 12 月 20 日，國家主席習近平在慶祝澳門回歸祖國 20 週年大會暨澳門特別行政區第五屆政府就職典禮上更一錘定音地宣示，「我要在此強調的是，香港、澳門回歸祖國後，處理這兩個特別行政區的事務完全是中國內政，用不着任何外部勢力指手畫腳。中國政府和中國人民維護國家主權、安全、發展利益的意志堅如磐石，我們絕不允許任何外部勢力干預香港、澳門事務。」

　　不過，在「總體安全觀」的思想下，單憑《基本法》第二十三條本地立法仍然不足以全面保衞國家安全，因為許多非傳統國家安全威脅不在其涵蓋範圍，而香港原有的法律法規和行政措施又難以有效應對中國面對的花樣多變和日新月異的國家安全威脅，特別是涉及到金融、貿易、科技、網絡、意識形態等領域的國家安全挑戰。在不久的將來，《基本法》第

1　美國總統特朗普簽署《香港人權和民主法案》讓其成為美國法律後，在美國還沒有執行該法之前，中國政府便宣佈一組反制美國的措施，主要目標在於壓縮美國政治勢力在香港的活動空間，減少它們對香港反對勢力的支持和資助。2019 年 12 月 2 日，中國外交部宣佈中國政府即日起暫停審批美軍艦機赴港休整，並制裁多個與美國政府和國會關係密切，和在其他國家的「顏色革命」中擔當推動角色的非政府組織，包括美國國家民主基金會、美國國際事務民主協會、美國國際共和研究所、人權觀察及自由之家，稱它們在反《逃犯條例》修訂風波中「表現惡劣」，通過各種方式「支持反中亂港分子」及「支煽動港獨分裂活動」，對香港亂局負有重大責任。

2　張曉明：〈堅持和完善「一國兩制」制度體系〉，載於《《中共中央關於堅持和完善中國特色社會主義制度、推進國家治理體系和治理能力現代化若干重大問題的決定》輔導讀本》。（北京：人民出版社），2019 年。

二十三條的本地立法工作在中央和香港特區政府的大力推動下有可能成功，但也有可能無功而還。不過，如果未來香港無法擔負起維護國家安全的責任的話，則為了全面和徹底維護國家安全，中央很有可能會運用其全面管治權來防範來自香港內部和外部的、對香港和國家安全的各種威脅，包括人大釋法、制定專門針對香港情勢的全國性法律、讓現有的全國性法律在香港應用、向香港行政長官發出命令和宣佈香港進入緊急狀態等。在香港，即便《基本法》第二十三條的立法工作已經完成，日後制定有關維護國家安全的其他立法工作也不會因此而鬆懈，因應維護國家安全需要的本地立法工作將會是長期性的、永不休止的工作。

（六）在國家安全優先的大環境下，香港的政制改革只會沿着小心謹慎、步步為營的軌道發展。2007 年中央「預先」或「超前」承諾香港的政改進程的情況估計難以重現。在外部勢力環伺、香港內部反共反華勢力極為囂張、不少香港年輕人對國家民族排斥之際，中央更加擔心政改會否引發內外反華勢力勾結，將香港變成「屠城木馬」的危險。因此，除非出現突破性發展，比如香港的反共和反華力量已經微不足道，從而令中央對香港的政治生態和局勢有嶄新的看法，不然 2014 年人大常委會就行政長官普選安排作出的「8·31」決定不會輕易改變。就算香港的反對派有能力在「佔領中環」和《逃犯條例》修訂鬥爭後再次策動另外一場大型羣眾運動，並聯同外部勢力聯手向中央施壓，中央也會在維護國家安全的大前提下頂住壓力，不但不作讓步，反而對政改的戒心更重，令政改更難成事。中央對香港的政治體制的要求其實非常簡單，那就是要維護中央在香港的權力、堅持「行政主導」原則、強化行政長官和特區政府的威信和能力、壓縮反對派的活動空間、防範外部勢力干預香港事務、防止特區管治權落到外部勢力和香港反對派手上、不容許反對派癱瘓特區的管治、阻止香港蛻變為顛覆基地和滲透基地。以此之故，負責提名行政長官候選人的提名委員會和有利於政治穩定的立法會功能團體選舉將會長期保留，甚至朝更保

守的方向改變。如果還要對香港的政治體制作出一些進步性的調整的話，則最可能是讓那些理性務實、願意與中央合作的中產和中間勢力有較大的政治影響力，從而降低資產階級那過大的政治影響力，讓那些對香港長期穩定和公平公義有利的社會經濟政策和改革得以較順利地推展。

（七）儘管香港政治體制出現重大變革的機會有限，但香港的管治模式卻有可能發生較大的變動。回歸以來大部分時間中央「不管」、愛國力量薄弱、愛國力量與特區政府若即若離和特區政府「單打獨鬥」的局面可望改善。內外勢力的夾攻，迫使中央、特區政府和愛國力量更加團結起來。從廣義的角度看，香港將來的「管治力量」，會是「中央＋特區政府＋愛國力量」的「三位一體」、「鐵三角」的一股強大政治力量。中央、特區政府和愛國力量各有權力或影響力，在「一國兩制」下進行管治上的分工合作。特區政府和愛國力量共同承擔實現香港高度自治的責任。中央則通過全面管治權的行使確保「一國兩制」和《基本法》在香港得到全面和準確貫徹，並承擔作為國家和香港安全的「第一責任人」的重任。

未來香港特區的管治的重點有三。其一是大力推動香港的經濟的長期和持續增長。要達到目標，香港積極與內地和歐亞大陸經濟加深整合，以及香港的產業結構朝多元化、知識化和高增值的方向挺進乃「不二法門」。為此，香港特區政府必須擺脫過去的「小政府」思維，適應世界局勢的巨變，從「全國一盤棋」的廣闊視野出發，運用創新手段積極地為香港未來經濟發展和產業轉型傾注動力和資源。其二是竭力建構一個較公平公義的香港、紓緩嚴峻的社會矛盾、為年輕人創造更多更好的發展機會、解決各種棘手的社會問題尤其是土地房屋昂貴和供應不足、妥善應對人口高齡化、改善公共服務的數量和質量、優化稅制、減少貧富差距和破除突出的壟斷和特權。過去因為政改的長期困擾和反對勢力的橫加阻撓，中央和特區政府的精力過多消耗在政治爭鬥之上。隨着政治環境大體上趨於穩定，而政改作為公共議題的重要性有所下降，各方面的注意力和資源可望會較

多地集中在破解嚴重的社會和民生問題上。其三是盡可能推行「包容性」的管治方式，把更多的社會和政治力量成為中央和特區政府的支持者，為香港的長治久安締造良好基礎。特區政府需要與愛國力量加強合作，並與中央一道做好團結和壯大愛國力量的工作，其中為愛國力量培育人才實乃重中之重。對於那些願意改變對抗心態，願意在國家憲法和香港《基本法》框架內活動，反對與外部勢力勾結和反對香港成為「顛覆基地」和「滲透基地」的「忠誠反對派」人士，可以給予參與特區管治的機會，讓他們最終成為愛國力量中的「改革力量」，讓他們得以為紓緩香港的深刻社會民生矛盾而盡一分力。如此一來，不但反對勢力會進一步削弱，愛國力量也會取得更廣闊的代表性和社會支持基礎，而香港的長治久安也更有保證。更重要的，是為日後的政制進一步「民主化」營造良好條件。

要改善香港特區的管治方式，前提是要讓香港特區政府有更大的管治權力和更靈活的遊刃空間。眾所周知，為了履行保持香港原來的制度和生活方式「五十年不變」的承諾，也為了釋除香港人對回歸後那個「親北京」的特區政府會否濫權和弄權的疑慮，香港《基本法》把大量原來的、由「殖民地」政府制定的公共政策以法律的形式和權力保留下來，其中最關鍵的是那套非常保守的財政思維和政策。其實，極少國家和地區在其憲法或「憲制性文件」中加入大量公共政策的條文。因此，《基本法》對香港特區政府的管治和施政帶來極大的束縛和掣肘，對「因時制宜」地制定和改變公共政策以應對形勢的變化、推動改革與發展與破解各種深層次矛盾甚為不利。尤有甚者，是《基本法》為香港原來的既得利益和特權羣體提供了保護傘和護身符，讓社會上不少人特別是中產人士和年輕人對社會不公深懷怨懟之情，為社會的不安和衝突埋下種子。在香港未來的「一國兩制」實踐中，有需要大幅減少對特區政府在管治和施政上的桎梏，讓它能「大刀闊斧」地推動各種有利於香港繁榮穩定和公平正義的政策和措施，讓特區政府能夠藉着管治和施政的良好表現來提升政治威信。因此，

香港《基本法》在「五十年不變」後有需要作出修改，主要是大幅減少或簡化與公共政策有關的條文，為香港特區的管治、發展與改革「拆牆鬆綁」，讓香港的管治得以與時俱進，讓特區政府更能為香港人和為國家謀福祉。這樣做難免會遇到香港一些既得利益者的抗拒，但在香港人對「一國兩制」的信心已經穩定下來的時候，這樣做反而會強化香港人對香港的將來的憧憬和期盼以及對未來「一國兩制」的支持和信任。

（八）「一國兩制」的新穎之處，是容許在一個國家之內，社會主義和資本主義同時並存，但以前者為主體的格局。鄧小平先生曾說，「中國的主體必須是社會主義，但允許國內某些區域實行資本主義制度，比如香港、台灣。大陸開放一些城市，允許一些外資進入，這是作為社會主義經濟的補充，有利於社會主義生產力的發展。」（鄧小平，1993:6）又說，「我們搞的是有中國特色的社會主義，所以才制定『一國兩制』的政策，才可以允許兩種制度存在。」（鄧小平，1993:32）即是說，「一國兩制」中的「兩制」是指「社會主義」和「資本主義」。可是，即便是這個簡單淺顯的道理，香港的反對派人士和部分香港人也不明白，或拒絕明白。內地學者鄭戈指出，「『一國兩制』中的『兩制』指的是甚麼，中央和香港卻存在不同的理解。在中央看來，兩制指的是社會主義和資本主義兩種經濟制度；而在香港多數人看來，兩制主要指的是兩種政治—法律制度。這種認識上的分歧是導致回歸後出現的各種問題的根源所在。中央可以包容在中國的幾個特別行政區實行資本主義經濟，並允許這些地方保留自己已經形成的政治—法律制度，但卻有個限度，這就是不能威脅到『一國』，及中國的統一主權結構。」（鄭戈，2017：20）正是因為有些別有用心的香港人從兩個不同的政治體制的角度理解「一國兩制」，所以才以為香港可以也「有權」追求自己的「西方式」民主制度，更無須理會香港政治體制的變革會否帶來危害國家和政權安全的後果。然而，隨着國家領導人和其他人士的耐心解說，這種對「一國兩制」的誤解得到了一定程度的糾正。其實，隨着內地

的不斷改革開放和市場建設，以及香港特區政府願意承擔更多的經濟社會發展任務，香港的資本主義制度和內地的中國特色社會主義制度的差異已經越來越少，當然兩地的經濟制度絕對不會趨同。國有企業在中國仍將擔當首要的經濟角色，而私人資本在香港則仍會佔重要地位。環顧全球，自從上世紀90年代初蘇聯解體和東歐劇變後，一方面市場經濟蓆捲全球，但與此同時，國家機構在不同國家的經濟角色卻不斷加強，所以把資本主義與社會主義對立起來其實沒有實質意義。現在，即便在西方國家，極少人還拘泥於資本主義和社會主義的分野。在新一輪東西方較量中，西方傾向把所謂「自由民主政體」與「威權或獨裁政體」對立起來，或者將「自由經濟」與「國家資本主義」截然劃分。諷刺的是，威權主義其實在西方也正在隨着右翼民粹主義抬頭而冒起，而政府對所謂「自由市場」的干擾又隨着貿易戰、貨幣戰、科技戰、各式保護主義和加大對「旗艦」企業與農業的補貼與扶持而不斷加強。在特朗普總統的領導下，美國政府在經濟上的主導角色和對美國甚至外國企業的控制實在明顯不過。為了適應新的國際經濟和政治格局、更好地「融入國家發展大局」，和解決香港的深層次社會民生矛盾，香港原來的「自由放任」資本主義已經落伍過時，而且又越來越被香港人尤其是年輕人所質疑。維持香港的現狀顯然不是選項、必須對原有的資本主義進行改良，而內地和外國的一些先進經驗和良好做事方法正好成為香港在未來發展中的借鏡。

　　（九）不少香港人的反共、疑共和反華心態過去確實是中國政府收回香港和在香港實踐「一國兩制」的最大阻力。中國政府不在香港實施內地的社會主義制度，反而容許香港保留其原來的資本主義體系和生活方式，目的就是讓害怕改變的香港人放心。不過，即便如此，仍然有不少香港人在回歸後對中國共產黨心存疑慮，生怕香港的人權、自由、法治和本土文化會不斷受到侵蝕。反對派和外部勢力更經常對此以假信息，向香港人作出恐嚇和藉此挑撥香港人與中央的關係。這種心態其實對香港管治、

穩定和發展甚為不利，最明顯之處是這種心態窒礙了香港與內地開展多方面的合作，讓香港失去了許多來自國家崛起所帶來的發展機遇。這種心態讓不少香港人尤其是年輕人傾向從香港乃「獨立政治實體」角度理解「一國兩制」，容易受到反對勢力的蠱惑，也成為連綿不斷的香港與中央對抗、香港人與內地同胞疏離、外部勢力介入香港事務、以及「港獨」和其他「本土分離主義」冒起的思想基礎。可幸的是，經過漫長時間的折騰、掙扎和磨難，近年來香港人的思想心態已經出現了微妙和複雜的轉變。中央的「主動出手」和「主導引領」政策，無疑在短期內加劇了香港人與中央和特區政府的摩擦，讓反對勢力得以逞一時之勇，並讓外部勢力對香港事務「說三道四」，但在中長期卻「潛移默化」地逐漸改變了香港人對中國共產黨、中央和中華人民共和國的看法和態度。時至今天，雖然我們還不能說香港人願意認真考慮和維護新中國和中國共產黨的立場和利益，但畢竟以往那種肆意和刻意與中央對抗的行為已經有所收斂。越來越多香港人認識到香港的利益其實與國家和中國共產黨的利益有不少共同之處、理解到香港與中央對抗並非香港之福、意識到在美國和西方的濃烈敵意下中國的國家安全形勢確實嚴峻、明白到香港已經成為美國和西方遏制中國的棋子、清楚知道中央在涉及國家重大利益的問題上不會輕易向香港的羣眾壓力低頭以及曉得香港與內地經已成為「經濟命運共同體」，並且在西方的反華與遏港的策略下開始向「政治命運共同體」方向挺進。同時，香港人也越來越厭惡政治鬥爭、「泛政治化」、特區管治乏力、法律不時受到挑戰、極端言行和暴力行為。他們渴求穩定、秩序、良好管治、經濟發展和民生改善。正是因為香港人思想心態的微妙和逐漸改變，才使得反對勢力長遠而言走向衰敗和分裂。在羣眾基礎不斷萎縮的情況下，反對勢力的動員能力大為下降，只能寄望一些政治事件或管治失誤的出現，讓他們有機會再次挑起民眾的憂慮、憤怒和恐慌。然而，即使反對派有時在因緣際會特別在外部勢力撐腰下能夠作出「政治反撲」和逞逞威風，但

反對勢力走向衰敗的大趨勢卻不會基本改變。中央和香港特區政府加大對反對派的遏制力度更會強化這個大趨勢。全國人大常委會對行政長官普選的「8·31」決定、全國人大常委會對《基本法》第一百○四條有關「宣誓」的條文的解釋、香港特區政府否定若干宣揚「港獨」和「本土分離主義」的人士參加立法會選舉的資格、香港特區政府依法取締香港民族黨、廣深港高鐵香港段實施「一地兩檢」安排、香港特區政府不為邀請香港民族黨發起人陳浩天到外國記者會「演講」的該會副主席延長工作簽證、「佔領中環」發起人受審和判刑等高度「政治化」的事件都未有引發大規模的羣眾抗爭行動，也沒有讓反對勢力有機可乘，在在都印證了香港人的思想心態重歸理性務實的現象。即使反對派連同外部勢力、部分商界力量、一些民間團體和不少狂躁的年輕人得以藉助《逃犯條例》修訂事件而掀起颶風惡浪和血腥衝突，造成了短時間的形勢逆轉，都不可能扭轉香港逐漸融入國家發展大局以及香港人走向務實理性的大趨勢。作為一項重大國家方針政策，「一國兩制」本來就是各方面的理性務實態度和互諒互讓精神交匯的絕佳體現。過去香港人在恐懼、擔憂和懷疑心理的籠罩下，讓「零和遊戲」式的政治鬥爭不絕如縷，嚴重妨礙了「一國兩制」的全面和準確實踐。今後，經歷了幾許磨難之後，估計理性和務實心態會在香港不斷增強，更多香港人會從「知己知彼」、「求同存異」、「推己及人」和「互利共贏」的角度處理與中央和內地同胞的關係，更願意和樂意維護國家安全和利益。以新中國為對象的國家觀念也會逐漸強化。如此一來，就算香港人因為價值觀的差異對中國共產黨仍存隔膜，但只要他們願意在國家憲法和《基本法》框架內運作，不讓香港成為威脅國家安全的地方，則對「一國兩制」在香港的實踐不會構成重大障礙，畢竟鄧小平先生從來沒有把「一國兩制」的成功實施寄託在香港人是否「愛黨」和「愛新中國」之上。[3]

3　鄧小平先生曾說過，「一九九七年以後，台灣在香港的機構仍然可以存在，他們可以宣傳『三民主義』，也可以罵共產黨，我們不怕他們罵，共產黨是罵不倒的。」(鄧小平，1993:14)

　　（十）毫無疑問，無論在回歸前或回歸後，以及可預見的未來，香港反對勢力的阻撓和對抗乃「一國兩制」在香港全面和準確貫徹的頭號障礙。一直以來，他們利用香港人的反共、疑共、反華、對香港前景擔憂、對特區政府的懷疑、對社會現狀的不滿、對民主的訴求、對殖民管治的緬懷乃至對外部勢力介入香港事務的憧憬等心理，以憤世嫉俗、入世未深和容易被蠱惑的年輕人為「先鋒」，不斷發動大大小小的、連綿不斷的、矛頭指向中央和特區政府的政治鬥爭，目的不外乎是要奪取香港特區的政權、將他們對「一國兩制」的「另類詮釋」轉化為事實、並將香港變成推動中國走和平演變道路的基地。回歸前，反對勢力因為得到英國殖民者的青睞和眷顧而迅速壯大，回歸後又與西方國家（主要是美國）和台獨勢力互通款曲。長期以來，反對勢力佔據着政治道德高地，成功讓政制改革長期成為公共議程的首要項目，既排擠了其他重要的經濟、社會和民生項目，也使得特區政府管治維艱，更無暇兼顧香港的深層次問題，嚴重阻礙着香港長遠的經濟社會發展和政治穩定。在食髓知味下，激進反對勢力企圖以「佔領中環」和反對《逃犯條例》修訂行動向中央施加最大的壓力，力求一舉而奪取香港特區管治權。可是，反對勢力低估了中央的決心和底線，也高估了香港社會對他們的包容性和容忍度，結果 2014 年的「佔領中環」功敗垂成，它更成為了反對勢力的政治能量由盛轉衰的轉折點。2019 年，反對派首次明目張膽地配合和呼應外部勢力牽頭策動的反對《逃犯條例》修訂的抗爭和奪權行動，意圖在政治上「翻盤」，反而使他們與中央和特區政府走向無可挽回的決裂，而其縱容極端暴力行為也讓不少香港人對其再不存任何幻想。《逃犯條例》修訂風波雖然讓反對派能夠逞一時的威風，令其得以藉助巨大的針對特區政府的民憤而在 2019 年的區議會選舉中取得佳績，並得以控制所有區議會。不過，這次區議會的選舉結果並不表示香港人對反對派的真心信任和擁護，反而是他們意圖通過把選票投給反對派候選人而表達對政府的不滿，而此次「勝利」也很可能是主流

反對黨派與那些激進或暴力反對勢力走向分裂的開始。事實上，從歷史發展的大勢而言，除非他們今後徹底改變其對中央和國家的政治態度，反對勢力的政治前景卻會因為中央在特大動亂後和在中美戰略博弈愈趨激烈下對其更不信任、更加防範、更加遏制而更加陰霾密佈。短期的政治風光和政治亢奮並不能阻止其長遠的衰敗。

「佔領中環」事件讓香港人深刻明白到向中央施加政治壓力、迫使中央讓步的手段在涉及重大國家原則立場和香港重大利益（尤其是當涉及到國家主權、國家安全和香港管治權等方面）時不能奏效，打破了過去以為中央必會屈服於強大民眾壓力的心理預期，從而讓香港人因為政治覺醒而不會隨便響應反對派的號召。《逃犯條例》修訂並不涉及重大國家利益和政治原則，與實際利益的關係也不大，所以香港特區政府得以憑藉「撤回」修訂而對反對者作出讓步，並藉此疏解部分民眾的不滿，但對外部勢力和反對派提出的其他觸及到香港特區管治權的要求則一概拒絕，沒有因為大規模的抗爭乃至暴力衝擊而退讓。「佔領中環」和反對《逃犯條例》修訂所引發的暴亂既然為香港帶來了各種嚴重的傷害，而激烈暴力言行又讓香港人反感和心寒，香港人對反對勢力的信心和信任在將來只會不斷下降，而反對派所宣揚的對「一國兩制」和「另類詮釋」和其政治目標和路線也會一併受到香港人的質疑。「佔領中環」和《逃犯條例》修訂事件促發的暴亂大大加深了中央對反對勢力和外部勢力的警惕、擔憂和不滿，促使中央加大力度對反對派和外部勢力作出反制和打擊。「佔領中環」失敗，使得反對勢力內部互相推諉、相互傾軋和爆發路線之爭。迄今反對勢力仍是羣龍無首、目標不明和路線模糊。圍繞着反對《逃犯條例》修訂的暴亂實際上也只能發揮短暫的團結各路反對勢力的作用。激進反對勢力因為中央和特區政府的遏制而活動空間不斷萎縮，既不能走進政治體系，復又為廣大香港人所唾棄，只能在一些年輕人中間苟延殘喘，和托庇於外部勢力。溫和的反對勢力雖然在「佔領中環」失敗後收復了一些過去被激進勢

力奪取了的失地，但卻仍然內訌頻仍，疲不能興，政治影響力和動員能力大幅下滑。原來比較「溫和」的反對派在 2019 年暴亂中的非理性和激烈表現，以及他們與外部力量相互勾結，使得他們的「溫和」形象大為褪色。中長期而言，在羣眾基礎不斷流失的困境下，反對派越來越依賴外部勢力的支持，而適逢美國和其他外部勢力竭力遏制中國和不斷詆醜香港之際，反對派與外部勢力的勾結將會愈趨緊密。然而，香港人普遍鄙視「挾外力以自重」的香港政客，而且對外部勢力介入香港事務憂心忡忡，生怕會危害香港與中央關係乃至挑起香港內部鬥爭。隨着香港人的國家觀念因為美國和其西方盟友對中國的遏制和對香港的不友善不斷提升，反對派「挾外力以自重」的行徑只會讓反對勢力走向香港人的對立面，被香港人鄙視和不恥，令其政治處境更為尷尬和艱難。勾結外部勢力只會是反對派「飲鴆止渴」之舉，雖可收一時之效，但「客觀上」卻可能是他們走上「自毀」宿命的道路。

不過，因為香港仍有選舉政治、香港人對中國共產黨的疑慮在可預見的將來不會完全消失，香港人對「有建設性」的反對勢力仍有需求，而能夠充當「社會改革者」的反對聲音其實對香港日後建構「公平公義」社會有積極價值，因此那些願意在國家憲法和香港《基本法》框架之內活動和推進改革，並反對讓香港成為反對國家和中央的基地的反對派、或可以稱之為「忠誠的反對派」其實在香港特區仍然擁有不錯的發展空間。展望將來，儘管那些「冥頑不靈」的反對勢力仍會在香港存在，但不排除有小部分反對派人士會朝着成為「忠誠的反對派」方向蹣跚地過渡。不管最終的結局為何，反對勢力作為阻撓「一國兩制」的全面和準確實施的因素的作用亦會大為減退。

經過二十多年的折騰、反覆和磨難，長期以來各種阻撓「一國兩制」在香港全面和準確貫徹的因素都出現變化或得到解決，「一國兩制」在香港的順利實施和無縫延續的可能性很大，但卻遠非一帆風順，尤其考慮到

外部勢力的打壓，因此切不可以掉以輕心。2017 年，國家主席習近平蒞臨香港考察和指導。在他的《系列講話》中，有一段提及到「一國兩制」的未來的重要説話，其主旨是只有在全面和準確貫徹「一國兩制」的前提下，「一國兩制」在香港才有長期延續的可能。習主席説，「要把堅持『一國』原則和尊重『兩制』差異、維護中央權力和保障香港特別行政區高度自治權、發揮祖國內地堅強後盾作用和提高香港自身競爭力有機結合起來，任何時候都不能偏廢。只有這樣，『一國兩制』這艘航船才能劈波斬浪、行穩致遠。」「行穩致遠」一詞，隱含着「一國兩制」未來能否順利延續的條件。只有全面和準確實踐「一國兩制」，香港才能「行穩」，也只有在「行穩」的前提下，「一國兩制」在香港的實踐才有「致遠」或「行之久遠」的可能。

　　無論從任何角度而言，「一國兩制」方針是既對國家有利，又對香港有利的解決「香港前途問題」的安排。如何處理好中央與香港特區在權責方面的劃分，是成功實施「一國兩制」的關鍵。這個問題處理好了，中央與特區的互信關係才得以建立起來。簡單地説，在「一國兩制」下，香港人要承認和尊重中央在「一國兩制」下享有的權力和要擔負的責任。香港人要明白中央在維護國家安全和利益，以及在確保「一國兩制」在香港全面和準確落實的「終極」責任。香港人也要防止香港成為威脅國家與政權安全的「顛覆基地」和「滲透基地」。與此同時，中央則要尊重和保護香港原有的制度、價值觀、生活方式和做事方法，掃除香港人對中央意圖的誤解。除了那些牽涉到維護國家利益和安全、確保「愛國者治港」和糾正「一國兩制」在實施上的明顯和重大偏差外，中央盡可能不參與香港的內部事務。考慮到所謂「五十年不變」並不表示香港不可以推動各種制度和政策的改革來回應社會變遷和維持社會穩定，中央也需要尊重甚至配合香港在改革現狀上的努力，只要那些改革沒有改變「一國兩制」的戰略目標、香港的「一制」的基本性質和「兩制」的關係。在眾多必須的改革中，其犖犖大者包括：強化特區政府在推動香港與內地和歐亞大陸的經貿聯繫、推

進各項旨在減少社會不平等不公平情況的政策、不斷加強香港在維護國家和自身安全上的制度和機制、壯大愛國力量和擴大其社會代表性、積極推行香港特區的新政權建設、防範外部勢力在香港興風作浪、進一步削弱反對勢力的政治能力但卻同時為他們向「忠誠的反對派」或「愛國力量中的改革派」轉化。

　　總而言之，我們可以以積極和樂觀的態度預測和謀劃香港「一國兩制」的未來，讓香港的「一國兩制」在堅持初心的前提下為國家的崛起和統一作出新的貢獻。

參考書目

英文書目

Abernethy, David B. 2000. *The Dynamics of Global Dominance: European Overseas Empires, 1415–1980*. New Haven: Yale University Press.

Abramowitz, Alan I. 2018. *The Great Alignment: Race, Party Transformation, and the Rise of Donald Trump*. New Haven: Yale University Press.

Abrams, Stacey et al. 2018. "E Pluribus Unum? The Fight Over Identity Politics," *Foreign Affairs*. Available at: https://www.foreignaffairs.com/articles/2019-02-01/stacey-abrams-response-to-francis-fukuyama-identity-politics-article.

Acharya, Amitav. 2011. "Can Asia Lead? Power Ambitions and Global Governance in the Twenty-First Century," *International Affairs*, Vol. 87, No. 4, pp. 851–869.

Acharya, Amitav. 2014. *The End of American World Order*. London: Polity.

Acharya, Amitav. 2017. *East of India, South of China: Sino-Indian Encounters in Southeast Asia*. New Delhi: Oxford University Press.

Acharya, Amitav. 2018. *Constructing Global Order: Agency and Change in World Politics*. New York: Cambridge University Press.

Ackerman, Bruce. 2010. *The Decline and Fall of the American Republic*. Cambridge, MA: The Belknap Press of Harvard University Press.

Allan, James. 2014. *Democracy in Decline: Steps in the Wrong Direction*. Montreal: McGill-Queen's University Press.

Allison, Graham. 2017. *Destined for War: Can America and China Escape Thucydides's Trap?* Boston: Houghton Mifflin Harcourt.

Allison. Graham. 2018. "The Myth of the Liberal Order," *Foreign Affairs*, Vol. 97, No. 4, pp. 124–133.

Ang, Yuen Yuen. 2018a. "Autocracy With Chinese Characteristics: Beijing's Behind-the-Scenes Reforms," *Foreign Affairs*, Vol. 97, No.3, pp. 39–46.

Ang, Yuen Yuen. 2018b. "The Real China Model," *Foreign Affairs*. Available at: https://www.foreignaffairs.com/articles/asia/2018-06-29/real-china-model?cid=nlc-fa_fatoday-20180629.

Ang, Yuen Yuen. 2019. "The Struggle to Define China's 'Project of the Century," *Foreign Affairs*. Available at: https://www.foreignaffairs.com/articles/china/2019-05-22/demystifying-belt-and-road.

Aron, Leon. 2019. "Are Russia and China Really Forming an Alliance? The Evidence Is Less Than Impressive,"*Foreign Affairs*. Available at: https://www.foreignaffairs.com/articles/china/2019-04-04/are-russia-and-china-really-forming-alliance?utm_medium=newsletters&utm_source=fatoday&utm_content=20190404&utm_campaign=FA%20Today%20040419%20Chinese-Russian%20Cooperation%2C%20Indian%20Gender%20Politics%2C%20The%20History%20of%20NATO%20Expansion&utm_term=FA%20Today%20-%2011 2017.

Auslin, Michael R. 2017. *The End of the Asian Century: War, Stagnation, and the Risks to the World's Most Dynamic Region*. New Haven: Yale University Press.

Babones, Salvatore. 2018. *The New Authoritarianism: Trump. Populism, and the Tyranny of Experts*. Cambridge: Polity.

Baldwin, Richard. 2016. *The Great Convergence: Information Technology and the New Globalization*. Cambridge, MA: The Belknap Press of Harvard University Press.

Bartels, Larry M. 2008. *Unequal Democracy: The Political Economy of the New Gilded Age*. Princeton: Princeton University Press.

Bechev, Dimitar. 2017. *Rival Power: Russia's Influence in Southeast Europe*. New Haven: Yale University Press.

Beckley, Michael. 2018. *Unrivaled: Why America Will Remain the World's Sole Superpower*. Ithaca: Cornell University Press.

Benner, Thorsten. 2018a. "Europe's Quest for Financial Independence: Brussels Will Find it Hard to Defy Washington—But It has to Try," *Foreign Affairs*. Available at: https://mail.google.com/mail/u/0/#inbox/FMfcgxvzKQkTLCXhvDrZQlhSBjLGhcpk.

Benner, Thorsten. 2018b. "What Merkel's Successor Will Mean for German Politics: Annegret Kramp-Karrenbauer Has a Tough Road Ahead,"*Foreign Affairs*. Available at: https://www.foreignaffairs.com/articles/germany/2018-12-13/what-merkels-successor-will-mean-german-politics?cid=nlc-fa_fatoday-20181213.

Berman, Sheri. 2019. *Democracy and Dictatorship in Europe: From the Ancien Régime to the Present Day*. New York: Oxford University Press.

Biden, Joseph R. Jr. & Michael Carpenter. 2018. "How to Stand Up to the Kremlin: Defending Democracy Against Its Enemies," *Foreign Affairs*, Vol. 97, No. 1, pp. 44–57.

Biscop, Sven. 2018. "Letting Europe Go Its Own Way: The Case for Strategic Autonomy,"*Foreign Affairs*. Available at: https://www.foreignaffairs.com/articles/2018-07-06/letting-europe-go-its-own-way?cid=nlc-fa_fatoday-20180706.

Blackwill, Robert D. & Jennifer M. Harris. 2016. *Politics by Other Means: Geoeconomics and Statecraft*. Cambridge, MA: Harvard University Press.

Blanchflower, David G. 2019. *Not Working: Where Have All the Good Jobs Gone?* Princeton: Princeton University Press.

Blum, Robert M. 1982. *Drawing the Line: The Origin of the American Containment Policy in East Asia*. New York: W.W. Norton.

Bolt, Paul J. & Sharyl N. Cross. 2018. *China, Russia, and Twenty-First Century Global Geopolitics*. New York: Oxford University Press.

Boustany, Charles W., Jr. & Aaron L. Friedberg. 2019. *Answering China's Economic Challenge: Preserving Power, Enhancing Prosperity*. Washington, DC: The National Bureau of Asian Research.

Brands, Hal. 2016. *Making the Unipolar Moment: U.S. Foreign Policy and the Rise of the Post-Cold War Order*. Ithaca: Cornell University Press.

Brands, Hal. 2019. "Reckless Choices, Bad Deals, and Dangerous Provocations: Trump's Foreign Poicy Is in a Downward Spiral Toward 2020,"*Foreign Affairs*. Available at: https://www.foreignaffairs.com/articles/2019-09-26/reckless-choices-bad-deals-and-dangerous-provocations.

Bown, Chad P. & Douglas A. Irwin. 2019. "Trump's Assault on the Global Trading System and Why Decoupling From China Will Change Everything,"*Foreign Affairs*, Vol. 98, No. 5, pp. 125–136.

Brands, Hal. 2018. *American Grand Strategy in the Age of Trump*. Washington, DC: Brookings Institution Press.

Bremmer, Ian. 2010. *The End of the Free Market: Who Wins the War Between States and Corporations?* New York: Portfolio.

Bremmer, Ian. 2015. *Superpower: Three Choices for America's Role in the World*. New York: Portfolio/Penguin.

Bremmer, Ian. 2017. "How China's Economy Is Poised to Win the Future," *Time*. Available at: https://amp-timeinc-net.cdn.ampproject.org/v/amp.timeinc.net/time/5006971/how-chinas-economy-is-poised-to-win-the-future?amp_js_v=0.1&usqp=mq331AQGCAEYASgB#origin=https%3A%2F%2Fwww.google.com.hk&prerenderSize=1&visibilityState=prerender&paddingTop=54&p2r=0&horizontalScrolling=0&csi=1&aoh=15262160531909&viewerUrl=https%3A%2F%2Fwww.google.com.hk%2Famp%2Famp.timeinc.net%2Ftime%2F5006971%2Fhow-chinas-economy-is-poised-to-win-the-future&history=1&storage=1&cid=1&cap=swipe%2CnavigateTo%2Ccid%2Cfragment%2CreplaceUrl.

Bremmer, Ian. 2018. *Us vs Them: The Failure of Globalism*. New York: Portfolio/Penguin.

Brendon, Piers. 2007. *The Decline and Fall of the British Empire 1781–1997*. London: Jonathan Cape.

Brill, Steven. 2018. *Tailspin: The People and Forces Behind America's Fifty-Year Fall – and Those Fighting to Reverse It*. New York: Alfred AQ. Knopf.

Brown, Kerry. 2017. *China's World: What Does China Want?* London: I.B. Tauris.

Brown, Kerry. 2018. *China's Dream: The Culture of Chinese Communism and the Secret Sources of Its Power*. Cambridge: Polity.

Brzezinski, Zbigniew. 1997. *The Grand Chessboard: American Primacy and its Geostrategic Imperatives*. New York: Basic Books.

Brzezinski, Zbigniew. 2012. *Strategic Vision: America and the Crisis of Global Power*. New York: Basic Books.

Brzezinski, Zbigniew. 2016. "Toward a Global Realignment," *The American Interest*, Vol. 11, No. 6. https://www.the-american-interest.com/2016/04/17/toward-a-global-realignment/.

Buck, Tobias. 2018. "How Social Democracy Lost Its Way: A Report from Germany," *Financial Times*. Available at: https://www.ft.com/content/a1f88c3c-d154-11e8-a9f2-7574db66bcd5.

Buck⊠Tobias. 2019. "Germany's Search for a New Diplomatic Map,"*Financial Times*. Available at: https://www.ft.com/content/ad75a6ca-5fa8-11e9-a27a-fdd51850994c.

Bulmer-Thomas, Victor. 2018. *Empire in Retreat: The Past, Present, and Future of the United States*. New Haven: Yale University Press.

Burk, Kathleen. 2018. *The Lion and the Eagle: The Interaction of the British and American Empires 1783–1972*. London: Bloomsbury.

Calder, Kent E. 2019. *Super Continent: The Logic of Eurasian Integration*. Stanford: Stanford University Press.

Campbell, Kurt M. 2016. *The Pivot: The Future of American Statecraft in Asia*. New York: Twelve.

Campbell, Kurt M. & Ely Ratner. 2018. "The China Reckoning: How Beijing Defied American Expectations," *Foreign Affairs*, Vol. 97, No. 2, pp. 60–70.

Campbell, Kurt M. & Jake Sullivan. 2019. "Competition Without Catastrophe: How America Can Challenge and Coexist With China,"*Foreign Affairs*. Available at: https://www.foreignaffairs.com/articles/china/competition-with-china-without-catastrophe.

Camus, Jean-Yves & Nicolas Lebourg. 2017. *Far-Right Politics in Europe*. Cambridge, MA: The Belknap Press of Harvard University Press.

Carney, Richard W. 2018. *Authoritarian Capitalism: Sovereign Wealth Funds and State-Owned Enterprises in East Asia and Beyond*. New York: Cambridge University Press.

Carothers, Thomas & Andrew O'Donohue eds. 2019. *Democracies Divided: The Global Challenge of Political Polarization*. Washington, DC: Brookings Institution Press.

Carroll, John M. 2007a. *Edge of Empires: Chinese Elites and British Colonials in Hong Kong*. Hong Kong: Hong Kong University Press.

Carroll, John M. 2007b. *A Concise History of Hong Kong*. Hong Kong: Hong Kong University Press.

Cha, Victor D. 2016. *Powerplay: The Origins of the American Alliance System in Asia*. Princeton: Princeton University Press.

Chamberlain, M.E. 1999. *Decolonization*. Oxford: Blackwell.

Chang, Ha-Joon. 2003. *Kicking Away the Ladder: Development Strategy in Historical Perspective*. London: Anthem Press.

Chang, Ha-Joon. 2008. *Bad Samaritans: The Myth of Free Trade and the Secret History of Capitalism*. New York: Bloomsbury Press.

Chen, Weitseng ed. 2017. *The Beijing Consensus? How China Has Changed Western Ideas of Law and Economic Development*. New York: Cambridge University Press.

Chin, Gregory T. 2017. "True Revisionist: China and the Global Monetary System," in deLisle & Goldstein eds. 2017, pp. 35–66.

Chua, Amy. 2018. *Political Tribes: Group Instinct and the Fate of Nations*. New York: Penguin Press.

Chua, Beng Huat. 2017. *Liberalism Disavowed: Communitarianism and State Capitalism in Singapore*. Ithaca: Cornell University Press.

Clover, Charles. 2016. *Black Wind, White Snow: The Rise of Russia's New Nationalism*. New Haven: Yale University Press.

Cohen, Benjamin J. 2015. *Currency Power: Understanding Monetary Rivalry*. Princeton: Princeton University Press.

Cohen, Eliot A. 2016. *The Big Stick: The Limits of Soft Power & the Necessity of Military Force*. New York: Basic Books.

Cohen, Eliot A. 2018. "America's Long Goodbye: The Real Crisis of the Trump Era," *Foreign Affairs*, Vol. 98, No. 1, pp. 138–146.

Cohen, Stephen S. & J. Bradford DeLong. 2010. *The End of Influence: What Happens When Other Countries Have the Money*. New York: Basic Books.

Colby, Eldridge A. & A. Wess Mitchell. 2019. "The Age of Great-Power Competition: How the Trump Administration Refashioned American Strategy," *Foreign Affairs*, Vol. 99, No. 1, pp. 118–130.

Collier, Paul. 2018. *The Future of Capitalism: Facing the New Anxieties*. New York: Harper.

Connolly, Richard. 2018. *Russia's Response to Sanctions: How Western Economic Statecraft is Reshaping Political Economy in Russia*.

Conradi, Peter. 2017. *Who Lost Russia? How the World Entered a New Cold War*. London: Oneworld.

Cook, Steven A. 2017. *False Dawn: Protest, Democracy, and Violence in the New Middle East*. New York: Oxford University Press.

Cooley, Alexander. 2016. *The Emerging Political Economy of OBOR: The Challenges of Promoting Connectivity in Central Asia and Beyond*. Washington, DC: Center for Strategic & International Studies. https://csis-prod.s3.amazonaws.com/s3fs-public/publication/161021_Cooley_OBOR_Web.pdf.

Cowen, Tyler. 2017. *The Complacent Class: The Self-Defeating Quest for the American Dream*. New York: St. Martin's Press.

Cox, Michael. 2018. "Axis of Opposition: China, Russia, and the West," in Toje (2018:321–347)

Cronin, James, George Ross & James Shoch eds. 2011. *What's Left of the Left: Democrats and Social Democrats in a Challenging Times*. Durham: Duke University Press.

Daalder, Ivo H. & James M. Lindsay. 2018. "The Committee to Save the World Order: America's Allies Must Step Up as America Steps Down,"*Foreign Affairs*, Vol. 97, No. 6, pp. 72–83.

Danahar, Paul. 2013. *The New Middle East: The World After the Arab Spring*. New York: Bloomsbury Press.

Darwin, John. 1988. *Britain and Decolonisation: The Retreat from Empire in the Post-War World*. New York: Palgrave Macmillan.

Darwin, John. 1991. *The End of the British Empire: The Historical Debate*. Oxford: Basil Blackwell.

Darwin, John. 2009. *The Empire Project: The Rise and Fall of the British World-System, 1830–1970*. New York; Cambridge University Press.

Darwin, John. 2012. *Unfinished Empire: The Global Expansion of Britain*. New York: Bloomsbury.

Das, Satyajit. 2016. *The Age of Stagnation: Why Perpetual Growth Is Unattainable and the Global Economy is in Peril*. New York: Prometheus Books.

deLisle, Jacques & Avery Goldstein eds. 2017. *China's Global Engagement Cooperation, Competition, and Influence in the Twenty-First Century*. Washington, DC: Brookings Institution Press.

DeLong, J. Bradford. 2019. "America's Superpower Panic,"*Project Syndicate*. Available at: https://www.project-syndicate.org/commentary/america-china-superpower-rivalry-history-by-j-bradford-delong-2019-08.

Deneen, Patrick J. 2018. *Why Liberalism Failed*. New Haven: Yale University Press.

Denoon, David B. ed. 2015. *China, the United States, and the Future of Central Asia*. New York: New York University Press.

Department of Defense, U.S.A. 2018. *Summary of the 2018 National Defense Strategy of the United States of America*. Washington, DC: Department of Defense, U.S.A.

Der Spiegel Staff. 2018. "German Politics Enters Era of Instability," *Spiegel Online*. Available at: http://www.spiegel.de/international/germany/german-political-landscape-crumbling-as-merkel-coalition-forms-a-1193947-2.html.

Deudney, Daniel & G. John Ikenberry. 2018. "Liberal World: The Resilient Order," *Foreign Affairs*, Vol. 97, No. 4, pp. 16–24.

Diamond, Larry & Marc F. Plattner. 2015. *Democracy in Decline?* Baltimore: Johns Hopkins University Press.

Diamond, Larry et al. eds. 2016. *Authoritarianism Goes Global: The Challenge to Democracy*. Baltimore: Johns Hopkins University Press.

Diamond, Larry. 2019. *Ill Winds: Saving Democracy from Russian Rage, Chinese Ambition, and American Complacency*.

Diamond, Larry & Orville Schell. 2018. *Chinese Influence & American Interests: Promoting Consructive Vigilance*. [Report of the Working Group on Chinese Influence Activities in the United States]. Stanford: Hoover Institution Press.

Diez, Georg. 2018. "The Twilight of German Conservatism: Why Angela Merkel Presides Over a Movement in Crisis,"*Foreign Affairs*. Available at: https://www.foreignaffairs.com/articles/germany/2018-10-15/twilight-german-conservatism.

Dollar, David. 2018. "U.S.-China Trade War Has Its Seeds in the Financial Crisis," *Brookings*. Available at: https://www.brookings.edu/blog/order-from-chaos/2018/09/14/u-s-china-trade-war-has-its-seeds-in-the-financial-crisis/?utm_campaign=Brookings%20Brief&utm_source=hs_email&utm_medium=email&utm_content=65941414.

Dower, John W. 2017. *The Violent American Century: War and Terror Since World War II*. Chicago: Haymarket Books.

Drozdiak, William. 2017. *Fractured Continent: Europe's Crises and the Fate of the West*. New York: W.W. Norton.

Duménil, Gérard & Dominique Lévy. 2011. *The Crisis of Neoliberalism*. Cambridge, MA: Harvard University Press.

Durden, Tyler. 2018. "Europe Unveils 'Special Purpose Vehicle' to Bypass SWIFT, Jeopardizing Dollar's Reserve Status."*ZeroHedge*. Available at: https://www.zerohedge.com/news/2018-09-25/europe-unveils-special-purpose-vehicle-bypass-swift-jeopardizing-dollars-reserve?from=groupmessage&isappinstalled=0.

Economy, Elizabeth C. 2018a. *The Third Revolution: Xi Jinping and the New Chinese State*. New York: Oxford University Press.

Economy, Elizabeth C. 2018b. "China's New Revolution: The Reign of Xi Jinping," *Foreign Affairs*, Vol. 97, No. 3, pp. 60–74.

Edelstein, David M. 2017. *Over the Horizon: Time, Uncertainty, and the Rise of Great Powers*. Ithaca: Cornell University Press.

Eichengreen, Barry, Arnaud Mehl & Livia Chiṭu. 2018. *How Global Currencies Work: Past, Present and Future*. Princeton: Princeton University Press.

Eichengreen, Barry. 2018. *The Populist Temptation: Economic Grievance and Political Reaction in the Modern Era*. New York: Oxford University Press.

Ellings, Richard J. & Robert Sutter eds. 2018. *Axis of Authoritarians: Implications of China-Russia Cooperation*. Washington, DC: The National Bureau of Asian Research.

Ellings, Richard J. 2018. "The Strategic Context of China-Russia Relations,"in Ellings & Sutter eds. 2018, pp. 3–48.

Emmott, Bill. 2017. *The Fate of the West: The Battle to Save the World's Most Successful Political Idea*. New York: Public Affairs.

Engelhardt, Tom. 2018. *A Nation Unmade by War*. Chicago: Haymarket Books.

Fabey, Michael. 2017. *Crashback: The Power Clash Between the U.S. and China in the Pacific*. New York: Scribner.

Feigenbaum, Evan A. 2017. "China and the World," *Foreign Affairs*, Vol. 96, No. 1, pp. 33–40.

Fekete, Liz. 2018. *Europe's Fault Lines: Racism and the Rise of the Right*. London: Verso.

Ferguson, Niall. 2002. *Empire: The Rise and Demise of the British World Order and the Lessons for Global Power*. New York: Basic Books.

Ferguson, Niall. 2004. *Colossus: The Price of America's Empire*. New York: The Penguin Press.

Ferguson, Niall. 2012. *The Great Degeneration: How Institutions Decay and Economies Die*. London: Allen Lane.

Fingar, Thomas. 2016. *The New Great Game: China and South and Central Asia in the Era of Reform*. Stanford: Stanford University Press.

Fingar, Thomas. 2017. *Uneasy Partnership: China's Engagement with Japan, the Koreas, and Russia in the Era of Reform*. Stanford: Stanford University Press.

Foa, Roberto Stefan & Yascha Mounk. 2016. "The Democratic Disconnect," *Journal of Democracy*, Vol. 27, No. 3, pp. 5–17.

Formisano, Ronald P. 2015. *Plutocracy in America: How Increasing Inequality Destroys the Middle Class and Exploits the Poor*. Baltimore: Johns Hopkins University Press.

Foy, Henry. 2018. "Russian Sanctions: Why 'Isolation Is Impossible,'" *Financial Times*. Available at: https://www.ft.com/content/c51ecf88-e125-11e8-a6e5-792428919cee.

Freeman, Chas W., Jr. 2019. "After the Trade War, a Real War with China?" Remarks to the St. Petersberg Conference on World Affairs. Available at: https://chasfreeman.net/after-the-trade-war-a-real-war-with-china/.

Friedberg, Aaron L. 2019. "Smart Competition: Adapting U.S. Strategy Toward China at 40 Years," The National Bureau of Asian Research. Available at: https://mail.google.com/mail/u/0/#search/nbr/FMfcgxwCgVcWNQfPQzfxMqNghMQKDrxB.

Friedman, Thomas L. & Michael Mandelbaum. 2011. *That Used to be Us: How America Fell Behind in the World It Invented and How We Can Come Back*. New York: Farrar, Straus and Giroux.

Frum, David. 2018. *Trumpocracy: The Corruption of the American Republic*. New York: HarperCollins.

Fu Ying. 2018. "How Should China Respond to a Changing U.S.?" *Bloomberg Opinion*. Available at: https://www.bloomberg.com/view/articles/2018-09-10/china-sees-that-u-s-trade-will-benefit-both-countries.

Fukuyama, Francis. 2018b. "Against Identity Politics: The New Trobalism and the Crisis of Democracy," *Foreign Affairs*. Available at: https://www.foreignaffairs.com/articles/americas/2018-08-14/against-identity-politics?cid=nlc-fa_fatoday-20180817.

Fukuyama, Francis. 2018b. *Identity: The Demand for Dignity and the Politics of Resentment.* New York: Farrar, Straus and Giroux.

Gabuev, Alexander. 2018. "Why Russia and China Are Strengthening Security Ties? Is the U.S. Driving Them Closer Together?" *Foreign Affairs.* Available at: https://www.foreignaffairs.com/articles/china/2018-09-24/why-russia-and-china-are-strengthening-security-ties?cid=nlc-fa_fatoday-20180924.

Gady, Franz-Stefan. 2018. "Has Austria Found the Answer to Right-Wing Populism?" *Foreign Affairs.* Available at: https://www.foreignaffairs.com/articles/austria/2018-09-11/has-austria-found-answer-right-wing-populism?cid=nlc-fa_fatoday-20180911.

Galston, William A. 2018. *Anti-Pluralism: The Populist Threat to Liberal Democracy.* New Haven: Yale University Press.

Gellner, Ernest. 1997. *Nationalism.* New York: New York University Press.

Gest, Justin. 2016. *The New Minority: White Working Class Politics in an Age of Immigration and Inequality.* New York: Oxford University Press.

Gertz, Bill. 2019. *Deceiving the Sky: Inside Communist China's Drive for Global Supremacy.* New York: Encounter Books.

Gilpin, Robert. 1981. *War and Change in World Politics.* New York: Cambridge University Press.

Go, Julian. 2011. *Patterns of Empire: The British and American Empires, 1688 to the Present.* New York: Cambridge University Press.

Goldberg, Jonah. 2018. *Suicide of the West: How the Rebirth of Tribalism, Populism, Nationalism, and Identity Politics Is Destroying American Democracy.* New York: Crown Forum.

Goldgeier, James & Elizabeth N. Saunders. 2018. "The Unconstrained Presidency: Checks and Balances Eroded Long Before Trump," *Foreign Affairs.* Available at: https://www.foreignaffairs.com/articles/2018-08-13/unconstrained-presidency.

Goodstadt, Leo F. 2009. *Uneasy Partners: The Conflict Between Public Interest and Private Profit in Hong Kong.* Hong Kong: Hong Kong University Press.

Goodstadt, Leo F. 2013. *Poverty in the Midst of Affluence: How Hong Kong Mismanaged Its Prosperity.* Hong Kong: Hong Kong University Press.

Goodstadt, Leo F. 2018. *A City Mismanaged: Hong Kong's Struggle for Survival.* Hong Kong: Hong Kong University Press.

Gordon, Robert. 2016. *The Rise and Fall of American Growth: The U.S. Standard of Living Since the Civil War.* Princeton: Princeton University Press.

Green, Michael J. 2017. *By More Than Providence: Grand Strategy and American Power in the Asia Pacific Since 1783.* New York: Columbia University Press.

Grigas, Agnia. 2016. *Beyond Crimea: The New Russian Empire.* New Haven: Yale University Press.

Grob-Fitzgibbon, Benjamin. 2011. *Imperial Endgame: Britain's Dirty Wars and the End of Empire.* New York: Palgrave Macillan.

Gunitsky, Seva. 2017. *Aftershocks: Great Powers and Domestic Reforms in the Twentieth Century*. Princeton: Princeton University Press.

Haass, Richard. 2017. *A World in Disarray: American Foreign Policy and the Crisis of the Old Order*. New York: Penguin Press.

Haass, Richard. 2018. "How a World Order Ends: And What Comes in Its Wake," *Foreign Affairs*, Vol. 98, No. 1, pp. 22–30. Available at: https://www.foreignaffairs.com/articles/2018-12-11/how-world-order-ends.

Haddad, Benjamin & Alina Polyakova. 2018. "Is Going It Alone the Best Way Forward for Europe? Why Strategic Autonomy Should Be the Continent's Goal," *Foreign Affairs*, Vol. 98, No. 4, pp. 109–120.

Hammond, Kelly, Rian Thum & Jeffrey Wasserstrom. 2018. "China's Bad Old Days Are Back: Why Xi Jinping Is Ramping Up Repression," *Foreign Affairs*. Available at: https://www.foreignaffairs.com/articles/china/2018-10-30/chinas-bad-old-days-are-back?cid=nlc-fa_fatoday-20181205.

Halper, Stefan. 2010. *The Beijing Consensus: How China's Authoritarian Model Will Dominate the Twenty-First Century*. New York: Basic Books.

Harrell, Peter. 2018. "Is the U.S. Using Sanctions Too Aggressively?" *Foreign Affairs*. Available at: https://www.foreignaffairs.com/articles/2018-09-11/us-using-sanctions-too-aggressively?cid=nlc-fa_fatoday-20180911.

Hawksley, Humphrey. 2018. *Asian Waters: The Struggle Over the South China Sea and the Strategy of Chinese Expansion*. New York: The Overlook Press.

Hayton, Bill. 2014. *The South China Sea: The Struggle for Power in Asia*. New Haven: Yale University Press.

Heath, Timothy R. & William R. Thompson. 2018. "Avoiding U.S.-China Competition Is Futile: Why the Best Option Is to Manage Strategic Rivalry," *Asia Policy*, Vol. 13, No.2, pp. 91–119.

Hechter, Michael. 2000. *Containing Nationalism*. New York: Oxford University Press.

Heer, Paul. 2018. "Containment and China: What Would Kennan Do?" *The National Interest*. Available at: http://nationalinterest.org/feature/containment-china-what-would-kennan-do-25431.

Helleiner, Eric. 2014. *Forgotten Foundations of Bretton Woods: International Development and the Making of the Postwar Order*. Ithaca: Cornell University Press.

Helpman, Elhanan. 2018. *Globalization and Inequality*. Cambridge, MA: Harvard University Press.

Hetherington, Marc J. & Jonathan D. Weiler. 2009. *Authoritarianism and Polarization in American Politics*. New York: Cambridge University Press.

Hitchcock, William I., Melvyn P. Leffler & Jeffrey W. Legro eds. 2016. *Shaper Nations: Strategies for a Changing World*. Cambridge, MA: Harvard University Press.

Hochschild, Arlie Russell. 2016. *Strangers in their Own Land: Anger and Mourning on the American Right*. New York: The New Press.

Hodgson, Godfrey. 2009. *The Myth of American Exceptionalism*. New Haven: Yale University Press.

Holslag, Jonathan. 2018. "Can India Balance China in Asia?"in Toje (2018:299–319).

Holslag, Jonathan. 2019. *The Silk Road Trap: How China's Trade Ambitions Challenge Europe*. Cambridge: Polity.

Hopkins, A.G. 2019. *American Empire: A Global History*. Princeton: Princeton University Press.

Humphrey, Hawksley. 2018. *Asian Waters: The Struggle Over the South China Sea and the Strategy of Chinese Expansion*. New York: The Overlook Press.

Huntington, Samuel P. 1996. *The Clash of Civilizations and the Remaking of World Order*. New York: Simon & Schuster.

Huntington, Samuel P. 2004. *Who Are We? The Challenges to America's National Identity*. New York: Simon & Schuster.

Hyam, Ronald. 2006. *Britain's Declining Empire: The Road to Decolonization, 1918–1968*. Cambridge: Cambridge University Press.

Ignatieff, Michael. 2014. "The New World Disorder," *The New York Review of Books*.

Ignazi, Piero. 2003, *Extreme Right Parties in Western Europe*. New York: Oxford University Press.

Ikenberry, G. John. 2000. *After Victory: Institutions, Strategic Restraint, and the Rebuilding of Order After Major Wars*. Princeton: Princeton University Press.

Ikenberry, G. John. 2011. *Liberal Leviathan: The Origins, Crisis, and Transformation of the American World Order*. Princeton: Princeton University Press.

Ikenberry, G. John. 2018. "A New Order of Things? China, America, and the Struggle over World Order," in Toje (2018:33–55).

Inglehart, Ronald. 2018. "The Age of Insecurity: Can Democracy Save Itself?" Available at: https://www.foreignaffairs.com/articles/2018-04-16/age-insecurity?cid=nlc-fa_fatoday-20180417.

Irwin, Douglas A. 2018. "Trade Under Trump: What He's Done So Far—and What He'll Do Next," *Foreign Affairs*. Available at: https://www.foreignaffairs.com/articles/2018-11-06/trade-under-trump?cid=nlc-fa_fatoday-20181106.

Jansen, Jan C. & Jürgen Osterhammel. 2017. *Decolonization: A Short History*. Princeton: Princeton University Press.

James, Harold. 2001. *The End of Globalization: Lessons from the Great Depression*. Cambridge, MA: Harvard University Press.

Jones, Catherine. 2018. *China's Challenge to Liberal Norms: The Durability of International Order*. New York: Palgrave.

Judis, John B. 2016. *The Populist Explosion: How the Great Recession Transformed American and*

European Politics. New York: Columbia Global Reports.

Jones, Robert P. 2016. *The End of White Christian America*. New York: Simon & Schuster.

Kagan, Robert. 2003. *Of Paradise and Power: America and Europe in the New World Order*. New York: Alfred A. Knopf.

Kagan, Robert. 2006. *Dangerous Nation*. New York: Alfred A. Knopf.

Kagan, Robert. 2008. *The Return of History and the End of Dreams*. London: Atlantic Books.

Kagan, Robert. 2012. *The World America Made*. New York: Alfred A. Knopf.

Kagan, Robert. 2018a. "Trump's America does not care,"Brookings Institution. Available at: https://www-brookings-edu.cdn.ampproject.org/v/s/www.brookings.edu/blog/order-from-chaos/2018/06/17/trumps-america-does-not-care/amp/?amp_js_v=0.1&usqp=mq331AQGC AEoATgB#origin=https%3A%2F%2Fwww.google.com.hk&prerenderSize=1&visibilitySta te=prerender&paddingTop=54&p2r=0&horizontalScrolling=0&csi=1&aoh=152954151122 48&viewerUrl=https%3A%2F%2Fwww.google.com.hk%2Famp%2Fs%2Fwww.brookings. edu%2Fblog%2Forder-from-chaos%2F2018%2F06%2F17%2Ftrumps-america-does-not-care%2Famp%2F&history=1&storage=1&cid=1&cap=swipe%2CnavigateTo%2Ccid%2 Cfragment%2CreplaceUrl.

Kagan, Robert. 2018b. *The Jungle Grows Back: America and Our Imperial World*. New York: Alfred A. Knopf.

Kagan, Robert. 2019. "The New German Question: What Happens When Europe Comes Apart?" *Foreign Affairs*, Vol. 98, No. 3, pp. 108–120.

Kang, David C. 2017. *American Grand Strategy and East Asian Security in the Twenty-First Century*. Cambridge: Cambridge University Press.

Kaplan, Robert D. 2014. *Asia's Cauldron: The South China Sea and the End of a Stable Pacific*. New York: Random House.

Kaplan, Robert D. 2018. *The Return of Marco Polo's World: War, Strategy, and American Interests in the Twenty-First Century*. New York: Random House.

Katz, Mark N. 2017. "Russia: Putin and Russia's Strategic Priorities,"in Ashley J. Tellis, Alison Szalwinski & Michael Wills eds., *Power, Ideas, and Military Strategy in the Asia-Pacific*. Seattle and Washington, DC: The National Bureau of Asian Research, pp. 45–71.

Katz, Richard S. & Peter Mair. 2018. *Democracy and the Cartelization of Political Parties*. New York: Oxford University Press.

Kaufman, Stuart J. 2015. *Nationalist Passions*. Ithaca: Cornell University Press.

Kendall-Taylor, Andrea & David Shullman. 2018. "How Russia and China Undermine Democracy: Can the West Counter the Threat?"*Foreign Affairs*. Available at: https://www.foreignaffairs. com/articles/china/2018-10-02/how-russia-and-china-undermine-democracy.

Kenny, Charles. 2018. "The Bogus Backlash to Globalization: Resentful Nativists Oppose Free

Trade and Immigration—Don't Appease Them," *Foreign Affairs*. Available at: https://www. foreignaffairs.com/articles/united-states/2018-11-09/bogus-backlash-globalization.

Khanna, Parag. 2019. *The Future Is Asian: Commerce, Conflict, and Culture in the 21ˢᵗ Century*. New York: Simon & Schuster.

King, Stephen D. 2017. *Grave New World: The End of Globalization, The Return of History*. New Haven: Yale University Press.

Kirchick, James. 2018. *The End of Europe: Dictators, Demagogues, and the Coming Dark Age*. New Haven: Yale University Press.

Kissinger, Henry. 2014. *World Order*. New York: Penguin Press.

Klaas, Brian. 2017. *The Despot's Apprentice: Donald Trump's Attack on Democracy*. New York: Hot Books.

Kirshner, Jonathan. 2014. *American Power After the Financial Crisis*. Ithaca: Cornell University Press.

Kotkin, Stephen. 2018. "Realist World: The Players Change, but the Game Remains," *Foreign Affairs*, Vol. 97, No. 4, pp. 10–15.

Krastev, Ivan. 2014. *Democracy Disrupted: The Politics of Global Protest*. Philadelphia: University of Pennsylvania Press.

Krastev, Ivan. 2017. *After Europe*. Philadelphia: University of Pennsylvania Press.

Krastev, Ivan. 2018. "Eastern Europe's Illiberal Revolution," *Foreign Affairs*. Available at: https://www.foreignaffairs.com/articles/hungary/2018-04-16/eastern-europes-illiberal-revolution?cid=nlc-fa_fatoday-20180705.

Krastev, Ivan & Stephen Holmes. 2020. *The Light That Failed*. New York: Pegasus Books.

Kupchan, Charles A. 2018. "Trump's Nineteenth-Century Grand Strategy: The Themes of His UN General Assembly Speech Have Deep Roots in U.S. History," *Foreign Affairs*. Available at: https://www.foreignaffairs.com/articles/2018-09-26/trumps-nineteenth-century-grand-strategy?cid=nlc-fa_fatoday-20180927.

Kupchan, Charles A. 2019. "NATO Is Thriving in Spite of Trump: Adversity Has Made the Alliance Stronger,"*Foreign Affairs*. Available at: https://www.foreignaffairs.com/articles/2019-03-20/nato-thriving-spite-trump.

Kupchan, Charles. 2019. " 'America First'Means a Retreat From Foreign Conflicts: In a Muted UN Speech, Trump Commits to Pulling Back,"*Foreign Affairs*. Available at: https://www. foreignaffairs.com/articles/2019-09-26/america-first-means-retreat-foreign-conflicts.

Kurlantzick, Joshua. 2013. *Democracy in Retreat: The Revolt of the Middle Class and the Worldwide Decline of Representative Government*. New Haven: Yale University Press.

Kurlantzick, Joshua. 2016. *State Capitalism: How the Return of Statism is Transforming the World*. New York: Oxford University Press.

458

Kuttner, Robert. 2018. *Can Democracy Survive Global Capitalism?* New York: W.W. Norton.

Kwarteng, Kwasi. 2011. *Ghosts of Empire: Britain's Legacies in the Modern World*. New York: Public Affairs.

Laqueur, Walter. 2011. *After the Fall: The End of the European and the Decline of a Continent*. New York: St. Martin's Press.

Larson, Deborah Welch & Alexei Shevchenko. 2019. *Quest for Status: Chinese and Russian Foreign Policy*. New Haven: Yale University Press.

Lau Siu-kai, 2017. *The Practice of "One Country, Two Systems" Policy in Hong Kong*. Hong Kong: The Commercial Press.

Layne, Christopher. 2018a. "The Sound of Distant Thunder: The Pre-World War I Anglo-German Rivalry as a Model for Sino-American Relations in the Early Twenty-First Century,"in Toje (2018:123–142).

Layne, Christopher. 2018b. "The US-China Power Shift and the End of the Pax Americana," *International Affairs*, Vol. 94, No. 1, pp. 89–111.

Lebow, Richard Ned & Benjamin Valentino. 2009. "Lost in Transition: A Critique of Power Transition Theories," *International Relations*, Vol. 23, No. 3, pp. 389–410.

Lee, Kristine. 2019. "Coming Soon to the United Nations: Chinese Leadership and Authoritarian Values: As Washington Steps Back, Beijing Will Take Charge,"*Foreign Affairs*. Available at: https://www.foreignaffairs.com/articles/china/2019-09-16/coming-soon-united-nations-chinese-leadership-and-authoritarian-values.

Leebaert, Derek. 2018. *Grand Improvisation: America Confronts the British Superpower, 1945–1957*. New York: Farrar, Straus and Giroux.

Leffler, Melvyn P. 2018. "The Strategic Thinking That Made America Great: 'Europe First' and Why It Still Matters," *Foreign Affairs*. Available at: https://mail.google.com/mail/u/0/#inbox/FMfcgxvxBXtHXqbkFcFzWnnvmzzFnLrQ.

Legro, Jeffrey W. 2016. "Conclusion: The World They Will Make," in Hitchcock (2016:155–175).

Legvold, Robert. 2016. *Return to Cold War*. London: Polity.

Lever, Paul. 2017. *Berlin Rules: Europe and the German Way*. New York: I. B. Tauris.

Levinson, Marc. 2016. *An Extraordinary Time: The End of the Postwar Boom and the Return of the Ordinary Economy*. New York: Basic Books.

Lew, Jacob J. & Richard Nephew. 2018. "The Use and Misuse of Economic Statecraft: How Washington Is Abusing Its Financial Might,"*Foreign Affairs*, Vol. 97, No. 6, pp. 139–149.

Levitsky, Steven & Daniel Ziblatt. 2018. *How Democracies Die*. New York: Crown.

Lind, Jennifer. 2017. "Asia's Other Revisionist Power: Why U.S. Grand Strategy Unnerves China. " *Foreign Affairs*, Vol. 96, No. 2, pp. 74–82.

Lind, Jennifer. 2018. "Life in China's Asia: What Regional Hegemony Would Look Like, " *Foreign

Affairs, Vol. 97, No. 2, pp. 71–82.

Lind, Michael. 2018. "America vs. Russia and China: Welcome to Cold War II, "*National Interest*. Available at: https://nationalinterest.org/feature/america-vs-russia-china-welcome-cold-war-ii-25382.

Lo, Bobo. 2008. *Axis of Convenience: Moscow, Beijing, and the New Geopolitics*. Washington, DC: Brookings Institution Press.

Lo, Bobo. 2015. *Russia and the New World Disorder*. London: Chatham House.

Lobell, Steven E. 2018. "How Should the US Respond to a Rising China?" in Toje (2018:349–368)

Lucas, Edward. 2014. *The New Cold War: Putin's Threat to Russia and the West*. New York: Palgrave Macmillan.

Luce, Edward. 2017. *The Retreat of Western Liberalism*. London: Little, Brown.

Luft, Gal & Anne Korin. 2019. *De-Dollarization: The Revolt Against the Dollar and the Rise of a New Financial World Order*. Washington,DC: Institute for the Analysis of Global Security.

Lukin, Alexander. 2018. *China and Russia: The New Rapprochement*. Cambridge: Polity.

Lynch, Marc. 2012. *The Arab Uprising: The Unfinished Revolutions of the New Middle East*. New York: Public Affairs.

Lynch, Marc. 2016. *The New Arab Years: Uprisings and Anarchy in the Middle East*. New York: Public Affairs.

Lynch, Marc. 2018. "The New Arab Order: Power and Violence in Today's Middle East," *Foreign Affairs*. Available at: https://www.foreignaffairs.com/articles/middle-east/2018-08-13/new-arab-order?cid=nlc-fa_fatoday-20180822.

Maçães, Bruno. 2018. *The Dawn of Eurasia: On the Trail of the New World Order*. London: Allen Lane.

Maçães, Bruno. 2019. *Belt and Road: A Chinese World Order*. London: Hurst.

Donald, Paul K. & Joseph M. Parent. 2018. *Twilight of the Titans: Great Power Decline and Retrenchment*. Ithaca: Cornell University Press.

Magnus, George. 2018. *Red Flags: Why Xi's China Is In Jeopardy*. New Haven: Yale University Press.

Mahbubani, Kishore. 2018. *How the West Lost It? A Provocation*. London: Penguin.

Mandelbaum, Michael. 2016. *Mission Failure: America and the World in the Post-Cold War Era*. New York: Oxford University Press.

Mandelbaum, Michael. 2019. "The New Cotainment: Handling Russia, China, and Iran," *Foreign Affairs*. Available at: https://www.foreignaffairs.com/articles/china/2019-02-12/new-containment.

Mares, David R. 2016. "Brazil: Revising the Status Quo with Soft Power?" in T.V. Paul ed., *Accommodating Rising Powers: Past, Present, and Future*. New York: Cambridge University Press, pp. 246–267.

Marquand, David. 2011. *The End of the West: The Once and Future Europe*. Princeton: Princeton University Press.

Marshall, P. J. ed. 1996. *The Cambridge Illustrated History of the British Empire*. Cambridge: Cambridge University Press.

Mastro, Oriana Skylar. 2018. "The Stealth Superpower: How China Hid Its Global Ambitions," *Foreign Affairs*, Vol. 98, No. 1, pp. 31–39.

Mazarr, Michael J. 2017. "The Once and Future Order, " *Foreign Affairs*, Vol. 96, No. 1, pp. 25–32.

Mazarr, Michael J., Timothy R. Heath & Astride Stuth Cevallos. 2018. *China and the International Order*. Santa Monica: RAND Corporation.

McCoy, Alfred W. 2017. *In the Shadows of the American Century: The Rise and Decline of US Global Power*. Chicago: Haymarket Books.

McGregor, Richard. 2017. *Asia's Reckoning: China, Japan, and the Fate of U.S. Power in the Pacific Century*. New York: Viking.

McKinnon, Ronald I. 2013. *The Unloved Dollar Standard: From Bretton Woods to the Rise of China*. New York: Oxford University Press.

McMahon, Dinny. 2018. *China's Great Wall of Debt: Shadow Banks, Ghost Cities, Massive Loans, and the End of the Chinese Miracle*. New York: Houghton Mifflin Harcourt.

McMaster, H. R. & Gary D. Cohn. 2017. "America First Doesn't Mean America Alone," *Wall Street Journal*. Available at: https://www.wsj.com/articles/america-first-doesnt-mean-america-alone-1496187426.

McNamara, Kathleen R. 2018. "The Euro in Decline? How the Currency Could Spoil the Global Financial System," *Foreign Affairs*. Available at: https://www.foreignaffairs.com/articles/2018-01-12/euro-decline?cid=int-an2&pgtype=hpg&region=br2.

Mead, Walter Russell. 2017. "The Jacksonian Revolt," *Foreign Affairs*, Vol. 96, No. 2, pp. 3–7.

Mearsheimer, John J. 2018. *The Great Delusion⊠Liberal Dreams and International Realities*. New Haven: Yale University Press

Men, Honghua. 2016. "China: Security Dilemma and 'Win Win'," in Hitchcock (2016:36–52).

Menon, Rajan & Eugene Rumer. 2015. *Conflict in Ukraine: The Unwinding of the Post-Cold War Order*. Cambridge, MA: The MIT Press.

Milanovic, Branko. 2016. *Global Inequality: A New Approach for the Age of Globalization*. Cambridge, MA: The Belknap Press of Harvard University Press.

Milanovic, Branko. 2019. *Capitalism, Alone: The Future of the System That Rules the World*. Cambridge, MA: The Belknap Press of Harvard University Press.

Miller, Tom. 2019. *China's Asian Dream: Empire Building Along the New Silk Road*. London: Zed Books.

Milner, Helen V. 2018. "The Enduring Legacy of Robert Gilpin: How He Predicted Today's

Great Power Rivalry," *Foreign Affairs*. Available at: https://www.foreignaffairs.com/articles/2018-08-15/enduring-legacy-robert-gilpin?cid=nlc-fa_fatoday-20180815.

Minzner, Carl. 2018. *End of an Era: How China's Authoritarian Revival Is Undermining Its Rise*. New York: Oxford University Press.

Mitchell, Lawrence E. 2008. *The Speculation Economy: How Finance Triumphed Over Industry*. San Francisco: Berrett-Koehler.

Moffitt, Benjamin. 2016. *The Global Rise of Populism: Performance, Political Style, and Representation*. Stanford: Stanford University Press.

Morefield, Jeanne. 2014. *Empires Without Imperialism: Anglo-American Decline and the Politics of Deflection*. New York: Oxford University Press.

Mounk, Yascha & Roberto Stefan Foa. 2018. "The End of the Democratic Century: Autocracy's Global Ascendance." Available at: https://www.foreignaffairs.com/articles/2018-04-16/end-democratic-century?cid=nlc-fa_fatoday-20180417.

Mounk, Yascha. 2018. *The People vs. Democracy: Why Our Freedom Is in Danger and How to Save It*. Cambridge, MA: Harvard University Press.

Mounk, Yascha. 2019. "Left for Dead," *Democracy Journal*. Available at: https://democracyjournal.org/magazine/54/left-for-dead/.

Muasher, Marwan. 2018. "The Next Arab Uprising: The Collapse of Authoritarianism in the Middle East," *Foreign Affairs*, Vol. 97, No. 6, pp. 113–124.

Mudde, Cas & Cristóbal Rovira Kaltwasser. 2012. *Populism in Europe and the Americas: Threat or Corrective for Democracy?* New York: Cambridge University Press.

Mudde CAS & Cristóbal Rovira Kaltwasser. 2017. *Populism: A Very Short Introduction*. New York: Oxford University Press.

Müller, Jan-Werner. 2016. *What Is Populism?* Philadelphia: University of Pennsylvania Press.

Müllerson, Rein. 2013. *Regime Change: From Democratic Peace Theories to Forcible Regime Change*. Leiden: Martinus Nijhoff.

Müllerson, Rein. 2017. *Dawn of a New Order Geopolitics and the Clash of Ideologies*. London: I. B. Tauris.

Murray, Charles. 2012. *Coming Apart: The State of White America 1960–2010*. New York: Crown Forum.

Murray, Douglas. 2018. *The Strange Death of Europe: Immigration, Identity, Islam*. London: Bloomsbury Continuum.

Myers, Steven Lee. 2018. "With Ships and Missiles, China Is Ready to Challenge U.S. Navy in Pacific," *The New York Times*. Available at: https://www.nytimes.com/2018/08/29/world/asia/china-navy-aircraft-carrier-pacific.html?action=click&module=Top%20Stories&pgtype=Homepage.

Nachtwey, Oliver. 2018. *Germany's Hidden Crisis: Social Decline in the Heart of Europe*. London: Verso.

Nathan, Andrew J. 2016. "China's Rise and International Regimes: Does China Seek to Overthrow Global Norms?" in Ross & Bekkevold (2016:165–195).

Nathan, Andrew J. 2019. "How China Sees the Hong Kong Crisis: The Real Reasons Behind Beijing's Restraint, " *Foreign Affairs*. Available at: https://www.foreignaffairs.com/articles/china/2019-09-30/how-china-sees-hong-kong-crisis.

Navarro, Peter & Greg Autry. 2011. *Death by China: Confronting the Dragon – A Global Call to Action*. Upper Saddle River: Pearson Education.

Navarro, Peter. 2015. *Crouching Tiger: What China's Militarism Means for the World*. New York: Prometheus Books.

Niblett, Robin. 2017. "Liberalism in Retreat," *Foreign Affairs*, Vol. 96, No. 1, pp. 17–24.

Norris, Pippa & Ronald Inglehart. 2019. *Cultural Backlash: Trump, Brexit, and Authoritarian Populism*. New York: Cambridge University Press.

Norris, William J. 2016. *Chinese Economic Statecraft: Commercial Actors, Grand Strategy, and State Control*. Ithaca: Cornell University Press.

Nye, Joseph S., Jr. 2011. *The Future of Power*. New York: Public Affairs.

Nye, Joseph S., Jr. 2015. *Is the American Century Over?* London: Polity.

Nye, Joseph S., Jr. 2017a. "Will the Liberal Order Survive?" *Foreign Affairs*, Vol. 96, No. 1, pp. 10–16.

Nye, Joseph S., Jr. 2017b. "Kindleberger Trap," *The Korean Times*. Available at: http://m.koreatimes.co.kr/phone/news/view.jsp?req_newsidx=221768.

Nye, Joseph. 2019a. "China Will Not Surpass America Any Time Soon,"*Financial Times*. Available at: https://www.ft.com/content/7f700ab4-306d-11e9-80d2-7b637a9e1ba1?shareType=nongift.

Nye, Joseph S., Jr. 2019b. "The Rise and Fall of American Hegemony from Wilson to Trump," *International Affairs*, Vol. 95, No. 1, pp. 63–80.

O'Rourke, Lindsey A. 2018. *Covert Regime Change: America's Secret Cold War*. Ithaca: Cornell University Press.

Osterhammel, Jürgen. 2010. *Colonialism: A Theoretical Overview*. Princeton: Markus Wiener.

Ostrovsky, Arkady. 2015. *The Invention of Russia: From Gorbachev's Freedom to Putin's War*. New York: Viking.

Overholt, William H. 2018. *China's Crisis of Success*. New York: Cambridge University Press.

Page, Benjamin I. & Martin Gilens. 2017. *Democracy in America? What Has Gone Wrong and What We Can Do about It*. Chicago: The University of Chicago Press.

Panizza, Francisco ed. 2005. *Populism and the Mirror of Democracy*. London: Verso.

Patrick, Stewart M. 2017. "Trump and World Order: The Return of Self-Help." *Foreign Affairs*, Vo.

96, No. 2, pp. 52–57.

Paul, T.V. ed. 2016. "The Accommodation of Rising Powers in World Politics," in T.V. Paul ed., *Accommodating Rising Powers: Past, Present, and Future.* New York: Cambridge University Press, pp. 3–32.

Paul. T.V. 2018. *Restraining Great Powers: Soft Balancing from Empires to the Global Era.* New Haven: Yale University Press.

Peel, Michael & Aime Williams. 2019. "NATO at 70: Europe Fears Tensions Will Outlast Trump," *Financial Times.* Available at: https://www.ft.com/content/9933782a-5465-11e9-91f9-b6515a54c5b1.

Pei, Minxin. 2018. "The Rise and Fall of the China Model: Implications for World Peace," in Toje (2018:163–183).

Pence, Mike. 2018. "Remarks by Vice President (Mike) Pence on the Administration's Policy Toward China." Available at: https://www.whitehouse.gov/briefings-statements/remarks-vice-president-pence-administrations-policy-toward-china/.

Petrov, Nikita. 2018. "Don't Speak, Memory: How Russia Represses Its Past," *Foreign Affairs,* Vol. 97, No. 1, pp.16–21.

Philippon, Thomas. 2019. *The Great Reversal: How America Gave Up on Free Markets.* Cambridge, MA: The Belknap Press of Harvard University Press.

Pillsbury, Michael. 2015. *The Hundred-Yeear Marathon: China's Secret Strategy to Replace America as the Global Superpower.* New York: Henry Holt & Co.

Pleshakov, Constantine. 2017. *The Crimean Nexus: Putin's War and the Clash of Civilizations.* New Haven: Yale University Press.

Politi, James. 2018. "Trade Warriers US and China Race for Technology of Future,"*Financial Times.* Available at: https://www.ft.com/content/eeb1724e-ffc3-11e8-b03f-bc62050f3c4e.

Pollack, Jonathan D. 2017. "Competing Visions: China, America, and the Asia-Pacific Security Order," in deLisle & Goldstein eds. 2017, pp. 155–182.

Polyakova, Alina & Benjamin Haddad. 2018. "Europe in the New Era of Great Power Competition," *Foreign Affairs.* Available at: https://www.foreignaffairs.com/articles/europe/2018-07-17/europe-new-era-great-power-competition.

Pomfret, John. *The Beautiful Country and the Middle Kingdom: America and China, 1776 to the Present.* New York: Henry, Holt and Co.

Pop-Eleches, Grigore & Joshua A. Tucker. 2017. *Communism's Shadow: Historical Legacies and Contemporary Political Attitudes.* Princeton: Princeton University Press.

Porter, Bernard. 2016. *British Imperial: What the Empire Wasn't.* London: I.B. Tauris.

Posen, Adam S. 2018. "The Post-American World Economy: Globalization in the Trump Era," *Foreign Affairs,* Vol. 97, No. 2, pp. 28–38.

Posen, Barry R. 2018. "The Rise of Illiberal Hegemony: Trump's Surprising Grand Strategy," *Foreign Affairs*, Vol. 97, No. 2, pp. 20–27.

Prasad, Eswar S. 2017. *Gaining Currency: The Rise of the Renminbi*. New York: Oxford University Press.

Pyle, Kenneth B. 2018. *Japan in the American Century*. Cambridge, MA: The Belknap Press of Harvard University Press.

Rachman, Gideon. 2016. *Easternization: Asia's Rise and America's Decline: From Obama to Trump and Beyond*. New York: Other Press.

Rachman, Gideon. 2019. "Britain and Russia are Europe's Odd Couple,"*Financial Times*. Available at: https://www.ft.com/content/2057070e-f961-11e9-98fd-4d6c20050229.

Raghavan, Srinath. 2016. "India: Modernization in a Safe Neighborhood, " in Hitchcock (2016:70–90).

Rapp-Hooper, Mira & Rebecca Friedman Lissner. 2019. "The Open World: What America Can Achieve After Trump," *Foreign Affairs*, Vol. 78, No. 3, pp. 18–25.

Reeves, Richard V. 2017. *Dream Hoarders: How the American Upper Middle Class Is Leaving Everyone Else in the Dust, Why That is a Problem, and What to Do About It*. Washington, DC: Brookings Institution Press.

Reich, Simon & Richard Ned Lebow. 2014. *Good-Bye Hegemony: Power and Influence in the Global System*. Princeton: Princeton University Press.

Reuter, Ora John. 2018. *The Origins of Dominant Parties: Building Authoritarian Institutions in Post-Soviet Russia*. New York: Cambridge University Press.

Roberts, Priscilla & John M. Carroll. 2016. *Hong Kong in the Cold War*. Hong Kong: Hong Kong University Press.

Robinson, Ronald. 1972. "Non-European Foundations of European Imperialism: Sketch for a Theory of Collaboration," in Roger Owen & Robert B. Sutcliffe eds. *Studies in the Theory of Imperialism*. London: Longman, pp. 117–140.

Rodrik, Dani. 2011. *The Globalization Paradox: Democracy and the Future of the World Economy*. New York: W.W. Norton.

Rodrik, Dani. 2017. *Straight Talk on Trade: Ideas for a Sane World Economy*. Princeton: Princeton University Press.

Rolland, Nadège. 2017. *China's Eurasian Century? Political and Strategic Implications of the Belt and Road Initiative*. Washington, DC: The National Bureau of Asian Research.

Rolland, Nadège. 2018. "Reports of Belt and Road's Death Are Greatly Exaggerated: Don't Underestimate China's Resilience," *Foreign Affairs*.Available at: https://www.foreignaffairs.com/articles/china/2019-01-29/reports-belt-and-roads-death-are-greatly-exaggerated.

Rolland, Nadège. 2019a. "A Concise Guide to the Belt and Road Initiative," The National Bureau of Asian Research Backgrounder. Available at: https://www.nbr.org/publication/a-guide-tothe-belt-and-road-initiative/.

Rolland, Nadège ed. 2019b. *Securing the Belt and Road Initiative: China's Evolving Military Engagement Along the Silk Roads*. Seattle & Washington DC: The National Bureau of Asian Research.

Rolland, Nadège. 2020. *China's Vision for a New World Order*. New York: The National Bureau of Asian Research.

Rose, Gideon. 2018. "The Fourth Founding: The United States and the Liberal Order," *Foreign Affairs*, Vol. 98, No. 1, pp. 10–21.

Rosenberg, Elizabeth. 2018. "The EU Can't Avoid U.S. Sanctins on Iran," *Foreign Policy*. Available at: https://www.foreignaffairs.com/articles/europe/2018-10-10/eu-cant-avoid-us-sanctions-iran.

Ross, Robert S. & Jo Inge Bekkevold eds. 2016. *China in the Era of Xi Jinping: Domestic and Foreign Policy Challenges*. Washington, DC: Georgetown University Press.

Ross, Robert S. 2017. "The Rise of the Chinese Navy: From Regional Naval Power to Global Naval Power?" in deLisle & Godstein eds. 2017, pp. 207–234.

Roy, Denny. 2019. *Taiwan's Potential Role in the Free and Open Indo-Pacific Strategy: Convergence in the South Pacific*. Seattle & Washington DC: The National Bureau of Asian Research.

Rozman, Gilbert. 2014. *The Sino-Russian Challenge: National Identities, Bilateral Relations, and East versus West in the 2010s*. Washington DC: Woodrow Wilson Center Press.

Rudd, Kevin. 2018. "How Xi Jinping Views the World: The Core Interests That Shape China's Behavior," *Foreign Affairs*. Available at: https://www.foreignaffairs.com/articles/china/2018-05-10/how-xi-jinping-views-world.

Rudolph, Jennifer & Michael Szonyi eds. 2018. *The China Questions: Critical Insights into a Rising Power*. Cambridge, MA: Harvard University Press.

Rumer, Eugene B. 2019. "Russia, the Indispensable Nation in the Middle East," *Foreign Affairs*. Available at: https://www.foreignaffairs.com/articles/middle-east/2019-10-31/russia-indispensable-nation-middle-east.

Sachs, Jeffrey D. 2017. *Building the New American Economy: Smart, Fair, and Sustainable*. New York: Columbia University Press.

Sachs, Jeffrey D. 2018. *A New Foreign Policy: Beyond American Exceptionalism*. New York: Columbia University Press.

Sadoff, David A. 2016. *Bringing International Fugitives to Justice: Extradiction and Its Alternatives*. New York: Cambridge University Press.

Sakwa, Richard. 2017. *Russia against the Rest: The Post-Cold War Crisis of World Order*. New York: Cambridge University Press.

Saul, John Ralston. 2005. *The Collapse of Globalism and the Reinvention of the World*. New York: Penguin Books.

Sawhill, Isabel. 2018. *The Forgotten Americans: An Economic Agenda for a Divided Nation*. New Haven: Yale University Press.

Schake, Kori. 2017. *Safe Passage: The Transition from British to American Hegemony*. Cambridge, MA: Harvard University Press.

Schell, Orville & Susan L. Shirk. 2019. *Course Correction: Toward an Effective and Sustainable China Policy*. New York: Asia Society Center on U.S.-China Relations.

Schneider, Bill. 2018. *Standoff: How America Became Ungovernable*. New York: Simon & Schuster.

Schoen, Douglas E. & Melik Kaylan. 2015. *Return to Winter: Russia, China, and the New Cold War Against America*. New York: Encounter Books.

Schwab, Klaus. 2016. *The Fourth Industrial Revolution*. Geneva: World Economic Forum.

Schwab, Klaus. 2018. "Globalization 4.0: A New Architecture for the Fourth Industrial Revolution," *Foreign Affairs*. Available at: https://www.foreignaffairs.com/articles/world/2019-01-16/globalization-40?cid=nlc-fa_fatoday-20190121&utm_medium=newsletters&utm_source=fatoday&utm_content=20190121&utm_campaign=FA%20Today%20012119%20Trump%20Doesn%E2%80%99t%20Like%20Traveling.%20That%E2%80%99s%20Bad%20for%20Diplomacy.&utm_term=FA%20Today%20-%2011017.

Sciutto, Jim. 2019. *The Shadow War: Inside Russia's and China's Secret Operations to Defeat America*. New York: HarperCollins.

Service, Robert. 2015. *The End of the Cold War 1985–1991*. New York: Public Affairs.

Shambaugh, David. 2018. "Is China a Global Power," in Toje (2018:211–230).

Shipway, Martin. 2008. *Decolonization and Its Impact: A Comparative Approach to the End of the Colonial Empires*. Malden: Blackwell.

Shobert, Benjamin. 2018. *Blaming China: It Might Feel Good but It Won't Fix America's Economy*. Lincoln: Potomac Books.

Shotter, James. 2018. "Central Europe: Running Out of Steam," *Financial Times*. Available at: https://www.ft.com/content/21c2d25e-a0ba-11e8-85da-eeb7a9ce36e4.

Sides, John, Michael Tesler & Lynn Vavreck. 2018. *Identity Crisis: The 2016 Presidential Campaign and the Battle for the Meaning of America*. Princeton: Princeton University Press.

Silove, Nina. 2016. "The Pivot before the Pivot: U.S. Strategy to Preserve the Power Balance in Asia," *International Security*, Vol. 40, No. 4, pp. 45–88.

Sloan, Stanley R. 2018. *Transatlantic Traumas: Has Illiberalism Brought the West to the Brink of Collapse?* Manchester: Manchester University Press.

Small, Andrew. 2018. "The Backlash to Belt and Road, " *Foreign Affairs*. Available at: https://www.foreignaffairs.com/articles/china/2018-02-16/backlash-belt-and-road.

Small, Andrew. 2019. "Why Europe is Getting Tough on China And What It Means for Washington," *Foreign Affairs*. Available at: https://www.foreignaffairs.com/articles/

china/2019-04-03/why-europe-getting-tough-china?utm_medium=newsletters&utm_source=fatoday&utm_content=20190403&utm_campaign=040319%20FA%20Today%20Europe%27s%20China%20Policy%2C%20A%20New%20Americanism%2C%20The%20Irish%20Question%20Returns&utm_term=FA%20Today%20-%2011 2017.

Smith, Sheila A. 2019. *Japan Rearmed: The Politics of Military Power*. Cambridge, MA: Harvard University Press.

Smith, Tony. 2019. *Why Wilson Matters: The Origins of American Liberal Internationalism and Its Crisis*. Princeton: Princeton University Press.

Soeya, Yoshihide. 2018. "The Rise of China in Asia: Japan at the Nexus," in (Toje, 2018:277–297).

Spektor, Matias. 2016. "Brazil: Shadows of the Past and Contested Ambitions," in Hitchcock (2016:17–35).

Stares, Paul B. 2018. *Preventive Engagement: How America Can Avoid War, Stay Strong, and Keep the Peace*. New York: Columbia University Press.

Stavridis, James. 2017. *Sea Power: The History and Geopolitics of the World's Oceans*. New York: Penguin.

Steil, Benn. 2018. *The Marshall Plan: Dawn of the Cold War*. New York: Simon & Schuster.

Stein, Judith. 2010. *Pivotal Decade: How the United States Traded Factories for Finance in the Seventies*. New Haven: Yale University Press.

Stelzenmüller, Constanze. 2016."Germany: Between Power and Responsibility," in Hitchcock (2016:53–69).

Stenner, Karen. 2005. *The Authoritarian Dynamic*. New York: Cambridge University Press.

Stent, Angela. 2018. "Foreword," in Ellings & Sutter eds. 2018, pp. vii-xii.

Stent, Angela. 2019. *Putin's World: Russia Against the West and With the Rest*. New York: Twelve.

Stiglitz, Joseph E. 2018. *Globalization and Its Discontents Revisited: Anti-Globalization in the Era of Trump*. New York: W.W. Norton.

Stiglitz, Joseph E. 2019. *People, Power and Profits: Progressive Capitalism for an Age of Discontent*. New York: W.W. Norton.

Streeck, Wolfgang. 2016. *How Will Capitalism End? Essays on a Failing System*. London: Verso.

Stromseth, Jonathan R. et al. eds. *China's Governance Puzzle: Enabling Transparency and Participation in a Single-Party State*. New York: Cambridge University Press.

Stuenkel, Oliver. 2016. *Post-Western World: How Emerging Powers Are Remaking Global Order*. Cambridge: Polity.

Sullivan, Jake. 2018. "The World After Trump: How the System Can Endure," *Foreign Affairs*, Vol. 97, No. 2, pp. 10–19.

Sunstein, Cass R. 2018. *Can It Happen Here? Authoritarianism in America*. New York: HarperCollins.

Swaine, Michael D. 2018. "A Counterproductive Cold War With China," *Foreign Affairs*. Available at : https://www.foreignaffairs.com/articles/china/2018-03-02/counterproductive-cold-war-china.

Tang, Wenfang. 2018. "The 'Surprise' of Authoritarian Resilience in China," *American Affairs*, Vol. 2, No. 1. Available at: https://americanaffairsjournal.org/2018/02/surprise-authoritarian-resilience-china/.

The Department of Defense. 2019. *Indo-Pacific Strategy Report: Preparedness, Partnerships, and Promoting a Networked Region*. Washington, DC: Department of Defense.

Thompson, Helen. 2018. "Broken Europe: Why the EU Is Stuck in Perpetual Crisis,"*Foreign Affairs*. Available at: https://www.foreignaffairs.com/articles/europe/2018-12-10/broken-europe.

Togo, Kazuhiko. 2018. "Japan's Relations with Russia and China and the Implications for the U.S.-Japan Alliance," *The National Bureau of Asian Research*. Available at: http://www.nbr.org/research/activity.aspx?id=864.

Toje, Asle ed. 2018. *Will China's Rise be Peaceful? Security, Stability, and Legitimacy*. New York: Oxford University Press.

Tong, Kurt. 2019. "Why the United States Can—and Can't –Do to Help Preserve the City's Autonomy," *Foreign Affairs*. Available at: https://www.foreignaffairs.com/articles/china/2019-12-06/do-no-harm-hong-kong.

Tormey, Simon. 2015. *The End of Representative Politics*. London: Polity.

Trenin, Dmitri. 2016a. *Should We Fear Russia?* London: Polity.

Trenin, Dmitri. 2016b. "Why the Standoff between the U.S. and Russia is Here to Stay," RBK Daily. Available at: https://www.rbth.com/opinion/2016/05/25/why-the-standoff-between-the-us-and-russia-is-here-to-stay_597219.

Trenin, Dmitri. 2018. *What is Russia Up To in the Middle East*. Cambridge: Polity.

Tunsjo, Oystein. 2018. *The Return of Bipolarity in World Politics: China, the United States, and Geostructural Realism*. New York: Columbia University Press.

Vaïsse, Justin. 2018. *Zbigniew Brzezinski: America's Grand Strategist*. Cambridge, MA: Harvard University Press.

Walker, Darren. 2018. "Old Money, New Order: American Philanthropies and the Defense of Liberal Democracy," *Foreign Affairs*, Vol. 97, No. 6, pp. 158–166.

Walker, Shaun. 2018. *The Long Hangover: Putin's New Russia and the Ghosts of that Past*. New York: Oxford University Press.

Wallander, Celeste A. 2019. "NATO's Enemy Within: How Democratic Decline Could Destroy the Alliance," *Foreign Affairs*. Available at: https://www.foreignaffairs.com/articles/2018-06-14/natos-enemies-within.

Walt, Stephen M. 2018a. "Rising Powers and the Risks of War: A Realist View of Sino-American Relations," in Toje (2018:13–32).

Walt, Stephen M. 2018b. *The Hell of Good Intentions: America's Foreign Policy Elite and the Decline of U.S. Primacy*. New York: Farrar, Straus and Giroux.

Walt, Stephen M. 2019. "The End of Hubris and the New Age of American Restraint," *Foreign Affairs*, Vol. 98, No. 3, pp. 26–35.

Westad, Odd Arne. 2017. *The Cold War: A World History*. New York: Basic Books.

White House. 2017. *National Security Strategy of the United States of America*. Washington, DC: The White House.

Williams, Joan C. 2017. *White Working Class: Overcoming Class Cluelessness in America*. Boston: Harvard Business Review Press.

Wimmer, Andreas. 2019. "Why Nationalism Works and Why It Isn't Going Away," *Foreign Affairs*, Vol. 98, No. 2, pp. 27–34.

Wohlforth, William C. 2016. "Live-and-Let-Live Equilibrium: Best Option for the 21st Century," Valdai Discussion Club, 17 August 2016. Available at: http://valdaiclub.com/a/highlights/live-and-let-live-equilibrium-best-option/

Wolf, Martin. 2004. *Why Globalization Works*. New Haven: Yale University Press.

Wolf, Martin. 2018. "The New World Disorder and the Fracturing of the West," *Financial Times*. Available at: https://www.ft.com/content/54104d98-eedd-11e7-ac08-07c3086a2625.

Wolf, Martin. 2019. "Why Rentier Capitalism is Damaging Liberal Democracy?" *Financial Times*. Available at: https://www.ft.com/content/5a8ab27e-d470-11e9-8367-807ebd53ab77.

Wolin, Sheldon S. 2008. *Democracy Incorporated: Managed Democracy and the Specter of Inverted Totalitarianism*. Princeton: Princeton University Press.

Wright, Thomas J. 2017. *All Measures Short of War: The Contest for the Twentieth Century and the Future of American Power*. New Haven: Yale University Press.

Yan Xuetong. 2018. "The Age of Uneasy Peace: Chinese Poser in a Divided World," *Foreign Affairs*, Vol. 98, No. 1, pp. 40–46.

Yoshida, Toshi & James R. Holmes. 2010. *Red Star Over the Pacific: China's Rose and the Challenge to U.S. Maritime Strategy*. Annapolis: Naval Institute Press.

Zakaria, Fareed. 2019. "The New China Scare: Why America Shouldn't Panic About Its Latest Challenger," *Foreign Affairs*, Vol. 99, No. 1, pp. 52–69.

Zarate, Juan C. 2013. *Treasury's War: The Unleashing of a New Era of Financial Warfare*. New York: PublicAffairs.

Zhang, Ruizhuang. 2018. "Despite the 'New Assertiveness,' China is Not Up for Challenging the Global Order," in Toje (2018:231–250)

Zielonka, Jan. 2014. *Is the EU Doomed?* Cambridge: Polity.

中文著作

中共中央黨校國際戰略研究院組織編寫。2016。《中國特色國家安全戰略研究》。

中華人民共和國國務院新聞辦公室。2014。《「一國兩制」在香港特別行政區的實踐》。北京：人民出版社。

王春新。2018。《香港新思維：從亞洲都會到世界都會》。香港：商務印書館（香港）有限公司。

王郡里。2017。〈從戰略高度認識香港安全問題〉，《紫荊雜誌》，5月號，頁34–37。

王義桅。2015。《「一帶一路」：機遇與挑戰》。北京：人民出版社。

王義桅。2016。《世界是通的：「一帶一路」的邏輯》。北京：商務印書館。

王湘穗。2017。《三居其一：未來世界的中國定位》。北京：長江新世紀文化傳媒。

王湘穗。2019。〈如今天下三分，中國要做好打持久戰的準備〉。https://mp.weixin.qq.com/s/ViuxZD12jKC28LoQXJ0IJg。

王寶付。2017。〈世界大變局下的中國周邊安全〉，載於金一南：《大國戰略》，頁19–36。

王靈桂等著。2018。《中國特色大國外交：內涵與路徑》(北京：中國社會科學出版社。

《內地與香港經濟合作概覽》編寫組。2018。《內地與香港經濟合作概覽》。香港：中華書局（香港）有限公司。

奈·約瑟夫。2018。〈阿根廷會晤後中美關係的未來將走向何方〉。https://mp.weixin.qq.com/s/LFqXjDDtm1GswMjfZp6-Cw。

奈斯比特·多麗絲、約翰·奈斯比特、龍安志。2018。《世界新趨勢：「一帶一路」重塑全球化新格局》。香港：中和出版有限公司。

金一南等著。2017。《大國戰略》。北京：中國言實出版社。

金一南。2017。〈關於國家安全戰略的若干問題〉，載於金一南等著：《大國戰略》，頁1–18。

金燦榮。2017。《大國來了》。北京：華文出版社。

胡鞍鋼、鄢一龍、唐嘯等。2017。《中國新發展理念》。杭州：浙江人民出版社。

時殷弘。2018。〈中國的戰略探求與轉變中的美國和世界〉，《二十一世紀》，總第166期，頁24–33。

郭國燦、劉海燕。2017。《香港中資財團（上冊）》。香港：三聯書店（香港）有限公司。

張妙清、鄭宏泰、尹寶珊。2017。〈核心價值〉，載於張妙清、趙永佳編：《香港特區二十年》。香港：香港中文大學香港亞太研究所，頁57–83。

張明、李曦晨。2019。〈人民幣國際化的策略轉變：從舊「三位一體」到新「三位一體」〉。https://mp.weixin.qq.com/s/ViuxZD12jKC28LoQXJ0IJg。

張曉明。2018。〈這裏有我們共同的情懷——在慶祝國務院港澳辦成立40週年座談會上的講話〉。《文匯報》，2018年9月14日，A13頁。

國家製造強國建設戰略諮詢委員會編著。2017。《中國製造2025藍皮書（2017）》。北京：電子工業出版社。

陳坤耀。2018。〈積極不干預政策被誤解多年〉。《灼見名家》。https://www.master-insight.com/

%e9%99%b3%e5%9d%a4%e8%80%80%ef%bc%9a%e7%a9%8d%e6%a5%b5%e4%b8%8d%e5%b9%b2%e9%a0%90%e6%94%bf%e7%ad%96%e8%a2%ab%e8%aa%a4%e8%a7%a3%e5%9a%e5%b9%b4/

陳多主編。2019。《改革開放 40 年與香港》。香港：三聯書店（香港）有限公司。

傅高義。2018。〈中美關係：回顧與展望〉，《二十一世紀》，總第 166 期，頁 4–8。

喬良。2016。《帝國之弧：拋物線兩端的美國與中國》。北京：長江新世紀文化傳媒有限公司。

喬良。2017。〈美國東移與中國西進——中美博弈與中國『一帶一路』大戰略〉，載於金一南：《大國戰略》，頁 61–91。

喬良、王湘穗。《超限戰與反超限戰》。武漢：長江出版傳媒。

賈宇。2017。〈中國海洋發展戰略面臨的機遇和挑戰〉，載於金一南：《大國戰略》，頁 37–60。

鄭戈。2017。〈「一國兩制」與國家整合〉，《二十一世紀》，總第 161 期，頁 17–36。

《總體國家安全觀幹部讀本》編委會。2016。《總體國家安全觀：幹部讀本》。北京：人民出版社。

鄧小平。1993。《鄧小平論香港問題》。香港：三聯書店（香港）有限公司。

趙睿、張明瑜編。1997。《中國領導人談香港》。香港：明報出版社。

趙穗生。2018。〈中美在戰後世界秩序構建中的博弈與合作〉，《二十一世紀》，總第 166 期，頁 9–23。

劉兆佳。2012。《回歸十五年以來香港特區管治及新政權建設》。香港：商務印書館（香港）有限公司。

劉兆佳。2013。《回歸後的香港政治》。香港：商務印書館（香港）有限公司。

劉兆佳。2014。《香港的獨特民主路》。香港：商務印書館（香港）有限公司。

劉兆佳。2015a。〈政改爭論及兩種「一國兩制」理解的對決〉，《港澳研究》，第 2 期，頁 19–28。

劉兆佳。2015b。〈中央對特區主要官員的實質任免權和監督權將成為新常態〉，《港澳研究》，第 2 期，頁 15–16。

劉兆佳。2015c。《一國兩制在香港的實踐》。香港：商務印書館（香港）有限公司。

劉兆佳。2016。〈中央與香港特區關係的磨合與發展：兼論近期香港事態的變遷〉，《港澳研究》，第 4 期，頁 3–13。

劉兆佳。2017a。《回歸後香港的獨特政治形態：一個自由威權政體的特殊個案》。香港：商務印書館（香港）有限公司。

劉兆佳。2017b。〈在國家和民族的大局中理解和實踐「一國兩制」〉，《港澳研究》，第 4 期，頁 3–11 頁。

劉兆佳。2017c。〈世界新局勢下「一帶一路」與香港〉，《紫荊論壇》，第 33 期，頁 50–55。

劉兆佳。2017d。〈中國的經驗值得發展中國家借鏡〉，《人民論壇》，總第 574 期，頁 137–139。

劉兆佳。2018a。〈中國特色的外交思想和方略〉，《人民論壇》，總第 587 期，頁 41–43。

劉兆佳。2018b。〈反對派漸失優勢，政治氣氛將趨平穩〉，《紫荊論壇》，第 39 期，頁 2–7。

劉明福。2015。《中美世紀大對決》。香港：中華書局（香港）有限公司。

劉明福。2017。《霸權的黃昏》。北京：中國民主法制出版社。

劉恩東。〈香港回歸後美國如何對香港進行民主輸出〉。https://mp.weixin.qq.com/s/Hcz6pP6Ofel14pwxRNCN4g。

劉智鵬、劉蜀永。2019。《香港史：從遠古到九七》。香港：香港城市大學出版社。

閻學通。2013。《歷史的慣性：未來十年的中國與世界》。北京：中信出版社。

閻學通。2015。《世界權力的轉移：政治領導與戰略競爭》。北京：北京大學出版社。

霍啟昌。2019。《香港與近代中國：霍啟昌香港史論》。香港：三聯書店（香港）有限公司。

《總體國家安全觀幹部讀本》編委會。2016。《總體國家安全觀幹部讀本》。北京：人民出版社。

戴旭。2017。《C 形包圍》。武漢：長江文藝出版社。

戴旭。2018。〈特朗普噩夢開始——『東方』巨人並肩，讓美國從歐亞大陸走開〉。https://mp.weixin.qq.com/s/KvgRSWjTVvqzdw47O-BR0Q。

羅援。2015。《鷹膽鴿魂：羅援將軍論國防》。北京：中國友誼出版公司。